KB166336

서양문화지식사전

펴낸곳 / (주)현암사
펴낸이 / 조미현
엮은이 / 이재호·김원중

출력 / 문형사
인쇄 / 영프린팅
제책 / 쌍용제책사
표지 디자인 / 석운디자인

초판 발행 / 2009년 8월 25일
등록일 / 1951년 12월 24일 · 10-126

주소 / 서울 마포구 서교동 442-46
전화번호 / 365-5051 · 팩스 / 313-2729
전자우편 / editor@hyeonamsa.com
홈페이지 / www.hyeonamsa.com

ⓒ 이재호·김원중 2009

*저작권자와 협의하여 인지를 생략합니다.
*잘못된 책은 바꾸어 드립니다.

ISBN 978-89-323-1527-0  03100

이 도서의 국립중앙도서관 출판시도서목록(CIP)은
e-CIP 홈페이지(http://www.nl.go.kr/ecip)에서 이용하실 수 있습니다.
(CIP제어번호 : CIP2009002273)

# THE
# DICTIONARY
# OF
# CULTURAL
# LITERACY

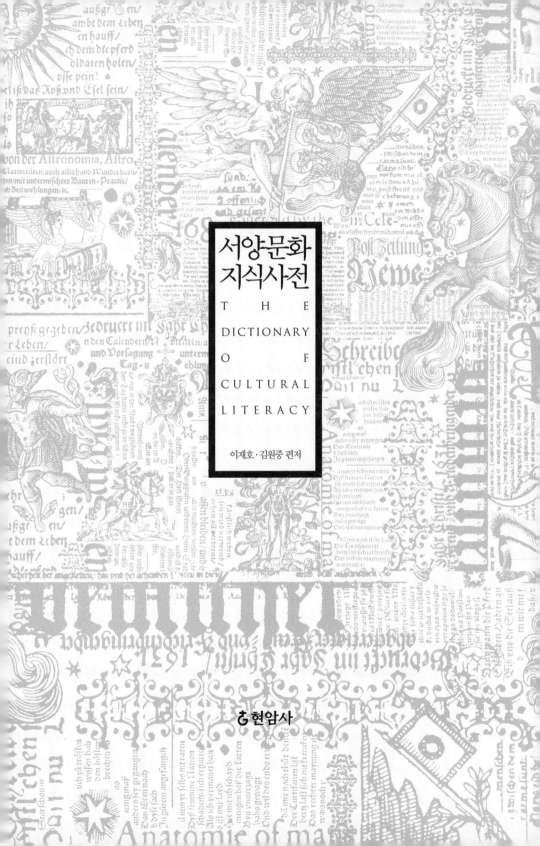

# 서양문화
# 지식사전

T H E
DICTIONARY
O F
CULTURAL
LITERACY

이재호 · 김원중 편저

현암사

# 그리스·로마 신화와 『성서』의 관용적 표현을 알면
# 서구 문화를 더 깊이 있게 이해할 수 있다

그리스·로마 신화와 더불어 『성서』는 서구 문화의 원천으로, 문학·미술·사상의 이해에 필수적인 상식이며 지식의 핵심이다. 그리스·로마 신화와 『성서』를 모르고서는 과거의 많은 문학과 미술 작품의 의미를 놓치기 십상이다. 유럽을 여행하다가 건축물을 둘러보거나 미술관에 가게 되면, 이러한 기본 지식을 갖추고 있어야 작품을 제대로 감상할 수 있다. 미술·문학 작품, 신문, 잡지, 논픽션은 물론 일상 대화에도 수많은 인유allusions가 깔려 있기 때문에 미국 사람들조차도 이러한 분야의 사전이 필요하다고 느낄 정도이다. 최근 10여 년 사이에 엘리자베스 웨버 Elizabeth Webber의 『Grand Allusions』, E. D. 허쉬Hirsh의 『The Dictionary of Cultural Literacy: What Every American Needs to Know』, 그리고 『Merriam-Webster's Dictionary of Allusions』 등이 출판된 것도 이런 요구로부터 연유한 것이다.

이 책은 독자들이 영어 원서를 읽다가 서구 문화에 대한 인유나 관용구를 접할 경우 가장 먼저 손쉽게 찾아볼 수 있는 책으로서의 쓰임새를 염두에 두고 편찬하였다. 동양인인 우리가 서구의 헬레니즘, 헤브라이즘과 마주쳐 겪는 난관을 해결하는 데 이 책이 좋은 길잡이 역할을 수행하리라 기대한다. 필자들도 영문학을 공부하면서 서양인에게는 별다른 설명 없이도 상식적인 수준에서 이해되는 것들이 우리에게는 커다란 걸림돌이 되는 경험을 여러 번 했기 때문이다. 서구 문화에 대한 심층적 이해 없이는 그들의 내면세계를 깊이 이해할 수 없고, 서구에 대한 이해는 우리 관용구를 써서 말하자면 "수박 겉핥기" 수준에 머물 수밖에 없을 것이다. 이 책은 오랜 동안 학생들을 가르쳐 온 필자들의 경험을 바탕으로 하여 특히 한국 사람이 틀리기 쉬운 부분에 역점을 두어 설명하였다.

　신화神話란 그리스어 mythos(영 l myth)에서 나온 말로서 본래의 뜻은 그냥 '이야기'이다. 그러므로 '신화'라는 번역어는 적절치 않다. 왜냐하면 그리스·로마 신화에는 신들만 등장하는 것이 아니라 인간도 많이 나오기 때문이다. 호메로스Homeros의 『일리아스Ilias』와 『오뒷세이아Odysseia』에도 많은 신이 등장하지만 두 서사시의 핵심 주인공은 신이 아니라 인간인 아킬레우스와 오뒷세우스이다. 우리가 '그리스·로마 신화'란 말을 쓰지만 신화의 대부분은 그리스 신화이며 로마 신화는 사실상 얼마 되지 않는다. 대부분의 이야기는 같고 '제우스'를 '유피테르'로, '헤라'를 '유노'로, '아프로디테'를 '베누스', '아레스'를 '마르스' 등으로 몇몇 신의 이름을 고친 데 불과하다. 따라서 이 책은 그리스 신화를 중심으로 설명하고 라틴어와 영어 식 표기에 대한 비교표를 제시하여 서로의 연관성을 파악할 수 있게 하였다.

　이 책에서 특히 중점을 둔 부분은 그리스·로마 신화의 신명神名, 인명人名, 지명地名을 원어 발음대로 표기한 것이다. 우리나라 영한사전 대부분이 이를 잘못 표기하고 있기 때문에 정확한 이름과 지명 표기는 매우 중요하다. 예컨대, 대부분의 영한사전에는 그리스 신화와 비극에서 가장 유명한 점쟁이 테이레시아스Teiresias가 모두 '티레시아스Tiresias'로 표기되어 있고, 아킬레우스Achilleus는 '아킬레스Achilles'로 표기되어 있다. 로마 신화의 최고신 유피테르Jupiter는 영어식 발음으로 '주피터'로 되어 있다. 영어식 표기인 Homer는 그리스어 원음대로 '호메로스'라 표기해 놓고,

5

Plutarch는 그리스어 원음인 '플루타르코스Plutarchos' 대신 영어식으로 '플루타크'라 표기하고 있다.

또 그리스어 명사의 단수·복수에서 많은 혼동이 일어나므로 단수와 복수의 표기를 분명히 했다. 예컨대, 디오뉘소스의 여신도女信徒의 단수는 마이나스Mainas, 복수는 마이나데스Mainades, 복수復讐의 여신 단수는 에리뉘스Erinys, 복수는 에리뉘에스Erinyes, 거인巨人의 단수는 기가스Gigas, 복수는 기간테스Gigantes, 시신詩神의 단수는 무사Mousa, 복수는 무사이Mousai, 미美의 여신의 단수는 카리스Charis, 복수는 카리테스Charites로 표기했다.

'성서聖書(Bible)'란 말은 파피루스papyrus의 수출 항구이던 포이니케(페니키아)의 항구 뷔블로스Byblos에서 나왔는데, Byblos는 'bybl(os)=papyrus'에서 나왔다. 『구약성서』는 히브리어로, 『신약성서』는 그리스어로 쓰였다. 영역 『성서』 중 가장 유명한 『흠정영역성서The Authorized Version(or King James' Version)』는 1611년에 간행되었다. 이 책은 『성서』 중에서도 특히 일상 회화와 작품에 관용구로 쓰이는 표현에 공을 들였다. 『성서』 관용구의 경우 해설 없이는 내용을 유추해 내지 못할 때가 많은데, 어떤 일을 할 수 있는 가장 늦은 때를 가리키는 "제11시에"라는 관용구가 대표적인 예이다.

그 밖에도 이 책에는 그리스·로마 옛 지도와 관련 도판을 넣어 신화의 이해를 돕도록 했으며, 원어 찾아보기를 붙여 해당 항목을 빨리 찾을 수 있게끔 하였다. 또 그리스 신화를 읽는 데는 지도가 필요 불가결하므로 독자들은 부록에 있는 지도를 보고 신화의 현장을 확인하여 주기 바란다.

　신화와 문학 부분은 이재호가, 『성서』 부분은 김원중이 맡아 집필하였다. 『성서』의 지명과 인명 그리고 본문은 주로 『개역성서』의 번역을 따랐으며 뜻이 불분명한 곳에서는 『공동번역성서』도 참조했다. 편자들은 서로 통독하며 문체와 용어의 통일을 기했으며, 원고는 박민정·강성희·배수현 조교가 정리해 주었다. 특히 원고를 친절히 통독해 주고, 혼동을 일으키기 쉬운 그리스·로마 신화의 신명神名·인명人名·지명地名 대조표를 작성하는 데 큰 도움을 주신 단국대학교 천병희 명예교수님께 거듭 감사를 표한다.

　이 책을 만들면서 사전을 만드는 일이 결코 한두 개인의 힘만으로는 할 수 없는 일이라는 점을 실감했다. 독자 여러분의 지적과 충고를 바탕으로 부족하고 틀린 부분은 점차 보완해 나갈 예정이다.

　끝으로 이 책을 출판해 주신 현암사에 감사한 마음을 전하며, 오랫동안 이 책 작업에 몰두해 오다가 출간을 보지 못하고 지난 6월에 돌아가신 이재호 교수님의 영전에 이 책을 바치고자 한다.

2009년 8월
김원중

## 일러두기

1. 이 책의 외래어 표기는 현재 통용되는 용법을 따르지 않고 가능한 한 원어 발음을 존중하여 표기하였다.
2. 책은 『 』, 영화·논문·단편 등은 「 」로 표시하였다.
3. 작품명은 최대한 원어를 표기하고, 경우에 따라 ( ) 안에 영문을 넣었다.
4. 동의어 또는 참조 항목은 ⇨로 표시하였다.
5. 원어표기 약어는 다음과 같다.

   그 : 그리스어  독 : 독일어  라 : 라틴어  아 : 아람어  에 : 에스파냐어  영 : 영어  이 : 이탈리아어
   포 : 포르투갈어  프 : 프랑스어  히 : 히브리어
   (단) : 단수형  (복) : 복수형

6. 같은 단어가 각 나라마다 표기가 다른 경우에는 표제 부분에서 이를 구체적으로 밝혔으나 본문 설명에서 어느 나라 말인지를 알 수 있는 경우에는 따로 표시하지 않았다.
7. 『성서』는 개역개정판 표기를 따랐으며, 약어는 다음과 같다.

### 구약성서

| | | | | |
|---|---|---|---|---|
| 창세기 : 창 | 사무엘상 : 삼상 | 에스더 : 에 | 예레미야애가 : 애 | 미가 : 미 |
| 출애굽기 : 출 | 사무엘하 : 삼하 | 욥기 : 욥 | 에스겔 : 겔 | 나훔 : 나 |
| 레위기 : 레 | 열왕기상 : 왕상 | 시편 : 시 | 다니엘 : 단 | 하박국 : 합 |
| 민수기 : 민 | 열왕기하 : 왕하 | 잠언 : 잠 | 호세아 : 호 | 스바냐 : 습 |
| 신명기 : 신 | 역대상 : 대상 | 전도서 : 전 | 요엘 : 욜 | 학개 : 학 |
| 여호수아 : 수 | 역대하 : 대하 | 아가 : 아 | 아모스 : 암 | 스가랴 : 슥 |
| 사사기 : 삿 | 에스라 : 스 | 이사야 : 사 | 오바댜 : 옵 | 말라기 : 말 |
| 룻기 : 룻 | 느헤미야 : 느 | 예레미야 : 렘 | 요나 : 욘 | |

### 신약성서

| | | | | |
|---|---|---|---|---|
| 마태복음 : 마 | 고린도전서 : 고전 | 데살로니가전서 : 살전 | 히브리서 : 히 | 요한3서 : 요삼 |
| 마가복음 : 막 | 고린도후서 : 고후 | 데살로니가후서 : 살후 | 야고보서 : 약 | 유다서 : 유 |
| 누가복음 : 눅 | 갈라디아서 : 갈 | 디모데전서 : 딤전 | 베드로전서 : 벧전 | 요한계시록 : 계 |
| 요한복음 : 요 | 에베소서 : 엡 | 디모데후서 : 딤후 | 베드로후서 : 벧후 | |
| 사도행전 : 행 | 빌립보서 : 빌 | 디도서 : 딛 | 요한1서 : 요일 | |
| 로마서 : 롬 | 골로새서 : 골 | 빌레몬서 : 몬 | 요한2서 : 요이 | |

# 그리스·로마 신화의
# 신명·인명·지명 대조표

| 그리스 이름 | 로마 이름 | 영어 이름 | 역할 |
|---|---|---|---|
| 가뉘메데스 Ganymedes | 가뉘메데 Ganymede | 개너미드 Ganymede | 트로이아 트로스 왕의 아들. 제우스가 술잔을 따르게 하기 위해 납치한 미소년 |
| 가이아 Gaia | 가이아 Gaea | 지어 Gaea | 대지모신(大地母神) |
| 고르고(곤) Gorgo(n)<br>고르고네스(pl.) Gorgones | 고르곤 Gorgon<br>고르고네스(pl.) Gorgones | 고곤 Gorgon<br>고곤즈(pl.) Gorgons | 머리카락이 뱀이며, 쳐다보는 사람을 돌로 변하게 하는 괴물 |
| 기가스 Gigas<br>기간테스(pl.) Gigantes | 기가스 Gigas<br>기간테스(pl.) Gigantes | 자이언트 Giant<br>자이언츠(pl.) Giants | 괴력의 거인 |
| 나르킷소스 Narkissos | 나르킷수스 Narcissus | 나시서스 Narcissus | 수선화로 변신한 미소년 |
| 네레이스 Nereis<br>네레이데스(pl.) Nereides | 네레이스 Nereis<br>네레이데스(pl.) Nereides | 니리드 Nereid<br>니리즈(pl.) Nereids | 바다의 요정 |
| 니케 Nike | 빅토리아 Victoria | 나이키 Nike, 빅토리 Victory | 승리의 여신 |
| 다이달로스 Daidalos | 다이달루스 Daedalus | 디덜러스 Daedalus | 그리스 최고의 장인(匠人) |
| 다프네 Daphne | 다프네 Daphne | 대프니 Daphne | 월계수로 변신한 강신(江神)의 딸 |
| 데메테르 Demeter | 케레스 Ceres | 디미터 Demeter<br>시어리즈 Ceres | 농업의 여신 |
| 데이아네이라 Deianeira | 데이아니라 Deianira | 디어나이(어)러 Deianira | 헤라클레스의 아내 |
| 도도나 Dodona | 도도나 Dodona | 도도우너 Dodona | 제우스의 신탁소 |
| 드뤼아스 Dryas<br>드뤼아데스(pl.) Dryades | 드뤼아스 Dryas<br>드뤼아데스(pl.) Dryades | 드라이애드 Dryad<br>드라이애즈(pl.) Dryads | 나무의 요정 |
| 디오뉘소스 Dionysos | 디오뉘수스 Dionysus | 다이어나이서스 Dionysus | 술의 신 |
| 디오스쿠로이 Dioskouroi | 디오스쿠리 Dioscuri | 다이어스큐라이 Dioscuri | 제우스의 쌍둥이 아들 카스토르와 폴뤼데우케스 |
| 레토 Leto | 라토나 Latona | 리토우 Leto | 아폴론과 아르테미스의 어머니 |
| 마이나스 Mainas<br>마이나데스(pl.) Mainades | 마이나스 Maenas<br>마이나데스(pl.) Maenades | 미내드 Maenad<br>미내즈(pl.) Maenads | 디오뉘소스의 여신도(女信徒) |

| 그리스 이름 | 로마 이름 | 영어 이름 | 역할 |
|---|---|---|---|
| 메넬라오스Menelaos | 메넬라우스Menelaus | 메널레이어스Menelaus | 스파르타의 왕. 헬레네의 남편 |
| 메데이아Medeia | 메데아Medea | 미디어Medea | 흑해 콜키스 왕국의 공주. 이아손과 결혼함 |
| 메두사Medousa | 메두사Medusa | 미듀서Medusa | 세 명의 고르고(곤) 중 하나 |
| 모이라Moira 모이라이(pl.)Moirai | 모이라Moera 모이라이(pl.)Moerae | 페이트Fate 페이츠(pl.)Fates | 운명의 여신 |
| 무사Mousa 무사이(pl.)Mousai | 무사Musa 무사이(pl.)Musae | 뮤즈Muse 뮤지즈(pl.)Muses | 시신(詩神) |
| 뮈케나이Mykenai | 뮈케나이Mycenae | 마이시니Mycene | 아가멤논이 다스렸던 왕국 |
| 미노스Minos | 미노스Minos | 마이너스Minos | 크레타 왕 |
| 미노타우로스Minotauros | 미노타우루스Minotaurus | 미노토Minotaur | 우두인신(牛頭人身)의 괴물 |
| 박코스Bakhos | 박쿠스Bacchus | 배커스Bacchus | 술의 신 |
| 사튀로스Satyros | 사튀루스Satyrus | 새터Satyr | 술의 신 디오뉘소스를 따르는 반(半)인간 반(半)염소의 괴물 |
| 셀레네Selene | 루나Luna | 실리니Selene | 달의 여신 |
| 세이렌Seiren 세이레네스(pl.)Seirenes | 시렌Siren 시레네스(pl.)Sirenes | 사이런Siren 사이렌즈(pl.)Sirens | 반녀반조(半女半鳥)의 바다 요정 |
| 시뷜라Sibylla | 시뷜라Sibylla | 시빌Sibyl | 무녀(巫女) |
| 아가우에Agaue | 아가베Agave | 어가비, 어게이비Agave | 카드모스의 딸. 테바이 왕 펜테우스의 어머니 |
| 아드메토스Admetos | 아드메투스Admetus | 애드미터스Admetus | 텟살리아 지방 페라이의 왕 |
| 아레스Ares | 마르스Mars | 에어리즈Ares, 마즈Mars | 전쟁의 신 |
| 아르고나우테스Argonautes 아르고나우타이 (pl.)Argonautai | 아르고나우타Argonauta 아르고나우타이 (pl.)Argonautae | 아고노트Argonaut 아고노츠(pl.)Argonauts | 아르고호 선원 |
| 아르카디아Arkadia | 아르카디아Arcadia | 아케이디어Arcadia | 펠로폰네소스 반도 중부에 있는 이상향 |
| 아르테미스Artemis | 디아나Diana | 아터미스Artemis 다이애너Diana | 정숙한 사냥의 여신. 달의 여신 |
| 아마존Amazon 아마조네스(pl.)Amazones | 아마존Amazon 아마조네스(pl.)Amazones | 애머즌Amazon 애머즌즈(pl.)Amazons | 용맹한 여전사(女戰士) |
| 아스카니오스Askanios | 아스카니우스Ascanius | 애스케이니어스Ascanius | 아이네아스의 아들 |
| 아스클레피오스Asklepios | 아이스클레피우스Aesculepius | 어스클리피어스Asclepius | 의술(醫術)의 신 |

| 그리스 이름 | 로마 이름 | 영어 이름 | 역할 |
|---|---|---|---|
| 아이게우스Aigeus | 아이게우스Aegeus | 이쥬스, 이지어스Aegeus | 테세우스의 아버지 |
| 아이기나Aigina | 아이기나Aegina | 이자이너Aegina | 그리스 동남부에 있는 섬. 아소포스 강신(江神)의 딸 |
| 아이기스토스Aigisthos | 아이기스투스Aegisthus | 이지스서스Aegisthus | 클뤼타임네스트라의 정부 |
| 아이네아스Aineas 아이네이아스Aineias | 아이네아스Aeneas | 이니어스Aeneas | 트로이아 왕자 앙키세스 와 아프로디테의 아들 |
| 아이아스Aias | 아약스Aiax | 에이잭스Ajax | 그리스군 용사 |
| 아이아코스Aiakos | 아이아쿠스Aiacus | 이어커스Aeacus | 아이기나 섬의 왕. 아킬 레우스의 할아버지 |
| 아이올로스Aiolos | 아이올루스Aeolus | 이올러스Aeolus | 바람의 신 |
| 아이티오피아Aithiopia | 아이티오피아Aethiopia | 이시오피어Ethiopia | 아프리카에 있는 나라 이름 |
| 아카이아Achaia | 아카이아Achaea | 어키어Achaea | 펠로폰네소스 반도 서북 쪽 지방 |
| 아킬레우스Achilleus | 아킬레스Achilles | 어킬리즈Achilles | 그리스군 제일의 영웅 |
| 아탈란테Atalante | 아탈란타Atalanta | 애틸랜터Atalanta | 이아소스와 클뤼메네의 딸. 마차경주에서 패하여 힙포메네스의 아내가 됨 |
| 아테나Athena 아테네Athene | 미네르바Minerva | 어시니Athene 어시너Athena | 지혜 · 공예 · 전쟁의 여신 |
| 아폴론Apollon | 아폴로Apollo | 어펄로Apollo | 빛 · 음악의 신 |
| 아프로디테Aphrodite | 베누스Venus | 애프러다이티Aphrodite 비너스Venus | 사랑 · 미(美) · 풍요의 여 신 |
| | 야누스Ianus | 제이너스Janus | 문(門)의 수호신 |
| 에로스Eros | 쿠피도Cupido | 에라스, 이라스Eros 큐피드Cupid | 아프로디테의 아들. 사랑 의 신 |
| 에리뉘스Erinys 에리뉘에스(pl.)Erinyes | 푸리아Furia 푸리아이(pl.)Furiae | 퓨어리Fury 퓨어리즈(pl.)Furies | 복수의 여신 |
| 에리스Eris | 디스코르디아Discordia | 에리스Eris 디스코드Discord | 불화(不和)의 여신 |
| 에오스Eos | 아우로라Aurora | 오로러Aurora | 새벽의 여신. 트로이 왕 자 티토노스의 아내 |
| 에우로페Europe | 에우로파Eropa | 유로우퍼Europa | 테바이의 왕 카드모스의 딸 |
| 에우마이오스Eumaios | 에우마이우스Eumaius | 유미어스Eumaeus | 오뒷세우스의 돼지를 돌봄 |
| 에이레네Eirene | 이레네Irene | 아이리니, 아이린Irene | 평화의 여신 |

| 그리스 이름 | 로마 이름 | 영어 이름 | 역할 |
|---|---|---|---|
| 엘렉트라Elektra | 엘렉트라Electra | 일렉트러Electra | 아가멤논의 딸 |
| 엘뤼시온Elysion | 엘뤼시움Elysium | 일리지엄Elysium | 하계(下界)에 있는 낙원 |
| 오뒷세우스Odysseus | 울릭세스Ulixes | 율리시즈Ulysses | 『오뒷세이아』의 주인공 |
| 오르페우스Orpheus | 오르페우스Orpheus | 오피어스Orpheus | 시인(詩人). 뤼라의 명수 |
| 오이디푸스Oidipous | 오이디푸스Oedipus | 이디퍼스Oedipus | 테바이 왕 |
| 오케아노스Okeanos | 오케아노스Oceanos | 오시어너스Oceanus 오우션Ocean | 지구를 빙 둘러 흐르는 강 |
| 오케아니스Okeanis 오케아니데스 (pl.)Okeanides | 오케아니스Oceanis 오케아니데스 (pl.)Oceanides | 오시어니드Oceanid 오시어니즈(pl.)Oceanids | 바다의 요정 |
| 우라노스Ouranos | 우라누스Uranus | 유러너스, 유레이너스 Uranus | 가이아의 아들. 하늘의 인격화 |
| 이데Ide | 이다Ida | 아이더Ida | 트로이 근처의 산. 크레테 섬에도 있음 |
| 이리스Iris | 이리스Iris | 아이리스Iris | 무지개 여신. 신들의 사자(使者) |
| 이아손Iason | 이아손Iason | 제이슨Jason | 황금양털 모험의 주인공 |
| 이오Io | 이오Io | 아이오우Io | 제우스의 사랑을 받은 처녀 |
| 이오카스테Iocaste | 이오카스타Iocasta | 조캐스터Jacasta | 오이디푸스의 어머니 |
| 이카로스Ikaros | 이카루스Icarus | 이커러스, 아이커러스Icarus | 다이달로스의 아들 |
| 이타케Ithake | 이타카Ithaca | 이시커Ithaca | 오뒷세우스의 고향섬 |
| 이피게네이아Iphigeneia | 이피게니아Iphigenia | 이피지나이어Iphigenia | 제물로 바쳐진 아가멤논의 딸 |
| 일리온Ilion | 일리움Ilium | 일리엄Ilium | 트로이아. 일로스 왕의 이름에서 따옴 |
| 제우스Zeus | 유피테르Jupiter 읍피테르Juppiter | 주피터Jupiter | 올림포스의 최고신 |
| 제퓌로스Zephyros | 제피루스Zephyrus | 제퍼Zephyr | 서풍(西風)의 신 |
| 카리스Charis 카리테스(pl.)Charites | 그라티아Gratia 그라티아이(pl.)Gratiae | 그레이스Grace 그레이시즈(pl.)Graces | 미(美)의 여신 |
| 칼리오페Kalliope | 칼리오페Calliope | 컬라이어피Calliope | 서사시의 시신(詩神) |
| 케르베로스Kerberos | 케르베루스Cerberus | 서버러스Cerberus | 하계(下界)를 지키는 머리가 셋인 개 |
| 케이론Cheiron | 키론Chiron | 카이런Chiron | 현명한 켄타우로스. 아킬레우스, 헤라클레스, 아스 |

| 그리스 이름 | 로마 이름 | 영어 이름 | 역할 |
|---|---|---|---|
| | | | 클레피오스, 이아손 등을 가르침 |
| 켄타우로스Kentauros | 켄타우루스Centaurus | 센토Centaur | 반인반마(半人半馬)의 괴물 |
| 코린토스Korinthos | 코린투스Corinthus | 코린스Corinth | 펠로폰네소스 반도 위쪽에 있는 지명 |
| 퀴벨레Kybele | 퀴벨레Cybele | 시벌리Cybele | 프뤼기아의 대지(大地)의 여신 |
| 클뤼타임네스트라 Klytaimnestra 클뤼타이메스트라 Klytaimestra | 클뤼타임네스트라 Clytaemnestra 클뤼타이메스트라 Clytaimestra | 클라이팀네스트라 Clytemnestra | 아가멤논의 아내 |
| 크레테Krete | 크레타Creta | 크리트Crete | 지중해 동부의 섬 |
| 크로노스Kronos | 사투르누스Saturnus | 크로너스Cronus, 새턴Saturn | 농업의 신 |
| 키르케Kirke | 키르케Circe | 서시Circe | 마녀 |
| 키마이라Chimaira | 키마이라Chimaera | 카이미어러Chimera | 머리는 사자, 몸통은 염소, 꼬리는 뱀인 불을 토하는 괴물 |
| 타나토스Thanatos | 오르쿠스Orcus | 새너타스Thanatos | 사신(死神) |
| 테세우스Theseus | 테세우스Theseus | 시슈스Theseus | 아테나이 왕 |
| 테우크로스Teukros | 테우케르Teucer | 튜서Teucer | 트로이아 왕가의 조상 |
| 테이레시아스Teiresias | 티레시아스Tiresias | 타이리시어스Tiresias | 그리스 최고의 예언자 |
| 텔레마코스Telemachos | 텔레마쿠스Telemachus | 텔레머커스Telemachus | 오뒷세우스의 아들 |
| 튀케Tyche | 포르투나Fortuna | 포춘Fortune | 행운의 여신 |
| 트라케Trake | 트라키아Thracia | 스레이스Thrace | 그리스 북쪽에 있는 나라 |
| 트로이아Troia | 트로이아Troya | 트로이Troy | 트로이아의 수도 |
| 티스베Thisbe | 티스베Thisbe | 시스비Thisbe | 퓌라모스의 애인 |
| 파르낫소스Parnassos | 파르낫수스Parnassus | 파나서스Parnassus | 포키스 지방의 높은 산. 중턱에 델포이 신전이 있다. |
| 파리스Paris | 파리스Paris | 패리스Paris | 헬레네를 납치해온 트로이아의 미남 왕자 |
| 파이아케스Phaiakes | 파이아케스Phaeaces | 피에이션스Phaeacians | 오뒷세우스를 환대했던 이타케 근처 섬 사람들 |
| 판Pan | 파우누스Faunus | 팬Pan, 포너스Faunus 폰Faun | 가축·목자(牧者)의 신 |

13

| 그리스 이름 | 로마 이름 | 영어 이름 | 역할 |
|---|---|---|---|
| 판도라Pandora | 판도라Pandora | 팬도러Pandora | 최초의 여성 |
| 팔라디온Palladion | 팔라디움Palladium | 펄레이디엄Palladium | 황금으로 된 아테나 상(像) |
| 페넬로페Penelope<br>페넬로페이아Penelopeia | 페넬로파Penelopa | 퍼넬로피Penelope | 오뒷세우스의 아내 |
| 페르세우스Perseus | 페르세우스Perseus | 퍼슈스Perseus | 메두사를 퇴치한 영웅 |
| 페르세포네Persephone | 프로세르피나Proserpina | 페세퍼니Persephone<br>프로서파인Proserpine | 곡물 · 봄의 여신 |
| 펜테우스Pentheus | 펜테우스Pentheus | 펜시어스Pentheus | 디오뉘소스 숭배를 거부한 테바이 왕 |
| 펜테실레이아Penthesileia | 펜테실레아Penthesilea | 펜서설레이어Pentheseleia<br>펜서실러Penthesilea | 아마존족 여왕 |
| 포세이돈Poseidon | 넵투누스Neptunus | 포사이든Poseidon<br>넵춘Neptune | 바다의 신 |
| 포이베Phoibe | 포이베Phoibe | 피비Phoebe | 달의 여신 아르테미스의 별칭 |
| 폴뤼데우케스Polydeukes | 폴룩스Pollux | 폴럭스Pollux | 제우스의 아들 |
| 퓌라모스Pyramos | 퓌라무스Pyramus | 피러머스Pyramus | 티스베를 사랑했던 바빌로니아 청년 |
| 프로메테우스Prometheus | 프로메테우스Prometheus | 프러미시어스Prometheus | 불을 훔쳐 인간에게 준 티탄 |
| 프로크루스테스Prokrustes | 프로크루스테스Procrustes | 프로크러스티즈Procrustes | 테세우스가 퇴치한 앗티카 지방의 강도 |
| 프리아모스Priamos | 프리아무스Priamus | 프라이엄Priam | 트로이아 왕 |
| 플로라Flora | 플로라Flora | 플로러Flora | 꽃과 봄과 풍요의 여신 |
| 하데스Hades<br>하이데스Haides<br>플루톤Plouton | 플루토Pluto<br>디스Dis | 헤이디즈Hades | 하계(下界)의 왕 |
| 헤라Hera | 유노Juno | 히(어)러Hera, 주노Juno | 제우스의 아내 |
| 헤라클레스Herakles | 헤르쿨레스Hercules | 허큘리즈Hercules | 그리스 최고의 영웅 |
| 헤르메스Hermes | 메르쿠리우스Mercurius | 허미즈Hermes<br>머큐리Mercury | 신들의 사자(使者), 상업 · 교통의 신 |
| 헤르미오네Hermione | 헤르미오나Hermiona | 허마이어니Hermione | 메넬라오스와 헬레네의 딸. 오레스테스와 결혼함 |
| 헤베Hebe | 유벤타스Juventas | 히비Hebe | 청춘의 여신 |
| 헤스티아Hestia | 베스타Vesta | 베스터Vesta | 난로 · 아궁이의 여신 |

| 그리스 이름 | 로마 이름 | 영어 이름 | 역할 |
|---|---|---|---|
| 헤카테 Hekate | 헤카타 Hecata | 헤커티 Hecate | 천상(天上)·지상(地上)·하계(下界)를 다스리는 여신 |
| 헤파이스토스 Hephaistos | 불카누스 Vulcanus | 히페스터스 Hephaestus 벌컨 Vulcan | 불과 대장간의 신. 아프로디테의 남편 |
| 헬레네 Helene | 헬레나 Helena | 헬린 Helen | 스파르타 왕 메넬라오스의 왕비 |
| 헬리오스 Helios | 헬리우스 Helius | 힐리오스 Helios | 태양신 휘페리온의 아들 |
| 휘멘 Hymen | 휘멘 Hymen | 하이먼 Hymen | 결혼의 여신 |
| 휘아킨토스 Hyakinthos | 휘이킨투스 Hyacinthus | 하이어신서스 Hyacinthus | 아폴론의 사랑을 받은 미소년 |
| 휘페리온 Hyperion | 휘페리온 Hyperion | 하이퍼어리언 Hyperion | 태양신 |
| 힙폴뤼테 Hyppolyte | 힙폴뤼타 Hippolyta | 히폴리터 Hyppolyta | 아마존족 여왕 |
| 힙폴뤼토스 Hyppolytos | 힙폴뤼투스 Hippolytus | 힙폴리터스 Hyppolytus | 테세우스와 힙폴뤼테의 아들. 계모 파이드라의 유혹을 물리침 |

# 차례

# ㄱ

### 가계도 家系圖/세계표 世系表 Begats

일종의 족보. Begat은 beget(아버지가 자식을 낳다)의 과거형인데 이 말은 「창세기」에서 가계를 설명하는 부분(창 5, 10, 11장)에 자주 쓰인다. 이것을 복수형 begats로 쓰면 '가계도', '세계표'란 뜻이 된다. 「창세기」에서 위의 장章들은 아담 후손의 가계와 대홍수 뒤 노아 후손의 가계를 설명하는 부분으로 『성서』 전체에서 가장 지루한 부분으로도 유명하다. 어머니가 자식을 낳을 때는 bear를 쓴다.

### 가나 Cana

갈릴리 호수 서쪽에 있는 마을로 예수가 첫 번째 기적을 행한 곳. 가나에서 열린 혼인 잔치에서 포도주가 떨어지자 예수는 어머니 마리아의 요청으로 물을 포도주로 바꾸는 기적을 행하였다(요 2장).

### 가나안 Canaan

1) 『구약성서』에 나오는 노아의 손자이며, 함의 넷째(막내) 아들. 형으로 구스, 미스라임, 붓이 있다(창 10:6). 가나안의 아버지 함은 노아의 세 아들 중 하나인데 장막에서 아버지 노아가 포도주에 취해 발가벗은 채로 누워 있는 것을 보았다(창 9:20). 화가 난 노아는 가나안이 저주를 받아 그의 후손은 "그의 형제의 종들의 종이 되기를 원하노라"(창 9:25)고 선언한다. 전통적으로 가나안의 후손이 아프리카인이라고 알려져 이 구절이 노예 제도를 정당화하는 논리로 해석되었다.

2) 하느님이 아브라함에게 약속한 땅. 나중에 이집트를 떠난 이스라엘 백성이 이곳으로 들어간다. 이 땅은 매우 비옥하여 정탐하고 온 자들이 그 땅의 실과를 보이며 "당신이 우리를 보낸 땅에 간즉 과연 그 땅에 젖과 꿀이 흐르는데 이것은 그 땅의 과일이니이다"(민 13:27)라고 보고한다. ⇨ 젖과 꿀이 흐르는 땅

## 가뉘메데스 ㄱ Ganymedes ㄹ Ganymede 영 Ganymede

트로이아 왕 트로스의 아들. 흔히 굉장히 잘생긴 청년을 가리킬 때 사용되는 이름이다. 제우스가 독수리로 변신하여 이데 산에서 술잔을 따르게 하려고 그를 하늘로 낚아채 왔다. 이와 관련한 이야기는 호메로스Homeros의 『일리아스*Ilias*』 (xx), 베르길리우스Vergilius의 『아이네이스*Aeneis*』(v), 오비디우스Ovidius의 『변신이야기*Metamorphoses*』(x) 등에 나온다.

「가뉘메데스의 유괴」, 페라라 국립고고학박물관

## 가드에서는 이 일을 말하지 마라 Tell it not in Gath

우리가 당한 슬픔으로 인해 적이 기뻐하지 말게 하라는 뜻. 가드는 팔레스타인의 한 도시이다. "다윗이 이 슬픈 노래로 사울과 그의 아들 요나단을 조상하고 명령하여 그 것을 유다 족속에게 가르치라 하였으니 곧 활 노래라 야살의 책에 기록되었으되 이스라엘아 네 영광이 산 위에서 죽임을 당하였도다 오호라 두 용사가 엎드러졌도다 이 일을 가드에도 알리지 말며 아스글론 거리에도 전파하지 말지어다 블레셋 사람들의 딸들이 즐거워할까, 할례 받지 못한 자의 딸들이 개가를 부를까 염려로다"(삼하 1:17~20) 하는 구절에서 비롯하였다.

## 가룟 유다 Judas Iscariot

예수의 12제자 중 한 사람. 은銀 서른 닢에 예수를 팔았다. 누가 예수인지를 알려주기 위해 예수에게 배반의 입맞춤을 하고 제사장들과 예루살렘의 장로들에게 예수를 내주었다. 나중에 양딱총나무에 스스로 목을 매어 죽었다. 일상 회화에서 유다는 '친구를 배반한 사람', '위선자', '반역자'를 가리킨다.

## 가르강튀아 Gargantua

프랑스 작가 라블레François Rabelais의 풍자 소설 『가르강튀아와 팡타그뤼엘*Gargantua et Pantagruel*』(1533)의 주인공. 매력적인 왕자로 거인에다 대식가이다. 여러 모험을 겪는데, 전쟁에서 싸우고 논쟁을 조정하며 친구들이 욕망을 달성하도록 도와준다. "가르강튀아 같은*Gargantuan*"은 '거대한', '거인 같은'이란 뜻이다.

### 가브리엘 Gabriel

『성서』와 히브리 신화에 나오는 대천사로 하느님의 사자使者 또는 시종. 그의 이름은 '하느님의 사람', '하느님의 힘'이란 뜻이다. 히브리 신화에서 가브리엘은 죽음의 천사, 불과 천둥의 주재자로 나타나기도 하지만 주로 하느님의 사자로 나타난다. 『탈무드Talmud』에서는 산헤립 군대를 파괴한 자이며 요셉에게 길을 안내하고 모세를 매장한 천사 중의 한 명이다. 그는 다니엘이 본 환상을 해석하여 세례자 요한과 예수 그리스도의 탄생을 알렸다(단 8:16, 9:21, 눅 1:19·26). 이슬람 전통에 따르면 그가 『코란Koran』을 마호메트한테 구술했다고 한다. 밀튼John Milton은 『잃어버린 낙원Paradise Lost』(1667)에서 가브리엘을 천국의 수호 천사장으로 그렸다. "가브리엘의 개들Gabriel's hounds"은 최후의 심판일까지 방황하도록 저주받아 세례를 받지 못한 영혼인 야생 기러기들이다. "가브리엘의 나팔"은 기독교 종말론에서 심판의 날을 알리는 신호이다.

### 가상칠언架上七言 ⇨ 십자가 위의 7언

### 가서 다시는 죄를 범하지 말라 Go and sin no more

죄의 용서와 새로운 삶을 살 것을 권고하는 말. 바리새인과 율법학자가 간음하다 잡힌 여자를 끌고 와 어떻게 하는 것이 좋겠느냐고 예수에게 묻자 예수가 다음과 같이 대답한 데서 비롯하였다. "너희 중에 죄 없는 자가 먼저 돌로 치라 하시고 다시 몸을 굽혀 손가락으로 땅에 쓰시니 그들이 이 말씀을 듣고 양심에 가책을 느껴 어른으로 시작하여 젊은이까지 하나씩 하나씩 나가고 오직 예수와 그 가운데 섰는 여자만 남았더라 예수께서 일어나사 여자 외에 아무도 없는 것을 보시고 이르시되 여자여 너를 고발하던 그들이 어디 있느냐 너를 정죄한 자가 없느냐 대답하되 주여 없나이다 예수께서 이르시되 나도 너를 정죄하지 아니하노니 가서 다시는 죄를 범하지 말라 하시니라"(요 8:7~11).

렘브란트, 「간음한 여인」, 런던 국립미술관

### 가스파 Gaspar

동방 박사 세 사람 중 한 명. '카스파

Caspar'라고도 한다. 예수가 탄생했을 때 예수의 신성을 상징하는 유향乳香을 선물로
바쳤다. 그리스도의 탄생에 관한 중세극에서 우스꽝스러운 인물로 그려진다. 독일
인형극에서는 인기 있는 하인 카스펄Casperl이 되었는데, 가장 유명한 예는 파우스트
극에서 파우스트의 하인으로 등장하는 카스펄이다. ⇨ 동방박사

### 가시관/가시 면류관冕旒冠 Crown of thorns

예수를 처형할 때 로마 군인들이 예수에게 씌운 가시로 만든 관. '수난과 굴욕의 상
징'이며 '극심한 고통을 일으키는 것'을 의미한다. 『신약성서』에서 본디오 빌라도의
병사들은 예수를 데려가 "가시관을 엮어 그 머리에 씌우고…무릎을 꿇고 희롱하여 유
대인의 왕이여 평안할지어다"(마 27:29, 막 15:17, 요 19:2~5) 하고 외쳤다.

### 가시를 발로 차다 Kick against the pricks

'공연히 덤벼서 스스로를 해치다'는 뜻. 이 구절은 사울(바울)이 예수를 핍박하자 예수
가 모습은 보이지 않고 소리로 한 말로 "사울아 사울아, 네가 어찌하여 나를 박해하느
냐 가시채를 뒷발질하기가 네게 고생이니라"(행 26:14) 한 데서 비롯하였다.

### 가야바 Caiphas

예수의 재판 당시 유대의 대제사장. 안나스Annas의 사위이다. 피도 눈물도 없는 위선
적인 정치가의 전형이다. 예수가 죽은 나사로를 살려 내자 가야바는 '한 사람이 백성
을 위하여 죽어서 온 민족이 망하지 않게 되는 것이 편리하기 때문에 예수가 온 나라
를 위해 죽을 것'이라고 예언한다(마 26:3·57, 요 18:14·24·28). 그는 예수가 재판에서 유
죄임이 드러날 것이라고 확신했다.

### 가웨인 Gawain

아서 왕 전설에서 원탁기사 중 한 사람으로 아서 왕의 조카. 성배聖杯 탐색에 나선 최
초의 영웅 가운데 하나인데, 중세 작가들은 그를 '현명하고 예의바르다'고 묘사한다.
가웨인은 중세 설화시narrative poem 『가웨인 경과 녹의綠衣 기사Sir Gawain and the Green
Knight』(1375년경)에서 영웅으로 나온다.

### 가이사/카이사르 Caesar

로마 최초의 황제 이름. 지금은 일반적인 로마 황제를 가리키는 말이다. '가이사에게
호소하다to appeal unto Caesar'는 '최고 권위자에게 호소한다'는 뜻이다. 이 말은 바울
이 "만일 내가 불의를 행하여 무슨 죽을죄를 지었으면 죽기를 사양하지 아니할 것이
나 만일 이 사람들이 나를 고발하는 것이 다 사실이 아니면 아무도 나를 그들에게 내

어줄 수 없나이다 내가 가이사께 상소하
노라"(행 25:11) 하여 자신의 처지를 황제
에게 상소하겠다고 한 것에서 비롯하였
다. "가이사의 것은 가이사에게, 하느님
의 것은 하느님께 돌려라Render unto
Caesar the things which are Caesar's, and unto
God the things that are God's"는 말은 한 무
리의 바리새인이 난처한 질문으로 예수
를 곤경에 빠뜨리려고 로마에 세금을 바
치는 것이 옳으냐고 물었는데, 예수가

「가이사의 것은 가이사에게, 하느님의 것은
하느님께 돌려라」

"그때에 그가 그들에게 말했다 가이사의 것은 가이사에게, 하느님의 것은 하느님께 바
치라"(마 22:15~21, 막 12:17, 눅 20:21~25) 한 구절에서 비롯하였다. 이때 예수가 옳지 않다
고 대답하면 로마 통치자를 거스르는 것이고, 옳다고 하면 유대 애국자를 거스르는 것
이 된다. 예수는 돈에 가이사의 모습이 새겨진 점과 그 나라 돈으로 세금을 내는 것이
틀린 것이 아니라고 지적하여 곤경을 피한다. 이 답변은 세속 세계와 신령한 세계의
주장을 구분한 것으로 아직도 교회와 국가의 관계를 논의하는 데에 인용된다.

### 가이아 ㄱGaia 영Gaea

그리스 신화에서 대지의 여신이며 카오스의 첫 자식. 가이아(땅)는 우라노스(하늘)와
폰토스(바다)의 어머니로서 우라노스와 결합하여 12티탄을 낳았다. 아들 크로노스는
가이아가 남편의 폭력에 분개해서 그에게 준 낫으로 우라노스와 가이아가 성교하는 동
안 우라노스의 남근을 잘라 내 하늘과 땅을 영원히 분리했다. 이때 우라노스의 피가 땅
에 떨어져 복수의 여신들(에리뉘에스)이 태어났고, 우라노스의 성기(혹은 정액)가 바다에
떨어져 사랑과 미美의 여신 아프로디테가 태어났다고 한다. '가이아설說(Gaia Hypothesis)'
은 지구를 하나의 커다란 유기체有機體 혹은 생명체生命體로 보는 가설을 말한다. 이에
관한 이야기는 헤시오도스Hesiodos의 『신통기Theogonia』, 베르길리우스Vergilius의 『아이
네이스Aeneis』, 『호메로스풍 찬가Homerou Hymnoi』 등에 나온다.

### 가인과 아벨/카인과 아벨 Cain and Abel

아담과 이브(하와)의 아들. 가인은 동생 아벨이 바친 양의 첫 새끼 제물은 하느님이 기
뻐하며 받았으나 자신이 바친 땅의 소산은 받지 않자 시기심에서 아벨을 살해한다.

"그들이 들에 있을 때에 가인이 그의 아우 아벨을 쳐 죽이니라 여호와께서 가인에게 이르시되 네 아우 아벨이 어디 있느냐 그가 이르되 내가 알지 못하나이다 내가 내 아우를 지키는 자니이까…네가 무엇을 하였느냐 네 아우의 핏소리가 땅에서부터 내게 호소하느니라…가인이 여호와께 아뢰되 내 죄벌이 지기가 너무 무거우니이다…무릇 나를 만나는 자마다 나를 죽이겠나이다 여호와께서 그에게 이르시되…가인을 죽이는 자는 벌을 칠 배나 받으리라 하시고 가인에게 표를 주사 그를 만나는 모든 사람에게서 죽임을 면하게 하시니라 가인이 여호와 앞을 떠나서 에덴 동편 놋 땅에 거주하더니"

바르톨로메오 만프레디, 「가인과 아벨」,
피렌체 피티 궁정미술관

(창 4:8~16)라는 구절이 있다. 가인과 아벨의 갈등은 최초의, 원형적 형제살해fratricide로 이어진다. "내가 내 아우를 지키는 자니이까"라는 질문에 옳은 답은 언제나 "예"뿐이기 때문에 이 말은 항상 반어적으로 인용된다. 이 질문을 하는 것은 어떤 사람이 그의 동료에 대해 책임이 있는지를 묻는 것이다.

### 가인의 표적表迹/가인의 낙인烙印 Mark of Cain/Brand of Cain

형제를 살해한 가인을 형벌로부터 보호하는 표적. 가인은 동생 아벨을 죽인 대가로 하느님께 추방당하자 여호와께 부르짖었다. "사람들이 나를 보기만 하면 다 죽일 것입니다." 그러자 인자한 여호와는 "가인을 죽이는 자는 벌을 칠 배나 받으리라 하시고 가인에게 표를 주사 그를 만나는 모든 사람에게서 죽임을 면하게 하시니라"(창 4:15) 했다. 흔히 '가인의 저주 혹은 낙인'이라 불리는 가인의 표적은 처음에는 보호의 표였다. 그러나 일반적으로 가인의 이마에 찍힌 심홍색 낙인으로 생각하여 처벌의 표지를 의미하게 되었다. 후대 문학에서 그것은 한 개인이나 인류의 죄성罪性을 지칭하기도 한다. 이슬람 전통에 따르면 가인은 아벨의 쌍둥이 동생인 쥬멜라와 결혼하라는 아버지의 뜻을 거역하고 자신의 쌍둥이 여동생인 아클리마와 결혼한다. 하느님은 이 결혼을 용인하지 않는다는 표시로 그의 제물을 받지 않았다. 바이런Lord Byron은 『성서』에 나타난 이 이야기를 소재로 극시劇詩 「가인Cain, a Mystery」(1821)을 썼으며 코울리지Samuel Taylor Coleridge도 산문시 「가인의 방랑The Wanderings of Cain」(1798)에서 같은 주제를 다루었다. 스타인벡John Ernst Steinbeck의 소설 『에덴의 동쪽East of Eden』(1952)도 이 이야기에 바탕을 두었다.

### 가정의 신들 Household gods ⇨ 라레스와 페나테스

### 가죽각반 이야기 The Leatherstocking Tales ⇨ 레더스타킹 이야기

### 가증可憎의 잔 Cup of abomination

'더럽고 가증스런 것이 가득 찬 잔'이라는 뜻. 「요한계시록」에 나오는 큰 음녀가 "자주 빛과 붉은 빛 옷을 입고 금과 보석과 진주로 꾸미고 손에 금잔을 가졌는데 가증한 물건과 그의 음행의 더러운 것들이 가득하더라"(계 17:4) 한 데서 비롯하였다. 신학적으로 음녀와 음행은 모두 거짓된 신앙, 우상 숭배를 상징한다.

### 간음하다 잡힌 여인 Woman taken in adultery ⇨ 가서 다시는 죄를 범하지 말라

### 갈대아 우르 Ur of the Chaldees

아브라함의 고향. 갈대아는 바빌로니아 남부 지방을 가리키며, 우르는 도시 이름이다. 아브라함은 하느님의 명령을 좇아 가나안으로 가기 위해 그곳을 떠났다(창 11:28). 오늘날 이라크 남부 유프라테스 강가에 있는 나시리예 서쪽 14km 지점에 있는 텔 엘무콰야르일 것으로 추정하는데 이곳은 고대 수메르에 세워진 세계 최초의 도시이다. 이곳의 발굴품 중에 우르 남무Ur Nammu가 건설한 지구라트Ziggurat가 유명하다.

### 갈라진 발굽 Cloven hoof

하느님이 모세에게 이른, 사람이 먹을 수 있는 것 중 하나. "육지의 모든 짐승 중 너희의 먹을 만한 생물은 이러하니 짐승 중 무릇 굽이 갈라져 쪽발이 되고 새김질하는 것은 너희가 먹되"(레 11:2~3)라는 말에서 보듯 하느님은 발굽이 갈라진 짐승만 먹을 수 있고 희생 제물로 드리기에도 합당하다고 선포했다. 중세기에는 마귀Satan를 갈라진 발굽을 가진 것으로 그렸는데 이는 이방인의 우상이던 소에게서 빌려 온 특징이다. 그래서 '발굽이 갈라진'이라는 말이 '기괴한', '마귀의'란 뜻을 지니게 되었다(레 11:3·7·26, 신 14:7). 셰익스피어William Shakespeare의 『오셀로Othello』(1604)에서 오셀로는 이아고가 '악마의 발굽cloven hoof'을 가지고 있는지를 확인하려고 이아고의 발을 내려다본다.

루카 조르다노, 「갈라테이아의 개선 행렬」, 피렌체 피티 궁전미술관

## 갈라테이아 ㉆Galateia ㉤Galatea ㉥Galatea

'우윳빛 살결의 여자'라는 뜻.

1) 그리스 신화에 나오는 바다의 요정. 외눈박이 거인 폴뤼페모스가 갈라테이아를 사랑
했으나 그녀는 양치기 소년인 아키스를 사랑했다. 질투심 많은 폴뤼페모스는 결국 그녀
를 살해한다. 이와 관련한 이야기는 베르길리우스Vergilius의 『아이네이스Aeneis』(ix), 오비
디우스Ovidius의 『변신 이야기Metamorphoses』(xiii) 등에 나온다.

2) 퀴프로스(지금의 사이프러스) 왕이며 조각가인 퓌그말리온이 만든 조각상. 퓌그말리
온은 도덕적으로 문란한 여자들 때문에 여자를 멸시하여 완벽한 여자를 만들어 낼
결심을 한다. 그러자 사랑과 미美의 여신 아프로디테는 퓌그말리온이 여자를 무시하
는 것을 복수하려고 그가 자신이 만든 차가운 처녀 상아 조각상을 사랑하게 만들어

버린다. 그러나 마지막에 아프로디테는 마음을 누그러뜨려 상아 조각상에 생명을 불어넣어 인간으로 만들어 주었다. 퓌그말리온과 갈라테이아는 결혼하여 딸 파포스를 낳았다. 이 이야기를 소재로 한 쇼George Bernard Shaw의 희곡 『퓌그말리온*Pygmalion*』(1913)이 있으며, 이 희곡을 토대로 뮤지컬 「마이 페어 레이디My Fair Lady」(1956), 영화 「마이 페어 레이디」(1964)가 만들어졌다.

### 갈랫길 Parting of the ways

개인이나 국가 차원에서 둘 혹은 그 이상의 상황 중에서 한 가지를 선택해야 하는 결정적 순간을 뜻하는 말. "바벨론 왕이 갈랫길 곧 두 어귀에 서서 점을 치되 화살들을 흔들어 우상에게 묻고, 희생 제물의 간을 살펴서"(겔 21:21)에서 나온 말이다. 여기서 점을 치는 세 가지 방법—화살을 전통箭筒에 넣고 흔든 뒤 먼저 나오는 화살을 선택하는 방법, 우상에게 물어보는 방법, 신에게 바칠 제물을 선택한 뒤 그 제물의 간肝 색깔을 보고 판단하는 방법—이 나온다.

### 갈렙 Caleb

모세가 가나안에 보낸 정탐꾼 중의 한 사람. '고함 치는 자', '공격자'라는 뜻이다. 믿음과 책임감이 강한 인물을 가리킨다. 다른 사람은 벌벌 떨며 가나안 사람들을 대적할 수 없다고 했지만 그는 여호와가 함께하니 그들이 가나안을 정복할 수 있을 것으로 믿었다. 그 믿음 때문에 그들이 가나안에 들어가는 것이 허락되었다(민 13:30). 나중에 헤브론Hebron에 정착했다(수 14:14).

### 갈멜 산 Mount Carmel

바다를 내려다보고 있는 해발 168m의 언덕. 여기에서 엘리야가 바알과 아세라 제사장들과 참 신을 가리기 위해 대결을 벌여 승리하였다(왕상 18장).

### 갈보리 Calvary

예루살렘 근처의 동산으로 예수가 십자가에 매달린 곳. 골고다라고도 한다(눅 23:33). 라틴어로 '해골의 장소'라는 뜻이다. 갈보리는 '혹독한 정신적 고통의 경험이나 그런 경험을 한 장소'를 가리킨다.

### 감람산 橄欖山 Mount of Olives

예루살렘 성 동쪽에 있는 언덕. 『성서』에 나오는 주요 성지 중 하나이다. 유대 전승에 의하면 메시아의 시대가 여기에서 시작할 것이라고 한다. 기독교 전통에서 이곳은 예수가 산상수훈을 가르치고 가룟 유다에 의해 배반당하기 바로 직전에 기도한 겟세마네 동산이다(눅 22:39).

## 감미甘味와 광명光明 sweetness and light

인간 완성을 추구하는 데 구비해야 하는 두 조건. 인간에게 가장 고귀한 것인 아름다움과 지혜를 말한다. 스위프트Jonathan Swift는 『책들의 전쟁The Battle of the Books』 (1697~8)에서, 벌은 꿀honey과 밀랍wax, 즉 '감미와 광명(양초candle는 밀랍으로 만든다)'이라는 가장 고귀한 두 가지를 주고, 모든 사물 중 가장 숭고한 것이라고 썼다. 아널드 Matthew Arnold가 이 말을 『교양과 무질서Culture and Anarchy』(1869)에 빌려 와 '아름다움과 지혜beauty and wisdom'와 같은 뜻으로 쓰면서 조화로우면서도 종합적인 인간 완성을 추구하는 데 구비해야 하는 교양의 두 본질로 보았다. 아널드는 인간의 완성이란 아름다움과 지혜를 갖춘 상태이며, 그 모범을 헬레니즘에서 찾았다. 그는 『교양과 무질서』에서 당대의 무질서와 혼란을 극복하기 위해서는 "인간이 생각하고, 또 말한 최선의 것을 아는 것", 즉 교양정신이 필요하다는 점을 강조한다. 이 작품에서 지역주의 provincialism와 속물근성philistinism을 배격하고 '감미와 광명'을 중요하게 생각한 자신의 중심사상을 잘 표현하였다.

## 값진 진주眞珠 Pearl of great price

대단히 중요한 사람이나 물건을 뜻하는 말. 원래 이 말은 영적인 세계의 궁극적 가치에 대한 은유였다. "천국은 마치 밭에 감추인 보화와 같으니 사람이 이를 발견한 후 숨겨 두고 기뻐하며 돌아가서 자기의 소유를 다 팔아 그 밭을 사느니라 또 천국은 마치 좋은 진주를 구하는 장사와 같으니 극히 값진 진주 하나를 발견하매 가서 자기의 소유를 다 팔아 그 진주를 사느니라"(마 13:44~46) 한 구절에서 나왔다.

## 강가 Ganga

힌두 신화에서 성스러운 강인 간지스의 여신. 인도에서는 간지스 강 자체를 '강가'라고 부른다. 이 강은 비슈누Vishnu의 발가락에서 솟아나는 것으로 여겨졌다. 강물은 현자賢者 바기라티의 기도로 지상에 흐르게 되었고, 이 물은 죽은 사람의 재를 씻어 없앤다고 한다. 엘리어트Thomas Stearns Eliot의 『황무지The Waste Land』(1922) 마지막 부분에 강가가 나온다.

## 강도의 소굴巢窟/강도의 굴혈掘穴 Den of thieves

예수가 성전에서 환전상을 몰아낼 때 그들이 기도하는 집을 '강도의 소굴'로 만들었다고 책망(마 21:12~13, 막 11:15~17, 눅 19:45~46)한 데서 비롯한 말. ⇨ 성전에서 돈 바꾸는 자

엘 그레코, 「성전에서 상인을 쫓아내는 그리스도」, 런던 국립미술관

들을 몰아내다

### 개종자改宗者 Proselyte

유대교로 개종한 사람을 일컫는 말. 히브리어로는 '타국인 거주자'를 뜻한다. 이 말은
'하느님을 경외하는 자'라는 의미로 '하느님을 예배하는 자'(행 13:16, 16:14)로 불리던
사람들보다 한 걸음 더 나아가 할례와 세례 의식을 행하고 제사를 드리는 의식을 마친
사람을 일컫는다.

### 개츠비, 제이 Gatsby, Jay

피츠제럴드Francis Scott Key Fitzgerald의 『위대한 개츠비The Great Gatsby』(1925)에 나오는
인물. 술 밀매와 위조 주식을 팔아 돈을 벌면서, 엄청난 재산과 매력적인 이미지를 창
조해서 이상상理想像을 실현하려고 한다. 그의 무모하면서도 로맨틱한 모습은 아메리
카 성공 신화의 허무함을 암시한다.

29

### 갤러해드 경 Sir Galahad

아서 왕 전설에 나오는 원탁의 기사. 란슬러트 경과 펠레스 왕의 딸 엘레인의 아들로 기사 중에서 가장 순수하고 순결하다. 위태로운 의자Siege Perilous의 정당한 점유자로서 끝내 성배를 찾아낸다. ⇨ 성배, 위태로운 의자

### 거라사의 돼지 Gadrene swine ⇨ 내 이름은 군대다

### 거리의 사자 Lion in the streets/Lion in the way

사람이 내키지 않는 일을 하면서 피하려 드는 공포나 변명을 뜻하는 말. 『구약성서』에서 게으른 자의 생활을 묘사한 "게으른 자는 길에 사자가 있다 거리에 사자가 있다 하느니라" 한 구절에서 나왔다(잠 26:13). 이 문맥에서 사람들이 사자를 들먹이는 것은 자신이 행동하지 않는 것을 억지로 변명하는 것에 지나지 않는다.

### 거인 ㄱGigas(단) Gigantes(복) 영Giant

가이아(땅)의 아들들. 흔히 인간의 형상에 뱀의 꼬리가 있다. 가이아의 아들 크로노스가 우라노스(하늘)의 남근을 낫으로 거세했을 때 떨어진 피가 땅(가이아)에 닿았을 적에 태어났다. 이 이야기는 베르길리우스Vergilius의 『아이네이스Aeneis』(vi), 아폴로도로스Apollodoros의 『비블리오테케Bibliotheke』(i), 오비디우스Ovidius의 『변신 이야기Metamorphoses』(i), 호메로스의 『오뒷세이아Odysseia』(vii) 등에 나온다. ⇨ 기간테스

### 거짓 선지자先知者들 False prophets

거짓 예언을 하는 자. 예수가 산상수훈 중 "거짓 선지자들을 삼가라 양의 옷을 입고 너희에게 나아오나 속에는 노략질하는 이리라 그들의 열매로 그들을 알지니 가시나무에서 포도를, 또는 엉겅퀴에서 무화과를 따겠느냐? 이와 같이 좋은 나무마다 아름다운 열매를 맺고 못된 나무가 나쁜 열매를 맺나니" (마 7:15~17) 한 구절에서 나왔다. 이와 관련하여 "양의 옷을 입은 이리"라는 표현은 이제는 『성서』의 기원을 의식하지 않고 쓰이는 경구로 '거짓 선지자'나 '번지르하게 말은 잘 하지만 위선적인 사람'을 가리킨다.

### 거치는 돌 Stumbling Block

덫의 제동 장치(고전 1:23). 그리스어로는 스칸달론skandalon이라 한다. 사람을 실족시킬 수 있는 장애물로 우상을 상징하고(겔 14:3~4), "그가 성소가 되시리라 그러나 이스라엘의 두 집에는 걸림돌(거치는 돌)과 걸려 넘어지는 반석이 되실 것이며 예루살렘 주민에게는 함정과 올무가 되시리니" (사 8:14) 한 구절에서 보듯 전혀 다른 의미로 예수에게 적용되기도 한다(벧전 2:8). 즉 그를 따르는 자에게는 피할 수 있는 거룩한 곳이 되지만

그를 따르지 않는 자에게는 올무와 함정이 된다는 말이다. 「다니엘서」에 나오는 "뜬 돌"(단 2:34)도 메시야를 상징한다.

### 거할 곳이 많은 집 House of many mansions

예수를 따르는 자들을 위한 구원의 장소. 예수가 십자가에 못 박히기 전에 제자들에게 한 고별 설교 중 "너희는 마음에 근심하지 말라 하느님을 믿으니 또 나를 믿으라 내 아버지 집에 거할 곳이 많도다 그렇지 않으면 너희에게 일렀으리라 나는 너희를 위하여 거처를 예비하러 가노니"(요 14:1~2)라는 구절에서 비롯하였다.

### 걸리버, 레뮤얼 Gulliver, Lemuel

스위프트Jonathan Swift의 『걸리버 여행기Gulliver's Travels』(1726)의 주인공. 소인국小人國, 대인국大人國, 말馬나라 등을 돌아다니며 온갖 기이한 경험을 하는 인물이다.

### 걸리버 여행기 Gulliver's Travels

스위프트Jonathan Swift의 소설. 1726년에 발표되었다. 당대의 습관, 제도, 혁신에 관한 풍자 소설로 4부로 구성되어 있다. 1부에서 걸리버는 여행 중에 소인국인 릴리퍼트 Lilliput에 닿는다. 그곳에서 키가 15cm 정도에다 정신적인 면도 어린 국민을 만난다. 2부에서는 걸리버가 브롭딩낵Brobdingnag 거인족의 나라에 와 있는 자기 자신을 발견한다. 3부에서는 걸리버가 하늘을 나는 인공의 섬 라퓨타Laputa를 타고서 여러 곳으로 여행하는데, 그 섬에서는 이성과 과학이 그로테스크한 기획자Projectors에 의해 악용되고 있다. 4부에서 걸리버는 후이넘Houyhnhnms이라 불리는 말馬 종족 사이에 있다. 후이넘은 이성·침착·정의를 체현하고 있고, 인간과 같은 몸과 악덕을 지닌 매우 야만적이고 원숭이 같은 야후Yahoo라는 동물들을 지배한다. ⇨ 라퓨타, 브롭딩낵인들

### 게뤼온 ㄱGeryon 라Geryones/Geryoneus

그리스 신화에서 크뤼사오르와 칼리로에의 아들. 몸뚱이 셋에 대가리가 셋 달린 괴물이다. 사람을 잡아먹는 소들과 그 소들을 지키는 대가리가 둘 달린 개 오르토스를 소유했다. 헤라클레스는 게뤼온과 오르토스를 죽인 뒤 소들을 에우뤼스테우스한테 주었다. 단테Alighieri Dante 의 『신곡La Divina Commedia』(1304~8) 「지옥 Inferno」편 칸토17에서는 단테와 베르길리우스를 지옥 밑바닥으로 실어다 주는 날개 달린 기만欺瞞의 괴물로 나온다. 게뤼온에 관한 이야기는 베르길리우스Vergilius의 『아이네이스Aeneis』(vii), 아폴로도로스Apollodoros의 『비블리오테케Bibliotheke』(ii), 헤시오도스Hesiodos의 『신통기 Theogonia』 등에 나온다.

## 게으른 양식을 먹다 Eat the bread of idleness

'자신이 일하지 않은 양식을 먹다', '게으름을 피우다'는 뜻. "자기의 집안일을 보살 피고 게을리 얻은 양식을 먹지 아니하나니"(잠 31:27)에서 비롯한 말이다. 현숙한 아내 의 특징을 설명하는 「잠언」 31장에 나온다.

## 게하시 Gehazi

탐욕에 눈먼 사람을 가리키는 말. 예언자 엘리사의 시종으로 자신의 분수를 모르고 수 넴 여인의 아들을 소생시키려고 했다가 실패했다. 엘리사가 아람 왕 군대의 장관인 나 만의 문둥병을 고친 뒤에 그가 가져온 모든 선물을 받지 않고 돌려보냈으나, 게하시는 그를 쫓아가서 거짓말을 하여 은 두 달란트와 옷 두 벌을 받았다. 그러나 이 일로 벌을 받아 문둥병자가 되고 말았다(왕하 5장).

## 게헨나 Gehenna

지옥을 뜻하는 말. 히브리어 게힌놈gehinnom에서 파생한 말로 직역하자면 '힌놈 아들 의 계곡'이란 뜻이다. 몰록Moloch 신에게 제사를 지내기 위해 이 계곡에서 부모들이 자기 아이들을 잡아 바쳤다. 이 계곡을 '도벳Tophet'이라고도 하는데 여기에서 "도벳 만큼 뜨거운"이란 표현이 나왔다(왕하 23:10, 사 30:33, 렘 7:31~32, 19:1~5, 32:35).

## 겟세마네 Gethsemane

예루살렘에서 1마일(약 1.6km)가량 떨어진 곳에 위치한 감람산(올리브 산) 기슭에 있는 정원. 예수가 저녁에 그곳으로 기도하러 갔다가 유다에게 배반당했다. 예수가 제자들 에게 깨어 있으라고 했지만 그들은 예수만 내버려 두고 잠에 빠졌다. 겟세마네는 지금 은 '어떤 외로운 시련이나 고통의 장소'를 뜻한다. 이 사건은 '동산에서의 고뇌'라고 도 불린다(마 26:36~38, 막 14:32~34, 눅 22:39). ⇨ 감람산

## 겨우살이 mistletoe

1) 아이네아스의 황금가지golden bough. 베르길리우스Vergilius의 서사시 『아이네이스 Aeneis』에서 아이네아스는 이탈리아 땅에 도착하자마자 예언자 헬레노스한테서 그 에게 조언을 해줄 쿠마이에 있는 무녀(시뷜라)를 찾아가라는 말을 듣는다. 쿠마이의 무녀는 아이네아스가 하계下界로 내려갈 결심이 서면 동행해 주겠다고 제의하면서 숲속 나무에 기생하는 황금가지를 꺾어 오라고 한다. 이것을 손에 쥐어야만 하계로 들어가는 것이 허락된다. 즉 황금가지는 하계로 들어가는 데 필요한 통행증이었다. 케임브리지 대학 고전학 교수 프레이저James George Frazer는 베르길리우스Vergilius의

서사시 『아이네이스Aeneis』에 나오는 '황금가지'에 대한 연구를 시작하여 방대한 종교학·문화인류학 저서 『황금가지The Golden Bough』(2권, 1890 / 12권, 1911~15/보유補遺, 1935)를 썼고 황금가지가 겨우살이임을 발견했다. 겨우살이에 얽힌 여러 이야기는 엘리어트Thomas Stearns Eliot의 『황무지The Waste Land』(1922) 등 현대 작가들에게 많은 영향을 끼쳤다.

겨우살이

2) 기생식물. 땅에서 자라지 않고, 대여섯 종류의 나무(오크 나무보다는 사과나무에 더 흔함)에 붙어 자란다. 하늘에도 땅에도 속하지 않는 것으로 여겨져 고대부터 어떤 기생식물보다 숭배되었는데 번개(신의 불)를 더 많이 맞은 오크 나무에서 발견한 겨우살이를 특히 숭배하였다. 그래서 겨우살이 자체가 신의 선물로 여겨지게 되었다. 로마 박물학자 플리니우스Plinius는, 드루이드 승려들은 겨우살이가 많은 오크 나무를 발견하면 그 달의 여섯째 날에 승려 한 사람을 나무 위로 올려 보내 황금 낫으로 겨우살이를 잘랐다고 기록했다. 그는 겨우살이를 아래에 받쳐 둔 하얀 천에 떨어뜨려 땅에 닿지 않게 했으며, 그때 두 마리 하얀 황소가 제물로 바쳐졌다고 썼다. 이렇게 쇠나 땅에 닿지 않고 거두어진 겨우살이는 간질병을 치료하고 불모의 땅을 비옥케 하며 독을 막고 궤양을 치료한다고 여겨졌다. 최근까지만 해도 켈트족 나라에서는 겨우살이가 만병통치약all-healer이라고 불렸다. 항암치료에도 사용한다. "겨우살이 없이는 행운도 없다No mistletoe, no luck"는 말은 웨일즈 농부들이 전통적으로 써 온 속담이다. "겨우살이 아래에서는 키스해도 좋다Kissing under the mistletoe"는 말은 크리스마스 때 농가나 부엌 샹들리에에 매단 겨우살이 아래서는 모르는 사이라도 젊은 남자가 여자한테 키스할 특권이 있다는 것이며 키스할 때마다 열매를 하나씩 따던(열매가 다 없어지면 특권도 없어진다) 관습을 나타낸 속담이다.

3) 북유럽 신화에서 발드르는 '겨우살이 다트mistletoe-dart'에 맞아 죽는다. 그의 어머

니 프리가는 땅의 모든 것에게 아들을 해치지 않겠다는 맹세를 하게 했지만 땅에서 자라지 않는(기생식물) 겨우살이는 깜빡 잊었다. 그러자 프리가의 명령에 불만을 품은 로키가 겨우살이를 악용하여 발드르를 죽인다.

### 겨자씨 grain of mustard seed

천국에 대한 비유로 아주 작은 것을 가리키는 말. 예수는 "천국은 마치 사람이 자기 밭에 갖다 심은 겨자씨 한 알 같으니 이는 모든 씨보다 작은 것이로되 자란 후에는 풀보다 커서 나무가 되매 공중의 새들이 와서 그 가지에 깃들이느니라"(마 13:31~2) 하여 천국을 겨자씨에 비유한다. 물론 겨자씨가 가장 작은 씨앗은 아니지만 이스라엘에서는 작은 것의 대명사로 쓰이기 때문에 겨자씨에 비유한 것이다. "만일 너희에게 믿음이 겨자씨 한 알 만큼만 있어도 이 산을 명하여 여기서 저기로 옮겨지라 하면 옮겨질 것이요 또 너희가 못할 것이 없으리라"(마 17:20) 한 예수의 말도 같은 맥락이다.

### 견고한 망대望臺 Tower of strength

'위안자', '위로자', '의지할 사람'이라는 뜻. 예루살렘을 떠나 방황하던 다윗이 "주는 나의 피난처시오 원수를 피하는 견고한 망대望臺이심이니이다"(시 61:3) 한 구절에서 비롯하였다.

### 결혼전축가結婚前祝歌/결혼전축시結婚前祝詩 ㄱPothalamion 영Prothalamium

스펜서Edmund Spenser가 축혼가epithalamion를 흉내내서 지어낸 말. '신부 방 앞에서'란 뜻이다. 1596년 워스터 백작의 쌍둥이 딸의 결혼을 축하하여 지은 시로서 '신부 방 앞에서 부르는 노래'이다.

### 결혼축가結婚祝歌 Epithalamion ⇨ 축혼가

### 경구警句 epigram

기지 있는 짤막한 시, 혹은 기지 있게 압축한 표현. 초기 그리스 기념비 비명碑銘에서 발견되는 이 경구는 로마의 풍자 작가 마르티알리스Marcus Valerius Martialis(40~103)가 문학 양식으로 발전시켰는데, 그의 경구는 음란하고 무례한 것이 많다. 경구의 계통系統은 그리스 작가로부터 직접 받아들인 것이 아니라, 라틴 작가를 통해 직접 혹은 간접적으로 프랑스 문학에 전래되었는데, 특히 엘리자베스 시대에 인기 있던 마르티알리스를 통해 전해졌다. 경구 표현의 명수로는 베이컨Francis Bacon, 포우프Alexander Pope, 머콜리 Thomas Babington Macaulay 등이 있다.

### 경기競技 Games ⇨ 제전

## 경문 經文/성구함 聖句函 Phylactery

양피지에 쓴 『성서』 구절을 담는 조그마한 가죽 상자. 유대 남자들은 아침 기도를 드릴 때 두 개의 경문 중 하나는 이마에, 다른 하나는 왼팔에 가죽띠로 묶었다. 여기에는 『구약성서』의 네 구절(출 13:1~10, 출 13:11~16, 신 6:4~9, 신 11: 13~21)이 들어 있었다. 예수는 바리새인이 자신들의 경건함을 자랑하기 위해 필요 이상으로 경문을 넓게 하고 다닌다고 비난했다(마 23:5). "경문을 넓게 하다make broad one's phylactery"는 말은 '신앙이 독실한 체하다', '도덕가인 양하다'는 뜻이다. ⇨ 성구함을 넓게 하다

## 경輕히 여기다 Make light of

별 가치가 없고 중요하지 않은 것으로 생각하거나 대접한다는 뜻. "그들이 돌아보지도 않고 한 사람은 자기 밭으로, 한 사람은 자기 사업하러 가고"(마 22:5)에 나오는 말로 예수가 천국에서의 혼인 잔치를 비유적으로 말한 것이다. 천국에서 혼인 잔치를 벌이고 사람들을 초대하였으나 그들이 이를 가볍게 여기고 각기 자기 일을 하러 갔다는 말이다.

## 계관시인 桂冠詩人 Poet Laureate

국왕이 임명하는 왕실 시인. 왕실과 국가의 경사(왕이나 여왕의 생일, 대관식, 왕실 결혼식), 장례식 등에 관해 국민감정을 표출하는 시를 짓는 일이 임무였다. 최초의 계관시인은 벤 존슨Ben Jonson(1619년 임명)이다.

## 계시 啓示/계시록 啓示錄 Apocalypse

사도 요한이 쓴 「요한계시록Revelation」의 다른 이름. '드러냄' 혹은 '계시'에 해당하는 그리스어이다. 「요한계시록」은 하느님의 궁극적인 뜻, 선과 악의 마지막 전쟁, 최후의 심판을 예언한 『성서』의 마지막 책이다. 유대교와 기독교, 이슬람교에서 세계가 선과 악의 최종적, 결정적 전쟁의 문턱에 놓여 있다는 종교적 글을 지칭하는 포괄적인 용어이다. 형용사형인 apocalyptic은 '완전한 파괴' 혹은 '넓은 지역에 두루 미치는 재난'을 의미한다.

## 계시록의 기수騎手들 Horsemen of the Apocalypse

성 요한이 본 계시적 환상 가운데 하나. 어린 양(예수)이 일곱 봉인이 찍힌 책을 열었을 때 성 요한은 최후의 심판을 상징하는 네 명의 기수를 본다. 붉은 말을 탄 기수는 전쟁과 피흘림, 검은 말을 탄 기수는 기근, 청황색 말을 탄 기수는 사망, 백마를 탄 기수는 그리스도를 나타내는 것 같다(계 19:11과 비교). 이것은 "이에 내가 보니 흰 말이 있는데

그 탄 자가 활을 가졌고 면류관을 받고 나가서 이기고 또 이기려고 하더라…붉은 말이 나오더라 그 탄 자가 허락을 받아 땅에서 화평을 제하여 버리며…내가 보니 검은 말이 나오는데 그 탄 자가 손에 저울을 지녔더라…또 보니 청황색 말이 나오는데 그 탄 자의 이름은 사망死亡이너 음부陰府기 그 뒤를 따르더라 그들이 땅 사분의 일의 권세를 얻어 검과 흉년과 사망과 땅의 짐승들로써 죽이더라"(계 6:2~8)는 구절에서 비롯하였다.

**계시록의 네 명의 기수騎手 Four Horsemen of the Apocalypse** ⇨ 계시록의 기수들

**계시문학啓示文學 Apocalystic Literature**

고대 히브리 문학과 초기 기독교 작품에 흔한 예언 문학. 감춰진 상징과 미래의 메시야 왕국에 대한 비전으로 가득 차 있다. 성 요한의 「요한계시록」은 Apocalypse(계시, 묵시)라고 불리기도 한다.

**고결한 야만인 Noble Savage**

낭만주의 문학에서 이상화된 원시인상原始人像. 비유럽 문화에 속하고 유럽 문명에 오염되지 않은, 태어난 그대로의 소박함과 덕을 지닌 원시인을 가리킨다. 루소Jean-Jacques Rousseau의 『에밀Émile』(1762)에서 유래하여 나중에 낭만주의 사상과 결합했다. 인간은 원시 상태에서는 선량하고 고상한데 인간의 결함이 가득 찬 지나치게 불순한 문명사회의 제도로 인해 부패하게 되었다는 것을 전제로 한 말이다. 이 용어는 1672년 영국의 시인이자 비평가인 드라이든John Dryden이 처음 사용했다. 프랑스의 샤토브리앙François Chateaubriand은 『아탈라Atala』(1801)와 『르네René』(1805)에서, 쿠퍼James Fenimore Cooper는 『가죽각반 이야기Leatherstocking Tales』(1823~41)에서 북아메리카 인디언을 미화했다.

**고기 가마 Fleshpot**

불 위에 올려놓는 용기. 주로 금속으로 만든다. 『성서』에서 상징적으로 예루살렘(겔 11:3), 탐욕(미 3:3), 복수(시 58:9) 등을 가리키는 말로 사용되었다.

**고너릴 Goneril**

셰익스피어William Shakespeare의 『리어 왕King Lear』(1605)에 등장하는 인물. 리어 왕의 장녀로 냉혹하며 잔인하다. 사악한 여동생 리건과 결탁하여 리어 왕에게 굴욕감을 주고, 에드먼드를 차지하려고 동생과 다툰다. 결국 리건을 독살한 뒤 자살한다.

**고넬료 Cornelius**

로마의 백부장百夫長(Centurion, 100명의 군사를 지휘하는 장교)으로 베드로의 전도에 의해 기

독교로 개종한 최초의 이방인(행 10장). 로마 군대 소속이었는데 그 부대는 1세기에 시리아에 있던 로마 시민을 위한 지원부대였다. 『성서』는 그를 "경건하여 온 집안과 더불어 하느님을 경외하며 백성을 많이 구제하고 하느님께 항상 기도하던 사람"(행 10:2)으로 기록한다. 그의 개종은 복음이 예루살렘에서 로마로 전해지는 데 하나의 전환점이 된다.

## 고다이버 부인 Lady Godiva

11세기 영국 중부 코벤트리Coventry의 영주 머시아 백작의 아내. 그녀는 남편이 주민에게 세금을 많이 매기자 세금을 줄여 주라고 간청한다. 남편은 농담으로 그녀가 대낮에 발가벗고 말을 타고 시장을 돌아다닌다면 그렇게 하겠다고 말한다. 고다이버 부인은 그렇게 하겠다고 약속하고 주민에게 바깥을 내다보지 말라고 알리고는 말을 타고 나섰다. 모든 시민은 그녀의 충고를 따라 집 안에 있었지만 재단사 톰만이 호기심을 못 참아 바깥을 내다보고 말았다. 그 찰나 톰은 하느님의 벌을 받아 장님이 되어 버렸다.
⇨ 엿보는 톰

## 고대 세계 7대 불가사의 The Seven Wonders of the Ancient World

고대 세계의 가장 놀랄 만한 건축물들. 기원전 4세기 시돈의 안티파트로스의 분류에 의하면 다음과 같다.

**이집트 기자의 쿠푸(케옵스) 왕의 피라미드 The Pyramid of Cheops** 이집트 제4왕조, 기원전 3000년경에 세워진 세계에서 가장 큰 피라미드. 쿠푸khufu(케옵스Cheops) 왕의 묘로 계획된 듯하며 내부 구조가 복잡하다. 대피라미드 또는 제1피라미드로 불린다. 높이가 약 137m이다. 축조 당시의 찬란함은 없어졌지만 본래의 위치에 서 있다.

**바빌론의 공중정원 The Hanging Gardens of Babylon** 네부카드네자르(느부갓네살) 2세(기원전 605~562)가 왕비 아미티를 위해 건축한 정원. 실제로 공중에 매달린 것은 아니고 아치를 받침대로 한 테라스나 발코니 위에 지어졌다. 높이가 107m에 이르는데 꼭대기까지 수압 펌프로 물을 대었다.

**올림피아의 제우스 상像 The Statue of the Olympian Zeus** 올림피아에 있던 황금과 상아로 만든 제우스 상. 주로 고대 작가들, 특히 그리스 여행가 파우사니아스Pausanias의 묘사와 주화鑄貨 그리고 발굴자들의 상황 증거에 의해 알려졌다. 페이디아스Pheidias(기원전 490~430)의 작품으로 제우스가 왕좌에 앉아 오른손에는 니케(승리의 여신상)를, 왼손에는 홀을 쥐고 있으며 정교히 조각한 신화 장면들이 왕좌를 장식하였다. 이 조각상이 어떻게 되었는지는 알려져 있지 않다.

## 에베소에 있는 아르테미스 대신전

The Great Temple of Artemis at Ephesus 소
아시아 에베소에 있던 대신전. 기원
전 6세기에 크로이소스 왕과 나른 사
람들의 기부금으로 건립되었다. 얼마
나 장엄했던지 헤로도토스Herodotos
(기원전 484년경~425)는 피라미드와 비
교하기도 했다. 이 신전은 기원전 3세
기에 약탈당해 불탔고, 신전의 대리석
은 나중에 건축 자재로 사용되었다.
기둥과 조각의 일부는 영국박물관에
남아 있다.

에베소의 옛터

## 할리카르낫소스의 마우솔레이온

Mausoleum at Halicarnassus 마우솔로스
왕의 미망인인 아르테미시아의 명령으로 소아시아 할리카르낫소스에 기원전
353~350년에 걸쳐 건립한 마우솔로스 왕의 무덤. 거대한 건축물로 높이가 약 43m
에 여러 층으로 되어 있었다. 여기에서 영어의 mausoleum(장엄한 무덤, 대영묘)이라는
단어가 나왔다. 15, 16세기에 터키와 기독교도 사이의 전쟁에서 쌍방이 교대로 마우
솔레이온을 점령하고 파괴했다. 현재 유적의 일부를 영국박물관에서 볼 수 있다.

**로도스 섬의 거상**巨像 The Colossus of Rhodes 높이가 약 32m에 달하는 태양신 헬리오
스의 거대한 청동 조각상. 에게 해에 있는 로도스 섬 항구의 입구에 있었다. 조각상
이 항구 바다 위로 두 다리를 벌리고 서 있고 그 밑을 배들이 통과했다는 말이 있는
데, 고대 작가들을 통해서는 확인할 수 없고 중세인의 공상인 듯하다. 이 조각상은
알렉산드로스 대왕의 후계자인 안티고노스와 데메트리오스의 군대가 로도스 섬을
포위했을 때 로도스인들이 성공적으로 저항한 일을 기념하기 위하여, 기원전 307
년에 로도스 섬의 보호자 렐리오스에게 바치는 감사의 제물로 건립했다. 이 거대한
조각상은 기원전 224년 지진으로 무너졌고 깨진 조각은 672년에 폐품으로 팔렸다.
영어 'colossal(거대한)'은 그리스어 'colossus(거대한 조각상)'에서 파생했다.

**알렉산드리아의 파로스**(등대) The Pharos at Alexandria/The Lighthouse at Alexandria 프톨레

마이오스 2세(기원전 285~246)가 다스리는 동안 이집트 알렉산드리아 항구에 있는 섬에 지어진 등대. 높이가 약 180m에 적어도 4개의 탑으로 만들어져 있었다. 소스트라토스가 불과 거대한 거울을 사용한 교묘한 조명 장치를 고안하였다. 9세기에 아랍인이 부분적으로 파괴했고, 나머지 부분이 잠시 이슬람교 사원으로 사용되었다. 1375년에 큰 지진으로 완전히 파괴되었다.

로도스 섬의 거상

### 고대인古代人과 근대인近代人 논쟁 The Quarrels of the Ancients and Moderns

17세기 유럽에서 일어난 문학 논쟁. 고대인(그리스·로마)의 문학과 근대인(르네상스 이후)의 문학 중 어느 쪽이 훌륭한가에 관한 논쟁이다. 영문학에서는 드라이든John Dryden이 『극시론Essay on Dramatic Poesy』(1668)에서 이것을 논하면서 근대인이 낫다는 주장을 폈다. 윌리엄 템플 경Sir William Temple은 드라이든과는 반대로 고대인이 낫다고 주장하였다. 스위프트Jonathan Swift가 템플을 지지하여 고대인 우월론을 썼는데 그것이 『책들의 전쟁The Battle of the Books』(1704)이다. 미술 분야에서는 독일의 비평가 빙켈만Johann Joachim Winkelmann이 그리스의 미를 최고라고 했다. 프랑스에서도 17세기 후반이 논쟁이 불붙어 브왈로Nicolas Boileau와 라 퐁텐Jean de la Fontaine은 고전문학의 우월성에 찬성한 반면, 페로Charles Perrault는 성숙한 인간 지성의 대표자로서 현대 작가의 우월성을 주장했다.

### 고두노프, 보리스 Godunov, Boris

푸시킨Aleksandr Pushkin의 사극史劇 『보리스 고두노프Boris Godunov』(1825)에 등장하는 잔인하고 무정한 주인공. 이야기의 배경은 16세기 후반으로 보리스는 황태자 드미트리를 암살하고 러시아 황제가 된다. 보리스는 그를 반대하는 백성과 싸우던 중에 병이 나서 죽는데, 죽기 직전 아들을 새 황제로 임명한다. 고두노프는 실제로 1598년에서 1605년까지 재위한 황제이다.

### 고딕 소설 Gothic novel

18세기 후반 영국에서 발생한 대중 소설의 한 형식. 흔히 역사에서 끌어온 쓸쓸한 배경과, 공포·폭력·초자연적인 것을 연출한 신비롭고 생각에 잠긴 인물이 등장한다.

## 고라 Korah

모세와 아론에 대항하여 다른 이들과 함께 반역을 일으킨 인물(민 16장). 이스할의 아들이며 모세와 아론의 사촌이다. 고라 일당은 모세와 아론이 제사장직을 독점하고 있다고 생각하여 반역을 일으키지만 갑자기 땅이 갈라져 산 채로 매장되고 만다(민 16장). 하느님의 진노를 사서 벌을 받은 것이다. 고라는 '우박', '대머리' 라는 뜻도 있다.

## 고르고/고르곤 ⅢGorgo/Gorgon(단) Gorgones(복) 영Gorgon(단) Gorgons(복)

그리스 신화에 나오는 엄청나게 추악한 세 자매. 스테노Stheno(강한 여자), 에우뤼알레Euryale(이리저리 방황하는 혹은 멀리 날아가는 여자), 메두사Medousa(교활한 여자)이다. 특히 메두사는 너무 흉측하게 생겨 그녀를 본 사람은 모두 돌로 변했다고 한다. 머리칼은 뱀으로 장식되어 있고 손은 놋쇠에다 몸은 비늘로 덮여 있으며 이는 엄니tusk 같았다. 고르고 중에서는 메두사가 가장 유명한데 페르세우스한테 목이 잘렸고, 나머지 두 자매는 영원히 죽지 않았다. 고르고는 gorgos(무시무시한)에서 나온 말이다. 메두사는 본래 대지의 여신이고 액운을 막는 힘을 가진 듯한데, 무기나 벽에 고르고의 머리Gorgoneion를 장식한 것은 이 때문이다. 고르고는 원래 아리따운 처녀였는데 아테나 여신보다 더 아름답다고 자랑해서 아테나가 화가 치밀어 그녀의 머리칼을 뱀으로 만들었다는 이야기와, 아테나 신전에서 포세이돈과 정을 통해 벌을 받았다는 이야기가 있다. 이 이야기는 베르길리우스Vergilius의 『아이네이스Aeneis』(vi), 호메로스Homeros의 『일리아스Ilias』(v·xi), 오비디우스Ovidius의 『변신 이야기Metamorphoses』(iv), 아폴로도로스Apollodoros의 『비블리오테케Bibliotheke』 등에 나온다. 현대에 테런스 피셔 감독이 이들 이야기를 영화화한 「고르곤The Gorgon」(1964)이 있다.

## 고르디오스의 매듭 Gordian Knot

복잡한 문제를 뜻하는 말. 미다스 왕의 소작인이던 고르디오스는 나중에 프뤼기아 왕이 된다. 프뤼기아인이 신탁에 복종하여 마차를 몰고 제우스 신전으로 다가온 첫 번째 사람에게 왕관을 씌어 주었는데, 그가 고르디오스였기 때문이다. 고르디오스는 신전 안쪽 기둥에다 마차의 멍에를 대단히 복잡한 매듭으로 묶고 신탁은 이 매듭을 푸는 자가 아시아의 황제가 될 것이라고 선언한다. 나중에 알렉산드로스 대왕은 단칼에 그 매듭을 잘라 버린다. '고르디오스의 매듭 끊기Cutting the Gordian Knot' 라는 말은 어려운 문제를 단칼에 해결하는 매우 결연한 방법을 뜻한다. 엄밀히 말해 알렉산드로스는 매듭을 푼 것이 아니라 자른 것이다.

## 고리오 영감 Le père Goriot

프랑스 소설가 발자크Honoré de Balzac의 『고리오 영감Le Pére Goriot』(1835)의 주인공. 이기적이고 배은망덕한 두 딸에게 전적으로 헌신하지만 딸들은 아버지의 사랑을 이용하여 돈을 전부 빼앗는다. 그래도 그는 딸들을 칭찬하며 죽는데 딸들은 그의 장례식에 참석도 하지 않는다.

## 고린도 전·후서 The Epistle of Paul the Apostle to the Corinthians

『신약성서』의 두 책. 고린도는 그리스 펠로폰네소스 반도 맨 뒤에 자리하고 있어 본토本土와 연결되는 고대 도시 코린토스를 일컫는다. 이 책은 고린도에서 고통을 당하는 기독교인에게 바울이 쓴 편지로 이루어져 있다. 고린도의 성도들은 그 도시의 세속적이며 음란한 분위기에 노출되어 있었는데 바울은 그들에게 그러한 환경을 무시하라고 말한다. 바울은 내적인 분열과 그 지역의 권위자들에 관해서도 얘기한다. 이 책은 1세기의 기독교도가 이방 세계와 겪은 문제에 통찰을 제공하기 때문에 특히 중요하다. 「고린도전서」 13장은 기독교적인 사랑에 관한 바울의 설명을 담고 있는데 『성서』 전체에서 가장 아름다운 장 가운데 하나이다.

## 고모라 Gomorrah ⇨ 소돔과 고모라

## 고생의 떡을 먹다 Eat the bread of affliction

'고통을 당하다'라는 뜻. 아합의 패전을 예언하는 미가야에게 아합이 "그에게 고생의 떡과 고생의 물을 먹여라"(왕상 22:27) 한 데서 비롯하였다. 여기에서 떡(빵)과 물의 괴로움은 특별한 차이가 있는 것은 아니고 의미를 강조하기 위한 대구법對句法(parallelism)으로 『성서』 문체의 특징이다.

## 고센 Goshen

야곱의 아들 요셉이 아버지와 형들을 위해 선택한 나일 강 동부 삼각주 지역(창 45:10). 이 땅은 매우 비옥하였으며 하느님이 이스라엘 사람들을 종살이시킨다고 이집트에 내린 재앙의 영향을 받지 않았다. 따라서 고센은 '풍요의 땅', '공포와 악으로부터 자유로운 평화와 자유의 장소'를 뜻한다.

## 고타마 Gautama

석가모니釋迦牟尼. 불교를 창시한 역사상 가장 중요한 붓다('진리를 깨달은 자'란 뜻)로 이름이 고타마 싯다르타Gautama Siddharta(고타마는 성, 싯다르타는 이름)이다.

### 고트족族 Goths

3~5세기에 남부 유럽의 대부분을 침공하여 파괴한 튜튼족. 지금은 잔인하고 무식한 야만인을 가리킨다. 이 부족의 이름에서 파생한 고딕Gothic이란 용어는 12~16세기 유럽에 유행한 건축 양식을 가리키며, 고딕 소설Gothic novel은 18세기 후반 영국에서 발생한 대중 소설의 한 형식을 일컫는다.

### 곡과 마곡 Gog and Magog

1) 큰 전쟁이 닥칠 것을 나타내는 말. 「에스겔」 38장 2절을 보면 곡은 마곡의 왕으로 뤼디아Lydia의 왕 귀게스Gyges일 가능성이 있다. 「요한계시록」은 사탄과 더불어 하느님의 백성에게 전쟁을 벌일 두 나라로 이들을 얘기한다(계 20:8).

2) 런던 시청 앞에 있는 두 거인상. 영국 전설에서 로마 시대에 브리튼에 살았다는 두 거인으로 영웅 브루트와 친구 코리네우스가 생포하여 쇠사슬로 묶어 노예로 런던에 붙들어 왔다.

### 곡식 떠는 소의 입에 망을 씌우지 말라 Do not muzzle the ox that treadeth the corn

곡식을 타작할 때 일부를 소의 먹이로 주는 것에 인색하지 말라는 뜻. "곡식 떠는 소의 입에 망을 씌우지 말지니라"(신 25:4) 하는 구절에서 비롯하였다. 지금은 '고용한 사람을 치사하게 혹은 비굴하게 대하지 말라'는 뜻으로 쓴다.

### 골고다 Golgotha ⇨ 갈보리

### 골리앗 Goliath

블레셋의 거인 용사. 전쟁터에서 이스라엘 사람한테 누구든지 도전해 보라고 매일 큰소리를 쳤다. 키가 대략 3m나 되어 아무도 무찌를 수 없다고 생각했다. 다윗이 어린 목동이었을 때 형들을 만나러 전쟁터에 갔다가 그의 도전을 받아들여 무릿매sling로 그를 죽였다(삼상 17:23~54).

### 골수와 기름진 것 Marrow and fatness

영양이 풍부하고 좋은 음식. 다윗이 아들 압살롬의 반역을 피하여 성을 빠져나와 기드론 시내를 건너 광야 길로 들어서지만 "주는 나의 하느님이시라"(시 63:1)고 고백하며 "골수와 기름진 것을 먹음과 같이 나의 영혼이 만족할 것이라"(시 63:5)고 한 말에서 비롯하였다.

### 골짜기의 백합/골짜기의 수선화 Lilies of the valley

아름다움의 상징. 솔로몬이 노래한 「아가서」의 "나는 샤론의 수선화요 골짜기의 백합화로구나"(아 2:1)라는 구절에서 비롯하였다. 여기서 백합은 보랏빛 히아신스를 가리키는 것 같다.

## 공관복음서共觀福音書 Synoptic Gospels

『신약성서』의 처음 세 책인 「마태복음」, 「마가복음」, 「누가복음」을 일컫는 말. Synoptic은 '일반적인 견해'라는 뜻의 그리스어 synoptikos에서 파생한 말이다. 세 복음서는 예수의 삶을 주로 다루는데 내용이나 언어, 순서가 유사하다. 「마가복음」이 가장 오래된 기록으로서 「누가복음」과 「마태복음」은 「마가복음」을 출처로 쓰고 있다. 「마태복음」과 「누가복음」의 저자들은 예수의 말을 담고 있는 분실된 책을 인용한다. 이 분실된 책은 'Q'(독일어로 Quelle, 즉 '출처'라는 뜻)라고 불리는데 기독교 문서 중에서 가장 오래되었다. 예수의 말을 모은 선집이기 때문에 성서 학자들은 「마가복음」이 'Q'와 짝을 이루고 예수의 전기傳記 자료를 제공하기 위해 쓴 것이라고 주장한다.

## 공동서신共同書信 Catholic Letters

『신약성서』 중에 「야고보서」, 「베드로전·후서」, 「요한일·이·삼서」, 「유다서」를 일컫는 말. 이 서신은 특정 교회나 개인에게 보낸 편지가 아니라 광범위한 독자를 위해 쓰였기 때문에 공동서신이라 한다.

## 공포의 왕 King of Terrors

'죽음'을 뜻하는 말. 욥의 친구 빌닷이 악인의 운명을 설명하는 중에 "그가 그 의지하던 것들이 장막에서 뽑히며 그는 공포의 왕에게로 잡혀가고"(욥 18:14) 한 데서 비롯하였다.

## 공현절公現節/주현절主顯節/현현절顯現節 Epiphany

예수가 동방박사들이 찾아왔을 때 만방에 자신의 모습을 드러낸 것을 기념하는 날. '모습을 드러낸다, 나타낸다'는 뜻을 지닌 그리스어 epiphaneia에서 나왔다. 크리스마스가 지난 뒤 12일째 날인 1월 6일을 '예수 공현 축일'이라고 하는데 원래는 예수의 탄생을 축하하는 축제일이었다. 지금도 동방교회는 이날을 크리스마스로 지킨다. 영국에서는 12일절Twelfth Day이라고 부르고 그 전날인 1월 5일 밤을 십이야Twelfth Night라고 한다. 셰익스피어William Shakespeare의 연극 「십이야Twelfth Night」(1600)는 12일절 전날(십이야)에 공연되었다.

## 과부의 동전 한닢 Widow's mite

가난한 사람이 적지만 정성으로 하는 선물이나 기부를 뜻하는 말. 가난한 과부가 자신이 가진 전부인 2렙돈을 연보궤捐補櫃에 넣는 것을 보고서 예수가 "이 가난한 과부가 모든 사람보다 많이 넣었도다"(막 12:41~44) 한 데서 비롯하였다. 렙돈은 로마의 가장 작은 화폐 단위이다.

## 과부의 항아리/과부의 통 Widow's cruse

'무한정한 공급처', '무진장'이란 뜻. 엘리아가 사르밧 과부에게 떡을 가져오라고 하자 그녀는 순종하여 "통에 가루 한 움큼과 병에 남은 기름"으로 떡을 만들어 왔다. 그녀가 가진 것의 전부였다. 그 뒤 하느님의 축복으로 "그 통의 가루가 떨어지지 아니하고 그 병의 기름이 없어지지 아니"(왕상 17:10~16)하였다.

## 관계도 없고 분깃될 것도 없다 Have no part nor lot in

'아무런 관련도 없다', '관심도 없다'라는 뜻. 영지주의靈智主義(Gnosticism)파의 교사이며 사마리아에서 마술을 행하던 시몬이 사도들이 안수하여 성령을 받는 것을 보고는 돈을 주고 자신도 그와 같은 능력을 사려고 했다. 베드로가 이것을 보고 "하느님의 선물을 돈 주고 살 줄로 생각하였으니 네 은과 함께 네가 함께 망할지어다 하느님 앞에서 내 마음이 바르지 못하니 이 도에는 네가 관계도 없고 분깃될 것도 없느니라"(행 8:20~21)고 했다.

## 광야에서 외치는 소리 Voice crying in the wilderness

그리스도의 강림에 대한 중요한 예언. 『성서』에 다음과 같이 예시되어 있다. "그때에 세례자 요한이 이르러 유대 광야에서 전파하여 말하되 회개하라 천국이 가까이 왔느니라 하였으니 그는 선지자 이사야를 통하여 말씀하신 자라 일렀으되 광야에 외치는 자의 소리가 있어 이르되 너희는 주의 길을 준비하라 그가 오실 길을 곧게 하라 하였느니라"(마 3:1~3, 막 1:3, 눅 3:4, 요 1:23, 사 40:3). 광야에서 외치는 소리는 일반적으로 '사람들이 귀 기울이지 않는 선지자'를 가리킨다.

## 광야의 펠리컨 Pelican of the wilderness

있을 곳에 있지 못해서 외롭고 비천한 신세를 뜻하는 말. 다윗이 "나는 광야의 올빼미(펠리컨) 같고 황폐한 곳의 부엉이같이 되었사오며"(시 102:6) 한 구절에서 비롯하였다. 펠리컨은 부리 아래에 있는 주머니에서 먹이를 꺼내어 새끼를 먹이는 습성이 있다. 이 이야기가 제 살을 떼어 새끼를 먹인다는 얘기로 바뀌어 결국에는 예수가 십자가 위에서 피 흘리는 것을 상징하는 의미로 굳어졌다. 새끼를 먹이는 펠리컨은 예수 수난을 묘사한 성화聖畵에 자주 등장한다. 대표적인 예로 히에로니무스 보슈Hieronymus Bosch (1450~1516)의 「새끼와 함께 있는 펠리컨과 그리스도의 수난」이 있다.

## 괴테 Goethe, Johann Wolfgang von 1749~1832

독일의 시인·극작가. 유럽 문학에 막대한 영향을 끼쳤다. 유명한 작품으로 희곡『파우스트*Faust*』(1부, 1808/2부, 1832), 소설『젊은 베르테르의 슬픔*Die Leiden des jungen Werthers*』(1774) 등이 있다. 영국의 카알라일Thomas Carlyle에게 막대한 영향을 끼쳤으며 카알라일은 괴테를 "우리 시대 최고의 현자The wisest of our time"라고 격찬했다. 엘리어트George Eliot와 아널드Matthew Arnold도 괴테론과 그들의 작품에서 괴테의 천재성에 찬사를 표했다.

## 교만驕慢은 패망敗亡의 선봉先鋒이다 Pride goeth before a fall

하느님이 사람을 교만 때문에 벌하신다는 뜻. 이러한 생각은『성서』에서 흔히 볼 수 있다. "교만은 패망의 선봉이요 거만한 마음은 넘어짐의 앞잡이이다"(잠 16:18) 한 데서 비롯하였다.

## 교훈敎訓의 풍조風潮 Wind of Doctrine

이방 종교 지도자들이 가지고 들어오는 잘못된 교훈을 뜻하는 말. 이 구절은 "이는 우리가 이제부터 어린아이가 되지 아니하며 사람의 속임수와 간사한 유혹에 빠져 온갖 교훈의 풍조에 밀려 요동하지 않게 하려 함이라"(엡 4:14)에 나온다. 바울은 에베소의 교인들에게 그리스도에 관한 믿음이 믿는 자를 견고하게 해서 변덕이나 최신 유행에 따라 믿음을 바꾸지 못하도록 보호할 것임을 확신시킨다.

## 구더기의 자식 Son of a worm

불쌍하고 가련한 사람을 가리키는 말. 욥이 자신의 비천한 모습을 한탄한 "무덤에게 너는 내 아버지라, 구더기더러 너는 내 어머니, 내 자매라 할지라도"(욥 17:14) 하는 구절에서 비롯하였다.

## 구름 같은 증인證人 Cloud of witnesses

많은 증인이라는 뜻. 낙심하지 말고 믿음의 경주를 계속할 것을 촉구하는「히브리서」12장의 "우리에게 구름처럼 둘러싼 허다한 증인들이 있으니"(히 12:1)에서 나온 말로 많은 사람이나 무리를 뜻한다. 원래는 우리의 믿음을 증거해 줄 하느님의 증인들을 가리켰다.

## 구름기둥 Pillar of cloud ⇨ 불기둥

## 구설口舌의 다툼 Strife of tongues

말 많은 사람들의 시기와 질투, 이로 인한 괴로움을 뜻하는 말. "주께서 그들을 주의 은밀한 곳에 숨기사 사람의 꾀에서 벗어나게 하시고 비밀히 장막에 감추사 말다툼(구설의 다툼)에서 면하게 하시리이다" (시 31:20) 한 다윗의 말에서 비롯하였다.

## 구속 救贖 Redemption

값이나 대가를 지불함으로써 악이나 속박에서 벗어나는 것을 뜻하는 말. 고대 세계에서 노예나 전쟁 포로는 값을 치르고 풀려날 수 있었나. 『성서』에는 그리스도가 이 악한 세계에서 마귀의 종이 된 그의 백성을 자기 목숨을 대속물代贖物로 주어 구속했다고 한다(막 10:45).

## 구스 사람 Cushi

압살롬이 죽었다는 소식을 다윗에게 보고한 전령(傳令). 끔찍한 사건이나 불행한 소식을 전하는 사람을 가리킨다. 구스는 에티오피아의 옛 이름이다.

## 구약성서 舊約聖書 Old Testament

이스라엘의 역사와 하느님이 내린 율법과 이스라엘이 국가로 변천하는 과정 등을 담은 기독교 『성서』의 전반부. 모두 39권으로 구성되어 있는데 다음과 같이 나뉜다.

**토라**Torah(율법서) **5권** 모세 5경經(Pentateuch)으로 알려진 『성서』의 처음 다섯 책인 「창세기」, 「출애굽기」, 「레위기」, 「민수기」, 「신명기」

**역사서 12권** 「여호수아」, 「사사기」, 「룻기」, 「사무엘상」, 「사무엘하」, 「열왕기상」, 「열왕기하」, 「역대상」, 「역대하」, 「에스라」, 「느헤미야」, 「에스더」

**시가서 5권** 「욥기」, 「시편」, 「잠언」, 「전도서」, 「아가」

**선지서 17권** 5대 선지서인 「이사야」, 「예레미야」, 「예레미야애가」, 「에스겔」, 「다니엘」과 12소선지서인 「호세아」, 「요엘」, 「아모스」, 「오바댜」, 「요나」, 「미가」, 「나훔」, 「하박국」, 「스바냐」, 「학개」, 「스가랴」, 「말라기」

⇒ 성서

## 구원 救援 Salvation

기독교에서 인간이 타락의 영향에서 자유롭게 되는 것을 뜻하는 말. 『신약성서』는 이 자유가 "그를 순종하는 사람들에게 영원한 구원을 주시는 자"인 예수에 대한 믿음을 통해서 가능하다고 한다. 사도들은 세상에 사는 동안에 구원을 경험하고 하느님과 교제를 계속하는 사람은 천국에서 영원한 행복을 누릴 것이라고 가르친다.

## 구원 救援의 뿔 Horn of salvation

하느님 혹은 그리스도를 뜻하는 말. 이것은 "여호와는 나의 반석이시오 나의 요새시오…나의 하느님이시오…나의 구원의 뿔이시오" (삼하 22:2~3) 한 다윗의 찬양 중에 나온다. 여기서 뿔은 권능과 능력의 상징이다.

### 구유 Manger

마구간에서 가축이 여물을 먹는 여물통. 예수가 베들레헴에서 태어났을 때 누일 곳이 없어 부모가 아이를 구유에 뉘었다(눅 2:7~12).

### 구하라 그러면 찾을 것이다 Seek and ye shall find

기도하라는 권고. 하느님이 반드시 기도하는 자에게 응답한다는 것을 강조한 구절이다. 예수의 산상수훈 중 "구하라 그리하면 너희에게 주실 것이요 찾으라 그리하면 찾아낼 것이요 문을 두드리라 그리하면 너희에게 열릴 것이니 구하는 이마다 받을 것이요 찾는 이는 찾아낼 것이요 두드리는 이에게는 열릴 것이니라"(마 7:7~8, 눅 11:9~10) 한 데서 비롯하였다.

### 군대軍隊 Legion

아주 많은 숫자의 사람이나 사물을 뜻하는 말. 거라사 지방의 귀신 들린 자가 예수에게 한 대답 중에 나오는 말로 "네 이름이 무엇이냐 이르되 내 이름은 군대니 우리가 많음이니이다"(막 5:9) 한 구절에서 비롯하였다. "내 이름이 군대"라는 말은 무수히 많다는 뜻이다. legion은 고대 로마에서 소수의 기병을 포함하여 4~6천 명의 군인으로 이루어진 보병 군단軍團을 일컫는다. ⇨ 내 이름은 군대다

### 굵은 베 Sackcloth

염소 털로 만든 검은 색의 조잡한 옷. 극도의 슬픔을 표시하거나(왕상 21:27) 구원을 위해 특별기도(왕하 19:1)를 할 때 입는다. 팔레스타인 목자들은 일반적으로 굵은 베옷을 입었는데, 값이 싸고 오래가기 때문이다. 선지자들은 설교할 때 회개의 상징으로 굵은 베옷을 입었다(사 20:2). "베옷을 입고 재를 뒤집어쓰고in sackcloth and ashes"라는 말은 '비탄에 젖어', '깊이 뉘우쳐'란 뜻이다.

### 굽은 것이 곧아지리라 Crooked shall be made straight

메시야의 오심에 관한 예언의 하나. 이사야 선지자가 유다 백성의 귀환을 예언하는 말 중 "고르지 않은 곳이 평탄케 되며 험한 곳이 평지가 될 것이오"(사 40:4) 한 데서 비롯하였다.

### 궁정연애宮廷戀愛 [영]Courtly Love [프]Amour Courtois

젊은 기사Knight가 기혼 귀부인lady에게 종으로서의 숭배와 애정을 바치는 것. 중세 후기 유럽의 몰락 과정에서 큰 의미를 가진 독특한 연애 형태이다. 이 사랑은 전쟁터나

다른 곳에서 큰 업적을 이루도록 영감을 불어넣는다. 궁정연애는 중세에 널리 퍼진 마리아 숭배Mariolatry와 밀접한 관계가 있지만, 정설은 없다. 아서 왕 전설을 중심으로 한 로맨스의 바탕을 이루는 연애 감정도 바로 이러한 것이다. 루이스Clive Staples Lewis는 『사랑의 풍유*The Allegory of Love*』(1936)에서 궁정연애의 특성으로 겸허Humility, 정중 Courtesy, 간통Adultery, 사랑의 종교Religion of Love를 꼽았다.

## 귀가 가려워서 Have itching ears

스캔들, 가십gossip, 혹은 고자질에 귀를 기울이며 즐거워하는 것을 뜻하는 말. 바울이 거짓 교사의 교훈을 듣기 좋아하는 사람들을 경계한 말로 "때가 이르리니 사람이 바른 교훈을 받지 아니하며 귀가 가려워서 자기의 사욕을 좇을 스승을 많이 두고"(딤후 4:3)라는 구절에서 비롯하였다.

## 귀신의 왕 Prince of the devils

사탄을 가리키는 말. 예수가 귀신 들려 눈멀고 벙어리 된 자를 고쳐 주자 "바리새인들은 듣고 가로되 이가 귀신의 왕 바알세불을 힘입지 않고는 귀신을 쫓아내지 못하리라"(마 12:24) 하며 예수를 모함한 데서 비롯하였다.

## 귀에스/귀게스 Gyes/Gyges

1) 백수百手 거인巨人들Hekatoncheires(헤카톤케이레스) 중의 하나.

2) 뤼디아 왕을 죽이고 스스로 왕이 된 양치기. 이 양치기는 모습을 보이지 않게 해주는 반지를 발견하여 궁전에 몰래 들어갔다. 이 이야기는 헤시오도스Hesiodos의 『신통기*Theogonia*』, 아폴로도로스Apollodoros의 『비블리오테케*Bibliotheke*』(ⅰ) 등에 나온다.

## 귄트, 페르 Gynt, Peer

입센Henrik Ibsen의 시극詩劇 『페르 귄트*Peer Gynt*』(1867)에 등장하는 몽상가. 상상력이 넘치나 의지가 박약한 파우스트적인 주인공이다. 페르는 금발의 연인 솔베이그의 순수하고 이상적인 사랑을 받아들일 수 없어, 트롤이라는 사악한 거인의 왕국과 다른 세계를 정처 없이 돌아다니면서 인생을 보낸다. 극의 마지막에, 페르는 구원의 유일한 희망인 솔베이그한테로 돌아온다. 그리그Edvard Hagerup Grieg 작곡의 「솔베이지의 노래Solvejgs Lied」(1875)는 세계적으로 유명하다.

## 그날의 괴로움은 그날로 족하다 Sufficient unto the day is the evil thereof

예수의 산상수훈 중 하나. 예수의 추종자들이 하느님의 섭리를 신뢰하도록 격려하며 한 말 중 "너희는 먼저 하느님의 나라와 그의 의를 구하라 그리하면 이 모든 것들이 너희에게 더하시리라 그러므로 내일 일을 염려하지 말라 내일 일은 내일 염려할 것이요 한 날 괴로움은 그날에 족하니라"(마 6:33~34)고 한 구절에서 비롯하였다.

**그대 오른손이 하는 것을 왼손이 모르게 하라 Let not thy left hand know what thy right hand does**

예수의 산상수훈 중 하나. 무슨 일을 할 때, 특히 선행을 할 때 은밀히 하라는 뜻이다. "너는 구제할 때에 오른손의 하는 것을 왼손이 모르게 하여 네 구제함이 은밀하게 하라 은밀한 중에 보시는 너의 아버지가 갚으시리라"(마 6:3~4)고 한 구절에서 비롯하였다.

**그들은 수고하지도 실을 잣지도 않는다 They toil not, neither do they spin** ⇨ 들에 핀 백합

**그들의 열매로 그들을 알지라 By their fruits ye shall know them** ⇨ 거짓 선지자들

**그라스, 귄터 Grass Günter 1927~**

폴란드계의 독일 소설가·극작가. 대표작으로 『양철북 *Die Blechtrommel*』(1959)이 있다.

**그라이키아 라 Graecia 영 Greece**

그리스를 뜻하는 말. 고대에는 국경이 정확하지 않았지만 고전시대에 암브라키아 강 어귀부터 페네이오스 강 어귀를 연결하는 선線 남쪽의 땅으로, 텟살리아는 포함되었지만 마케도니아와 에페이로스는 제외되었다. 그라이키아는 각 지역이 산맥으로 나뉘어져, 주민은 여러 집단으로 갈라져 생활하였으며 교통이 불편했다. 각기 특유의 제도와 방언을 가지고 있었으며 자치제가 발달했다. 각 단체는 고유한 식민지를 세웠으며 자연스럽게 독립적인 경향을 띠게 되었다. 이러한 특성은 자연스럽게 그라이키아 사람들이 중심지에 종속되지 않고 많은 도시에 분산해서 거주하는 경향을 낳았다. 그라이키아의 역사는 고전시대에는 여러 주의 각기 다른 역사로 이루어져 있었는데 그 중 가장 두각을 나타낸 주가 아테나이, 스파르타, 테바이 등이다. 그러나 그라이키아 인은 어떤 의미에서는 동일 민족을 형성하고 있었다. 하나의 문명을 가지고 있었고 방언의 차이가 심하기는 했지만 같은 언어를 썼으며 신화를 공유했다. 자치제이기는 했으나 각 주의 정치 제도는 매우 흡사했고(소수정체이거나 민주정체이거나 보통 도시국가를 근간으로 한다), 공통의 종교를 가졌으며 같은 신탁자의 신전에 참배했다. 그라이키아인 은 호메로스 이래 문학 유산을 공유했으며 그들의 예술은 다양한 한편 일치한다. 그라이키아 식민지 대부분은 여러 나라에서 온 이민자들이 건설하였다. 이오니아는 그라이키아 문명 최초의 공동 중심지였다. 그러나 페르시아 침략을 무찌른 이래 지적知的

주도권은 아테나이로 옮겨졌다. 아테나이의 참주僭主(tyrant) 페이시스트라토스(기원전 600년경~527)와 클레이스테네스(기원전 6세기 아테나이의 정치가)는 자유주의 정책을 써서 그라이키아 각지에서 오는 시인과 예술가 들을 환영했다. 그라이키아의 사회적 통일성은 공통의 제례 의식과 경기에서 나타난다. 페르시아에 대한 저항에도 정치적 일치를 보였다. 그라이키아인은 자기 나라를 헬라스Hellas, 자기들을 헬렌족Hellenes(헬렌은 데우칼리온과 퓌라의 아들. 텟살리아 왕으로 그리스인의 전설적 왕)이라 불렀다. 헬렌족은 이주시대移住時代에 텟살리아의 한 지역에서 자리를 잡고 산 한 종족의 이름이다. 라틴 사람은 이탈리아 쿠마이의 식민자에게 그라이Graii란 이름을 주었는데, 이주민이 그라이아Graia(확실치 않은 서그리스의 어느 지역 이름)에서 왔기 때문일 것이다. 그라에이Graei는 그라이Graii에서 전화轉化한 것이며, 그라이키아란 로마인이 헬라스를 부르던 이름이다. 그라이키아는 로마시대에 아카이아Achaia 주라고 불렀다.

### 그레이, 도리언 Gray, Dorian

와일드Oscar Wilde의 소설 『도리언 그레이의 초상화The Picture of Dorian Gray』(1891)에 등장하는 1890년대의 런던에 사는 부유하고 굉장히 잘생긴 청년. 그의 방탕한 생활은 얼굴뿐 아니라 초상화에도 흔적을 남기는데, 이 작품에서 초상화는 그의 내면의 퇴폐를 그대로 비춰 주는 거울이다.

### 그렌델 Grendel

앵글로색슨족의 서사시 『베오울프Beowulf』(8세기경)에서 흐로스가 왕King Hrothgar의 용사들을 납치해서 잡아먹는 괴물. 베오울프와 싸우다 살해된다. 1999년에 히니Seamus Heaney(1995년 노벨 문학상을 수상한 아일랜드 시인)가 번역한 『베오울프』가 출간되었다. ⇨ 베오울프

### 그리스도 Christ

히브리어 '메시야'의 헬라어 번역. 기름 부음 받은 자, 즉 예수를 가리킨다. ⇨ 메시야

### 그리스도 기원紀元/서력 기원 Christian Era

서양에서 사용하는 기원. 6세기의 수도사 디오니시우스는 예수의 탄생을 로마 건국 기원Ab Urbe Condita(A.U.C.) 754년으로 계산해 이해를 그리스도 기원 혹은 서기Anno Domini(A.D.) 1년으로 삼았다. 그리스도 탄생 이전은 기원전Before Christ(B.C.)으로 표기한다. 현대 학자들은 그리스도의 탄생 시기가 디오니시우스의 계산보다 빠른 것으로 본다. 예수는 헤롯 대왕이 죽은 로마 건국 기원 750년(기원전 4년) 이전에 태어났기 때

문이다.

### 그리스-로마 시대 Greco-Roman Period

기원전 140년경부터 기원후 300년경까지의 시대. 특히 조형예술 중 그리스 조각이 로마인의 요구를 만족시키기 위해 많이 제작되었다.

### 그리스 서정시抒情詩 Greek lyric poetry

뤼라(그 | lyra 영 | lyre)를 연주하며 낭송하는 고대 그리스 시. 서정시는 개인이 노래하거나(monody) 춤과 음악의 반주를 받는 코로스(합창가무단)가 노래할 수 있는데, 후자는 종교 축제를 위해 창작되었다. 기원전 600년경 삽포와 알카이오스는 레스보스 섬에 살면서 자신들의 감정과 관심사를 서정시로 표현했다. 그들의 훌륭한 단편이 남아 있다. 아나크레온(기원전 570년경)의 시와 아테나이 귀족의 권주가勸酒歌(skolia)가 같은 전통을 따른다. 코로스 서정시는 박퀼리데스Bacchylides(기원전 5세기)와 핀다로스Pindaros의 작품에서 절정에 도달했다. 그들의 오드ode(서정시)는 흔히 신과의 경기에서 우승한 영웅의 찬가인데 내용은 주로 윤리적 메시지를 담고 있다. 코로스 서정시는 기원전 5세기 비극의 구조에서 확고한 자리를 차지하게 되었다.

### 그리스 연극演劇 Greek theatre

그리스의 연극. 그리스 연극은 오르케스트라orchestra라고 불리는 주신酒神 디오뉘소스 제단이 있는 평평한 (반)원형 극장에서 공연되었다. 여기서 코로스(합창가무단)는 노래하며 춤추고 배우들은 대사를 했다. 연극을 공연한 무대, 즉 스케네skene 혹은 스테이지 빌딩stage-building은 맨 처음에는 매우 단순했고 관객은 오르케스트라 둘레에 솟아올라 있는 나무나 돌 자리에 앉았다. 연극은 낮에 야외에서 공연했다. 주목할 만한 연극 전통이 아테나이에서 생겨났는데, 희극과 비극을 풍요신 디오뉘소스 축제에서 규칙적으로 공연한 것이다. 시인들은 비극 세 편(테마는 서로 관련성이 없다)과 한 편의 사튀로

고대 세계에서 사용한 두 종류의 뤼라.
오른쪽은 거북 껍데기 모래통이 있는 뤼라이고,
왼쪽은 시인들이 연주한 키타라이다.

스극(한층 가벼운 어조의 연극)을 제출했다. 최고 시인에게 상품이 주어지고 승리자에겐 담쟁이 넝쿨ivy관이 씌워졌다. 이러한 전통의 초기 발달 과정은 불분명하지만, 아틱카의 시인 테스피스(기원전 534년경)가 코로스와 대화를 하는 배우 한 명을 도입했고, 그다음 아테나이의 아이스킬로스가 두 번째 배우를, 소포클레스가 세 번째 배우를 도입했다고 한다. 코로스는 여전히 중요한 요소로 남아 있다. 변천 과정은 3대 비극 작가인 아이스킬로스, 소포클레스, 에우리피데스의 남아 있는 작품에서 추정할 수 있다. 그리스 비극의 소재는 아이스킬로스의 『페르시아인들Persai』에서처럼 간혹 당대의 사건을 묘사하긴 해도 내용의 대부분은 신화였다. 액션은 무대 밖에서 일어나고, 혼히 메신저가 대사로 그 일을 보고했다. 배우들과 코로스는 똑같이 가면을 썼다. 코로스는 연극 공연이 끝날 때까지 참여했으며 코로스 요소와 비非코로스 요소가 번갈아 가면서 진행되지만 고정된 구조는 없었다. 공연에는 약간의 기계 장치를 사용했는데 기중기가 등장인물을 공중으로 들어올리기도 하고(여기서 '데우스 엑스 마키나deus ex machina'란 말이 나왔다), 엑쿨레마ekkulema(이동 플래트폼) 장치를 통해 집안에서의 액션을 드러내 보여주기도 했다. 아리스토텔레스가 『시학Peri Poietikes』에서 말한 최고의 비극이 갖춰야 할 요건은 현존하는 많은 작품에 딱 들어맞지는 않는다. 코로스는 아리스토파네스의 작품으로 추정하는 개인적인 풍자를 간간이 끼워 넣은 정치적·철학적 패러디 「구희극舊喜劇(Old Comedy)」(기원전 5세기경)에서도 중요한 역할을 한다. 시인의 이름으로 하는 연극의 액션과는 아무런 관련이 없는 관객에 대한 대사는 파라바시스parabasis라 불리었고, 남성 배역이 반드시 착용해야 하는 남근男根(phallos)이 달린 괴상한 의상은 극 전체를 지배하는 비례非禮를 상징했다. 일시적인 '중기 희극Middle Comedy'(기원전 400년경~320) 뒤에, 기원전 4세기 후반에 '신희극New Comedy'이 나왔다. 그 내용은 새로 발견된 메난드로스(그 | Menandros 영 | Menander)의 『성미 급한 남자』에서 살펴볼 수 있다. 당대 시대상에 관한 언급은 거의 없고 가정적 내용의 플롯과 등장인물의 행동이나 성격은 대체로 판에 박혀 있다. 극은 5막으로 규칙적으로 나뉘어 있고, 극적 코로스는 완전히 사라져 버렸거나 가벼운 여흥을 제공하는 소수의 음악가와 무용수 들로 축소되고 말았다.

### 그리스풍風 커피점 Grecian coffee-house

18세기 영국의 문인인 애디슨Joseph Addison, 스틸Richard Steele, 골드스미스Oliver Goldsmith 등이 즐겨 찾은 커피점. 『태틀러Tatler』지(1709) 제1호에서 학문적 논문은 모두 이 커피점에서 발행한 것이라고 밝혔다. 이 커피점은 1652~1843년에 에섹스가의 데버루 코트Devereux Court에 있었다. 로마에 있던 카페 그레코Caffe Greco와 비슷한 역할을 했다.

### 그림 형제 Brüder Grimm

독일의 언어학자이자 민속학자. 형 야콥Jacob Grimm(1785~1863), 동생 빌헬름Wilhelm Grimm(1786~1859)이 함께 지은 『그림 형제 동화집*Kinder und Hausmärchen der Brüder Grimm*』(1812~15)이 유명하다. 저서로는 형의 『독일어 문법*Deutsche Grammatick*』(1819~37), 『독일 신화학*Deutsche Mythologie*』, 동생의 『독일 영웅 전설*Die deutsche Heldensage*』이 있고, 공저로 1852년에 시작한 『독일어 사전*Deutsches Wörterbuch*』(1854년에 1권을 낸 뒤 여러 학자가 계승하여 1861년에 완성)이 있다.

### 그 문은 좁고 길은 험하다 Strait is the gate and narrow is the way

예수의 산상수훈에 나오는 말. 여기서 strait는 '좁다'는 뜻이다. "좁은 문으로 들어가라 멸망으로 인도하는 문은 크고 그 길도 넓어 그 문으로 들어가는 자가 많고 생명으로 인도하는 문은 좁고 그 길도 협착하여 찾는 이가 적음이니라"(마 7:13~14)는 구절에서 비롯하였다. .

### 그물을 치다 Spread one's net

'다른 사람을 잡으려고 준비하다', '다른 사람을 자신의 영향력 안으로 끌어들일 계획을 세우다'라는 뜻. 이것은 "이웃에게 아첨하는 것은 그의 발 앞에 그물을 치는 것이니라"(잠 29:5) 하는 구절에서 비롯하였다.

### 그 종류를 따라 After one's kind

'각기 그 종류대로', '그 본성을 따라서'라는 뜻. 『구약성서』의 "하느님이 이르시대 땅은 풀과 씨 맺는 채소와 각기 종류대로 씨 가진 열매 맺는 나무를 내라 하시니 그대로 되어…하느님이 보시기에 좋았더라"(창1:11~12)는 구절에서 비롯하였다.

### 극렬한 풀무 Fiery furnace ⇨ 사드락, 메삭, 아벳느고

### 글라우코스 ㉐Glaukos ㉔Glaucus

1)트로이아 전쟁에서 그리스군과 싸운 뤼키아 영웅.

2)코린토스의 창건자 시쉬포스의 아들. 전차 경주에서 진 뒤 자기의 말들한테 산 채로 잡아먹혔다.

3)마술의 힘을 가진 풀 근처를 헤엄치는 물고기를 먹고 나서 영생불사가 된 해신海神.

4) 크레테 왕 미노스의 아들. 소년 시절 크놋소스 궁전에서 행방불명이 되었는데, 꿀단지 안에서 익사체로 발견되었다. 미노스는 아들을 발견한 폴뤼이도스를 식료품 창고에 함께 가두었다. 폴뤼이도스는 갇혀 있는 동안, 뱀 한 마리가 글라우코스 시체에 접근하기에 죽여 버렸다. 그런데 또 다른 뱀 한 마리가 입에 풀을 물고서 죽은 뱀한테 가비늘 위에 풀을 얹자 천천히 뱀이 되살아났다. 이것을 본 그가 풀을 글라우코스에게 가져가 얹었더니 다시 살아났다.

### 글로브 극장劇場 Globe Theatre

셰익스피어William Shakespeare의 많은 극이 초연된 극장. 1599년 런던 서더크Southwark에 세워졌다. 셰익스피어가 배우로도 공연한 극장인데 불에 탔다가 셰익스피어가 죽고 난 직후 재건되었지만 1644년 해체되었다. 1997년 그 자리에 복원되었다.

### 금 그릇이 깨어지다 Golden bowl is broken

'환상이 깨어지다', '사람의 힘이 소진하여 죽음이 다가온다'는 뜻. "은줄이 풀리고 금 그릇이 깨어지고 항아리가 샘 곁에서 깨지고 바퀴가 우물 위에서 깨지고"(전 12:6)에서 비롯하였다.

### 금단禁斷의 열매, 사과 The forbidden fruit, apple

선악을 알게 하는 지식 나무의 열매. '선악과', '지식의 사과'라고도 한다. 하느님은 아담과 이브(하와)에게 이 나무의 열매를 결코 먹지 말라고 명하였다. 아담과 이브는 사탄의 꾐에 빠져 하느님을 거역했다(창 2장). 아담이 열매를 먹을 때 한 조각이 아담의 목구멍에 걸렸다고 하는데 여기에서 '아담의 사과Adam's apple'는 목젖을 가리키는 말이 되었다. 금단의 열매는 넓은 의미로는 유혹과 위험을 내포하나 사람들이 원하는 것을 뜻하며 종종 성욕과 관련된다. 금단의 열매가 사과라는 이야기는 『성서』에는 없지만, 유럽에서 화가들이 그 열매를 사과로 그리면서 마치 금단의 열매가 사과인 듯 여겨지게 되었다.

### 급하고 강한 바람 Arushing and mighty wind

성령 감림절Pentecost에 성령이 임하는 모습을 묘사한 말. 예수가 승천한 뒤 오순절에 제자들이 한곳에 모여 있는데 "홀연히 하늘로부터 급하고 강한 바람 같은 소리가 있어 저희 앉은 온 집에 가득"(행 2:2)하였다.

### 기간테스/기가스 ㄱGigantes(복) Gigas(단) 영Giants

가이아(땅)와 우라노스(하늘)의 자식인 거인 종족을 뜻하는 말. 그리스 우주론에서 땅이 창조된 직후, 즉 땅이 아직 기본 형태를 갖추기 전에 존재했다고 한다. 신화에서 올림포스 신들에게 반역했다가 패배했고 제우스가 타르타로스(지옥)로 내던져 버린 것으로 나온다.

## 기니비어 Guinevere

아서 왕 전설에 나오는 아서 왕의 왕비. 비극적 사랑의 주인공이다. 기사 란슬러트한테 유괴되어 순결을 빼앗긴다. 기니비어와 결혼하려는 란슬러트의 욕망은 결국 자신과 아서의 죽음으로 끝나는 비극을 초래하고, 원탁기사의 해체로 이어진다. 기니비어는 란슬러트 경과의 관계를 끊고 암즈베리에 있는 수녀원으로 가서 삶을 끝맺는다.

## 기독교인基督敎人 Christian

예수의 제자나 추종자로서 예수를 그리스도 혹은 메시야로 믿는 사람을 가리키는 말. 어원적인 뜻은 '작은 그리스도'이다. 「사도행전」에 의하면 안디옥Antioch에서 이 이름을 처음 사용하였다.

## 기드온 Gideon

대단한 종교적 열성과 군사적 수완을 지닌 사사士師. 아말렉과 미디안족과의 전쟁에서 이스라엘인을 이끌었다(삿 6-8장). 아버지 요아스의 바알 신단을 헐어서 부순 일 때문에 여룹바알(바알과 쟁론하다)이라고도 불렸다. 흔히 믿음의 용사라고 불린다. 호텔, 교도소, 병원, 대학교 등에 『성서』를 비치하는 국제기드온협회The Gideons International는 그의 이름을 따른 것이다.

## 기브온 족속 Gibeonite ⇨ 나무 패는 자와 물 긷는 자

## 기원祈願 invocation

서사시敍事詩의 첫머리에서 시인이 시신詩神(Mousa)에게 영감을 불어넣어 달라고 간청하는 것을 뜻하는 말. 시신의 이름은 서사시의 여신 칼리오페('아름다운 목소리'라는 뜻)이다. 대표적인 예로 호메로스Homeros의 『일리아스Ilias』 첫 행 "노래하소서, 무사여, 펠레우스의 아들 아킬레우스의 분노를"이 있다.

## 기적극奇蹟劇 Miracle Plays/Miracles

성모 마리아나 성인의 기적을 다룬 중세의 연극을 부르는 말. 14세기부터 전해오는 프랑스 기적극은 14편이 있는데 모두 8음보 2행 연구聯句로 씌어 있다. 영국 기적극의 대다수는 프랑스 기적극을 번안하였으나, 운율의 형태는 보다 다양하다. 영국에서 기적극은 때로 신비극mystery plays(중세에 행해진 기적극 중 특히 예수의 삶과 죽음 그리고 부활을 다룬 연극)을 포함하기도 하는데 두 용어는 일반적으로 호환된다.

## 기탄잘리 Gitanjali

타고르Rabindranath Tagore의 가장 유명한 시집(1910). 타고르는 이 시집을 영어 산문시 prose pocm로 번역하고 예이츠William Butler Yeats의 서문을 붙여 1912년에 출판했고, 1913년에 노벨 문학상을 받았다. 이 시집에는 정신적 갈망과 세속적 욕망 사이의 내적 갈등을 묘사한 시편도 있지만 사랑이 주된 주제이며, 대부분의 이미저리imagery는 자연에서 따왔다.

## 길가메시 Gilgamesh

약 3,000행의 고대 메소포타미아(기원전 2000년경) 서사시이자 여기에 등장하는 영웅의 이름. 설형문자楔形文字로 12개의 점토판에 적혀 있다. 길가메시는 고대 수메르의 도시 중의 하나인 우르의 왕이며 반신半神이다. 오랜 원수인 엔키두와의 싸움에서 승리하지만 나중에 둘은 친구가 된다. 엔키두가 죽은 뒤, 슬픔에 잠긴 길가메시는 그를 찾아 사자死者의 나라로 떠난다. 시에 묘사된 길가메시에 대한 역사적 증거는 없지만 기원전 3000년 전반기에 메소포타미아를 다스린 길가메시로 추정된다.

## 길들일 수 없는 지체肢體 / 제멋대로의 지체 Unruly member

사람의 혀를 뜻하는 말. 말을 조심할 것을 권고하는 「야고보서」 3장 중 "혀는 능히 길들일 사람이 없나니 쉬지 아니하는 악이요 죽이는 독이 가득한 것이라"(약 3:8)는 구절에서 비롯하였다. 사람의 혀는 길들이기가 어렵기 때문에 마음대로 움직여 악을 뿜어내고 사람을 죽이는 독을 내뿜기도 하므로, 말을 할 때 조심할 것을 권고한 것이다.

## 길르앗의 유향乳香 Balm in Gilead

모든 종류의 치유나 위안을 뜻하는 말. "길르앗에는 유향이 없고 그곳에는 의사도 없단 말인가?"(렘 8:22) 하는 구절에서 비롯하였다. 길르앗은 의학과 향초로 유명한 곳이다.

## 길 잃은 세대 Lost Generation ⇨ 방황하는 세대

## 깊은 구렁에서 Out of the depths

말할 수 없이 괴로운 고통을 뜻하는 말. 이 말은 "오 여호와여, 깊은 구렁에서 제가 당신께 부르짖습니다"(시 130:1) 하는 구절에 나온다. 이것은 일곱 참회 시편을 시작하는 구절로 'De profundis clamavi'란 라틴어 구절로도 잘 알려져 있다. 와일드Oscar Wilde의 옥중 회상록 『(절망의) 깊은 구렁에서부터De Profundis』(1905, 전문은 1949년 간행됨. 그 후 다시 완전한 텍스트가 1962년 서간집 중에 발표됨)도 같은 제목을 쓰고 있다.

### 깊은 물에서 In deep waters

'어려움이나 환난에서', '절박한 상황에서' 라는 뜻. 이것은 다윗의 시에 "나는 설 곳이 없는 깊은 수렁에 빠지며 깊은 물에 들어가니 큰물이 내게 넘치나이다"(시 69:2·14) 하는 구절에서 비롯하였다. 고난의 수렁에서 허우적거리는 모습을 그리고 있다.

### 깨끗한 손 Clean hands

잘못을 저지르지 않고 바른 삶을 사는 것을 뜻하는 말. "손이 깨끗하며 마음이 청결하며 뜻을 허탄한 데에 두지 아니하며 거짓 맹세하지 아니하는 자로다"(시 24:4) 하는 구절에서 비롯하였다. "그의 손은 깨끗하다His hands are clean"는 말은 그가 공금을 유용하지 않았다는 뜻으로 쓰인다. 손을 깨끗이 씻는 것은 책임이 없음을 드러내는 행위이다. ⇨ 손을 씻다

### 깨끗한 자에게는 모든 것이 깨끗하다 To the pure all things are pure

바울이 디도에게 보낸 편지에서 그레데의 거짓 선지자들의 '헛된 말'을 경계하며 조심할 것을 권고하는 말. 바울은 "깨끗한 자들에게는 모든 것이 깨끗하나 더럽고 믿지 아니하는 자에게는 아무 것도 깨끗한 것이 없고 오직 그들의 마음과 양심이 더러운지라"(딛 1:15)고 하여 사람의 말이 아니라 믿음이 신앙의 가장 중요한 요소임을 강조하였다.

### 꾸란 Quran ⇨ 코란

### 꿈의 대문大門들 The Gates of Dreams

꿈이 통과한다는 두 종류의 문. 그리스 신화에서 잠과 잠의 동생인 죽음은 하계下界에 살았다. 꿈은 두 대문을 통과하는데 뿔 대문gate of horn에서는 진짜 꿈이 나오고, 상아 대문gate of ivory에서는 거짓 꿈이 나온다. 이런 생각이 생긴 원인은 두 가지 말 재롱pun에 바탕을 둔다. 그리스어로 상아ivory는 elephas이고, 동사 elephairo는 '텅 빈 희망으로 속이다'를 뜻한다. 그리스어로 뿔horn은 keras이고, 동사 karanoo는 '성취하다'는 뜻이다.

# ㄴ

### 나귀의 장례葬禮 Burial of an ass

'형편없는 장례'를 뜻하는 말. 죽은 나귀를 아무 데나 갖다 버리는 것과 같이 전혀 장례 같지 않은 장례를 비유할 때 쓴다. "그가 끌려 예루살렘 문 밖에 던지우고 나귀같이 매장함을 당하리라"(렘 22:19) 한 데서 비롯하였다. 『구약성서』에서 예레미야가 메시야에 대해 예언한 말로, 기독교에서는 보통 예수에 대한 예언으로 본다.

### 나나 Nana

졸라Emile Zola의 『나나Nana』(1880)에 등장하는 창녀. 나중에 화류계인花柳界人으로 성공한다. 미모와 대단한 성적性的 매력을 지녔다. 호사스런 생활을 하기 위해 많은 남자를 유혹하여 파멸시키지만 결국 자신도 천연두에 걸려 죽는다.

### 나다니엘 Nathaniel

예수가 "이는 참으로 이스라엘 사람이라 그 속에 간사한 것이 없도다"(요 1:47)라고 평한 사람. 그 이름은 하느님의 선물이라는 뜻이다. 누구인지 정확하지 않지만 열두 제자 중에서 바돌로매Bartholomew로 추정하기도 한다.

### 나라의 틈/나라의 허점 Nakedness of the land

'무력함', '황량함', '극심한 가난'을 뜻하는 말. 이 말은 요셉이 자기를 노예로 팔아 넘긴 형들과 상봉했을 때 모른 체하고 낯선 사람인 양 엄히 심문하는 중에 "요셉이 그들에게 대하여 꾼 꿈을 생각하고 그들에게 이르되 너희는 정탐꾼이라 이 나라의 틈을 엿보려고 왔느니라"(창 42:9) 한 데서 비롯하였다. 여기서 꿈은 형들이 자기에게 머리를 조아리게 된 것을 말한다(창 37: 1~12).

### 나르킷소스 ㄱNarkissos 영Narcissus 프Narcisse

그리스 신화에 등장하는 미소년. 물의 요정 에코의 사랑을 쌀쌀맞게 거절했는데, 사랑

프란체스코 쿠라디, 「연못에 자신을 비추는 나르킷소스」, 피렌체 피티 궁전미술관

의 여신 아프로디테가 그 벌로 연못에 비친 자신의 영상과 사랑에 빠지게 한다. 그는 연못에 비친 자기 모습에 홀려 그 그림자를 껴안으려다가 애가 타 여위어 죽었다. 나르시시즘narcissism, 즉 자기도취는 정신분석학에서 극단적 자기애自己愛를 뜻한다.

## 나무와 돌 Stocks and stones

돌과 나무를 숭배하는 이방 종교를 뜻하는 말. "그가 돌과 나무로 더불어 음행함을 가볍게 여기고 행음하여 이 땅을 더럽혔거늘"(렘 3:9)에서 비롯하였다. 여기서 그는 이스라엘을, 돌과 나무는 돌과 나무의 신, 음행하다는 말은 하느님을 버리고 다른 것을 섬기는 영적 음행을 의미한다.

## 나무 패는 자와 물 긷는 자 Hewers of wood and drawers of water

힘들고 하찮은 일을 하는 사람. 여호수아가 가나안을 정복할 때 기브온 족속들을 저주하여 이르기를 "그러므로 너희가 저주를 받나니 너희가 대를 이어 종이 되어 다 내 하느님의 집을 위하여 나무를 패며 물을 긷는 자가 되리라 하니…그날에 여호수아가 그들을 여호와께서 택하신 곳에서 회중을 위하며 여호와의 제단을 위하여 나무를 패며 물을 긷는 자들로 삼았더니 오늘까지 이르니라"(수 9:23~27) 한 데서 비롯하였다.

## 나발 Nabal

『성서』에 등장하는 아비가일Abigail의 남편. 헤브론 남서쪽 마온의 부자였다. 그 이름은 어리석은 자란 뜻이다. 다윗이 그를 지켜준 대가로 양식을 요구했는데 거절해 다윗의 분노를 사서 죽임을 당할 뻔했으나 아비가일의 간청으로 목숨을 부지했다. 나발이 죽자 다윗은 아비가일을 부인으로 삼았다(삼상 25장).

## 나봇의 포도원 Naboth's vineyard

다른 사람이 탐하는 어떤 물건 혹은 어떤 대가를 치르고서라도 확보하려는 물건을 뜻하는 말. 사마리아의 왕인 아합의 왕궁 근처 이즈르엘에 있던 포도밭이다. 아합이 허영에 차서 그것을 탐하자 아합의 아내 이세벨이 포도밭의 주인인 나봇을 무고誣告해서 죽음에 이르게 했다. 엘리야가 그 죄로 아합을 벌했고, 이세벨은 뒤에 개들에게 찢겨 죽었다(왕상 21).

## 나비효과 Butterfly effect

매우 작은 변화가 나중에 예측할 수 없는 엄청난 충격(혹은 결과)을 가져오는 것을 뜻하는 말. 카오스 이론chaos theory을 창안한 기상학자 로렌즈Edward Lorenz(1917~ )의 조어造語이다. 즉 남아메리카의 나비 날갯짓이 북아메리카에서 선풍旋風이 되는 것 같은 예측할 수 없는 변화를 일으킬 수도 있다는 이론이다. 카오스 이론의 토대가 되었다.

## 나사렛 사람 Nazarene

예수를 가리키는 명칭 중 하나. 예수가 어렸을 때에 나사렛에서 살았기 때문에 붙여진 이름이다.

## 나사로 Lazarus

『성서』에 나오는 인물. 『성서』에는 두 명의 유명한 나사로가 나오는데, 한 명은 거지 나사로이고, 한 명은 예수의 친구 나사로(마리아와 마르다의 오빠)이다. 예수의 친구 나사로는 죽어 무덤에 나흘 동안 누워 있었지만 예수가 와서 "큰 소리로 나사로야 나오라" 하고 외치자 무덤에서 걸어 나왔다(요 11:1~44). 이는 예수가 행한 가장 중요한 기적 중의 하나로 여겨진다. 그래서 그의 이름은 '부활의 기적'을 뜻한다.

## 나실인 Nazirite

특별한 맹세로 하느님께 성스럽게 구별된 사람을 가리키는 말. 이에 관한 규례가 「민

팔마 베키오, 「나사로의 부활」, 피렌체 우피치 미술관

수기」 6장에 나온다. 나실인은 포도주와 독주를 멀리하고 생포도주나 건포도를 먹어서는 안 되었다. 그들은 머리털을 깎을 수 없었으며 시체에 가까이 가서도 안 되었다. 많이 알려진 나실인으로는 사무엘과 삼손이 있고 세례자 요한도 나실인일 가능성이 있다. 나실인은 구분한다는 뜻을 지닌 히브리어 nazar에서 나온 말이다.

**나아만 Naaman**

엘리사에게 문둥병을 치료받은 사람. 수리아 군대의 지휘관이다. 문둥병을 앓던 중에 포로로 잡혀온 이스라엘 노예 소녀에게서 엘리사가 기적을 베푸는 능력을 가지고 있다는 말을 들었다. 엘리사는 찾아온 나아만을 보지도 않고 요단 강에 가서 일곱 번 씻으라고 말한다. 나아만은 그 말을 따랐고 기적적으로 문둥병이 나았다. 그 뒤 나아만은 하느님만을 섬기기로 작정하고 이스라엘의 흙을 노새 두 마리에 가득 실어 돌아갔다(왕하 5장).

**나오미 Naomi**

룻의 시어머니. '나의 기쁨'이란 뜻이다. 유대 여인으로 남편과 모압으로 갔다. 남편과 아들들이 죽은 뒤에 모압 사람 며느리인 룻을 데리고 베들레헴으로 돌아왔으며 룻의 재혼을 주선했다(룻 1, 3, 4장). ⇨ 당신이 어디를 가든 저도 가렵니다

## 나우시카아 ㄱNausikaä 영Nausicaa

호메로스Homeros(기원전 800년경)의 『오뒷세이아Odysseia』에 나오는 알키노스 왕과 왕비 아레테의 딸. 바닷가에 시녀들과 빨래하러 나왔다가 난파당한 오뒷세우스를 발견하고 아버지의 궁전으로 안내한다. 알키노스 왕은 그녀를 오뒷세우스에게 시집 보내려 하지만 오뒷세우스가 거절한다.

## 나이아데스 ㄱNaiades (복) Naias (단) 영Naiads (복) Naiad (단)

강·호수·샘에 사는 물의 요정 ⇨ 님페

## 나중 된 자가 먼저 되고 먼저 된 자가 나중 되리라 The last shall be first and the first last

겸손과 섬김의 자세를 강조하는 말. 『신약성서』에 나오는 포도원 일꾼과 품삯에 관한 비유 중 "나중 된 자로서 먼저 되고 먼저 된 자로서 나중 되리라"(마 20:16) 한 데서 비롯하였다. 유사한 구절로 "첫째가 되고자 하면 뭇 사람의 끝이 되며 뭇 사람을 섬기는 자가 되어야 하리라"(막 9:35)가 있다.

## 나훔 Nahum

『구약성서』에 나오는 선지자. 「나훔서」의 저자이다. 「나훔서」는 여호와의 장대함을 찬양하고 그의 대적들에 대한 분노를 노래하는 것으로 시작하여 니느웨의 끔찍한 멸망을 생생하게 예언하는 것으로 끝난다. 저술 연대는 기원전 663년에서 실제 니느웨가 멸망한 612년 사이일 것으로 추정된다.

## 낙담落膽의 늪 Slough of Despond

번연John Bunyan의 『천로역정天路歷程(The Pilgrim's Progress)』(1768)에서, 크리스천이 천상의 도시로 가는 길에 파멸의 도시를 떠난 다음 헤매다가 처음 들른 장소. slough는 '늪지', '물렁물렁한 진흙땅'을 뜻한다.

## 낙타가 바늘귀로 Camel through the eye of a needle

'지극히 험난하고 어려운 일'을 뜻하는 말. 이 말은 "예수께서 제자들에게 이르시되 내가 진실로 너희에게 이르노니 부자는 천국에 들어가기가 어려우니라. 다시 너희에게 이르노니 낙타(약대)가 바늘귀로 들어가는 것이 부자가 하느님의 나라에 들어가는 것보다 쉬우니라"(마 19:23~24, 막 10:23~25, 눅 18:24~25) 한 데서 비롯하였다. 낙타가 바늘

귀로 들어가는 것은 불가능하다는 것을 말하는 경구적 표현이다. 학자에 따라서는 여기서 낙타로 번역된 말이 양을 묶는 끈이라고도 한다. 똑같은 구절이 『코란Koran』에 있고, 『탈무드Talmud』에도 코끼리 비유를 쓴 유사한 구절이 있다.

### 날개 돋친 샌들 Winged Sandals
이리스, 에오스, 에로스, 복수의 여신들, 페르세우스, 고르곤, 하르퓌이아들이 신은 신발. 라틴어로는 talaria이다. 헤르메스의 날개 돋친 샌들이 가장 유명한데 그의 샌들은 제우스의 사자使者로서의 민첩함을 상징한다.

### 날개 아래 Under the wings
보호와 돌봄을 받을 수 있는 곳을 뜻하는 말. 예수가 예루살렘의 멸망을 예언하며 "암탉이 그 새끼를 날개 아래 모음같이 내가 네 자녀를 모으려 한 일이 몇 번이더냐"(마 23:37)고 한 구절에서 비롯하였다. 어미 새가 새끼를 날개 아래에 숨겨 보호하는 데서 나온 비유이다.

### 날 때와 죽을 때 A time to be born, and a time to die ⇨ 모든 일에 때가 있다

### 남녀추니 ㄱHermaphroditos ㄹHermaphroditus 영Hermaphrodite
암수 한몸. 그리스 신화의 헤르메스와 아프로디테의 아들 헤르마프로디토스 이야기에서 유래했다. 그는 이데 산 숲 속에서 청년으로 자랐는데, 어느 날 요정 살마키스(그 | Salmakis 영 | Salmacis)가 목욕하는 그의 아름다움에 반했다. 헤르마프로니토스는 그녀를 거부했지만, 살마키스는 신들에게 그들의 몸이 결코 떨어지지 않게 해달라는 기도를 올렸다. 그러자 즉시 두 몸이 한몸으로 결합해 버렸다. 루브르 박물관에는 아름다운 헤르마프로디토스 대리석 조각이 있다. 이에 관한 이야기는 오비디우스Ovidius의 『변신이야기Metamorphoses』(iv)에 나온다. ⇨ 헤르마프로디토스

### 남에게 대접을 받고자 하는 대로 너희도 남을 대접하라 Do unto others as you would have them do unto you
예수의 산상수훈(마 7:12, 눅 6:31)에 나오는 황금률Golden Rule. 『성서』의 황금률은 철학자 칸트의 정언명법定言命法과 의미가 통한다. 칸트는 "사람은 그 행동의 준칙이 동시에 모든 사람의 보편적 법칙이 될 수 있도록 행동"하라고 말했다. 이는 남의 입장에 서서 행동하라는 개념이다.

### 남자답게 행해라 Quit you like men
남자답게 처신하라는 뜻. 바울이 고린도 교회에 보낸 편지에서 한 말로 "깨어 믿음에

굳게 서서 남자답게 행해라"(고전 16:13) 해서 굳건하게, 강인하게 믿음을 가질 것을 권면한 것이다. 여기서 quit는 acquit(행하다)란 뜻이다.

## 남자와 여자가 함께한 자취 The way of a man with a maid
남녀 간 관계의 능력, 혹은 신비함을 가리킬 때 사용하는 말. 『구약성서』의 "내가 심히 기이히 여기고도 깨닫지 못하는 것 서넛이 있나니 곧 공중에 날아다니는 독수리의 자취와 반석 위로 기어 다니는 뱀의 자취와 바다로 지나다니는 배의 자취와 남자가 여자와 함께한 자취며"(잠 30:18~19)라고 한 구절에서 비롯하였다.

## 내가 내 아우를 지키는 자입니까? Am I my brother's keeper?
가인이 동생 아벨을 죽이고 난 뒤 '네 동생 아벨이 어디에 있느냐'는 하느님의 질문에 대한 가인의 대답. 조이스James Joyce의 동생 스타니슬로스 조이스가 쓴 전기 『내 형의 보호자My Brother's Keeper』라는 작품이 있다. ⇨ 가인과 아벨

## 내 마음이 나를 괴롭힌다 My heart smote me
'양심의 가책으로 괴로워하다'라는 뜻. "다윗이 백성을 조사한 후에 그의 마음에 다윗이 자책하고 여호와께 아뢰되 내가 이 일을 행함으로 큰 죄를 범하였나이다"(삼하 24:10)에서 비롯한 것으로 다윗이 여호와의 명을 어기고 인구 조사를 한 뒤에 양심의 가책을 느꼈다는 말이다. 여기서 heart는 양심이라는 의미이다.

## 내 백성을 가게 하라 Let my people go
모세와 아론이 바로를 찾아가 이집트에서 종살이를 하고 있던 이스라엘 사람들을 가나안으로 가게 해달라고 요청하며 한 말. "그 후에 모세와 아론이 바로에게 가서 이르되 이스라엘의 하느님 여호와께서 이렇게 말씀하시기를 내 백성을 보내라 그러면 그들이 광야에서 내 앞에 절기를 지킬 것이니라 하셨나이다 바로가 이르되 여호와가 누구이기에 내가 그의 목소리를 듣고 이스라엘을 보내겠느냐 나는 여호와를 알지 못하니 이스라엘을 보내지 아니하리라"(출 5:1~2) 한 데서 비롯하였다. 바로는 모세와 아론의 요청을 거절하였고 그로 인해 이집트에는 열 가지 재앙이 잇따랐다. 19세기에 미국의 흑인 노예들이 이 구절을 그들의 영가Negro Spirituals에 받아들였다("가라 모세Go down, Moses"로도 알려짐).

## 내 뼈 중의 뼈요 살 중의 살 Bone of my bones and flesh of my flesh
아담이 이브를 지칭한 말. 아담은 자기에게 다가오는 이브를 보고 "내 뼈 중의 뼈요 살 중의 살이다"(창 2:23) 하였다. 이브가 아담의 몸으로부터 만들어졌다는 사실은 이전에

는 여성이 남성에게 종속된 존재라는 주장을 뒷받침하는 논거로 쓰였다. 오늘날 '내 뼈 중의 뼈'란 말은 부모와 자식처럼 대단히 가까운 관계를 나타내는 데 쓴다. 문법적으로 이 구절은 히브리어의 최상급 소유격이다.

**내 아들 압살롬아 O my son, Absalom**

아들의 죽음에 대한 다윗의 통곡 중 한 대목. 다윗 왕의 야심만만한 셋째 아들인 압살롬은 누이 다말을 강간한 이복형 암논을 살해했다(삼하 13장). 나중에 그는 아히도벨과 공모하여 아버지에게 반역의 기를 들었고, 결국 요합에 의해 죽임을 당했다. 그의 죽음은 아버지가

존 드라이든이 형상화한 시집 『압살롬과 아키토펠』 표지

총애하는 준수하고 인기 있는 아들, 그러나 한편으로는 반역적인 아들을 잃게 됨을 상징한다. "왕이 구스 사람에게 묻되 젊은 압살롬은 잘 있느냐 구스 사람이 대답하되 내 주 왕의 원수와 일어나서 왕을 대적하는 자들은 다 그 청년과 같이 되기를 원하나이다 하니 왕의 마음이 심히 아파 문 위층으로 올라가서 우니라 그가 올라갈 때에 말하기를 내 아들 압살롬아 내 아들 내 아들 압살롬아 차라리 내가 너를 대신하여 죽었더면, 압살롬 내 아들아 내 아들아 하였더라"(삼하 18:32~33) 하며 통곡했다. 드라이든 John Dryden의 시 「압살롬과 아키토펠Absalom and Achitophel」(1681)은 이 이야기를 바탕으로 한 것이다.

**내 이름은 군대다 My name is legion**

'수가 많다'라는 뜻. 일반적으로 불길한 의미로 쓰인다. 예수가 거라사 지역을 순회 설교하던 중 마귀 들린 자를 만났다. 예수가 마귀에게 떠나라고 명령하고 그의 이름을 물었을 때 마귀는 그 사람의 입술을 통해 '내 이름이 군대'라고 대답했다(막 5:9). 당시 로마 군대는 4~6천 명으로 구성되어 있었으므로 군대는 굉장히 많은 수를 의미한다. 마귀들은 그 사람을 떠난 뒤 예수에게 한 떼의 돼지 무리에게로 들어가기를 요청했다. 그들이 돼지 속으로 들어가자 돼지 떼는 미친 듯이 물로 뛰어 들어가 모두 익사했다.

⇨ 군대

**내 하느님, 내 하느님, 어찌하여 나를 버리시나이까? My God, My God, why hast thou forsaken me?**

예수가 십자가 위에서 한 7언 중 하나. 『구약성서』「시편」22편의 "9시경에 이르러 예수는 엘리 엘리 라마 사박다니Eli, Eli, Lamma Sabacthani라고 하시며 큰 소리로 울부짖었다"에서 나온 말이다. 이는 페르시아 제국의 공식어로 쓰인 아람어로 "내 하느님이여 내 하느님이여 어찌 나를 버리시나이까"라는 뜻이다(마 27:46, 막 15:34). ⇨ 십자가 위의 7언, 엘리 엘리 라마 사박다니

**너는 흙이니 흙으로 돌아갈 것이니라 Dust thou art, and unto dust shalt thou return**

하느님이 아담과 이브를 에덴동산에서 쫓아내며 한 말. 아담과 이브의 죽음을 예언한 말이다. 하느님은 "네가 흙으로 돌아갈 때까지 얼굴에 땀을 흘려야 먹을 것을 먹으리니 네가 그것에서 취함을 입었음이라 너는 흙이니 흙으로 돌아갈 것이니라 하시니라"(창 3:19) 하며 아담과 이브를 에덴동산에서 쫓아내었다. 하느님은 아담에게 그가 땅의 흙으로 만들어졌다는 것을 상기시키면서 아담과 이브에게 그들이 불순종하여 금단의 열매를 먹었기 때문에 그 벌로 죽어 흙으로 돌아갈 것이라고 한 것이다.

**너의 죄가 주홍 같아도 눈처럼 희어지리라 Though thy sins be as scarlet, they shall be white as snow**

인류의 죄와 잘못을 용서해 주겠다는 하느님의 약속. "여호와께서 말씀하시되 오라 우리가 서로 변론하자 너희의 죄가 주홍 같을지라도 눈과 같이 희어질 것이요 진홍 같이 붉을지라도 양털같이 희게 되리라"(사 1:18)는 말에서 비롯하였다.

**네레우스 ㄱNereus**

티탄 폰토스(바다)와 가이아(땅)의 아들. 지중해 요정인 네레이스들의 아버지로 별명은 '바다의 노인old man of the sea'이다. 지혜와 예언의 능력으로 유명하다. 파리스가 미녀 헬레네를 유혹할 때 그 결과가 불행할 것이라 예언했으며, 헤라클레스한테 붙잡혀 헤스페리데스의 황금사과를 얻기 위해 정원으로 가는 길을 가르쳐 주었다. 이 이야기는 호메로스Homeros의 『일리아스Ilias』(xviii), 헤시오도스Hesiodos의 『신통기Theogonia』 등에 나온다.

**네레이스들 ㄱNereis(단) Nereides(복) 영Nereid(단) Nereids(복)**

네레우스Nereus의 딸들인 50명의 요정을 가리키는 말. 모두 해신海神 포세이돈의 시녀

가 되었다. 이들에 관한 이야기는 호메로스Homeros의 『일리아스*Ilias*』(xviii), 오비디우스Ovidius의 『변신 이야기*Metamorphoses*』(xi), 헤시오도스Hesiodos의 『신통기*Theogonia*』 등에 나온다.

### 네루다, 파블로 Neruda, Pablo 1904~73

칠레의 시인이자 외교관. 본명은 네프탈리 리카르도 레이에스 바소알토Neftalí Ricardo Reyes Basoalto이다. 파블로 네루다는 필명으로 체코 시인 얀 네루다Jan Neruda(1834~91)에서 따왔다. 그는 쉬르레알리즘을 거쳐 사회성 짙은 시풍詩風으로 옮겨왔다. 1917년 『스무 편의 사랑의 시와 한 편의 절망의 노래*Viente Ruemas de amor y una cancion desesperada(Twenty Love Poems and a Song of Despair)*』(1921)로 노벨 문학상을 수상했다. 대표작으로 북미 대륙의 자연과 역사를 테마로 한 웅대한 서사시 『웅장한 노래*Canto General(General Song)*』(1950), 『지상의 주거*Residencia en la tierra(Residence on Earth)*』(1973)가 있다. 정치가로서 프랑스 주재 칠레 대사 등을 지냈다.

### 네메시스 ㉒Nemesis

복수의 여신. 그녀의 이름은 '보복'과 동의어이다. 그리스어로는 '정의로운 분노'란 뜻이다. 에레보스(하계)와 뉙스(밤)의 딸이다. 한 손에는 저울, 다른 손에는 회초리나 도끼를 든 모습으로 표현된다. 이에 관한 이야기는 헤시오도스Hesiodos의 『신통기*Theogonia*』, 아폴로도로스Apollodoros의 『비블리오테케*Bibliotheke*』(iii), 파우사니아스Pausanias의 『그리스 안내기*Periegesis Hellados*』 등에 나온다.

### 네메아 경기競技 Nemean Games

펠로폰네소스 반도 아르골리스의 도시 네메아에서 2년마다 거행된 경기. 네메아 부근에서 헤라클레스가 사자를 맨손으로 잡아 죽이고 가죽을 벗겨 몸에 걸치고 다녔다. ⇨ 제전

### 네메아 사자獅子 Nemean Lion

그리스 펠로폰네소스 반도에 있는 고대 아르골리스의 골짜기 네메아에 있는 사자. 이 사자의 가죽은 화살로 꿰뚫거나 방망이로 상처 낼 수가 없었다. 헤라클

「네메아의 사자를 죽이는 헤라클레스」

레스의 난업難業 중 첫 번째가 네메아의 사자를 죽이는 일이었다. 헤라클레스는 사자를 붙잡아서 두 손으로 목 졸라 죽였다.

## 네모 선장船長 Captain Nemo

베른Jules Verne의 소설 『해저 2만 리Vingt mille lieues sous les mers』(1870)에 나오는 인물. 천재로 환상적 잠수함 노틸러스Nautilus의 함장이다. 인간이 싫어서 바다 밑에서만 산다. 리lieue는 거리의 단위로 약 4km에 해당한다.

## 네버네버 랜드 Never-Never Land

배리James Matthew Barrie의 『피터 팬Peter Pan』(1904)에 나오는 요정나라fairyland. 환상의 나라를 가리킨다.

## 네부카드네자르 Nebuchadnezzar ⇨ 느부갓네살

## 네스토르 ㉀Nestor

넬레우스의 아들이자 필로스의 왕. 호메로스Homeros의 『일리아스Ilias』와 『오뒷세이아 Odysseia』에 등장하는 그리스의 가장 나이 많은 지도자 용사이다. 웅변, 공정성, 뛰어난 지혜로 유명하다. 텔레마코스가 아버지의 소식을 들으려고 필로스를 방문했을 때 친절하게 대접해 주었다. 그의 이름은 현명한 노인을 가리킨다. 이에 관한 이야기는 호메로스의 『일리아스』(i), 『오뒷세이아』(iii), 오비디우스Ovidius의 『변신 이야기Metamorphoses』(xii) 등에 나온다.

## 네 얼굴에 땀 Sweat of thy face ⇨ 얼굴에 땀을 흘려야

## 네 오른 눈이 너를 실족케 하면 If thy right eye offend thee

예수의 산상수훈에 나오는 말. "만일 네 오른 눈이 너를 실족케 하면 빼어 내버려라 네 백체百體 중 하나가 없어지고 온 몸이 지옥에 던지우지 않는 것이 유익하니라"(마 5:29)는 구절에서 나왔다. 의로움에 대하여 철저할 것을 주장하는 이 구절은 때로 교회가 원치 않는 구성원을 축출하는 것을 옹호하는 논거로 사용한다.

## 네옵톨레모스 ㉀Neoptolemos ㉰Neoptolemus

아킬레우스와 데이다메이아(스퀴로스 섬의 왕 뤼코메데스의 딸)의 아들. 젊은 전사라는 뜻이다. 퓌로스(그 | Pyrrhos 영 | Pyrrhus, '빨간 머리 남자' 란 뜻)라고도 불린다. 아버지 아킬레우스가 죽고 난 뒤 트로이아 전쟁에 불리어 갔다. 오뒷세우스와 함께 렘노스 섬으로 필록테테스를 데리러 갔다. 목마木馬 속에 숨어 있던 용사 중 하나이고 제우스 제단에서 프리아모스 왕을 죽였다. 또 헥토르의 아들 아스튀아낙스를 성벽 밑으로 떨어뜨려 죽

였다. 그 뒤 헥토르의 아내 안드로마케
를 아내로 삼아 고향 프티아로 돌아와 살
았다. 몰롯소스, 피엘로스, 페르가모스
세 아들을 낳았다. 나중에 헬레네의 딸
헤르미오네와 결혼하기 위해 안드로마
케와 헤어졌다. 그가 델포이에서 신전에
봉사하는 사람들과 싸움이 붙어 살해되
었다는 이야기와, 오레스테스가 그를 죽
이고서 헤르미오네를 데리고 갔다는 이
야기가 있다. 네옵톨레모스가 죽고 난

「켄타우로스 넷소스로부터 데이아네이라를
구하는 헤라클레스」

뒤 안드로마케는 왕국을 이어받은 헥토르의 동생이자 예언자인 헬레노스와 결혼했
다. 아이네아스는 이탈리아로 가는 도중 그리스의 에페이로스에서 헬레노스를 만나
여행에 도움이 될 충고를 듣는다. 헬레노스가 죽고 난 뒤 안드로마케는 아들 페르가모
스와 더불어 뮈시아로 가서 페르가몬Pergamon 시를 건설했다. 이 이야기는 호메로스
Homeros의 『일리아스*Ilias*』(xix), 『오뒷세이아*Odysseia*』(viii), 베르길리우스Vergilius의 『아이
네이스*Aeneis*』(ii·iii), 오비디우스Ovidius의 『변신 이야기*Metamorphoses*』(xiii) 등에 나온다.

### 네펜테 ㉣Nepenthe

옛날 이집트에서 고통, 비탄을 잊게 해준다고 여긴 약제. 그리스어 nepenthes(고통과 슬
픔을 쫓아냄)에서 유래했다. 이집트 왕의 왕비 폴뤼다마가 헬레네한테 준, 그리고 헬레
네가 텔레마코스한테 준 약이다. 아마 아편인 듯하다. G. 달리의 「네펜테」란 시가 있
다. 『오뒷세이아*Odysseia*』 제4권에서 모든 슬픔을 잊어버리게 해주는 약으로 나온다.

### 넵투누스 ㉥Neptunus ㉤Neptune

로마 신화에 나오는 바다의 신. 삼지창三枝槍(trident)을 쥐고 있으며, 물고기 비늘이 달
린 꼬리를 가진 수염 난 거인으로 그려진다.

### 넷소스의 셔츠 Shirt of Nessus

켄타우로스 넷소스의 독이 든 피에 적신 셔츠. 영웅 헤라클레스는 이 셔츠 때문에 죽
었다. 헤라클레스가 아내를 겁탈하려는 넷소스를 화살로 쏘자 죽어가던 넷소스는 헤
라클레스의 둘째 아내인 데이아네이라한테 자기의 피가 간통, 정사情事로부터 남편을
돌아오게 할 힘을 지니고 있다고 말한다. 데이아네이라는 남편이 아름다운 이올레 공

주와 사랑에 빠져 있다는 소식을 듣고 헤라클레스의 셔츠에다 넷소스의 피를 적셔서 헤라클레스한테 보낸다. 헤라클레스는 이 셔츠를 입자 엄청나게 고통스러워져 장례용 화장 장작불에 자신을 내던져 불타 죽은 다음 승천했다. 이에 관한 이야기는 아폴로도로스Apollodoros의 『비블리오테케Bibliotheke』(ii), 오비디우스Ovidius의 『변신 이야기Metamorphoses』(ix), 파우사니아스Pausanias의 『그리스 안내기Periegesis Hellados』(iii) 등에 나온다.

### 노라 Nora

입센Henrik Ibsen의 희곡 『인형의 집A Doll's House』(1879)에 나오는 토르발트 헬머의 아내. 남편 헬머는 노라의 인간성과, 남편의 행복을 위해 노라가 치른 자기희생의 존엄성을 전혀 모르는, 인습적 도덕관을 지닌 천박한 위선자의 전형이다. 노라는 '작은 다람쥐' 같은 아내라는 틀에 박히기를 거부하고, 극의 마지막에서 '인형의 집'이 되어버린 집을 떠난다. 노라는 여성해방운동이 일어나는 데 기폭제 역할을 했다.

### 노른들 Norns

북유럽 신화에 나오는 운명의 여신들. 운명의 실을 잣는 그녀들의 명령은 신조차도 벗어날 수 없다. 일반적으로 우르드(과거), 베르단디(현재), 수쿨드(미래)라는 세 노른이 있다고 여겨졌다. ⇨ 유그드라실

### 노수부老水夫의 노래 The Rime of the Ancient Mariner

코울리지Samuel Taylor Coleridge(1772~1834)의 신비주의적이며 초자연적인 시 제목. 노수부는 다정한 바다새 알바트로스를 아무런 이유도 없이 죽인 뒤 겪게 되는 초자연적 모험에 관해서 결혼식에 참석하러 가는 하객을 붙들고서 전도자처럼 계속 이야기를 들으라고 강요한다. 노수부는 알바트로스를 죽이고, 동료 수부들의 죽음과 정신적·육체적 고통을 겪고 난 뒤 마지막에 구원된다.

### 노아 Noah

셈과 함, 야벳의 아버지. 노아의 홍수로 유명하다. 노아는 하느님이 보시기에 의로운 사람이었다. 그는 하느님으로부터 다가올 홍수에 대한 경고를 받아 모든 동물 종의 암수를 물이 빠질 때까지 실을 방주를 만들었다. 방주의 크기는 대략 길이 137m, 폭 23m, 높이 14m였다. 40일 동안 밤낮으로 비가 내려 세상 모든 것을 다 삼켜 버리고 난 뒤 노아의 방주는 아라랏Ararat 산에 멈추었다. 그 뒤 노아와 세 아들인 셈, 함, 야벳과 그의 가족, 모든 동물이 방주에서 나와 번성하게 되었다. 노아는 하느님께 제사를 드

렸고 하느님은 다시는 물로 세상을 심판하지 않는다는 표시로 무지개를 보여 주었다 (창 6~9). 전설에 따르면 노아의 아내는 방주로 들어가지 않겠다며 노아와 말다툼을 벌 였다고 한다. 이 말다툼은 체스터Chester와 타운리Towneley의 신비극인 『노아의 홍수 Noah's Flood』(1958)의 두드러진 주제가 되었다. 『코란Koran』에서는 와일라Waila라고 불 리는 노아의 아내가 남편이 미쳤다고 사람들을 설득하려고 한다. ⇨ 노아의 비둘기, 올리브 가지

## 노아의 대홍수 Deluge/The Flood ⇨ 노아

## 노아의 비둘기 Dove of Noah

노아의 홍수가 그치고 물이 줄기 시작하자 노아가 밖으로 내보낸 비둘기. 그 비둘기는 올리브 잎을 부리에 물고 와서 땅이 떠올랐음을 보여 주었다(창 8:8~12). 비둘기와 올리 브 잎은 평화를 상징한다. 노아는 비둘기를 날려 보내기 전에 먼저 도래까마귀raven를 보냈다.

## 놋 땅 Land of Nod

가인이 동생 아벨을 죽인 뒤 여호와한테서 쫓겨나 살던 에덴의 동쪽 장소(창 4:16). 많은 사람이 졸음의 땅(영어로 nod는 '졸려서 고개를 꾸벅거린다'는 뜻)이라고 의미를 잘못 추론 하는데, 여기서 놋Nod은 방랑이라는 뜻이다. ⇨ 가인과 아벨

## 놋뱀 Bronzc Serpent

모세가 하느님의 명령을 받고 만든 뱀. 에돔 땅에서 반역한 이스라엘 사람들은 불뱀에 물려 죽는 심판을 받았다. 그때 모세는 하느님으로부터 놋뱀을 만들라는 명령을 받았 는데, 누구든지 그 놋뱀을 보는 자는 살 수 있었다(민 21:4~9). 이 뱀은 나중에 우상 숭배 의 대상이 되었다가 히스기야 왕이 파괴하였다(왕하 18:9). 놋뱀은 십자가에 달린 예수 그리스도를 나타내는 예표의 의미도 있다(요 3:14~15).

## 누구를 위하여 조종弔鐘이 울리나 For Whom the Bell Tolls

헤밍웨이Ernest Hemingway가 쓴 소설(1940) 제목. 헤밍웨이는 17세기 영국 시인 존 단 John Donne의 「명상Meditation」에서 이 구절을 발췌하여 제목으로 썼다. 단의 글 중 해당 부분을 발췌하면 다음과 같다. "아마도 이 조종의 주인공은 너무나도 병들어 이 조종 이 자기의 조종인 줄도 모른다.…인간은 아무도 그 자체가 완전한 섬이 아니다. 인 간은 모두가 대륙의 한 토막…본토本土의 일부이다. 만일 흙덩이가 바다에 의해 씻 겨 버린다면, 유럽은 그만큼 작아지는 것이다. 모든 사람의 죽음이 나를 축소시킨다,

왜냐하면 나는 인류에 포함되어 있기 때문에. 그러므로 누가 죽었기에 조종이 울리는지 알려고 절대로 사람을 내보내지 말라, 조종은 네가 죽어 울리는 것이니까. Perchance he for whom this bell tolls may be so ill as that he knows not it for him;... No man is an island, entire of itself; every man is a piece of the continent, a part of the main. If a clod be washed away by the sea, Europe is the less... Any man's death diminishes me because I am involved in mankind,... therefore never send to know for whom the bell tolls; it tolls for thee." 여기서 "the main"은 바다란 뜻이 아니고 mainland, 즉 본토本土라는 뜻이다. 또 주의해야 할 점은 조종弔鍾을 울린다고 할 때, rings가 아니고 tolls라는 점이다. toll은 사람이 죽어 조종을 친다는 뜻이다. 인간의 연대連帶와 자기희생 정신을 주장한 헤밍웨이가 쓴 이 소설의 의도를 이해하려면 주인공 로버트 조단이 에스파냐 내란에 참전한 이유를 제대로 알아야 한다. 미국인 대학강사이던 청년 주인공 조단이 내란에 참전한 이유는 에스파냐에서 민주주의가 죽는다는 것이 에스파냐만의 문제가 아니라 세계의 민주주의의 일부가 죽는 것이기 때문에 가만히 있을 수 없어 프랑코와 그의 파시스트의 전체주의적인 잔인성에 대항하기 위해 왕당파 게릴라들과 함께 세계의 민주주의를 위하여 참전한 것이다. 이 작품은 샘 우드 감독이 「누구를 위하여 조종이 울리나*For Whom the Bell Tolls*」(1943, 게리 쿠퍼·잉그리드 버그만 주연)로 영화화했다.

### 누룩 Leaven

빵을 부풀게 하는 효소. 『성서』에는 여러 상징적인 의미로 사용된다. 부풀어 오르는 성질로 인해 누룩은 분열과 타락, 인간의 죄성罪性을 상징하였다. 예수는 바리새인의 위선, 사두개인의 회의론, 헤롯 당원의 교활함을 상징하는 데 누룩의 비유를 썼다(마 16:6, 막 8:15). 누룩은 무한히 늘어나는 힘 때문에 천국의 비유로도 쓰인다(마 13:33). ⇨ 무교병

### 누마 폼필리우스 Numa Pompilius

전설적인 로마의 두 번째 왕(기원전 715~673). 야누스 숭배를 제도화했고, 베스타(그리스 신화의 '헤스티아'에 해당)의 성스런 화로를 보살필 첫 베스타 처녀들Vestal Virgins을 모집했다.

### 누멘 [라]Numen(단) Numina(복)

고대 로마 종교에서 신神(divine power)을 지칭하는 말. 라틴어 nuere(to nod, '고개를 끄덕이다'라는 뜻)에서 파생한 단어인데 고대 로마 사람들은 신이 자신의 뜻을 나타내기 위

해 고개를 끄덕이는 것으로 여겼다.

### 눈동자 The apple of the eye

특히 하느님에게 소중하고 귀한 사람이나 물건을 가리키는 말. "내 계명을 지켜 살며 내 법을 내 눈동사처럼 지켜라"(신 32:10, 시 17:8, 잠 7:2) 한 데서 비롯하였다.

### 눈물의 골짜기 Vale of tears

지상에서의 유한하고 고통스런 삶을 비유한 말. 천국의 삶과 대조되는 지상의 삶을 가리킨다. 이 구절은 11세기의 성모 마리아에 대한 다음 기도에서 나왔다고 한다. "이브의 버림받은 불쌍한 자녀인 저희들이 성모께 기도합니다. 이 눈물의 골짜기에서 우리의 눈물과 애도와 울음을 당신께 올려 보냅니다." 베르디Giuseppe Verdi의 오페라 「아이다Aida」(1871)에도 "잘 있거라, 이 세상 눈물의 골짜기여…"라는 아리아가 있다.

### 눈에는 눈으로 이에는 이로 Eye for eye and tooth for tooth

모세의 율법에 나타난 '보복의 원칙'(출 21:23~24, 레 24:19~20, 신 19:21). 예수는 "또 눈은 눈으로, 이는 이로 갚으라 하였다는 것을 너희가 들었으나 나는 너희에게 이르노니 악한 자를 대적하지 말라 누구든지 네 오른쪽 뺨을 치거든 왼편도 돌려대라"(마 5:38~39) 했는데, 원래 문맥에서는 보복심의 표현이라기보다는 복수에 제한을 두려는 의도이다. 따라서 복수를 완전히 삼가라는 예수의 명령은 그 법을 부정하는 것이 아니라 확장하는 셈이다. 오늘날에는 주로 그 범죄에 정확하게 상응하는 처벌을 요구하는 잔인하고 원시적인 제도를 가리킬 때 쓴다. ⇨ 왼 뺨도 돌려 대라

### 눈에서 비늘이 벗겨지다 Scales fall from one's eyes

눈을 떠서 새로운 진리를 보게 된다는 뜻. "즉시 사울(바울의 옛 이름)의 눈에서 비늘 같은 것이 벗겨져 다시 보게 된지라"(행 9:18) 한 데서 비롯하였다. 여기서 비늘은 사람을 물리적 혹은 영적 장님으로 만드는 것을 의미한다. ⇨ 다메섹으로 가는 길, 성 바울

### 뉘사 ㄱNysa

뉘사 산에서 디오뉘소스를 키운 뉨페(요정) 중 하나. 아리스타이오스의 딸이라고도 한다. 디오뉘소스의 소망에 따라 그의 다른 유모 뉨페들과 함께 메데이아한테서 다시 젊어지는 치료를 받았다고 한다. Nysa는 Dio-nys-os를 분해하여 dio(제우스)와 nys에서 그 의미가 불명인 채 지어진 이름인 듯하다. 짐머맨John Edward Zimmerman은 『신화사전』에서 뉘사를 뉨페들이 아기 디오뉘소스를 돌봐 주었던 트라케의 산으로, 그레이브즈Robert Graves는 『그리스 신화』(2권)에서 뤼디아Lydia의 에베소 동쪽 80km쯤에 있는

곳으로 지도에 명시했다.

## 뉙스 그Nyx

밤의 여신. 그리스어로 밤이란 뜻이다. 가이아와 더불어 카오스에서 나왔다. 자식으로 타나토스(죽음의 신), 휩노스(잠), 네메시스(복수), 에리스(불화), 모이라이(운명의 여신들) 등이 있다. 이에 관한 이야기는 헤시오도스Hesiodos의 『신통기Theogonia』, 베르길리우스Vergilius의 『아이네이스Aeneis』(iv) 등에 나온다.

## 뉨페 그nymphe(단) nymphai(복) 영nymph(단)

아름답고 영원히 젊은 처녀인 하위의 여신. 그리스어로 '젊은 여자young girl' 라는 뜻이다. 나무, 물, 산과 관련이 있다. 일반적으로 자기들보다 강한 신들의 시녀이다. 영생불사는 아니지만 장수하며 성격이 쾌활하고 인간에게 다정하다. 뉨페 중에 오케아니데스는 바다, 네레이데스는 해수海水와 담수淡水, 나이아데스는 강·호수·샘, 오레이아데스는 산, 드뤼아데스는 나무와 관련이 있다.

그리스 신화의 뉨페

| 그리스어 표기 | | 영어 표기 | | 상징 |
|---|---|---|---|---|
| 단수 | 복수 | 단수 | 복수 | |
| 오케아니스Okeanis | 오케아니데스Okeanides | Oceanid | Oceanids | 바다 |
| 네레이스Nereis | 네레이데스Nereides | Nereid | Nereids | 해수海水·담수淡水 |
| 나이아스Naias | 나이아데스Naiades | Naiad | Naiads | 강·호수·샘 |
| 오레이아스Oreias | 오레이아데스Oreiades | Oread | Oreads | 산 |
| 드뤼아스Dryas | 드뤼아데스Dryades | Dryad | Dryads | 나무 |

## 뉴스픽 Newspeak

오웰George Orwell(본명은 에릭 아서 블레어Eric Arthur Blair)의 소설 『1984』(1949)에 나오는 조어造語. 정부 관리 등이 여론 조작을 위해 고의적으로 애매하고 모순적인 언어를 써서 대중을 속이는 표현법을 일컫는다. 이러한 표현들은 대중의 사고를 저하시켜 궁극적으로는 정신을 불구화하려는 의도가 있다. ⇨ 1984

## 느부갓네살/네부카드네자르 Nebuchadnezzar/Nabuchadnezzar

기원전 605년에서 562년까지 바빌론을 통치한 왕. 예루살렘 성전을 파괴하고 유대인을 바빌론으로 데려와 포로로 삼았다(기원전 586). 악행으로 유명하며 어마어마한 금상金像을 세워 놓고 모두 그것을 숭배하라고 명하고 거부한 자는 모조리 맹렬한 불 속에 집어넣으라고 했다. 오만함 때문에 벌을 받아 미쳐서 동물처럼 들판에서 풀을 뜯어먹다가 다시 사람으로 돌아왔다(단 4:28~37). 그의 이름은 강력한 자들의 악행이 지나칠 때 그들에게 찾아오는 비참함을 상기시킨다. 그가 유대인을 사로잡은 사실에서 소재를 얻은 베르디Giuseppe Verdi의 오페라 「나부코Nabucco」(1840~41)가 있다. 이 작품은 베르디가 작곡가로서의 명성을 처음으로 얻은 작품이다.

### 느헤미야 Nehemiah

바사Persia 왕 아닥사스다Aetaxerxes 1세(기원전 465~424)의 술 맡은 관원. 유다의 총독으로 임명받아 예루살렘 성벽을 재건했다.

### 늙은 아낙네들의 얘기 Old wives' tale/Old wives' fable/Old wives' story

어리석고 속된 이야기를 뜻하는 말. 바울이 디모데에게 그리스도의 훌륭한 일꾼이 될 것을 권고하는 중에 "늙은 아낙네들이나 좋아하는 속된 이야기들을 물리치십시오"(딤전 4:7)라고 한 데서 비롯하였다. 『개역성서』에는 "망령되고 허탄한 신화"라고 번역되어 있다. 1593년 엘리자베스 여왕 앞에서 공연한 조지 필George Peele의 「노파들의 실없는 이야기The Old Wives Tale」라는 작품이 있다.

### 늙은이들은 꿈을 꿀 것이요 Old men dream dreams

요엘이 여호와의 날을 예언하면서 한 말. 베드로는 오순절에 이 예언을 적용했다. 이 구절은 원래 요엘이 "너희 자녀들이 장래 일을 말할 것이며 너희 늙은이는 꿈을 꾸며 너희 젊은이는 이상을 볼 것이며"(욜 2:28, 행 2:17)라고 한 데서 비롯하였다.

### 니고데모 Nicodemus

바리새인이며 산헤드린 공회원으로 밤에 예수를 찾아와 대화를 나눈 인물. 예수는 그에게 "사람이 물과 성령으로 나지 아니하면 하느님 나라에 들어갈 수 없느니라"(요 3:5) 했다. 나중에 그는 예수가 판결 없이 정죄당하는 것에 반대하였으며(요 7:50~51) 예수가 십자가형을 받은 뒤에 몰약과 알로에를 가져와 아리마대 사람 요셉과 함께 예수의 장례를 도왔다.

### 니르바나 Nirvana

'열반涅槃', '해탈解脫'이란 뜻의 불교 용어. 산스크리트어로 '불꽃이 꺼진 상태', '적멸寂滅(extinction)', '무위적정無爲寂靜'이란 뜻이다. 열반은 니르바나의 음역音譯이어서 아무런 뜻도 없다. 니르바나는 불교에서 물질적 부, 세속적 명예, 영생불사에 대한 충동이 없어지고 영혼이 재생의 순환으로부터 해방된 상태를 말한다. 즉 지복至福과 깨달음의 상태를 가리킨다.

## 니므롯 Nimrod

강력한 사냥꾼. 「창세기」는 "세상의 영걸英傑이며 특이한 사냥꾼"(창 10:8~12)이라고 기록한다. 오늘날 이 말은 동물을 사냥하는 사람에게 적용되지만 포우프Alexander Pope는 이 구절을 "그의 제물은 사람이었다"고 해석했다. 니므롯은 시날Shinar에 큰 나라를 세웠으며 하늘에 닿을 생각을 품고 바벨 탑을 만든 사람으로 간주된다. 따라서 니므롯은 폭군을 가리킴과 동시에 어리석은 사람을 가리키기도 한다. 단테Alighieri Dante의 『신곡 La Divina Commedia』 「지옥Inferno」편 칸토31에서는 어리석은 사람으로 나타난다.

## 니벨룽의 노래 Nibelungenlied

고대 아이슬란드의 『볼숭가 사가Saga of the Volsungs』에서 유래한 13세기 독일 서사시. 내용은 지크프리트의 모험, 브룬힐트에 대한 사랑, 지크프리트의 죽음을 초래한 배신이 주조를 이룬다. 니벨룽족은 난장이 종족인데 땅 밑(하계)에 산다. 지크프리트가 난장이들의 보물을 훔친 일이 이 서사시의 중심 사건 중의 하나이다. 니벨룽이란 '안개나라Nibelheim의 사람들'이란 뜻이다. 막대한 황금보물을 저장해 놓은 이들은 영웅 지크프리트Siegfried(지구르트Sigurd)의 추종자로, 그를 위해 마술 황금반지를 만들어 주었다. 바그너Wilhelm Richard Wagner는 이 소재로 4부작 오페라 「니벨룽의 반지Ring des Nibelungen」(1876, 라인의 황금, 발퀴레, 지크프리트, 신들의 황혼)를 창작했다.

## 니오베 ㄱNiobe

탄탈로스와 디오네의 딸이자 테바이의 왕 암피온(제우스의 아들)의 아내. 니오베는 많은 자식(전설에 의하면 6남 6녀, 혹은 7남 7녀)을 낳은 자기가 자식을 단 둘(아폴론과 아르테미스)밖에 낳지 못한 여신 레토보다 훨씬 잘났다고 뽐내었다. 레토는 니오베의 말을 듣고서 두 자식한테 복수를 요청했다. 아폴론은 니오베의 아들을 모두 죽였고 아르테미스는 그녀의 딸을 모두 죽였다. 니오베는 소아시아에 있는 아버지 나라의 시퓔로스 산으로 도망쳐 바위로 변신했는데 바위에서 계속 눈물이 흘렀다고 한다. 니오베에 관한 가장 유명한 문학적 언급은 셰익스피어William Shakespeare의 『햄리트Hamlet』(i·ii)이다. 여기서 햄리트는 아버지 장례식에서 어머니가 한 행위를 "온통 눈물에 젖은 니오베처럼 Like Niobe, all tears"이라고 묘사한다. 니오베에 관한 이야기는 호메로스Homeros의 『일리

아스*Ilias*』(xxiv), 아폴로도로스Apollodoros
의 『비블리오테케*Bibliotheke*』(iii), 오비디
우스Ovidius의 『변신 이야기*Metamorpho-
ses*』(vi) 등에 나온다.

## 니케 ㄱNike

승리의 여신. 그리스어로 '승리Victory'
란 뜻이다. 로마 신화에서는 빅토리아
Victoria에 해당한다. 거인 팔라스와 스튁
스의 딸이다. 티탄과 신 들이 싸울 때에
신들 편에서 싸웠다. 여신 아테나와 제
우스를 따라다녔으며, 종려나무와 방패
를 든 날개 달린 여자 모습으로 표현된
다. 전승戰勝을 기념하기 위해 고대 그리
스인들이 승리의 여신 니케의 조각상을
설치하였다.

「사모트라케 섬의 니케」, 루브르 박물관

　「사모트라케 섬의 니케」／「날개 돋친 승리의 여신」 고대 그리스인의 가장 훌륭한 조
각상 중의 하나이다. 1863년 프랑스인이 발견하여 현재 루브르 박물관에 있다.
　아테나 니케 신전에 있는 여러 포즈의 니케 군상 페르시아군을 무찌른 뒤 아테나이
의 아크로폴리스에 지어졌는데, 아테나 여신이 승리의 여신으로 간주된다.
　미국 육군의 2단 내지 3단 로켓을 가진 대공유도탄 이때는 '나이키'로 발음한다.

## 니클비, 니콜러스 Nickleby, Nicholas

디킨스Charles Dickens의 소설 『니콜러스 니클비*Nicholas Nickleby*』(1839)에 나오는 주인공.
작가는 니콜러스가 다닌 도르보이즈 학교의 실태를 묘사해 영리적 사립학교의 난폭한
교육을 폭로한다. 가난에 찌든 과부의 아들인 니콜러스는 서서히 재산을 모아 어머니
와 여동생을 먹여 살릴 수 있게 되고 매들라인 브레이와 결혼한다.

# ㄷ

## 다곤 Dagon

블레셋 족속이 섬기던 해신海神. 풍요의
신인 다간Dagan과 혼동하는 경우가 많
다. 삼손이 가자Gaza에서 이 다곤의 신
전을 받치는 가운데 두 기둥을 쓰러뜨려
신전을 무너뜨렸다(삿 16:23~31).

다곤

## 다나에 ㉈Danae

영웅 페르세우스의 어머니. 아르고스 왕
아크리시오스의 딸이다. 아크리시오스
는 딸이 자기를 죽일 사내아이를 낳을
것이라는 신탁을 듣고서 딸을 청동 탑에 가둬 버린다. 하지만 제우스는 황금 소나기로
변신하여 다나에한테 내려가 페르세우스를 임신시켰다. 나중에 제우스는 다나에와
아들을 어디론가 감쪽같이 채 갔다. 세리포스의 왕 폴뤼덱테스는 다나에를 사랑하게
되고, 자신의 구애를 방해하지 못하도록 페르세우스한테 메두사의 머리를 가져오도록
명령한다. 페르세우스는 이 일을 완수하고 나서 아테나의 도움을 받아 폴뤼덱테스를
죽인다. 이에 관한 이야기는 호메로스Homeros의 『일리아스*Ilias*』(xiv), 아폴로도로스
Apollodoros의 『비블리오테케*Bibliotheke*』(ⅱ), 베르길리우스Vergilius의 『아이네이스*Aeneis*』
(vii) 등에 자세히 나온다.

## 다나이스들 ㉈Danaides(복) Danais(단)

다나오스(그 | Danaos 영 | Danaus)의 50명의 딸. 이들은 왕권을 다투던 다나오스의 동생
인 아이귑토스의 50명의 아들과 결혼했다. 다나오스는 딸들에게 첫날밤에 신랑을 모

두 죽이라고 지시했다. 딸 중에 49명은 아버지의 지시대로 칼로 신랑을 찔러 죽였다. 그녀들은 그 벌로 하계下界에서 영원히 체sieve로 물을 길어 오는 일을 맡게 되었다. 그런데 딸 중에 휘페름네스트라만은 남편이 된 륑케우스가 그녀의 처녀성을 간직하게 해 주었기 때문에 죽지 않았다. 아테나와 헤르메스는 제우스의 명령으로 나머지 딸의 죄를 용서해 주었다. 다나오스는 휘페름네스트라와 륑케우스를 결혼시키고 다른 딸은 경기의 승자한테 주었다. 그리하여 다나오이족이 생겼다. 이 이야기는 아폴로도로스 Apollodoros의 『비블리오테케Bibliotheke』(ii), 파우사니아스Pausanias의 『그리스 안내기 Periegesis Hellados』 등에 나온다.

### 다니엘 Daniel 기원전 ?~530

『구약성서』에 나오는 선지자. 귀족 가문에서 태어난 이스라엘인으로 기원전 605년 10 대에 바벨론에 포로로 잡혀 갔다. 벨드사살Belteshazzar이라는 바벨론 이름을 받았고 해몽가가 되었으며 메시야의 승리를 예언하였다. 사자굴에 던져졌으나 하느님의 도움으로 살아났다. 바벨론(느부갓네살 왕, 벨사살 왕), 메대(다리오 왕), 바사(고레스 왕) 치하에서 고위직과 재상을 지냈다.

### 다르다노스 그Dardanos 영Dardanus

제우스와 엘렉트라(티탄인 아틀라스와 플레이오네의 딸)의 아들. 트로이아인의 조상이다. 프뤼기아의 이데(그 I Ide 영 I Ida) 산 아래에 건설한 도시를 다르다니아라고 불렀는데 그것이 트로이아의 일부가 되었다. 다르다노스는 백성한테 아테나 숭배를 가르쳤고 팔라디온(그 I Palladion 영 I Palladium)을 주었다. 지금의 다르다넬스 해협Dardanelles(옛날엔 헬레스폰토스)은 그의 이름을 따서 지었다. 그에 관한 이야기는 호메로스Homeros의 『일리아스Ilias』(xx), 아폴로도로스Apollodoros의 『비블리오테케Bibliotheke』(iii), 베르길리우스Vergilius의 『아이네이스Aeneis』(v) 등에 자세히 나온다. ⇨ 팔라디온

### 다르타냥, 샤를 드 바츠 d'Artagnan, Charles de Baatz

뒤마 페르Alexandre Dumas père('페르'는 아버지란 뜻으로 그의 아들 뒤마 피스Alexandre Dumas fils와 구분하기 위해 붙이는 이름이다)의 『삼총사Les Trois Mousquetaires』(1844)에 나오는 용감한 영웅. 그의 수많은 모험이 이 소설의 주제이다.

### 다른 사람의 수고한 것을 거두다 Enter into another's labour

자신이 뿌리지 않은 씨앗의 열매를 거둔다는 뜻. 즉 다른 사람이 해놓은 일의 결실을 차지하는 것을 뜻한다. "내가 너희로 노력하지 아니한 것을 거두러 보내었노니 다른

사람들은 노력하였고 너희는 그들의 노력한 것에 참여하였느니라"(요 4:38)고 한 예수의 말에서 비롯하였다.

## 다른 신들을 숭배하다 Whoring after other gods

이스라엘 사람들이 가나안 족속의 신들을 숭배한 것을 가리키는 말. "그들이 그 사사들에게도 순종하지 아니하고 오히려 다른 신들을 따라가 음행하며 그들에게 절하고 여호와의 명령을 순종하던 그들의 조상들이 행하던 길에서 속히 치우쳐 떠나서 그와 같이 행하지 아니하였더라"(삿 2:17)고 한 구절에서 비롯하였다. 여기서 말하는 다른 신들을 숭배하는 데는 풍요의식과 제의적인 매춘이 수반되었기 때문에 현재와 같은 비유적인 의미와는 다르다. 지금은 이 구절을 '배반하다', '내통하다'라는 뜻으로 쓴다.

## 다른 쪽으로 지나가다 Pass by on the other side

'못 본 체하고 지나치다'라는 뜻. 선한 사마리아 사람 비유에 나오는 말로 "마침 한 제사장이 그 길로 내려가다가 그를 보고 피하여 지나가고"(눅 10:31)라는 구절에서 비롯하였다. ⇨ 선한 사마리아 사람

## 다메섹으로 가는 길 Road to Damascus

어떤 믿음이나 주의主義로 개종하는 과정을 뜻하는 말. 다메섹(다마스쿠스)은 시리아의 수도이다. 기원전 15세기의 이집트 비문碑文에 다메섹이 도시국가의 수도였다는 기록이 있을 정도로 오래된 도시이다. 나중에 이방인의 사도가 된 바울(사울)이 예수를 좇는 자들을 찾아 결박해 예루살렘으로 데려오려고 다메섹으로 가는데 도중에 갑자기 하늘에서 빛이 비쳤다. 땅에 쓰러져 있던 바울에게 하늘에서 음성이 들렸다. "사울아 사울아 왜 네가 나를 핍박하느냐…나는 네가 핍박하는 예수다"(행 9:1~22, 22:1~22, 26:1~23). 이것을 주제로 한 스트린드베리Johan August Strindberg의 희곡 『다마스쿠스로To Damascus』(1898~1901, 3부작)가 있다. 이 작품은 신앙을 부인하던 주인공이 의사 아내와의 사랑에 실패하고 마침내 신앙을 받아들이는 내용의 표현주의 연극이다. ⇨ 눈에서 비늘이 벗겨지다, 성 바울

## 다모클레스의 칼 Sword of Damocles

지배자 지위에 있는 사람의 어려움을 뜻하는 말. 절박한 어려움이라는 뜻도 있다. 쉬라쿠사이의 참주 디오뉘시우스 1세의 아첨꾼 신하인 그리스 귀족 다모클레스가 왕좌王座의 행복을 너무나 부러워하자 왕이 호사를 경험하도록 초청하였다. 왕은 다모클레스를 왕좌에 앉게 한 다음 머리 위에다 실로 칼을 매달아 왕좌에 앉은 사람의 행복

이 얼마나 불안한 것인가를 보여 주었다고 한다.

### 다몬과 퓌티아스 Damon and Pythias

퓌타고라스Pythagoras의 제자들. 이들의 이름은 다윗과 요나단의 우정처럼 완벽한 우정의 대명사이다. 기원전 4세기 시칠리아 쉬라쿠사이의 참주 디오뉘시우스 1세는 퓌티아스한테 사형을 선고했는데 퓌티아스는 가족을 위해 며칠 간 유예를 달라고 간청했다. 친구 다몬이 그의 보증인이 될 것을 승낙했고 만일 퓌티아스가 돌아오지 않으면 자기가 대신 처벌을 받겠다는 데 동의했다. 약속한 날 퓌티아스가 돌아오자 디오뉘시우스는 두 사람의 우정에 크게 감명받아 둘을 용서하고 자기도 그들의 세 번째 친구가 되게 해달라고 했다. 키케로Marcus Tullius Cicero(기원전 106~43)는 『의무에 관하여De officiis』에서 핀티아스Phintias라고 했지만, 영어에서는 보통 퓌티아스로 쓴다.

### 다비드 David ⇨ 다윗

### 다섯 번째 갈비뼈 아래를 치다 Smite under the fifth rib

'심장을 찌르다', '찔러 죽이다'라는 뜻. 다섯 번째 갈비뼈 아래에는 심장이 있다. "아브넬Abner이 창 뒤끝으로 그(아사헬Asahel) 배를 찌르니 그 등을 뚫고 나간지라. 곧 그곳에 엎드러져 죽으니라"(삼하 2:23)는 구절에서 비롯하였다.

### 다수 편에 서는 것이 안전하다 Safety in numbers

'다수의 의견이 항상 승리한다'는 뜻. "도략韜略이 없으면 백성이 망하여도 모사가 많으면 평안을 누리느니"(잠 11:14)라는 구절에서 비롯하였다.

### 다윗/다비드 David

이스라엘의 왕. 그의 이름은 '사랑받는' 혹은 '지도자'를 뜻한다. 사울과 요나단이 죽은 뒤 이스라엘의 두 번째 왕(기원전 1000~960)이 되었다. 많은 노래와 시가詩歌를 지었고(「시편」의 대다수는 그의 작품이다), 소년 시절에 모든 이스라엘 사람이 대적하기를 두려워하던 블레셋의 전사 골리앗을 무릿매로 죽였다(삼상 17:32~58). 요나단과 형제보다 더한 우정을 나눈 것으로도 유명하다. 많은 부인을 맞았다

마트도로셸리, 「다윗의 승리」

82

(삼하 11장, 부인 중 가장 많이 알려진 사람은 밧세바인데 다윗은 그녀의 남편 우리아를 전장의 최전방에 내보내 죽게 만든 뒤 그녀를 아내로 맞았다). 아들 압살롬의 반역과 그에 대한 다윗의 분노와 사랑이 유명하다. 다윗은 『성서』에 현명하고 용감하며 신중하고 멋있는 사람으로 묘사되어 있다. 누가는 그리스도의 가계家系를 다윗까지 거슬러 올라간다. 그를 소재로 한 헨리 킹 감독의 영화 「다윗과 밧세바David and Bathsheba」(1951, 그레고리 펙·수잔 헤이워드 주연)가 있다. ⇨ 골리앗, 내 아들 압살롬아

### 다윗의 별/다윗의 방패 Star of David/Shield of David
두 개의 삼각형을 거꾸로 포개 놓은, 6개의 뾰쪽한 모서리가 있는 별. Magen David라고도 하는데, 히브리어로 '다윗의 방패'란 뜻이다. 유대교의 상징이고, 이스라엘 국기에도 쓰였다.

### 다이달로스 ㉑Daidalos 영Daedalus
그리스 신화에 나오는 발명가. 최초의 유명한 공장工匠으로, 열세 살 난 조카가 벌써 자기보다 재주가 나은 것을 시기하여 조카를 아테나이의 아크로폴리스 언덕으로 데려가 떠밀어 죽이고 크레테 섬으로 도망쳤다. 크레테 섬의 미노스 왕은 뛰어난 기술 때문에 다이달로스를 환영했다. 그 당시 왕위계승권 문제로 싸움이 일어났는데, 미노스는 바다의 신 포세이돈한테 황소 한 마리를 자기에게 보내주면 나중에 그 황소를 바치겠다고 기도를 올렸다. 포세이돈이 하얀 황소를 보내어 미노스의 왕권을 확인해 주었으나 미노스는 황소가 너무나 아름다워 포세이돈한테 바치려 하지 않았다. 화가 치민 포세이돈은 미노스의 왕비 파시파에가 이 황소와 사랑에 빠지게끔 했다. 결국 왕비는 황소와 사랑에 빠져 왕 몰래 다이달로스가 나무로 만들어 준 인조 암소artificial cow 속에 들어가 황소와 교미를 했다. 그 결과로 반인반우半人半牛인 미노타우로스가 태어났다. 미노스 왕은 창피하여 다이달로스에게 이 괴물을 가둘 감옥을 만들게 했고 다이달로스는

「다이달로스와 아들 이카로스」, 로마 빌라 알바니

라뷔린토스labyrinthos(미궁)를 만들어 미노타우로스를 감금했다. 미노스 왕은 해마다 미노타우로스한테 일곱 아테나이 청년과 일곱 처녀를 제물로 바쳤는데 마침내 테세우스가 그 괴물을 죽이는 데 성공했다. 왕비가 다이달로스의 도움으로 미노타우로스를 낳게 된 사연을 알게 된 미노스 왕은 다이달로스를 (여자 노예와 사이에서 낳은) 아들 이카로스와 함께 도피 불가능한 미궁에다 감금했다. 왕비 파시파에가 그들을 풀어 주었고, 다이달로스는 두 쌍의 날개를 만들어 아들과 함께 도망쳤다. 다이달로스와 이카로스는 하늘을 날았는데, 불행히도 이카로스는 신이 나서 태양에 너무 가까이 날지 말라는 아버지의 경고를 무시했다가 깃털을 붙인 밀랍이 태양열에 녹는 바람에 바다에 떨어져 죽었다. 다이달로스는 그리스어로 '솜씨 있는skillful'이란 뜻이다. 오든Wystan Hugh Auden의 시 「미술관Musée des Beaux Arts」(1940)은 브뤼겔Jan Bruegel의 그림 「이카로스의 추락」을 보고 느낀 점을 아름답게 극적으로 표현한 것이다. 이 이야기는 오비디우스 Ovidius의 『변신 이야기Metamorphoses』

(viii), 베르길리우스Vergilius의 『아이네이스Aeneis』(vii) 등에 자세히 나온다. ⇒ 라뷔린토스

## 다프네 그Daphne

텟살리아 지방 올륌포스 산 밑에 흐르는 강의 신 페네이오스의 딸. 다프네는 그리스어로 월계수laurel란 뜻이다. 다프네는 자신에게 반한 아폴론 신의 추격을 받자 아버지에게 도움을 간청해 월계수로 변했다. 이로 인해 월계수는 아폴론이 사랑하는 나무가 되었다. 월계관은 전통적으로 최고의 시인이나 가수의 머리에 씌워졌다. 또 다른 이야기에서는, 다프네는 아뮈클라스의 딸로서 사냥을 좋아하여 시녀들과 산에서 사냥하며 살았는데 엘리스의 오이노마오스의 아들 레우킵포스와 아폴론이 그녀를 연

조반니 로렌조 베르니니, 「아폴론과 다프네」,
로마 보르게세 미술관

모했다. 레우킵포스는 여장女裝을 하고서 그녀한테 접근해 친하게 되었는데, 아폴론이 질투하여 다프네가 그와 목욕하고 싶은 마음이 들게 하였다. 이때 레우킵포스가 주저하자 다프네는 그의 옷을 억지로 벗겼다. 다프네와 시녀들은 그의 정체를 발견하고 공격했지만 신들이 레우킵포스를 숨겨 주었다. 아폴론이 다프네를 붙잡으려 하자 그녀는 도망쳤고, 아버지에게 소원을 빌어 월계수로 변신하였다. 이 이야기는 오비디우스Ovidius의 『변신 이야기Metamorphoses』(i), 파우사니아스Pausanias의 『그리스 안내기Periegesis Hellados』(x) 등에 나온다.

## 다프니스 ㄱDaphnis

그리스 신화에 나오는 헤르메스와 님페의 아들. 어머니는 미소년인 다프니스를 월계수 밑에서 자라게 했고 요정들과 목신牧神 판이 길러 주었다. 판은 다프니스에게 피리 부는 법을 가르쳐 주었다. 사랑에 무관심한 다프니스는 사랑의 온갖 유혹을 다 뿌리칠 수 있다고 뽐내어 사랑의 여신 아프로디테의 분노를 샀다. 아프로디테는 다프니스가 물의 요정 나이스를 열렬히 사랑하게 만들었다. 나이스는 그가 영원히 그녀에게 정절을 지키겠다고 맹세하는 조건으로 사랑을 허락했다. 그래서 시켈리아 공주가 다프니스를 술 취하게 하여 정을 통하자 그를 장님으로 만들어 버렸다. 나중에 다프니스가 강물에 빠져 살려 달라고 외쳤지만 물의 요정들은 무시했다고 한다. 다프니스는 목가牧歌의 창시자로 알려져 있다.

## 다프니스와 클로에 Daphnis and Chloë

2, 3세기 무렵의 그리스 작가인 롱고스Longos가 쓴 최초의 목가적牧歌的 산문 로맨스. 에로틱한 그리스 소설 중 가장 인기 있는 작품이다. 작가에 관해서는 아무것도 알려져 있지 않으며, 기원전 3세기 이전에 쓰인 것으로 여겨진다. 다프니스는 월계수, 클로에는 푸른 새싹이란 뜻이다. 다프니스는 나이스가 장님으로 만든 목동과는 아무런 상관이 없다. 복잡한 플롯보다는 주인공과 여주인공 사이에 사랑이 어떻게 무르익어 가는지, 즉 어린 시절의 순진하고 어렴풋한 첫 감정에서 성적性的 성숙에 이르기까지의 과정을 표현하는 데에 열중했다. 이 작품은 심오한 심리 분석과 자연에 대한 감정 묘사가 탁월하다. 내용은 버려진 두 아이에 관한 것이다. 목자들이 월계수(그리스어로 daphne) 덤불숲에서 두 아이를 발견하여 길렀고 이들은 어린 나이에 사랑에 빠진다. 그러나 얼마 뒤 서로 헤어지게 되고 대여섯 번의 모험 뒤에 다시 결합한다. 이 로맨스는 후대의 많은 작가에게 영감을 불어넣었다. 시드니 경Sir Philip Sidney의 『아르카디아

*Arcadia*』(1590), 로지Thomas Lodge의 『로잘린드*Rosalynde*』(1590) 등이 영향을 받았는데 『로잘린드』는 셰익스피어William Shakespeare의 『뜻대로 하세요*As You Like It*』(1599~1600)의 바탕이 되었다. 프랑스 작가 베르나르댕 드 생 삐에르Bernardin de Saint-Pierre의 『폴과 비르지니*Paul ct Virginie*』(1788)도 이 작품의 영향을 받았고, 라벨Maurice Ravel이 작곡한 발레 「다프니스와 클로에」(1912)의 바탕이 되었다.

### 단, 존 Donne, John 1572~1631

영국 형이상학시파形而上學詩派의 대표적인 시인이며 신학자. 한때 국새상서國璽尙書 토머스 에저튼 경의 비서로 일했으나 그의 조카 앤 모어와 비밀 결혼함으로써 해고되었다. 나중에 제임스 1세는 그를 성 바울 성당St. Paul's Cathedral의 수석 사제dean로 임명했다. 날카로운 위트, 놀라운 기상奇想, 관능적이며 강렬한 서정시 · 에세이 · 풍자시로 유명하다. 대표작으로 『노래와 소네트집*Song and Sonnets*』(1633)이 있다.

### 단단한 음식 Strong meat

하느님의 말씀에 대한 비유 중 하나. "너희가 다시 하느님의 말씀의 초보가 무엇인지 가르침을 받아야 할 것이니 젖이나 먹고 단단한 식물을 못 먹을 자가 되었도다"(히 5:12)라는 구절에서 나왔다. 여기서 젖과 대비되는 단단한 음식은 활동적이고 교육받은 사람만이 받아들일 수 있는 교리나 조치를 말한다.

### 단에서 브엘세바까지 from Dan to Beersheba

이스라엘의 최남단과 북단에 위치한 도시. 오늘날 단에서 브엘세바까지는 '어떤 나라의 한쪽 끝에서 다른 쪽 끝까지' 혹은 '세상의 한 끝에서 다른 끝까지'를 의미한다(삿 20:1).

### 단테, 알리기에리 Dante, Alighieri 1265~1321

이탈리아 피렌체 태생의 시인. 젊었을 때 정치에 적극적으로 참여했다. 9세 때 한 살 아래의 베아트리체를 보았고, 9년 뒤 우연히 그녀를 다시 만났다. 그녀는 시모네 데 바르디와 결혼했지만 24세에 죽었다. 그녀의 이름은 베아트리체 포르티나리Beatrice Portinari(1266~90)로 단테에게 이상적 여인이었고, 그의 시에 영감을 불어넣는 무사 Mousa였다. 단테는 20세 때 젬마 도나티와 결혼했는데 그녀와 사이에 아들 둘과 딸 하나 혹은 둘이 있었다. 그러나 1302년 단테가 추방당했을 때 그녀는 남편을 따라가지 않았다. 단테는 베아트리체를 보고서 깊은 영감을 얻어 1290년에 『새 삶*La vita Nuova*』을 썼다. 죽기 직전에 『신곡*La Divina Commedia*』(1321)을 완성했다.

## 단테스, 에드몽 Dantes, Edmond

뒤마 페르Alexandre Dumas père의 소설 『몬테 크리스토 백작Le Comte de Monte-Cristo』(1845)의 주인공. 그는 부당하게 14년간이나 투옥된다. 탈옥하여 몬테 크리스토 백작 행세를 하면서 자기를 투옥시킨 사람들한테 복수한다.

## 달란트의 비유比喩 Parable of the talents

자기에게 주어진 능력을 얼마나 노력하여 발전시키는가에 대한 비유. 『성서』에서 어떤 주인이 여행을 떠나면서 그의 돈을 세 명의 하인에게 각각 5달란트, 2달란트, 1달란트를 맡긴 이야기에서 비롯하였다(마 25:14~30). 주인한테 5달란트와 2달란트를 받은 종은 그들의 몫을 가지고 장사를 해 이윤을 남겼다. 1달란트를 받은 종은 그의 몫을 땅속에 숨겨 두었다가 주인이 돌아왔을 때 그대로 가져왔다. 주인이 돌아와서 이윤을 남긴 두 하인에게는 "잘했다, 착하고 충성스런 종아"라는 말로 칭찬했으나 세 번째 종에게는 "악하고 게으른 종"이라고 나무랐다. 달란트는 지역에 따라 차이가 나는 무게를 재는 도량형이었다. 예수 당시의 1달란트는 6,000데나리온에 해당하며, 일반 노동자의 거의 20년 임금에 해당하는 엄청난 액수이다.

## 달리는 자도 읽도록 He that runs may read

글이 아주 쉬워 달려가면서도 읽을 수 있다는 뜻. 하느님은 선지자 하박국에게 "이 묵시를 기록하여 판에 명백히 새기되 달려가면서도 읽을 수 있게 하라"(합 2:2)고 하였다.

## 달리다굼 Talitha Cumi

갈릴리 사람의 아람 방언으로 '소녀야 일어나라'는 뜻. 예수가 회당장 야이로의 죽어 누워 있는 딸에게 한 말이다. 예수가 이 말을 하고 죽은 소녀의 손을 잡아 일으키니 소녀가 일어나서 걸었다(막 5:41).

## 담즙과 쑥 Gall and wormwood

정신적인 고난과 쓰라림을 뜻하는 말. 유다가 받은 고통을 애통해 하는 「예레미야애가」의 셋째 애가 중 "내 고초와 재난 곧 쑥과 담즙을 기억하소서"(애 3:19)라는 구절에서 나왔다. 예수 그리스도의 수난을 예고하는 구절이기도 하다.

## 당신이 바로 그 사람이오 Thou art the man

선지자 나단이 밧세바와 간통한 다윗을 가리켜 한 말. 다윗이 밧세바와 간통을 범한 뒤에(삼하 11장) 선지자 나단이 왕 앞에 나아와 가난한 이웃의 새끼 암양을 훔친 부자에 관한 비유를 말했다. "다윗이 그 사람으로 말미암아 노하여 나단에게 이르되 여호와의 살아 계심을 두고 맹세하노니 이 일을 행한 그 사람은 마땅히 죽을 자라 그가 불쌍히 여기지 아니하고 이런 일을 행하였으니 그 양 새끼를 네 배나 갚아 주어야 하리라 한지라 나단이 다윗에게 이르되 당신이 그 사람이라". 이 간통의 벌로 밧세바가 잉태한 다윗의 아이는 죽고 말았다. 이 이야기를 소재로 한 작품으로 독일 작가 레싱Gotthold Ephraim Lessing의 『현자 나단Nathan der Weise』(1779)이 있다. 브론테Emily Jane Brontë의 『폭풍의 언덕Wuthering Heights』(1847) 앞부분에서도 이 이야기를 언급한다. ⇨ 다윗, 밧세바

## 당신이 어디를 가든 저도 가렵니다 Whither thou goest, I will go

모든 헌신을 뜻하는 말. 나오미의 며느리 룻이 남편이 죽은 뒤에도 친정으로 돌아가지 않고 시어머니를 좇아 베들레헴으로 가겠다고 한 데서 나온 말로서 의미가 확장되었다. "나오미가 이르되 내 딸들아 돌아가라…오르바는 그의 시어머니에게 입 맞추되 룻은 그를 붙좇았더라 나오미가 또 이르되 보라 네 동서는 그의 백성과 그의 신들에게로 돌아가나니 너도 너의 동서를 따라 돌아가라 하니 룻이 이르되 내게 어머니를 떠나며 어머니를 따르지 말고 돌아가라 강권하지 마옵소서 어머니께서 가시는 곳에 나도 가고 어머니께서 머무시는 곳에서 나도 머물겠나이다 어머니의 백성이 나의 백성이 되고 어머니의 하느님이 나의 하느님이 되시리니 어머니께서 죽으시는 곳에서 나도 죽어 거기 묻힐 것이라 만일 내가 죽는 일 외에 어머니를 떠나면 여호와께서 내게 벌을 내리시고 더 내리시기를 원하나이다 하는지라"(룻 1:11~17) ⇨ 나오미, 룻

## 대강절待降節 Advent

크리스마스 전 4주를 가리키는 말. 대림절待臨節, 강림절降臨節이라고도 한다. 그리스도가 오신 것을 축하하고 그가 다시 오기를 기대하는 절기이다. 이 말은 '온다'는 뜻을 가진 라틴어 adventus에서 비롯하였다. 대강절은 성 안드레의 축일(11월 30일)이나 그에 가장 가까운 주일날부터 시작한다. 대강절에는 "최후의 네 가지 것Four Last Things"인 죽음, 심판, 천국, 지옥에 관한 설교를 하는 오랜 전통이 있다.

## 대단파大端派와 소단파小端派 Big-Endians and Little-Endians

카톨릭과 프로테스탄트 사이의 신학 논쟁을 풍자한 말. 스위프트Jonathan Swift의 소설 『걸리버 여행기Gulliver's Travels』(1726)에서 걸리버가 소인국에 머무는 동안, 달걀을 큰 쪽 끄트머리에서 깨어야 하는지(대단파-이단적 견해), 아니면 작은 쪽 끄트머리에서 깨어야 하는지(소단파-정통파 견해)에 관한 논쟁 때문에 일어난 전쟁을 묘사한다. 소단파

는 릴리퍼트의 정통파이다. 여기서 '대단파', '소단파'는 영어를 그대로 번역한 것이다. ⇨ 릴리퍼트

## 대리석大理石 marble

석회암이 고도의 열과 압력을 받을 때 변질되어 형성되는 단단한 수정 같은 바위. 순수한 것은 백색이지만 불순한 것은 적색, 회색 무늬 등이 섞여 있다. 고도의 연마를 할수가 있어 조각과 건축에서 많이 사용해 왔다. 특히 앗티카에 있는 펜텔리콘 산에서 채석한 결이 면밀한 대리석이 유명한데 파르테논 신전 조각들은 이 대리석으로 만든 것이다. 카라라, 마사, 피에트라 산타에서 채석한 이탈리아 토스카나 지방의 순백색 대리석은 조각가들이 가장 선호하며, 미켈란젤로Michelangelo Buonarroti가 좋아한 소재이기도 하다.

## 대모大母 Magna Mater

프뤼기아의 대지의 여신인 퀴벨레를 일컫는 말. 그리스 신화의 레아Rhea와 같은 존재이다. 곡물의 열매와 다산多産의 여신이다. 영어로는 Great Mother이다.

## 대성당大聖堂 Cathedral

주교가 공식 좌석cathedra chair을 갖고 있는 기독교 교회. 흔히 건축물이 굉장히 크다. 대표적인 예로 영국 런던에 성 바울 성당St. Paul's Cathedral이 있다.

## 대천사大天使 Archangel

주요 천사를 지칭하는 말. 『성서』와 전설에 따르면 천사장인 미가엘, 치료자인 라파엘, 전령인 가브리엘, 빛을 가져오는 자인 우리엘 네 천사가 해당된다. 『코란』에 의하면 신앙의 수호자인 미가엘, 계시의 천사인 가브리엘, 죽음의 천사인 아즈라엘, 부활의 나팔을 부는 이스라펠이 해당된다.

## 대大플리니우스 라Gaius Plinius Secundus 영Pliny the Elder 23∼79

로마의 정치가·박물학자·백과사전 편찬자. 저서로 『박물지Historia Naturalis』만 남아있다.

## 더듬을 만한 흑암 Palpable darkness

'아주 짙은 어둠'이라는 뜻. "여호와께서 모세에게 이르시되 하늘을 향하여 네 손을 내밀어 애굽 땅 위에 흑암이 있게 하라 곧 더듬을 만한 흑암이리라"(출 10:21)고 한 구절에서 비롯하였다. 이집트에 내린 아홉 번째 재앙으로 한 치 앞도 분별할 수 없는 짙은 어둠이 3일 동안 있었다. 이집트의 어둠Egyptian Darkness이라고도 한다.

### 덩컨 Duncan

셰익스피어William Shakespeare의 『맥베스Macbeth』(1605)에 나오는 스코틀랜드 왕. 잠을 자는 중에 맥베스한테 살해당한다.

### 데덜러스, 스티븐 Dedalus, Stephen

조이스James Joyce의 『젊은 예술가의 초상A Portrait of the Artist as a Young Man』(1916)에 나오는 주인공. 예술가가 되기 위하여 가족, 국가, 교회의 족쇄를 뿌리치고 유럽으로 떠나려 한다. 조이스의 다른 작품인 『율리시즈Ulysses』(1922)에서도 자기 자신 혹은 주위 환경과 화해하지 못하는 높은 지성을 지닌 청년으로 등장한다. 스티븐은 데덜러스Dedalus란 자신의 이름이 그리스 신화에 나오는 발명가이며 공장工匠인 다이달로스와 정신적으로 연결되어 있다고 믿는다.

### 데마 Demas

『신약성서』에 나오는 인물. 그의 이름은 흔히 삶의 주된 목적이 부의 축적이고 그 목적을 이루기 위해서는 방법을 가리지 않는 유형의 사람을 지칭할 때 쓰인다. 사도 바울은 "데마는 이 세상을 사랑하여 나를 버리고 갔고"(딤후 4:10)라고 했다.

### 데메테르 ㄱDemeter

그리스 신화에서 올림포스 열두 신 가운데 하나. 로마 신화의 케레스Ceres에 해당한다. 곡물을 다스리는 대지의 여신이다. 크로노스와 레아의 딸이며 페르세포네의 어머니이다. 페르세포네가 삼촌인 하데스한테 납치되었을 때에 딸을 찾아 온 세상을 헤매었다. 노파로 변장하여 아테나이 근처 엘레우시스로 갔는데 거기서 켈레오스 왕과 왕비 메타네이라의 환대를 받았다. 드디어 정체를 밝히고서 자기를 위한 의식이 엘레우시스에서 거행되도록 지시하고 신전을 지을 것을 명령했다. 켈레오스와 메타네이라의 아들 트립톨레모스한테 농업 기술을 가르쳐 주고 용들이 끄는 전차를 주어, 세상을 돌아다니며 인류에게 데메테르의

「데메테르와 페르세포네」

비의秘儀를 전하게 했다. 이 이야기는 헤시오도스Hesiodos의 『신통기Theogonia』, 아폴로도로스Apollodoros의 『비블리오테케Bibliotheke』, 『호메로스풍 찬가Homeric Hymns』 등에 나온다.

## 데모고르곤 ㄱDemogorgon

신비롭고 가공할 만한 힘을 가진 하계下界에 사는 신에게 붙여진 이름. 데미우르고스의 옛 이름으로 여겨진다. 이 이름을 최초로 사용한 기원전 5세기의 해설자에 의하면, "아는 것이 금지된 세 우주의 최고위자"를 가리킨다. 중세 문학에서는 고대 신화의 원시적 신으로 여겨졌고, 마술의식 때 그의 이름을 불렀다. 셸리Percy Bysshe Shelley는 『사슬에서 풀린 프로메테우스Prometheus Unbound』(1820)에서 거짓 신들과 싸우는 영원한 힘을 나타내기 위하여 데모고르곤을 등장인물로 사용했다.

## 데미우르고스 ㄱDemiourgos 영Demiurge

세계를 창조한 하급 신에게 플라톤Platon이 붙인 이름. 공작자工作者, 세계형성자라는 뜻이 있다. 그노시스파의 사상, 즉 그노시즘Gnosticism에서는 창조신, 원조元祖로 여겨진다.

## 데우스 엑스 마키나 라deus ex machina

위기에서 구해 주려고 기계 장치로 위에서 내려온 신이란 뜻. 그리스어로는 theos ek mekhanes이다. 원래 그리스 극 무대의 한 설비로 물건을 오르내리는 활차滑車가 달린 기중기였다. 이 기계는 무대 왼쪽 구석 뒷벽에 설치되어 신이나 영웅 같은 인물이 출입할 때, 혹은 공중으로 도망칠 경우에 사용했다. 에우리피데스Euripides가 특히 즐겨 썼는데, 예를 들면 벨레로폰이 페가소스를 타고 공중으로 날아가거나, 메데이아가 수레를 타고 하늘로 도망칠 때 사용했다. 이러한 용도에서 데우스 엑스 마키나란 말이 생겨났는데, 일반적인 의미는 '극劇의 끝에서 어려운 문제들을 신이 개입하여 해결하는 것'이다. 희곡에서는 갑자기 생각지도 않은 사건이 일어나거나 뜻밖의 인물이 등장해서 어려운 국면을 극적으로 해결하는 것을 뜻한다. 그러나 인과 관계를 무시한 이런 방법은 예술적으로는 졸렬한 것으로 여겨진다. 아리스토텔레스는 플롯의 사건은 그 자체로 스스로 전개된 사건에 의해 결말이 나야지, 결코 천재지변 같은 우발적인 것으로 해결해서는 안 된다고 비난했다. machinery는 초자연적 존재supernatural agent, 즉 신神 혹은 여신女神을 뜻하며, 포우프Alexander Pope의 시 「머리타래의 강탈The Rape of the Lock」(1712)에서는 요정들(실프Sylphs)을 가리킨다. ⇨ 초자연적 존재

91

## 데우칼리온 ㉒Deukalion ㉒Deucalion ㉒Deucalion

노아의 홍수의 그리스 판 이야기의 주인공. 제우스가 인간의 불경不敬을 벌하기 위해 지상에 홍수가 나게 했을 때 데우칼리온은 아버지 프로메테우스의 경고를 받고서 자신과 아내 퓌라(에피테메우스의 딸. 사촌지간임)를 구하기 위하여 배를 만들었다. 홍수가 끝났을 때 배는 파르낫소스 산에 있었다. 어머니의 뼈들을 뒤로 던지라는 테미스의 델포이 신탁(아폴론 이전에 델포이에 신탁소를 갖고 있었음)에서 인류를 어떻게 채울 것인지 가르침을 받았다. 데우칼리온이 어머니인 대지의 뼈들, 즉 돌들을 어깨 뒤로 던지자 남자가 되었고, 퓌라가 던진 돌들은 여자가 되었다. 이 이야기는 아폴로도로스Apollodoros의 『비블리오테케*Bibliotheke*』(i), 오비디우스Ovidius의 『변신 이야기*Metamorphoses*』(i), 파우사니아스Pausanias의 『그리스 안내기*Periegesis Hellados*』(i) 등에 나온다.

## 데이비드 코퍼필드 David Copperfield

디킨스Charles Dickens가 1850년에 쓴 소설의 주인공 이름이자 제목. 데이비드 코퍼필드는 어린 시절에는 행복했으나 잔혹한 교장 선생과 야만적인 고용주, 폭군 같은 계부 등으로 인해 고생을 겪는다. 그러나 결국 사랑에서 행복을 발견하고 작가로서도 성공한다.

## 데이포보스 ㉒Deiphobos ㉒Deiphobus ㉒Deiphobus

그리스 신화에 나오는 프리아모스 왕과 헤카베의 아들. 버림받은 뒤 성장한 파리스를 처음으로 알아보았다. 호메로스Homeros의 『일리아스*Ilias*』에서는 용감한 전사로 나온다. 헥토르와 아킬레우스가 싸울 때 아테나 여신은 데이포보스의 형상으로 헥토르 곁에 나타나 격려하고 나서는 돌연히 자취를 감추어 버려 헥토르의 죽음을 초래했다. 파리스가 죽고 난 뒤 헬레네를 두고 형제인 헬레노스와 다퉈 이겨서 헬레네를 아내로 삼았고 트로이아 함락 때 메넬라오스한테 살해되었다. 이 이야기는 호메로스의 『일리아스』(xiii), 베르길리우스Vergilius의 『아이네이스*Aeneis*』(vi) 등에 나온다.

## 데 제생트 Des Esseintes

프랑스 소설가 위스망스Joris-Karl Huysmans의 『거꾸로*A Rebours*』(1884)의 주인공. 여성적이며 여색을 밝히고 완전히 인공적인 쾌락의 세계에서 은거한다. 그는 극단적인 심미주의를 나타내며 퇴폐주의자의 전형이다.

## 데즈디모나 Desdemona

셰익스피어William Shakespeare의 『오셀로*Othello*』(1604)의 여주인공. 베네치아의 원로원의원인 브러밴쇼의 딸로서 베네치아에서 근무하는 무어인 장군 오셀로와 사랑에 빠져 결혼한다. 데즈디모나는 마음이 순결하고 순진하여 결국 음험한 이아고가 펼쳐놓은 함정에 빠진다. 이아고는 데즈디모나가 부관 캐시오와 간통을 범하고 있다고 고자질하여 오셀로

J.W. 워터하우스, 「데카메론」, 영국 레이디 레버 미술관

를 자극한다. 극의 마지막에서 오셀로는 근거 없는 질투심으로 미쳐서 데즈디모나를 죽인다.

### 데카메론 Decameron

보카치오Giovanni Boccaccio가 1351년에 발표한 소설 제목. 그리스어로 deca는 10을, hemera는 일日을 가리키므로 데카메론은 '10일 이야기'란 뜻이다. 1348년 흑사병이 피렌체에 돌자, 일곱 명의 젊은 숙녀와 세 명의 청년이 피렌체의 교회에서 만나 근처 피에졸레의 언덕으로 도망치기로 한다. 거기서 그들은 하루에 한 사람이 이야기를 하나씩 하기로 해서 열흘 동안 10편의 이야기가 모였다. 매일 다른 테마로 이야기가 이루어진다. 첫째 날은 인간의 악에 관한 이야기, 둘째 날은 운명이 인간 장난감들을 이기는 이야기, 셋째 날은 운명이 인간 의지에 의해 격파당하는 이야기, 넷째 날은 비극적인 사랑 이야기, 다섯째 날엔 처음에 잘 나가지 못하던 연애가 행복한 결말을 맺는 이야기, 일곱째, 여덟째, 아홉째 날엔 속임수, 사기, 음란한 이야기가 판을 치며, 열째 날엔 이전의 테마가 최고조에 달한다. 보카치오의 산문은 초서Geoffrey Chaucer를 포함하여 많은 유럽 작가에게 지속적으로 영향을 끼쳤다.

### 델릴라 Delilah ⇨ 들릴라

### 델포스 ㄱDelphos 영Delphus

아폴론과 켈라이노의 아들. 그의 이름을 따서 델포이라는 지명이 생겨났다. 포세이돈과 데우칼리온의 딸 멜란토의 아들이라고도 하는데, 포세이돈이 돌고래delphin의 형체로 변하여 통정하여 낳았기 때문에 델포스란 이름이 붙여졌다고 한다.

## 델포이 신탁神託/델포이 신탁소神託所 Delphic Oracle

그리스의 포키스 지방 파르낫소스 산 남쪽 산허리에 있는 델포이의 신탁소. 아테나이에서 서북쪽으로 170km에 있었다. 고대 그리스인은 이곳을 세계의 중심, 가이아(땅)의 배꼽omphalos이라고 믿었다. 아주 오래전부터 여신 가이아, 테미스, 포이베가 차례로 소유했다. 그 뒤의 전설에서는 이 신탁소가 아폴론의 보호를 받았다고 한다. 무녀巫女(Sibylla) 퓌티아가 바위의 갈라진 틈 위에 황금칠한 나무 삼각대에 앉아 깊은 황홀경에 빠져 지르는 소리(신탁)를 사제司祭가 운문韻文으로 옮겨 적고 청원한 사람한테 전한다. 이 신탁은 종교 문제에서 최고의 권위를 가졌으며 그리스 문학에서는 많은 예언의 원천이었다. 델포이 아폴론의 신전에는 적어도 세 개의 격언이 새겨져 있었다("너 자신을 알라Know thyself", "어떤 일도 과도하지 말라Nothing in excess", "언질을 주면 재앙이 온다Give security (a pledge) and trouble will follow"). 신탁의 기원은 그리스 이전의 지신地神 숭배에 있다. 아폴론이 오기 전에 퓌톤Python이라는 거대한 뱀이 델포이에 살았는데 뱀들은 헤라와 가이아와 관련이 있었다. 델포이의 본래 주인을 기념하여 아폴론 신전의 무녀는 항상 퓌티아라 불리어 왔다. 신탁은 그리스 문학에서 중요한 역할을 했다. 신탁의 수수께끼 같은 말은 뤼디아의 크로이소스 왕의 이야기에서 예증된다. 크로이소스는 "크

델포이에 있는 신전 톨로스

94

로이소스가 할뤼스 강을 건너면 강력한 왕국이 무너지리라.”는 신탁을 믿고서 페르시아와 전쟁을 일으켰지만, 신탁이 예언한 것은 페르시아 제국이 아니라 그의 제국이었다. oracle에는 ‘신탁소’와 ‘신탁’이란 뜻이 있어 문맥에 따라 맞는 의미를 취해야 한다.

### 도끼를 나무뿌리에 대다 Lay the axe to the root

‘파괴하기 시작하다’, ‘근본을 크게 삭감하다’란 뜻. 예수가 공생애公生涯를 시작하며 사람들의 회개를 촉구하면서 “이미 도끼가 나무 뿌리에 놓였으니 좋은 열매를 맺지 아니하는 나무마다 찍혀 불에 던져지리라”(마 3:10) 한 데서 비롯하였다.

### 도도나 그Dodona

그리스 본토 서쪽 에페이로스의 산 중턱에 있는 그리스에서 가장 오래된 제우스의 신탁소. 여기서 제우스는 나이오스라는 이름으로 불리고 그의 아내는 헤라가 아니라 디오네Dione(Zeus의 여성형)이다. 제우스는 자기의 신목神木인 참나무oak가 바람에 살랑거리는 소리로 신탁을 내렸는데, 뚜렷하게 하기 위해 징을 나무에 매달았다고 한다. 비둘기 한 마리가 이집트 테바이(룩소르)에서 날아와서 참나무에 앉아 신탁소 창설을 알렸다는 이야기가 있다. 이 나무가 이곳 제우스 숭배의 중심인 듯하나 신전은 없다. 신관神官은 셀로이라고 불렸고, 무녀도 있었는데 ‘노파graiai’, ‘비둘기’라고 불렸다. 이에 대한 이야기는 호메로스Homeros의 『오뒷세이아Odysseia』(xiv), 아폴로도로스Apollodoros의 『비블리오테케Bibliotheke』(i), 헤로도토스Herodotos의 『역사Historiai』(i), 파우사니아스Pausanias의 『그리스 안내기Periegesis Hellados』(vii) 등에 나온다.

### 도르가 Dorcas

『성서』에 나오는 선행과 구제하는 일을 많이 한 여인. 베드로가 그녀가 병이 들었을 때 “욥바에 다비다 하는 여사제가 있으니 그 이름을 번역하면 도르가라 선행과 구제하는 일이 심히 많더니”(행 9:36)라고 한 여인이다. 다비다는 히브리식 이름이고 도르가는 헬라식 이름이다. 여기에서 파생한 도르가회Dorcas society(1834.12.1. 창립)는 가난한 사람에게 주기 위해 옷을 만드는 여인들의 모임을 뜻하게 되었다.

### 도벳 Tophet

남부 예루살렘의 한 계곡. “지옥 구덩이 혹은 정문” 혹은 “예루살렘이 혐오하는 바”(왕하 23:10, 사 30:33)로 불린다. 여기에서 어린아이들이 몰렉에게 바치는 희생 제물로 불태워졌다. 도벳에는 항시 버려진 것들과 쓰레기 그리고 어린아이들의 몸을 태우기 위한 불꽃이 타오르고 있었다. 의미가 확장되어 지옥과 유사한 곳이나 상황을 가리킨다. ⇨

### 도살장의 양 A lamb to the slaughter

고난 받는 종, 이스라엘, 예수를 비유한 표현. 『구약성서』는 "그는 도살장으로 양처럼 끌려갔다"(사 53:7)고 기록하고 있고, 『신약성서』는 "그가 도살자에게로 양과 같이 끌려갔고 털 깎는 자 앞에 있는 어린 양이 조용함과 같이 그의 입을 열지 아니하였도다"(행 8:32)고 기록한다. 이사야의 예언은 고난 받는 종을 두고 하는 말인데 유대인들은 이스라엘을 가리키는 것으로 받아들인다. 빌립은 그것을 예수에게 적용한다. 지금 이 말은 무력한, 그리고 죄 없는 영혼의 희생을 의미한다. ⇒ 슬픔의 사람

### 도스토옙스키, 표도르 Dostoevsky, Fyodor 1821~81

톨스토이Lev Nikloaevich Tolstoi와 더불어 19세기 러시아 리얼리즘 문학을 대표하는 소설가. 그의 작품의 심리적 통찰력은 이후의 소설 발전에 큰 영향을 끼쳤다. 현실의 객관적 반영을 중시하는 톨스토이에 비해 주관적 색채가 짙은 문학을 창조하였다. 인간의 내면적 모순과 상극을 추구하며 근대 소설에 새로운 가능성을 열었다. 대표작으로는 『죄와 벌Prestupleniye i nakazanie』(1866), 『백치Idiot』(1868), 『카라마조프의 형제들Bratya Karamazovy』(1879~80) 등이 있다. 1849년(28세)에 위험한 사회주의자로 찍혀 체포되어 사형선고를 받았지만, 총살 직전에 황제의 특사를 받고 풀려나 시베리아에서 유형 생활을 했다.

### 도와줄 마음 Bowels of compassion

연민을 뜻하는 말. 이 표현은 "누가 이 세상의 재물을 가지고 형제의 궁핍함을 보고도 도와줄 마음을 닫으면 하느님의 사랑이 어찌 그 속에 거하겠느냐"(요일 3:17) 한 데서 비롯하였다. 여기서 '마음'으로 번역된 내장bowel은 옛날에는 감정이 일어나는 자리로 생각되었다. 따라서 도와줄 마음을 닫는다는 것은 연민이 일어나지 못하도록 하는 것이다.

### 도피성逃避城 City of refuge

'피난처', '피할 곳'이라는 뜻. 이스라엘에서 우발적으로 살인을 저지른 사람들을 보호하기 위해 멀리 떨어진 곳에 담을 쌓아 만든 성읍이다(수 20장).

### 독사의 자식들 Generation of vipers

'교만과 편견에 빠진 위선자'들을 뜻하는 말. "독사의 자식들아 누가 너희를 가르쳐 임박한 진노를 피하라 하더냐"(마 3:7)에서 비롯한 말로 세례자 요한이 바리새인과 사

두개인들이 자기에게 다가오는 것을 보고 한 말이다. 당시 바리새인은 외식주의자이며 위선자였고, 사두개인은 제사장 계급의 타협주의자들이었다.

## 독사처럼 귀먹은 Dead as an adder

'완전히 귀먹은' 이란 뜻. 악인의 "독은 뱀의 독 같으며 그들은 귀를 막은 귀머거리 독사 같으니"(시 58:4)에서 비롯한 말이다. 살무사가 마법사의 마법에 걸리지 않기 위해 한 귀는 땅에 붙이고 다른 한 귀에는 자신의 꼬리를 집어넣는다는 전설에서 나왔다.

## 돈을 사랑함 Love of money

물욕을 뜻하는 말. "돈을 사랑함이 일만 악의 뿌리가 되나니 이것을 탐하는 자들은 미혹을 받아 믿음에서 떠나 많은 근심으로써 자기를 찔렀도다"(딤전 6:10)에 나오는 말이다. 돈을 사랑하게 되면 선악을 분별치 못하게 되고 마음의 평안을 잃게 된다는 것이다. 이것은 곧 물욕과 금전욕이 모든 악의 근원이라는 뜻이다.

## 돈 키호테 Don Quixote

세르반테스Miguel de Cervantes의 소설 『돈 키호테Don Quixote』(1605~15)의 주인공. 돈Don은 경칭이다. 돈 키호테는 중세 기사에 관한 로망스(기사들의 모험과 연애에 관한 이야기)를 너무 많이 읽은 나머지 이성을 잃고 자기가 기사도의 황금시대를 부활시켜야 할 운명을 지닌 기사라고 믿는다. 노인인데도 기사 편력의 이상을 완수하려고 길을 떠난다. 비현실적인 자신과 달리 갑옷을 입고 투구를 쓰고 매우 현실적인 사고를 하는 종자從者인 산초 판사를 데리고 다니면서 때로는 유머러스한, 때로는 비극적인 모험을 겪는다. 주위 세계의 부정과 잔악 행위에 직면해서도 결코 열렬한 이상주의를 버리지 않는다. 그의 이름에서 따온 돈 키호테적Quixotic이란 말은 '비실제적', '이상하리만큼 로맨틱하고 관념적인 것'을 뜻한다. 영국 17세기의 극 몇 편이 이 이야기에서 플롯을 따왔고 18세기 소설가를 비롯하여 영향을 입은 작가가 많다.

## 돈 후안 Don Juan

전설 속의 인물. 14세기 에스파냐 세비야의 유력한 가문의 아들 돈 후안 테노리오Don Juan Tenorio는 여자를 유혹하는 데 평판이 나 있다. 그는 딸의 순결을 빼앗은 데 분개하여 결투를 신청한 울로아의 사령관을 죽였지만 마지막에는 프란체스코과 수도원의 수도승들한테 살해당한다. 이러한 실제 인물의 일생이 돈 후안 전설의 모델이 되었다. 이 전설에서 소재를 취한 작품으로는 모차르트Wolfgang Amadeus Mozart의 오페라 「돈 지오반니Don Giovanni」(1787, '돈 후안'의 이탈리아어), 바이런Lord Byron의 『돈 주안Don Juan』

(1819~24), 쇼George Bernard Shaw의 『인간과 초인간Man and Superman』(1923) 등이 있다. 오늘날에는 카사노바Casanova나 로사리오Lothario처럼 여성 편력이 많은 남자를 가리킨다. 로제 바댕 감독의 영화 「돈 쥐앙Don Juan」(1973, 브리지트 바르도 주연)은 전설적인 바람둥이의 여성 버전이다.

## 돌들이 소리치리라 Stones will cry out

어떤 사건이나 행위가 매우 대단해서 무생물까지도 가만히 있지 못한다는 뜻. 이 구절은 "내가 너희에게 말하노니 만일 이 사람들이 침묵하면 돌들이 소리치리라"(눅 19:40)에 나온다. 바리새인들이 예수가 예루살렘에 입성할 때 사람들이 환영하는 것을 보고 예수에게 이를 금하도록 제자들을 책망하라고 하자 예수가 한 말이다.

## 돌밭에 떨어지다 Fall on the stony ground

어떤 일의 결실을 얻지 못한다는 뜻. 씨앗이 돌밭에 떨어져 열매를 맺지 못하게 되는 경우를 말한다. 「마태복음」 13장의 씨 뿌리는 사람의 비유에 나온다. 예수는 이를 "말씀을 듣고 즉시 기쁨으로 받되 그 속에 뿌리가 없어 잠시 견디다가 말씀으로 말미암아 환난이나 박해가 일어나는 때에는 곧 넘어지는 자요"(마 13:20~21)라고 하여, 결국 신앙의 열매를 맺지 못하는 자에 대한 비유로 썼다.

## 돌처럼 꼼짝 않는 Still as a stone

꼼짝도 않는다는 뜻. 모세가 이스라엘 백성을 이끌고 홍해를 건넌 뒤 여호와를 찬양한 노래 중 "놀람과 두려움이 그들에게 미치매 주의 팔이 큼을 인하여 그들이 돌같이 고요하였사오되"(출 15:16)라는 구절이 있다.

## 돕는 배필配匹 helpmate/helpmeet

'여자', '아내'를 뜻하는 말. 아담을 위해 이브를 창조하기 전 하느님이 한 말에서 비롯하였다. "여호와 하느님이 이르시되 사람이 혼자 사는 것이 좋지 아니하니 내가 그를 위하여 돕는 배필(an help meet for him)을 지으리라 하시니라"(창 2:18) 하는 구절에서 meet는 형용사 '어울리는suitable(fit)'이란 뜻이다.

## 돕슨, 줄레이카 Dobson, Zuleika

비어봄Max Beerbohm의 소설 『줄레이카 돕슨Zuleika Dobson』(1911)에 등장하는 아름답고 매혹적인 여자. 옥스퍼드 대학생 대부분이 그녀를 사랑하지만 그녀는 자기를 사랑하지 않는 남자만을 사랑한다. 그녀를 사랑한 모든 옥스퍼드 대학생이 그녀 때문에 자살하자 그녀는 케임브리지 대학으로 가서 또 다시 자신을 시험해 본다.

## 동물농장 Animal Farm

오웰George Orwell이 1945년에 발표한 풍자 소설. 동물들이 인간의 폭정에 항거하는 혁명을 일으켜 자주 평등의 농장 경영을 시작하는데 돼지들이 그 추진 세력이 된다. 돼지의 지도자 나폴레옹이 다른 지도자 스노우볼을 쿠데타로 추방하여 혁명 사업을 완수하지만 동물들은 나폴레옹의 독재에 다시 시달리게 된다. 이 작품은 소비에트 혁명이 스탈린 독재로 변질된 것을 풍자했다. 이 소설에서 가장 유명한 말로 "모든 동물은 평등하다. 그러나 어떤 동물들은 다른 동물보다 더 평등하다All animals are equal, but some animals are more equal than others"가 있다.

## 동방박사 東方博士 Magi

예수가 탄생했을 때 황금gold, 유향乳香(frankincence), 몰약myrrh 선물을 드리려고 베들레헴까지 여행해 온 동방의 세 현인(마 2:1~2). 황금은 왕을, 유향은 신을 나타내고, 몰약은 시체 매장에 사용하는 향료로 예수의 죽음과 매장을 예언하는 예물이다. magus(복수형은 magi)는 원래 조로아스터교의 사제를 뜻하는데, 그들은 점성술과 마술

「선물을 들고 오는 동방박사」

에 뛰어났다. 동방박사들이 왕이라고 하는 견해가 있는데, 복음서에는 이에 대한 근거를 전혀 찾을 수 없고 이사야의 예언에 근거한다(사 60:3). 후대의 전승은 그들을 가스파Caspar, 멜치오르Melchior, 벨다사르Balthazar라 부른다. 엘리어트Thomas Stearns Eliot의 시 「동방박사의 여행The Journey of the Magi」(1927)이 있다. 흔히 전설로 아르타반Artaban이라는 인물이 네 번째 동방박사라고 전해지는데 다이크Henry Van Dyke가 소설 『또 하나의 동방박사 이야기The Story of the Other Wise Man』(1899)에서 그를 형상화하였다.

**동방박사의 선물 Gifts of the Magi** ⇨ 동방박사

**동백꽃 부인 La Dame aux Camélias** ⇨ 춘희

**돼지 앞에 진주를 던지다 Cast pearl before swine**

'소중한 것을 소중하게 생각하지 않는 사람에게 값진 것을 주어 낭비한다' 라는 뜻. 예수가 산상수훈 중에 "개에게 신령한 것을 주지 말고 돼지 앞에 진주를 던지지 말지니 이는 그것들이 발로 그것을 짓밟고 돌아서서 너를 물어뜯을지도 모르기 때문이다"(마 7:6) 한 데서 비롯하였다.

**됫박에 불을 감추다 Hide your light under a bushel**

자기 재능을 감춘다는 뜻. 예수의 산상수훈 중 "너희는 세상의 빛이라 산 위에 있는 동네가 숨기우지 못할 것이요 사람이 등불을 켜서 말 아래 두지 아니하고 등경 위에 두나니 이러므로 모든 사람에게 비취느니라"(마 5:14~15) 한 데서 비롯하였다. 여기서 '말(됫박)'로 번역된 bushel은 8갤런들이 용기이다. 촛불을 켜고 나서 이 용기를 거꾸로 덮으면 빛이 바깥세상을 비추지 못한다. ⇨ 세상의 빛

**두 날 가진 칼 Two-edged sword**

사용하는 사람을 이롭게도 해롭게도 할 수 있는 물건이나 논의를 뜻하는 말. 이 비유는 "대저 음녀의 입술은 꿀을 떨어뜨리며 그 입은 기름보다 미끄러우나 나중은 쑥같이 쓰고 두 날 가진 칼같이 날카로우며"(잠 5:3~4)에서 나왔다.

**두 사이에서 머뭇거리다 Halt between two opinions**

'의심하여 머뭇거리다', '주저하다' 라는 뜻. 이것은 엘리야가 하느님과 바알 사이에서 누구를 좇을 것인지 결단을 촉구하는 말로 "너희가 어느 때까지 둘 사이에서 머뭇머뭇 하려느냐 여호와가 만일 하느님이면 그를 따르고 바알이 만일 하느님이면 그를 따를지니라"(왕상 18:21) 한 데서 나왔다. ⇨ 바알, 엘리야

**두 주인을 섬기다 Serve two masters** ⇨ 맘몬

### 둘리틀, 일라이저 Doolittle, Eliza

쇼George Bernard Shaw의 『퓌그말리온-*Pygmalion*』(1913)에 등장하는 처녀. 남루한 옷을 입고 꽃을 파는, 공부를 하지 못한 처녀로 그려진다. 언어학자 히긴스는 그녀한테 품위 있게 말하고 행동하는 법을 6개월 동안 가르쳐서 공작부인으로 통하게 해주겠다고 제의한다. 그는 성공하지만, 감사하며 그를 좋아하는 일라이저를 감정을 가진 여자로 보지 않는다. 일라이저는 마지막에 자신에게 헌신적인 프레디 힐과 결혼하고 함께 꽃가게를 연다. ⇒ 퓌그말리온

### 둘시네아 델 토보소 Dulcinea del Toboso

세르반테스Miguel de Cervantes의 『돈 키호테*Don Quixote*』(1605)에 등장하는 여인. 둘시네아는 돈 키호테의 마음에 기사도의 이상을 구현하는 여성의 화신이다. 실제로는 평범한 시골처녀인데 돈 키호테는 악마가 그녀에게 마법을 걸어서 그렇게 된 것이라고 여긴다. 그는 이 마법을 깨뜨려 둘시네아를 여신 같은 미녀로 회복시켜 놓으려고 헌신적인 노력을 다한다. 돈 키호테는 둘시네아를 이렇게 묘사한다. "그녀의 머리칼은 금발, 이마는 낙원의 들판, 눈썹은 무지개, 눈은 태양, 뺨은 장미, 입술은 산호, 이는 진주, 목은 설화석고, 젖가슴은 대리석, 손은 상아, 그녀는 눈처럼 희다." 이 묘사는 서양 미녀의 전형적인 특징을 나타내고 있다.

### 둘째 아담 Second Adam

그리스도를 지칭하는 말. "첫 사람 아담은 생령a living soul이 되었다 함과 같이 마지막 아담은 살려주는 영a quickening spirit이 되었나니"(고전 15:45)와 "첫 사람은 땅에서 났으니 흙에 속한 자이거니와 둘째 사람은 하늘에서 나셨느니라"(고전 15:47)는 구절이 있다.

### 뒤마, 알렉상드르 Dumas, Alexandre

프랑스의 극작가·소설가. 아버지와 아들 이름이 같기 때문에 아버지를 대뒤마Duma père, 아들을 소뒤마Duma fils라고 부른다. 아버지(1802~70)는 낭만주의 시

알렉상드르 뒤마 페르

대에 가장 많은 작품을 쓴 대중 소설가로 『몬테크리스토 백작*Le Comte de Monte-Cristo(The Count of Monte Cristo)*』(1844), 『삼총사*Les Trois Mousquetaires*』(1844) 등 약 300권을 썼다. 아들(1824~95)은 사회 문제를 다룬 소설 『동백꽃 부인*La Dame aux camélias(The Lady of the Camelias)*』(1848, 일명 '춘희'), 희곡 『사생아*Le Fils Natural*』(1858) 등을 썼다. 『동백꽃 부인』은 나중에 베르디*Giuseppe Verdi*가 오페라 「라 트라비아타*La Traviata*」(1853, '타락한 여자', 즉 '창녀'란 뜻)에 사용했다.

「드라빔」

### 드라빔 Teraphim

가신家神, 즉 집안의 수호신을 새긴 상. 이스라엘 사람들이 섬긴 일종의 우상이다. 법적·종교적으로 중요성하였으므로 라반은 딸 라헬이 야곱과 함께 도망칠 때 그것을 훔쳐가지고 가자 분노했다(창 31:30). 『개역성서』에서는 '우상'으로 번역하였다.

### 드라콘 ㉎Dracon ㉓Draco

기원전 7세기 아테나이의 법률가. 그가 제정한 법률은 엄격하기로 유명하다. 그래서 '드라콘 같은Draconian'이란 표현은 굉장히 가혹한 법률 혹은 규범에 적용한다.

### 드라큘라 백작 Count Dracula

스토커Bram Stoker이 『드라큘라*Dracula*』(1897)에 나오는 흡혈귀 주인공. 드라큘라는 낮에는 시체이나 밤에는 흡혈귀로 변하며, 나이는 수백 살이다. 말뚝이 심장에 꽂힘으로써 그의 죽음은 돌이킬 수 없게 되었다. 이 작품은 많은 영화와 희곡의 소재가 되었다.

### 드뤼아스들 ㉎Dryades(복) Dryas(단) ㉓Dryads(복) Dryad(단)

그리스 신화에 나오는 나무의 요정. '하마드뤼아데스Hamadryads'라고도 불린다. 특히 참나무(그ㅣdryas 영ㅣoak tree)의 뉨페(요정)들을 가리켰지만, 나중에는 일반화되었다. 나무의 요정들은 자신이 살고 있는 나무가 죽을 때 같이 죽었다. 가장 유명한 드뤼아스는 오르페우스의 아내인 에우뤼디케이다. 키츠John Keats는 「나이팅게일부賦(Ode to a Nightingale)」(1818)에서 나이팅게일을 "가벼운 날개 돋친 나무의 요정light-winged dryad of the trees"이라 부른다.

### 드보라 Deborah

이스라엘의 사사師士이자 여자 선지자. 바락이 군대를 이끌어 가나안 군대 장관인 시스라를 치도록 했고 승리를 축하하기 위해 "드보라의 찬가"라고 불리는 위대한 송시를 지었다(삿 5장).

### 들릴라/델릴라 Delilah
삼손을 유혹하여 그가 가진 큰 힘의 비밀이 긴 머리카락에 있음을 알아낸 여자. '여자 바람둥이'라는 뜻이 있다. 삼손이 잠든 사이에 이발사를 불러 그의 머리를 민 후 블레셋 사람들에게 넘겨 주었고, 그들은 삼손의 눈을 빼고 옥에 가두었다(삿 16:1~21). 오늘날에는 의미가 확대되어 모든 종류의 반역적인 여자를 지칭한다. 이 이야기를 소재로 한 영화 중에 유명한 것은 빅터 마추어, 헤디 라마르 주연의 「삼손과 델릴라」(1950)가 있다. ⇨ 삼손과 들릴라

### 들에 핀 백합 Lilies of the field
하느님이 돌보고 가꾸는 대상, 나아가 그의 사랑을 받는 신자를 가리키는 말. 예수는 산상수훈에서 제자들에게 "또 너희가 어찌 의복을 위하여 염려하느냐 들의 백합화가 어떻게 자라는가 생각하여 보라 수고도 아니하고 길쌈도 아니하느니라 그러나 내가 너희에게 말하노니 솔로몬의 모든 영광으로도 입은 것이 이 꽃 하나만 같지 못하였느니라" (마 6:28~29) 하여 영적인 일이 이 세상의 어떠한 물질보다 우월하다는 것을 말하였다.

### 등 뒤로 던지다 Cast behind one's back
거절하다는 뜻. "그들은 순종하지 아니하고 주를 거역하며 주의 율법을 등지고 주께로 돌아오기를 권면하는 선지자들을 죽여 주를 심히 모독하였나이다"(느 9:26)라는 구절에서 비롯하였다.

### 디도 라Dido
원래 페니키아 여신의 이름. 처음에는 엘릿사Elissa라 불리었다. 짝사랑의 상징이다. 페니키아 튀레Tyre의 공주로 태어났으나 오라비한테 내쫓김을 당하여 아프리카 카르타고로 가서 여왕이 되었다. 트로이아가 패망한 뒤 라티움으로 항해하던 중에 난파한 아이네아스를 환대하고 사랑하게 되었다. 그러나 그가 유피테르(제우스)의 명령으로 떠나자 자살해 버렸다. 이 이야기는 베르길리우스Vergilius의 『아이네이스Aeneis』(i・iv) 등에 나온다.

### 디모데 Timothy
바울의 동역자. 유대인 어머니인 유니게와 헬라인 아버지 사이에서 태어났다. 루스드라 출신(딤후 1:5, 행 16:1~3)으로 신앙의 가정에서 자라났다. 초대 교회의 지도자로 바울은 그를 "믿음의 아들"이라 불렀다. 그는 바울의 제2차 전도여행에 동참했으며 얼마

동안 베레아에 머물렀는데 거기에서 실라와 함께 새 교회의 기초를 다졌다.

**디모데전·후서 The Epistles of Paul the Apostle to Timothy**

『신약성서』의 두 책. 이 책은 디모데가 교회를 목양하는 것을 주제로 삼고 있어서 「디도서」와 함께 목회서신Pastoral Epistles이라고 불린다. 전통적으로 바울이 쓴 것이라고 알려져 있으나 학자들은 바울이 죽은 뒤에 그의 제자가 쓴 것이라 주장한다. 목회서신은 교회가 어떻게 처신할 것인가를 가르치고 교회에 대한 감독과 목사의 선임 문제, 믿음이 신실치 못한 자들의 처리 문제 등과 같은 교회의 행정적인 역할을 상세히 설명하며 기독교도의 의무에 관한 지침을 제시한다.

**디스 라Dis**

하계下界의 신 디스 파테르Dis Pater를 줄여서 부르는 말. 플루톤 혹은 하데스에 해당하는 로마 신이다. 그러므로 하계는 지옥을 가리킨다. 그에 대한 숭배는 기원전 249년 페르세포네 숭배와 더불어 시뷜라(무녀) 예언서에 의해 공공연한 것으로 되었다. 후대 문학에서 오르쿠스Orcus(로마인들이 하데스를 이렇게 부름)와 더불어 하계의 대명사 역할을 하고 있다. 단테는 지옥Inferno의 일부를 "디스의 도시"라 불렀다.

**디아나 Diana** ⇨ 아르테미스

**디에스 이라이 Dies irae**

최후 심판의 날. 분노의 날을 뜻하는 라틴어이다. 사사死者를 위한 미사에 사용한 중세 라틴 찬미가의 첫 마디이기도 하다. 이 곡은 이탈리아 첼라노의 수도사 토마스Thomas of Celanio(1190~1260)가 지었다고 한다.

**디오뉘소스/박코스 그Dionysos/Bakchos 라Dionysus/Baachus 영Dionysus/Bacchus**

그리스 신화에 나오는 술의 신. 제우스와 세멜레의 아들이다. 처음에는 식물의 신으로, 나중에는 술의 신으로 숭배되었다.

디오뉘소스가 아기였을 때는 뉘사 산의 요정들이 길렀다. 성인이 되었을 때 프뤼기아에서 그에 대한 숭배 붐이 일어났는데 이것은 곧 트라케를 경유하여 그리스로 들어왔다. 트라케 왕 뤼쿠르고스와 테바이 왕 펜테우스 이야기는 그를 숭배하는 의식이 처음에 엄청난 저항을

「디오뉘소스제의 행렬」

받았음을 말해 준다. 디오뉘소스는 음악과 시와도 관련이 있다. 디튀람보스dithyrambos (주신찬가)라고 알려진 초기의 합창가는 디오뉘소스 숭배와 관계가 있는데, 그런 합창곡집으로부터 비극이 발전하였다. 아테나이에서는 비극과 사튀로스극이 디오뉘소스를 기리는 축제인 디오뉘소스제 때에 공연되었다. 디오뉘소스는 호메로스Homeros의 판테이온에서는 올림포스 12신에 들어가지 않지만, 디오뉘소스 신앙이 널리 보급되면서 헤스티아를 대치하게 되었다. 재생, 부활에 관한 신비적 요소가 디오뉘소스 숭배와 관련된 의식의 일부가 되었으며 이집트의 오시리스와 동일시되었다. 디오뉘소스적 Dionysian이란 말은 원래는 주신과 관련되어 흥청망청 떠들고 마시는 의식을 가리켰지만, 지금은 광란의, 황홀경의, 억제되지 않은 의식이나 활동을 뜻한다. 반대 의미로는 아폴론적Apollonian이 있다. 또 표범panther은 디오뉘소스한테 성스런 짐승이었다.

### 디오뉘시아 ㄱDionysia

디오뉘소스제. 고대 그리스에서 디오뉘소스를 기리기 위해 정기적으로 행한 난음난무亂飮亂舞와 연극제로서, 특히 앗티카에서 행해졌다. 이 제의祭儀 연극에서 비극과 희극이 발달했다.

### 디오뉘시아카 ㄱDionysiaka

이집트 파노폴리스 출신의 서사시인 논노스Nonnos(425)의 48권으로 된 그리스어 서사시. 디오뉘소스의 모험에 관한 내용인데 당시의 종교 연구 자료의 보고이다.

### 디오메데스의 암말/디오메데스의 군마軍馬 Mares of Diomedes/Steeds of Diomedes

디오메데스가 사육한 사나운 말. 헤라클레스의 여덟 번째 난업難業의 대상이다. 트라케에 있는 비스토네스족의 왕이던 디오메데스(아레스와 요정 퀴레네의 아들)는 사나운 말 네 마리를 사육하였는데 말들한테 사람고기, 대개 그의 땅으로 온 순진한 여행자들의 고기를 먹었다. 이 말들을 다시 아르고스로 데려오는 일이 헤라클레스의 난업이었다. 디오메데스는 헤라클레스가 말들을 훔쳐 달아나자 그들을 쫓다가 살해당하고 그의 말들은 이전 주인의 고기를 먹고 순하게 되어 순순히 헤라클레스를 따라 아르고스로 돌아온다. 이 이야기는 아폴로도로스Apollodoros의 『비블리오테케Bibliotheke』(ii), 파우사니아스Pausanias의 『그리스 안내기Periegesis Hellados』(iii) 등에 나온다.

### 디오스쿠로이 ㄱDioskouroi 영Dioscuri

그리스 신화에 나오는 쌍둥이 형제 카스토르와 폴뤼데우케스. 디오스쿠로이는 '제우스의 아들Sons of Zeus'이란 뜻이다. ⇨ 카스토르와 폴뤼데우케스

### 디킨스, 찰스 Dickens, Charles 1812~70

영국의 소설가. 필명은 보즈Boz이다. 그의 작품은 유머, 성격 묘사, 사회의 불공평에 대한 비판에 뛰어났다. 대표작으로는 『올리버 튀스트*Oliver Twist*』(1839), 『데이비드 커퍼필드*David Copperfield*』(1850), 『막대한 유산*Great Expectations*』(1861) 등이 있다.

### 디킨슨, 에밀리 Dickinson, Emily 1830~86

미국의 시인. 휘트먼과 나란히 19세기 미국의 최고 시인으로 꼽힌다. 매서추세츠 주의 에머스트에서 태어났다. 결혼도 하지 않고 외출도 하지 않은 채 가족과 함께 지냈으며 생전에는 무명이었다. 몰래 쓴 그녀의 시는 생전에 7편밖에 인쇄되지 않았으나 1,700편이 넘는 시가 죽은 뒤에 발견되었다. 존슨Thomas H. Johnson이 편찬한 『*Emily Dickinson: The Complete Poems*』가 있다.

### 딤즈데일, 아서 Dimmesdale, Arthur

호손Nathaniel Hawthorne의 소설 『주홍글자*The Scarlet Letter*』(1850)에 등장하는 경건하고 지적인 목사. 유부녀 헤스터 프린의 간통 상대이며 그녀가 낳은 딸 펄의 아버지이다. 자기가 범한 죄를 고백할 수가 없어 밤낮 양심의 가책을 받다가 최후에 고백하고 난 뒤 숨을 거둔다.

### 땅에서 나서, 흙에 속한 Earthy, of the earth

첫 사람 아담을 설명하는 말로 인간의 특성을 가리키는 말. 이 구절은 "첫 사람은 땅에서 났으니 흙에 속한 자이거니와 둘째 사람은 하늘에서 나셨느니라"(고전 15:47)에 나오는데 둘째 사람은 예수를 가리킨다.

### 땅의 거인족 Giants of the earth

네피림Nephilim이라는 거인족. 「창세기」에 하느님의 아들들과 사람의 딸들이 결혼하여 태어난 네피림이라 불리는 거인족에 관한 신화의 한 단편이 있다(창 6:4). 전통에 의하면 네피림의 사악함이 지나쳐 하느님을 격노케 해 노아의 홍수가 일어났다고 한다. 오늘날 이 구절은 거인족(네피림)의 사악함은 무시한 채 "그들은 용사라 고대에 명성이 있는 사람들이었더라"(창 6:4)와 같은 문맥의 의미로만 쓰인다. 따라서 이 말은 지난 시절 인류의 위대함과 영화를 가리키는 데에 쓰인다.

### 땅의 기름진 것 Fat of the land

온갖 산해진미를 먹으며 사치스럽게 사는 것을 뜻하는 속담. 이 구절은 원래 요셉의 형들이 왔다는 말을 듣고 애굽 왕 바로가 "내가 너희에게 애굽의 좋은 땅을 주리니 너희가 나라의 기름진 것을 먹으리라"(창 45:18)고 말한 데서 나왔다.

## 때가 참 Fulness of time

'적절한 때' 혹은 '정한 시간'을 뜻하는 말. 바울이 예수 그리스도가 육신의 몸을 입은 사실을 말할 때 "때가 차매 하느님이 그 아들을 보내사 여자에게서 나게 하시고"(갈 4:4)라고 한 데서 비롯하였다.

## 때를 얻든지 못 얻든지 In season and out of season

'형편이 좋을 때나 나쁠 때나', '언제나'라는 뜻. "너는 말씀을 전파하라. 때를 얻든지 못 얻든지 항상 힘쓰라"(딤후 4:2)는 구절에서 비롯하였다.

## 때에 맞는 말 Word in season

'상황에 어울리는 말', '시의 적절한 말'이란 뜻. 이것은 "사람은 그 입의 대답으로 말미암아 기쁨을 얻나니 때에 맞은 말이 얼마나 아름다운고"(잠 15:23)라는 구절에서 비롯하였다.

## 떡으로만 By bread alone

여기서 떡은 물질적인 가치를 뜻하는 말. 예수가 광야에서 마귀의 시험을 받을 때 "네가 만일 하느님의 아들이어든 명하여 이 돌들로 떡덩이가 되게 하라"는 마귀의 말에 대해 "기록되었으되 사람이 떡으로만 살 것이 아니요 하느님의 입으로부터 나오는 말씀으로 살 것이라"(마 4:4, 눅 4:4, 신 8:3)고 한 답변에서 비롯한 표현이다. 이 구절은 물질 만능주의적 가치만을 추구하는 것을 꾸짖는 데에 사용된다.

## 떡 지팡이를 부러뜨리다 Break the staff of bread

'식량의 공급을 줄이거나 중단한다'라는 뜻. "내가 너희 의뢰하는 양식을 끊을 때에 열 여인이 한 화덕에서 너희 떡을 구워 저울에 달아 주리니 너희가 먹어도 배부르지 아니하리라"(레 26:26)고 한 데서 비롯하였다. 이는 이스라엘이 지팡이처럼 의지하는 양식의 공급을 끊겠다는 의미이다.

# ㄹ

### 라 Ra

고대 이집트의 최고신. 태양신이며 최초의 우주 창조자이다. 아들 슈Shu와 딸 테프누트Tefnut를 낳았다. 라가 늙자 사람들은 그에게 반항했고, 그 결과 라는 인간의 배은망덕에 서러움을 느껴 하늘로 올라가 버렸다. 여러 형상으로 표현되는데 특히 원반이 머리 위에 있는 매의 머리를 가진 인간의 모습으로 그려진다. 기원전 2750년경부터 '라의 아들'이라 불린 파라오들이 특히 숭배했다.

### 라구노 Ragueneau

프랑스의 극작가 로스탕Edmond Rostand의 『시라노 드 베르주락Cyrano de Bergerac』(1897)에 나오는 시라노의 요리사 겸 시인. 가난한 예술가들한테 피난처를 제공하고 술을 많이 마신다고 바가지 긁는 아내를 참고 산다.

### 라다만튀스 ㄱRhadamantys

그리스 신화에서 제우스와 에우로페의 아들이자 미노스의 동생. 라다만튀스가 죽었을 때 제우스는 그를 미노스, 아이아코스(아킬레우스의 할아버지)와 더불어 사자死者들의 세 재판관 중의 하나로 삼았다. 이에 관한 이야기는 호메로스Homeros의 『일리아스Ilias』(xix), 베르길리우스Vergilius의 『아이네이스Aeneis』(vi), 오비디우스Ovidius의 『변신 이야기Metamorphoses』(ix) 등에 나온다.

### 라레스와 페나테스 라Lares and Penates

로마 신화에 나오는 가정의 신들. 가정家庭 혹은 가보家寶를 뜻한다. 라레스는 처음에는 십자로十字路를 지키는 정령精靈이었다가 가정의 수호신이 되었다. 페나테스는 저장실을 지키는 옛 로마 가정의 신이었다. 당시 국가는 시민들의 큰 가족으로 여겨져서 자체의 페나테스를 갖고 있었다. 아이네아스가 그것을 트로이아에서 로마로 가져왔다

고 한다. 로마에서는 가족이 이사를 갈 때면 그들의 라레스와 페나테스를 함께 가지고
갔다.

### 라마르틴, 알퐁스 드 Lamartine, Alphonse de 1790~1869

프랑스의 시인·정치가. 위고, 뮈세, 뷔니와 더불어 19세기 낭만파 4대 시인 중 한 명으
로 외무부장관을 역임했다. 1816년 휴양지에서 알게 된 요양중이던 연상의 부인과 사
랑에 빠졌으나 다음 해에 그녀는 병 때문에 죽어버렸다. 이 비통한 체험을 「시적 명
상」(1839)에서 노래했다. 이것이 프랑스 시단에서 오래 잊혀졌던 리리시즘lyricism을 회
복하는 데 큰 영향을 끼쳤다. 저서로 시집 『신 명상시집Nouvelles Méditations Poétiques』
(1823), 서사시 「조슬렝Jocelyn」(1836), 그 밖에 『지롱드당 역사Historie des Girondins』(1847)
등이 있다.

### 라만차의 기사 The Knight of La Mancha

『돈 키호테』에 나오는 세르반테스의 기사. 즉 돈 키호테를 가리킨다. ⇨ 돈 키호테

### 라미아 □Lamia

이집트 왕 벨로스와 리뷔에의 딸. 제우스한테 사랑받았다. 헤라는 라미아를 질투하여
그녀를 추녀로 만들고 자식을 모두 죽였다. 그녀는 절망하여 다른 어머니의 아이를 빼
앗는 괴물이 되었다. 라미아의 형상은 여자의 얼굴과 유방을 가졌으나 뱀의 몸통을 하
고 있다. 또 그녀는 헤라한테 복수할 수가 없어 나그네를 유혹하여 잡아먹었다.

### 라반 Laban

『구약성서』에서 야곱의 삼촌이며 레아
와 라헬의 아버지. 야곱은 라헬을 얻으
려고 7년을 봉사했으나 레아를 대신 얻
었고 또 다시 7년을 봉사한 뒤에야 라헬
과의 결혼 승낙을 받았다(창 24, 29장).

### 라뷔린토스/미궁/미로 □Labyrinthos
### 영Labyrinth

그리스인 다이달로스가 크레테의 미노
스 왕을 위해 미노타우로스를 가두려고
크놋소스에 지었던 미로가 있는 건축물.
나중에는 다이달로스도 아들 이카로스

크레테 왕권의 상징물인 쌍날도끼

와 함께 여기에 갇혔다. 미노스의 아들 안드로게오스가 아테나이에서 살해된 데 대한 공물로서 해마다 아테나이의 총각 7명, 처녀 7명이 라뷔린토스에 있는 미노타우로스한테 바쳐졌다. labyrinthos는 그리스어 labrys(쌍날도끼)에서 나온 말인데, 크레테 왕권의 상징물이던 쌍날도끼double axe(황소를 제물로 바칠 때 사용함)가 실제로 크놋소스 궁전에 있었다. 이 이야기는 오비디우스Ovidius의 『변신 이야기*Metamorphoses*』, 헤로도토스 Herodotos의 『역사*Historiai*』 등에 자세히 나온다.

### 라블레, 프랑수아 Rabelais, François 1483~1553

프랑스 르네상스 시대의 대표적 작가. '라블레풍 유머'는 기괴하고 음란한 것으로 유명하다. 대표작으로 『가르강튀아*Gargantua*』(1534), 『팡타그뤼엘*Pantagruel*』(1532)이 있다.

### 라신, 장 밥티스트 Racine, Jean-Baptiste 1639~99

프랑스 고전주의의 대표적 극작가. 작품으로는 비극 『앙드로마크*Andromaque*』(1667), 『브리탄니쿠스*Britannicus*』(1669), 『베레니스*Bérénice*』(1670), 『페드르*Phèdre*』(1677) 등이 있다.

### 라오디게아인 Laodicean

『성서』에 나오는 라오디게아 도시의 사람들. 소심하고 우유부단한 사람, (종교나 정치에) 냉담한 사람이라는 뜻으로 쓰인다. "라오디게아 교회의 사자에게 편지하라 아멘이시요 충성되고 참된 증인이시요 하느님의 창조의 근본이신 이가 이르시되 내가 네 행위를 아노니 네가 차지도 아니하고 뜨겁지도 아니하도다 네가 차든지 뜨겁든지 하기를 원하노라 네가 이같이 미지근하여 뜨겁지도 아니하고 차지도 아니하니 내 입에서 너를 토하여 버리리라"(계 3:14~16)는 구절에서 비롯하였다. 당시 라오디게아 사람들은 믿음이 미지근하여 좋은 본보기가 되지 못하여 책망을 들었다. 라오디게아는 소아시아의 도시로, 기원전 264~261년에 이곳을 식민지화한 안티오쿠스 2세가 아내 라오디케의 이름으로 도시 이름을 바꾸었다.

### 라오디케 ㉒Laodike ㉓Laodice

프리아모스와 헤카베의 딸. 호메로스Homeros는 그녀를 "프리아모스의 딸들 중 제일가는 미녀"라고 불렀다. 테세우스와 파이드라의 아들 아카마스가 헬레네 반환을 요구하러 왔다가 첫눈에 반해 그녀와 사랑에 빠졌다. 이 이야기는 호메로스의 『일리아스*Ilias*』(iii·vi)에 나온다.

### 라오메돈 Laomedon

트로이아 왕 일로스와 에우뤼디케의 아들. 프리아모스와 헤시오네의 아버지이다. 약속을 잘 어겼는데, 한 예로 아폴론과 포세이돈에게 품삯을 지불하지 않은 이야기가 있다. 아폴론과 포세이돈이 제우스를 묶어 하늘에 거꾸로 매달려는 음모를 꾸몄다가 발각된다. 제우스는 그 벌로 아폴론과 포세이돈을 라오메돈 왕에게 보내어 트로이아 성벽을 짓도록 했다. 그러나 성벽이 완성되었는데도 라오메돈은 두 신에게 품삯 지불을 거절한다. 그 결과 성난 두 신은 바다괴물을 보내어 트로이아를 황폐화시키고 재앙을 피하려면 딸 헤시오네를 제물로 바치라고 한다. 라오메돈은 헤라클레스에게 만일 헤시오네를 구해 준다면 영생불사의 말 두 필을 주겠다고 약속한다. 그러나 헤라클레스가 바다괴물을 죽였는데도 말을 주지 않았다. 헤라클레스는 화가 나서 라오메돈과 프리아모스를 제외한 아들 모두를 죽였다. 그래서 프리아모스가 트로이아 왕이 되었다. 이에 관한 이야기는 호메로스Homeros의 『일리아스Ilias』(xxi), 베르길리우스Vergilius의 『아이네이스Aeneis』(ii·ix), 오비디우스Ovidius의 『변신 이야기Metamorphoses』(xi) 등에 자세히 나온다.

### 라오코온 ㉠Laokoon ㉎Laocoön/Laocoon

트로이아 전쟁 동안 아폴론 신전을 담당한 사제. 트로이아인이 전임 사제가 의무를 태만히 했다고 돌로 쳐 죽여 제비뽑기에 의해 라오코온이 후임 사제로 뽑혔다. 라오코온이 해변에서 아폴론에게 희생 제물을 바칠 때에 그리스군 편을 들었던 포세이돈이 보낸 거대한 뱀 두 마리가 바다에서 다가와 라오코온과 그의 두 아들을 목 졸라 죽였다. 트로이아인은 이것이 그가 그리스군이 남기고 간 목마를 성문 안으로 들여놓지 말도록 주장("선물을 가져오는 그리스인을 조심하라Beware of the Greeks bearing gifts")한 데 대한, 그리고 이전의 아폴론 신전에 대한 신성모독(라오코온이 아폴론 신상 앞에서 아내와 성교한 일)에 대한 처벌이라고 믿었다. 어떤 이야기에서는 아테나가 뱀을 보냈다고도 한다. 현재 바티칸 미술관에 있는 라오코온과 아들들의 커다란 조각상(고대 그리스 시대에 만

코트홀트 에프라임 레싱, 「라오코온」, 영국박물관

들어짐)은 공포와 애절함의 표현이다. 「라오코온 군상群像」은 1506년 로마에서 발굴되어 바티칸 궁전으로 옮겨졌으며 로도스 섬의 아게산드로스Agesandros가 두 아들과 함께 기원전 50년에 제작했다고 전해진다. 라오코온과 그의 아들을 목 졸라 죽이는 장면은 고대 조각에서 가장 유명한 주제였다. 이 이야기는 베르길리우스Vergilius의 『아이네이스Aeneis』(ii)에 나온다.

## 라우라 Laura

페트라르카Francesco Petrarca가 20여 년에 걸쳐 쓴 서정시 『칸초니에레Canzoniere』(1342)에서 노래한 '영원한 여성Eternal Woman'. 그녀는 결혼했고 아이가 있는 마돈나 라우라 데 노베스, 즉 아비뇽의 우게스 데 사데 백작부인(1308년경~1348)이라는 설이 있지만 확실하지는 않다. 페트라르카의 시는 영국에서 시드니Philip Sidney, 스펜서Edmund Spenser, 셰익스피어William Shakespeare 등에게 큰 영향을 끼쳤다.

## 라이스트뤼곤족 ㄱLaistrygones(복) 영Laestrygonians(복)

호메로스Homeros의 『오뒷세이아Odysseia』에 나오는 거인 식인종의 한 부족. 오뒷세우스와 그의 부하들이 이타케로 돌아가는 긴 여행 도중에 (시켈리아로 추정되는 곳에서) 이들을 만난다. 오뒷세우스 일행이 그곳에 상륙했을 때 거인들은 배 12척 중 한 척만 빼고 모두 침몰시켜 버리고 오뒷세우스의 부하들을 잡아먹었다. 이 이야기는 호메로스의 『오뒷세이아』(ix·xxiv)에 나온다.

## 라이오스 ㄱLaios 영Laius

그리스 테바이의 왕. 카드모스의 증손이며 랍다코스의 아들이고 이오카스테의 남편이며 오이디푸스의 아버지이다. 장차 태어날 아들이 자기를 죽일 것이라는 신탁을 들은 뒤 아내와 잠자리하기를 꺼렸는데 어느 날 밤 술에 취해 아내를 임신시키고 말았다. 그는 아기가 태어나자 아기를 죽이라는 지시를 내리고 양치기한테 주었다. 하지만 양치기는 아기가 불쌍해서 산에다 두고 와 버렸는데, 어느 목자가 아기를 발견해서 자식이 없는 코린토스의 왕 폴뤼보스한테 데리고 가서 기르게 했다. 성장한 오이디푸스는 세 갈래 길에서 라이오스를 만나 말다툼을 벌였고, 결국 그가 아버지인 줄 모르고 죽임으로써 신탁의 예언이 이루어진다. 이에 관한 이야기는 여러 곳에 나오는데 대표적으로 소포클레스Sophokles의 『오이디푸스 왕Oidipous Tyrannos』, 아폴로도로스Apollodoros의 『비블리오테케Bibliotheke』(iii), 파우사니아스Pausanias의 『그리스 안내기Periegesis Hellados』(ix) 등이 있다. ⇒ 오이디푸스

**라케시스** 그Lachesis ⇨ 운명의 여신들

**라티누스** 라Latinus

이탈리아 라티움의 왕. 오뒷세우스와 키르케의 아들이며 아마타의 남편이고 라비니아의 아버지이다. 트로이의 영웅 이이네아스에게 딸을 주었다. 그에 관한 이야기는 베르길리우스Vergilius의 『아이네이스*Aeneis*』(ix), 오비디우스Ovidius의 『변신 이야기*Metamorphoses*』(xiii)에 나온다.

**라파엘 Raphael**

주요 천사 중의 한 명. 「토비아서」에 의하면 그는 토비아와 함께 여행하며 어떻게 사라와 결혼하고 악령인 아스모데우스Asmodeus를 내쫓을 수 있는지를 가르쳐 주었다. 밀튼John Milton은 『잃어버린 낙원*Paradise Lost*』(1667)에서 라파엘을 "우호적인 영" 혹은 "친절한 대천사"로 부르는데 아담에게 다가올 위험을 경고하기 위해 하느님이 보낸 천사가 바로 라파엘이다. 예술 작품에서 라파엘은 주로 순례자의 지팡이나 물고기를 들고 있는데, 이는 눈먼 토비아를 기적적으로 고쳐준 물고기를 잡도록 토비아를 도와주었기 때문이다.

**라퐁텐, 장 드 La Fontaine, Jean de 1621~95**

프랑스의 모랄리스트moralist 시인. 작품 『우화*Fables*』가 유명하다.

**라퓨타 Laputa**

스위프트Jonathan Swift의 『걸리버 여행기*Gulliver's Travels*』(1726)에 나오는 떠다니는 섬 floating island. 라퓨타의 주민들은 음악, 수학, 추상적 사색에 열중하고 현실적이고 유용한 일에는 관심이 없는 철학자들이다. ⇨ 걸리버 여행기

**라합 Rahab**

여리고 성의 기생. 여호수아의 두 정탐꾼을 숨겨 준 대가로 여리고 성이 함락될 때 붉은 줄을 집에 매달아 보호받았다(수 2:1~24). 라합은 다윗의 조상이 되었다(마 1:5).

**라헬 Rachel**

라반의 딸이며 야곱의 둘째 부인. 야곱에게 요셉과 베냐민 두 아들을 낳아 주었는데 베냐민을 출산하다 죽었다. 그녀의 이름은 암양이라는 뜻이 있다. 야곱은 그녀를 얻기 위해 14년 동안 머슴살이를 했다(창 29장).

**란슬러트 Lancelot/Launcelot**

아서 왕 전설에서 가장 탁월한 기사 중의 한 명. 아서 왕의 친구이자 원탁기사의 일원이

고, 아서의 왕비 기니비어의 애인이며 갤러해드 경의 아버지(일레인이 갤러해드의 어머니)이다. 일반적으로 기사도의 모범이긴 하지만 기니비어에 대한 불륜의 사랑은 그의 이미지를 더럽혔다. 이 불륜의 사랑이 그의 성배 탐색The Quest for the Holy Grail의 실패와 원탁 우정의 파탄 그리고 아서의 죽음에 큰 영향을 미쳤다. 란슬러트는 행운을 찾아서 외국으로 떠났다가 영국에 돌아와 보니 아서는 이미 죽었고 기니비어는 수녀가 되어 있었다. 이후 그는 무기를 버리고 은둔자가 되었다.

### 랍비/랍오니 Rabbi/Rabboni

유대 율법에 권위 있는 율법학자, 율법박사, 교사들을 가리키는 말. 『신약성서』에서 랍비는 직함보다는 명예적 호칭으로서 세례자 요한과 예수에게도 적용되었다. 히브리어로 rabbi는 '내 선생님my teacher' 혹은 '내 사부(스승)님my master' 이란 뜻이다. 랍비는 다른 종교의 사제들처럼 출생과 견진성사, 결혼과 장례 등의 의식을 거행했고 유대교의 교리를 가르쳤으며 상담자의 역할도 수행했다. 그러나 랍비의 원래 역할은 개신교나 카톨릭 성직자와 다르다. 전통적으로 랍비는 학자이다. 오늘날에는 정치나 사업에서 스승이나 후견인, 특히 젊은 사람을 수하에 거느리고 인도해 줄 수 있는 힘을 가진 연장자를 가리킨다.

### 랭보, 아르튀르 Rimbaud, Arthur 1854~91

프랑스의 시인. 상징주의 시 「술취한 배」로 혜성처럼 나타나 스무 살이 되기 전에 문학과 완전히 절연한 천재 시인이다. 아프리카와 중동의 각국을 방랑하다가 병을 얻어 마르세유에서 죽었다. 그의 작품에는 보들레르Charles-Pierre Baudelaire의 인공적 미, 말라르메Stépéhane Mallarmé의 이지적 미에 비해 생생한 감각적 미가 넘친다. 산문 시집으로 『착색판화집Illuminations』(1872), 『지옥에서 보낸 한 철Une Saison en Enfer』(1895) 등이 있다.

### 레다 그Leda

그리스 신화에서 스파르타 왕 튄다레오스의 왕비. 아이톨리아 왕 테스티오스의 딸이다. 스파르타 근처에 있는 에우로타스 강에서 목욕하던 중 백조로 둔갑해 나타난 제우스한테 겁탈당했다. 이 둘의 결합으로 태어난 헬레네는 결국 트로이아 전쟁의 불씨가 되었다. 레다의 다른 자식은 카스토르와 폴뤼데우케스, 그리고 아가멤논의 아내 클뤼타임네스트라이다. 예이츠William Butler Yeats는 「레다와 백조Leda and the Swan」(1923)라는 시를 썼다. 예이츠의 책상 앞에는 미켈란젤로Michelangelo Buonarroti의 동명의 그림이 있었다고 한다. 레다 이야기는 호메로스Homeros의 『오뒷세이아Odysseia』(xi), 에우리피데스Euripides의 『헬레네*Helene*』(기원전 412), 오비디우스Ovidius의 『변신 이야기 *Metamorphoses*』(vi) 등에 나온다.

## 레더스타킹 이야기 / 가죽각반脚絆 이야기 The Leatherstocking Tales

미국인 쿠퍼James Fenimore Cooper의 연작 소설 제목. 소설 『개척자들*The Pioneers*』 (1823), 『모히칸족 최후의 사람*The Last of the Mohicans*』(1826), 『초원*The Prairie*』 (1827), 『탐험자*The Pathfinder*』(1840), 『사슴 도살자*The Deerslayer*』(1841) 5권을 통틀어 부르는 제목이다. 레더스타킹이라는 제목은 서부 개척 시대에 다리에 가죽각반을 감은 데서 유래했다.

레오나르도 다 빈치, 「레다와 백조」, 로마 보르게세 미술관

## 레르네 ㉐Lerne ㉤Lerna

아르골리스에 있는 늪지대. 다나이스들은 이곳에 살해한 남편들의 머리를 내던졌다. 헤라클레스가 휘드라를 죽인 곳이기도 하다. ⇨ 다나이스들

## 레베카 Rebekah ⇨ 리브가

## 레스비언 Lesbian

퀴클라데스의 여러 섬 중의 하나인 레스보스Lesbos 섬(에게 해 동북부에 있는 그리스 섬)의 주민을 일컫는 말. 그리스 고전 문학에서는 이 섬에서 태어난 여류 시인 삽포Sappho를 가리키는 말로 쓰인다. 삽포가 시에서 여성 동성애를 찬양했기 때문에 레스비언이 여성 동성애자를 뜻하게 되었다. ⇨ 삽포

## 레아 Leah

야곱의 첫째 부인. 그녀의 아버지 라반은 야곱이 7년을 자기 집에서 일하면 라헬을 부인으로 주겠다고 약속했지만 야곱을 속여 레아를 잠자리에 들여보냈다. 자신이 사랑하는 라헬을 부인으로 맞이하기 위해 야곱은 또 7년을 라반의 집에서 머슴살이 해야 했다.

116

## 레아/레이아 ㄱRhea/Rheia 라Rhea

열두 명의 티탄Titan 중 하나. 대지와 풍요의 여신이며 크로노스의 아내이다. 크로노스와 사이에서 헤스티아, 헤라, 데메테르, 하데스, 포세이돈, 제우스를 낳았다. 크로노스는 자식들이 자기를 폐위시킬 것이라는 예언 때문에 태어나자마자 자식들을 하나씩 삼켜 버렸다. 레아는 제우스가 태어났을 때에는 크로노스를 속여 아기처럼 강보에 싼 돌을 그에게 주었다. 제우스는 도망쳐 숨었고 결국 예언을 실현하여 아버지를 폐위시키고 올림포스 신들의 우두머리 신이 되었다. 레아는 때때로 프뤼기아의 대지의 여신 퀴벨레Kybele와 동일시된다.

## 레아 실비아 라Rhea Silvia

로마 신화에서 알바 롱가의 왕 누마의 딸. 일리아라고도 불린다. 삼촌 아물리우스는 형인 누마를 왕위에서 몰아내고서, 형의 자손들이 복수를 못하게 레아 실비아를 평생 처녀로 살아야 하는 베스타 여신의 여사제Vestal Virgin로 삼아 버렸다. 그런데 전쟁의 신 마르스가 레아 실비아를 겁탈하여 로마를 건국한 로물루스와 레무스 쌍둥이를 낳게 했다. 아물리우스는 어린애들을 티베르 강에 띄워 보냈는데 그들은 나중에 구조되어 늑대들(마르스에게 성스러운 짐승)이 젖을 먹여 키웠다고 한다. ⇨ 로물루스와 레무스

## 레안드로스 ㄱLeandros 영Leander

말로우Christopher Marlowe가 미완성으로 남긴 것을 채프먼George Chapman이 완성하여 1598년에 출판한 소설. 같은 이야기를 다룬 무사이오스Musaeus와 오비디우스Ovidius의 영역英譯에 힘입었다고 한다. ⇨ 헤로와 레안드로스

## 레우코시아 ㄱLeukosia 영Leucosia

세 명의 세이렌 중 하나. 다른 둘은 리게이아Ligeia와 파르테노페Parthenope이다. 강의 신 아켈로오스와 서사시의 시신詩神 칼리오페의 딸들로, 바위투성이 바닷가에 살면서 아름다운 노래를 불러 선원들을 유혹해 죽게 만들었다. 트로이아에서 고향으로 돌아가는 오뒷세우스와 부하들을 유혹했으나 실패하자 바다에 투신해 죽었다. 이에 관한 이야기는 호메로스Homeros의 『오뒷세이아Odysseia』(xii), 오비디우스Ovidius의 『변신 이야기Metamorphoses』(v) 등에 나온다.

## 레위기記 Leviticus

『구약성서』의 세 번째 책. 기원전 516년경 성전의 재건에 이은 종교적인 의례와 유대 율법의 핵심을 담고 있다.

**레이아** ㄱRheia ⇨ 레아

**레테** ㄱLethe

하데스에 흐르는 강 중의 하나. 레테는 그리스어로 망각이란 뜻이어서 흔히 망각의 강이라 한다. 죽은 사람의 영혼은 이 세상에 태어나기 전에 이 강물을 마셔 전생을 까맣게 잊어야 한다. lethal(치명적), lethargic(졸린, 혼수 상태의, 무기력한)은 여기에서 나온 단어이다.

**레토** ㄱLeto

티탄족 코이오스와 포이베의 딸. 로마인은 라토나Latona라고 불렀다. 여자 티탄이다. 제우스와 사이에서 쌍둥이를 임신했으나 헤라의 질투로 어떠한 나라나 땅도 그녀를 받아들이려 하지 않아 떠도는 섬 델로스에 왔다가 아르테미스와 아폴론을 낳았다. 그녀에 관한 이야기는 호메로스Homeros의 『일리아스Ilias』(xxi), 헤시오도스Hesiodos의 『신통기Theogonia』, 오비디우스Ovidius의 『변신 이야기Metamorphoses』(vi) 등에 나온다.

**로니건, 스터즈 Lonigan, Studs**

패럴James Thomas Farrell의 『스터즈 로니건Studs Lonigan』 3부작 중의 제1부인 『로니건』(1932)에 등장하는 열다섯 살의 주인공. 모든 사람에게 사나이다움을 증명하고 싶어하여 겉으로는 억센 듯하지만 내면적으로는 감수성이 예민하여 외롭고 순수한 사랑과 기사도적 명예를 갈망한다.

**로도스 섬의 거상巨像 The Colossus of Rhodes** ⇨ 고대 세계 7대 불가사의

**로렌스 Lawrence, David Herbert 1885～1930**

영국의 소설가·시인·화가. 대학 시절 스승인 어니스트 위클리의 부인이며 6살 연상에다 세 아이의 어머니인 독일인 프리다Frieda Weekley와 사랑에 빠져, 1912년 독일과 이탈리아로 떠났고, 1914년 정식으로 결혼했다. 프리다는 로렌스가 죽고 난 뒤 라바글리Angelo Ravagli와 결혼했다. 대표작으로는 『아들과 연인들Sons and Lovers』(1913), 『연애하는 여자들Women in Love』(1920), 『채털리 부인의 연인Lady Chatterley's Lover』(1928) 등이 있다.

**로렐라이 Lorelei**

독일 서부 코블렌츠와 빈겐의 중간, 라인 강 오른쪽에 돌출해 있는 큰 바위. 전설에 의하면 배신한 연인에게 절망한 처녀가 투신자살을 한 뒤에 마녀가 되어 바위 위에 앉아서 머리칼을 빗으면서 아름다운 노래를 불렀는데 그 노랫소리에 뱃사공들이 홀려 바

위에 부딪쳐 죽게 된다고 한다. 하이네Heinrich Heine의 시 「로렐라이Die Lorelei」(1823)는 이 이야기를 주제로 한 것이다. 이 바위 밑에는 니벨룽족의 보물이 감추어져 있다고도 한다. ⇨ 세이렌들

### 로르카, 가르시아 Lorca, Garcia 1898~1936

에스파냐의 시인·극작가. 참신한 시법을 선보였으며 극작법의 전통을 부활시켰다. 대표작으로 안달루시아의 정수를 다채로운 이미지로 노래한 시집 『집시 노래 모음 *Romancero gitano*』(1928)과 희곡 『피의 결혼*Bodas de Sangre*』(1933) 등이 있다.

### 로마 총독總督 Roman Governor

로마 제국 시대에 로마가 점령한 지역을 다스리기 위해 파견한 최고 관리. 예수가 활동하던 당시에 유대 땅은 로마의 영토로, 로마에서 보낸 총독의 지배를 받았다. 일반적으로 많이 알려진 로마 총독에는 예수를 십자가형에 처한 본디오 빌라도Pontius Pilatus가 있다. 그는 유대인에 대한 혐오와 잔인함으로 악명 높았다.

### 로물루스와 레무스 Romulus and Remus

로마를 건국했다는 전설적인 쌍둥이. 로마 신화에서 마르스와 레아 실비아의 자식이다. 어머니가 베스타 여신의 여사제였기 때문에 쌍둥이는 티베르 강에 내던져져 익사하도록 되어 있었지만 기슭에 표착하여 전쟁의 신 마르스가 성스러운 짐승인 암늑대의 젖을 먹여 키웠다. 나중에 로물루스는 레무스를 죽이고 로마를 창건했다. 로마는 로물루스가 자신의 이름을 따서 지은 것이다. 그는 자신을 최초의 왕이라고 선언했다. 다른 신화에 의하면 로물루스와 레무스는 아이네아스와 라비니아의 딸 일리아의 자손이다. ⇨ 레아 실비아

### 로미오와 줄리에트 Romeo and Juliet

셰익스피어William Shakespeare의 『로미오와 줄리에트』(1594)에 나오는 불운한 연인. 베로나의 몬터규 가家의 젊은이 로미오와 캐퓰리트 가家의 아름다운 딸 줄리에트는 집안의 반목에도 불구하고 정열적으로 사랑하게 된다. 로미오와 줄리에트는 박복한 연인들의 원형으로,

「로물루스와 레무스」, 로마 카피톨리노 박물관

그들의 비극적인 결혼은 서로 싸우는 두 집안에 의해 좌절된 젊고 시적인 정열을 상징한다.

## 로브 고전 대역 문고 Loeb Classical Library

로브James Loeb(1867~1933)가 그리스와 라틴 작가들의 원전과 영역英譯을 대역판對譯版으로 출판한 문고. 그리스어 부문과 라틴어 부문으로 나뉘어 현재까지 400여 권이 간행되었다. 로브는 미국의 은행가이자 고전학자이며 자선가로 활동했다.

## 로빈 굿펠로 Robin Goodfellow

중세에서 근대 초기에 걸쳐 영국의 서민들이 믿은 작은 요정. 고블린Goblin, 호브가블린Hobgoblin이라고도 불렸다. 이 요정은 밤에 민가에 나타나 장난을 치기도 하고, 밀튼John Milton의 시 「랄레그로L'Allegro」(1631, '쾌활한 사람'이란 뜻)에서처럼 사람을 돕기도 한다. 스코틀랜드에서는 브라우니brownie라고 부른다. 셰익스피어William Shakespeare의 희극 『한여름 밤의 꿈A Midsummer Night's Dream』(1595)에서는 퍽Puck이라고도 불린다.

## 로빈 후드 Robin Hood

1160~1247년 무렵에 살았다는 영국의 전설적 무법자이자 민중의 영웅. 노팅검셔 록슬리에서 태어난 헌팅튼 백작이었다고 전해진다. 셔우드 삼림Sherwood Forest을 본거지로 하여 부자를 털어 얻은 재물을 가난한 자에게 주었다고 한다. 대담성, 용기, 너그러움, 활을 잘 쏘는 기량으로 유명하다. 로빈 후드의 추종자들은 '즐거운 사람들Merry men'이라고 알려졌다. 추종자들의 중요 구성원으로는 리틀 존, 프라이어 턱, 윌 스칼리트, 그리고 처녀 마리안이 있었다. 그의 이름은 가난한 사람들의 후원자, 보호자로 행동하는 사람을 가리킨다.

## 로엔그린 Lohengrin

북유럽 신화에서 파르시팔Parsifal의 아들로 백조기사白鳥騎士. 백조가 끄는 배를 타고 안트워프에 도착한다. 여기서 텔라무트와 오르트루트에게 쫓겨난 브라반트의 공주 엘제를 옹호해 싸운다. 그 뒤 그의 정체를 묻지 않는다는 조건으로 공주와 결혼하지만 불행히도 엘제는 결혼하던 날 밤 그의 정체에 관해 묻는다. 이에 로엔그린은 다시 백조의 배를 타고서 엘제를 떠나 버린다. 바그너Wilhelm Richard Wagner의 오페라 「로엔그린Lohengrin」(1847)의 주제는 이 전설에서 따왔다. 로엔그린은 성배聖杯 전설에 나오는 기사인데 원래 13세기 독일 시인 에셴바흐Wolfram von Eschenbach가 『파르치팔Parzival』(1200~10)에서 노래했다.

### 로잘린드 Rosalind

셰익스피어William Shakespeare의 『뜻대로 하세요As You Like It』(1599)에 나오는 위트 있고 재치 있는 여주인공. 남자로 위장한 그녀는 아든 숲 속에서 '무대감독'이다. 자신도 어쩔 수 없이 올란도와 사랑에 빠지고 마지막에는 그와 결혼한다.

### 로전크랜츠와 길든스턴 Rosencrantz and Guildenstern

셰익스피어William Shakespeare의 『햄릿Hamlet』(1601)에 등장하는 햄리트의 신하이자 친구. 이들은 클로디어스에게 매수되어 친구 햄리트를 배신한다. 햄리트는 그들의 배신을 알게 된 후 영국행 임무를 비밀리에 바꾸어 그들을 죽게 한다. 악하기엔 충분히 주목할 만한 인물이 못 되고, 선하기엔 너무나 어리석은 이들은 비극의 상극 세력 사이에 걸려든, 마치 장기의 졸과 같다. 스토파드Tom Stoppard는 희곡 『로전크랜츠와 길든스턴은 죽었다Rosencrantz and Guildenstern are Dead』(1967)에서 그들을 중심인물로 삼았다.

### 로체스터, 에드워드 패어팩스 Rochester, Edward Fairfax

샬러트 브론티Charlotte Brontë의 『제인 에어Jane Eyre』(1847)의 남자 주인공. 손필드 장원莊園의 주인으로 늘 생각에 잠겨 있다. 과거 함정에 빠져 미친 여자와 결혼했으나 제인에 대한 사랑이 깊어감에 따라 아내에 대한 비밀을 제인한테 감춘다. 로체스터는 고민하고 정열적이며, 과거의 죄에 짓눌려 사랑과 해방을 갈구한다. 로맨틱한 주인공의 전형이다.

### 로키 Loki

북유럽 신화에서 불화를 일으키는 악한 신. 세 괴물의 아버지이며 선한 신들의 적이다. 발드르의 죽음에 연루되어 결국엔 바위에 사슬로 묶이고 머리 위에 있는 뱀이 떨어뜨리는 독액 방울로 고문당한다.

### 로토스를 먹는 자들 ㉀Lotophagoi ㉵Lotos-eaters

'몽상가', '자기 주위의 세상일을 망각한 사람'을 뜻하는 말. 오뒷세우스가 트로이아에서 이타케로 귀향하는 도중에 아프리카 북쪽 해안에 사는 종족인 로토스를 먹는 자들lotus(lotos)의 달콤한 열매를 먹는 사람들의 나라(로토파고스)에 이른다『오뒷세이아Odysseia』(ix)]. 이 땅이 어떤 나라인지 탐색하라고 내보낸 부하 중 몇몇이 이 열매를 맛보고서는 고향으로 돌아갈 생각조차도 까맣게 잊어버렸기 때문에 오뒷세우스는 부하들을 강제로 배로 끌고 와야만 했다. 테니슨Alfred Tennyson의 시 「로토스를 먹는 자들Lotos-Eaters」(1833)은 『오뒷세이아』의 에피소드에 바탕을 두었다. 이와 관련한 이야기는 호메로스의 『오뒷세이아』, 오비디우스Ovidius의 『변신 이야기Metamorphoses』(ix) 등에 나온다.

### 로티스 그Lotis

포세이돈의 딸인 아름다운 님페. 프리아포스한테 추격당하자 도망치며 신들에게 도와달라고 기도를 올렸다. 그랬더니 연꽃lotus으로 변신했다.

### 로힌바 Lochinvar

스코트 경Sir Walter Scott의 담시譚詩(이야기 시) 「마미언Marmion」(1808)에 등장하는 주인공. 젊은 스코틀랜드 고지인高地人이다. 사랑하는 여자의 결혼식에 가서 신부를 납치해서 신랑이 무슨 일이 일어났는지 깨닫기도 전에 말을 타고 도망쳐 버린다.

### 록산느 Roxane

프랑스의 극작가 로스탕Edmond Rostand의 『시라노 드 베르주락Cyrano de Bergerac』(1897)에서 시라노와 크리스찬한테 사랑받는 매혹적인 미녀. 처음엔 좀 피상적이고 변덕스럽지만 고통당하는 과부로서 점점 따뜻하고 성숙한 여성으로 변해 간다.

### 론리하츠, 미스 Lonelyhearts, Miss

웨스트Nathaniel West의 소설 『미스 론리하츠』(1933)에 나오는 인물. 뉴욕 신문에 「실연자 신상상담Advice-to-the lovelorn」이란 칼럼을 쓰는 남자 기자이다. 자기에게 편지를 써 보낸 가엾은 사람들의 진짜 고통에 휩쓸리게 된다. 자기가 위로하려고 애썼던 사람들의 희생자가 되는데, 우연히도 투서자 중의 한 사람이 쏜 총에 맞아 죽는다.

### 롤랑 Roland

롱스발에서 사라센군 10만 명을 죽였다는 프랑스 중세의 전설적 영웅. 샤를마뉴의 가장 유명하고 유능한 기사 중의 하나이다. 기사도에 충실하고, 용맹스럽고 자기희생적인 영웅의 원형이다. 무훈시武勳詩(Chansons de Gestes) 중의 한 편인 『롤랑의 노래La Chanson de Roland』(1050년경)는 샤를마뉴의 에스파냐 침공 이후에 연속적으로 일어난 사건을 다루고 있다. 기사 가늘롱이 사라센 대장한테 뇌물을 받고서 후퇴하는 군대의 후위를 보호하고 있던 롤랑을 배신한다. 압도적으로 우세한 사라센 군대한테 습격당한 롤랑은 마지막 순간까지 샤를마뉴에게 알리는 신호인 뿔나팔을 불지 않았다. 마침내 뿔나팔을 불었을 때에는 시간이 늦어 부하를 한 명도 못 구하게 되지만 샤를마뉴는 돌아와 사라센군을 무찌른다. 롤랑은 15, 16세기 이탈리아 작품들에서는 올란도 Orlando로 알려졌다. 이것을 소재로 한 대표적인 작품으로는 아리오스토Ludovico Ariosto 의 『광란의 올란도Orlando Furioso』(1532)가 있다.

## 롤리타 Lolita

나보코프Vladimir Nabokov의 소설 『롤리타Lolita』(1955, 파리 / 1958, 미국)에 등장하는 소녀. 프랑스 문학을 가르치는 중년 남자 험버트가 사랑해서 유괴한 12세의 '성적 매력이 있는 아가씨'이다. 그녀의 이름은 섹스에 막 눈뜬 소녀를 가리킬 때 쓰인다.

「롯과 그의 딸들」

## 롯 Lot

하란의 아들이며 아브라함의 조카. 사악한 도시 소돔에 사는 사람이었는데 하느님이 그 도시를 불과 유황으로 멸망시키기 직전에 탈출했다. 가족들을 데려올 때 불타는 도시를 돌아보지 말라는 지시를 받았으나 그의 아내는 이 말에 불순종해 뒤를 돌아보아 소금 기둥으로 변했다. 그 뒤에 롯은 두 딸과 함께 동굴에 살았는데 지상에 다른 남자라곤 없으므로 그들은 아버지를 유혹했다(창 19장). 그 결과 큰딸이 낳은 아들 모압이 모압 족속의 조상이 되고, 작은딸이 낳은 아들 벤암미가 암몬 족속의 조상이 되었다. ⇨ 소금 기둥, 소돔과 고모라

## 롯의 아내 Lot's wife ⇨ 롯

## 롱기노스 ㄱLonginos 라Longinus 217~273

그리스의 비평가. 문학 비평의 위대한 저술의 하나로 평가받는 『숭고함에 관하여Peri Hypsous』라는 그리스 비평 논문의 저자로 알려졌는데, 이는 이 작품의 필사자가 저자의 이름을 잘못 기록하여 붙여진 이름이다. 『숭고함에 관하여』는 1세기 초에 지어졌다고 여겨지는데 산문과 시의 다양한 문채文彩(figures of speech)를 통찰력 있게 논하고 있다. 무엇이 문학 작품의 위대성을 구성하는가에 관한 비평적 분석은 특히 문학의 윤리적 기능에 대한 관심을 보여 준다. 이 논문이 가장 큰 영향을 준 시기는 브왈로 Nicolas Boileau(1638~1711)의 프랑스어 번역에서 19세기 초까지이다.

## 롱사르, 피에르 드 Ronsard, Pierre de 1524~85

프랑스의 시인. 플레야드파派를 대표하는 인물 중 한 명이다. 그리스·로마의 고전 시인을 비롯하여 이탈리아 문예부흥기의 시인을 연구했으며 프랑스 시단에 신파체新派體를 창시했다. 주로 향락주의적인 사상을 시로 아름답게 표현했다. 주요 시집에 『오

드*Odes* 4부집』(1550), 『연가집*Les Amours*』, 『속연가집』(1556), 『라 프랑샤드*La Franciade*』, 『엘렌느를 위한 소네트*Sonnets pour Hélène*』 등이 있다.

### 롱펠로, 헨리 와즈워스 Longfellow, Henry Wadsworth 1807~82

미국의 시인. 메인 주의 포틀랜드에서 태어났다. 소설가 호손Nathaniel Hawthorne과 보드윈 대학 동창이다. 하버드 대학에서 근대어 교수를 지냈다. 조숙한 천재 시인으로 그가 쓴 많은 시가 애창되었다. 주로 청순하고 감미로운 이야기를 썼다. 대표작으로는 『에반젤린*Evangeline*』(1847), 『마일즈 스탠디시의 구애*The Courtship of Miles Standish*』(1858), 『하이어와사*Hiawatha*』(1855), 「인생 찬가The Psalm of Life」(1839) 등이 있다.

### 루바이야트 Rubáiyát

페르시아의 시인 오마르 하이얌Omar Khayyám(1048~1131년경)의 4행시를 일컫는 말. 영국 시인 피츠제럴드Edward Fitzgerald의 자유역自由譯(1859, 초판/1879, 3판)으로 유명해졌다. 인간 영화榮華의 무상함을 조롱하고 현재의 쾌락을 강조하는 테마로 쓰여진 냉소적 연작으로 영문학사상 가장 빈번히 인용되는 시이다.

### 루비콘 강을 건너다 Crossing the Rubicon

숙명적 결정, 철회할 수 없는 결정을 뜻하는 말. 기원전 49년 율리우스 카이사르는 소수의 군대를 이끌고 갈리아 지방에 있었으나 그의 전승戰勝 소식은 폼페이우스를 불안케 했다. 폼페이우스는 원로원과 짜고서 카이사르한테 골 총독을 사임하고 군대를 해산하도록 명령했다. 그러자 카이사르는 로마의 금지령을 무시하고 갈리아 지방에서 돌아와 내란을 일으켰다. 폼페이우스에 대항하여 진군하는 숙명적인 결정이 루비콘 강(갈리아 지방과 이탈리아를 가르는 작은 강. 이탈리아 동북부에서 동쪽으로 흘러 아드리아 해로 흐른다)에서 이루어졌다. 카이사르는 "주사위는 던져졌다(라 | Jacta alea est 영 | The dice is cast)" 하며 루비콘 강을 건넜고 6일 만

「루바이야트」

에 전 로마를 평정했다.

## 루소, 장 자크 Rousseau, Jean-Jacques 1712~78

스위스 태생의 프랑스 사상가, 계몽운동의 지도자. 자연 상태에서는 인간이 선량하지만 사회 제도가 사람들을 타락시킨다고 주장했다. 이것이 낭만주의의 중심 사상이 되었다. 대표적인 저술로는 프랑스 혁명에 영향을 끼친『사회계약*Du Contrat Social*』(1762), 그의 교육관을 잘 나타낸『에밀*Emile*』(1762), 자서전『고백록*Confessions*』(1782) 등이 있다.

## 루시퍼 Lucifer

타락한 천사. 사탄과 동일시된다. 가장 강력한 힘을 가진 천사 중의 한 명으로 그의 이름은 빛의 창조자란 뜻이다. 하느님에게 반역해서 지옥으로 내던져졌고 거기에서 악의 화신이며 마귀인 사탄이 되었다.『구약성서』「이사야서」14장 12절의 "너 아침의 아들 계명성(새벽 별)이여 어찌 그리 하늘에서 떨어졌으며 너 열국을 엎은 자여 어찌 그리 땅에 찍혔는고"에 나오는 새벽 별을 사탄에 잘못 적용한 데서 이런 오해가 생겼다고 한다. '샛별(금성)'이란 뜻도 있는데『성서』에서 샛별은 예수를 지칭하는 말로 사용되어 왔다. 말로우Christopher Marlowe의『닥터 포스터스의 비극*The Tragical History of Doctor Faustus*』(1592)과 단테Alighieri Dante의『신곡*La Divina Commedia*』「지옥*Inferno*」편에서 루시퍼는 지옥을 다스리는 자이다. 밀턴John Milton의『잃어버린 낙원*Paradise Lost*』(1667)에서는 천국에서 추락한 이후 사탄으로 불린다.

## 루크레티아 라Lucretia 영Lucrece

에트루리아인 타르퀴니우스 수페르부스 왕(38년 간 통치 후 암살됨)의 조카인 L. 타르퀴니우스 콜라티누스의 정숙한 아내. 전설에 의하면 타르퀴니우스 수페르부스 왕의 아들 섹스투스한테 겁탈당했다. 그녀는 아버지와 남편한테 이 사실을 고백하고 원수를 갚아달라고 애원하고서는 자결했다. 이 소식은 곧 폭동을 일으키게 했고, 타르퀴니우스 일가를 로마에서 추방하여 왕정을 끝장내고 공화정을 확립하는 계기가 되었다. 이 이야기를 소재로 한 작품으로는 초서Geoffrey Chaucer의『선량한 여자들의 전설*Legend of Good Women*』(1380~86), 가우어의『연인의 고백*Confessio Amantis*』(1390~93), 셰익스피어 William Shakespeare의『루크레티아의 겁탈*The Rape of Lucrece*』(1594)이 있다.

## 루크레티우스 라Titus Lucretius Carus 기원전 94년경~55년경

로마의 시인. 그의 생애에 관해 실질적으로 알려진 것은 아무것도 없다. 그러나 그의 유일한 시 「자연의 본질에 관하여De rerum natura(On the Nature of Things)」는 고대 교훈시의 걸작으로 평가받는다. 이 시는 에피쿠로스(그ㅣEpikouros 영ㅣEpicurus)의 철학을 열렬히 권유한다. 우주의 원자와 영혼, 감정의 심리에 관한 에피쿠로스의 견해를 6권으로 설파하는데, 종교의 해악과 사랑의 정열에 관한 구절이 인상적이다. 죽음에 대한 공포를 제거함으로써 마음의 평화를 사람들에게 주는 것이 목적이다. 확신에 찬 유물론자인 루크레티우스의 철학적 열정과 시적 숭고함의 결합은 라틴 문학에서 필적할 사람이 없다.

### 루터, 마르틴 Luther, Martin 1483~1546

독일의 종교 개혁자. 로마를 방문했다가 교회의 부패와 타락을 직접 눈으로 보고, 면죄부免罪符(Indulgence : 엄밀히 따지면 면벌부免罰符가 옳은 번역이다) 판매를 공격한 95개 조를 비텐버그에서 발표했다. 이 때문에 1520년 카톨릭 교회로부터 파문되고, 그 다음해 보름스 회의에서 잇따라 이단異端 선고를 받았다. 그러나 이에 굴하지 않고 프로테스탄트 동맹 결성에 전념했다. 그의 업적 중 문학상 가장 큰 영향을 끼친 것은 『구약성서』와 『신약성서』의 독일어 번역(1522~24)이다. 니체Friedrich Wilhelm Nietzsche는 이를 독일 산문의 최고 걸작이라고 칭찬했다.

### 루페르칼리아제祭 라Lupercalia

로마에서 풍년을 기원하는 제전. 목신牧神 파우누스Faunus를 루페르쿠스Lupercus란 이름으로 매년 2월 15일에 숭배했다. 이날 특별한 가정에서 뽑힌 두 명의 제관祭官(Lupercus)이 염소가죽을 입고 시내 거리를 돌아다니며 만나는 부녀자를 염소가죽 끈으로 때렸다. 임신 못한 여자들은 가죽끈을 맞으면 임신이 된다고 믿어 신관이 지나가는 길가에 서 있다가 일부러 가죽끈 회초리를 맞았다. 이 회초리는 청정淸淨 예식februa이라고 불렸는데, 이 의식이 행해진 달을 februarius(February)라 부르게 되었다. 셰익스피어William Shakespeare의 『줄리어스 시저Julius Caesar』(ⅰ·ⅱ)에 안토니우스가 루페르쿠스(제관)로서 길거리를 달리는 장면이 나온다.

### 룸펠슈틸츠킨 Rumpelstiltskin

독일의 동화 작가 그림Grimm 형제의 동화에 나오는 난쟁이. 이 난쟁이는 왕비에게 문제를 냈는데, 삼실을 자아 금으로 만들어 주는 난쟁이 이름을 맞추는 것이었다. 왕비가 알아맞히지 못하면 왕비의 첫 아이를 받기로 약속했는데 왕비가 이름을 알아맞히자 화가 치밀어 자살한다. 영국의 옛 이야기 「톰 티트 토트Tom Tit Tot」에서는 이 이름

126

의 난쟁이 요정은 자기 이름을 알아맞히면 그 마력을 잃는다고 한다.

## 룻 Ruth

『구약성서』「룻기」에 나오는 효성스런 며느리. 모압 출신 과부이다. 룻은 헌신과 충절의 한 전형이다. 남편이 죽은 뒤에도 "내게 어머니를 떠나며 어머니를 따르지 말고 돌아가라 강권하지 마옵소서 어머니께서 가시는 곳에 나도 가고 어머니께서 머무시는 곳에서 나도 머물겠나이다 어머니의 백성이 나의 백성이 되고 어머니의 하느님이 나의 하느님이 되시리니"(룻 1:16) 하며 시어머니인 나오미를 떠나려 하지 않았다. 그녀는 다윗과 예수의 조상이 되었다(룻 4:13~17, 마 1:5~17). 키츠John Keats의 「나이팅게일부賦 (Ode to a Nightingale)」(1818)에 룻에 관한 이야기가 나온다.

## 뤼시스트라테 ㄱLysistrate 영Lysistrata

그리스의 희극 작가 아리스토파네스Aristophanes(기원전 445~385년경)가 쓴 매우 절실한 평화에의 갈망을 담은 반전극反戰劇. 기원전 411년에 공연하였다. 아테나이는 쉬라쿠사이를 점령하려던 시켈리아 원정이 기원전 413년에 실패로 끝나고 스파르타는 페르시아와 동맹을 맺어 상황은 절망적이었다. 남자들이 전쟁을 끝내는 데 실패하자 여주인공인 아테나이의 젊은 여성 뤼시스트라테('군 해체자dispenser of armies' 란 뜻)는 여자들이 나서서 평화를 이룩해야 한다고 주장한다. 그 방법으로, 첫째 전쟁이 계속되는 한 남자들한테 섹스를 거부하고, 둘째 아크로폴리스를 점령하여 파르테논 신전의 보고寶庫를 차지하여 군자금을 확보한다. 그러고 나서 스파르타와 적대 도시 국가로부터도 여자들을 소집하는데, 이들 나라의 여자들도 약간 주저하지만 결국 뤼시스트라테의 계획에 찬동하고 맹세한다. 아크로폴리스는 점령되고 늙은 남자들의 코로스는 다시 아크로폴리스를 탈환하려고 하지만 늙은 여자들이 물통으로 물을 붓는 바람에 쫓겨난다. 스퀴타이 경찰도 압도당하고 정부 관리도 논쟁에서 지고 물러난다. 아테나이 군인 키네시아스는 아내 뮈리네를 찾으러 왔다가 조롱받고 평화를 위해 투표하도록 강요받은 뒤 아크로폴리스 바깥에 실망한 채 남는다. 스파르타로부터 전령이 오고 뤼시스트라테는 양쪽을 꾸짖고, 드디어 화평이 이루어진다. 잔치를 벌이고 스파르타인과 아테나이인이 각자 아내와 함께 행진함으로써 모든 것이 끝난다. 피카소Pablo Picasso는 뉴욕 헤리티지 프레스에서 출판한 『뤼시스트라테』(1934, 길버트 셀즈 번역)에 삽화를 그렸다.

## 뤼카벳토스 ㄱLykabettos 영Lycabettus

아테나이 시에 있는 높이 300m의 언덕. 전설에 따르면 아테나는 아크로폴리스를 요새

127

화하기 위해 커다란 바위를 운반하고 있었다. 그런데 바로 그때 아테나이 최초의 왕 악타이온의 왕비인 아그라울로스가 죽고 아크로폴리스에서 그녀의 딸들이 뛰어내렸다는 소식을 듣고는 놀라서 들고 있던 바위를 떨어뜨렸다. 그 결과 산과 같은 거대한 언덕이 형성되었다고 한다.

## 뤼카온 ㄱLykaon 영Lycaon

아르카디아의 전설적 왕. 제우스가 사람들의 불경不敬을 시험하러 찾아왔을 때 사람 고기를 식사로 내놓았다. 제우스는 벼락으로 그를 때려죽이고 이리(늑대)로 변신시켰다. 이 이야기는 오비디우스Ovidius의 『변신 이야기Metamorphoses』(ⅱ)에 나온다.

## 뤼케이온 ㄱLykeion 영Lyceum

아리스토텔레스가 철학을 가르친 아테나이 일릿소스 강가에 있던 학교. 이 말은 프랑스어 리세lycée('학교'란 뜻)의 어원이다.

## 뤼코메데스 ㄱLykomedes 영Lycomede

에게 해 스퀴로스 섬의 왕. 테세우스는 아테나이에서 쫓겨나자 친척인 뤼코메데스에게 갔다. 왕은 정답게 맞이했다가 나중에 그를 절벽에서 떨어뜨려 죽였다. 왕위를 찬탈할까 봐 겁이 났거나 맡은 보물을 돌려주지 않기 위해 그렇게 한 것으로 보인다.

## 뤼쿠르고스 ㄱLykourgos 영Lycurgus

1)아스클레피오스가 죽음에서 살려낸 네메이 왕.

2)드뤼아스의 아들. 트라케의 잔인하고 불경스런 왕으로 디오뉘소스 숭배를 반대하고 디오뉘소스를 자기 나라 밖으로 추방했다. 그러나 신들이 그를 미치게 하여 죽게 했다.

3)헤라클레스의 아들.

4)기원전 9세기의 유명한 스파르타 입법자.

5)데모스테네스 시대에 유명한 아테나이 웅변가.

## 리건 Regan

셰익스피어William Shakespeare의 『리어 왕King Lear』(1605)에 등장하는 리어 왕의 둘째 딸. 언니에게 동조하여 아버지에게 굴욕감을 주지만 결국 에드먼드의 애정을 독차지하려다 언니와 지독한 라이벌이 된다. 극의 마지막에 언니 고너릴은 리건을 독살하고 나서 자살한다. 두 자매는 배은망덕하고 사악한 자식의 원형이다.

## 리르 Lir/Ler

아일랜드 신화에 나오는 바다의 신. 마나난의 아버지이며, 선원과 상인의 수호신이다. 그

는 마법의 배와 백마白馬를 가졌다. 잉글
랜드와 아일랜드 사이에 있는 아일 오브
맨Isle of Man 섬에 살았는데 나중에는 다리
가 셋 달린 거인으로 퇴화했다고 한다. 첫
아내한테서 딸 하나, 아들 셋을 얻었는데
계모가 이들을 백조로 변신시켰다.

리비아단

### 리베르 라Liber

로마 신화에서 술의 신. 디오뉘소스와
동일시된다.

### 리브가/레베카 Rebecca/Rebekah

이삭의 아내. 아브라함의 조카인 브두엘의 딸이다. 이삭이 리브가를 아내로 맞는 아
름다운 이야기는 「창세기」 24장에 잘 나타나 있다. 이들은 결혼 후 20년 동안 아이가
없었는데 나중에 쌍둥이 에서와 야곱을 낳았다. 리브가는 야곱을 편애하여 에서에게
돌아갈 장자의 축복을 야곱이 받도록 도와주었다(창 27:6).

### 리비아단/리워야단 Leviathan

굉장히 큰 괴물을 상징하는 말. 『성서』에는 리비아단, 라합, 탄닌, 뱀, 혹은 단순하게
바다로 불리는 바다 괴물에 대한 하느님의 승리에 관한 언급이 많다(욥 41:1, 시 74:14,
104:26, 사 27:1). 이러한 인유는 가나안족과 바빌로니아족의 문헌에서 발견되는데 고대
에 널리 퍼져 있던 신화 유산이다. 신화에서 창조주는 혼돈을 나타내는 용이나 괴물을
정복한다. 현대 성서학자들은 리비아단이 고래나 악어였을 것으로 추정한다. 홉스
Thomas Hobbes가 쓴 정치학에 관한 책(1651)의 제목이기도 하다.

### 리시더스 Lycidas

밀튼John Milton이 1637년에 쓴 시. 케임브리지 대학 동창이며 동 대학 크라이스츠 칼리
지의 특별연구원이던 에드워드 킹이 아일랜드 항해 도중 난파하여 익사한 일을 애도
한 목가적인 시이다. 그리스 시인 테오크리토스Theokritos의 목가, 베르길리우스Vergilius
의 목가, 호라티우스Horatius의 『오드Ode』 등에서 리시더스는 목동으로 등장하여 왕의
죽음을 빌어 명성과 삶의 의미, 신의 심판에 관해 명상하면서 애도한다.

### 리어 Lear

전설적인 고대 브리튼 왕. 리어라는 이름은 켈트 신화의 바다의 신(아일랜드어로 Lir, 웨일

즈어로 Llyr) 이름에서 나온 듯하다. 셰익스피어William Shakespeare의 비극 『리어 왕*King Lear*』(1605)에 등장하는 늙고 어리석고 흥분을 잘하는 비극적 주인공이다. 리어 왕은 선량한 막내딸 코딜리어가 자신에게 아첨하기를 거절하자 그녀를 추방하고, 왕국을 위선적이고 사악한 두 딸 고너릴과 리건에게 준다. 그러나 리어 왕은 딸들에게 쫓겨나고 비극적인 변화를 겪는 동안 이성을 잃고 왕국은 전쟁으로 붕괴한다. 극의 마지막에 약간의 질서가 회복되긴 하지만 리어 왕과 코딜리어의 목숨을 구해내기에는 때가 너무 늦었다.

**리워야단 Leviathan** ⇨ 리비아단

**리처드 3세 Richard Ⅲ**

역사상 유명한 영국의 왕(재위 기간 1483~85). 셰익스피어William Shakespeare는 사극 『리처드 3세*King Richard Ⅲ*』(1591)에서 그의 권력 장악을 묘사한다. 셰익스피어는 리처드를 육체적으로는 불구이고, 권력 추구에서는 악마 같으며 적의 패배에 기쁨을 느끼는 전형적 악당으로 묘사한다. 그러나 이 인물은 배우들이 가장 맡고 싶어 하는 캐릭터이다.

**리처드 2세 Richard Ⅱ**

역사상 유명한 영국의 왕(재위 기간 1377~99). 셰익스피어William Shakespeare는 사극 『리처드 2세*King Richard Ⅱ*』(1595)에서 그의 폐위와 살해당한 이야기를 묘사한다. 여기서 리처드는 '거드름 피우는 자기망상적인 통치자', '쇠약한,' '자기연민을 하는', '시적詩的 통치자'로 나타난다. 반면 그의 적인 헨리 볼링브룩(나중에 헨리 5세가 됨)은 결연하고 야심적이며 실제적 행동을 하는 인물로 그려진다.

**릴리스 Lilith**

히브리 전설에 등장하는 아담의 첫 부인. 아담과 동등하게 창조되었으나 자신이 아담보다 열등하다는 것을 받아들이지 않아 에덴동산에서 추방되었다고 한다. 아담에게 한 무리의 마귀들을 자녀로 낳아 주었다고 한다. 그로 인해 황량한 곳을 관장하는, 특히 출산을 앞둔 부인들에게 위험한 악령으로 간주된다. 그녀는 「이사야서」 34장 14절에 나오는 스크리치 부엉이(올빼미)와 연관이 있다. 중세에 그녀는 마귀를 유혹하는 여자 중 한 명이었는데, 그로 인해 그녀의 이름은 마귀와 연관성을 갖게 되었다. 그녀의 이야기는 가나안족의 남자를 괴롭히는 여자 마귀인 릴리투Lilitu에서 비롯한 것이 확실하다. 아랍 신화에 따르면 마귀와 결혼해 악령의 어머니가 되었다고 한다. 괴테Johann

Wolfgang von Goethe의 『파우스트*Faust*』에 등장하고, 로제티Dante Gabriel Rossetti는 「에덴의 정자Eden Bower」(1870)에서 뱀을 아담에 대한 릴리스의 복수의 도구로 그렸다.

단테 가브리엘 로제티, 「릴리스 부인」

## 릴리퍼트 Lilliput

스위프트Jonathan Swift의 『걸리버 여행기 *Gulliver's Travels*』(1721) 제1부에서 걸리버가 방문한 소인국. 릴리퍼트인은 몸집은 매우 왜소하지만 보통 사람과 마찬가지로 온갖 허영심과 허세를 부리고 쩨쩨한 싸움을 한다. 속이 좁고 쩨쩨한 사람을 릴리퍼트인이라고 한다. ⇨ 걸리버 여행기, 대단파와 소단파

## 릴케, 라이너 마리아 Rilke, Rainer Maria 1875~1926

20세기의 가장 위대한 독일 시인. 프라하에서 태어났다. 1902~12년의 파리 체류 동안 위대한 조각가 로댕의 비서가 되었다. 그는 로댕으로부터 사물을 보는 법을 배웠는데 이후 그의 시 세계에 큰 변화가 생겼다. 조각가가 모든 것을 대리석에 새기듯 릴케는 언어에 새겨 넣으려 했다. 즉 언어를 소재로 한 조형, 이러한 새로운 시의 창작법이 그의 언어에 극단적인 절묘함과 세련미를 더했다. 시집으로 『시도時禱 시집*Das Stundenbuch*』(1906), 『두이노 비가悲歌(*Duineser Elegien*)』(1923), 『오르페우스에 바치는 소네트*Die Sonette an Orpheus*』(1923) 등이 있으며 소설로 『마르테의 수기*Die Aufzeichnungen des Malte Laurids Brigge*』(1910) 등이 있다.

## 림몬의 당堂에서 몸을 굽히다 Bow down in the house of Rimmon/Worship in the house of Rimmon

'자신이 동의하지 않는 원칙을 말로만 따르다', '속으로는 반대하면서도 겉으로는 따른다'는 뜻. 림몬은 다멕섹에서 섬기던 폭풍의 신인 하닷을 가리킨다. 밀튼John Milton은 『잃어버린 낙원*Paradise Lost*』(1667)에서 타락한 천사 중의 한 명을 림몬이라 부른다.

## 림보 Limbo

변경邊境을 뜻하는 말. 단테Alighieri Dante의 『신곡*La Divina Commedia*』「지옥Inferno」편의

제1권圈(circle)이다. 여기에는 덕망 높은 이교도가 산다. 그들은 고문을 당하지는 않지만 하느님을 볼 희망이 없다. 그래서 림보는 결론이 없는 혹은 불확정한 상태나 장소를 뜻한다. 솔제니친Solzhenitsyn의 소설 『지옥의 제1권The First Circle』(1968)은 이 림보를 가리킨다. 단테의 『지옥』은 9권으로 구성되어 있는데, 제9권에는 사탄이 있고, 제1권에는 죄가 가벼운 사람들이 있다. 솔제니친은 작품에서 소련이 단테의 「지옥」의 제1권에 해당한다고 비판한다.

### 립 밴 윙클 Rip Van Winkle

어빙Washington Irving의 가장 인기 있는 단편집인 『스케치북The Sketch Book』(1819)에 들어 있는 단편 소설 제목이자 그 주인공. 독립전쟁 이전에 립과 그의 개는 캐츠킬 산맥(뉴욕 주 동부에 있음)에서 길을 잃는다. 거기서 립은 난쟁이들을 만나 그들이 주는 술을 마시고는 깊은 잠이 들었다. 그런데 깨고 보니 20년의 세월이 흘러 노인이 되어 있었다. 고향에 돌아가니 바가지 긁던 아내는 죽고 딸은 결혼했고 미국은 영국에서 독립해 있는 등 많은 변화가 있었다. 립은 시대와 보조를 맞추지 못하는 사람의 전형이다.

# ㅁ

### 마귀魔鬼 devil

유대교와 기독교 신학에서 배교背敎한 영. 중상中傷하는 사람을 뜻하는 그리스어 'diabolis'에서 나왔다. 이 이름은 마귀의 우두머리인 마왕the Devil을 가리키기도 하는데 그는 악한 영이며 하느님의 배반자요 인간의 유혹자이며 적인 동시에 지옥을 다스리는 자이다. 『성서』와 『외경』에서 마귀는 사탄, 아스모데우스, 바알세불, 사마엘 등으로 불리며 교회 성직자들은 루시퍼라고도 부른다. 이슬람에서는 에브리스이다. 문학작품과 일상 회화에서 마귀를 가리키는 말로는 메피스토펠레스Maphistopheles, 올드 닉Auld Nick, 올드 호니Auld Hornie, 올드 안Auld Ane, 클루티Clootie, 행기Hangie 등이 있다. 랍비들은 마왕과 마귀를, 염소를 뜻하는 세이리짐seirizzim으로 부르기 때문에 종종 갈라진 발굽을 가진 것으로 묘사한다. 그들 사회에서 염소는 부정한 동물의 전형이었으므로 부정한 영의 우두머리는 염소의 형상을 지녔을 것이라고 생각한 것이다.

### 마그나 그라이키아 라Magna Graecia

이탈리아 남부에 있던 고대 그리스의 식민지들. 즉 타렌툼, 쉬바리스, 크로토나, 헤라클레아 등이다.

### 마녀魔女들 Weird Sisters

셰익스피어William Shakespeare의 희극 『맥베스Macbeth』(1605)에 나오는 세 마녀. 맥베스의 미래를 예언한다. 이들의 이름은 원래 그리스와 로마 신화에 나오는 운명의 여신의 별명으로서 스코틀랜드 작가들이 사용한 복합어이다. 홀린셰드Holinshed의 『연대기Chronicle』(1577)에 나오는 이 표현을 셰익스피어가 『맥베스』에서 사용했다. 브리튼에 살았던 앵글로색슨족은 북유럽 신화에 나오는 세 운명의 여신인 노른들Norns(Fates)을 'Wyrd'란 이름으로 불렀다. '우르드Urd(운명)'가 Wyrd란 단어가 되었고, 셰익스피어

시대에 이르러서는 'Weird Sisters'가 되었다. 이들이 맥베스의 운명을 바꾸었으므로, 그냥 마녀들이란 일반적인 번역어보다는 운명의 여신들이 더 정확한 번역어이다.

### 마녀魔女사냥 witch-hunting

철저한 기독교 사회였던 15세기 유럽에서 시작하여 18세기 초까지 300년 동안 계속해서 행해진 이단자에 대한 박해. 마녀들은 사탄과 계약을 맺었다고 여겨져 박해를 당했는데, 1692년 미국의 매서추세츠 주 세일럼Salem에서 일어난 마녀재판이 유명하다. 현재는 부당하거나 악의적인 목적을 가지고 반대자나 적수들을 고의적으로 괴롭힐 때 사용한다.

### 마땅히 행할 길로 In the way one should go

'올바르게', '합당하게' 라는 뜻. "마땅히 행할 길을 아이에게 가르치라. 그리하면 늙어도 그것을 떠나지 아니하리라"(잠 22:6)는 구절에서 비롯하였다. 원래는 아이들에게 하느님의 법을 가르치라는 말이었다.

### 마라 Marah

'쓰다' 라는 뜻의 히브리어. 이스라엘 백성이 홍해를 건넌 뒤에 처음 진을 친 곳으로 그곳에는 쓴 물만 있었다(출 15:23). 물이 써서 마실 수 없다고 백성이 원망하자 모세가 그 물에 나뭇가지를 던져 달게 만들었다.

### 마라나다 Maranatha

'우리의 주님이 오신다' 혹은 '주여! 오소서' 라는 뜻의 아람어. 바울이 쓴 말(고전 16:22)이다. 유대인들의 인사말이다. 「요한계시록」 22장 20절에도 이 말이 나온다.

### 마라톤 Marathon

아테나이 동북쪽에 있는 평야. 기원전 190년 밀티아데스가 지휘하는 소수의 아테나이 군대가 페르시아 대군을 격퇴한, 바닷가에 있는 초승달 모양의 평야이다. 전설에 의하면 전령 페이딥피데스가 아테나이까지 약 42km를 달려 전승戰勝 소식을 전하고선 죽었다고 한다. 마라톤에서 아테나이군 전사자 위에 세워진 흙 둔덕을 오늘날에도 볼 수 있다. 그의 공적을 기념하는 현대 마라톤 경주는 마라톤에서 아테나이까지의 거리와 꼭 같은 42,195km를 달린다.

### 마라톤 황소 Marathonian Bull ⇨ 크레테 황소

### 마르다 Martha

베다니의 마리아와 나사로의 누이. 예수가 그들의 집을 찾아왔을 때 마리아는 발치에 앉아 말씀을 들었지만 마르다는 음식을 장만한다고 분주했다. 그녀가 예수께 마리아에 대해 불평하자 예수는 "마르다야 마르다야 네가 많은 일로 염려하고 근심하나 몇 가지만 하든지 혹 한 가지만이라도 족하니라 마리아는 이 좋은 편을 택하였으니 빼앗기지 아니하리라"(눅 10:41~42)고 대답했다. 마르다는 훌륭한 살림꾼의 수호성인으로 소박한 복장에 허리에 열쇠 꾸러미를 차고 손에 주걱이나 냄비를 들고 있는 모습으로 그려진다. 후대의 기독교 문학에서 그녀는 수줍어하고, 명상적이며, 의존적인 마리아와 달리 적극적이고 실용적이며 독립적인 인물의 상징으로 나타난다. 그녀의 축일은 7월 29일이다.

### 마르디 그라 ㅍMardi Gras

참회 화요일을 일컫는 말. 프랑스에서 사순제의 첫날, 성회 수요일Ash Wednesday 전날이다. 프랑스어로 살찐 화요일Fat Tuesday이란 뜻인데, 이 날이 사순제의 단식 직전에 기름진 음식을 먹는 마지막 기회이기 때문이다.

### 마르셀 Marcel

프랑스 소설가 프루스트Marcel Proust의 연작 소설 『잃어버린 시간을 찾아서À la recherche du temps perdu』(전7권, 1913~27)에 나오는 내레이터. 허약한 체질에다 지극히 세련되고 예민한 감수성을 지녔다. 그는 과거의 인상들을 선명하고 상세하게 기록하면서 가족, 연애, 강박관념 등을 세기말 파리 사교계의 세련된 계층의식으로 회상한다. 홍차에 적신 마드렌느(프랑스 쿠키)의 맛이 별안간 그에게 추억의 세계를 불러일으킨다. 『잃어버린 시간을 찾아서』의 영역 제목은 『Remembrance of Things Past』인데 영역자 K. 스코트 몬크리에프Scott-Moncrieff가 셰익스피어 William Shakespeare의 소네트 제30번 중의 한 구절을 빌려 제목으로 삼은 것이다.

피에트로 페루지노, 「마르쉬아스와 아폴론의 플루트 경연」, 루브르 박물관

### 마르쉬아스 ㄱMarsyas

프뤼기아의 켈라이나이에 가까운 마르

쉬아스 강의 신 사튀로스. 아테나가 피리를 만들어 불었는데 그것을 불 때 볼이 불룩해져서 얼굴이 추하게 보였다. 그래서 피리를 버렸다. 이 버린 피리를 마르쉬아스가 주워서 열심히 불어 능숙한 연주자가 되었다. 그는 사랑하는 퀴벨레와 함께 뉘사로 여행갔다가 아폴론한데 음악 경연을 하자고 건방지게 제의했다. 경연의 패자는 산 채로 껍질을 벗겨 죽인다는 조건이었다. 무사詩神들의 심판 아래 경기가 진행되었고, 리라를 연주한 아폴론은 이기자 마르쉬아스를 나무에 묶고 생가죽을 벗겼다. 오비디우스Ovidius의 『변신 이야기Metamorphoses』(vi)에 나온다.

### 마르스 라Mars

전쟁의 신 아레스의 로마식 이름. 태양에서 네 번째 행성인 화성은 피를 상기시키는 붉은 빛깔 때문에 Mars(전쟁의 신)라 이름 지어졌다. March(3월)는 Mars에서 나온 말이다.

### 마르케스, 가르시아 Marques, Garcia 1928~

콜롬비아의 소설가. 마술적 리얼리즘Realismo Magico의 대표 작가이다. 1982년 노벨 문학상을 수상했다. 대표 작품으로는 마술적 리얼리즘을 바탕으로 한 『백년의 고독Cien años de soledad(One Hundred Years of Solitude)』(1967), 시적 문체로 쓴 『족장의 가을El otoño de patriarca (The Autumn of the Patriarch)』(1975) 등이 있다.

### 마르펫사 그Marpessa

에우에노스 강의 신과 데모니케의 딸. 아레스의 손녀이다. 이다스가 그녀를 사랑하여 날개 달린 이륜전차chariot로 납치하자 그녀를 사랑한 아폴론도 이다스를 추격하여 싸움이 벌어지려 했다. 그래서 제우스가 그녀한테 둘 중 하나를 선택하라고 했고, 그녀는 자기가 늙으면 아폴론이 버릴 것이 두려워 인간인 이다스를 선택했다.

### 마른 뼈들의 요동 Stirring of the dry bones

'모든 것이 죽은 것 같은 곳에서 생명이 살아

「마르스」

난다' 는 것을 뜻하는 말.「에스겔」 37장의 마른 뼈들이 살아나는 사건을 언급한 말에서 비롯하였다.

## 마리아 Mary ⇨ 예수의 어머니 마리아

## 마리우스 라Marius

페이터Walter Horatio Pater의 소설『향락주의자 마리우스Marius the Epicurian』(1885)의 주인공. 이 소설은 2세기 무렵 로마 황제 안토니우스로부터 마르쿠스 아우렐리우스에 이르기까지가 시대 배경이다. 가공의 청년 마리우스는 에트루리아의 옛 가문 출신으로 피사에서 공부하고 나중에 아우렐리우스 황제의 비서가 되었다. 그는 퀴레네 학파의 이교를 숭배했으나 황제의 스토아 철학에 영향을 받고 나중에는 초기 기독교 정신과 접촉함으로써 개종했다. 결국 한 친구를 위해 자기를 희생한 죽음을 맞이했다. 마리우스의 아름다운 생활을 추구하는 충실한 윤리적 태도는 거의 그대로 페이터 자신의 사상적 발전의 과정이라 볼 수 있다.

## 마비노기온 Mabinogion

영국 웨일즈의 신화와 전설집. 제목은 웨일즈어로 '젊은 영웅의 이야기' 라는 뜻인 mabinogi의 복수형이다. 아서 왕 전설의 일부가 수록되어 있다. 이야기들은 14세기에 처음으로 기록되었지만 실린 자료는 11세기 이전의 것이다. 아서 왕 이야기 외에 다른 이야기는 켈트 신화, 민화民話, 영웅 전설 등이다.

## 마술魔術 Magic

불가사의한 현상을 만들어 내는 솜씨 또는 기능. 배화교拜火敎(Zoroastrianism)의 사제 마기Magi(「마태복음」에 나오는 동방박사)가 어원인데, 일본어로 번역할 때 magi에 가깝게 음역하여 마주츠魔術라고 했다. 그들이 점성술사, 마술사이기도 하기 때문이다.

## 마우글리 Mowgli

키플링Rudyard Kipling의 단편집『정글북The Jungle Book』(1894)의 소년 주인공. 황무지에서 동물들에 의해 길러졌는데, 나중에 인간과 짐승과 더불어 수많은 모험을 겪다가 결국 자기의 자리는 인간 사회에 있음을 깨닫는다.

## 마음은 원이로되 The spirit is willing

예수가 제자들에게 유혹에 굴복하지 말라고 한 경고 중 일부. "마음에는 원이로되 육신이 약하구나"(마 26:41)라는 구절에서 비롯하였다. 지금은 유혹에 넘어갈 수밖에 없었던 사정에 대한 변명으로 쓰인다.

### 마음을 감찰하시는 이 Searcher of (men's) hearts

하느님을 가리키는 말. "마음을 살피는 이가 성령의 생각을 아시나니"(롬 8:27)라는 구절에서 비롯하였다.

### 마음의 욕심 Heart's desire

'간절히 바라는 바', '소원'을 뜻하는 말. "악인은 그 마음의 욕심을 자랑하며 탐욕을 부리는 자는 여호와를 배반하여 멸시하나이다"(시 10:3)라는 구절에서 비롯하였다.

### 마음이 청결한 자 The pure in heart

겉모습을 꾸미지 않고 하느님을 향해 순전한 마음을 가진 사람을 뜻하는 말. "마음이 청결한 자는 복이 있나니 저희가 하느님을 볼 것이요"(마 5:8)라는 예수의 산상수훈에 나오는 구절로 8복 중의 하나이다. ⇨ 산상수훈의 8복

### 마이나데스 ㉐Mainades(복) Mainas(단) ㉯Maenads(복)

디오뉘소스(박코스)를 숭배하는 광기의 여자 추종자들. 미친 여자들mad women이란 뜻의 그리스어에서 나왔다. 마이나데스는 숲과 산에서 살며 짐승 가죽과 담쟁이덩굴 옷을 입었다. 술에 취해 맹렬히 춤을 추면서 맨손으로 동물을 잡아 찢어 죽였다. 테바이 왕 펜테우스는 디오뉘소스를 무시했다가 이런 운명에 처하게 되었다. 박케들의 별명이기도 하다.

### 마이스터, 빌헬름 Meister, Wilhelm

괴테Johann Wolfgang von Goethe의 『빌헬름 마이스터의 도제 시절Wilhelm Meisters Lehrjahre』(1796)과 『빌헬름 마이스터의 편력시대Wilhelm Meisters Wanderjahre』(1821~29)의 주인공. 부유한 독일 상인의 아들인 마이스터는 연극에 대한 열정과 인생에 대한 변함없는 정열이 있다. 첫 번째 소설은 그의 청년기에서 시작해서 예술과 사랑을 포함한 일련의 체험을 통해 최초의 성숙 단계까지 계속된다. 두 번째 소설에서 마이스터는 예술과 학문을 통한 정화淨化를 찾으려 세계를 방랑한다.

「디오뉘소스와 마이나데스」

## 마이아 ㄱMaia

아틀라스와 플레이오네의 딸. 플레아데스의 하나이다. 아르카디아 퀼레네 산에 살면서 제우스와 통정하여 헤르메스를 낳았다. 어원은 '유모'라는 뜻이다. May(5월)는 Maia에서 나온 말이다. 그녀에 관한 이야기는 아폴로도로스Apollodoros의 『비블리오테케*Bibliotheke*』(iii), 베르길리우스Vergilius의 『아이네이스*Aeneis*』(iii) 등에 나온다.

## 마이케나스 라Maecenas 기원전 70~8

로마의 정치가. 아우구스투스 황제의 친구이자 조언자이다. 학문과 문예의 보호자로 알려져 있으며 호라티우스Horatius, 베르길리우스Vergilius, 프로페르티우스Propertius의 후원자이다. 그의 이름은 관대한 예술 후원자를 가리키게 되었다.

## 마이 페어 레이디 My Fair Lady ⇨ 퓌그말리온

## 마치 헤어/3월 토끼 March Hare

캐럴Lewis Carroll의 『이상한 나라의 앨리스*Alice's Adventures in Wonderland*』(1865)에 나오는 인물. '미친 티 파티Mad Tea Party'의 매드 해터와 함께 무례한 주인 토끼이다. "3월 토끼처럼 미친mad as a March hare"이란 표현은 3월이 토끼들의 교미철인 데서 나온 표현인 듯하다.

## 마카베오 유다 Maccabaeūs Judas

마카비 가문의 지도자. 기원전 165년에 네 형제와 함께 그들을 지배하던 시리아인들에게 대항해서 예루살렘에서 게릴라전을 펼쳤다. 마침내 성에 입성해 사원을 복구하고 유대인들의 종교적 자유와 독립을 쟁취했다. 이 자치는 기원전 63년까지 계속되었다. 유대인들의 빛의 축제인 하누카는 바로 이 성전을 재정화한 데서 기원하였다. 이를 소재로 한 헨델의 오라토리오 「마카베오 유다」(1746)가 있다.

## 마키아벨리, 니콜로 Machiavelli, Niccolo 1469~1527

르네상스 시대 이탈리아의 정치 사상가. 근대 정치학의 시조로 불린다. 피렌체 귀족 출신으로, 종교적 권위나 개인의 도덕에서 벗어난 정치 기술의 법칙을 발견했다. 유명한 저서 『군주론*Il Principe*』(1513)에서는 통치자들에게 교활함과 무자비로 권력을 유지하라고 조언한다.

## 마태복음 The Gospel according to St. Matthew

『신약성서』의 첫 번째 책. 공간복음서 중에서도 예수의 조상을 다윗을 거쳐 아브라함에게까지 거슬러 추적한다. 또 예수를 "유대인의 왕"이라고 여러 번 지칭하는데 이는 곧 예수가 『구약성서』에서 예언한 메시아임을 강조한 것이다. 이 책의 여러 내적 증거가 이 복음서가 유대인 독자를 위해 쓴 것임을 보여 준다. 「마가복음」이 예수가 행한 일을 기술하는 데에 초점을 맞추고 있다면 「마태복음」은 예수가 한 말을 온전히 기록하는 데에 중점을 둔다.

## 막달라 마리아 Mary Magdalene

예수가 바리새인의 집에서 식사할 때 통곡하며 회개한 죄인. 눈물로 예수의 발을 씻고 머리카락으로 말렸다. 예수가 십자가에 매달릴 때에도 나타난다(마 27장, 막 16장, 눅 7장). 「누가복음」의 기록에 따르면, 예수가 바리새인 시몬의 집에서 저녁을 먹을 때 죄인(반드시 창녀를 뜻하는 것은 아님)인 한 여자가 들어와 예수의 발에 향유를 붓고 눈물로 그 발을 씻고 머리카락으로 말렸다고 한다(눅 7:37~50). 또 예수를 섬긴 여자들 중에 일곱 귀신이 들어 예수가 물리친 여인이 있었는데 그녀가 막달라라고 불렸다고 한다(눅 8:2~3). 「마태복음」, 「마가복음」, 「요한복음」에는 예수가 십자가에 매달렸을 때 십자가 옆에 서 있던 여인 가운데 막달라 마리아가 있었다고 전한다. 막달라 마리아는 예수의 부활을 처음으로 목격한 사람이다. 전설에서는 막달라 마리아, 마르다의 동생 마리아, 무명의 죄인 마리아를 모두 같은 인물로 본다. 하지만 현대의 신학자들은 이러한 해석에 의문을 제기한다. '걸핏하면 눈물짓는'이란 뜻의 maudlin이란 단어는 그녀에게서 비롯하였으며, 그림에서 막달라 마리아는 자주 울고 있는 것으로 묘사된다. 옛 철자법에서는 Magdalene이 자주 Maudlyn으로 쓰이고 그렇게 발음되었다.

## 막대한 유산 Great Expectations

디킨스Charles Dickens의 소설(1860~61) 제목. 주인공인 고아 핍은 사람 좋고 친절한 대장장이 가저리의 아내인 심술 사나운 누나 집에 얹혀산다. 어느 날 자신에게 학자금을 대어 주는 익명의 은인이 나타나 런던에 가서 교육을 받게 되자 차츰 잘난 척하게 되어 촌스런 가저리를 업신여긴다. 핍은 미스 해비셤을 소개받는데 그녀는 결혼식 날 신랑이 도망가 반쯤 미친 노처녀이다. 해비셤은 복수하기 위해 양녀인 에스텔라의 아름다움을 이용하여 남자들을 괴롭힌다. 핍은 자기를 도와주는 은인이 미스 해비셤이라고 믿었지만 사실은 옛날에 그가 친절히 대해준 도망친 사형수 맥위치임이 판명된다. 결국 맥위치가 체포됨으로써 막대한 유산 상속의 꿈은 물거품이 되고 에스텔라도 맥위치의 딸임이 밝혀진다. 에스텔라는 핍의 라이벌인 벤틀리 드럼리와 결혼하여 잔인한 대우를 받는다. 마침내 핍은 잘난 척하는 버릇을 버리고 가저리한테로 돌아오고 에스

텔라와 재결합한다. ⇨ 맥위치

## 만, 토마스 Mann, Thomas 1875~1955

독일의 소설가. 1929년에 노벨 문학상을 수상했다. 대표작으로 『부덴브록스가家*Die Buddenbrooks*』(1900), 『마魔의 산*Der Zauberberg*』(1924), 『파우스트 박사*Doktor Faustus*』(1949) 등이 있다.

## 만나 Manna

이스라엘 백성이 광야에 머문 40년 동안 먹은 음식. 히브리어로 '이게 무엇이냐?' 라는 뜻이다. 『성서』에 의하면 만나는 아침에 땅에 내려 있었고 그 색은 하얗고 맛은 달았다. 6일째는 두 배의 만나가 내렸는데 이는 안식일에 일하지 말라는 계명을 지키기 위함이었다. 예수는 이 만나를 하늘로부터 주어진 생명의 떡인 자신의 모형으로 간주했다(요 6:26). ⇨ 하늘에서 내린 만나

## 만토 그Manto

테바이의 최고 예언자 테이레시아스의 딸이며 예언자. 아르고스인들이 테바이에 쳐들어왔을 적에 포로가 되었고, 델포이 신탁소에서 아폴론에게 상품으로 바쳐졌다. 소아시아 클라로스에 있는 아폴론 신탁소(두번째로 유명함)를 지었다고 한다. 크레테 사람 라키오스와 결혼하여 낳은 아들 또한 유명한 예언자 몹소스이다. 신탁(소)은 라틴어로는 oraculum, 영어로는 oracle이지만 그리스어로는 manteion 혹은 chresterion이다.

## 말라르메, 스테판 Mallarmé, Stéphane 1842~93

프랑스 상징파의 대표적 시인. 뛰어난 산문시 작가이다. 그가 번역한 포우의 시는 원작보다 낫다는 정평이 있다. 그의 실생활은 극히 단순했다. 평온 속에서 일생을 약간의 작품을 조탁하는 데에 바쳤으며 그 완성에 몰두했다. 생전의 시집은 『목신의 오후 *L'Aprés-midi d'un faune*』(1876)뿐이다. 이 시에서 악상을 얻어 드뷔시Claude Achille Debussy가 「목신의 오후*L'Aprés-midi d'un faune*」(1892~94)를 작곡했고, 니진스키Vaslav Nijinsky가 1912년 파리에서 처음으로 이 제목으로 발레 공연을 하였다.

## 말이 그 사람을 드러낸다 Speech betrayeth one

어떤 사람의 말투가 그 사람의 성품, 인품을 드러낸다는 뜻. "조금 후에 곁에 섰던 사람들이 나아와 베드로에게 이르되 너도 진실로 그 도당이라 네 말소리가 너를 표명한다 하거늘"(마 26:73)에서 비롯하였다. 『성서』 본문에서는 베드로의 말투(갈릴리 사람)를 듣고서 사람들이 그도 예수와 한 패라고 말한다.

### 맘몬 Mammon

돈 또는 부富로 번역되는 아람어. 부의 신을 가리킨다. 예수가 "한 사람이 두 주인을
섬기지 못할 것이니 혹 이를 미워하고 저를 사랑하거나 혹 이를 중히 여기고 저를 경
히 여김이라 너희가 하느님과 재물(맘몬)을 겸하여 섬기지 못하느니라"(마 6:24, 눅 16:13)
한 데서 맘몬은 세상의 부 혹은 부라는 사악한 신의 화신을 의미하게 되었다. 여기에
서 파생한 맘모니즘Mammonism은 배금주의拜金主義, 황금만능주의를 뜻한다.

### 매드 해터/미친 모자 제조인 Mad Hatter

캐럴Lewis Carroll의 『이상한 나라의 앨리스Alice's Adventures in Wonderland』(1865)에 나오는
인물. '미친 티 파티Mad Tea Party'의 괴팍한 두 주인 중 한 명이다. 그는 앨리스한테 말
은 안 되지만 즐거운 수수께끼를 낸다. ⇒ 마치 헤어

### 매를 아끼면 아이를 망친다 Spare the rod and spoil the child

아이를 교육하는 데에는 꾸짖음이 필요하다는 말. "매를 아끼는 자는 그의 자식을 미
워함이라. 자식을 사랑하는 자는 근실히 징계하느니라"(잠 13:24)라는 구절에서 비롯하
였다.

### 매일 죽는다 Die daily

'매일 그리스도를 따르기 위해 자신을 부인한다'는 뜻. 여기서 죽는다는 것은 영적
죽음을 뜻한다. 바울이 "형제들이 네가 그리스도 예수 우리 주 안에서 가진 바 너희에
게 대한 나의 자랑을 두고 단언하노니 나는 날마다 죽노라"(고전 15:31)고 한 데서 비롯
하였다.

### 맥더프 Macduff

셰익스피어William Shakespeare의 비극 『맥베스Macbeth』(1605)에 나오는 파이프의 영주.
맥베스가 덩컨 왕을 살해하자 도망쳤다가 아내와 자식들을 죽였다는 소식을 듣고 맥
베스에게 복수할 계획을 세운다. 마지막에는 맥베스를 죽이고 나라를 맬콤 왕자한테
돌려준다.

### 맥베스 Macbeth

셰익스피어William Shakespeare의 『맥베스Macbeth』(1605)에 나오는 비극적 주인공. 이 작
품은 중세 스코틀랜드가 배경이다. 맥베스는 전쟁에 이기고 돌아오는 도중 황야에서
세 운명의 여신으로부터 찬란한 미래에 관한 애매한 예언을 들었다. 그는 아내가 계속
부추기는 데다 마음속에 몰래 품었던 야심에 고무되어 찬탈과 살인을 저지르게 되는

데 결국 죽음으로 끝난다.

### 맥위치, 에이벌 Magwitch, Abel

디킨스Charles Dickens의 『막대한 유산Great Expectations』(1860~61)에 등장하는 죄수. 주인공 핍이 그의 도망을 도와준다. 맥위치는 오스트레일리아에서 재산을 모아 영국으로 돌아와서는 핍의 은밀한 후원자가 된다. 하지만 그는 결국 두 번째로 체포되고 재산은 국가에 몰수당하고 감옥에서 죽는다. 그리하여 핍이 상속받을 막대한 유산은 사라지고 만다.

### 맷돌 아래짝처럼 단단한 As hard as the nether millstone

'완고한', '무자비한', '완강한' 이란 뜻. "그것의 가슴은 돌처럼 튼튼하며 맷돌 아래짝같이 튼튼하구나"(욥 41:24) 한 데서 비롯하였다. 맷돌 아래짝이 위짝보다 더 단단한 데서 나온 비유이다.

### 머드스톤, 에드워드 Murdstone, Edward

디킨스Charles Dickens의 『데이비드 코퍼필드David Copperfield』(1850)에서 데이비드의 어머니인 클라라의 두 번째 남편. 누나 제인과 데이비드 모자를 비열하게 다룬다. 문학 작품에서 증오스런 인물 중 하나인데, 아주 비열하고 포악한 인간성의 단면을 보여준다.

### 머리 없는 기수騎手 Headless Horseman

어빙Washington Irving의 『스케치북The Sketchbook』(1820) 중 「슬리피 할로우의 전설The Legend of Sleepy Hollow」에 등장하는 가짜 공포 인물. 지방 학교 선생 이카보드 크레인은 캐트리나 밴 태스의 사랑을 받는다. 하지만 캐트리나의 사랑은 라이벌인 브롬 본즈에 의해 깨어진다. 브롬이 머리 없는 기수로 변장하여 이카보드를 겁주어 혼비백산케 하고서는 그를 마을에서 쫓아내 버렸기 때문이다.

### 머리에 숯불을 쌓다 Heap coals of fire on one's head

'악을 선으로 갚다', '악을 선으로 갚아 후회하고 수치를 느끼게 한다'는 뜻. "네 원수가 주리거든 먹이고 목마르거든 마시게 하라 그리함으로 네가 숯불을 그 머리에 쌓아 놓으리라"(롬 12: 20) 한 데서 비롯하였다.

### 머리카락도 다 세신 바 되다 Hairs of one's head are all numbered

신자들에 대한 하느님의 세심한 보살핌과 지극한 관심을 나타내는 말 중 하나. "너희에게는 머리털까지 다 세신 바 되었으니"(마 10:30)라는 예수의 말에서 나왔다.

### 머큐쇼 Mercutio

셰익스피어William Shakespeare의 비극 『로미오와 줄리에트*Romeo and Juliet*』(1594)에 등장하는 로미오의 친구이며 베로나 대공大公의 친척. 셰익스피어의 극에서 가장 위트 있고 명랑한 인물 중 하나이다. 줄리에트의 사촌 티볼트가 로미오와 거리에서 결투하는 것을 말리려다가 티볼트한테 우발적으로 살해된다. 머큐쇼는 죽어가면서 "너희 두 가문에 천벌이 내리리라!A plague o' both your houses!"는 말로 저주한다.

### 먹고 마시고 즐거워하자 Eat, drink, and be merry

'무분별한 쾌락'을 표현하는 금언. 예수가 자신의 영혼이 바로 그날 저녁에 불려갈 것을 모르고 쌓은 재물을 즐길 궁리를 하는 부자에 관해 비유한 말에서 나왔다.

### 먹히스 수령 Captain Macheath

존 게이John Gay의 오페레타 「거지 오페라The Beggar's Opera」(1728)에 등장하는 도둑과 노상강도 들의 수령. 그는 폴리 피첨에게 구혼하지만 그녀를 배신하여 투옥된다. 또 루시 로키트라는 교도관 딸한테 구애하지만 결국 헌신적인 폴리와 결혼한다. 「거지 오페라」를 바일Kurt Weill(음악)과 브레히트Bertolt Brecht(가사)가 번안한 「서푼짜리 오페라The Threepenny Opera」(1928)가 굉장한 인기를 누렸다.

### 멀린 Merlin

5, 6세기 무렵 웨일즈의 전설적 시인이자 예언자. 아서 왕 전설에서 마법사로 나온다. 전설에 따라 악마 같은 인물로 묘사되기도 하고, 아서의 현명하고 선량한 조언자로 묘사되기도 한다.

### 멋진 신세계 Brave New World

셰익스피어William Shakespeare의 『폭풍우*The Tempest*』(1611)에서 미랜더가 한 말. 프로스페로의 딸인 미랜더는 섬에서 격리된 채 자랐다. 그러다가 아버지가 섬에 집합시킨 사람들과 극 중에서 마법을 걸었던 사람들을 보자마자, "오, 멋진 신세계여, 이런 사람들이 있다니! O, brave new world / That has such people in't!" 하며 탄성을 터뜨린다. 헉슬리Aldous Huxley는 그의 반유토피아 소설(『멋진 신세계*Brave New World*』)에서 이 말을 아이러니컬하게 사용한다. 헉슬리의 소설에서 이 말은 현대 생활의 불모不毛의 획일성과 관료 체제를 가리킨다.

### 메난드로스 그Menandros 영Menander 기원전 342~292

고대 그리스의 신희극New Comedy 작가. 그의 작품은 1905년 이집트에서 파피루스로 발견되기 전에는 거의 알려지지 않았다. 플라우투스Plautus와 테렌티우스Terentius의 유명한 작품들은 그의 작품들을 각색한 것이다. 작품의 특징은 플롯보다는 극중 인물의 성격을 중시하는 데 있다. 대표작은 『중재판정Epitrepontes』, 『삭발당한 애인Perikeromene』, 『사모스의 애인Samia』, 『심술쟁이Dyskolos』 등이다.

## 메네 메네 데겔 우바르신 Mene, mene, tekel, upharsin

벨사살의 잔치 때에 손가락이 벽에 쓴 글자. 문자적으로는 '헤아려졌고, 헤아려졌고, 달아졌으니, 분열이다'는 뜻이다. 다니엘은 이것을 "그 글을 해석하건대 메네는 하느님이 이미 왕의 나라의 시대를 세어서 그것을 끝나게 하셨다 함이요 데겔은 왕을 저울에 달아 보니 부족함이 보였다 함이요"(단 5:26~27)라는 뜻이라고 해석했다. 불길한 징조나 다가올 재난의 전조를 나타낼 때 이 표현을 쓴다.

## 메넬라오스 ㄱMenelaos 영Menelaus

스파르타의 왕. 파리스가 메넬라오스의 왕비 헬레네를 유괴해 가서 트로이아 전쟁이 일어났다. 메넬라오스는 전쟁에서 파리스와 싸웠고 그리스군이 이기자 헬레네를 되찾는다. 그에 관한 이야기는 호메로스Homeros의 『일리아스Ilias』, 베르길리우스Vergilius의 『아이네이스Aeneis』, 헤시오도스Hesiodos의 『신통기Theogonia』 등에 나온다.

## 메노이케우스 ㄱMenoikeus 영Menoeceus

1)카드모스가 뿌린 용의 이빨들에서 솟아난 사람들인 스파르토이의 자손. 크레온과 이오카스테의 아버지이다. 스파르토이의 자손 한 명이 테바이 시를 위해 목숨을 바치기 전에는 테바이의 전염병을 막을 도리가 없다고 예언자 테이레시아스가 말하자 메노이케우스는 성벽에서 뛰어내려 자살했다. 이 이야기는 에우리피데스Euripides의 『포이니케 여인들Poinissai』, 아폴로도로스Apollodoros의 『비블리오테케Bibliotheke』(ⅱ) 등에 나온다.

2)크레온의 아들. 테이레시아스가 스파르토이의 후손 하나가 목숨을 희생하지 않는다면 테바이를 공격해 온 일곱 명의 장수를 물리칠 수 없다고 예언하자 그의 할아버지처럼 테바이 성에서 자살하여 테바이를 구했다.

## 메대와 바사의 규례 The law of Medes and Persians

바꿀 수 없는 어떤 규례나 규칙을 뜻하는 말. "그런즉 왕이여 원컨대 금령禁令을 세우시고 그 조서詔書에 왕의 도장을 찍어서 메대와 바사의 고치지 아니하는 규례를 따라 그것을 다시 고치지 못하게 하옵소서"(단 6:8)에 나오는 말이다. 메대는 메디아인들이다. 메디아Media는 현재의 이란 북서부에 있던 고대 왕국으로 나중에 페르시아의 속주屬州가 되었다.

## 메데이아 ㉀Medeia ㉇Medea

에우리피데스Euripides의 비극(기원전 431년 상연)의 여주인공. 여사 마법사이다. '교활한 cunning'이란 뜻으로 쓰인다. 흑해에 면한 고대 국가인 콜키스의 왕 아이에테스의 딸이며 마녀 키르케의 조카이다. 이아손과 아르고호號 선원들(아르고나우타이)이 황금양털Golden Fleece을 찾아 콜키스에 왔을 때 이아손을 보고 첫눈에 사랑하게 된다. 그녀의 마술로 이아손은 황금양털을 입수하고 그녀는 아르고호 선원들과 함께 떠난다. 선원들이 아이에테스 왕의 추격을 받는 동안에 그녀는 유괴한 남동생을 토막토막 잘라 바다에 내던지고 그 토막을 아버지가 줍는 사이에 도망친다. 그들이 그리스의 이올코스에 도착했을 때에 그녀는 황금양털을 찾으러 이아손을 콜키스로 보낸 이아손의 삼촌 펠리아스를 죽인다. 이 일로 둘은 이올코스에서 쫓겨나고 코린토스로 피난한다. 메데이아는 메르메로스와 페레스 두 아이를 낳는다. 나중에 이아손이 메데이아를 버리고 코린토스 왕 크레온의 딸 글라우케(혹은 크레우사)와 결혼하려 할 때 메데이아는 공주한테 독 묻은 옷을 보냈는데 공주가 옷을 입자 온몸이 불탔고 그 불을 끄려던 크레온 왕도 타 죽었다. 메데이아는 자식도 죽이고 나서 날개 달린 뱀(혹은 용)이 모는 마술 수레를 타고 아테나이로 도망쳐 테세우스의 아버지인 아이게우스 왕과 살

안셀름 폰 포에르바흐, 「메데이아」, 뮌헨 아르테 피나코텍

게 되고 아들 메도스를 낳는다. 아이게 우스 왕의 아들 테세우스가 아버지를 찾아 오자 그를 독살하려 했지만 계획 은 좌절되고 오히려 그녀가 콜키스로 도망쳐야 하는 신세가 된다. 이 작품은 에우리피데스의 작품 중 가장 훌륭하고 완벽한 작품으로 꼽히는데, 그는 이 작 품에서 여성의 입장에서 여성의 심리를 해부했다. 코르네이유Pierre Corneille는 에 우리피데스와 세네카를 모델로 삼아 첫 비극 『메데이아Médée』(1635)를 썼고, 미

카라밧지오, 「메두사」, 피렌체 우피치 미술관

국 시인 제퍼스John Robinson Jeffers의 시극 『메데이아Medea』(1946)는 에우리피데스의 비 극에 바탕을 두었다. 샤르팡티에Marc-Antoine Charpentier(1693)와 케루비니Luigi Cherubini(1797)가 이를 소재로 오페라 「메데이아Médée」를 만들었다. 영화로는 피에르 파올로 파졸리니 감독의 「메데이아Medea」(1970, 마리아 칼라스 주연)가 있으며, 쥘르 닷신 감독의 현대판 메데이아인 「정열의 꿈A Dream of Passion」(1978, 메리나 메르꾸리 주연)은 실 제로 일어난 어머니의 자식 살해 사건을 다룬 내용인데 「메데이아」를 극중극으로 넣 었다.

## 메두사 ㄱMedousa 영Medusa

포르코스의 딸. 그리스어로 여왕이란 뜻이다. 고르곤 중의 하나로, 다른 고르곤은 영 생했으나 그녀만 죽었다. 모습이 너무 끔찍해 그녀를 본 사람은 누구든 겁에 질려 돌 로 변했다. 그녀가 아테나 신전에서 포세이돈과 함께 잤기 때문에 아테나가 그녀의 머 리칼을 뱀으로 변하게 했다는 이야기가 있다. 페르세우스가 메두사의 머리를 잘랐는 데 그것을 아테나한테 선물했다고 한다. 아테나는 메두사의 머리를 가슴받이 방패로 쓰던 아이기스(ㄱ | aigis 영 | aegis) 한가운데에 붙여 놓았다.

## 메르쿠리우스 라Mercurius 영Mercury

로마 신화에서 무역·상업의 신. 신들의 사자使者이며, 신속하게 움직이는 것으로 유 명하다. 수은水銀(quicksilver)은 그의 이름을 따서 mercury라 이름 지어졌고, 수성水星 (Mercury)도 여기서 유래했다. ⇨ 헤르메스

## 메시야 Messiah

구세주. 기름 부음 받은 자를 뜻하는 히브리어의 mashiah(anointed)에서 나온 말이다. 고대인들은 머리에 기름을 바르는 것을 제사장이나 왕 그리고 선지자가 그 직무를 담당하도록 하느님이 선택했다는 표시로 사용했다. 이 관습은 대관식에 쓰이는 성유聖油와 특정한 기독교 종파의 세례와 견진성사식에 남아 있다. 이 말은 유다 왕국의 멸망 이후 다윗의 왕국을 재건할 것이라고 기대한 왕자에게 적용되었다. 메시야란 말은 처음에는 일상적인 통치자를 의미했으나 점차 더 초월적이고 초자연적인 천국의 구세주를 뜻하게 되었다. 복음서에서 메시야는 흔히 "사람의 아들"로 불리는데 메시야에 대한 바람이 나사렛의 예수로 완성되었다는 것이 기독교의 두드러지는 주장이다. 그리스도(라 | Christos 영 | Christ)라는 말은 메시야를 헬라어로 옮겨 놓은 것인데 이는 기름을 뜻하는 chrisma의 과거분사 형태이다. 따라서 예수는 흔히 그리스도라 불렸고 예수 그리스도란 말은 나중에 생겨난 것이다. 예수가 바로 그리스도라는 것이 사도 바울 등 초대 교회 전도자들 메시지의 핵심이다(행 9:22).

## 메어리언 아가씨 Maid Marian

중세 영국의 전설적 영웅인 로빈 후드의 애인. 로빈 후드가 헌팅튼 백작이었을 때부터 그를 사랑했고, 로빈과 함께 있기 위해 시동으로 변장하여 숲 속으로 들어가 로빈 후드와 그를 추종히는 즐기운 무법자들 속에 끼어들었다. 정체가 탄로난 뒤에 로빈 후드와 결혼했다. 피콕Thomas Love Peacock이 이 전설을 바탕으로 소설 『메어리언 아가씨』(1822)를 썼다.

## 메이 데이 May Day

5월의 첫째 날을 가리키는 말. 로마 시인 베르길리우스Vergilius에 의하면 로마의 젊은 이들은 5월 1일에 들판으로 나가 열매와 꽃의 여신 플로라를 찬미하며 춤을 추고 노래를 불렀다고 한다. 영국인들은 메이 데이를 로빈 후드와 그의 애인인 메어리언에게 바치는데 로빈후드가 이 날에 죽었기 때문이다. 마을 사람들은 오월제 때 기둥Maypole을 동네 마당에 세우고 빙빙 돌며 춤을 추고, 오월의 여왕으로 뽑힌 아가씨에게 관을 씌워 주며, 활쏘기와 모리스 춤 등 다른 오락을 즐기며 보냈다.

## 메카 아Makhah 영Mecca

사우디아라비아 헤자스 지방의 중심도시. 마호메트(Mahammad, Mahomet, Mohammed)의 탄생지이며, 이슬람교의 성도聖都이다.

## 메티스 그Metis

제우스의 최초의 아내. 그리스 신화에 나오는 티탄 오케아노스와 테튀스의 딸이다. 지혜를 뜻하는 말로 쓰인다. 메티스는 크로노스가 삼켜 버린 어린애(제우스의 형과 누나들)들을 토해내도록 레아한테 약을 준다. 제우스는 메티스가 딸을 낳으면 지혜가 아버지와 같고, 아들을 낳으면 아버지보다 강력해져 왕위를 찬탈할 아들을 낳으리라는 가이아의 예언을 듣고서, 그것이 두려워 속임수를 써서 임신한 메티스를 삼켜 버렸다. 시간이 흘러 머리가 터질 듯 아파서 제우스는 헤파이스토스를 불러 도끼로 머리를 찍게 했다. 그러자 머릿속에서 완전무장한 아테나 여신이 튀어나왔다. 이에 관한 이야기는 헤시오도스Hesiodos의 『신통기Theogonia』, 아폴로도로스Apollodoros의 『비블리오테케Bibliotheke』 등에 나온다.

## 메피스토펠레스 Mephistopheles

중세의 악마학에서 7대 악마 중의 하나. 메피스토Mephisto라고도 한다. 1587년 독일의 『파우스트북Faustbuch』에 Mephostophiles로 처음 나왔는데, 그리스어로 '빛을 사랑하지 않는다'는 뜻으로 추정된다. 르네상스 유럽 문학에 나오는 이 악마적 인물은 파우스트 신화와 늘 연관이 있다. 영국 극작가 말로우Christopher Marlowe의 『포스터스 박사The Tragical History of Dr. Faustus』(1604)에서는 음울한 품위를 지닌 인물로 그려지지만, 괴테 Johann Wolfgang von Goethe는 인간 지성의 최악의 화신으로 메피스토펠레스를 그렸다. 괴테의 『파우스트Faust』(1부, 1808/2부, 1832)에서 파우스트가 악의 세력과 계약을 맺도록 유혹하고 그를 파멸로 이끄는 악마이다. 셰익스피어William Shakespeare는 『윈저의 즐거운 아낙네들The Merry Wives of Windsor』(1598)에서 그를 메포스토필러스Mephostophilus라 부른다.

## 멘토르 그Mentor

오뒷세우스의 친구이며 조언자. 오뒷세우스의 아들 텔레마코스의 선생이기도 하다. 선생이나 현명한 상담역, 또는 나이가 많고 경험이 풍부한 사람을 가리킨다. 이에 관한 이야기는 호메로스Homeros의 『오뒷세이아Odysseia』(iii)에 나온다.

## 멜기세덱 Melchizedek

살렘Salem(예루살렘)의 왕이자 가장 높으신 하느님의 제사장. 아브라함이 그돌라오멜과 그 동맹군을 쳐부수고 돌아왔을 때 아브라함을 대접하고 축복하였다. 아브라함은 보답으로 전리품의 10분의 1을 그에게 주었다(창 14:17). 「시편」 110장 4절에는 다윗 혈통의 한 왕이 멜기세덱의 법통을 잇는 영원한 제사장이 될 것이라고 그리스도에 관해 예언하고 있다. 이 구절을 근거로 예수는 멜기세덱처럼 왕과 제사장의 두 직품職品을 가졌다고 여겨진다.

### 멜람푸스 ㄱMelampous 영Melampus

의사이며 예언자. 아이올로스의 손자이며 아뮈타온의 아들이다. 그가 폴뤼판테스 왕을 따라 시골에 갔을 때에 뱀이 왕의 노예를 깨물자 왕은 뱀을 죽여 버렸다. 그러나 멜람푸스는 뱀을 화장해 주고 어린 새끼 뱀들을 길러 주었다. 멜람푸스가 잠든 사이에 새끼 뱀들이 그의 귀를 핥아 주었는데, 깨어난 뒤부터 멜람푸스는 동물과 새의 말을 알아들을 수가 있었다.

### 멜리장드 Mélisande

벨기에 작가 메테르랭크Maurice Maeterlinck의 희곡 『펠레아스와 멜리장드Pélleas et Mélisande』(1892)의 주인공. 둔하고 이해심 없는 골로의 몽상적이며 순진한 아내이다. 남편의 이복동생 펠레아스와 몰래 정을 통하다 발각된 뒤 애를 낳다가 죽는다.

### 멜빌, 허먼 Melville, Herman 1819~91

미국의 소설가. 자신의 실제 바다 생활을 바탕으로 하여 작품을 썼다. 『빌리 버드Billy Budd』(1924), 『백경白鯨(Moby Dick)』(1851) 등의 작품으로 유명하다.

### 멜포메네 ㄱMelpomene

아홉 무사 중 하나. 비극의 시신詩神이다.

### 멤논 ㄱMemnon

에티오피아 왕. 새벽의 여신 에오스와 티토노스(라오메돈의 아들로 프리아모스와 형제 사이)의 아들이다. 만 명의 병사를 이끌고 삼촌인 프리아모스를 도우러 가서 용감히 싸웠다. 먼저 아이아스와 싸웠지만 승부를 내지 못했다. 다음에 네스토르와 싸웠는데 그의 아들 안틸로코스가 아버지를 도우려다가 죽었다. 최후에 아킬레우스와 맞붙어 싸우게 되었을 때, 두 사람의 어머니인 에오스와 테티스가 아들의 운명을 염려하여 저울에 걸자 멤논의 접시가 기울어졌다. 결국 아킬레우스는 멤논을 죽였고, 이로 인해 슬퍼하는 에오스를 보고 제우스는 영원한 생명을 주었다. 에오스는 아들의 시체를 에티오피아로 옮겼고, 그녀의 눈물은 아침 이슬이 되었다고 한다. 이집트 테바이(룩소르)에 그를 기리는 멤네이온이란 신전이 있다. 이 이야기는 오비디우스Ovidius의 『변신 이야기 Metamorphoses』(xiii)에 나온다.

### 멤피스 Memphis

나일 강 신의 딸. 카이로 근처 멤피스 시는 그녀의 이름을 딴 것이다.

### 멸망의 가증한 것 Abomination of desolation

『성서』에서 황폐의 상징인 우상을 비유한 말. "멸망의 가증한 것이 서지 못할 곳에 선 것을 보거든"(막 13:14, 단 9:27)에 나오는 말이다. 「다니엘서」에서는 시리아 왕 안티 오쿠스가 기원전 186년 예루살렘을 정복하고 성전에 제우스 상을 세운 것을 말한다. 종말에 있을 사건을 예표하기도 한다. 『성서』에서 가증한 것은 사람의 신앙심을 방해하는 것들로 우상 숭배 의식, 악한 마음으로 드리는 제사, 성적인 죄, 상업적 부패 등이다.

### 멸망의 자식 The son of perdition

가룟 유다를 가리키는 말. "내가 그들과 함께 있을 때에 내게 주신 아버지의 이름으로 저희를 보전하고 지키었나이다. 그 중의 하나도 멸망하지 않고 다만 멸망의 자식뿐이 오니 이는 성경을 응하게 함이나이다"(요 17:12)라고 한 예수의 말에서 비롯하였다.

### 멸시하다 Laugh (one) to scorn

'비웃다', '조롱하다'라는 뜻. "나를 보는 자는 다 비웃으며 입술을 비쭉거리고 머리를 흔들며"(시 22:7)라는 다윗의 탄식에서 비롯하였다.

### 명시문집 名詩文集 anthology ⇨ 사화집

### 모건 르 페이 Morgan Le Fay

아서 왕 전설에서 아서의 배다른 여동생. 수수께끼 같은 인물로 흔히 초자연적 힘을 휘두르는 여자 마법사 혹은 마녀로 그려진다. 마법사 멀린의 정부인 니뮤와 동일시된 다. 그녀는 아서를 해칠 음모를 꾸미고 왕비 기니비어와 란슬러트의 사랑을 밀고한 다. 보검寶劍 익스캘리버Excalibur를 훔치기도 했다. 아서에 대한 적개심에도 불구하고 아서가 최후의 전투에서 부상당하자 그를 아발론Avalon 섬으로 옮겨다 주었다. 아발 론은 전통적으로 서머세트 주 글라스튼베리라고 여겨진다. ⇨ 파타 모르가나

### 모나 리자 Mona Lisa

다 빈치Leonardo da Vinci의 그림 제목. 다 빈치는 이 그림을 그리는 데 4년이란 세월을 바치고서도 미완성으로 남겼다(1503년경~1506). 그림 속 모델의 불가사의한 미소가 유명하다. 그림의 모델은 프란체스코 데 지오콘도Francesco de Giocondo의 아내Mona 리자 델 지오콘도Lisa del Giocondo였다. 사람들은 그림 속 수수께끼 같은 미소가 무슨 은밀한

비참함을 감추고 있다고 여긴다. 이 그림은 프랑수아 1세가 프랑스로 가져와 현재는 루브르 박물관에 있다. 프랑스에서는 라 조콩드La Joconde, 이탈리아에서는 라 지오콘다La Gioconda라 부른다. 이 작품은 1911~13년에 도난당하여 세상을 떠들썩하게 했다.

### 모드리드 Modred/Mordred

아서 왕 전설에서 비열하고 악한 기사. 아서와 아서의 배다른 여동생의 아들이다. 그는 원탁 기사들의 결속을 깨뜨리는 데 이바지한다. 맬로리Thomas Malory에서 테니슨Alfred Tennyson에 이르기까지 그의 이름은 Mordred로 쓰였다.

### 모든 것을 통용하다 All things in common

'모든 물건을 함께 쓴다' 는 뜻. 초기 기독교인들은 필요에 따라 부富와 쓸 것을 공유하는 공동체적인 삶을 살았다. 『성서』에 "믿는 사람이 다 함께 있어 모든 물건을 서로 통용했다"(행 2:44~45)라는 구절이 있다.

### 모든 것이 헛되도다 All is vanity

허무함을 뜻하는 말. 여기서 '헛되다vanity' 라는 말은 문자적으로는 한 번의 호흡이나 증기를 의미하는 것으로 거만보다는 '어리석음' 또는 '허무함' 을 뜻한다. "전도자가 이르되 헛되고 헛되며 헛되고 헛되니 모든 것이 헛되도다"(전1:2, 2:11 등)라는 구절에서 비롯하였으며 「전도서」의 주제 구절이다.

### 모든 육체가 가는 길을 가다 Go the way of all flesh

여호수아가 자신이 죽을 것을 예언한 말. "보라 나는 오늘 온 세상이 가는 길로 가려니와"(수 23:14)라는 구절에서 비롯하였다. 즉 죽는다는 뜻으로 "go the way of all the earth"와 유사한 말이다.

### 모든 육체는 풀이다 All flesh is grass

인간 육체의 유한함을 비유한 말. "모든 육체는 풀이요 그 모든 아름다움은 들의 꽃과 같으니"(사 40:6)에 나온다. 금방 있다가 사라져 버리는 인간의 유한함을 가리키는 말이다.

### 모든 이해를 초월하다 Pass all understanding

인간의 생각과 이성으로는 이해할 수 없다는 뜻. "모든 지각에 뛰어난 하느님의 평강이 그리스도 예수 안에서 너희 마음과 생각을 지키시리라"(빌 4:7)에 나오는 말이다.

### 모든 일에 때가 있다 To everything there is a season

세상의 모든 일에는 적절한 때가 있으니 세상사를 조화롭게 하라는 권고의 의미를 가진 말. "범사에 기한이 있고 천하 만사가 다 때가 있나니 날 때가 있고 죽을 때가 있으며 심을 때가 있고 심은 것을 뽑을 때가 있으며 죽일 때가 있고 치료할 때가 있으며 헐 때가 있고 세울 때가 있으며 울 때가 있고 웃을 때가 있으며 슬퍼할 때가 있고 춤출 때가 있으며 돌을 던져 버릴 때가 있고 돌을 거둘 때가 있으며 안을 때가 있고 안는 일을 멀리 할 때가 있으며 찾을 때가 있고 잃을 때가 있으며 지킬 때가 있고 버릴 때가 있으며 찢을 때가 있고 꿰맬 때가 있으며 잠잠할 때가 있고 말할 때가 있으며 사랑할 때가 있고 미워할 때가 있으며 전쟁할 때가 있고 평화할 때가 있느니라"(전 3:1~8) 한 데서 비롯하여 많이 인용되는 구절이다.

## 모래 위에 짓다 Build on sand

'모래 위에 세운', '불안정한'이란 뜻. "나의 이 말을 듣고 행하지 아니하는 자는 그 집을 모래 위에 지은 어리석은 사람 같으니"(마 7:26)라는 예수의 말에서 나왔다. 이와 반대되는 말로는 '반석 위에 짓다Build on the rock'가 있다(마 7:24).

## 모르페우스 ᄀ Morpheus ᄅ Somnus ᄋ Morpheus

꿈의 신. 잠을 다스리는 휩노스의 아들이다. 아편으로 만든 진통제 중 하나인 모르핀이란 단어는 이 신의 이름에서 유래하였다. 이와 관련한 이야기는 오비디우스Ovidius의 『변신 이야기Metamorphoses』(xi)에 나온다.

## 모리아 산 Mount Moriah

아브라함이 이삭을 제물로 드리기 위해 데리고 간 산. 팔레스타인 지역에서 3일 거리에 있다(창 22장). 이 말의 뜻은 '여호와가 주신다'이다. 솔로몬이 나중에 이곳에 성전을 세웠다.

## 모비 딕 Moby Dick

멜빌Herman Melville의 소설 『모비 딕Moby Dick』(1851, 일명 '백경白鯨'이라고 함)에 나오는 거대한 흰 고래의 이름. 피쿼드호號 선장 에이햅의 강박 관념적인 증오의 대상이다. 모비 딕은 악의 화신, 창조의 중심에 있는 파괴의 충동, 심지어는 자연을 지배하려는 욕망의 상징적 희생자 등 여러 의미로 해석되어 왔다. 이 소설의 매력은 해양 모험 소설로서의 성격에 있다. 이 작품에는 작가의 세계관이 강렬한 상상력과 풍부한 이미저리imagery와 상징으로 표현되어 있다. 오래된 해양 모험 서사시로는 호메로스Homeros의 『오뒷세이아Odysseia』, 아폴로니오스Apollonios Rhodos의 『아르고나우티카Argonautica』 등이 있다.

## 모세 Moses

『구약성서』에서 가장 중요한 선지자. 이
스라엘 사람들을 이집트의 포로 생활에
서 해방시켰다. 바로(람세스 2세)가 히브
리 사내아이는 모두 죽이라고 명령했기
때문에 모세의 어머니는 그를 갈대 바구
니에 담아 강물에 띄워 보냈는데 바로의
딸이 그를 발견해 입양했다. 모세는 성
인이 된 뒤 히브리인을 때리는 이집트
감독관을 죽여서 할 수 없이 미디안으로
도망쳤으며, 그곳에서 그 지역 사제인
이드로의 딸과 결혼했다. 미디안에서

「아기 모세의 발견」

모세의 선조의 신이 그에게 나타나 유대인을 해방시키라고 명령했다. 모세는 형 아론
과 함께, 또 자신에게 주어진 기적을 행할 수 있는 능력을 힘입어서 바로에 대항했고,
이집트에 열 가지 재앙을 내리게 했으며, 이스라엘 백성을 조직하여 홍해를 건너게 했
다. 여호와는 유대인을 위해 홍해를 갈랐고, 이스라엘 사람들이 다 건넌 뒤 추격하는
이집트인들이 바다에 들어왔을 때 바닷길을 닫아 버렸다. 이스라엘 사람들은 모세의
인도 아래 40년간 시나이 사막을 방황했다. 여기에서 여호와는 모세를 통해 십계명과
'모세 5경'(『구약성서』의 처음 5책)에 기록된 광범위한 율법 체계와 종교적인 의례를 전달
했다. 이것들은 아직도 전통적인 유대교의 근본을 이룬다. 모세는 하느님이 그들에게
약속한 땅인 가나안에 들어가지는 못했지만 죽음 직전 비스가 산에서 한번 쳐다보는
것은 허용되었다. "모세처럼 온유한As meek as Moses"이란 말은 아주 온유하며 참을성이
있다는 뜻이다. 모세의 이야기를 모티브로 한 영화가 많은데, 대표적인 작품으로 지안
프랑코 데보시오 감독의 영화 「모세Moses」(1975, 버트 랭캐스터 주연)와 장 마리 스트라우
브 감독의 영화 「모세와 아론Moses and Aaron」(1975, 건터 라이히 주연)이 있다. ⇨ 모세 5
경, 출애굽기

## 모세 5경經 Pentateuch

그리스어의 숫자 5를 뜻하는 펜타penta와 책을 뜻하는 테우코스teuchos에서 온 말. 이것
은 『구약성서』의 처음 5책인 「창세기」, 「출애굽기」, 「레위기」, 「민수기」, 「신명기」를 말

한다. 이 책들은 전통적으로 시나이 산에서 유대인에게 내린 하느님의 처음 계시를 받은 모세의 저작이라고 간주되는데, 천지창조에서부터 모세의 죽음에 이르는 유대인의 역사를 기록하고 있다. 천지창조와 유대인의 이집트에서의 탈출과 방황, 약속의 땅으로의 진입이 가장 중요한 주제이다.

모압족 비석

### 모세의 율법律法 Mosaic law

『구약성서』에 의하면 하느님이 모세를 통해 이스라엘 사람들에게 준 율법. 이 율법에는 십계명과 『구약성서』의 처음 5책(모세 5경)에 나타나 있는 많은 규례가 포함된다. 유대교에서는 이 5책을 토라Torah라고 부른다.

### 모압족 비석 Moabite Stone

1868년에 디반Dhiban 지방에서 발견된 비석. 페니키아 문자로 34행이 쓰여 있는데, 기원전 830년에 새겨졌다. 어떻게 메사 왕이 이스라엘 사람들을 물리쳤으며 그 승리를 그모스chemosh 신에게 돌리고 있는가를 기록하고 있다. 가치를 알아본 고고학자들이 서로 사려고 하자 그 지방 사람들이 깨뜨려 버렸다. 나중에 2/3 이상이 복원되어 지금은 루브르 박물관에 있다.

### 모이라이 ㄱMoira(단) Moirai(복) 영Fate(단) Fates(복)

운명의 여신들. 에레보스와 뉙스의 세 딸로 라케시스Lachesis(배급자, 즉 운명을 할당하는 여자), 클로토Klotho(수명의 실을 찾는 여자), 아트로포스Atropos(피할 수 없는 여자, 즉 실을 끊는 여자)이다. 모이라moira는 원래 할당share이란 뜻이 있는데, 인간에게 할당해 주는 것 중 최대의 관심이 수명이므로 운명의 여신으로 의인화되었다. 헤시오도스Hesiodos의 『신통기Theogonia』에 나온다.

### 모팽 양孃 Mlle. de Maupin

프랑스의 시인이자 소설가인 고티에Théophile Gautier의 『모팽 양Mlle. de Maupin』(1835)에서 젊은 기수騎手 테오도르 드 세란으로 변장한 스무살의 레즈비언(동성연애자). 그녀는 결혼하기 전에 남자들의 참다운 본성을 알기 위해 변장을 했는데 발견한 것은 몹시 환멸스런 모습이었다.

## 모하메트 Mohamet/Mohammed/Muhammed/Mahomet/Mahmud/Mehmed

이슬람교의 창시자 · 예언자. 이슬람의 주主신앙고백은 "알라 이외는 신이 없고, 모하메트는 신의 예언자다"이다. 모하메트(570년경~632)가 자기가 직접 신에게서 받은 계시라 믿었던 것은 나중에 이슬람의 성전聖典 『코란Koran』에 수록되었다.

## 목가牧歌 pastoral

전원시. 그리스 시인 테오크리토스Theokritos의 전원시idyll와 베르길리우스Vergilius의 목가bucolica에서 유래한 문학 전통으로 16~18세기에 유럽에서 유행했다. 목가 문학은 시골의 순수함을 간직한 이상화된 황금시대의 피리 부는 목자들의 사랑과 슬픔을 묘사한다. 이것은 역설적으로 고도로 인공적인 단순성 숭배이다. 목가의 정교한 관례는 16세기의 이탈리아 희곡, 셰익스피어William Shakespeare의 『뜻대로 하세요As You Like It』(1599), 시드니Philip Sidney의 『아르카디아Arcadia』(1590), 말로우Christopher Marlowe의 「정열적 목동이 애인에게The Passionate Shepherd to His Love」(1579) 등에서 나타난다.

## 목에 맷돌을 매고 Millstone round one's neck

곤경이나 무거운 짐을 뜻하는 말. "누구든지 나를 믿는 이 작은 자 중 하나를 실족하게 하면 차라리 연자 맷돌이 그 목에 달려서 깊은 바다에 빠뜨려지는 것이 나으니라"(마 18:6)고 한 예수의 말에서 비롯하였다.

## 목 터틀 Mock Turtle

캐럴Lewis Carroll의 『이상한 나라의 앨리스Alice's Adventures in Wonderland』(1865)에 등장하는 거북. 언제나 울고, 자기의 운명을 슬퍼하는 이상야릇한 비탄에 잠겨 있다. 여왕은 이 거북으로는 가짜 거북 수프밖에 만들지 못할 것이라고 말한다. mock turtle soup (mock=pseudo, 가짜)은 거북 대신 송아지 머리로 만든 가짜 거북 수프이다.

## 몬터규 Montague

셰익스피어William Shakespeare의 『로미오와 줄리에트Romeo and Juliet』(1594)에 나오는 로미오의 아버지. 캐퓰리트 영감과 앙숙이다. 두 집안의 반목 때문에 로미오와 줄리에트는 비극적인 결과를 맞는다.

## 몬테 크리스토 백작 Count of Monte Cristo

뒤마Alexandre Dumas의 소설 『몬테 크리스토 백작Le Comte de Monte-Cristo』(1845)에서 일련의 낭만적 모험을 하는 주인공. 에드몽 당테스의 가짜 칭호이다. 그는 국가에 거역한 보나파르트파의 음모를 도왔다는 중상모략 때문에 적들에 의해 이프 섬의 성에 감금당한다. 그러나 그는 감옥에서 탈옥하고, 몬테 크리스토 백작 행세를 하며 막대한 재산과 권력을 얻고 나서 자기를 투옥한 자들을 찾아 하나씩 죽이며 복수하는 데 성공한다.

## 몰렉/몰록 Molech/Moloch

원래 페니키아인(가나안, 암몬 족속)이 어린이를 공양으로 바치며 받든 신(레 18:21, 왕하 23:10). 부모들이 예루살렘 근처 힌놈 골짜기에서 자기 자녀들을 제물로 바쳤다. 『성서』에서는 유대인들이 몰렉에게 희생물을 바치는 것을 명백히 금지하고 있다(레 18:21). 몰록 숭배의 중심지는 도벳이었다. 이 말은 의미가 확장하여, 무서운 재물을 요구하는 권력, 끔찍한 희생을 요구하는 모든 세력이란 뜻으로 쓰인다. 밀튼John Milton은 『잃어버린 낙원Paradise Lost』(1667)에서 반역 천사의 한 수령에게 이 이름을 주었다. ⇨ 타임 머신

## 몰뤼 ㄱMoly

호메로스Homeros의 『오뒷세이아Odysseia』에 나오는 약초 이름. 헤르메스가 오뒷세우스한테 준 백화흑근白花黑根의 마법의 약초이다. 이것을 부적amulet으로 몸에 지니고 있으면 마법을 물리칠 수 있다.

## 몰리에르 Molière 1622~73

프랑스의 극작가·배우. 본명은 장 밥티스트 포클랭Jean-Baptiste Poquelin이다. 『타르튀프Le Tartuffe』(1664), 『수전노L' Avare』(1688) 같은 풍자 희극으로 유명하다.

## 몰약沒藥 myrrh

아라비아와 인도에서 자라는 식물에서 축출한 고급 수지樹脂. 화장품, 진통제 등의 재료로 쓰인다. 아기 예수를 경배하러 온 동방박사가 가져온 예물 중의 하나이기도 하다. 예수가 살던 당시에 몰약은 시체에 뿌리거나 사형수에게 사용하는 마취제였기 때문에(요 19:39) 예수의 죽음에 적합한 선물이었다. 하지만 몰약이 애도나 슬픔을 상징한다는 후대의 해석은 『성서』에서 나온 것이 아니다.

## 무교병無酵餅 Unleavened bread

유월절逾越節(Passover)을 기념하여 유대인이 먹은 빵. 누룩을 넣지 않은 빵이다(출 12:39). 누룩을 넣어 발효시키지 않은 빵을 먹는 것은 그들이 빵을 구워 먹는 절차를 생략하고 서둘러 급히 떠났다는 것을 상징한다. 유월절에 유대인이 쓴 나물과 무교병을 먹는 것은 그들이 이집트에서 당한 고난과 그 고난에서 구해준 여호와의 은혜를 기억하기 위함이다.

### 무릎을 꿇다 Bow the knee

경배나 숭배하기 위해 '몸을 구부리다', '복종하다'라는 뜻. 특히 『성서』에서는 이방신을 숭배하는 행위를 말한다. "그러나 내가 이스라엘 가운데 칠천 명을 남기리니 다 무릎을 바알에게 꿇지 아니하고 다 바알에게 입맞추지 아니한 자니라"(왕상 19:18)라는 구절에서 나왔다.

### 무릿매 Sling

목동이나 군인이 작은 돌멩이를 멀리 던질 때 사용하던 무기. 가죽끈이나 천으로 만들고 가운데 조금 넓은 부분에 돌을 끼운 다음 한쪽 끝을 손목에 고정시켜 빙빙 돌린 뒤 놓으면 줄이 풀리면서 돌이 날아갔다. 『개역성서』에는 '물매'로 번역되어 있다. 셰익스피어William Shakespeare의 『햄릿*Hamlet*』(1601)의 제3독백 처음에 무릿매가 나온다.

### 무사들 [그]Mousa(단) Mousai(복) [라]Musa(단) Musae(복) [영]Muse(단) Muses(복)

시신詩神. 인간의 지적, 창조적 노력의 후원자인 기억의 여신인 므네모쉬네의 딸들이다. 그녀들은 클레이오(그 | Kleio 영 | Clio, 역사의 시신), 칼리오페(그 | Kalliope 영 | Calliope, 서사시의 시신), 에라토Erato(연애시의 시신), 에우테르페Euterpe(서정시의 시신), 멜포메네Melpomene(비극의 시신), 폴뤼힘니아Polyhymnia(신들에게 바치는 찬가와 노래의 시신), 탈레이아(그 | Thaleia 영 | Thalia, 희극의 시신), 테릅시코레Terpsichore(무도舞蹈의 시신), 우라니아Urania(천문학의 시신)이다. 전통적으로 시인은 작품을 처음 시작할 때 시신들을 불러내어, 그들에게 영감을 요청하거나 작품의 창조를 시신의 덕택으로 돌렸다. 헬리콘 산, 피에로스 산, 파르낫소스 산은 시신들과 관련이 있다. ⇨ 피에리아 샘

### 무심결에 활을 당기다 Draw a bow at a dventure

'우연히 알아맞히다'라는 뜻. 운 좋게 적중할지도 모른다고 생각하여 아무 말이나 행동을 해본다는 의미에서 발전했다. "한 사람이 무심코 활을 당겨 이스라엘 왕의 갑옷 솔기를 쏜지라"(왕상 22:34)라는 구절에서 비롯하였다. 여기서 왕은 아합 왕으로 우연히 쏜 화살을 맞고서 피를 많이 흘려 그날 저녁에 죽고 말았다.

### 무엇이 진리냐? What is truth?

예수와 빌라도의 대화 중에 빌라도가 예수에게 한 질문. 둘의 대화 도중 예수가 "이를 위해 내가 태어났고 이를 위해 이 세상에 왔으니 곧 진리에 관해 증거하는 것이라" 말하자 빌라도가 예수에게 "무엇이 진리냐?"고 물은 데서 나온 구절이다. 이 예화는 믿음을 가진 사람과 회의론자의 대면을 완벽하게 보여 주는 구절로 자주 인용된다. 이

구절에서 비롯한 "농담하는 빌라도jesting Pilate"란 유명한 구절은 베이컨Francis Bacon의 『수필집*Essays*』(1597~1625)에 나온다.

## 무염시태無染始胎 Immaculate Conception

성령에 의해 마리아가 잉태한 사건을 일컫는 말(마 1:18~25). 카톨릭에서는 예수의 동정녀 탄생을 가리키는 말(Virgin Birth)이 아니라 성모 마리아가 하느님의 은총에 의해 그녀의 영혼이 원죄에 오염되지 않게 된 것을 가리킨다. 중세 시대의 학자들 사이에 마리아의 무염시태에 관해 수많은 논의가 있었으나 의견 일치를 보지 못했다. 토마스 아퀴나스Thomas Aquinas는 이 교리를 받아들이지 않았으나 던스 스코투스Duns Scotus는 받아들였다. 교황이 마침내 1854년 「하느님의 불가지성不可知性(Ineffabilis Deus)」이란 칙령(그 요지는 "하느님은 말로서 표현될 수 없는 존재이다")을 공포해 이 논의를 종식시켰다. 신화학자들은 성령에 의한 마리아의 무염시태 원형을 제우스가 인간 여자들을 임신시킨 데서 찾는다. 오늘날 이 말은 비정상적인 형태로 생겨나는 일이나 분명한 설명 없이 일어나는 일을 냉소적으로 가리킬 때 사용된다.

## 무운시無韻詩 blank verse

약강 5보격iambic pentameter으로 쓰인 각운rhyme이 없는 시행들. 한 예로 말로우Christopher Marlowe의 『포스터스 박사의 비극적 이야기*The Tragical History of Dr. Faustus*』(1604)에 나오는 헬레네에 관한 언급을 들 수 있다("이것이 천 척의 배를 진수進水시키고 트로이아의 드높은 탑들을 불태웠던 얼굴이던가?Was this the face that launch'd a thousand ships, / And burnt the topless towers of Ilium?"). 무운시는 자연스런 리듬을 타면서 수사학적인 장엄함에 도달할 수 있는 매우 유연한 영어 시 형식이다. 이 형식은 서리 백작 헨리 하워드Earl of Surrey Henry Howard가 1540년경에 맨 처음으로 사용했다. 그 뒤 극시의 필수적 운율이 되었고 설화시narrative poem와 명상시에 널리 사용하는 시 형식이 되었다. 셰익스피어William Shakespeare, 밀튼John Milton, 워즈워스William Wordsworth, 테니슨Alfred Tennyson에 의해 상당히 많은 훌륭한 영시가 무운시로 쓰였다.

## 무화과無花果나무 잎 Fig leaves

아담과 이브가 하느님의 말씀을 어기고 선악과를 따먹은 뒤 수치심을 알게 되어 자신의 몸을 가린 나뭇잎. "이에 그들의 눈이 밝아 자기들의 몸이 벗은 줄을 알고 무화과나무 잎을 엮어 치마를 하였더라"(창 3:7)는 구절에 나오는 표현이다. 아담과 하와의 이같은 행동은 순수함을 상실한 데서 나온 성적 수치심을 나타낸다. 무화과나무 잎은 빅토리아 시대에는 점잖은 척하는 것의 한 상징으로 쓰였다.

### 묵은 누룩 The old leaven

변화하지 못한 옛 사람의 흔적을 뜻하는 말. "너희는 누룩 없는 자인데 새 덩어리가 되기 위하여 묵은 누룩을 내어 버리라"(고전 5:7)는 구절에서 비롯하였다. 누룩은 발효하는 특성이 있는데 이것은 『성서』에서 인간적 죄성罪性을, 한편으로는 하느님 나라의 특성을 상징한다.

### 물에 던진 떡 Bread cast upon waters

'음덕陰德을 쌓다', '적선하다'라는 뜻. 보상받을 생각 없이 친절을 베풀면 보상이 찾아온다는 의미이다. "너는 네 떡을 물에 던져라 여러 날 후에 도로 찾으리라"(전 11:1)한 데서 비롯하였다.

### 물 위를 걸음 Walking on water

복음서에 나타난 예수의 기적 중 하나. 자신보다 먼저 배를 타고 떠난 제자들과 합류하기 위해 예수는 갈릴리 바다를 걸었다. 그가 배에 도착했을 때 광풍이 멈추었고 제자들은 그를 참 하느님으로 경배했다(마 14:28~33). 물 위를 걷는다는 말은 불가능한 일이나 하느님과 같은 일을 수행한다는 의미이다.

### 물의 움직임 Moving of the waters

어떤 사건이 진행될 때 일어나는 흥분이나 변화. 『신약성서』의 "그 안에 많은 병자, 소경, 다리 저는 사람, 혈기 마른 자들이 누워 물의 움직임을 기다리니"(요 5:3)에 나오는 말이다. 베데스다Bethesda 연못에 물이 동할 때 그 물에 가장 먼저 들어가면 병이 낫는다는 설이 있었는데 이 말을 믿은 많은 병자가 그곳에 모여 있었다. 예수는 여기에서 병든 지 38년이 된 병자를 고쳐 주었다. ⇨ 베데스다 연못

### 물처럼 걷잡을 수 없는 Unstable as water

야곱이 장자 르우벤의 급한 성격과 충동적인 성격을 일컬어 한 말. 야곱은 르우벤을 "르우벤아 너는 내 장자요 내 능력이요 내 기력의 시작이라 위풍이 월등하고 권능이 탁월하다마는 물의 끓음 같았은즉 너는 탁월하지 못하리니"(창 49:3~4) 하고 표현하였다. 이 구절을 "파도처럼 거친"으로 번역하기도 한다.

### 뮈라 Myrrah ⇨ 스뮈르나

### 뮈르미도네스족 Myrmidons

호전적인 텟살리아(그리스 중동부의 에게 해에 면한 지방)의 부족. 그리스어로 개미사람들

ant-men이란 뜻이다. 그리스 아테나이 밑에 있는 아니기나 섬의 왕 아이아코스(아킬레우스의 할아버지)가 왕국의 인구를 붐어나게 해달라고 제우스한테 기도를 올리자 제우스는 즉시 개미들을 용사로 변신시켜 주었다고 한다. 트로이아를 공략하는 동안 아킬레우스 휘하에 있었다. 이들은 잔인함으로 이름이 나 있었다. 확장된 의미로는 아무런 의심도 품지 않고, 혹은 심사숙고하지 않고 명령을 수행하는 충실한 추종자들이나 하수인들을 뜻한다. 이 부족에 대한 이야기는 호메로스Homeros의

뮈케나이 궁전의 정문인 '사자문'

『일리아스*Ilias*』(ii), 오비디우스Ovidius의 『변신 이야기*Metamorphoses*』(vii)에 나온다.

## 뮈케나이 ㉑Mykenai ㉘Mykenae ㉎Mycene

다나에의 아들 페르세우스가 세운 펠로폰네소스 반도 아르골리스에 있던 도시. 이름은 라코니아의 뉨페(요정) 뮈케네에서 유래했다. 기원전 16~12세기에 그리스의 중심지로서 번영했고, 기원전 1400~1150년에는 뮈케나이(미케네) 문명이라 불리는 찬란한 문화가 꽃피었다. 1876년 슐리만Heinich Schliemann이 뮈케나이 왕들의 무덤, 두 마리의 사자문Lion Gate, 아트레우스의 보고寶庫(Treasury of Atreus) 등을 발굴했다.

## 뮌히하우젠 남작 Baron Münchausen

라스페Rudolf Erich Raspe가 쓴 『뮌히하우젠 남작의 경이로운 여행·종군기*Baron Munchausen's Narrative of His Marvellous Travels and Campaigns in Russia*』(1785)의 주인공. 이 작품은 일련의 희작적, 풍자적, 전혀 있을 법하지 않은 이야기들로 엮여 있다. 남작은 여행 도중 많은 기이한 모험을 한다. 어떤 모험은 독일 군인이며 모험가로 실존한 카를 프리드리히 히에로니무스 폰 뮌히하우젠 남작(1720~97)의 이야기에 바탕을 두고 있다. 라스페는 메달을 훔친 혐의로 1775년 독일에서 영국으로 도망쳤다가 돈이 궁해서 이것을 뮌히하우젠 수기手記의 영역英譯이라 칭하며 출판했다.

## 므네모쉬네 ㉑Mnemosyne

기억의 여신. 그리스어로 기억이란 뜻이 있다. 우라노스(하늘)와 가이아(땅)의 딸이다.

제우스의 사랑을 받아 아홉 시신詩神(무사이)을 낳았다.

## 므두셀라 Methuselah

『성서』에 나오는 족장 중 최고령자로 969년을 산 인물(창 5:27). 지금은 장수長壽의 대표적인 인물로 쓰인다. 므두셀라가 죽던 해에 지상에 대홍수가 있었다(창 6~8상).

## 미가 Micah

『구약성서』에 나오는 소선지자 중의 한 명. 이스라엘과 유다가 멸망하리라는 그의 예언이 「미가서」에 기록되어 있다.

## 미궁迷宮 Labyrinth ⇨ 라뷔린토스

## 미네르바 라Minerva ⇨ 아테나

## 미녀美女와 야수野獸 The Beauty and the Beast

프랑스 동화 작가 페로Charles Perrault의 『동화집Contes de ma mère l'oye(Tales of Mother Goose)』(1697)에 실려서 유명해진 동화. 맨 처음에는 이탈리아의 지안 프란체스코Gian Francesco의 『스트라파롤라의 밤The Night of Straparola』(1550~53, 원제는 '즐거운 밤Piacevoli Notti')에 수록되었다. 가장 유명한 판본version은 18세기 프랑스 작가 마담 르 프랭스 드 보몽Mme Le Prince de Beaumont의 이야기이다. 원제는 'La Belle et la Bête'이다. 미녀La Belle(혹은 '예쁜이')는 사업에 실패한 상인의 귀여운 막내딸이다. 상인은 행운을 회복하려는 희망을 품고서 여행을 떠나는데, 언니들과 달리 예쁜이는 신물로 장미꽃 한 송이를 가져와 달라고 부탁한다. 여행은 실패로 끝나고 돌아오는 도중에 상인은 아무도 살지 않는 듯한 궁전의 아름다운 정원에서 장미꽃 한 송이를 딴다. 그런데 바로 그 순간 궁전 주인인 괴물이 나타나 딸을 주지 않으면 장미를 도둑질한 죄로 죽이겠다고 위협한다. 그 사실을 안 예쁜이는 아버지를 위해 자신을 희생하려고 짐승의 궁전에 살러 간다. 예쁜이는 마술에 걸려 짐승으로 변한 그 괴물에 대해 차츰 연민의 정을 느끼고 나중에는 애정마저 싹터 짐승과 결혼하는 데 동의한다. 그 순간 짐승은 멋진 왕자의 모습으로 바뀐다. 예쁜이의 순수한 사랑이 왕자를 사악한 마법에서 해방시킨 것이다. 이 이야기는 그레트리André Ernest Modeste Grétry의 오페라 「제미르와 아조르Zémire et Azore」(1771)의 소재가 되었다. 또 1946년 장 꼭또가 영화화했는데 낭만적인 사랑에 매혹적이고 초자연적인 찬가를 바친 작품이다.

## 미노스 그Minos

1)제우스와 에우로페의 아들. 라다만튀스와 사르페돈의 형이다. 제우스는 납치한 에

우로페를 크레테의 왕 아스테리오스와 결혼시켰고 아스테리오스는 에우로페가 제우스와 사이에서 낳은 세 아들을 양자로 삼았다. 미노스는 죽은 뒤 하계下界의 세 심판관 중의 하나가 되었다(다른 두 사람은 라다만튀스와 아이아코스이다).

2) 크레테의 왕. 파시파에의 남편이고 아리아드네, 안드로게오스, 데우칼리온, 글라우코스 등의 아버지이다. 파시파에가 괴물 미노타우로스를 낳았을 적에 다이달로스가 미궁(그 l labyrinthos 영 l labyrinth)을 만들어 주었다. 이 이야기는 아폴로도로스Apollodoros의 『비블리오테케Bibliotheke』, 오비디우스Ovidius의 『변신 이야기Metamorphoses』(viii) 등에 나온다. ⇨ 파시파에

## 미노타우로스 그Minotauros 영Minotaur

전설상의 괴물. 미노스의 황소Minos' Bull라는 뜻이다. 황소머리와 사람의 몸통을 하고 있다. 크레테 왕 미노스의 왕비 파시파에가 크레테 황소(마라톤 황소)와 교미하여 낳았다. 왕위 계승 문제로 다툼이 벌어졌을 때 포세이돈이 보내준 황소를 미노스가 제물로 바치기를 거절하자 포세이돈은 파시파에가 크레테 황소한테 불같은 사랑을 느끼게 하는 것으로 미노스를 처벌했다. 미노타우로스는 다이달로스가 미노스를 위해 지은 미로 건축물인 라뷔린토스(그 l labyrinthos 영 l labyrinth) 속에 갇혔다. 미노스는 아테나이인들이 자신의 아들인 안드로게우스를 죽인 데 대한 보복으로 아테나이인들에게 미노타우로스의 밥으로 9년마다(어떤 이야기에서는 해마다라고 한다) 일곱 청년과 일곱 처녀를 보낼 것을 요구했다. 세 번째 제물을 바칠 때 아테나이의 영웅 테세우스 왕자는 이 같은 살육을 막기 위해 크레테로 가기를 자원했고 그에게 첫눈에 반한 공주 아리아드네가 준 실타래를 갖고 들어가 괴물을 죽이고 라뷔린토스를 빠져나오는 데 성공했다. 이 이야기를 소재로 한 메리 르노Mary Renault의 『왕은 죽어야 한다The King Must Die』(1958)는 테세우스와 미노타우로스 신화를 재창조한 것이다. 이 이야기는 베르길리우스Vergilius의 『아이네이스Aeneis』(vi), 오비디우스Ovidius의 『변신 이야기Metamorphoses』(viii) 등에 나온다.

## 미뉘아스 그Minyas

고대 그리스에서 가장 부유했던 도시 오르코메노스의 전설적인 창건자. 디오뉘소스가 그의 궁전에 찾아와 디오뉘소스 종교에 저항한 그의 딸들을 미치게 하여 손자 힙파소스가 찢겨 죽었다. 이 이야기는 아폴로니오스Apollonios Rhodos의 『아르고나우티카Argonautika』(i)에 나온다.

## 미다스 ㄱMidas

그리스 신화에서 소아시아 프뤼기아의 전설적인 왕. 디오뉘소스의 선생 실레노스를 환대한 보답으로 소원을 말하는 것이 허락되었다. 미다스는 자기가 건드리는 모든 것이 황금으로 변하게 해달라고 소원했다. 하지만 곧 자신의 요구를 뉘우쳤다. 미다스는 음식조차도 황금으로 변해 버리자 다시 선물을 취소해 달라고 간청하기에 이르렀다. 이로 인해 이 세상에 황금보다 소중한 것이 있음을 깨닫게 된다. 미다스는 팍톨로스 강으로 가서 멱을 감았는데 그 뒤 그 강에서는 황금이 발견되었다고 한다. 사업에 매우 성공적인 사람과 손을 잡아 경제적으로 성공하는 경우 그 사람은 '미다스 터치Midas touch'를 가졌다고 말한다. 또 다른 이야기는 다음과 같다. 미다스는 목신牧神 판과 아폴론의 플루트 경연 때 심판을 맡았는데, 판이 이겼다고 판정하였다. 아폴론은 미다스는 음악 감상도 할 줄 모른다며 미다스의 귀를 당나귀 귀처럼 길게 만들어 버렸다. 미다스는 귀를 모자 속에 감추었지만 그 사실을 알고 있는 이발사는 비밀을 지키느라 가슴이 답답했다. 이발사는 마침내 들판으로 나가 구덩이를 파고서 거기에다 "미다스 왕은 당나귀 귀를 가졌대."라고 나직이 말했다. 그 후 봄철이 되어 갈대들이 자라나 바람이 불 때마다 묻혀진 말을 속삭였다고 한다. 영국 작가 초서Geoffrey Chauce의 『캔터베리 이야기』(1387~1400년경)에도 이와 비슷한 이야기가 있고, 우리나라에도 일연의 『삼국유사』에 신라 제48대 경문왕과 관련해서 이와 비슷한 일화가 전한다('임금님 귀는 당나귀 귀'). 미다스에 관한 이야기는 오비디우스Ovidius의 『변신 이야기Metamorphoses』(xi)에 자세히 나온다.

## 미랜더 Miranda

셰익스피어William Shakespeare의 『폭풍우The Tempest』(1611)에 등장하는 프로스페로의 사랑스럽고 천진난만한 딸. 프로스페로는 밀라노 공작 지위를 동생한테 빼앗겼지만 강력한 마술사이다. 미랜더(라틴어 Miror, 즉 '경탄하다', '감탄하다'는 의미에서 나옴)는 아기였을 때 아버지와 무인도에 왔기 때문에 한 번도 그녀의 아버지를 추방한 배신과 기만의 '바깥' 세계를 본 적이 없다. 미랜더는 여러 해 전에 아버지를 폐위한 바로 그 이탈리아인 일행을 처음 보았을 때에 "오, 멋진 신세계여, 이런 사람들이 있다니!O, brave new world/That has such people in' t!"라는 탄성을 터뜨린다. 미랜더는 사회의 부패에 더럽혀지지 않은 인간 미덕을 나타낸다.

## 미로迷路 Labyrinth ⇨ 라뷔린토스

### 미리암 Miriam

모세와 아론의 누이이며 이스라엘의 여선지자. 이스라엘 사람들이 홍해를 건넌 뒤에 그녀는 백성을 인도해 낸 사건을 기념하여 노래와 춤을 추었다(출 15:20~21). 나중에 모세에 대항하여 반기를 들어 잠시 문둥병자가 되었다(민 12장).

### 미친 모자 제조인 Mad Hatter ⇨ 매드 해터

### 미코버 Micawber

디킨스Charles Dickens의 소설 『데이비드 코퍼필드David Copperfield』(1850)에 나오는 인물. 돈 벌 계획을 세우지만 계속 실패한다. 그렇지만 기세가 꺾이지 않고 뭔가 좋은 일이 생길 것이라고 기대한다. 여기서 공상적 낙천주의, 요행수 바라기를 뜻하는 미코버주의Micawberism라는 말이 생겼다.

### 민수기民數記 Numbers

『구약성서』의 한 책. '모세 5경' 중 네 번째 책이다. 이스라엘인들이 사막의 광야를 거쳐 약속의 땅으로 들어가기까지의 방랑을 기록하였다. 두 차례에 걸친 인구 조사 때문에 붙여진 이름이다. 이 책에서 모세는 하느님과 직접 말을 주고받는 선지자로 나온다.

### 믿음, 소망, 사랑 Faith, hope, and charity/Faith, hope, and love

『신약성서』가 기독교인에게 요구하는 가장 중요한 세 가지 덕목. 사도 바울은 "믿음, 소망, 사랑 이 세 가지는 항상 있을 것인데 그 중에 제일은 사랑이라"(고전 13:13)고 이야기한다.

### 밀레토스 ㉀Miletos

1)이오니아의 레스보스 섬 밀레토스 시에 이름을 주게 된 그리스 미소년의 이름.
2)도시 이름. 서양 철학은 탈레스Thales, 아낙시만드로스Anaximandros, 아낙시메네스Anaximenes 등 밀레토스 학파의 자연철학으로부터 출발했다.

### 밀튼, 존 Milton, John 1608~74

영국의 시인. 런던에서 태어났다. 아버지에게서 고결함과 음악에 대한 사랑을 물려받았다. 그의 생애는 보통 세 시기로 구분하는데 「알레그로」, 「일 펜세로소」, 「리시더스」 등을 쓴 서정시 시기, 정치와 논쟁의 시기에 이혼·교육·출판의 자유 등에 관해 쓴 산문 시기, 『잃어버린 낙원Paradise Lost』(1667) 등을 쓴 서사시 시기이다. 그의 시는 장엄하고 숭고하며 웅장한 것이 특징이다.

# ㅂ

### 바가바드 기타 Bhagavad Gita

종교 서사시로 힌두 경전 중의 하나. 신의 찬가the song of God란 뜻이 있다. 여기에는 크리슈나Krishna 신과 인도의 영웅 아르주나Arjuna 사이에 있었던 인간의 본성과 인간의 목표에 관한 토론이 들어 있다.

### 바나바 Barnabas

『신약성서』에 나오는 바울과 마가의 동료. 바울의 제1차 전도여행 때 조카인 마가와 동행했다. 제2차 전도여행에도 마가를 데리고 가자고 하였으나 바울은 마가가 제1차 전도여행 때 그들을 이탈했기 때문에 거절했다. 바나바와 마가는 둘 다 가지 않았고 바울은 실라를 데리고 제2차 전도여행을 떠났다. 학자들은 바나바의 지도 아래 마가가 「마가복음」을 쓴 것으로 추정한다.

### 바니르 Vanir

북유럽 신화에서 풍요의 신과 여신 들의 종족. 니요르드(바람과 항해와 번영의 신. Frey, Freya의 아버지)의 지배를 받는다. 바니르의 집은 반나헤임Vannaheim이라 불린다.

### 바다가 바다를 부른다 Deep calls unto deep

바다에 폭풍이 격동하는 것을 뜻하는 말. 지금은 상징적으로 심오한 영적인 교감이나 반응을 가리키는 데 쓰인다.

### 바다의 노인 Old Man of the Sea

1)호메로스Homeros의 『오뒷세이아Odysseia』에 나오는 해신 프로테우스. 어떤 형상으로든 변할 수 있지만 붙잡히면 진실을 말해야만 한다.

2)해신 네레우스.

3)가이아와 폰토스의 아들.

167

후세페 데 리베라, 「바돌로매의 순교」, 피렌체 피티 궁전미술관

4) 『아라비안 나이트*Arabian Nights*』에 나오는 무서운 사람. 신바드의 어깨에 달라붙어 떨어질 줄 모른다. 하는 수 없이 신바드는 며칠 동안 달고 다니다가 노인을 취하게 하고는 떼구어 버린다.

**바다의 한 방울 물 Drop in the ocean** ⇨ 통의 한 방울 물

**바돌로매 Bartholomew**

『신약성서』에 나오는 열두 사도 중 한 사람. 종종 빌립의 동료로 나오는데 나다니엘과 동일 인물로 추정된다(요 1:45).

**바돌프 Bardolf**

셰익스피어William Shakespeare의 『헨리 4세*Henry IV*』에 나오는 인물. 폴스태프의 변덕스런 친구이다.

**바디매오 Bartimaeus**

예수가 고친 소경 거지(막 10:46). 예수를 보고 사람들의 만류에도 계속 "다윗의 자손 예수여 나를 불쌍히 여기소서"라고 소리쳐 끝내는 눈을 떴다.

**바라바 Barabbas**

예수 대신 석방된 죄수. 이스라엘이 로마 통치 아래에 있을 때 명절이 되면 백성이 재

판이 끝난 죄수 한 명을 선택하여 풀어 주는 것이 관례였다. 예수의 재판 후에 정치적 민란에서 살인죄로 체포된 강도 바라바(누가와 마가에 의하면 선동가요 살인자이기도 한 인물)가 예수 대신 선택되어 석방되었다. 이 사건은 극단적인 부정의 대표 사례로서 바라바는 부당하게 자신이 저지른 죄의 형벌을 피한 죄인을 가리킨다. 스웨덴의 작가 라게르크비스트Pär Fabian Lagerkvist가 이를 소재로 소설 『바라바Barabbas』(1950)를 써서 1951년 노벨 문학상을 수상하였다. 리차드 플라이셔 감독은 이 작품을 영화화(1962, 안소니 퀸 주연)하였다.

## 바랄 수 없는 것을 바라다 Hope against hope
'가망 없는 희망을 품다', '거의 실현 가능성이 없는 것을 믿다'라는 뜻. "아브라함이 바랄 수 없는 중에 바라고 믿었으니"(롬 4:18)라는 구절에서 나온 말로 아브라함의 믿음이 어떠했는지를 설명하는 대목이다.

## 바람과 함께 사라지다 Gone with the Wind
미첼Margaret Munnerlyn Mitchell의 소설 제목. 1937년에 퓰리처상을 수상했다. 제목은 영국 시인인 다우슨Ernest Christopher Dowson의 시「시나라Cynara」에서 따왔다("나는 잊었다, 시나라여, 바람과 함께 사라진 많은 것을I have forgot much, Cynara! gone with the wind"). "be gone with the wind"는 '완전히 (사라져) 없어지다'라는 뜻이다. 빅터 플레밍 감독이 영화(1939, 비비안 리·클라크 게이블 주연)로 만들었다.

## 바람 날개를 타고 On the wings of the wind
'신속하게', '빠르게'라는 뜻. 다윗이 창조주 하느님을 노래하는 중 "물에 자기 누각의 들보를 얹으시며 구름으로 자기 수레를 삼으시고 바람 날개로 다니시며"(시 104:3) 한 데서 비롯하였다.

## 바람에 흔들리는 갈대 Reed shaken with the wind
의지가 약한 사람을 가리키는 말. 세례자 요한에 관한 예수의 이야기 중에 "너희가 무엇을 보려고 광야에 나갔더냐 바람에 흔들리는 갈대냐?"(마 11:7)라는 구절에 나오는데, 그들이 선지자를 보러 광야에 나왔지만 예수는 자신이 선지자보다 나은 자라고 이야기한다.

## 바람을 맞다 Inherit the wind
'환난을 부르고 폭풍을 일으킨다'는 뜻. "자기 집을 해롭게 하는 자의 소득은 바람이다" 한 데서 비롯하였다. 여기서 '집'은 가족, 식솔을 의미한다.

## 바람을 심고 광풍을 거두다 Sow the wind and reap the whirlwind

'악을 행하고 훨씬 더 큰 대가를 지불하다'라는 뜻. "그들의 바람을 심고 광풍을 거둘 것이라"(호 8:7)는 구절에서 비롯한 말이다. "되로 주고 말로 받는다"는 우리나라 속담과 비슷하다.

## 바람이 제 불고 싶은 대로 분다 Wind bloweth where it listeth

바람이 어디에서 불어와서 어디로 가는지 알 수 없는 것처럼 인간들도 하느님의 역사가 어떠한지를 알 수 없다는 뜻. 여기서 list는 고어로서 wish, like, choose의 뜻이다. "바람이 임의로 불매 네가 그 소리를 들어도 어디서 와서 어디로 가는지 알지 못하나니"(요 3:8)라는 구절에서 비롯하였다. 예수는 니고데모에게 성령으로 난 사람이 이와 같다고 설명한다. 여기서 바람으로 번역한 헬라어 프뉴마Pneuma는 영靈으로 번역할 수도 있다.

## 바로/파라오 Pharaoh

『성서』에서 애굽 왕을 지칭하는 일반적인 호칭. 바로는 '큰 집'이란 뜻이다. 원래는 애굽 왕궁의 명칭이지만 기원전 1450년경부터 폐하란 의미로 왕들에게 사용했다. 바로(파라오)라 불리운 애굽의 왕들은 백성에게 신성시되었으며 절대 권력을 휘둘렀다. 모세가 애굽을 탈출할 당시의 바로는 람세스 2세Rameses II(재위 기원전 1279~1213)로 추정된다. 셸리Percy Bysshe Shelley의 시 제목이기도 한 오지만디아스Ozymandias는 람세스 2세를 가리키는 그리스어이다.

## 바르마크가의 사람 Barmacide

매력적인 환상을 가리키는 말. 『아라비안 나이트*Arabian Nights*』에 나온 이야기에서 비롯하였다. 부유한 바르마크 왕자는 가난한 샤카바크 앞에다 진짜가 아닌 완전히 가짜 잔치상을 차린다. 그러자 샤카바크는 텅 빈 요리를 먹고 즐기면서 상상의 술을 마신 뒤, 술에 취한 척하며 왕자를 두들겨 때려눕힌다. 바르마크 왕자는 이 희극적 상황과 샤카바크의 지혜를 보고서 그에게 진짜 식사를 대접한다.

## 바리새인/바리새 교파 Pharisees

유대인 중에 교육받은 사람들 중 한 분파. 사두개파와 함께 세력이 큰 유대교 일파였다. 바리새파 혹은 분리파the Separated는 율법에 대한 랍비의 해석을 받아들였고, 사두개파는 율법을 문자 그대로 준수할 것을 주장하였다. 유대인 학자들은 바리새 교파가 안식일법, 예배의식 등 율법에서 나온 많은 구전口傳을 엄격하게 준수했다는 비난은 부인한다. 예수는 그들이 진정한 내면의 종교적 실체보다 외부적인 형식을 강조한다고 비판했다. 바리새 교파는 편협한 전통주의와 위선 그리고 지나친 독선을 연상시킨다. (참고: 마 15·23장, 눅 18장)

### 바벨론/바빌론 Babylon

기원전 6세기에 유다를 정복한 바벨론 제국의 정치적, 종교적 수도. 유대인이 바벨론에 포로로 끌려갔고 선지자 다니엘은 거기에서 바벨론 왕의 조언자가 되었다. 바벨론은 거대한 제국이나 타락한 도시, 로마 교황권을 뜻하기도 한다.

### 바벨론 강/바빌론 강 Rivers of Babylon

유프라테스 강과 티그리스 강. 유대인의 바벨론 포로 생활을 노래하는「시편」137편은 "바빌론의 여러 강변 거기에 앉아서 시온을 기억하며 울었도다"로 시작한다. 이 구절은 때로 죽은 자 또는 아주 열정적으로 좋아하던 것이 파괴된 것을 애도하는 사람들이 인용한다. 베르디Giuseppe Verdi의「나부코」3막 2장에는 이 대목에 가사를 붙인 유명한 히브리 노예들의 합창곡 "날아가라, 생각이여, 금빛 날개를 타고Va, pensiero, sull'ali dorate"가 나온다.

### 바벨론 유수幽囚/바빌론 유수 Babylonian Captivity

유대인들이 바벨론에서 포로 생활(기원전 597~538)을 한 59년 동안을 지칭하는 말. 이 말은 확대 해석되어 중세 말기 교황들의 아비뇽 유폐에도 쓰였다. 이 사건은 로마 교황의 거주지가 프랑스 왕권에 억눌려 아비뇽에 한정되었던 일로 그 기간은 1309~77년이었다.

### 바벨론의 음녀淫女 Whore of Babylon ⇒ 자줏빛 옷을 입은 창녀 바벨론

### 바벨 탑塔 The Tower of Babel

대홍수 이후 노아의 후손이 바벨론에 이르러 세운 탑.『구약성서』에 "여호와께서 이르시되 이 무리가 한 족속이요 언어도 하나이므로 이같이 시작하였으니 이후로는 그 하고자 하는 일을 막을 수 없으리로다 자, 우리가 내려가서 거기서 그들의 언어를 혼잡하게 하여 그들이 서로 알아듣지 못하게 하자 하시고 여호와께서 거기서 그들을 온 지면에 흩으셨으므로 그들이 그 도시를 건설하기를 그쳤더라 그러므로 그 이름을 바벨이라 하니 이는 여호와께서 거기서 온 땅의 언어를 혼잡하게 하셨음이니라 여호와께서 거기서 그들을 온 지면에 흩으셨더라"(창 11:1-9)는 구절이 나오는데, 여기에서 탑은 하느님이 징계하는 인간의 야심만만한 교만의 상징이다. 문자적으로 하느님의 문을 뜻하는 바벨이라는 이름은 바벨론이라는 이름을 히브리어로 옮긴 것이다. 따라서

페테르 브뤼겔, 「바벨 탑」, 빈 미술관

바벨은 언어의 혼돈을 말하는 한편 신학적으로는 인간과 하느님, 나라와 나라 사이의 교제가 깨어진 것을 뜻한다. 니므롯Nimrod이 바벨 탑을 세운 것으로 여겨진다. 현대 영어에서 바벨은 시끄러운 혼동, 쓸데없는 소란스러움을 의미한다.

**바빌론의 공중정원 The Hanging Gardens of Babylon** ⇨ 고대 세계 7대 불가사의

**바사니오 Bassanio**

셰익스피어William Shakespeare의 『베니스의 상인*The Merchant of Venice*』(1596)에 나오는 포셔의 약혼자. 납 상자를 선택함으로써 탐욕이 없음을 입증하여 포셔를 얻고, 포셔에게 구애하는 것을 돕기 위해 친구 앤토니오가 유대인 샤일록한테서 빌린 돈을 받는다.

**바스의 여장부女丈夫 Wife of Bath**

초서Geoffrey Chaucer의 걸작 『캔터베리 이야기*The Canterbury Tales*』(1387년경~1400)에 나오는 인물. 바스는 잉글랜드 에이번 주 동남부에 위치한 도시로 로마 시대부터 유명한 온천이 있다. 바스의 여장부는 저속하고 건장하며, 다섯 번이나 결혼한 여자인데 모두가 당황할 만큼 적나라한 장광설을 내뱉은 뒤 여자가 가장 좋아하는 것은 남편을 지배

172

하는 일이라고 주장한다. 페미니즘 비평에서 자주 거론하는 인물이다.

## 바알 Baal

가나안인과 페니키아인의 풍요의 신. 아스다롯(혹은 아슈타르테)의 남성 배우자이다. 일반적으로 바알 숭배는 이스라엘 사람들의 잘못된 우상 숭배를 대변한다. "바알 앞에 무릎을 꿇다to bow the knee to Baal"라는 말은 '유력하고 주도적인 세력에 복종한다'는 뜻이다.

## 바알세불 Beelzebub

사탄의 절친한 심복 마왕. 글자 뜻 그대로는 '쇠파리들의 왕(신)Lord of the Flies'이란 뜻이다. 『신약성서』에 나오며(마 10:25, 12:24~27, 막 3:22, 눅 11:15~19) 밀튼John Milton의 『잃어버린 낙원Paradise Lost』(1667)에서 주요 인물로 등장한다. "바알세불을 힘입어 귀신을 쫓아낸다to call in Beelzebub to cast out Satan"는 말은 어떤 악을 몰아내기 위해 다른 악을 끌어들이는 것을 뜻한다. 골딩William Golding이 소설 『파리대왕Lord of the Flies』(1954)을 써 1983년 노벨 문학상을 수상했는데 "Lord of the Flies"는 Beelzebub의 영어 번역어이다. 이것이 1963년(피터 브룩 감독)과 1990년에 영화로 만들어졌다.

## 바우키스 □Baukis 영Baucis

대홍수 때 살아남은 프뤼기아 필레몬Philemon의 아내. 그녀는 프뤼기아의 초라한 초가집에 갑자기 방문한 제우스와 헤르메스를 환대한다. 이 친절에 대한 보상으로 초가집은 아름다운 황금지붕의 대리석 신전으로 변한다. 바우키스와 필레몬은 같은 시간에 죽기를 간절히 원했고, 소원대로 같은 시간에 죽었다. 그들은 오크 나무와 보리수로 변신하였다. 이 이야기는 오비디우스Ovidius의 『변신 이야기Metamorphoses』(viii)에 나온다.

## 바울 서신書信 Pauline Epistles

바울이 썼거나 썼다고 하는 『신약성서』의 편지들. 바울은 예수의 아버지이며 모든 창조의 근원으로서의 하느님과 원죄, 성령의 존재 등에 관한 신학적 교리를 확립했다. 바울의 서신은 사죄와 은총, 믿음으로 인한 구원 혹은 칭의稱義(justification) 등 기독교 교리의 기초를 제공한다. 바울이 쓴 첫 편지는 52년 혹은 53년에 고린도에서 쓴 「데살로니가서」이다. 대부분의 학자는 「데살로니가전·후서」, 「고린도전·후서」, 「갈라디아서」, 「로마서」, 「에베소서」, 「빌립보서」, 「골로새서」, 「빌레몬서」가 바울의 저작이라는 데 동의한다. 하지만 현대 학자들은 교회 목회에 초점을 맞춘 목회 서신인 「디도서」와 「디모데전·후서」는 한 사람의 저작임은 분명하지만 그 사람이 바울이라는 주장에 대

해서는 회의적이다. 바울이 「히브리서」의
저자가 아니라는 데에는 많은 학자가 동의
한다. ⇨ 성 바울

### 바이, 유스테이셔 Vye, Eustacia

하디Thomas Hardy의 『귀향The Return of the
Native』(1878)에 등장하는 이기적이고 호색
적인 여자. 황량한 고향에서의 생활에 싫
증을 느끼고 클림 요브라이트와 결혼해서
그곳을 탈출하려고 한다. 하지만 남편은
고향을 떠나는 것을 거부한다. 그러자 그
녀는 이전에 구혼한 남자한테 접근하지만
불륜을 저지를 수 없어 자살해 버린다. 그

토마스 필립스, 「알바니아 의상을 입은 바이런」,
런던 국립 초상화미술관

녀의 등장 이후 영문학에서 요부妖婦들의
유형이 한층 더 다양해졌다.

### 바이런, 로드 Byron, Lord 1788~1824

영국 낭만파 시인. 귀족 태생으로 날 때부터 절름발이였다. 방탕한 생활로 인해 케임
브리지 대학을 중도에 그만두었다. 우울한 심정의 탈출구를 찾아 지중해를 여행한 뒤
귀국하여 장시長詩 「차일드 해럴드의 편력Childe Harold's Pilgrimage」(1816)을 발표하고서
는 "깨어보니 하룻밤 사이에 유명해진 자신을 발견했다." 그리스 독립을 돕다가 병사
했다. 대표작으로 「맨프리드Manfred」(1817), 『돈 주앙Don Juan』(1819~24) 등이 있다.

### 바이런적 주인공 Byronic Hero

바이런Lord Byron의 여러 작품에 나오는 인물들의 공통된 특징을 나타내는 말. 비장하
면서도 로맨틱한 미남이고 음울하면서 반항적인 청년의 전형이다.

### 바이얼라 Viola

셰익스피어William Shakespeare의 『십이야The Twelfth Night』(1599)의 여주인공. 일리리아
연안에서 조난한 뒤 청년으로 변장하여 사랑의 그물에 얽혀 든다. 셰익스피어 희극의
특징인 재치 있고 웅변적인 여주인공 중의 하나이다.

### 바자로프, 예프게니 바실리치 Bagarov, Yevgeny Vassilyitsh

투르게네프Ivan Sergeevich Turgenev의 『아버지와 아들Ottsy i deti(Fathers and Sons)』(1862)에

나오는 오만하고 지적인 주인공. 이성과 진보만을 찬성하고, 전통적인 인간적 신념이나 감정을 거부한다. 19세기 중엽 러시아의 니힐리스트 세대를 대표한다.

## 바카날리아 Baccanalia

디오뉘소스제 혹은 박코스제. 기원전 2세기 초 이탈리아에 널리 퍼졌는데, 진탕 마시고 떠들어대고 춤을 추었기 때문에 원로원의 탄압을 받았다. 오늘날은 '홍청망청 떠들기', '난교 파티'의 의미로 쓰인다.

## 바퀴 안의 바퀴 Wheel within wheel

복잡하고 정교한 디자인이나 플롯을 지칭하는 말. "그 바퀴의 모양과 구조는 황옥같이 보이는데 그 넷은 똑같은 모양을 가지고 있으며 그들의 모양과 구조는 바퀴 안에 바퀴가 있는 것 같으며"(겔 1:16)에 나오는 말로 에스겔이 본 불병거를 설명하는 대목이다. 하지만 의미를 한 가지로 확정하기에는 애매한 표현이다.

## 바클리, 캐서린 Barkeley, Catherine

헤밍웨이Ernest Hemingway의 『무기여, 잘 있거라Farewell to Arms』(1929)의 여주인공. 이탈리아 전선에서 일하는 영국인 미녀 자원봉사 간호원으로 프레더릭 헨리의 연인이다. 이기심이 없고 차분한 성격이며 심오한 여성적 감수성의 모든 면을 자기 애인한테 쏟아 붓는 인물이다. 임신한 뒤 헨리와 함께 스위스로 도망치지만 애를 낳다가 죽는다.

## 박케들/박코스의 여신도들 ㉮Bakche(단) Bakchai(복) ㉯Bacchantes(복)

박코스(디오뉘소스)의 여성 추종자들을 지칭하는 말. 박코스제 때 난폭한 축하와 홍청망청 떠들며 마시기에 참여한, 그리고 황홀한 광기에 몸을 맡긴 여사제들이다. 오늘날에는 홍청망청 떠들고 마시는 여자 축하자들을 가리킨다. 에우리피데스Euripides의 『박카이Bakchai』(기원전 405)를 바탕으로 한 조르지오 펠로니 감독의 영화 「박코스의 여신도들 Le Bacchanti(The Bacchants)」(1961)이 있다.

안니발레 카랏치, 「사튀로스와 두 명의 쿠피도와 함께 있는 박케」, 피렌체 우피치 미술관

## 박코스 ㉮Bakchos ㉯Bacchus ⇨ 디오 뉘소스

## 박코스의 여신도들 그Bakchai 영Bac-chae

에우리피데스Euripides가 기원전 405년에 쓴 비극의 제목. 박코스(디오뉘소스)가 펜테우스 왕이 다스리는 테바이로 오는데, 펜테우스는 박코스 숭배를 거부한다. 그러자 박코스는 여자들한테 서서히 광기를 불어넣는다. 여자들은 산에서 펜테우스가 자기들을 엿보고 있는 것을 발견하고는, 마치 그가 짐승인 양 갈기갈기 찢어 죽인다. 이 희곡은 박코스 의식의 무시무시한 본질, 비교秘敎 카발라가 인간 이성에 끼치는 영향, 그리고 신비적 신앙의 과잉이 초래하는 결과를 보여 준다.

카라밧지오, 「박코스」, 피렌체 우피치 미술관

## 박코스제 Bacchanalia

술의 신 박코스(디오뉘소스)를 기념하는 잔치와 축하 행사. 이 의식儀式은 술취함, 무질서, 흥청망청 마시기가 특징이었다. 방탕하고 소란한 축제를 뜻한다.

## 박하, 회향, 근채 Mint, anise, and cummin

'사소한 것들', '세세한 사항'을 뜻하는 상징물. "바리새인들이여 너희가 박하와 회향과 근채의 십일조를 드리되 율법의 더 중한 바 정의와 긍휼과 믿음은 버렸도다"(마 23:23)에 나오는 구절로 예수가 바리새인들을 책망하는 대목이다.

## 반스, 제이크 Barnes, Jake

헤밍웨이Ernest Hemingway의 『태양도 떠오른다The Sun Also Rises』(1926)의 주인공. 전쟁에서 부상을 입어 발기부전이 된 신문기자이다. 성적으로 자유분방한 미녀 브레트 애쉴리를 사랑한다. 자기 방어적인 냉소, 음주, 스포츠와 우정이 내면적 고뇌와 더불어 그를 살아가게 도와준다.

## 발꿈치를 들다 Lift up one's heel against

'걷어차다', '배반하다', '모욕하다'라는 뜻. "내 떡을 먹는 자가 내게 발꿈치를 들었다한 성경을 응하게 하려는 것이니라"(요 13:18) 한 데서 비롯하였다. 이는 가룟 유다가 자신을 배반할 사람임을 알리는 예수의 말이다.

### 발드르 Balder / Baldr / Baldur

북유럽 신화에서 빛과 평화의 신. 주신主神인 오딘Odin의 아들이다. 잘생긴 데다 정의 감이 강하여 신들에게 매우 사랑받았다. 그에 관한 이야기는 대개 죽음에 관한 것이다. 어머니 프리가Frigga는 그가 태어날 때에 만물에게 그가 불사신不死身이 되게 해달라고 부탁했는데 기생목寄生木인 겨우살이mistletoe(golden bough)에게 부탁하는 것을 깜빡 잊었다. 악령 로키Loki는 장님인 호데르Hoder를 속여서 발드르한테 겨우살이를 던지게 하는데, 겨우살이는 발드르를 죽일 수 있는 유일한 것이었다. 어떤 학자들은 발드르가 수동적으로 고통당하는 모습은 그리스도의 모습에 영향받은 것이라 여긴다.

### 발람의 나귀 Balaam's ass

주인보다 더 나은 하인을 뜻하는 말. 이방인 선지자인 발람은 이스라엘을 저주하라는 모압 왕의 명령을 거역했다(민 22:1~41). 그러나 결국에는 발락 왕의 꾐에 넘어가 이스라엘을 저주하러 떠났다. 그런데 도중에 하느님의 사자가 길을 막고 선 것을 보고 나귀가 앞으로 나가려고 하지 않았다. 발람은 나귀를 세 번이나 때렸는데 나귀는 발람이 때리려 할 때 조리 있는 말로 주인과 논쟁했다.

### 발레리, 폴 Valéry, Paul 1871~1945

프랑스의 시인·비평가. 말라르메의 영향을 크게 받았으며 몇 편의 시를 발표하고서는 산문으로 전환해서 『레오나르도 다 빈치 방법론 서설』(1896), 『테스트 씨Monsieur Teste』(1926)를 발표하였다. 이후 침묵하다가 나중에는 순수시를 부르짖었다. 1920년『구시첩舊詩帖(Album de vers ancien)』(1920)을 발표한 뒤부터 시인으로서 인정받기 시작했다. 『젊은 파르크La Jeune Parque』(1917), 『주문呪文(Charmes)』(1922)으로 작가로서 부동의 위치를 차지했다.

### 발의 먼지를 떨어버리다 Shake off the dust of one's feet

'화가 나서 멸시하며 떠난다' 라는 뜻. 예수가 제자들을 전도하러 보내며 한 말이다. "누구든지 너희를 영접도 아니하고 너희 말을 듣지도 아니하거든 그 집이나 성에서 나가 너희 발의 먼지를 떨어버려라"(마 10:14) 한 구절에서 비롯하였다.

### 발이 빠르다고 경주에 이기는 것도, 힘이 세다고 싸움에 이기는 것도 아니다 Race is not to the swift, nor the battle to the strong

모든 일이 항상 기대하는 대로 일어나지는 않는다는 것을 상기시키는 말. "내가 다시

해 아래에서 보니 빠른 경주자들이라고 선착하는 것이 아니며 용사들이라고 전쟁에
승리하는 것이 아니며 지혜자들이라고 음식물을 얻는 것도 아니며 명철자들이라고 재
물을 얻는 것도 아니며 지식인들이라고 은총을 입는 것이 아니니 이는 시기와 기회는
그들 모두에게 임함이니라"(전 9:11) 는 구절에서 비롯하였다.

### 발키리 Valkyrie

북유럽 신화에서 어떤 용사가 전쟁에서 죽었을 때 발할라Valhalla(신들의 연회장)로 데려
올 것인지를 결정하기 위해 오딘이 전쟁터로 보낸 처녀(시녀)들. 전사자戰死者의 선택
자라는 뜻이 있다. 발키리는 말을 타고 달렸는데 그녀들의 방패에 반사된 빛이 북극광
(오로라)이다. 발키리는 발할라에서 죽은 용사한테 맥주잔을 가져다 준다. 바그너
Wilhelm Richard Wagner의 4부작 오페라 「니벨룽의 반지Ring des Nibelungen」(1876)의 두 번
째 작품이 「발퀴레Die Walküre」이다.

### 발푸르기스의 밤 Walpurgisnacht

독일 민화에 등장하는 이교도들의 의식. 4월 30일과 5월 1일 사이의 밤에 수많은 악마
와 괴물이 블랙 포리스트Black Forest의 가장 높은 봉우리에서 흥청망청 떠들고 마시며
논다. 기독교 이전의 이교異敎(paganism) 시대엔 이 의식들이 여름의 시작인 메이 데이
May Day를 가리켰다. 기독교 시대에 와서 이 날은 780년에 죽은 성 발푸르기스의 생일
로 다시 이름 지어졌는데 그의 생일이 4월 30일이다. 발푸르기스의 밤은 많은 사람이
술을 흥청망청 마시고 떠들어대는 것, 특히 괴테Johann Wolfgang von Goethe의 『파우스
트Faust』(1808) 제1부에서처럼 악마적 음란함과 무질서와 동의어가 되었다.

### 발할라 Valhalla

북유럽 신들의 연회장. 오딘 신의 전당이다. 영웅적 죽음을 맞은 용사들의 영혼이 이
곳으로 왔다. 일종의 천국이다. ⇨ 발키리

### 밤의 도둑 Thief in the night

예수의 갑작스런 재림을 비유한 말. 바울이 그리스의 데살로니카 교인들에게 편지하며
말한다. "형제들아 때와 시기에 관하여는 너희에게 쓸 것이 없음은 주의 날이 밤에 도둑
같이 이를 줄을 너희 자신이 자세히 알기 때문이라"(살전 5:1~11). 여기서는 그때가 낮이
냐 밤이냐를 말하는 것이 아니라 예수가 갑자기 예기치 않게 올 것임을 언급한 것이다.

### 밧모 섬 Patmos

에게 해 동남부에 있는 섬. 지금은 Patmo 혹은 Patina로 불린다. 요한이 이 섬에 귀양

와서 「요한계시록」을 썼다고 한다.

## 밧세바 Bathsheba

우리아의 아내이며 다윗이 사랑한 여
인. 다윗은 밧세바와 부정한 관계를 맺
은 뒤에 그녀의 남편 우리아를 전장의
최일선에 내보내어 죽게 만든다. 다윗
은 이 일로 나단 선지자의 질책을 받는
다. 나중에 밧세바는 다윗과 결혼하고
솔로몬을 낳았다(삼하 11장). 「시편」 51
편에는 다윗이 이 사건에 관해 통회하
는 심정이 잘 나타나 있다. 그녀의 이름
은 '맹세의 딸'이란 뜻이다. ⇨ 당신이
바로 그 사람이오

도메니코 브루사소르치, 「욕실의 밧세바」,
피렌체 우피치 미술관

## 방랑하는 유대인 Wandering Jew

예수가 십자가를 지고 갈 때 비아냥거린 유대인. 한 유대인이 예수가 십자가를 지고
갈 때 조금도 쉬지 못하게 하고 더 빨리 가라고 비아냥거렸다. 그 일로 결국 예수가 재
림할 때까지 온 세상을 방랑하도록 저주를 받았다. 이 인물은 여러 모양으로 민담에
다시 등장하여 다양한 성격을 보여 주는데 때로는 다른 사람에게 회개와 공의를 촉구
하는 현인으로 나타나기도 한다. 여러 현대 문학의 소재가 되었는데 가장 유명한 것은
쉬Eugene Sue의 『방랑하는 유대인Le Juif errant(The Wandering Jew)』(1845)이다. 조이스James
Joyce의 『율리시즈Ulysses』(1922)의 주인공 블룸도 더블린 시내를 온종일 방황하는 유대
인이다.

## 방주方舟 Ark

노아가 자신의 가족과 짐승들을 대홍수 기간 동안 태우기 위해 만든 3층으로 된 커다
란 배. 관 혹은 상자를 뜻하는 이집트어에서 나온 말이다. 크기는 대략 길이 137m, 폭
23m, 높이 14m였고 잣나무와 갈대로 만든 뒤에 역청으로 마무리를 했다(창 6, 7장). 노
아의 방주라고도 한다. 키프리안Cyprian(200~258)이 교회를 구원의 방주로 해석한 이래,
방주는 교회를 떠나서는 구원이 있을 수 없다는 서방 교회 교리의 상징이 되었다. ⇨
노아

179

## 방황하는 세대/길 잃은 세대 Lost Generation

제1차 세계대전을 거친 뒤 전통적 문화 가치에 환멸을 느껴 파리에 거주하면서 1920년대 모더니즘의 세례를 받은 일단의 미국 작가들. 헤밍웨이Ernest Hemingway, 피츠제럴드 F. Scott Fitzgerald, 파운드Ezra Pound, 커밍스Edward Estlin Cummings, 패소스John Doss Passos, 먹리쉬MacLeish 등이다. 헤밍웨이는 『태양도 떠오른다The Sun Also Rises』(1926)에서 스타인Gertrude Stein이 "당신들은 모두 방황하는 세대You are all a lost generation"라고 말했다고 적었다. 일부에서 "잃어버린 세대"라고도 번역하는데 이것은 적절하지 않다.

## 배비트, 조지 F. Babbit, George

루이스Sinclair Lewis의 소설 『배비트Babbit』(1922)의 주인공. 미국 중서부에서 부동산중개업을 하는 인물로 속물이지만 사랑스럽다. 부르주아적 가치를 추구하는 규격화된 전형적인 중산층 미국인이다. "배비트 같은 사람A Babbit"이란 표현은 관습을 지키고, 물질적 안락과 성공을 추구하며 만족해하는 창의력 없는 체제순응자를 가리킬 때 쓴다.

## 백설 공주 白雪公主 Snow White

그림Grimm 동화 중 한 이야기. 아름다운 백설 공주는 자기를 죽이려 하는 질투심 많은 계모를 피하여 일곱 난쟁이가 사는 숲 속 오두막집에 숨는다. 계모는 마술거울을 통해 백설 공주가 숨은 곳을 알아내어 변장을 하고 찾아가서는 독이 든 사과를 공주에게 준다. 그것을 먹은 공주는 죽음 같은 깊은 잠에 빠진다. 어느날 왕자가 나타나 그녀에게 키스하자 잠에서 깨어나고 둘은 결혼한다. 월트 디즈니The Walt Disney Company의 「백설 공주와 일곱 난쟁이들Snow White and Seven Dwarfs」(1937)은 최고의 애니메이션 영화로 손꼽힌다.

## 백향목 柏香木 Cedar

침엽수 중 하나. 레바논 산맥에 울창했다. 수명이 1,000년이나 되고 높이가 24~30m 되는 거대한 나무이다. 다윗 왕의 궁전과 솔로몬 왕의 성전을 건축할 때 들여와 사용하였다.

## 뱀같이 지혜롭고 비둘기같이 순결하라 Wise as serpents and harmless as doves

하느님의 말씀을 전하기 위해서는 지혜롭고 선해야 한다는 뜻. 예수가 제자들을 전도하러 보내면서 "보라 내가 너희를 보냄이 양을 이리 가운데 보냄과 같도다. 그러므로 너희는 뱀같이 지혜롭고 비둘기같이 순결하라"(마 10:16) 한 데서 비롯하였다. 여기에서 파생한 "serpentine wisdom"은 못된 꾀를 뜻한다.

### 뱅코우 Banquo

셰익스피어William Shakespeare의 『맥베스Macbeth』(1605)에 나오는 맥베스의 동료 장군. 맥베스의 하수인들한테 살해당한다. 나중에 피투성이 유령으로서 맥베스의 테이블에 나타나는데 이것이 맥베스의 비극적 파멸의 전조가 된다.

### 버드, 빌리 Budd, Billy

멜빌Herman Melville의 중편 소설 『빌리 버드Billy Budd』(1891, 집필/1924, 출판/1962, 결정판)에 나오는 잘생기고 정직하며 순진한 소년 수부水夫. 제멋대로 자라고 질투심 많은 존 클래가트는 빌리가 반란을 일으켰다고 허위로 고소한다. 빌리는 클래가트가 선장 베레한테 거짓말을 하자 그를 때려죽인다. 빌리는 군법회의에 회부되고 선장은 빌리의 결백을 믿으면서도 군대의 규칙에 따라 그를 교수형에 처한다. 빌리는 순진하고 소박하며 천진한 소년을 뜻한다.

### 버려라 희망을, 여기 들어오는 자들아 Abandon hope, all ye who enter here

단테Alighieri Dante의 『신곡La Divina Commedia』 「지옥Inferno」편에서 지옥 입구에 적혀 있는 명문銘文. 「지옥」편 제3칸토 제1행이다. 이탈리아어로는 "Lasciate ogni spéranza voi ch'entrate!"이다. 조각가 로댕Auguste Rodin은 지옥의 문을 형상화하였고, 그 문의 상인방 가운데에 「생각하는 사람」을 배치했다.

### 버틀러, 레트 Butler, Rhett

미첼Margaret Munnerlyn Mitchell의 『바람과 함께 사라지다Gone with the Wind』(1936)의 남자 주인공. 허세 부리며 선이 굵은 행동적 인물로 세련된 스칼리트 오하라를 사랑한다. 남북전쟁이 일어나자 북군의 봉쇄망을 뚫고 남부에 물자를 옮긴다. 스칼리트는 연약한 이웃 남자 애쉴리 윌크스를 사랑하지만 레트를 세 번째 남편으로 받아들인다. 하지만 자신이 애쉴리보다 레트를 더 사랑한다고 느끼는 찰나 레트를 잃는다. 레트는 새로운 남부의 실용적이고 물질적인 가치를 대표하고, 무능한 애쉴리는 남북전쟁으로 망한 남부의 기사도적 규범에 집착하는 인물을 대표한다.

### 번연, 존 Bunyan, John 1628~88

영국의 작가·설교가. 베드포드셔어의 땜쟁이의 아들로 아버지의 직업을 이어받았고 1644~46년에는 의회군으로 활동했다. 1648년(혹은 1649년)에 결혼했는데 아내의 지참금 중에 있던 두 권의 종교적인 책에 의해 종교에 귀의하게 되었다고 한다. 심한 종교적 갈등을 거친 후 베드포드의 침례교회에 입교했고 나중에 평신도 설교가가 되었다.

1660~72년에는 비국교적인 설교를 금하는 왕의 칙령을 준수하지 않은 죄로 옥살이를 했다. 이 12년 동안 『성서』와 존 폭스John Foxe가 쓴 『순교자 열전Book of Martyrs』(1563)의 연구에 전념하여 자서전인 『죄인의 괴수에게 넘치는 은혜Grace Abounding to the Chief of Sinners』를 비롯한 여러 권의 책을 집필했다. 출옥하여 베드포드의 비국교도 교회의 목사가 되었고 임종까지 그 자리를 지켰다. 1675년에 몇 달 동안 다시 투옥되었는데 이 기간에 그의 가장 유명한 책인 『천로 역정The Pilgrim's Progress』을 썼다. 번연은 서사에 뛰어난 천재로서 단순하고 활력이 넘치며 구체적인 스타일의 글쓰기로 유명하다.

### 번연, 폴 Bunyan, Paul

미국 민간 전설에 등장하는 거인. 스티븐즈James Stevens의 허풍 이야기에 나오는데 엄청나게 거대한 목재를 벌채하는 나무꾼으로 등장한다.

### 번즈, 로버트 Burns, Robert 1759~96

영국의 시인. 스코틀랜드의 서안 에어 시에서 가까운 엘로웨이의 아름다운 둔 강둑에 있는 오막살이에서 태어났다. 가난한 농부였으나 책을 탐독하여 일찍부터 시를 지었으며 18세기 말 낭만파 시풍의 선구를 이루었다. 「농부의 토요일 밤The Cotter's Saturday Night」은 그의 걸작이며, 「올드 랭 사인Auld Lang Syne」(1788), 「귀리밭을 지나오며Comin' thru the Rye」는 전 세계적으로 유명하다.

### 벌레 Worm

'기진맥진하고 힘없는'이란 뜻. "나는 벌레요 사람이 아니라 사람의 훼방거리요 백성의 조롱거리니이다"(시 22:6) 한 데서 비롯한 말이다. 벌레처럼 업신여김을 당한다는 뜻이다.

### 베냐민 Benjamin

야곱과 둘째 부인인 라헬 사이에서 태어난 두 아이 중 막내. 요셉의 동생이다. 이스라엘 열두 지파 중 하나를 창시했다. 베냐민 지파의 사람들은 아주 용맹한 전사들이고 자유의 수호자였다. 이 가문에서 이스라엘의 초대 왕인 사울이 나왔으며 사도 바울도 이 가문 출신이다. "베냐민의 몫Benjamin's mess or portion"이란 말은 "베냐민에게는 다른 사람보다 오배나 주매"(창 43:34)에서 보듯이 '아주 많은 몫'을 의미한다. 베냐민의 원래 말뜻은 '오른손의 아들', '행운아'이다. 히브리 전통에서 오른손은 강함과 상서로움을 뜻한다. '막내둥이', '귀염둥이'라는 뜻도 있으며 서양에서 남자 이름(벤저민)으로 많이 사용한다.

베첼리오 티치아노,「베누스와 아도니스」, 마드리드 프라도 미술관

### 베누스/비너스 라Venus

사랑과 미, 풍요의 여신. '매력'이란 뜻의 라틴어이다. 아프로디테의 로마식 이름이다. 본래는 채소밭의 여신이었다. 베누스는 성적으로 정숙한 사람을 벌한다. 그녀의 이름을 딴 태양계 두 번째 행성인 금성Venus은 밤하늘에서 가장 아름다운 별 중의 하나이다. 베누스는 앙키세스(카퓌스와 다르다노스 왕의 딸 테미스테의 아들)와 사이에 아이네아스를 낳았고, 트로이아 전쟁 후 아이네아스가 이탈리아로 가서 정착하는 데 도움을 주었다. 로마의 시인이자 철학자인 루크레티우스Titus Lucretius Carus(기원전 96년경~55년경)는 『자연의 본질De rerum natura』 첫 부분에서 베누스를 풍요의 여신fertility goddess으로 묘사했다. 1820년에 에게 해 밀로스 섬에서 두 명의 프랑스인 장교가 「밀로의 비너스The Venus of Melos(Venus de Milo)」를 발견했는데 현재 루브르 박물관에 있다. venereal disease(성병)는 베누스의 병이란 뜻이다. ⇨ 아프로디테

### 베누스와 아도니스/비너스와 아도니스 라Venus and Adonis

연상 여자와 연하 남자 간 사랑의 원형. 혹은 엄마 같은 아내와 아들 같은 남편의 원형

이다. 사랑의 여신 베누스는 아주 잘생긴 아도니스를 무척 사랑하였다. 그런데 아도니스는 멧돼지에게 살해당하고 만다. 오비디우스Ovidius의 『변신 이야기Metamorphoses』에 나오는 이 이야기를 소재로 하여 셰익스피어William Shakespeare는 『비너스와 아도니스Venus and Adonis』(1593)를 썼다. ⇨ 아도니스

## 베니트, 엘리자베스 Bennet, Elizabeth

오스틴Jane Auste의 소설 『오만과 편견Pride and Prejudice』(1813)에 나오는 여주인공. 날카롭게 지적이고 신랄하며 자신감 넘치는 성격이다. 소설에서 단지 베니트 부처라고 불리는 엘리자베스의 부모는 그녀와 대조를 이룬다. 아버지는 하트퍼드셔에 약간의 재산이 있는 신사인데, 유머러스하나 말투가 차갑고 빈정거린다. 그는 약간의 지참금밖에 없어 다섯 딸을 시집 보내는 일에 관심이 없다. 반면에 어리석고 경박하고 수다스런 베니트 부인은 오로지 딸의 결혼에만 관심이 있다. 엘리자베스는 오만하고 귀족적인 피츠윌리엄 다시에 대한 뿌리 깊은 편견에도 불구하고 그를 사랑하게 되고 아내가되는 데 동의한다.

## 베다 Vedas

힌두교 성전聖典. 삼히타Samhita, 브라마나Brahmana, 아란야카Aranyaka, 우파니샤드Upanshad 네 부문으로 구성된다.⇨ 우파니샤드

## 베데스다 연못 Pool of Bethesda

예루살렘에 있던 한 연못. 이 연못이 요동할 때 제일 먼저 뛰어드는 사람은 무슨 병이든지 나았다고 한다. 한 중풍병자가 연못가에서 38년을 기다렸으나 항상 다른 사람이 "그보다 먼저 뛰어 들어갔다"고 예수에게 하소연하자 예수가 그를 고쳐 주었다(요 5:1~9). 이 말은 육체적 혹은 정신적 무능력으로 어떤 사람이 간과되는 상황이나 불공정한 승진이 일어나는 상황의 인유로 사용된다. ⇨ 물의 움직임

## 베델 Bethel

'하느님의 집'이란 뜻의 히브리어. 영어로 (일반명사로서) 베델은 비국교도의 교회당을 의미한다. 베델에 성전을 건축한 이야기는 「창세기」 28장에 나온다. ⇨ 야곱의 사다리

## 베드로 Peter ⇨ 성 베드로

## 베드로 전 · 후서 The General Epistles of Peter

베드로가 썼다는 『신약성서』의 두 책. 「베드로 전서」는 핍박을 당하는 그리스도인을 위로하면서 성결에 이르는 수단으로 도덕적이고 윤리적인 책임감을 강조한다. 또 성

도들이 당하는 핍박이 구원을 가져올 것임을 말한다. 「베드로 후서」는 교회의 도덕적 해이를 질타하고 거짓 선생들을 경고하며 오직 그리스도를 아는 지식으로 인해 은혜와 구원의 소망 가운데 자라갈 것을 역설한다.

### 베레니케 ㄱBerenike 영Berenice

'승리를 가져오는 사람bringer of victory'이란 뜻의 그리스어. 칼리마코스Kallimachos에 의하면 프톨레마이오스 3세의 왕비인 베레니케는 남편이 시리아 원정에서 승리하여 돌아오게 해준다면 자기의 머리칼을 잘라 아프로디테 신전에 바치겠다고 맹세한다. 원정에서 남편이 승리해서 머리칼을 신전에 바쳤지만 도둑맞는다. 그러나 궁정의 점성술가 코논은 제우스가 그녀의 머리칼로 성좌를 만들었다고 설명해 준다. 그녀의 이름은 '굉장히 유명한 미녀'의 대명사로 쓰이며, '오빠와 결혼한 여자'의 상징으로도 쓰인다.

### 베로니카 Veronica

중세 전설에서 예수가 십자가를 지고 갈보리 산을 오를 때 손수건을 건네준 여인. 예수가 이 손수건으로 이마의 땀을 닦고 손수건을 돌려주고 갔는데 그 손수건에 예수의 모습이 그대로 박혀 있었다. 이 손수건이 Vera-Icon(true likeness)으로 불리게 되었다. 이 여인이 성 베로니카가 되었는데 축일은 2월 4일이다. 밀라노 성당과 로마의 성 실베스터 성당, 제노바의 성 바돌로매 성당이 모두 이 손수건의 소유권을 주장하고 있다.

### 베뢰아 Berea

초대 교회에서 가장 모범적인 교회가 있던 곳. 이에 대한 증거는 "베뢰아에 있는 사람들은 데살로니가에 있는 사람들보다 더 너그러워서 간절한 마음으로 말씀을 받고 이것이 그러한가 하여 날마다 성경을 상고하므로 그 중에 믿는 사람이 많고"(행 17:11~12)라는 구절에서 확인할 수 있다. 바울과 그의 무리는 제2차 전도여행 때에 베뢰아에 도착하여 베뢰아 사람들의 신실한 믿음에 감동하였다. 그러나 데살로니아에서 유대인들이 와서 바울의 가르침을 배척하여 바울은 아테나이로 도주할 수밖에 없었다. 실라와 디모데가 베뢰아에 남아 얼마 동안 신실한 신도들을 가르쳤다.

### 베르길리우스 라Vergilius 영Vergil/Virgil 기원전 70~19

로마 아우구스투스 시대의 탁월한 시인. 『전원시Bucolica』, 『농경시Georgica』, 특히 『아이네이스Aeneis』로 유명하다. 서양 문학 최고의 걸작 중 하나인 『아이네이스』는 아이네아스에 의한 신화적 로마 창건을 이야기하는 서사시이다. 이 작품에서 베르길리우스는 명예, 용기, 경건이라는 순수한 미덕을 찬양했다.

### 베르테르 Werther

괴테Johann Wolfgang von Goethe의 소설 『젊은 베르테르의 슬픔Die Leiden des jungen Werthers』(1744)의 주인공. 이 소설은 독일의 질풍노도Sturm und Drang 운동에서 중요한 작품 중 하나이다. 베르테르는 화가이자 외교관으로서 로맨틱한 주인공의 전형이다. 열렬한 자연 애호가로 사회의 인위적인 것과 위선을 증오한다. 그는 이미 다른 사람과 약혼한 처녀와 사랑에 빠진다. 그녀가 결혼한 뒤에도 그녀로부터 자신을 해방시킬 수 없어 자살하고 만다.

### 베르툼누스 라Vertumnus

사계절의 꽃과 과일의 생장生長을 맡은 신. 포모나의 남편이다. 모습을 마음대로 바꿀 수 있는 능력이 있어 늙은 여자의 형상을 취하여 3인칭으로 자신의 구애를 너무나도 웅변적으로 설득하여 포모나의 사랑을 얻게 되었다. 이 이야기는 오비디우스Ovidius의 『변신 이야기Metamorphoses』(xiv)에 자세히 나온다.

### 베를렌느, 폴 Verlaine, Paul 1844~96

말라르메Stéphane Mallarmé, 랭보Arthur Rimbaud와 함께 프랑스 상징파 3대 시인의 하나. 가장 정묘하고 음악적인 서정시인으로 일컬어진다. 1872년 아내를 버리고 랭보와 같이 런던으로 건너갔고, 다음해에 그를 권총으로 쏘아 2년 간 감옥 생활을 했으며, 파리에서 죽었다. 시집으로 『좋은 노래La Bonne Chanson』(1870), 『말 없는 연가Romances sans Paroles』(1874), 『예지Sagesse』(1881), 『애가哀歌』 등이 있다.

### 베스타의 처녀들 라Vestales 영Vestal Virgins

로마 신화에서 베스타(그리스 신화의 헤스티아에 해당)의 신전에서 봉사하도록 뽑힌 여섯 명의 처녀. 그녀들은 10세 때부터 10년 동안 훈련을 받았다. 그 뒤 10년 동안 신전에서 실제 봉사를 했고, 또 10년 동안 베스타의 새 처녀들을 가르쳤다. 30년 간 봉사한 뒤 자기의 생활로 돌아왔다. 30년 간의 봉사를 마친 뒤 결혼할 수는 있었지만 결혼한 여자는 극소수였다. 순결을 맹세한 이 처녀들은 제단에 타오르는 여신의 성화를 돌보는 일이 제일 중요한 의무였다. 서약을 깨뜨린 베스타의 처녀는 생매장에 처해졌으며 그녀들을 모욕한 자들도 엄한 벌을 받았다.

### 베아트리체/비어트리스Beatrice

1) 단테Alighieri Dante의 온 생애 동안 그의 시의 원천이 된 여인. 단테는 『새로운 생명Vita Nuova』(1293년경)과 『신곡La Divina Commedia』에서 베아트리체를 영원한 여인으로

헨리 홀리데이, 「단테와 베아트리체의 만남」, 리버풀 워커 갤러리

묘사했다. 단테는 9세 때 8세인 베아트리체를 처음 보았는데 "그때부터 '사랑'이 내 영혼을 사로잡았다"고 고백한다. 두 사람은 9년 뒤 우연히 길에서 다시 만났고, 그 뒤에도 서로 만난 순간이 있었다고 한다. 베아트리체가 실제로 누구인가에 관해서는 여러 설이 있으나 일반적으로 시모네 데 바리드와 결혼한 베아트리체 포르티나리(1266~90)라고 전해진다. 그녀는 1290년 6월 8일 24세의 나이로 죽었다. 『신곡』에서 그녀는 천벌과 구원이란 우의적인 여행을 통하여 시인(단테)을 인도하는 성스런 사랑의 상징이다.

2) 셰익스피어William Shakespeare의 『헛소동Much Ado about Nothing』(1598~99)에 등장하는 독설적이고 두뇌가 명석한 여주인공. 그녀는 자신이 싫다고 공언公言하며 계속해서 조롱해대던 베니딕과 사랑에 빠진다.

### 베오울프 Beowulf

앵글로색슨 시대의 대표적인 서사시. 기원전 700년경에 쓰인 것으로 추정되나 저자는 알 수 없다. 7세기 말에서 8세기 말 사이에 오늘날의 형태로 되었다. 약 3,200행의 고古영어로 쓰인 두운체頭韻體 서사시이다. 이 시의 주인공 베오울프는 이에아트족의 왕 휴이에크의 궁정에서 가장 힘세고 용감한 신하이다. 베오울프는 괴물 그렌델과 싸우고 마침내 초인간적 인내와 힘으로 괴물을 퇴치한다. 스칸디나비아 전설에 기원을 둔 이 주제는 신화와 역사적 사건을 혼합하고 있으며 마지막에는 그리스도교와 융합되어 있다. 1995년 노벨 문학상 수상자인 아일랜드 시인 셰이머스 히니Seamus Heaney의 번역본(1999)이 있다. 현재 영국박물관에 있는 단 하나의 사본은 10세기 말에 필사한 것으로 로버트 브루스 코튼 경이 소장한 것이었다.

### 베옷과 재 Sackcloth and ashes

전통적으로 통회와 회개의 표시로 등장하는 상징. 예수가 자신이 권능을 가장 많이 베푼 고을들이 회개하지 않자 "너희에게 행한 모든 권능을 두로와 시돈에서 행하였더라면 그들이 벌써 베옷을 입고 재에 앉아 회개하였으리라"(마 11:21)라고 책망한 데서 비롯하였다. 오늘날은 보통 애도한다는 뜻의 비유로 쓰인다.

### 베키트, 새뮤얼 Beckett, Samuel 1906~89

아일랜드의 극작가·소설가. 1969년에 노벨 문학상을 수상했다. 프랑스에서 살면서 부조리극인 『고도를 기다리며En attendant Godot』(1952)를 썼다.

### 벤허 Ben-Hur

월리스Lewis Wallace의 소설 『벤허, 그리스도의 이야기Ben-Hur, a Tale of the Christ』(1880)의 주인공. 월리스는 미국의 장군이자 외교관으로 활동하며 소설을 썼다. 이 작품의 배경은 그리스도가 살던 시대의 로마이다. 벤허는 로마인의 총애를 받는 유대인이다. 하지만 친구 메살라의 배신으로 노예가 되었다가 신분이 회복되는 우여곡절을 겪는다. 전차 경주에서 메살라를 패배시키고 불구로 만든 뒤 그리스도를 따라가서 개종한다. 그의 일대기를 소재로 한 와일러William Wyler 감독의 영화 「벤허」(1959, 찰튼 헤스튼 주연)가 있다.

### 벨 Bel

땅과 공기의 신. 바벨론의 주신主神이다. 사람과 우주를 창조한 신으로 남성의 생식력을 상징한다. 페니키아어와 히브리어에서 벨은 바알과 같은 말이다. 「다니엘서」에 붙어 있는 『구약성서』의 외경 중 하나인 「벨과 용Bel and Dragon」에서 다니엘은 바벨론의 벨 사제의 술책을 폭로하고 왕에게 벨은 단지 허상에 불과하고 살아 있는 신이 아니라고 확신시킨다.

### 벨과 느보 Bel and Nebo

바벨론의 주신主神인 마르둑과 그의 아들. 벨은 마르둑의 이름이고 느보는 벨의 아들이다. 「이사야서」에 "벨은 엎드려졌고 느보는 구부러졌도다"(사 46:1)라고 둘을 묘사하였는데 이는 우상들이 파괴되어 쓰러진 모습을 말한 것이다.

**벨드사살 Belteshazza** ⇨ 다니엘

**벨레로폰/벨레로폰테스 □Bellerophon/Bellerophontes**

그리스 신화의 전설적 영웅. 글라우코스의 아들이며 코린토스 왕 시쉬포스의 손자이다. 아르고스 왕 프로이토스의 손님으로 갔을 때에 왕비인 안테이아가 그에게 구애를 했으나 거절했다. 이에 격분한 왕비는 자기를 겁탈하려 했다고 거짓말을 하여 그를 비난했다. 그래서 프로이토스는 뤼키아 왕 이오바테스한테 벨레로폰을 보냈는데, 봉인한 편지에는 편지 지참자를 즉시 죽이라는 내용의 글이 적혀 있었다. 이오바테스는 직접 죽이기가 싫어서 벨레로폰을 괴물 키마이라(그 | Chimaira 영 | Chimera, 사자 머리에 뱀 꼬리와 양 몸뚱이를 한 입에서 불을 뿜는 괴물)와 싸우게 했다. 그러나 벨레로폰은 아테나 여신이 준 황금 굴레로 날개가 있는 말 페가소스를 잡고 이 말의 도움으로 키마이라를 죽이고 이오바테스의 딸과 결혼했다. 나중에 벨레로폰은 페가소스를 타고서 올림포스 산 꼭대기로 올라가려다가 제우스가 보낸 등에 때문에 말에서 떨어졌고 그 뒤 남은 생을 눈이 먼 절름발이 신세로 홀로 헤매게 되었고, 페가소스는 별들 속으로 계속 날아가 페가소스 자리가 되었다. 이 이야기는 여러 곳에 나오는데 호메로스Homeros의 『일리아스Ilias』(vi), 아폴로도로스Apollodoros의 『비블리오테케Bibliotheke』, 파우사니아스Pausanias의 『그리스 안내기Periegesis Hellados』(ix), 헤시오도스Hesiodos의 『신통기Theogonia』 등이 대표적이다. ⇨ 키마이라

**벨로, 솔 Bellow, Saul 1915~**

미국의 소설가. 소외된 현대인의 인간관계를 묘사했다. 1976년 노벨 문학상을 수상했다. 대표작으로 『오기 마치의 모험The Adventures of Augie March』(1953), 『허조그Herzog』(1964), 『학생처장의 12월The Dean's December』(1982) 등이 있다.

**벨로나 Bellona**

로마 신화에서 마르스 이전에 숭배되던 전쟁의 여신. 기원전 296년 그녀한테 기원한 승리가 성취되자 카피톨리누스 언덕의 마르스 제단 근처에 벨로나 신전이 세워졌다.

**벨리알/벨리알의 자손 Belial/Son of Belial**

'사악한 사람', '무가치한 사람'이란 뜻. 가끔 사탄과 동의어로 쓰인다. 아비가일이 다윗에게 자기 남편 나발을 벌하지 말기를 사정하며 나발에 대해 이 말을 쓰고 있다(삼상 25:23~25). "그리스도와 벨리알이 어찌 조화되며 믿는 자와 믿지 않는 자가 어찌 상관하며"(고후 6:15)란 구절이 있다.

## 펠릭스, 안토니우스 Felix, Antonius

제11대 유대 총독(재임 52~60). 그의 이름의 felix는 '즐겁다'는 뜻인데, 「사도행전」기록에 근거해 어떤 일을 당장 처리하지 않고 더 나은 때로 미루는 사람이란 의미로 쓰인다. 즉 그가 바울을 재판하면서 "지금은 가라. 내가 틈이 있으면 너를 부르리라"(행 24:25) 한 데서 나왔다.

## 벨사살 Belshazzar

느부갓네살의 아들로 바벨론의 마지막 갈대아인 왕(단 5:30~31). 실제로는 나보니두스의 아들이며 느부갓네살 2세의 손자였을 것으로 추정된다. 『바벨론 연대기』에는 바벨론이 기원전 539년 10월 13일에 멸망했다고 기록되어 있다. 바로 이날 "벨사살의 잔치 Belshazzar's feast"에 손가락이 나타나 벽에다 글자를 썼다(단 5:1~30). 벨사살이 그것을 보자 그의 손과 발이 마비되었다. 벨사살의 잔치는 진수성찬에 도가 넘치는 사악한 탐닉을 드러내는 행사를 가리킨다. '벨사살의 마비'란 말은 여러 원인으로 인해 열이 나는 오한을 일컫는다. 벨사살은 몰락 혹은 대참변 직전에서 비틀거리는, 타락하고 부패한 통치자의 한 전형이다. 렘브란트Rembrandt의 그림에 「벨사살의 잔치」(1635년경)가 있다.

## 벨치 경, 토비 Belch, Sir Toby

셰익스피어William Shakespeare의 『십이야Twelfth Night』(1599)에 나오는 인물. 조카 올리비아와의 구혼을 주선해 주겠다고 어리석은 앤드루 에이규칙 경을 설득해서 자금을 조달받아 요란한 술잔치를 벌인다. 여기에 참여한 무리는 그를 중심으로 똘똘 뭉쳐 청교도적인 하인 말볼리오를 골탕 먹인다. 이름의 belch는 (가스·연기·물을) '배출하다', '트림하다'라는 뜻이다. 이것은 셰익스피어가 말장난으로 만든 희극적 이름이다.

## 벽에 손가락이 쓴 글자 Handwriting on the wall ⇨ 메네 메네 데겔 우바르신, 벨사살

## 벽을 향해 얼굴을 돌리다 Turn one's face to the wall

병든 히스기야가 죽을 것이라는 이사야의 말을 듣고 취한 행동. "히스기야가 낯을 벽으로 향하고 여호와께 기도하여 구하되"(왕하 20:2, 사 38:2)라는 구절에서 비롯하였다. 히스기야는 이렇게 기도한 뒤에 생명이 15년 연장되었다. 히스기야의 기도는 세상에 대한 모든 희망을 포기하고 하느님만을 바라보는 태도를 나타낸다.

## 변신變身 이야기 Metamorphoses

1) 오비디우스Ovidius의 작품. 전 15권으로 구성되었다. 천지창조부터 율리우스 카이사

르가 죽어 하늘의 별로 변신하기까지의 이상한 변신 이야기 250여 편을 집대성한 것으로 신화 백과전서라고 할 만하다. 이 작품은 특히 미술 분야와 문학 분야에 막대한 영향을 끼쳐 르네상스기에는 그 영향이 절정에 달했으며 그 뒤에도 지속적으로 영향을 끼쳐 왔다. 오비디우스의 작품에 영향을 받은 대표적인 작가로는 이탈리아의 단테Alighieri Dante, 페트라르카Francesco Petrarca, 보카치오Giovanni Boccaccio, 독일의 괴테Johann Wolfgang von Goethe, 릴케Rainer Maria Rilke, 카프카Franz Kafka, 프랑스의 롱사르Pierre de Ronsard, 코르네이유Pierre Corneille, 라신느Jean-Baptiste Racine, 발레리Paul Valéry, 아폴리네르Guillaume Apollinaire, 영국의 초서Geoffrey Chaucer, 스펜서Edmund Spenser, 셰익스피어William Shakespeare, 밀튼John Milton, 포우프Alexander Pope, 셸리Percy Bysshe Shelley, 키츠John Keats, 테니슨Alfred Tennyson, 엘리어트Thomas Stearns Eliot, 미국의 파운드Ezra Pound 등이 있다. 피카소Pablo Picasso가 삽화를 그려 넣은 A. E. 워츠의 번역판(1954)이 캘리포니아 대학출판부에서 간행되었다.

2)로마 소설가 아풀레이우스Apuleius(기원전 155년경)의 작품 제목. 『황금 당나귀Asinus Aureus(Golden Ass)』로 번역되었다. 원제는 "Metamorphoses"로 전 11권으로 구성되었다. 이 작품은 루키우스라는 사람의 모험담이라는 형식을 취하고 있다. 루키우스가 마술의 본고장 텟살리아에서 여행하다가 거기서 여관 여주인이 어떤 고약을 사용하여 부엉이로 변신하는 것을 보았다. 루키우스는 그녀의 하녀를 유혹하여 자기도 그 흉내를 냈는데 잘못하여 당나귀로 변신해 버렸다. 당나귀가 된 그는 악한들, 사교邪敎의 제관祭官들, 야채 상인, 두 명의 노예, 요리사 등의 손에 차례로 넘어갔다. 루키우스는 마지막에 이시스 여신의 제전에서 여신의 호의를 입어 인간의 모습으로 되돌아온다. 그 뒤 이시스교敎에 입문하여 오시리스 신의 비교秘敎 신자가 되었다. 그 밖에도 여러 재미있는 이상한 이야기가 있는데, 특히 유명한 것이 「쿠피도와 프쉬케Cupid and Psyche」이다.

### 보기에 좋았더라 See that it is good

하느님이 만물을 창조하실 때 자신의 창조물을 보고 한 말. 이는 창조된 것들의 완전함과 아름다움이 하느님의 뜻과 일치하였음을 나타낸다.

### 보나르, 실베스트르 Bonnard, Sylvestre

프랑스Anatole France의 『실베스트르 보나르의 범죄Le Crime de Sylvestre Bonnard』(1881)에 등장하는 겸손하고 내성적인 학자. 다른 사람들의 생활 속에 자기 자신을 참여시킴으로써 선을 행하려 했다.

## 보들레르, 샤를 Baudelaire, Charles 1821~67

프랑스의 시인. 상징파의 선구자이다. 36세 때 『악의 꽃*Les Fleurs du Mal*』(1857)을 내어
위고Victor-Marie Hugo한테서 "새로운 전율을 창조했다"는 평을 받았다. 그의 작품은 전
세계 문단에 영향을 끼쳤으며 진지한 연구의 대상이 되고 있다. 주요 작품으로는 『인
공낙원*Les Paradis artificiels*』(1860), 『파리의 우울*Le Spleen de Paris*』(1869) 등이 있다.

## 보디발의 아내 Potiphar's wife ⇨ 요셉과 보디발의 아내

## 보딘 Wodin

북유럽 신화의 주신主神인 오딘Odin의 앵글로색슨형. 고대 독일 신화의 최고신 보단
Wodan 혹은 보탄Wotan에 해당한다. ⇨ 오딘

## 보레아스 ㄱBoreas

북풍의 신. 그리스 신화에서는 아스트라이오스와 에오스의 아들로 나온다. 다른 풍신
風神, 즉 제퓌로스(서풍), 노토스(남풍), 에우로스(동풍)와 형제 사이이다. 보레아스는 기
원전 480년에 아르테미시온(여기에 아르테미스 신전이 있었음)에서 페르시아 함대에 치명
적인 타격을 가하여 그리스인들을 도왔다.

## 보르헤스, 호르헤 루이스 Borges, Jorge Luis 1899~1986

아르헨티나의 작가. 부에노스 아이레스에서 태어나고 제네바에서 교육을 받았다. 에
스파냐에서 몇 년을 보낸 뒤 아르헨티나로 돌아와 작품을 발표했다. 단편 작가로 유명
해졌다. 1955년 부에노스 아이레스 도서관장이 되었다. 환상적이고 꿈 같은 사건을 사
실적인 이야기 속에 도입하는 마술적 리얼리즘의 대표 작가이다. 대표 작품집으로 『단
편소설집*Ficciones*』(1944)이 있다.

## 보바리, 에마 Bovary, Emma

플로베르Gustave Flaubert의 소설 『보바리 부인*Madame Bovary*』(1857)의 여주인공. 낭만적
환상에 사로잡힌 에마는 평범한 샤를 보바리와의 결혼 생활에 몹시 싫증을 느낀다. 그
녀는 그저 자신을 이용해 먹는 두 남자와의 간통에서 모험과 열정을 찾는다. 그녀는
점점 악에 빠져들고 빚이 늘어나게 되자 독약을 마시고 자살하는 것으로 이 세상으로
부터 도피한다.

## 보아너게 Boanerges

목소리가 큰 웅변가나 설교가를 가리키는 말. '우레의 아들'이란 뜻이다. 세베대의 아

들 야고보와 요한이 사마리아 사람들이 예수를 영접하지 않자 하늘에서 불이 내려오게 해 저들을 멸망시키라(눅 9:54)고 말하자 예수가 그들에게 붙여 준 별명이다.

## 보카치오, 지오반니 Boccacio, Giovanni 1313~75

이탈리아의 소설가·시인. 젊은 시절은 나폴리에서 지냈고, 1341년부터 죽을 때까지는 피렌체에서 보냈다. 청년 시절에 애인 마리아 다퀴노에게 준 애칭인 피암메타 Fiammeta한테 바친 많은 시와 소설을 썼다. 작품 중 트로일로스와 크레시다 이야기에 바탕을 둔 장시長詩『필로스트라토Filostrato(사랑의 포로)』(1338),『피아메타』등이 유명하다. 『필로스트라토』는 초서Geoffrey Chaucer의 '크리세이드', 셰익스피어William Shakespeare의 '크레시다'의 원형이다. 불후의 대작『데카메론Decameron』(1348-53)은 중세의 종말과 근대의 인간 해방을 알리는 최초의 작품이라 할 수 있다.

## 보텀, 닉 Bottom, Nick

셰익스피어William Shakespeare의 희극『한여름 밤의 꿈A Midsummer Night's Dream』(1595)에 등장하는 얼간이 직공. 장난꾸러기 요정 퍽Puck의 놀잇감으로 이용되었다. 퍽은 보텀한테 당나귀 머리를 덮어씌우고, 요정들의 왕비 티테이니어한테 마법을 건다. 그 결과 티테이니어는 잠을 깨자마자 눈에 띈 보텀을 사랑하게 된다.

## 복수復讐의 여신들 Furies ⇨ 에리뉘에스

## 복음福音/복음서福音書 Gospel

'기쁜 소식' 혹은 '좋은 기별'이란 뜻. 이 말은 앵글로색슨어(고대 영어)의 godspell에서 나왔는데, godspell이란 말은 그리스어의 euangelion에서 파생한 라틴어 evangelium의 번역이다. 이것은『신약성서』에 수집된 예수의 생애에 관한 기록을 가리키는데, 「마태복음」, 「마가복음」, 「누가복음」, 「요한복음」을 말한다. 일반적으로는 그리스도의 가르침, 곧 기독교의 계시를 지칭한다. 확장된 의미로는 '복음서의 진리'란 구절에서와 같이 뚜렷한 출처나 성격을 가진 주장이나 진술, 혹은 사람들이 대단한 열정을 가지고 선포하는 가르침이나 운동을 뜻한다.

## 복음서 저자/복음 전도자 Evangelist

복음(복된 소식)을 뜻하는 그리스어의 euangelion에서 온 말. 4복음서의 저자인 마태, 마가, 누가, 요한은 복된 소식의 전파자 혹은 네 명의 복음서 저자로 알려져 있다. 나중에 이 말은 복음 전파자 특히 순회 설교자나 개신교 부흥 강사를 지칭하는 데 쓰였으며 넓은 의미로는 도덕적 혹은 종교적 운동의 열렬한 지지자를 뜻하게 되었다.

## 본디오 빌라도 [라]Pontius Pilatus [영]Pilate

예수의 처형 당시 예루살렘의 로마 총독. 유대인들이 예수를 고소하자 예수가 죄가 없음을 알고서도 그를 십자가에 못 박으라는 요구에 굴복했다. 그러고 나서 책임을 회피하기 위해 상징적으로 손을 씻었다. 전형적인 자기기만자이며 위선자이다. 어떤 문제에서 "손을 씻는다"는 말은 자기 자신의 행동, 특히 잘못된 행위에 대해 책임지기를 거부함을 뜻한다(마 27:19·24~25).

## 볼숭가 사가 Volsunga Saga

아이슬란드의 산문 전설을 집대성한 책. 볼숭가를 중심으로 펼쳐진 이야기를 모은 전설집이다. 지구르트와 구드룬을 둘러싼 볼숭족과 니벨룽족 이야기로 독일에서는 『니벨룽의 노래*Niebelungenlied*』(1200년경)로 전해진다. 『에다*Edda*』에 그 단편이 남아 있는데 원래의 서사시 형태는 없어지고 산문으로만 남아 있다. 아마 12, 13세기경에 집대성한 것으로 보인다.

## 볼테르 Voltaire 1694~1778

프랑스 계몽기의 대표적인 사상가. 프랑수아 마리 아루에*François-Marie Arouet*의 필명이다. 작품으로는 풍자 소설 『캉디드*Candide*』(1759)가 유명하다.

## 볼포우니 Volpone

존슨Ben Jonson의 풍자 희극 『볼포우니*Volpone or the Fox*』(1605)에 등장하는 이탈리아인 주인공. 볼포우니는 '여우'란 뜻이다. 볼포우니는 사기와 변장에 뛰어나 부정한 변호사나 상인, 구두쇠를 속이는 일에 나선다. 그와 사기를 치는 공범자는 하인 모스카 Mosca('파리'란 뜻)이다. 오늘날 볼포우니는 '교활함', '교묘한 속임수'와 동의어로 쓰인다.

## 부다 Buddha

석가모니의 존칭. 산스크리트어로 '깨우친 자'라는 뜻이다. 동방의 몇몇 종교에서는 신의 최후의 화신, 또 불교의 창시자로 여겨진다. 역사적으로 그의 이름은 고타마 싯다르타이며 기원전 6세기에 살았다. 왕의 아들이었으나 모든 세

마티아스 스토머, 「손을 씻는 빌라도」, 루브르 박물관

속적 소유를 거부하고 금욕자의 생활을 했다. 사람들에게 삶의 끝없는 순환을 피하는 일은 욕망에서 해방됨으로써 달성할 수 있다고 가르쳤다.

### 부덴브로크가家의 사람들 Buddenbrooks

독일 작가 만Thomas Mann이 1901년에 발표한 소설. 부유한 독일 상인들의 가문인 부덴브로크 집안의 쇠퇴 과정을 그렸다. 가부장인 요한 부덴브로크는 비양심적인 사업 경영으로 재산을 축적하고 가문의 신분을 높이지만 상속자들은 점점 재산을 탕진하고 부르주아적 삶으로부터 멀어져 간다. 상속자들은 재정적 소득을 추구하려는 의지가 점점 줄어들고, 그와 함께 그들의 힘·건강·재산도 기운다.

### 부동不動의 원동자原動者 라Primum mobile 영The first moving thing

아리스토텔레스 철학의 주요 개념 중의 하나. 최초로 운동을 일으키는 자, 즉 원동자라는 뜻이다. 부동의 원동자, 혹은 부동의 제1동자라고도 한다. 중세 프톨레마이오스 Klaudios Ptolemaeos 천문학에서는 제9천天(나중에 제10천)을 가리킨다. 제9천은 지구를 둘러싼 가장 바깥층으로, 24시간 간격으로 지구를 한 바퀴 돌며 전 천계 운행의 주동력이라고 여겨졌다.

### 부자와 나사로 Lazarus and Dives

『성서』에서 '천국과 지옥'을 설명하기 위한 비유에 등장하는 인물. 예수가 한 비유 중에 디베스(라틴어로 '부자'를 뜻한다)는 호화롭게 사는 반면에 거지 나사로는 온몸에 종기가 난 채 "그의 문에 누워" 디베스의 상에서 떨어지는 부스러기라도 얻어먹으려고 하는 모습으로 나타난다. 하지만 그들이 죽었을 때 나사로는 천국으로 옮겨진 반면 디베스는 지옥에서 고통을 받았다(눅 16:19~31). 오늘날 디베스는 세상 욕심과 물질주의에 빠진 사람을 가리킬 때 쓴다.

### (저울에 달아 보니) 부족하다 (weighed in the balance and) Found wanting

'기준에 미치지 못하다', '실패하다'라는 뜻. "데겔은 왕을 저울에 달아 보니 부족함이 보였다 함이요"(단 5:27)에 나오는 말이다. 이는 벨사살이 베푼 잔치에서 벽에 손가락이 쓴 "메네 메네 데겔 우바르신"이란 말의 뜻을 다니엘이 설명하는 대목이다. ⇒ 메네 메네 데겔 우바르신

### 부지不知 중에 천사를 대접한다 Entertain an angel unawares

사랑의 마음으로 손님을 대접하고 난 뒤 그가 대단히 존귀한 사람임을 깨닫게 된 경우에 쓰는 말. "손님 대접하기를 잊지 말라. 이로써 부지중에 천사들을 대접한 이들이 있

었느니라"(히 13:2) 한 데서 비롯하였다. 「창세기」 18, 19장에는 아브라함이 자신도 모르는 사이에 천사를 대접한 이야기가 나온다.

## 부활復活 Resurrection

죽은 뒤에 예수가 무덤에서 일어난 것을 가리키는 말. 기독교 신앙의 가장 중심적이고 특징적인 신념이다. 복음서는 예수가 십자가형을 당하고 금요일 저녁에서 일요일 아침까지 무덤에 누워 있다가 영과 육체가 부활하여 그를 따르는 자들에게 나타났다고 말한다. 그의 부활은 예수뿐 아니라 모든 기독교도가 죽음을 이길 것이라는 기독교 신앙의 근거이다. 부활절은 예수의 부활을 기념하는 날이다.

## 부활절復活節 Easter

그리스도의 부활을 기념하는 축제. 대부분의 비영어권 기독교 국가에서 이 축제일은 유월절Passover을 뜻하는 히브리어 페사흐Pesach에서 비롯한 pasch란 말의 변형으로 불린다. 이스터Easter란 말은 앵글로색슨어인 에아스트레eastre에서 비롯했는데 이 말은

라파엘리노 델 가르보, 「그리스도의 부활」, 피렌체 아카데미아 미술관

196

튜튼족의 새벽의 여신 에오스트레Eostre를 기념하여 춘분에 열리는 축제를 일컫는 말이었다. 두 축제가 거의 같은 때에 열렸기 때문에 기독교 선교 이전 시대의 이름을 기독교인이 차용한 것이다. 부활절은 유월절 달의 14일이 지난 첫 일요일이다. 부활절은 3월 22일보다 이를 수 없고 4월 25일보다 늦을 수 없다. 이 규칙은 325년에 니케아 종교회의에서 확정되었다. 부활절은 사순절Lent이라 불리는 기간에 40일 간 계속되다 부활절 전에 끝나는 성주간聖週間(Holy Week)에 의해 성례적인 중요성이 더해진다. 성주간은 예수의 예루살렘 입성을 상징하여 종려를 찬양하고 축하 행렬이 열리는 종려주일Palm Sunday에 시작한다. 성목요일Good Thursday(혹은 세족 목요일Maundy Thursday)은 예수가 최후의 만찬에서 시행한 성만찬을 축하하는 날이다. 다음날인 성금요일Good Friday은 예수가 십자가에 달린 사건을, 성토요일Holy Saturday은 그의 육신이 무덤에 놓인 것을 기린다. 부활절이 시작하는 자정에 열리는 부활절 자정 미사는 그리스도 부활의 기쁨을 알리는 미사이다. 이때 그리스도가 세상의 빛임을 상징하는 부활절 양초가 점화되고 종이 울리며 수난주간Passiontide(사순절의 마지막 두 주간) 내내 덮여 있던 성상聖像들과 십자가 그리고 성화聖畵들이 모습을 드러내고 사람들은 할렐루야를 외친다. 기쁨과 빛 그리고 순결의 상징인 하얀색은 부활절의 성례를 나타낸다. 이전 사람들은 부활절에 태양이 춤을 추었다고 믿었다.

## 북유럽 신화 Norse mythology

스칸디나비아의 신화를 가리키는 말. 기독교가 확립되기 전까지 독일과 브리튼에 널리 퍼져 있었다. 북유럽 신화 중 중요한 것은 오딘Odin, 토르Thor, 트롤Troll(동굴, 지하, 다리 밑, 산 등에 사는 기괴한 거인 혹은 난쟁이 종족), 발할라Valhalla 등이다.

## 분봉왕分封王 Tetrarch

(고대 로마의) 사분령태수四分領太守. 지방 행정장관으로 태수보다 낮은 속주의 통치자에게 로마가 부여한 관직이다. 원래 이 말은 어떤 지역을 4등분하여 통치하는 사람에게 붙인 이름이다(눅 3:1). 『성서』에는 갈릴리의 분봉왕 헤롯(마 14:1), 이두래와 드라고닛의 분봉왕 빌립(눅 3:1), 아빌레네의 분봉왕 루사니아(눅 3:1)가 등장한다.

## 분신分身 Alter ego ⇨ 타아

## 분쟁하는 집 House divided against itself

의견이 일치하지 않고 나누어진 상태를 가리키는 말. 바리새인들이 예수가 귀신의 왕 바알세불을 힘입어 귀신을 쫓아낸다고 말하자 예수가 그들에게 다음과 같이 말했다.

"스스로 분쟁하는 나라마다 황폐하여질 것이요 스스로 분쟁하는 동네나 집마다 서지 못하리라"(마 12:25, 막 3:25). 링컨Abraham Lincoln은 연설에서 이 구절을 자주 인용했는데, 1858년의 한 연설에서 미합중국의 분열상을 "절반은 종살이, 절반은 자유"라고 하였다.

### 불가타/불가타 성서 Vulgate
성 히에로니무스Hieronymus가 382~384년에 번역한 라틴어『성서』를 일컫는 말. 약간의 수정을 거쳐 로마 천주교의 공인『성서』가 되었다. 불가타란 '사람들 사이에 퍼진'이란 뜻의 editio vulgata(유포본流布本)란 라틴어에서 비롯하였다. 요즈음은 일반적으로 어떤 작품의 '공인된 판본' 혹은 '널리 쓰이는 어떤 작품'을 의미할 때 쓰인다.

### 불과 물을 통과하다 Go through fire and water
'극심한 환난과 위험을 겪다'라는 뜻. "우리가 불과 물을 통과하였더니 주께서 우리를 끌어내사 풍성한 곳에 들이셨나이다"(시 66:12) 한 데서 비롯하였다.

### 불과 유황 연못 Lake of fire and brimstone
성 요한Saint John이 지옥을 묘사하며 붙인 이름(계 21:8). 불과 유황으로 가득한 설교를 하는 것은 사람들이 죄로 인해 지옥의 저주를 받을 것이라고 회중을 위협하는 것을 뜻한다.

### 불기둥 Pillar of fire
'나갈 길을 분명하게 보여 주는 표지'를 가리키는 말. 이스라엘 사람들이 이집트를 빠져 나와 광야를 지나갈 때 하느님이 낮에는 구름기둥으로 밤에는 불기둥으로 그들을 보호하며 나아갈 길을 인도한 데서 비롯하였다(출 13:21~22, 14:19 · 24).

### 불붙는 심지를 끄다 Quench the smoking flax
'재능을 계발하지 못하도록 방해하다', '발전하지 못하도록 싹을 제거하여 버리다'라는 뜻. "상한 갈대를 꺾지 아니하며 꺼져 가는 등불을 끄지 아니하고"(사 42:3)에서 비롯하였다. 이 구절은 죄악에 빠져 죽을 운명에 처한 인간을 오래 참고 구원하는 하느님의 무한한 은혜를 나타낸다.

### 불붙은 떨기나무 Burning bush
자연 속에 내재하는 하느님의 상징. 장로교의 상징이기도 하다. 이 심상에서 가장 중요한 요소는 떨기나무가 불에 타기는 하나 살라 없어지지는 않는 신성한 불의 능력이다. 영적인 함의와 초기 교회의 박해를 기리는 뜻을 지니고 있어 장로교회의 상징이 되었다. 떨기나무는 『구약성서』의 다음 구절에 나온다. "모세가 그의 장인 미디안 제사장 이드로의 양 떼를 치더니 그 떼를 광야 서쪽으로 인도하여 하느님의 산 호렙에 이르매 여호와의 사자가 떨기나무 가운데로부터 나오는 불꽃 안에서 그에게 나타나시니라 그가 보니 떨기나무에 불이 붙었으나 그 떨기나무가 사라지지 아니하는지라 이에 모세가 이르되 내가 돌이켜 가서 이 큰 광경을 보리라 떨기나무가 어찌하여 타지 아니하는고 하니 그때에 여호와께서 그가 보려고 돌이켜 오는 것을 보신지라 하느님이 떨기나무 가운데서 그를 불러 이르시되 모세야 모세야 하시매 그가 이르되 내가 여기 있나이다"(출 3:1~4). 여기서 모세가 그의 이름을 묻자 하느님은 "나는 스스로 있는 자이니라"고 대답했다. 불붙은 떨기나무의 일화는 야훼가 불의 형태로 현현한 몇 경우 중의 하나이다.

## 불붙은 숯을 쌓다 Heap coals of fire

'악을 선으로 갚아 상대를 뉘우치게 한다'는 뜻. "네 원수가 배고파하거든 음식을 먹이고 목말라하거든 물을 마시게 하라 그리 하는 것은 핀 숯을 그의 머리 위에 놓는 것과 일반이요 여호와께서 네게 갚아 주시리라"(잠 25:21~22)라는 구절에서 비롯하였다. 악을 선으로 갚는 것이 악을 이기는 최상의 방법이라는 것을 말하고 있다. 불붙은 숯은 원수가 느끼는 당혹감과 후회로 이해할 수 있다.

## 불수레 Chariot of fire

초월 또는 자연의 방해를 기적적으로 극복하는 것을 나타내는 한 이미지. 이 표현은 "불수레와 불말들이 두 사람을 갈라놓고 엘리야가 회오리 바람으로 하늘로 올라가더라"(왕하 2:11)고 한 구절에 나온다. 선지자 엘리야에 대한 수많은 기사奇事 중의 하나이다. 신기한 마차는 여러 민족의 민담에 하늘이 내린 존재가 타고 다니는 운송수단으로 등장하고 불은 특히 『구약성서』의 하느님과 연관되어 있다. 위의 구절에서 보듯 엘리야는 죽지 않고 승천했으므로 민간신앙에서는 그가 메시야의 선구자로서 결국은 돌아올 것이라 믿었다(눅 9:19). 블레이크William Blake가 이 말을 장시長詩 「밀튼Milton」(1804~8)의 서곡序曲에 썼다.

## 불에서 꺼낸 그슬린 나무 Brand (snatched) from the burning/Brand (snatched) from the fire

'화급한 위험에서 건짐을 받은 사람', '구조된 사람', '회심자'를 뜻하는 말. "예루살렘을 택한 여호와께서 너를 책망하노라 이는 불에서 꺼낸 그슬린 나무가 아니냐"(슥 3:2)라는 구절에서 비롯하였다. 이 말은 영적으로는 불의 심판에서 구원받아 나온 이스라엘 백성을 가리킨다.

### 불카누스 <small>라</small>Vulcanus <small>영</small>Vulcan

불과 대장간의 신. 그리스 신화의 헤파이스토스에 해당한다. 퀴클롭스들과 함께 아이
트나 산 한가운데에 커다란 용광로를 만들었다. vulcanization(생고무를 단단하게 하기 위
한 가황加黃 처리)은 Vulcan에서 나온 말이다. ⇨ 헤파이스토스

### 불화不和의 사과 Apple of Discord

트로이아 전쟁의 원인이 된 신화적인 사건. 에리스(그 | Eris, 불화의 여신)는 제우스와 헤라
의 딸이고 아레스와는 쌍둥이이다. 신 중에 오로지 에리스만이 펠레우스와 테티스(아킬
레우스의 부모)의 결혼식에 초대받지 못했다. 화가 치민 에리스는 결혼식에 가서 하객 사
이로 "가장 아름다운 여자에게"라고 적힌 황금사과를 내던졌다. 그 자리에 있던 세 여
신 헤라, 아테나, 아프로디테가 각자 사과가 자기 것이라고 주장했는데, 어떠한 신도 이
말다툼에 끼어들고 싶지 않았기 때문에, 제우스는 헤르메스를 프뤼기아에 있는 이데
(그 | Ide 영 | Ida) 산으로 보냈다. 그곳엔 프리아모스와 헤카베의 아들 파리스가 살고 있
었다. 헤르메스는 파리스한테 심판이 되어 달라고 설득했다. 여신들은 각자 자기에게
유리한 결정을 내려준다면 파리스에게 상을 주겠다고 제안했다. 헤라는 권력을, 아테
나는 지혜와 전쟁의 승리를, 아프로디테는 세계에서 가장 아름다운 스파르타 왕 메넬
라오스의 아내인 헬레네를 주겠다고 약속했다. 결국 파리스는 아프로디테의 편을 들어
스파르타로 갔고 헬레네와 함께 트로이아로 떠나버렸다. 이 일이 트로이아 전쟁의 원인
이 되었다.

### 브라우닝, 로버트 Browning, Robert 1812~89

영국의 시인. 빅토리아 시대에 테니슨Alfred Tennyson과 함께 시단詩壇의 쌍벽을 이루었
고, 「나의 전처 공작부인 My Last Duchess」(1842), 「프라 리포 리피Fra Lippo Lippi」(1855), 「안드
레아 델 사르토Andrea del Sarto」(1855) 등을 통해 극적 독백dramatic monologue 형식으로 르
네상스 시대의 많은 인물의 심리를 그려 "인물의 시인"이라 불렸다. 작품집으로 『소르
델로Sordello』(1840), 『반지와 책The Ring and the Book』(1868~69) 등이 있다. 그의 작품은 대부
분 이상주의를 바탕으로 하고 있다.

### 브라우닝, 엘리자베스 배리트 Browning, Elizabeth Barrett 1806~61

영국의 시인. 조숙한 천재로 8세 때 호메로스Homeros의 작품을 그리스어로 읽었다. 시
인 로버트 브라우닝과 1846년에 비밀 결혼하여 15년 동안 이탈리아에서 살았다. 작품

미켈레 고르디지아니, 「로버트 브라우닝」

미켈레 고르디지아니, 「엘리자베스 브라우닝」

집으로 『포르투갈인의 연가Sonnets from the Portuguese』(1850), 『오로라 리Aurora Leigh』 (1857) 등이 있다. 로제티Christina Georgina Rossetti와 영국의 가장 위대한 여류 시인 자리를 겨룬다.

### 브라운로우 씨 Mr. Brownlow

디킨스Charles Dickens의 『올리버 튀스트Oliver Twist』(1838)에 나오는 올리버 튀스트의 은인. 올리버를 악덕의 거리에서 구해내 돌봐주고, 양자로 삼는다.

### 브라흐마 Brahma

1) 범梵(세계의 최고 원리). 인격적 형태로 생각되는 힌두교의 신 혹은 절대자를 지칭한다. 힌두교의 삼신일체Trimurti 중에서 브라흐마는 우주의 창조자이다.

2) 창조신. ⇨ 비슈누, 시바

### 브레히트, 베르톨트 Brecht, Bertolt 1898~1956

독일의 극작가·시인. 독일 극단의 혁신적 인물로 마르크스주의적 입장에서 서사연극epic theater을 제창했다. 희곡으로 『밤에 치는 북 Trommelin in der Nacht』(1922), 영국 작가 게이John

「브라흐마」

Gay의 『거지 오페라*The Beggar's Opera*』(1728)에 기초한 『서푼짜리 오페라*Die Dreigroschenoper*』(1930), 시집으로 『가정 설교집*Hauspotille*』(1927) 등이 있다.

## 브론스키, 알렉세이 키릴리치 Vronsky, Alexey Kirilich

톨스토이Lev Nikloaevich Tolstoi의 『안나 카레니나*Anna Karenina*』(1875~76)에 등장하는 세련되고 부유한 장교. 안나를 사랑하여 함께 사랑의 도피를 한다. 자기 계급의 한계 안에서 관대하고 사교성이 많은 예술적 기질의 남자이다. 심지어 안나와의 불륜 관계에서도 기성 사회 규범에 따라 행동하며 안나보다 더 불륜을 합리화하려고 한다. 하지만 안나가 자살한 뒤 타락하고 만다. 이 작품은 비극적 결말로 운명지어진, 간통한 정열적인 연인들의 고전적 초상화이다.

## 브론테스 ㄱBrontës

그리스 신화에 나오는 헤파이스토스의 대장간에서 일하던 퀴클롭스 중 하나. 그의 이름은 '천둥'이라는 뜻이다.

## 브롭딩낵인들 Brobdingnagians

스위프트Jonathan Swift의 『걸리버 여행기*Gulliver's Travels*』(1726) 제2권에서 걸리버가 만나는 거인족. 거인들의 왕국(대인국)은 평화롭고 질서정연하지만 브롭딩낵의 왕은 상비군을 갖고 있다. 스위프트는 이 작품에서 거인족을 통해 인류의 야비함과 이기적 태도를 풍자하였다. ⇨ 걸리버 여행기

## 브루투스 Brutus

로마 공화정의 전설적 창건자. 최후의 에트루리아 왕 타르퀴누스 수페르부스의 조카이다. 왕의 아들 섹스투스Sextus가 귀족의 아내 루크레티아Lucretia를 강간했을 때 왕들의 폭정을 끝장내겠다고 맹세하고 기원전 509년에 무장 봉기하여 왕정을 무너뜨렸다. 같은 해에 수페르부스를 복권하는 데 두 아들이 가담하자 그들을 사형에 처했다.

## 브루투스, 너마저도? 라Et tu, Brute?

셰익스피어William Shakespeare의 『줄리어스 시저*Julius Caesar*』(1599년경)에서 카이사르가 브루투스의 칼에 찔렸을 때에 외친 말. 가장 믿었던 사람에게 배신당했을 때의 허탈함을 표현할 때 쓴다.

## 브룬힐트 Brunhild ⇨ 브린힐트

## 브리세이스 ㄱBriseis

카리아 렐렉스인의 왕인 브리세우스의 딸이며 뮈네스의 아내. 본명은 힙포다메이아

이다. 브리세이스는 '브리세우스의 딸'이란 뜻이다. 남편이 아킬레우스한테 살해된 뒤 그의 첩이 되었으나 둘은 서로 사랑하게 된다. 그런데 아가멤논이 자기의 첩 크뤼세이스(크뤼세스의 딸)를 주위의 압력에 의해 아폴론의 신관인 크뤼세스한테 반환하고는 크뤼세이스 반환을 강력히 주장한 아킬레우스에게서 브뤼세이스를 빼앗아 버렸다. 그리하여 두 사람 사이에 불화가 생겼다. 아킬레우스가 죽고 난 뒤 브리세이스는 그를 위해 장례 경기를 행했다. 볼프강 페터젠 감독의 영화 「트로이」(2004, 브래드 피트 주연)는 이 이야기에 바탕한 것이다. 이 이야기는 호메로스Homeros의 『일리아스*Ilias*』(i)에 나온다. ⇨ 크뤼세이스

## 브리아레오스 ㄱBriareos 영Briareus

우라노스와 가이아의 아들. 머리가 50개 달린 세 명의 백수거인百手巨人 중 하나이다. 다른 둘은 콧토스, 귀에스이다. 티탄들과의 싸움에서 제우스를 도와 이겼다.

## 브린힐트/브룬힐트 Brynhild/Brunhild

아이슬란드의 산문 전설집인 『볼숭가 사가*Volsunga Saga*』에서 주인공 지구르트가 사랑한 공주. 튜튼 설화에서는 브룬힐트로 알려져 있다. 발키리의 한 명으로 완전무장한 채 말을 타고 공중을 달리며 남자들의 싸움을 감시하는 시녀 중의 한 명이다. 그녀의 애인은 지구르트(지크프리트)이다. 바그너Wilhelm Richard Wagner가 작사, 작곡한 오페라 「니벨룽의 반지Der Ring des Nibelungen」(1876)에 주요 인물로 등장한다.

## 블라니 돌 Blarney Stone

아일랜드 남서부 코크 근처의 블라니 성에 있는 돌. 이 돌에 키스하면 아첨을 잘하게 된다고 한다. 이 이야기에서 파생한 "have kissed the Blarney Stone"은 '아첨하는 재주가 있다'라는 뜻이다.

## 블라이필 Blifil

필딩Henry Fielding의 『톰 존스*Tom Jones*』(1749)에 나오는 스콰이어 올워디의 조카이며 톰의 배다른 동생. 정직하고 덕이 있는 척하지만 실제로는 위선적이며 음모를 꾸미고 복수심이 많은 인물이다.

## 블레셋 사람 Philistine

뮈케나이 문명 붕괴 이후 기원전 12세기경 고대 블레셋(필리스티아)에 정착해 살던 거주민이나 원주민을 가리키는 말. 지적인 혹은 문화적인 가치를 경멸하고 물질적인 것만을 중시하는 사람들을 일컫는다. 흔히 19세기 영국 부르주아와 연관되는 진부한 사고

와 물질적인 가치만을 중시하는 교양 없고 편협한 사람을 말할 때도 쓴다. 블레셋 족속은 에게 해를 기원으로 한 비셈족계의 해양 민족이다. 다윗과 삼손 그리고 다른 유대 영웅들이 대항해 싸운 유대인의 숙적으로 대표적인 인물로는 골리앗과 삼손을 유혹한 데릴라가 있다. 고고학자들은 그들이 상당한 문화를 가지고 있었고 근면하게 일하는 것을 숭상했다고 주장한다. 아널드Matthew Arnold가 이 말을 『성서』의 문맥에서 따와 『교양과 무질서Culture and Anarchy』(1869)에서 함축적 의미를 확립시켰다.

### 블레이크, 윌리엄 Blake, William 1757~1827

영국 낭만주의의 선구적인 시인이자 화가. 깊은 인간 관찰과 신비적인 종교 사상을 융합한 상징적인 시를 발표해 낭만주의의 선구자가 되었다. 14세 때 판화가의 도제가 되어 판화가로서도 이름을 날렸다.

### 블룸, 리오폴드 Bloom, Leopold

20세기 최고의 소설이라는 조이스James Joyce의 『율리시즈Ulysses』(1922)의 주인공. 이 소설은 율리시즈가 1904년 6월 16일 현대의 더블린에서 하루 동안 여행하는 내용이다(이후 6월 16일은 블룸스데이Bloomsday라고 불리게 된다). 그는 광고 주문을 받으러 돌아다니면서 과거를 회상하기도 한다. 유대인 블룸은 친절하고 너그럽다. 과학적 사고를 가진 사람이며 부패한 세계에서 박해받지만 자신은 용서하는 희생자이다.

### 블룸, 몰리 Bloom, Molly

조이스James Joyce의 『율리시즈Ulysses』(1922)에 등장하는 리오폴드 블룸의 부정한 아내. 조이스는 몰리를 "영원한 여성the eternal feminine"의 체현으로 본다. 몰리는 다른 남자들과의 정사로 지루한 더블린 생활을 도피하려는 관능적인 여자이다. 조이스는 『율리시즈』의 마지막 부분에서 몰리의 생각과 몽상을 의식의 흐름 수법으로 길게 묘사했다.

### 비극悲劇 Tragedy

서구 전통에서 중심인물, 즉 주인공의 비참한 몰락을 그린 드라마의 일종. 특히 아이스퀼로스Aischylos, 에우리피데스Euripides, 소포클레스Sophokles의 비극은 그리스 연극의 가장 위대한 작품들이다. 이들의 작품을 토대로 아리스토텔레스는 『시학Peri Poietikes』(기원전 4세기)에서 매우 영향력 있는 비극에 대한 정의를 내렸다. 즉 비극은 진지하고 완결된 행위의 모방으로서 연민eleios과 공포phobos를 일으키는 사건을 통해 카타르시스katharsis(감정 정화)에 도달한다는 것이다. 아리스토텔레스는 주인공이 그의 하마르티아hamartia(과오, 약점)에 의해 재앙으로 치닫는데, 이것은 흔히 휘브리스hybris(지나친 오만

혹은 자신감)의 형태를 취하며, 결국에는 신이나 운명의 여신들에 의해 처벌받는다고 말한다.

**비너스 Venus** ⇨ 베누스, 아프로디테

**비너스 산 Venusberg**

독일 투링기아의 회르젤베르크. 독일 전설에서 비너스의 궁정이 있는 쾌락의 지하 동굴을 말한다. 음유 시인 탄호이저Tannhäuser가 이 동굴에서 7년 간 비너스의 손님이었다는 전설이 자주 문학의 소재가 되었다. 기사 탄호이저는 방랑 생활을 하며 십자군으로 성지에까지 간다. 그는 독일로 돌아와 지하 동굴을 통해 마술의 나라 비너스 산을 발견하고 여신 비너스를 만나 쾌락을 즐긴다. 마침내 자신이 죄를 지었음을 깨닫고 교황한테 사죄를 받기 위해 지상으로 올라오지만 교황은 자신의 홀笏(sceptre)에 파란 잎이 돋아날 바랄 수 없듯이 하느님의 용서를 기대하지 말아야 할 것이라고 대답한다. 탄호이저는 절망에 빠져 떠났는데 셋째 날 교황의 지팡이에서 꽃이 만발한다. 교황은 얼른 사자들을 보내어 탄호이저를 찾았지만 그는 이미 비너스 산으로 돌아간 뒤였다. 이 이야기를 바탕으로 한 대표적인 작품으로 모리스William Morris의 『지상낙원Earthly Paradise』(1868~70) 중 「비너스의 산The Hill of Venus」, 스윈번Algernon Charles Swinburne의 「비너스 찬가Laus Veneris」가 있다.

**비너스와 아도니스 Venus and Adonis** ⇨ 베누스와 아도니스

**비밀한 말 Dark sayings**

'기억해야 할 소중한 말'이라는 뜻. "내가 입을 열고 비유를 베풀어서 옛 비밀한 말을 발표하리니"(시 78:2)에서 비롯하였다.

**비슈누 Vishnu**

힌두교의 삼신일체의 한 모습. 파괴자인 시바, 창조자인 브라흐마와 대조를 이루는 보존자이다. 브라흐마, 시바와 함께 주신主神(Trimurti)의 하나로 세계를 유지한다. 팔이 네 개이고, 곤봉과 연꽃, 원반과 조개껍데기를 가지고 있다. 일반적으로 친절하고 자비로운 신으로 여겨진다. 보통 10종의 화신으로 나타나는데, 제8화신이 크리슈나이다. ⇨ 브라흐

「비슈누」

마, 시바

## 비스가 산/피스가 산 Mount Pisgah

장래에 대한 희망이나 통찰, 혹은 모든 곳을 조망할 수 있는 높은 곳을 뜻하는 말. 모세는 하느님이 들어가는 것을 금지한 약속의 땅 가나안을 보려고 홍해의 북동쪽, 요단강 동쪽에 있는 비스가 산의 정상에 올랐다(신 34:1). 그는 그 뒤에 곧 죽었다.

## 비아 돌로로사 라 Via Dolorosa

예루살렘에 있는 거리 이름. '슬픔의 길'이란 뜻의 라틴어이다. 예수가 십자가를 지고 갈보리 언덕으로 가며 걸었던 거리로 여겨진다.

## 비어트리스 Beatrice ⇒ 베아트리체

## 비용, 프랑수아 Villon, François 1431~63

프랑스의 시인. 강도, 살인, 도박 등 무뢰한 생활을 해 교수대에 두 번이나 오를 뻔했으나 다행히 죽음은 면했다. 프랑스 최초이자 최고의 서정시인으로 꼽힌다. 『소유언서小遺言書』, 『대유언서大遺言書』(1461) 등에서 쾌활하고 기지가 있고 역설적이면서 우울한 서정시로 자신의 생활을 노래했다.

## 비유比喩/비유 이야기比喩談 Parable

1)비유: 가르칠 목적으로 두 대상을 나란히 놓아 비교하는 것. 그리스어 paraballo에서 나온 말로 para(옆)와 ballo(던지다)가 합쳐져서 '옆에 놓다(setting alongside, comparison)'라는 뜻이다.

2)비유 이야기: 윤리적 태도, 행위 기준, 종교 원리를 예시하는 짤막한 가공의 이야기. 주로 『신약성서』에서 예수가 종교적 메시지를 전하기 위해 사용하였다. 예수는 이스라엘의 왕으로 온 자신을 사람들이 받아들이지 않자 영적인 진리를 가르치는 방법으로 비유법을 썼다. 한때는 비유만을 사용해 가르쳤는데(마 13:34), 이를 이상히 여긴 제자들이 그 의도를 묻자(마 13:10), 예수는 비유가 영적이며 준비된 자들에게는 진리를 밝혀 주는 직접적인 방법이지만 다른 사람들로부터는 그것을 숨기는 방법이라고 설명했다(마 13:11). 『성서』에서는 씨 뿌리는 사람(마 13:3~8, 막 4:4~8), 선한 사마리아 사람(눅 10:30~37), 탕자(눅 15:17~24), 잃어버린 양(마 18:12~14, 눅 15:3~7) 등의 비유 이야기가 유명하다.

## 비잔티움의/비잔티움적 Byzantine

비잔틴 시대의 예술 특징에 빗댄 비유적 표현. 포세이돈과 케로엣사(제우스와 이오의 딸)의 아들인 도리스인 뷔자스Byzas가 세운 고대 도시 비잔티온(라 | Byzantion 영 | Byzantium)

에서 나온 말이다. 330년 콘스탄티누스 황제가 이곳에 동로마 제국의 수도로서 콘스탄티노플(현재 이스탄불, '이슬람 교도가 많은 도시'라는 뜻)을 건설했다.

### 비탄悲嘆 Jeremiad

어떤 재앙 뒤의 비극적인 한탄을 뜻하는 말. 예루살렘이 함락당한 뒤 『구약성서』에 나오는 선지자 예레미야가 한 한탄에서 나온 말이다.

### 비트루비우스 Vitruvius Pollio, Marcus

기원전 1세기 후반에 활약한 로마 건축가 겸 군사 기술자. 이탈리아 파눔Fanum(지금은 Fano)에 있던 바실리카(파괴되었음)를 지은 것으로 알려졌다. 그의 이름은 10권으로 된 『건축서De Architectura』로 인해 유명한데, 이 책은 문예부흥기 건축의 원전에 커다란 영향을 끼쳤다. 이 책은 유일한 고대 세계의 건축서이고, 그리스·로마 건축에 관한 귀중한 정보원이다. 중세에 원고 상태로 알려졌는데 1486년에 로마에서 첫 인쇄판이 나왔다. 수세기 동안 고전기 건축에 관한 권위 있는 목소리로 간주되었고 이탈리아 건축가 알베르티Alberti(1404~72)와 팔라디오Palladio(1508~80)한테 매우 큰 영향을 끼쳤다.

### 비프로스트 Bifrost

북유럽 신화에서 신들의 땅인 아스가르드(그리스 신화의 올림포스에 해당)와 인간 세계 만하임을 이어주는 무지개 다리. '신들의 황혼Ragnarok' 때 서리 거인들frost giants의 무게로 무너질 운명에 처해졌다. 이 다리는 헤임달(빛과 새벽의 신)이 지키고, 거인들은 아스가르드의 침입을 감시한다.

### 빅 브라더 Big Brother

오웰George Orwell이 미래 소설 『1984』(1949)에서 사회의 독재자로 설정한 인물. 이 작품에서 그는 도처에 "빅 브라더가 당신을 지켜보고 있다Big Brother is watching you"고 쓰인 수많은 포스터에서 노려보고 있다. 빅 브라더는 전체주의 국가의 지도자를 상징한다. ⇨ 1984

### 빵과 생선/오병이어五餠貳魚 Loaves and fishes

예수가 얼마 되지 않은 빵과 고기로 5천 명을 먹인 사건에서 나온 말. 『신약성서』에 나타난 예수가 행한 기적의 하나이다. 많은 사람이 예수를 좇아 사막으로 나왔고 식사 때가 되었을 때 예수는 어린아이가 갖고 온 "빵 다섯 조각과 물고기 두 마리"를 손에 들고 축사祝辭한 뒤 먹도록 나누어 주었는데 기적적으로 모든 사람이 배불리 먹고도 열두 광주리가 남았다(마 14:15~21, 요 6:5~14). 이 구절은 보기에는 매우 적은 것을 가지고 풍성하고 넘치는 음식을 대접하는 주인이나 요리사를 칭찬하는 데에 사용한다. 반면 "빵과 생선에 눈독을 들이다having an eye to the loaves and fishes"라는 말은 영적인 것보다는 육적이며 물질적인 것에 관심을 둔다는 의미이다.

### 빵과 서커스 라Panis et circenses 영Bread and Circuses

대중의 마음을 사로잡는 수단인 '음식과 오락'에 대한 비유. 로마의 풍자 작가 유베날리스Juvenalis(60년경~140)의 『풍자시』(x)에서 나온 말이다. "사람들은 두 가지를 열망한다 / 빵과 서커스를Duas tantum res anxius optat/ Panem et circenses."

### 빵 대신 돌 Stones for bread

동정을 베풀어야 할 곳에 오히려 어려움을 더하게 한다는 뜻. 예수의 산상수훈 중 "너희 중에 누가 아들이 떡을 달라 하는데 돌을 주며"(마 7:9)라는 구절에서 비롯하였다.

### 빵만으로는 아니다 Not by bread alone

물질만능주의적인 가치를 나무라는 데에 쓰이는 비유. "사람이 떡(빵)으로만 살 것이 아니요 하느님의 입으로부터 나오는 모든 말씀으로 살 것이라" 한 데서 비롯하였다.

### 빵을 떼다 Break bread

'빵을 나누다', '배분하다', '성찬聖餐에 참여하다'라는 뜻. "예수께서 떡을 가지사 축복하시고 떼어 제자들에게 주시며 이르시되 받으라 이것은 내 몸이니라 하시고"(막 14:22)라는 구절에서 비롯하였다.

### 뿔을 쳐들다 Exalt one's horn/Lift up one's horn

'뻐기다', '교만하다', '저항하다'라는 뜻. "너희 뿔을 높이 들지 말며 교만한 목으로 말하지 말지어다"(시 75:5)라는 구절에서 비롯하였다.

### 뿔라의 땅 The land of Beulah

'낙원'을 뜻하는 말. "다시는 너를 버림받은 자라 부르지 아니하며 다시는 네 땅을 황무지라 부르지 아니하고 오직 너를 헵시바라 하며 네 땅을 뿔라라 하리니 이는 여호와께서 너를 기뻐하실 것이며 네 땅이 결혼한 것처럼 될 것임이라"(사 62:4)라는 구절에서 비롯하였다. 여기서 "헵시바Hephzibah"는 '나의 기쁨이 그녀 안에 있다'라는 뜻이고, "뿔라Beulah"는 '결혼한 여자'라는 뜻이다. 이 구절의 의미는 신자들이 하느님과 결혼한 상태를 지칭한다.

# 人

### 사건事件의 중간으로 라In medias res 영In the middle of things

'사건의 중심', '사건의 도중'이라는 뜻. 이야기나 극의 구성에서 별안간 독자나 관중을 이야기나 극의 중심부로 끌어들이는 도입 방법을 가리킨다. 이때 플롯이나 인물 설명은 나중에 이루어진다. 예컨대 호메로스Homeros의 『일리아스*Ilias*』는 트로이아 전쟁 이야기이지만 도입은 갑자기 전염병 유행 때문에 그리스군이 무수히 죽는다는 이야기로부터 시작한다. 이것을 호라티우스Horatius는 『시학*Ars Poetica*』(148)에서 "in medias res"라고 이름 지었다.

### 사계절의 사나이 A Man for All Seasons

어떠한 환경에서도 자기 신념을 지키고 압력에 굴복하지 않는 '지조 있는 사나이', '원리원칙의 사나이'를 뜻하는 말. 볼트Robert Oxton Bolt의 희곡 제목인데, 모어Thomas More의 친구이던 에라스무스Erasmus가 모어를 "omnium horarum homo(a man for all seasons)"라고 묘사한 데서 비롯하였다. 이 표현은 볼트의 희곡과 동명의 영화(1966, 프레드 진네만 감독, 폴 스코필드 주연. 1966년 아카데미 남우주연상·각색상·촬영상·의상상·감독상·작품상 수상)로 유명해졌다. 모어는 헨리 8세의 친구로 카톨릭 신앙의 옹호자였다. 대법관으로 있던 1531년에 헨리 8세가 영국교회의 수장임을 선포하자 사직했고, 2년 뒤에는 헨리 8세를 교황보다 우위에 있다고 맹세하기를 거부했다. 또 왕이 왕비 캐서린과 이혼하는 것을 승인하지 않았다. 그리하여 1535년 처형되었고 머리가 런던 브리지에 전시되었다. 1935년에 성인聖人으로 시성諡聖되었다.

### 사단 Satan ⇨ 사탄

### 사단아, 물러가라 Get thee behind me, Satan

베드로가 예수에게 십자가에 못 박혀서는 안 된다고 말했을 때에 예수가 그에게 한 말. "사단아, 내 뒤로 물러가라 너는 나를 넘어지게 하는 자로다 네가 하느님의 일은 생각하지 아니하고 사람의 일만 생각하도다"(마 16:23, 막 8:33) 한 데서 비롯하였다. 오늘날에는 유혹을 떨쳐버릴 때에 일종의 공식처럼 쓰인다.

### 사도使徒 Apostle

예수의 가르침을 받아 그것을 전파하도록 선택된 12제자(혹은 12사도)를 뜻하는 말. '보냄을 받은 사람'이란 뜻이다. 12제자는 명단이 조금씩 다르지만 일반적으로 베드로, 세베대의 아들인 야고보와 요한, 안드레, 빌립, 바돌로매, 마태, 도마, 알페오의 아들 야고보, 다대오(혹은 야고보의 아들 유다), 가나안 사람(혹은 열심당) 시몬, 그리고 가룟 유다를 꼽는다. 예수가 승천한 뒤 가룟 유다를 대신해 제비뽑기를 해 맛디아를 새 사도로 받아들였다(행 1:15~26). 이들 사도 중 가룟 유다를 제외하고 빌립과 가나안 사람 시몬이 시성諡聖되지 못했다. 바울과 그의 동료인 바나바Barnabas도 종종 사도로 불린다. 바울은 로마 사람들을 개종시킨 사역 때문에 이방인의 사도라는 명칭을 얻었다. 나중에 이 말은 기독교에서 교회의 주요 성직자들에게 적용되었고 어떤 지역에서는 최초의, 혹은 가장 저명한 선교사에게도 붙었다. 요즈음은 세속적인 의미로 어떤 주장의 열렬한 옹호자나 개혁 운동의 지도자를 지칭할 때 빈번하게 쓴다.

### 사도행전使徒行傳 Acts of the Apostles

『신약성서』의 한 책. 예수의 승천에서 시삭하여 바울의 투옥으로 끝나는 기독교 교회의 역사에 관한 가장 오래된 책이다. 저자는 「누가복음」을 기록한 의사인 누가로 추정한다. 이 책은 사도들의 삶, 특히 베드로와 바울에게 일어난 사건들과 복음 전파를 기록하고 있는데, 이 두 사도는 기독교를 보수적인 유대교에서 해방시켜 새롭고 보편적인 종교라고 설파했다.

### 사두개인/사두개 교파 Sadducees

예수 탄생 전후로 수세기 동안 번창한 유대교의 한 종파. 주로 제사장과 귀족이었다. 『성서』를 문자 그대로 해석했고 구전이나 구술 율법을 배척하며 부활이나 메시야 강림을 부인하는 등 율법의 실천에 느슨한 자세로 일관했다. 바리새파들의 신조나 행위를 반대한 반면 유대인과 비유대인의 교류에 덜 비판적이었고, 그리스 · 로마 문화에 호의적이었다.

### 사드락, 메삭, 아벳느고 Shadrach, Meshach, and Abednego

『구약성서』에 등장하는 다니엘의 세 친구. 이들이 황금우상에게 경배하기를 거절하자 느부갓네살 왕이 그들을 맹렬히 끓는 풀무불 속으로 던져 넣었으나 여호와에 의해 구출되었다(단 3장). 그들을 집어던진 종들은 그 열에 타 죽은 반면 그들은 맹렬한 풀무불에서 상처를 입지 않고 나왔다.

## 사라/사래 Sarah/Sarai

『구약성서』에 나오는 아브라함의 아내이며 이삭의 어머니. 자식이 없어 하느님께 자식을 달라고 기도했다. 자식을 낳지 못하자 자신의 몸종인 하갈을 아브라함에게 주어 아이를 낳게 했는데 그 아들이 이스마엘이다. 하느님은 그녀가 노년에 자식을 낳을 것이라고 약속했고, 그녀는 하느님의 약속대로 아이를 낳았다. 그 아이가 이삭인데 그 이름의 뜻은 '웃음'이다. 사라가 90세에 아이를 낳을 것이라는 말을 듣고 웃었기 때문이다. 사라는 하갈과 이스마엘을 시기하여 아브라함에게 그들을 사막으로 쫓아내어 죽게 하라고 요청했다. 아브라함은 이스마엘이 큰 민족이 되리라는 하느님의 말씀을 듣고서 마지못해 사라가 원하는 대로 이들을 내보냈다. 사라는 127세에 죽어 헤브론에 있는 막벨라 동굴에 매장되었다(창 23:19).

## 사람 낚는 어부魚夫 Fishers of men

'영혼을 구하는 자'라는 뜻의 은유적 표현. "(예수께서) 갈릴리 해변을 다니시다가 두 형제 곧 베드로라 하는 시몬과 그 형제 안드레가 바다에 그물 던지는 것을 보시니 그들은 어부라 말씀하시되 나를 따라오라 내가 너희를 사람을 낚는 어부가 되게 하리라 하시니 그들이 곧 그물을 버려 두고 예수를 따르니라"(마 4:18~20, 막 1:16~18, 눅 5:10, 요 1:35~41)라는 구절에서 비롯하였다. 특히 로마 교황이 베드로의 후계자이기 때문에 교황 취임 때에 쓰이는 반지는 "어부의 반지"라 불린다.

## 사람 손만 한 작은 구름 Cloud like a man's hand

'큰 사건의 미미한 전조'를 뜻하는 비유. 이스라엘은 3년 6개월 동안 비가 내리지 않아 극심한 가뭄에 시달리고 있었다. 엘리야가 하느님께 이스라엘에 비를 내려 주기를 기도한 뒤 사환使喚을 시켜 바다 쪽을 보라고 했을 때 사환이 이렇게 대답했다. "일곱 번째 이르러서는 그가 말하되 바다에서 사람의 손만 한 작은 구름이 일어나나이다…조금 후에 구름과 바람이 일어나서 하늘이 캄캄해지며 큰 비가 내리는지라"(왕상 18:44~45). 엘리야의 기도대로 큰 비가 내렸다.

## 사람을 차별하지 않는 자 No respecter of persons

'하느님'을 가리키는 말. "하느님께서 외모로 사람을 취하지 아니하심이라"(롬 2:11)에 나오는 말이다. 사회적 지위 따위에 의해 사람을 차별하지 않는다는 의미로 사람의 진심을 보는 의로우신 하느님을 뜻한다.

**사람이 떡으로만 살 것이 아니요 Man shall not live by bread alone** ⇨ 떡으로만

**사람이 무엇이길래? What is man?**

하느님에서 시작하여 천사, 인간 그리고 동물들에게로 내려가는 존재의 위계질서, 즉 17, 18세기에 체계화한 개념인 "존재의 대연쇄Great Chain of Being"를 믿는 자들이 자주 인용하는 표현. 『흠정역성서』에서 따온 "사람이 무엇이기에 주께서 그를 생각하시며 인자가 무엇이기에 주께서 그를 돌보시나이까 그를 하느님보다 조금 못하게 하시고 영화와 존귀로 관을 씌우셨나이다 주의 손으로 만드신 것을 다스리게 하시고 만물을 그의 발 아래 두셨으니"(시 8:4~6, 144:3~4, 히 2:6~8)라는 구절에서 비롯하였다.

**사랑의 수고手苦 Labour of love**

'일 자체가 좋아서 하는 일', '보상을 바라지 않고 사랑하는 사람의 유익을 위해서 하는 수고'를 뜻하는 말. "너희의 믿음의 역사와 사랑의 수고와 소망의 인내를 우리 하느님 아버지 앞에서 끊임없이 기억함이니"(살전 1:3)라는 구절에서 비롯하였다.

**사래 Sarai** ⇨ 사라

**사르트르, 장 폴 Sartre, Jean-Paul 1905~80**

프랑스의 철학자·극작가·소설가·실존주의 사상가. 1964년 노벨 문학상 수상을 거부했다. 시몬느 드 보부아르Simone de Beauvoir와 법률상 결혼을 하지 않고 동거했다. 대표작으로 소설 『구토La Nausée』(1938), 철학서 『존재와 무L'Etre et le néant』(1934) 등이 있다. 그는 『실존주의는 휴머니즘이다L'Existentialisme est un humanisme』(1946)에서 자유는 사회적 책임을 함축한다고 결론지었다.

**사르페돈 ㄱSarpedon**

제우스와 라오다메이아의 아들. 트로이아 전쟁에서 뤼키아군 용사로 참전하여 그리스군 파트로클로스한테 죽임을 당했다. 제우스와 에우로페의 아들이라는 이야기도 있는데 크레테 왕 미노스와 왕위 문제로 싸우다가 크레테를 떠나 소아시아에 도시 밀레토스를 세웠다. 이 이야기는 호메로스Homeros의 『일리아스Ilias』, 아폴로도로스 Apollodoros의 『비블리오테케Bibliotheke』(iii)에 나온다.

**사마리아인 Samaritans**

옛 이스라엘 왕국의 수도 주위에 앗시리아인이 이주시킨 외국인 정착자들의 자손. 이들

과 유대인 사이에 결혼 관계가 성립하기도 하였다. 이 때문에 순수 혈통을 유지한 유대인은 사마리아인을 멸시하였다. 사마리아인의 영토는 동쪽으로 요단 강에 닿아 있고, 북쪽의 갈릴리와 남쪽의 유대 사이에 위치하였기에 갈릴리에서 예루살렘으로 여행하는 사람들은 사마리아를 지나가거나 먼 길로 돌아가야 했다. 예수의 시대에 그들은 그리심Gerizim 산에 신전을 세우고 유대교의 한 양식을 빌려 여호와를 숭배하였다.

### 사막이 꽃이 피리라 Desert shall blossom

쫓겨났던 자들이 다시 시온으로 돌아올 것이라는 이상 시대의 한 예언. "사막이 백합화같이 피어 즐거워하며 무성하게 피어 기쁜 노래로 즐거워하며"(사 35:1~2)라는 구절에서 비롯하였다. 오늘날은 이스라엘과 다른 지역에서 토지 개간 사업을 지칭할 때 자주 쓴다.

### 사망死亡아 네 독침은 어디 있느냐? Death, where is thy sting?

기독교식 장례식에서 쓰는 『성서』 구절. "이 썩을 것이 썩지 아니함을 입고 이 죽을 것이 죽지 아니함을 입을 때에는 사망을 삼키고 이기리라고 기록된 말씀이 이루어지리라 사망아 너의 승리가 어디 있느냐 사망아 네가 쏘는 것이 어디 있느냐"(고전 15:54~55)라는 구절에서 비롯하였다.

### 사망死亡의 음침한 골짜기 Valley of the shadow of death

'다가오는 죽음의 공포와 그림자가 서린 심각한 질병이나 극단적인 고통'을 뜻하는 말. 이 말은 다윗이 "내가 사망의 음침한 골짜기로 다닐지라도 해를 두려워하지 않을 것은 주께서 나와 함께 하심이라"(시 23:4) 한 데서 비롯하였다.

### 사모스 ㄱSamos

헤라 숭배의 주요 장소. 제우스와 헤라가 결혼 첫날밤(300년 걸림)을 이 섬에서 보냈다. 다이달로스와 이카로스가 이 섬 위로 날아간 것으로도 유명하다. 철학자이자 수학자인 퓌타고라스Pythagoras가 태어난 섬이기도 하다.

### 사모트라케 ㄱSamothrake 영Samothrace

에게 해 북쪽에 있는 섬. 이 섬 위쪽에 트라케 사람들이 많이 살아 사모트라케란 이름이 생겼다. 1863년 프랑스 탐험대가 유명한 조각상 「사모트라케의 니케Nike of Samothrace」를 발견했는데, 원래 신전의 샘을 장식한 것이다.

### 사무엘 Samuel

기원전 11세기에 살았던 유대 종교 지도자이자 선지자. 그의 삶과 행적에 대한 기록이 『구약성서』 「사무엘 상·하」에 남아 있다. 그가 태어났을 때에 어머니 한나가 그를 성전에 바쳤고 그는 어린아이였을 때 여호와의 목소리를 들었다. 사무엘은 나실인으로서 제사장과 지도자의 역할을 오래 수행하였다. 그는 왕을 세우면 백성들이 자유를 잃게 될 것이라고 말했지만 계속 왕을 세워 달라는 그들의 요구에 굴복하여 사울을 기름 부어 왕으로 삼았다. 나중에 다윗에게도 기름 부어 사울의 뒤를 이어 왕이 되게 했다.

### 사방에서 부는 바람 The four Winds

모든 방향에서 부는 바람. 사방은 중요한 네 지점을 가리키는데 점차 모든 방향을 의미하게 되었다. 이것은 "또 내게 이르시되 인자야 너는 생기를 향하여 대언하라 생기에게 대언하여 이르기를 주 여호와께서 이같이 말씀하시기를 생기야 사방에서부터 와서 이 죽음을 당한 자에게 불어서 살아나게 하라 하셨다 하라"(겔 37:9, 마 24:31)는 구절에서 비롯하였다.

### 4부작四部作 Tetralogy

비극tragedy 3편과 사튀로스극satyr play 1편으로 이루어진 그리스 희곡. 그리스의 비극 시인들은 3편의 비극과 1편의 사튀로스극을 한 스토리의 희곡이라 여겼다. ⇨ 사튀로스극

### 사비니 여자들의 강간 Rape of the Sabine women

로마 역사가 리비우스Livius(기원전 59~기원후 17)에 의하면 로마가 건설된(기원전 753) 뒤 얼마 지나 로물루스Romulus는 인접한 여러 부족에게서 부하들의 아내가 될 여자를 구했지만 거절당했다. 로물루스는 축제를 열어 주변 부족 사람들을 초대했다. 그들 중에 사비니인(옛날에 아페닌노 산맥 지방에 살았지만 기원전 3세기경 로마인한테 정복된 민족)이 그들의 아내와 자식들을 데리고 왔다. 로마 청년들은 미리 정해 놓은 신호에 맞춰 사비니 처녀들을 납치했다. 이 때문에 두 부족 사이에 전쟁이 일어났지만 결혼한 여자들이 중재하여 두 부족은 하나가 되었다.

### 사사士師 Judges

이스라엘에 왕이 나타나기 전에 재판을 집행하던 사람을 일컫는 말. 『공동번역성서』는 판관으로 번역했다. 그들은 유사시에는 전투 지도자, 평화로운 때는 통치 책임자의 역할을 담당했다. 유명한 사사로 드보라Deborah, 기드온Gideon, 입다Jepthah, 삼손Samson 등이 있다. 『구약성서』 「사사기」에 14명의 사사가 등장하고, 「사무엘서」에 엘리, 사무

엘, 사무엘의 두 아들 요엘, 아비야가 사사로 나온다.

## 사신死神 Grim Reaper

죽음의 신. 긴 자루가 달린 낫scythe을 든 모습으로 그려진다. 사신은 마치 수확을 하듯이 사람들의 목숨을 낫으로 잘라 버린다.

## 사울 Saul

1)기스의 아들로 유대인의 첫 번째 왕. 사무엘이 기름 부었고 블레셋 사람들과의 전쟁을 승리로 이끈 지도자이다. 우울하며 시기심이 많은 사람으로 다윗, 사무엘 그리고 아들 요나단과 자주 갈등을 겪었다. 블레셋 사람들에게 패배한 뒤에 칼로 스스로 목숨을 끊었다. 이를 소재로 한 예술 작품으로는 브라우닝Robert Browning이 극적 독백 형식으로 쓴 시 「사울Saul」(1845)이 있고, 영화로 「사울과 다윗Saul and David」(1968, 버나드 코왈스키 감독, 노먼 우드런드 주연) 등이 있다.

2)사도 바울Paul의 히브리 이름. ⇨ 성 바울

## 사일러스 마너 Silas Marner

엘리어트George Eliot의 소설 『사일러스 마너Silas Marner』(1861)의 주인공. 강박 관념에 사로잡혀 황금을 모으는 구두쇠 직공이다. 친한 친구한테 배반당해 황금을 도적맞은 뒤 버려진 아이 에피를 만나 애정을 느끼면서 삶의 새로운 의미를 발견한다.

## 사자가 어린 양과 함께 눕다 Lion lie down with the lamb

이세(다윗 왕의 아버지) 자손의 통치 아래 임할 메시야 왕국에 관한 예언. 자연이 변화하여 맹수도 친구가 될 것이라는 뜻이다. "이리가 어린 양과 함께 살며 표범이 어린 염소와 함께 누우며 송아지와 어린 사자와 살진 짐승이 함께 있으며 어린아이가 그들을 이끌리라"(사 11:6)라는 구절에서 비롯하였다. 이상적인 평화의 미래를 묘사한 구절이다.

## 사자굴 속의 다니엘 Daniel in the lion's den

극심한 위험에 직면해서도 믿음과 용기를 잃지 않은 사람에 대한 비유. 다니엘은 바벨론 유수 동안 느부갓네살, 벨사살, 그리고 다리오 왕 치하에서 믿음을 지킨 유대인이다. 그는 꿈을 해석하고 미래를 예언했다. 바벨론의 방백들이 다니엘을 해칠 음모를 꾸며 사자굴 속에 그를 집어넣었으나(단 6:16) 하느님이 사자들의 입을 막았다. 다니엘은 올바른 재판관, 혹은 항상 올바른 판단을 내리는 사람을 뜻한다.

## 사자의 입 Lion's mouth

'아주 위험한 장소'를 뜻하는 말. 다윗의 노래 중 "나를 사자의 입에서 구하소서 주께서 내게 응답하시고 들소의 뿔에서 구원하셨나이다"(시 22:21) 한 데서 비롯하였다.

**사크라멘트 Sacrament** ⇨ 성례

**사탄/사단 Satan**

마귀의 이름. '증오자', '고소자'란 뜻으로 자주 적으로 나타난다. 어둠의 왕, 암흑의 왕으로도 불린다. 마귀devil란 말은 그리스어의 diabolis에서 나왔다. 『성서』중 가장 오래된 부분에는 사단에 관한 언급이 없다. 「욥기」에서 사단은 유혹자와 고소자로 나타나는데 그의 능력은 하느님에 의해 엄격히 제한되어 있고 하느님의 허락을 받아 활동할 따름이다. 신·구약 중간기 동안에 유대교 묵시주의와 페르시아 이원주의의 영향을 받아 사탄은 단지 하느님에게만 못 미치는 존재로, 그리고 하느님에 대항하는 주된 세력으로 간주되게 되었다. 복음서에 의하면 이 세상의 모든 왕국은 그의 권세 아래에 있다(눅 4:6). 「요한계시록」에는 그의 멸망에 대한 예언이 있다(계 20:10). ⇨ 마귀

**사투르누스 ㉿Saturnus ㉎Saturn**

고대 로마의 농업신. Saturday(토요일)는 Saturn's Day에서 나온 말이다. 태양에서 여섯 번째 행성은 토성Saturn이라 불린다. 둘레에 얇은 판 모양의 고리테를 가진 가장 아름다운 행성 중의 하나이다. ⇨ 크로노스

**사투르누스 축제 ㉿Saturnalia**

고대 로마의 농업신 사투르누스의 축제. 유피테르가 사투르누스를 하늘에서 라티움으로 쫓아낸 뒤 사투르누스는 이탈리아를 다스려 황금기를 이루었다. 이탈리아는 사투르누스 축제 기간(12월 17~19일)을 두어 해마다 찬미하였다. 이 방탕과 즐거움의 축제 기간에는 "가짜 왕mock-king"이 황금시대를 기념하여 로마를 다스렸다. 자유와 평등의 축제로서 이 기간 동안은 주인이 노예한테 시중들고 노예는 제멋대로 행동할 수 있었으며, 대규모 야외잔치가 포룸Forum(시장)에서 치러졌다. 학교, 가게, 법정은 문을

「디오뉘소스, 사튀로스, 마이나데스가 그려진 항아리」, 영국박물관

아곱 요르단스, 「아르테미스의 뉨페를 쫓아다니는 사튀로스」, 마드리드 프라도 미술관

닫았고 정상적인 질서와 규칙은 일시 정지되었다. 이 축제는 근대 유럽의 사육제 Carnival와 비슷하다. 만성절萬聖節(Halloween)이 정신적인 면에서는 사투르누스 축제에 더 가깝지만 축제의 분위기는 크리스마스 때 더 느낄 수 있다.

### 사튀로스 ㉠Satyros ㉎Satyr

그리스 신화에 등장하는 하위 신 중 하나. 사람의 몸에 염소의 다리와 발을 가졌고, 온 몸에 털이 나 있으며, 머리엔 짧은 뿔이 돋아 있다. 디오뉘소스의 시종으로 자연의 생 명력을 나타내며, 강한 성욕으로 유명하고, 늘 술에 취한 채 뉨페(요정)들을 쫓아다닌 다. 그래서 사튀로스는 '호색적인 남자'를 뜻한다. 로마에서는 파우누스Faunus와 동일 시되었다.

### 사튀로스극劇 Satyr play

고대 그리스에서 사튀로스로 분장한 합창대가 공연한 연극. 일반적으로 3편의 비극이 끝난 다음 공연되었다. 극의 내용은 신들의 사적事績을 소재로 한 음란한 웃음으로 가 득 차 있다. ⇨ 4부작, 사튀로스

### 사해死海 과실 Dead Sea Fruit

'뼈아픈 실망', '실망의 씨앗'을 뜻하는 말. "소돔의 사과Apple of Sodom"라고도 한다. 이 과실은 겉보기엔 아름답지만 따면 연기를 내고는 재가 되어버린다. 전통적으로 사 해 연안 소돔에서 자라는 과일은 보기에는 아름다우나 먹기에는 쓰다고 알려져 왔다. '소돔 사람들은 호색적이다'라는 말 때문에 이 과일은 도덕적 혹은 우화적 의미를 지 니게 되었다(원래 사해 자리에 소돔과 고모라가 있었다고 한다).

## 사해사본死海寫本 Dead Sea Scrolls

고대 에센Essenes파 유대인의 큰 도서관의 장서 중 남아 있는 유물. 쿰란 사본Qumran manuscripts이라고도 한다. 1947년 사해의 쿰란 계곡 주변의 한 동굴에서 발견되었다. 수천 장의 사본 조각은 100여 권의 『구약성서』 두루마리('에스더서」만 제외)를 포함한다. 가장 오래된 사본은 이전에 존재하던 문서보다도 1,000년이나 앞선 것이다.

## 사화집詞華集 / 명시문집名詩文集 anthology

명시名詩 또는 명문名文을 모은 것. anthologia는 그리스어로 '꽃을 따 모음'이란 뜻이다. 보통 'a collection of flowers of verse'란 뜻으로 쓰지만 드물게 산문prose 모음의 경우에도 쓴다. "The Anthology"는 콘스탄티누스 케팔라스Constantine Cephalas(920년경)가 편찬한 『그리스 사화집The Greek Anthology』을 의미한다. 이 사화집은 기원전 490년부터 600년에 이르는 약 1,000년 간의 짧은 풍자시나 그 밖의 짧은 시를 집성한 것이다. 영국에서 대표적 사화집은 폴그레이브F. I. Palgrave의 『The Golden Treasury of Songs and Lyrics』(1861)인데 대중들의 시 취향 형성에 막대한 영향을 끼쳤다.

## 삭개오 Zacchaeus

여리고에서 예수를 보기 위해 뽕나무에 올라간 세리稅吏. 예수를 만난 뒤 제자가 되어 재산의 반을 가난한 사람들에게 나누어 주고 토색討索한 것이 있으면 네 배로 갚겠다고 말했다(눅 19:1).

## 산사山査나무 may

아가위나무. 꽃이 5월에 피기 때문에 may라고 한다. 장미과 식물이다. hawthorn과 닮은 것으로 white-thorn, black-thorn이 있지만 이것을 총칭해서 thorn이라고도 한다. 브라우닝Robert Browning의 시 「피파의 노래Pipa's Song」(1841)에 나오는 thorn은 hawthorn이다.

## 산상수훈山上垂訓 Sermon on the Mount

예수가 제자들에게 한 대표적인 설교 중 하나. 일관성 있는 이야기라기보다는 예수의 말을 모아놓은 것에 가깝다(마 5~7장). 이 설교는 "마음이 가난한 자는 복이 있다"는 말로 시작하여 복 있는 자들을 가려내는 소위 8복을 이야기한다. 「마태복음」과 「마가복음」을 비교해 보면 이 말들은 원래는 몇몇 다른 경우에 한 말임을 추측할 수 있다. 산상수훈을 펼친 장소는 명시되지 않았는데 모세가 시내 산에서 옛 율법을 받은 것과 병치하기 위해 산을 장소로 삼은 것 같기도 하다. 산상수훈은 심지어는 원수에게도 사랑의 율법을 설파해, 보복이라는 『구약성서』의 율법과는 확연히 다른 새로운 출발점이다.

## 산상수훈山上垂訓의 8복福 Beatitudes

『신약성서』에서 "복이 있나니"(영어로는 blessed, 라틴어로는 beatus)로 시작하는 8개의 짧은 구절. 이 때문에 "산상수훈의 8복"이라 불린다. 문맥상으로 보면 8복은 이 세상의 비천한 자들이 그리스도의 왕국을 가지게 될 것이라는 종말론적인 예언이다. 8복은 다음과 같다. "마음이 가난한 자는 복이 있나니 천국이 그들의 것임이요 애통하는 자는 복이 있나니 그들이 위로를 받을 것임이요 온유한 자는 복이 있나니 그들이 땅을 기업으로 받을 것임이요 의에 주리고 목마른 자는 복이 있나니 그들이 배부를 것임이요 긍휼히 여기는 자는 복이 있나니 그들이 긍휼히 여김을 받을 것임이요 마음이 청결한 자는 복이 있나니 그들이 하느님을 볼 것임이요 화평하게 하는 자는 복이 있나니 그들이 하느님의 아들이라 일컬음을 받을 것임이요 의를 위하여 박해를 받은 자는 복이 있나니 천국이 그들의 것임이라"(마 5:3~10).

## 산 위에 있는 동네 City on a hill

'유토피아', '이상향'을 뜻하는 말. 이상에 기초하고 그 이상에 의해 운영되는 공동체로 온 세상에 본이 되는 마을을 가리킨다. 이는 "너희는 세상의 빛이라 산 위에 있는 동네가 숨겨지지 못할 것이요 사람이 등불을 켜서 말 아래 두지 아니하고 등경 위에 두나니 이러므로 집 안 모든 사람에게 비치느니라 이같이 너희 빛이 사람 앞에 비치게 하여 그들로 너희 착한 행실을 보고 하늘에 계신 너희 아버지께 영광을 돌리게 하라"(마 5:14~16)는 『성서』 구절에서 비롯하였다. 청교도 무리를 이끌고 대서양을 넘어 신대륙으로 향하던 윈쓰롭John Winthrop은 그들을 격려하며 "우리가 세상 모든 사람의 눈이 지켜볼 산 위에 있는 동네가 될 것이라는 것을 명심해야 합니다." 하고 말했다.

## 산을 옮기는 믿음 Faith that moves mountains

'위대한 믿음'에 대한 비유. "내가 진실로 너희에게 이르노니 만일 너희가 믿음이 있고 의심치 아니하면… 이 산더러 들려 바다에 던져지라 하여도 될 것이요"(마 21:21) 한 예수의 말에서 비롯하였다. 이 구절은 주로 믿음의 능력이 얼마나 위대한가를 말할 때 인용한다.

## 산 자와 죽은 자 The quick and the dead

『성서』에서 심판의 날을 예언한 대목 중에서 "거기로부터 그가 산 자와 죽은 자를 심판하러 오시리라"고 한 구절에 나오는 말. 여기서 "quick"은 '빠른'이 아니라 '살아 있는living' 이란 뜻이다. 여기서 산 자와 죽은 자는 곧 하느님을 믿는 자와 믿지 않는 자로 볼 수도 있다.

## 산 자의 땅에서 In the land of the living

'죽지 않고 살아서'라는 뜻. 다윗이 "내가 산 자들의 땅에서 여호와의 선하심을 보게 될 줄 확실히 믿었도다"(시 27:13) 한 말에서 비롯하였다.

## 산헤드린 Sanhedrin

예루살렘에 있는 유대인의 최고 재판 기관과 다른 하급 재판 기관에 대한 명칭. 『성서』에서는 주로 '공회'로 번역한다. 산헤드린은 모세를 도와주던 70장로를 구성원으로 한 것이 시작이었다고 한다. 『신약성서』에서는 주로 예루살렘에 있던 최고 재판 기관을 가리키는데 그 구성원은 제사장과 장로이다. 로마 정부는 여러 지역의 문제를 처리하는 데 이들과 같은 지역 유지를 이용하는 것이 편리하다고 생각해 이들을 비호했다. 예수에 관한 재판을 처음 한 사람들도 바로 이들이다(마 26:59).

## 살라미스 ㄱSalamis

아소포스 강 신의 딸 중 하나. 포세이돈과 정을 통해 퀴크레우스란 아들을 낳았다. 퀴크레우스는 섬을 황폐화시키는 뱀을 죽이고 나라를 세운 뒤, 그 섬을 어머니의 이름을 따서 살라미스라 하였다. 이 섬은 아테나이 아래 좁은 해협 사이에 있다. 여기서 기원전 480년 페르시아 함대가 그리스 함대에게 대패했다. 아이아스의 아버지 텔라몬의 고향이며, 비극 작가 에우리피데스Euripides의 출생지이다.

## 살로메 Salomé

헤롯 안디바의 의붓딸. 어머니 헤로디아가 남편(헤롯 빌립)과 이혼하고 빌립의 이복동생인 유대의 총독 헤롯 안디바와 결혼하자 세례자 요한은 그 결혼을 불륜이라고 비난했다. 이에 헤로디아는 세례자 요한에게 앙심을 품고, 딸을 사주하여 헤롯 왕 앞에서 춤을 추게 한 뒤 소원을 말하게 했다. 살로메는 춤춘 대가로 무엇이든지 들어주겠다는 헤롯 왕에게 세례자 요한의 목을 요구했다(마 14장, 막 6장). 그녀의 이름은 '배반 잘 하는 요부'와 동의어이다. 『성서』에는 살로메라는 이름이 나와 있지 않지만 유대인 역사가 요세푸스Josephus(37/38~100년경)가 이렇게 불렀다. 살로메는 예부터 미술이나 문학에 자주 언급되었지만 가장 유명한 작품은 와일드Oscar Wilde의 희곡 『살로메Salomé』(1894)이다. 와일드는 여배우 사라 번하트를 위해 이 작품을 프랑스어로 썼다. 이 작품의 영역판은 비어즐리가 삽화를 그리고 앨프리드 더글라스가 번역하여 1894년에 출판되었다. 프랑스에서 1896년 초연되었으며 영국에서는 1905년 무대에 올려졌다. 이 작품에서는 헤로디아가 아니라 살로메가 세례자 요한을 사랑하지만 요한의 반응이 냉담하자, 춤을 추고 난 뒤 요한의 목을 자르게 하고 접시에 담겨 온 요한의 입술에 키스하는 것으로 되어 있다. 중세 전설에 의하면 헤로디아가 요한을 사랑했다고 한다. 주더르만Herman Sudermann의 비극 『성 요한의 정열The Fires of St. John』과 와일드의 『살로메』는 살로메가 예언자한테 반하고 헤롯이 살로메한테 반한 것으로 그렸다. 플로베르Gustave Flaubert도 이 이야기에 바탕을 두고 단편 「헤로디아Hérodias」(1877)를 썼으며, 스트라우스Johann Strauss의 오페라 「살로메」는 와일드의 희곡에 바탕을 두고 있다. 이 외에도 살로메 이야기는 영

프란츠 폰 슈트크, 「살로메의 춤」,
드레스덴 신거장 미술관

화의 소재로 많이 쓰였는데 대표적으로 찰스 래먼트 감독의 영화 「살로메」(1945), 윌리엄 디털 감독의 「살로메」(1953, 리타 헤이워스 주연), 켄 러슬 감독의 「살로메의 마지막 춤 Salomé's Last Dance」(1989)이 있다.

## 살아 있는 개가 죽은 사자보다 낫다 Living dog is better than dead lion

과거가 더 낫게 보여도 현재를 더 중히 여기라고 사람들에게 권할 때 인용하는 구절. "모든 산 자들 중에 들어 있는 자에게는 누구나 소망이 있음은 산 개가 죽은 사자보다 낫기 때문이니라"(전 9:4) 한 데서 비롯하였다.

## 살이 쪄서 발로 차다 Wax fat and kick

'너무나 번성해서 제멋대로이고 통제할 수 없게 되었다'는 뜻. "여수룬Jeshurun이 기름지매 발로 찼도다 네가 살찌고 비대하고 윤택하매 자기를 지으신 하느님을 버리며 자기를 구원하신 반석을 업신여겼도다"(신 32:15)라는 구절에서 비롯하였다. 여기서

안드레아 아피아니, 「헤라와 삼미신」, 바티칸 피나코테카 미술관

"여수룬"은 이스라엘을 일컫는다.

### 살진 소 Stalled ox

'진수성찬'을 뜻하는 말. "채소를 먹으며 서로 사랑하는 것이 살진 소를 먹으며 시로 미워하는 것보다 나으니라"(잠 15:17)에 나오는 표현으로 탕자의 비유에 나오는 것과 의미가 같다. ⇨ 살진 송아지를 잡다

### 살진 송아지를 잡다 Kill the fatted calf

'잔치를 벌이며 기쁘게 맞이하다', '최고의 것을 장만해 환영하다'라는 뜻. 『신약성서』에 나오는 탕자의 비유(눅 15:11~32)에서 아버지가 돌아온 탕자the prodigal son를 환대하기 위해 "살진 송아지를 끌어다가 잡으라 우리가 먹고 즐기자"(눅 15:23)한 데서 따온 말이다. ⇨ 탕자

### 삼미신三美神 그Charis(단) Charites(복) 라Gratia(단) Gratiae(복) 영Graces(복)

제우스와 에우뤼노메의 세 딸인 아글라이아(광채), 에우프로쉬네(기쁨), 탈리아 혹은 탈레이아(꽃핌)를 일컫는 말. ⇨ 카리스들

### 삼손과 들릴라/삼손과 델릴라 Samson and Delilah

『구약성서』의 「사사기」에 나오는 연인들. 삼손은 히브리어로는 '쉼숀'이다. '태양ㆍ

222

태양신'을 뜻하는 '쉬에쉬'에서 나온 말이다. 들릴라는 '아름다운 여자 바람둥이'라는 뜻이다. 삼손 이야기는 헤라클레스 이야기의 히브리판이라 할 수 있다. 일반명사로서 삼손은 '힘이 센 자'를 말한다. 삼손의 연인이자 첩자였던 들릴라는 삼손에게 힘의 원천을 집요하게 캐물었다. 삼손은 결국 그녀의 말에 넘어가 힘의 원천은 머리털이라고 알려주었다. 그러자 들릴라는 사람을 시켜 삼손의 머리털을 밀어서 그의 힘을 빼앗아 버렸다. 이 때문에 들릴라는 연인을 유혹하여 패망을 가져오는 여인을 대표하게 되었다. 그러나 "들릴라가 삼손에게 자기 무릎을 베고 자게 하고 사람을 불러 그의 머리털 일곱 가닥을 밀고She made him sleep upon her knees; and she called a man, and had him shave off the seven locks of his head"(삿 16:19)에서 보듯 들릴라가 실제로 삼손의 머리털을 자른 것은 아니다. 여기서 주의할 점은 일곱 머리 타래locks를 가위로 싹둑 자른 것clipped이 아니라 면도날로 밀었다shaved off는 것이다. 따라서 본문의 "a man"은 그냥 남자라기보다는 이발사로 생각된다. 이 유명한 이야기는 여러 편의 영화로 만들어졌는데, 세실 B. 드밀 감독의 「삼손과 데릴라」(1949, 빅토 머추어 주연), 지안 프랑코 파를로니 감독의 「삼손」(1961, 브래드 해리스·브리지트 코리 주연), 리 필립스 감독의 「삼손과 들릴라」(1984, 앤터니 해밀튼·벨린더 바우어 주연)가 있다. 머리털을 자르면 힘이 없어진다는 이야기는 그리스 신화에서도 찾아볼 수 있다. 타포스 섬의 왕 프테렐라오스(그 | Pterelaos 영 | Pterelaus)는 페르세우스의 자손으로 그의 머리칼 속에는 포세이돈이 심어 놓은 황금 머리털이 있었다. 이 머리털이 있는 동안 그는 불사不死이고 타포스도 함락되지 않을 것으로 생각되었다. 그러나 왕의 딸 코마이로가 원정 온 암피트뤼온을 연모하여 아버지의 황금 머리털을 뽑았기 때문에 프테렐라오스 왕은 죽고 암피트뤼온이 이 땅을 정복했다. 이와 비슷한 내용으로 메가라 왕인 니소스의 딸 스퀼라와 관련한 이야기가 있다. 그녀는 원정 온 크레타 왕 미노스에게 반하여 자기와 결혼해 준다면 아버지의 왕국을 그에게 넘겨주겠다고 했다. 니소스 왕의 머리 한가운데는 진홍색 머리타래a purple lock of hair가 있었

반 다이크, 「삼손과 들릴라」, 빈 미술관

223

는데 이 머리털이 있는 한 불패이지만 그것을 잃게 되면 죽는다는 신탁이 있었다. 스킬라는 잠든 아버지의 머리털을 뽑아 미노스에게 넘겨주지만 미노스는 그녀한테 혐오감을 느껴 결혼을 거절했다. 그녀는 결국 자살해 키리스Ciris(그리스어로 '양털 깎는 사람'이란 뜻)란 새로 변신했고, 니소스는 키리스의 천적인 물수리osprey로 변신했다고 한다.

## 삼손 아고니스테스 Samson Agonistes

『구약성서』「사사기」에 나타난 삼손의 이야기를 바탕으로 해서 밀튼John Milton이 1671년에 무운시blank verse로 쓴 비극 작품. 삼손의 마지막 삶, 즉 블레셋 사람들한테 잡혀서 눈이 멀게 된 것과 그가 신의를 저버린 들릴라를 버리고 블레셋 사람들의 다곤 신전을 파괴한 것을 그렸다. 삼손이 하느님의 도움에 대한 믿음과 그 자신의 소명을 새롭게 하는 것이 이 극의 중심 갈등이다. 극의 구조는 그리스 비극의 양식을 철저히 따르고 있어 코러스가 있으며, 모든 행위는 하루 동안 일어나고 중심 사건(신전의 파괴)은 무대 밖에서 일어나 목격자들에 의해 이야기된다. 삼손 아고니스테스라는 말은 '역사力士 삼손', 혹은 '레슬러 삼손'이라는 뜻이다.

## 삼여신조三女神組 신화 Triads of Mythology

신화에서 남신들은 각자 독특한 특성을 지닌 강한 성격의 신으로서 독립적으로 등장하는 반면 여신은 셋이 한 그룹이 되어 등장하는 경우가 많은 것을 일컫는 말. 대표적인 예로 운명의 여신들Fates, 복수의 여신들Furies, 고르곤들Gorgons, 삼미신Graces, 그라이아이들Graeae, 하르퓌이아들Harpies, 세이렌들Sirens 등을 들 수 있다.

## 3월 토끼 March Hare ⇨ 마치 헤어

## 삼위일체三位一體 Trinity

기독교에서 하느님의 삼위three persons, 즉 성부聖父, 성자聖子, 성령聖靈을 가리키는 말. 삼위는 서로 동등하며, 서로 영원하고, 서로 나뉠 수 없다. 일반적으로 성부는 창조자로, 성자는 구속자Redeemer로, 성령은 깨닫게 하는 자Enlightener로 생각한다. 삼위일체 교리는 초기 교회 공회가 제안해서 선언했는데 그에 대한 다양한 정의 때문에 분쟁과 분열이 계속되었다. 성령이 성부에게서 비롯하는가 아니면 성부와 성자에게서 비롯하는가의 논쟁이 지금도 서방교회와 동방교회를 나누고 있는데 동방교회는 전자의 견해를 지지한다. trinitas라는 라틴어는 이 교리가 자리를 잡아갈 무렵인 180년경에 처음으로 사용되었다. 『구약성서』에는 하느님의 삼위일체를 나타내는 구절을 명백하게 사용한 곳은 없다. 그러나 『신약성서』에는 삼위일체의 교리가 분명하게, 빈번히 사용된다(참고: 요일 5:7). 교회는 삼위일체의 핵심을 신비라고 생각한다. 그렇기 때문에 삼위일체에 대한 완벽한 이해는 인간의 지성을 초월하는 것이며 오직 성령의 계시에 의해서만 이해될 수 있다고 주장한다.

「삽포와 알카이오스가
그려진 도자기」

### 삽포 Sappho

기원전 7세기 초에 활약한 초기 그리스 서정시인 중 가장 위대한 시인. 레스보스 섬에서 태어났는데, 남아 있는 삽포 시의 단편은 지방 방언으로 쓰여 있다. 굉장히 많은 음보로 시를 썼는데 그 중 하나인 삽포 음보Sapphic meter(5보격 4행시)는 그녀의 이름을 딴 것이다. 삽포 시의 특징은 열정적인 내용, 자연에 대한 사랑, 단순한 문체, 억제된 시행 등이다. 가장 긴 시(7연)는 젊은 처녀에 대한 사랑 때문에 아프로디테한테 기도를 올리는 내용이다. 삽포는 "열 번째 무사10th Muse"란 별명이 있다. 그녀는 아프로디테 숭배에 앞장섰으며, 뱃사공 파온에 대한 짝사랑 때문에 바다에 투신자살했다고 한다. 그녀가 쓴 서정시의 대부분은 여자들과의 정열적 우정을 찬미하고 있다. 그래서 사피즘Sapphism은 레스비어니즘Lesbianism, 여성 동성애와 동의어로 쓰인다. ⇨ 레스비언

### 상드, 조르주 Sand, George 1804~76

프랑스의 소설가. 본명은 오로르 뒤팽Aurore Dupin이며 뒤드방 남작과 결혼했다. 작품 활동의 원숙기에 소박한 농민 생활을 그렸다. 시인 뮈세Alfred de Musset, 음악가 쇼팽 Frédéric Chopin과의 연애로 유명하다. 대표작으로 『마魔의 늪La Mare au diable』(1846), 『사랑의 요정La Petite Fadette』(1849)이 있다.

### 상아탑象牙塔 Ivory tower

현실 사회에서 도피하여 내성적內省的 생활을 하는 것을 가리키는 말. 「아가서」 7장 4절의 "목은 상아 망대 같구나Thy neck is as a tower of ivory"에서 유래했다. 생트 뵈브 Charles Augustin Sainte-Beuve가 프랑스의 시인이자 극작가, 소설가인 알프레드 드 뷔니 Alfred de vigny를 가리켜 맨 처음 이 말을 썼다. 또 헨리 제임즈Henry James는 소설 『상아탑The Ivory Tower』(1917, 사후 출간)에서 내성적 청년을 묘사하면서 미국의 물질주의를 비판했다.

## 상한 갈대 Broken reed/Bruised reed

'신뢰할 수 없는 지지자(후원자)'를 뜻하는 말. 『구약성서』의 "보라 네가 애굽을 믿는도다 그것은 상한 갈대 지팡이와 같은 것이라 사람이 그것을 의지하면 손에 찔리리니 애굽 왕 바로는 그를 믿는 모든 자에게 이와 같으리라"(사 36:6) 한 구절에서 비롯하였다.

## 상한 갈대를 꺾지 않다 He will not break a bruised reed

'하느님의 무한한 사랑'에 대한 비유적 표현. "상한 갈대를 꺾지 아니하며 꺼져 가는 심지를 끄지 아니하기를 심판하여 이길 때까지 하리니"(마 12:20) 한 데서 비롯하였다.

## 새끼를 그 어미의 젖으로 삶다 Seethe a kid in its mother's milk

'가장 소중히 여기고 좋아하는 것으로 괴롭히다'라는 뜻. "너는 염소 새끼를 그 어미의 젖으로 삶지 말지니라"(출 34:26)고 한 구절에서 비롯하였다.

## 새벽 날개 Wings of the morning

'마치 빛을 타고 가는 것처럼 빠른 속도로 움직이는 모습'을 나타낸 표현. "내가 새벽 날개를 치며 바다 끝에 가서 거할지라도 거기서도 주의 손이 나를 인도하시며 주의 오른손이 나를 붙드시리이다"(시 139:9~10)라는 구절에서 비롯하였다.

## 새 예루살렘 New Jerusalem

하느님이 기독교 성도들과 함께 사는 '천상의 도시', '천국'에 대한 상징적 표현. 성 요한Saint John은 "또 내가 보매 거룩한 성 새 예루살렘이 하느님께로부터 하늘에서 내려오니 그 준비한 것이 신부가 남편을 위하여 단장한 것 같더라"(계 21:2) 하며 기독교 천국에 관한 비전을 그렸다.

## 색동 옷 Coat of many colours ⇨ 채색 옷

## 생기生氣 Breath of life

'영혼', '호흡', '바람'을 뜻하는 말. 『성서』에 "여호와 하느님이 땅의 흙으로 사람을 지으시고 생기를 그 코에 불어넣으시니 사람이 생령生靈이 되니라"(창 2:7, 6:17, 7:15·22) 한 데서 비롯하였다. 옛날 사람들은 영혼을 육체적 호흡과 동일시했다. 라틴어의 spiritus, 그리스어의 pneuma, 히브리어의 ruach 따위가 좋은 예이다.

## 생명나무, 지식의 나무 Tree of Life, Tree of Knowledge

『구약성서』에 나오는 나무. 생명나무는 '영생'을, 지식나무는 '지혜'를 가져다주는 것으로 믿었다. 이 나무는 "여호와 하느님이 그 땅에서 보기에 아름답고 먹기에 좋은 나무가 나게 하시니 동산 가운데에는 생명나무와 선악을 알게 하는 나무도 있더라"(창

2:9)는 구절에 나온다. 여기서 선악과가 달린 나무는 지식의 나무를 말한다. 오늘날 지식의 나무 열매(선악과)를 먹는 것에 관한 인유는 순수함의 상실이라는 대가를 치르고 나서야 지식을 얻을 수 있다는 의미이다.

### 생명의 떡 Bread of life

'영적인 양식', '그리스도'에 대한 상징. "예수께서 가라사대 내가 곧 생명의 떡이니 내게 오는 자는 결코 주리지 아니하리라"(요 6:35)고 한 구절에서 비롯하였다.

### 생명의 물 Water of life

하느님을 뜻하는 말. "나는 알파와 오메가요 처음과 마지막이라 내가 생명수 샘물을 목마른 자에게 값없이 주리니"(계 21:6)라고 한 구절에서 비롯하였다.

### 생명책 Book of life

최후의 심판일에 구원받을 자들의 이름이 기록되어 있는 책.

### 생육하고 번성하라 Be fruitful and multiply

아담과 노아에게 한 하느님의 명령(창 1:28, 9:1) 중 하나. 때로는 천주교 혹은 개신교 신자냐에 따라 피임 또는 성직자의 독신주의를 반대하는 논리로 인용된다. 어떻게 해석하든지 간에 이 구절은 인간의 생식력이 하느님에 의해 명백히 인정되었음을 함축한다.

### 생 존 페르스 Saint-John Perse 1887~1975

프랑스의 시인·외교관. 본명은 마리 르네 오귀스트 알렉시스 생 레제 레제Marie-René-Auguste-Alexis-Saint-Léger-Léger이다. 1960년 노벨 문학상을 수상하였다. 시집 『찬가Eloges』(1911), 『원정Anabase』(1924) 등에 수록된 작품들은 현대시의 정수로 높이 평가받는다.

### 생텍쥐페리, 앙트완 드 Saint-Exupéry, Antoine de 1900~44

프랑스의 소설가. 비행사 생활을 하며 인간의 존엄성과 도덕을 탐구했다. 대표작으로 『야간 비행Vol de Nuit』(1931), 『인간의 토지Terre des hommes』(1939), 동화 『어린왕자Le Petit Prince』(1943) 등이 있다.

### 샤론의 수선화 Rose of Sharon

예수 그리스도를 비유하는 말. 「아가서」에서 신부는 자기 자신을 "샤론의 수선화요 골짜기의 백합화로다"(아 2:1)라고 노래한다. 샤론은 고대 팔레스타인 해안을 따라 카르멜 산에서 텔 아비브 자파까지 뻗쳐 있는 비옥한 평야의 이름이다. rose of Sharon이 영어사전에는 무궁화라 정의되어 있지만, 『성서』에서는 무궁화 꽃이 아니다. 한국어 『성서』에도 무궁화로 번역되어 있지 않고 수선화로 번역하고 있다. The rose of

Sharon의 히브리어 뜻이 '구근球根을 가진 꽃'이기 때문이다. 또 프랑스 작가 샤토브리앙François-Auguste-René de Châteaubriand은 수선화가 샤론의 들판에서 자란다고 언급하고 있다.

### 샤일록 Shylock

셰익스피어William Shakespeare의 『베니스의 상인The Merchant of Venice』(1596)에 등장하는 탐욕스런 유대인 고리대금업자. 그는 경쟁 관계의 상인인 앤토니오를 증오한다. 어려움에 처한 앤토니오가 돈을 빌리러 오자 3개월 안에 돈을 갚지 못하면 한 파운드의 살을 도려낸다는 조건으로 돈을 빌려 준다. 그러나 재판관 포셔가 재판에서 샤일록에게 앤토니오의 피를 한 방울도 흘리지 말고 한 파운드의 살만 도려내라는 판결을 내려 그의 계획은 좌절된다.

### 샤프, 베키 Sharp, Becky

새커리William Makepeace Thackeray의 소설 『허영의 시장The Vanity Fair』(1848)의 여주인공. 젊고 아름답지만 비양심적이며 상류사회를 지향한다. 비천한 출신이지만 나폴레옹 시대 사회에서 꽤 높은 지위에까지 오른다. 하지만 자기중심주의와 이중적 행동이 폭로되어 결국엔 사교계에서 추방당한다.

### 샹그릴라 Shangri-La

힐튼James Hilton의 소설 『잃어버린 지평선The Lost Horizon』(1933)에 나오는 장소. 이 작품의 배경은 티베트로 여겨지는 영원한 젊음과 평화의 유토피아이다. 여기서 비롯한 샹그릴라는 '지상낙원', '속세를 벗어난 이상적 피난처'를 뜻하게 되었다.

### 샌디, 트리스트럼 Shandy, Tristram

스턴Laurence Sterne의 소설 『신사 트리스트럼 샌디의 생애와 의견The Life and Opinions of Tristram Shandy, Gentleman』(1759~67)의 주인공. 트리스트럼은 자서전적 이야기를 겉보기에는 끝없는 연속적 일탈, 억제하지 못한 생각과 사건 들에 대한 연상, 그리고 변덕스런 방백으로 그려낸다.

### 서력 기원 Christian Era ⇨ 그리스도 기원

### 서사시권敍事詩圈 라Epicus Cyclus 영Epic Cycle

그리스의 극시인 또는 서정시인 들이 많은 주제를 취해 온 보고寶庫. 트로이아 서사시권Trojan Cycle에서 『일리아스Ilias』와 『오뒷세이아Odysseia』는 단지 두 삽화에 지나지 않는다. 테바이 서사시권Theban Cycle에는 중요한 시 「테바이스Thebais」가 들어 있다. 트로이아 영웅전을 바탕으로 한 트로이아 서사시권은 티탄족의 기원과 투쟁으로부터 오뒷세우스가 아들 텔레고노스한테 죽기까지의 전설을 여러 작가가 노래했던 서사시를 연대순으로 배열한 것이다. 언제 집성되었는지 연대는 불분명하다. 『일리아스』와 『오뒷세이아』는 트로이아 전쟁을 둘러싼 긴 이야기 중 일부이다. 이 이야기 전체는 「파리스의 심판」으로부터 이 두 편을 포함하여 『오뒷세이아』의 속편인 텔레고노스의 이야기에 이르기까지 모두 8편의 서사시에 노래되는데, 이것을 '트로이아 서사시권Trojan Cycle'이라 한다. 이 서사시들의 주主 전거典據는 기원전 2세기의 문법학자 프로클로스Proklos인데, 그의 『문학 핸드북Chrestomateia Grammatike』에서의 발췌로 엿볼 수 있다. 『퀴프리아Cypria』 중의 여러 구는 현존하는 많은 저서 중에 인용되는데 전부가 49행이다. 『소일리아스Ilias mikra』는 21행, 『트로이아 약탈Iliou Persis』은 12행, 『귀향Nostoi』은 겨우 3행만 남아 있고, 『아이티오피스Aithiopis』와 『텔레고니아Telegonia』는 전부 분실되어 남아 있지 않다.

『**퀴프리아**Cypria』(11권) [아프로디테의 별명인 퀴프리스(퀴프로스 섬)에서 이름을 땀. 스타시노스Stasinos 지음. 이 서사시의 장면은 올림포스에서 시작하는데 제우스와 테미스가 트로이아 전쟁을 계획하고 있다. 헤라 · 아테나 · 아프로디테가 그들 중 어느 누가 제일가는 미녀인지 말다툼하였는데, 그녀들은 알렉산드로스(파리스)를 심판으로 선택한다. 그런데 파리스는 아프로디테를 뽑는다. 그녀가 세상에서 제일가는 미녀를 주겠다고 약속했기 때문이다. 아프로디테는 알렉산드로스한테 배를 짓도록 지시하고 그녀의 아들 아이네아스를 동반시킨다. 알렉산드로스는 동생 헬레노스한테서 미래의 예언을 듣고서 스파르타로 가서 헬레네의 형제들인 카스토르와 폴룩스(폴뤼데우케스)를 먼저 만난다. 메넬라오스는 헬레네를 파리스한테 남겨 둔 채 크레테로 항해를 떠난다. 알렉산드로스와 헬레네는 때를 놓칠세라 메넬라오스의 창고에서 보물을 꺼내 배에 가득 싣고서 트로이아로 떠나버린다. 그들은 헤라가 일으킨 폭풍을 뚫고서 트로이아에 도착하여 결혼한다. 메넬라오스는 사건의 보고를 받고 급히 귀국하여 형 아가멤논과 네스토르와 함께 트로이아 원정대를 조직한다. 오뒷세우스는 고향을 떠나기 싫어 미친 척하지만 팔라메데스한테 들켜 하는 수 없이 참전한다. 그리스군이 아울리스에 집결했을 때에 참새들과 뱀이 싸우는 사건이 일어난다. 트로이아를 향해 출항했지만 폭풍 때문에 다시 아울리스에 집결한다. 제2차 출항 직전에 아가멤논은 자기의 사냥 솜씨를 뽐냄으로써 사냥의 여신 아르테미스를 화나게 한다. 아르테미스는 예언자 칼카스가 아가멤논이 딸 이피게네이아를 제물로 바쳐 아르테미스를 달래도록 권할 때까지 강풍을 불어 그리스 함대를 아울리스에 묶어 둔다. 그리스군은 출항하여 트로이아에 도착하지만, 도중에 뱀한테 물린 필록테테스를 렘노스 섬에 남겨 두고 온다. 아킬레우스가 주요 역할을 하는 몇 전투 장면이 나오고 제우스는 아킬레우스가 전쟁터에서 물러나도록 계획한다.

『일리아스*Ilias*』(24권)　호메로스Homeros 지음. 『일리아스』는 『퀴프리아』가 끝나는 대목에서 시작한다. ⇨ 일리아스

『아이티오피스*Aithiopis*』(5권)　아르크티노스Arktinos 지음. 『일리아스』가 끝난 데에서부터 시작한다. 아마존 여왕 펜테실레이아Penthesileia가 트로이아를 도우러 왔다가 아킬레우스한테 죽는다. 아킬레우스는 갑주를 벗긴 그녀의 아름다운 얼굴을 보자 아까워했고, 테르시테스는 펜테실레이아의 죽음을 애도하는 그를 비웃었다가 살해된다. 에티오피아 왕인 티토노스와 에오스의 아들 멤논이 만 명의 병사를 거느리고 삼촌인 프리아모스를 도우러 트로이아 지원군으로 왔다가 살해된다. 아킬레우스는 아폴론의 도움을 받은 파리스의 화살에 발뒤꿈치를 맞아 죽는다. 아이아스와 오뒷세우스는 누가 아킬레우스의 갑주를 차지할 것인가를 두고 언쟁한다.

『소小일리아스*Ilias mikra*』(4권)　아르크티노스Agias of Troizen 지음. 이 서사시에서 아킬레우스의 갑주는 오뒷세우스한테 주어지고 분개한 아이아스는 미쳐서 자살해 버린다. 디오메데스가 필록테테스를 렘노스 섬에서 트로이아로 데려오고, 마카온의 치료를 받고 나온 그는 싸움터로 나가 파리스를 죽인다. 에페이오스는 목마木馬(Wooden Horse)를 만들고 오뒷세우스는 거지로 변장하여 들키지 않고 트로이아로 들어가 헬레네와 함께 트로이아 점령을 음모한다(이 삽화는 『오뒷세이아』 제4권에서 헬레네가 이야기한다). 라오콘 이야기가 나오고 트로이아인들이 목마를 성城 안으로 끌어들이는 장면으로 끝맺는다.

『트로이아 약탈*Iiou Persis*』(2권)　아르크티노스 지음. 목마 책략은 성공을 거두어 10년간의 전쟁은 끝나고 프리아모스 왕은 아킬레우스의 아들 네옵톨레모스한테 죽는다.

『귀향*Nostoi*』(5권)　트로이젠의 아기아스Agias of Troizen 지음. 오뒷세우스를 빼놓고 모든 주요 그리스 장군들의 귀향이 이야기되어 있다. 네스토르와 데오메데스는 안전하게 고향에 돌아오지만, 메넬라오스는 이집트에 8년 간 표류했다가 귀국하고, 아가멤논은 안전하게 귀국했지만 아내와 사촌인 클뤼타임네스트라의 정부 아이기스토

스한테 목욕탕에서 살해된다.

『오뒷세이아*Odysseia*』(24권) 호메로스 지음. ⇨ 오뒷세이아

『텔레고니아*Telegonia*』(2권)  퀴레네의 에우감몬Eugammon of Cyrene 지음. 『오뒷세이아』의 속편이다. 오뒷세우스는 많은 모험을 더 하고 심지어는 페넬로페가 살아 있는데도 재혼까지 한다. 키르케(때때로 칼륍소)와 사이에 낳은 아들 텔레고노스는 아버지를 찾으러 이타케로 왔다가 해안에 난파당하여 가축을 약탈하다가 오뒷세우스와 싸우게 되는데, 상대방이 누군지도 모르고 오뒷세우스를 죽인다. 텔레고노스는 페넬로페와 함께 키르케가 있는 아이아이아 섬으로 아버지의 시체를 가지고 돌아와 묻어준 뒤 페넬로페와 결혼했으며, 키르케는 두 사람을 행복의 섬으로 보냈다. 둘 사이에서 이탈로스(그 | Italos 영 | Italus)가 태어났으며, 이탈리아는 그의 이름을 딴 것이다.

## 서사시의 관례慣例 Epic Conventions

서사시에 공통적으로 나타나는 특징. 흔히 다음과 같은 관례를 사용한다.

① 영웅英雄(주인공, 흔히 국민적 영웅)의 모험을 테마로 삼는다.

② 무사, 특히 서사시의 시신詩神인 칼리오페('아름다운 목소리'란 뜻)에게 영감을 불어넣어 달라고 기원한다(예:"노래하라, 시신이여, 펠레우스의 아들 아킬레우스의 분노를").

③ "사건의 중간에서in medias res" 시작하고, 이전 사건들의 요점을 다시 한 번 설명한다(예:『일리아스*Ilias*』에서는 트로이아 전쟁 10년이 되는 해부터 시작하고, 『오뒷세이아*Odysseia*』에서는 칼륍소를 떠나겠다는 오뒷세우스의 요구로 시작한다).

④ 판에 박힌 형용사를 사용한다(예: '회색 눈의 아테나', '하얀 팔의 나우시카아', '발 빠른 아킬레우스', '웃음을 사랑하는 아프로디테' 등의 표현).

⑤ 서사시적 직유, 즉 긴 비교를 사용한다.

⑥ 독백을 빈번히 사용한다(예:알키노스 왕의 연회장에서 한 오뒷세우스의 길고 긴 연설).

⑦ 인간의 일에 신들이 간섭한다(예:데우스 엑스 마키나deus ex machina).

⑧ 율격律格(meter)은 장단단격長短短格(dactyl) 6음보hexameter이며 어떤 시행의 마지막 음보는 장장격長長格(spondee)일 때도 있다.

## 서피스 경, 올리버 Surface, Sir Oliver

셰리던Richard Brinsley Sheridan의 소설 『험담 학교*The School for Scandal*』(1777)에 나오는 부유한 늙은 신사. 그에게는 두 명의 조카가 있는데, 한 명은 조지프 서피스로 말솜씨는 좋으나 성실치 못한 인물이며, 한 명은 찰즈 서피스로 지나치게 너그럽고 야단법석을

잘 떤다. 서피스 경은 이 둘 중에 어느 쪽이 자기의 재산을 상속받을 만한 인물인지 알아내야만 한다. 그는 두 가지 책략을 써서 악한 자를 폭로하고 선한 자에게 보상한다.

**선물을 가져오는 그리스인들 Greeks bearing gifts** ⇨ 티메오 다나오스 에트 도나 페렌테스

**선민選民 Chosen people**

'하느님이 선택한 민족'이란 뜻. 원래는 『구약성서』에서 지상에서 하느님의 뜻을 이루기 위해 하느님이 선택한 민족으로 유대인을 가리켰다. 지금은 의미가 확장되어 하느님을 믿는 모든 사람을 뜻한다.

**선악과善惡果** ⇨ 금단의 열매, 사과

**선지자先知者 Prophet**

사람들에게 하느님의 메시지를 전달하는 사람을 일컫는 말. 『구약성서』에 나오는 모세, 다니엘, 엘리야, 예레미야, 요나 등이 대표적이다. 그들이 전한 중요한 메시지는 하느님을 진정으로 경배하고 올바르게 살아야 할 것과 메시야가 올 것에 대한 예언이다. 선지자들은 백성들이 우상을 숭배하고 비도덕적인 삶을 사는 것을 비난했기 때문에 때로 심한 핍박과 저항을 받았다. 『신약성서』에도 선지자들이 나온다. 예수는 세례자 요한을 선지자라 불렀고 기독교도들은 그를 구약과 신약을(예수 이전 시대와 이후 시대를) 연결하는 교량으로 생각한다. 예수는 하느님이 바른 메시지를 전하는 참 선지자와 거짓된 말을 전하는 거짓 선지자가 있다고 한다. 예수도 생전에는 선지자로 간주되었고 지금도 유대인들은 그를 메시야가 아니라 선지자 중의 한 명으로 존경한다. ⇨ 메시야

**선지자가 자기 고향에서만 존경을 받지 못한다 A prophet is not without honor, save in his own country**

예수가 자신의 고향인 나사렛에서 비우호적인 대접을 받은 뒤에 한 말(마 13:57, 막 6:3~4, 눅 4:24, 요 4:44). 요즈음은 조국에서 존경이나 명예를 얻지 못한 사람에게 이 말을 적용한다.

**선지자들 중의 사울 Saul among the prophets**

'기대하지 않았던 재능을 나타내 보이는 사람'이란 뜻. "그들이 산에 이를 때에 선지자의 무리가 그를 영접하고 하느님의 영이 사울에게 크게 임하므로 그가 그들 중에서 예언을 하니 전에 사울을 알던 모든 사람들이 사울이 선지자들과 함께 예언함을 보고 서로 이르되 기스의 아들에게 무슨 일이 일어났느냐 사울도 선지자들 중에 있느냐 하

고"(삼상 10:10~11) 한 데서 비롯하였다.

### 선한 목자牧者 The good shepherd

'여호와', '그리스도', '사제' 등을 뜻하는 말. 『성서』에는 양과 목자의 이미지가 많이 나온다. 이 중 목자는 여호와(시 23편) 또는 기독교 회중의 사제를 뜻하는 은유로 쓰인다. 특히 「요한복음」의 "나는 선한 목자라 내가 내 양을 알고 양도 나를 아는 것이"(요 10:14)에 나오는 '선한 목자'는 그리스도를 가리킨다. 선한 목자는 성서적 의미로는 다른 사람들을 종교적으로 돌보고 인도할 책임을 지닌 사람을 뜻한다.

### 선한 사마리아 사람 Good Samaritan

『신약성서』에 나오는 예수의 비유 이야기 중 하나. 사마리아 사람들은 모세 5경만을 경전으로 받아들인 분리된 유대교의 한 종파이다. 유대와 사마리아는 전통적으로 적대 관계였는데 이들의 관계는 「에스라」4장과 「느헤미야」4장에 언급되어 있다. 예수가 활동한 당시도 여전히 유대인은 사마리아인을 경멸했다(요 4:9, 8:48 등). 그러나 예수의 선한 사마리아 사람의 비유에서 보듯, 어떤 사람이 여리고로 가다 강도를 만나 거의 죽게 되었을 때 제사장과 레위 사람은 그를 피해 지나갔으나 오직 사마리아 사람만이 그를 불쌍히 여겨 상처를 치료해 주고 주막으로 데려가 돌보아 줄 것을 당부했다. 예수는 이 세 사람 중에 누가 강도 만난 자의 이웃이냐고 묻고 너희도 가서 이와 같이 하라고 명한다(눅 10:30~37). 이 비유를 통해 예수는 유대인들의 국수적인 교만과 종교적 편협함을 책망했다. 지금은 선한 사마리아 사람이라고 하면 누구에게나 사랑을 베푸는 사람, 특히 『성서』 비유에 나오는 사람처럼 역경에 처한 낯선 사람을 도와주거나 구해주는 사람을 뜻한다.

### 선한 싸움을 하다 Fight the good fight

바울이 디모데에게 "믿음의 선한 싸움을 싸우라"(딤전 6:12)고 격려한 데서 나온 말로 믿음을 경기에 비유하였다.

### 선한 피조물被造物 Good creatures

'인간의 물질적 안락에 도움이 되는 음식이나 사물'을 뜻하는 말. "하느님의 지으신 모든 것이 선하매 감사함으로 받으면 버릴 것이 없나니"(딤전 4:4)라는 구절에서 비롯하였다.

### 성경聖經 Bible ⇨ 성서

### 성구함聖句函 Phylactery ⇨ 경문

### 성구함聖句函을 넓게 하다 Make broad one's phylactery

'신앙이 독실한 체하다', '도덕가인 양하다' 라
는 뜻. 성구함은 양피지에 『성서』 구절을 적은
것을 담은 가죽 상자로 경문이라고도 한다. 아
침 기도 때 하나는 이마에, 하나는 왼팔에 잡아
매었다. 예수가 바리새인들의 위선을 책망한
말 중의 하나로 "저희 모든 행위를 사람에게 보
이고자 하나니 곧 그 차는 경문을 넓게 하여 옷
술을 크게 하고"(마 23:5)라는 구절에서 비롯하
였다. 여기서 "저희"는 바리새인을 가리킨다.

성구함

### 성 누가 Saint Luke

복음서인 「누가복음」과 「사도행전」의 저자. 자주 '사랑받는 의사'로 지칭된다(골
4:14). 전승에 의하면 화가였다고 하며 성모 마리아의 초상을 그렸다고 한다. 의사와
화가의 수호성인이며 축일은 10월 18일이다. 그의 상징은 황소이다.

### 성 니콜라스 Saint Nicholas

기독교 사회, 특히 동방정교에서 가장 인기 있는 성인 중의 한 명. 러시아와 영국 애버
딘, 교구 사무원들, (이전에는 사무원들로 불리던) 학자들, 전당포 업자들(그가 가난한 농부의 세
딸에게 황금으로 된 구슬 세 개를 주어 그들이 수치스런 방법으로 지참금을 버는 것을 막았다), 그리고
어린아이들(그가 베이컨을 만들기 위해 토막으로 잘려 소금통에 절여진 세 명의 어린아이를 되살렸
다)의 수호성인이다. 그가 성지로 항해하는 배가 만난 폭풍우를 진정시켰기 때문에 선
원들은 불이 나지 않도록 그에게 기도한다. 또 그는 산타클로스의 근원이다. 성 니콜라
스에 관해서는 역사적으로는 별로 알려진 것이 없지만 그가 4세기 초반 미라(러시아)의
주교였다는 말이 전한다. 325년 니케아 회의에 참석하여 아리우스의 턱을 쳐서 날려 버
렸다는 이야기도 전한다. 위에서 언급한 전설로 인해 그는 주교복을 입고 황금 구슬이
든 세 개의 지갑을 들고 있거나 세 어린아이와 같이 있는 모습으로 나타난다. 그의 축일
은 12월 6일이다.

### 성당에서의 살인 Murder in the Cathedral

엘리어트Thomas Stearns Eliot가 1935년에 쓴 희곡 제목. 성직자들의 특권을 제한하려는

234

헨리 2세에 대항한 캔터베리의 주교인 성 토마스 아 베케트St. Thomas à Becket의 살해 사건을 다룬다. 토마스는 세상의 행복과 권력을 제의받지만 하느님의 법이라고 생각하는 것에 복종하기 위해 그 제의를 거절하고 순교한다. 이 극은 대부분 의례적이고 성례적인 언어를 사용하며 캔터베리의 여인들이 부르는 코러스와 독백 그리고 등장인물 간의 대화로 구성되어 있다. 막간극은 베케트가 눈에 보이지 않는 회중에게 하는 설교이다. 제1부의 4명의 유혹자와, 제2부의 4명의 기사와 살인자 이야기는 일상 회화체로 되어 있으며 여기에 등장하는 인물은 현대적 태도를 나타내는 희극적 인물들이다. 이 극은 엘리어트가 영국 무대에 극시의 전통을 되살리려는 노력을 처음으로 완성한 것으로 그의 극 작품 중 최고로 꼽힌다.

프랑수아 클루에, 「헨리 2세」, 피렌체 피티 궁전미술관

## 성 도마 Saint Thomas

예수의 열두 제자 중의 한 명. 디두모Didymus라고도 한다. 예수가 나사로를 고치려 베다니로 가려 할 때 다른 제자들은 모두 위험하다고 했지만 도마만이 "우리도 그와 함께 죽으러 가자"(요 11:16)고 했다. 도마는 예수가 십자가에 못 박힌 뒤 그에게 나타났을 때까지 부활을 믿지 않았기 때문에(요 20:24~29) "의심 많은 도마doubting Thomas"라고 불린다. 전통적으로 그는 외경인 『도마 복음서』의 저자로 간주된다. 이 책에 의하면 그는 인도에서 선교사로 일했고 멜리아포레Meliapore에서 순교했다. 그의 축일은 12월 21일이다. 어떤 전설에서는 그에게 인도의 왕 곤도로포스가 왕궁을 지으라고 많은 돈을 주었다고 한다. 그런데 도마는 그 돈을 가난한 사람을 위해 써 "천국에 멋진 궁전을 지었다"고 전한다. 그래서 그는 석수石手와 건축가의 수호성인이 되었다. 그의 상징은

'건축가의 자'이다.

### 성령聖靈 Holy Spirit

하느님(성부), 예수(성자)와 더불어 하느님 안에 있는 삼위三位의 한 분. 예수는 제자들에게 자신이 십자가에 못 박혀서 죽은 뒤 부활해서 성령을 보내주겠다고 약속했다. 오순절에 약속대로 성령이 제자들에게 임했다(행 2장). ⇨ 삼위일체

### 성례聖禮/성사聖事 Sacrament

원래 로마 병사들이 그들의 행동 규범을 버리거나 지휘관을 배반하지 않겠다고 한 군사적인 맹세를 가리키는 말. 초기 기독교도들은 '신성한 신비'를 나타내는 말로써 교회가 행하는 모든 의식에 사용했다. 성 아우구스티누스는 성례를 "보이지 않는 은총이 보이는 형태로 나타난 것"으로 정의한다. 로마 카톨릭 교회는 성사로 7가지[성사(영세領洗(baptism)), 견진堅振(confirmation), 성체聖體(Eucharist), 고해告解(confession), 종부終傅(extreme unction) 혹은 병자病者(the anointing of the sick), 신품神品(holy orders), 혼인婚姻(matrimony)]를 제시하고, 대부분의 개혁교회와 개신교는 예수가 정한 세례와 성찬만을 성례로 인정한다.

### 성 마가 Saint Mark

「마가복음」의 저자. 마가는 유대 이름으로는 요한, 로마식 이름으로는 마가, 마르쿠스 혹은 마가라는 성을 가진 요한(행 12:12)으로 불리기도 한다. 바나바와 바울의 제1차 전도여행을 따라갔다. 처음에는 바울의 신임을 얻지 못해 바울은 그를 제2차 전도여행에는 데려가지 않았다(행 15:36~39). 그러나 나중에 바울의 신뢰를 얻어 바울과 베드로의 전도여행에 동행했다(딤후 45:11, 벧전 5:13). 베네치아의 수호성인이며, 상징은 날개 달린 사자이다. 그의 축일은 4월 25일이다.

### 성 마태 Saint Matthew

예수의 열두 제자 중의 한 사람. 전승에 의해 「마태복음」의 저자로 간주된다. 그의 상징은 독수리이다.

### 성막聖幕/초막草幕 Tabernacle

이스라엘 사람들이 광야와 가나안에서 사용한 이동식 성전. 성막의 재료와 만드는 방법은 「출애굽기」 26장에 상세히 기록되어 있다. 성막은 이동식 신전으로 붙였다 떼었다 할 수 있는 널빤지로 만들어졌다. 성막의 재료로 청색·자색·홍색의 세마포, 수양과 해달의 가죽, 금·은·구리, 아카시아 나무와 각종 보석 등을 사용했다. 성막 내부는

두 개의 방으로 나뉘어 있었는데 첫번째 방이 성소이고 두 번째 방이 지성소이다. 성소는 길이 20규빗(1규빗은 45.6cm), 폭 10규빗, 높이 10규빗이다. 지성소는 길이 10규빗, 폭 10규빗, 높이 10규빗이다. 지성소에는 언약궤가 놓여 있었고 성소에는 향 등 제단과 진설병을 놓기 위한 상과 일곱 개의 가지七支가 있는 촛대가 있었다. 성막은 하느님이 이스라엘 백성 가운데 임재함을 상징한다. ⇨ 초막절

## 성 미가엘 Saint Michael

천사장이며 천국 군대의 지도자. "하늘에 전쟁이 있으니 미가엘과 그의 사자들이 용과 더불어 싸울새 용과 그의 사자들도 싸우나 이기지 못하여"(계 12:7~8)에서 보듯 그는 천국 군대의 지도자이다. 그의 축일(성 미가엘과 그의 천사들)은 9월 29일인데 로마 카톨릭 교회에서는 그가 492년 목동으로 몬테 가르가노에 나타난 것을 기려 5월 8일에도 기념한다. 중세 시대에는 수성水星의 수호령이며 사람들에게 분별력이라는 선물을 가져다주는 천사로 간주되었다. 예술 작품에서는 엄한 표정을 지닌 아름다운 젊은이로 날개를 달고 흰 옷이나 갑옷을 입고 있으며 용을 대적할 방패와 창을 들고 있는 모습으로 그려진다. 최후의 심판일에 그는 저울을 들고 서 있는데 그 저울로 부활한 죽은 자들의 영혼을 측량한다. 대천사 미가엘의 축일은 9월 29일로 Michaelmas라 불리는데 영국에서는 성모 영보 대 축일Lady Day(3월 25일), 세례자 요한 축일Midsummer Day(혹은 St. John's Day, 6월 24일), 크리스마스Christmas(12월 25일)와 더불어 4분기 지불일quarter days의 한 날이다.

## 성 바울 Saint Paul

'이방인의 사도'로 알려진 초기 기독교의 전도자·신학자. 기독교를 세계로 전파하는 데에 핵심적인 역할을 한 가장 중요한 인물이다. 바울(히브리 이름은 사울Saul)은 다소 Tarsus에서 유대인 부모에게서 태어나 다메섹 도상에서 부활한 그리스도를 만난 뒤에 기독교로 개종한 걸출한 바리새인이다. 세 차례에 걸친 그의 전도여행은 「사도행전」에 기록되어 있는데 이 여행에서 수많은 박해와 고통, 어려움을 겪었다. 바울은 로마와 세계를 두루 다니며 사람들을 전도하여 그리스도의 말씀을 받아들이도록 개종시켰다. 바울은 60년에 로마에서 감금되었다. 전승에 의하면 그는 네로가 총애하던 후궁을 기독교로 개종시키고 5~6년 후 참수형을 당했다고 한다. 몇몇 학자는 그가 62년에 죽었다고 주장한다. 그의 서신들(『신약성서』에 바울 서신으로 모여 있는)은 가장 오래된 『신약성서』의 저술로서 신학적으로 대단히 중요한 문서이다. 그의 상징은 검과 펼친 책인

데 검은 그의 순교의 도구를, 펼친 책은
이방인의 사도로서 그가 전파한 새로운
율법을 상징한다. 그는 베드로와 함께 6
월 30일에 기념된다. 다메섹 도상에서
예수를 만난 바울에 관한 인유는 예기치
않은 계시나 회심을 말한다.

## 성 바울 성당/세인트 폴 성당 Saint Paul's Cathedral

런던에 있는 성공회 성당. 원래의 고딕
건물은 1666년 런던 대화재 때에 소실되
었다. 현재의 사원은 크리스토퍼 렌
Christopher Wren이 설계하여 1701년에 완
성한 것이다. 이 성당의 큰 돔dome은 런
던의 역사적 건조물이다. 성당 내부에는
건축가 자신을 포함하여 존 단John
Donne, 웰링턴Wellington, 넬슨Nelson 등 유
명 인사들의 무덤이 있다.

### 성배聖杯 Grail/Holy Grail/Graal/Sangraal

최후의 만찬 때 예수가 사용한 술잔. 아
리마대의 요셉이 책형磔刑(Crucifixion) 때
이 잔에 예수의 피를 받았다고 한다. 성
배는 브리튼(영국)으로 옮겨졌지만 이 세
상이 너무나도 죄가 깊어 모습을 감추어
버렸다고 한다. 그러나 성배는 때때로
선택된 소수의 사람에게 나타났다. 아서
왕 전설에서 성배는 성스런 물건이다.
많은 기사가 성배 탐색을 시도하지만,
란슬러트 경의 아들 갤러해드 경에게만
성배를 발견하는 것이 허락되었다. 성배

한스 폰 쿨름바흐, 「예수가 베드로를 부르심과
사도 바울을 구속하는 장면」

크리스토퍼 렌, 「성 바울 성당」, 런던

를 찾아낸 기사만이 옴짝달싹 못하는, 죽은 것도 아니고 살아 있는 것도 아닌 어부 왕을 다시 회생시킬 수 있었다. 이 전설은 주로 15세기에는 맬러리 경Sir Thomas Malory, 19세기에는 테니슨Alfred Tennyson에 의해 영국 독자들에게 알려졌다. 중세 프랑스에서는 크레티엥 드 트로아와 다른 작가들의 작품에 이에 관한 언급이 있다. 성배를 소재로 한 것 중에 독일인이 쓴 작품으로는 바그너Wilhelm Richard Wagner와 에셴바하Wolfram von Eschenbach의 것이 있다. ⇨ 갤러해드 경

## 성 베드로 Saint Peter

예수의 열두 제자 중 한 사람이자 그들의 공인된 지도자. 예수는 "너는 베드로다 내가 이 반석 위에 교회를 세우리니 음부의 권세가 이기지 못하리라 내가 천국 열쇠를 네게 주리니"(마 16:18~19)라고 하며 그에게 '바위'라는 뜻을 가진 베드로라는 이름을 주었다. 그가 로마 교회의 첫 주교였다는 사실은 모든 교황이 그의 후계자라는 로마 카톨릭 교회의 믿음의 근거가 되었다. 카톨릭 신자들은 이 구절을 교회 문제에 대한 실질적인 통치권을 하느님이 베드로에게 준 것으로 이해하는데, 이 직무는 그들의 교리에 의해 그로부터 교황들에게 전해진다. 『성서』 구절에 근거하여 베드로가 천국 열쇠를 관장하는 사람이고 모든 성도와 죄인이 거기로 들어가기 위해 그 앞에 모습을 드러내야 한다는 생각이 나왔다. 베드로는 예수의 수제자였고 종종 그들의 대변인 역할을 했다. 그는 야고보와 요한과 더불어 예수의 변용變容(마 17:1~13)과 겟세마네 동산에서의 고뇌(마 26:36~45)를 목격했다. 최후의 만찬에서 예수는 닭이 울기 전에 베드로가 그를 세 번 부인할 것이라고 말했다. 예수가 붙잡혔을 때 베드로는 자신이 예수와 상관이 없다고 세 번 부인하였고 그 뒤에 밖으로 나가 통곡했다(마 26:69~75). 예수의 십자가형 이후 베드로는 「사도행전」에 나와 있는 대로 기적과 전도 활동으로 널리 알려지

조반니 제롤라모 사볼도, 「산상에서의 예수의 변용」, 피렌체 우피치 미술관

게 되었다. 베드로는 어부였으므로 어부들의 수호성인이다. 바람에 날리는 수염을 지닌 대머리의 늙은이로, 흰 망토와 푸른 가운을 입고 책이나 두루마리를 들고 있는 모습으로 그려진다. 전승에 의하면 그는 네로 궁전의 마술사이던 시몬 마구스Simon Magus를 꼼짝 못하게 만들었다고 한다. 이 일로 베드로는 십자가형을 받았으나 그는 예수와 똑같은 죽음을 당할 가치도 없다고 스스로 요청하여 십자가에 거꾸로 매달려 처형(67년경)당했다고 한다.

### 성사聖事 Sacrament ⇨ 성례

### 성상聖像 Icon

동방교회에서 예수, 성인, 천사의 상이나 이를 나타내는 물건. 성상은 신성한 것으로 간주되어 입맞춤, 향, 그리고 촛불 등과 같은 것으로 경배되었지만 최고의 예배는 하느님에게만 드렸다. 성상은 교회당의 정교한 예술 작품에서 농부들이 경배하는 소박한 에나멜이나 흑금을 입힌 상까지 다양하다.

### 성서聖書/성경聖經 Bible

일반적으로 기독교의 경전을 지칭하는 말. Bible이란 말은 헬라어로 '책'을 뜻하는 biblos의 지소사指小辭인 biblion의 복수 biblia에서 유래했고, 소책자군小冊子群을 의미한다. biblos는 나일 강에 번성한 파피루스의 줄기로, 『성서』가 필사된 파피루스 두루마리를 biblion이라고 했다. 포이니케(페니키아) 항구 비블로스Biblos를 경유하여 파피루스를 수입했기 때문이라는 설도 있다. 개신교에서는 대략 『구약성서』는 39권이고 14권의 외경으로 되어 있다고 한다. 다른 종파들은 『구약성서』의 외경 전체 혹은 일부를 여기에 포함시킨다. 『신약성서』는 27권으로 되어 있다. 『구약성서』는 기원전 13세기에서 1세기에 편집되었다. 원본은 전해지는 것이 없고 현재의 『성서』는 기원전 250년경에 알렉산드리아에서 만든 70인역Septuagint(히브리어를 그리스어로 번역한 성경)과 기원후 6세기에 숙련된 유대학자들이 당시 통용되던 히브리 성서를 교정하고 지키기 위해 편찬한 마소라 판본Massoretic Text에 크게 의존하고 있다. 마소라 판본은 10세기 말에 완성되었다. 70인역은 기독교의 공인 『성서』가 되었으나 마소라 판본은 히브리 경전으로 남았다. 다른 중요한 『구약성서』 사본은 사마리아 사람들이 간직해 온 기원전 4세기경의 『사마리아 모세 5경Samaritan Pentateuch』과 성 제롬St. Jerome이 382년에 시작한 라틴어 번역본인 『불가타Vulgate』가 있다. 『불가타 성서』는 현재도 로마 카톨릭 교회의 공인 성서이다. 『구약성서』의 처음 5책(「창세기」, 「출애굽기」, 「레위기」, 「민수기」, 「신명기」)

240

## 『성서』의 구성

| 구약성서 | 사전史傳 | 「창세기創世記(Genesis)」 천지창조에서 아브라함, 야곱, 요셉에 이르기까지의 이스라엘 민족의 역사.<br>「출애굽기Exodus」 모세가 이집트의 압제를 피하여 40만 이스라엘 민족을 약속의 땅 가나안으로 인도한 역사.<br>「레위기記(Leviticus)」, 「민수기民數記(Numbers)」 유대 민족을 훈련하고, 하느님께 복종시키기 위해 쓰인 법령집.<br>「신명기申命記(Deuteronomy)」 이스라엘인에 대한 모세의 고별.<br>「여호수아Joshua」, 「사사기士師記(Judges)」 이스라엘 국가 건설의 노력.<br>「사무엘(Samuel)」 사무엘과 다윗의 시대.<br>「열왕기列王記(Kings)」 솔로몬 등의 시대.<br>「역대歷代(Chronicles)」 유대 교회로서 조직된 민족의 역사.<br>이 밖에 『구약성서』에는 「룻기Ruth」, 「에스라Ezra」, 「느헤미야Nehemiah」, 「에스더Esther」, 「욥기Job」 등이 있다. |
|---|---|---|
| | 시가詩歌 | 「시편Psalms」 다윗이 지었다고 하나 확실치 않음.<br>「솔로몬의 노래」[혹은 「아가雅歌(Song of Solomon)」] 극시劇詩.<br>「예레미야애가哀歌(Lamentations)」 예언자 예레미야의 우국적 애가.<br>이 중 가장 주목할 만한 작품은 「시편」이다. 「욥기」는 극시로도 여겨진다. |
| | 예언서 | 「이사야Isaiah」, 「예레미야Jeremiah」, 「다니엘Daniel」, 「호세아Hosea」, 「요엘Joel」 「아모스Amos」, 「오바댜Obadiah」, 「요나Jonah」, 「미가Micah」, 「나훔Nahum」, 「하박국Habakkuk」, 「스바냐Zephaniah」, 「학개Haggai」, 「스가랴Zechariah」, 「말라기Malachi」 모두 예언자 이름을 책 제목으로 싣고 있는데, 그 중 첫 네 책이 중요하다. |
| | 격언집 | 「잠언箴言(Proverbs)」, 「전도서傳道書(Ecclesiastes)」 「욥기」에도 이런 요소가 많다. |
| 신약성서 | 사전史傳 | 사복음서四福音書(「마태복음Matthew」, 「마가복음Mark」, 「누가복음Luke」, 「요한복음John」) 그리스도의 전기.<br>「사도행전Acts」 사도시대의 역사 전기. |
| | 예언서豫言書 | 『신약성서』 맨 끝에 있는 「요한계시록Revelation」도 일종의 예언서이다. |
| | 서신書信 | 「로마서Romans」에서 「유다서Jude」에 이르기까지 21편으로 대개 바울이 쓴 것이다. |

은 '모세 5경'이라 불린다. 『신약성서』는 아마 1세기에 그리스어로 쓰인 것 같지만 현재 전해지는 가장 오랜 원고는 3~4세기경의 사본이다. 원본과 현존하는 사본이 만들어진 사이에 시원찮은 복사와 번역상의 첨가, 삭제로 인해 원본에 수많은 수정이 가해졌다는 데에는 의심의 여지가 없다. 초창기 원고에는 크게 5가지 일반적인 형태가 있다. 367년에 『신약성서』의 경전이 확정될 때 책들을 표준화하려는 시도가 있었다. 『신약성서』의 1,500여 판본 중에서 50개 정도만 중요한데 본질적인 교리에는 큰 차이가 없다. 『신약성서』 판본의 대부분은 그리스어로 쓰였지만 라틴어로 된 판본도 있는데 이 중 일부가 『불가타 성서』에 흡수되었다. 『신약성서』는 현재까지 가장 잘 보존된 고대 세계의 문서로 2세기에서 4세기에 걸쳐 쓰인 175장의 파피루스가 있고 인쇄술이 발명되기 이전에 쓰인 약 3,000개의 원고가 남아 있다.

### 성 세바스천 Saint Sebastian

로마의 순교자. 디오클레디언 군대의 백부장이었는데 기독교도임이 밝혀지자 사람들이 나무에 묶고 화살을 쏘았다. 처음 공격에는 살아 남았지만 나중에 화살에 맞아서 죽었다. 궁사와 군인의 수호성인이다. 그의 몸에 박힌 화살이 마치 바늘겨레에 깊이 박힌 바늘처럼 깊이 박혔다고 해서 핀 제조업자들의 수호성인이기도 하다.

### 성 요셉 Saint Joseph

예수 그리스도의 이 세상에서의 아버지. 그의 삶은 『신약성서』의 복음서에 기록되어 있다. 예수의 어머니 마리아와 결혼한 목수이다. 이 때문에 예수는 종종 '목수의 아들'로 불리기도 한다. 요셉이 마리아가 이미 임신중임을 알고서 조용히 이혼하려 할 때에 천사가 그 어린아이는 성령으로 잉태된 하느님의 아들이라고 말해 주었다(마 1:18~25). 요셉은 베들레헴에서 예수가 태어난 뒤 헤롯 왕을 피하여 마리아와 그 어린아이를 이집트로 데려갔고 돌아와서는 갈릴리 지역 나사렛에 정착했다. 일반적으로 너그러이

조반니 바티스타 카라치올로, 「이집트로의 도피 중 휴식」, 피렌체 피티 궁전미술관

보호해 주는 사람으로 이해된다. 마리아와 사이에서 아들 야고보James, 요셉Joseph, 시몬Simon, 유다Judas와 서너 명의 딸을 낳았다(마 13:38~58).

## 성 요한 Saint John

「성 요한」

예수의 열두 제자 중 한 사람. 전승에 의하면 「요한복음」, 「요한서신서」, 「요한계시록」의 저자이다. 복음서 저자 요한, 거룩한 성 요한, 밧모Patmos 섬의 요한으로도 불린다. 그의 상징은 독수리이다. 밧모 섬은 에게 해 동남부에 있는 섬으로 성 요한이 유형에 처해져 「요한계시록」을 쓴 곳이다. 그는 자주 「요한복음」에 예수가 사랑한 제자로 언급되기 때문에 '사랑받는 제자'라고도 불린다. 세베대의 아들이며 야고보의 형이다. 베드로, 요한, 야고보와 함께 예수의 변화를 목도했으며(마 17:1~13), 겟세마네까지 예수를 따라갔다(마 26:36~46). 흔히 잔을 들고 있고 그 잔에서 뱀이 나오는 모습으로 그려지는데 이는 사람들이 그에게 마시라고 준 잔에서 독을 쫓아냈다는 얘기에 근거한 것이다. 전승에 의하면 그가 성모 마리아를 그리스도의 십자가형 이후 에베소로 모셔갔다고 하나 이를 뒷받침할 역사적 증거는 없다.

## 성우聖牛 Sacred cow

힌두교에서 숭배하는 소를 뜻하는 말. 힌두교에서 영어로 들어온 극소수의 표현 중 하나이다. 암소 숭배의 기원은 확실히 알려져 있지 않다. 아쇼카 왕의 칙령(기원전 3세기)은 소의 도살이 그때까지 금지되지 않았음을 보여 준다. 오늘날 소를 죽이거나 소고기를 먹는 것을 금하는 힌두교의 터부는 유대인이나 이슬람 교도가 돼지고기 먹는 것을 금하는 것보다 한층 더 강력하다.

## 성육신成肉身 Incarnation

'육체' 혹은 '인간이 되다'라는 뜻으로 예수가 인간의 모습으로 태어난 것을 뜻하는 말. 『성서』에는 나와 있지 않은 표현이다. 이 말의 의미에 관해서는 여러 논쟁이 있지만 예수 안에서 온전한 신성神性과 인성人性이 결합되었다고 해석하는 것이 정통 견해이다.

243

### 성전聖殿 Temple

신성한 전당. 이스라엘의 첫 성전은 광야에서 쉽사리 이동시킬 수 있는 초막草幕 혹은 성막聖幕이었다. 그 다음이 솔로몬 성전, 제2(느헤미야) 성전, 헤롯의 성전, 예루살렘 성전이 있다. 특히 예루살렘 성전은 솔로몬 왕이 세웠는데 기원전 587년 바빌로니아인이 파괴했다. 기원전 515년 바빌론에서 귀환한 유대인들이 스룹바벨의 지휘 아래 이 성전을 재건했다. 기원전 20년 헤롯 대왕(기원전 73~4)이 성전을 웅장한 새 건물로 짓기 시작하여, 서기 62년에 완성되었다. 하지만 이 성전은 70년, 로마인이 예루살렘을 파괴할 때 서쪽 벽만 남고 모두 무너졌다. 남아 있는 벽이 바로 지금까지 유대인 최고의 기도처가 되고 있는 "통곡의 벽the Wailing Wall"이다. ⇨ 통곡의 벽

### 성전聖殿에서 돈 바꾸는 자들을 몰아내다 Cast money changers out of the temple

종교나 어떤 다른 영적 운동에서 상업주의를 공격하는 경우. "예수께서 성전에 들어가사 성전 안에서 매매하는 모든 사람들을 내어쫓으시며 돈 바꾸는 사람들의 상과 비둘기 파는 사람들의 의자를 둘러 엎으시고 그들에게 이르시되 기록된 바 내 집은 기도하는 집이라 일컬음을 받으리라 하였거늘 너희는 강도의 굴혈을 만드는도다"(마 21: 12~1, 막 11:15~17, 눅 19:45~46, 요 2:13~16, 렘 7:11) 한 구절에서 비롯하였다. 예수가 활동할 당시 환전상들은 필요불가결한 기능을 수행하고 있었다. 먼 데서 오는 사람들의 제사의식을 위해 비둘기를 팔았고 성전세 납부를 위해 로마 화폐를 히브리 돈으로 바꾸어 주었다. 어쩔 수 없이 그들은 성전에 부당한 상업적 일을 도입하게 되었다.

### 성 조지와 용龍 Saint George and the Dragon

퍼시Thomas Percy의 『옛 영시집Reliques of Ancient English Poetry』(1765)에 수록된 이야기. 제작년대는 불명확하다. 실존한 기독교의 성인에 관한 전설이다. 성 조지(라틴어로 '게오르기우스')는 300년경 로마 제국의 군인이었던 듯하다. 연못에 사는 용 한 마리가 이웃 사람들을 잡아먹고 공주 사브라를 또 먹어치우려는 찰나에 성 조지가 용을 무찔렀다. 이 이야기는 영국에서 특히 유명하다. 성 조지는 잉글랜드의 수호성인Patron Saint이며 4월 23일은 그의 기념일St. George's Day이다. 이날은 셰익스피어William Shakespeare의 생일이기도 하다.

### 성 패트릭 Saint Patrick 389~461년경

아일랜드의 수호성인. 기독교를 아일랜드 전역에 전파한 주교이다. 그가 아일랜드에서 독충과 뱀을 몰아냈다는 전설과, 삼위일체를 설명하기 위해 샘록shamrock(세잎 클로

244

버, 아일랜드의 국화)을 하나 꺾어서 청중을 설득했다는 전설이 있다.

### 성회聖灰 수요일 Ash Wednesday

사순절Lent의 첫 날. 이날 카톨릭에서 참회의 상징으로 사제와 사람들의 머리에 재를 뿌리던 고대의 관습 때문에 붙은 이름이다. 그 재는 지난 해 종려주일棕櫚主日에 축복을 받은 종려를 태워 만든 것으로서 참회와 애통함을 상징한다. 재를 머리에 뿌리며 사제는 "사람들이여 그대는 재에서 나왔고 재로 돌아갈 것임을 기억하라"고 말한다. 엘리어트Thomas Stearns Eliot는 이날을 주제로 하여 「성회 수요일Ash Wednesday」(1930)을 썼다.

### 세계의 시대時代 구분 Ages of the World

이 세상을 시대로 나누는 것. 가장 오래된 견해로는 그리스 시인 헤시오도스Hesiodos(기원전 700년경)의 구분을 들 수 있다. 그는 세계가 창조된 이후의 시대를 황금시대Golden Age, 은시대Silver Age, 청동시대Bronze Age, 영웅시대Heroic Age, 철시대Iron Age의 5단계로 나누었다. 로마 시인 오비디우스Ovidius(기원전 43~기원후 17)는 헤시오도스의 분류에서 영웅시대를 빼고 4단계로 구분했다.

### 세계표世系表 Begats ⇨ 가계도

### 세라핌 Seraphim

중세 천사학天使學에 따를 때 가장 높은 품계의 천사. 치품熾品 천사로 불린다. 열성과 사랑의 진지함이 특출한 천사이다. 『성서』에서 스랍seraph(세라핌의 단수형)은 6개의 날개를 가지고 있어 "둘로는 자기의 얼굴을 가리었고 그 둘로는 자기의 발을 가리었고 그 둘로는 날았다"(사 6:2). 브라우닝Elizabeth Browning은 「세라핌Seraphim」(1838)이라는 시를 썼다. ⇨ 스랍

### 세례洗禮 Baptism

기독교의 중요한 성례의 하나. '물에 담그다', '씻다'라는 뜻의 그리스어에서

안드레아 델 베로키오, 「그리스도의 세례」, 피렌체 우피치 미술관

나온 말이다. 물속으로 들어가고 다시 물에서 나오는 의식을 통해 그리스도와 더불어 죽고 그리스도와 더불어 부활한다는 의미가 있다. 따라서 기독교도는 세례를 새 삶의 시작으로 간주한다(요 3:4~5). 세례자 요한은 요단 강에서 회개의 세례를 베풀었다. 그의 세례는 일차적으로 회개의 표현이지만 앞으로 오실 메시야를 준비하는 사역이기도 했다. 예수도 자기 백성과 전적으로 하나됨을 표현하기 위해 요한의 세례를 받았다. 이때에 하늘로부터 소리가 나서 그가 하느님의 아들이라는 사실이 천명되고 성령이 비둘기같이 내려왔다(막 1:10~11). ⇨ 성례

### 세례洗禮 요한/세례자洗禮者 요한 John the Baptist

늙은 스가랴Zechariah와 엘리사벳Elizabeth의 아들. 천사 가브리엘이 늙은 부부에게 나타나 아들을 낳을 것을 예언했고 이름을 요한이라고 할 것이며 그가 "주의 백성에게 그 죄사함으로 말미암는 구원을 알게"(눅 1:77) 할 것이고 말했다. 사막에서 한동안 나실인으로 살았다. 회개를 설파하고 예수가 올 것을 예언했으며 나중에 요단 강에서 예수에게 세례를 베풀었다. 헤롯 안디바가 이복 형의 아내인 헤로디아와 결혼한 것을 책망했는데 이에 앙심을 품은 헤로디아와 그녀의 딸 살로메 때문에 참수당했다(막 6:17~28). ⇨ 나실인, 살로메, 세례

### 세르반테스, 미구엘 데 Cervantes, Miguel de 1547~1616

에스파냐의 소설가·극작가·시인. 1569년에 이탈리아로 가서 군인이 되어 레판토(그리스의 코린토 만과 파트라스 만 사이의 해협 북쪽에 있는 항구 도시 나프팍토스Navpaktos의 이탈리아 이름. 1571년 신성동맹함대가 터키 함대를 격파한 곳) 해전에서 왼손을 잃었다. 그는 셰익스피어William Shakespeare와 죽은 날(4월 23일)이 같다. 대표작으로 『돈 키호테Don Quixote』(1605/1615)가 있다. ⇨ 돈 키호테

### 세리稅吏 Publicans

세금을 징수하는 관리. 로마인은 이들을

조반니 델 비온도,
「세례자 요한의 삶을 형상화한 그림들」

246

통해 세금을 징수했다. 세리는 정해진 액수를 행정장관에게 지불하고, 유대인으로부터 직접 세금을 거두어들인 청부인이었다. 이러한 중간자적 역할 때문에 동포인 유대인에게 멸시와 배척을 당했다. 예수는 이러한 세리에게도 복음을 전했다(막 2:15). 예수는 세리 마태(마 10:3)를 제자로 삼았으며 세리장 삭개오(눅 19:2)의 집에서 환대를 받았다.

### 세멜레 ㉑Semele

테바이 왕 카드모스와 하르모니아의 딸. 아가우에, 아우토노에, 이노와 자매 관계이며 폴뤼도로스의 누나이다. 세멜레가 제우스의 사랑을 받아 임신하자 헤라는 그녀의 유모 베로에로 변신하여 그녀에게 제우스를 올륌포스 왕의 모습으로 보고 싶은 생각이 들게끔 유혹했다. 제우스는 스틱스 강에 걸고 소원을 들어주겠다고 맹세했기 때문에 그녀의 소원대로 모습을 드러내게 되었고 세멜레는 제우스의 눈부신 빛에 타죽고 말았다. 제우스는 세멜레의 몸에서 아이를 꺼내어 자기 허벅지 안에 감추었다가 디오뉘소스가 태어나자 헤르메스를 시켜 아기를 뉘사의 골짜기로 보내 요정들이 기르도록 했다.

### 세 명의 동방박사 The Three Wise Men of the East ⇨ 동방박사

### 세미라미스 Semiramis

니네베의 창건자 니노스 왕의 아내. 남편이 죽자 왕위를 계승한 신화적인 앗시리아의 여왕이다. 미모, 지혜, 호색으로 이름났으며 바벨론을 창건하였다. 이집트와 아시아의 대부분, 에티오피아를 정복하고 인도를 공격했지만 실패했다. 그녀가 바벨론의 여왕이었을 때의 '퓌라모스와 티스베Pyramus and Thisbe'에 관한 이야기가 유명하다. 이 이야기는 셰익스피어William Shakespeare의 『한여름밤의 꿈A Midsummer Night's Dream』(1595)의 극중극에도 나온다.

### 세상 사람들과 천사들의 구경거리

**Spectacle unto the world and to angels**

사도 바울이 전도자의 모습을 설명하는 대목 중 한 구절. "내가 생각하건대 하느님이 사도인 우리를 죽이기로 작정된 자 같이 끄트머리에 두셨으매 우리는 세계 곧 천사와 사람에게 구경거리가 되었노

마테오 롯셀리, 「세미라미스」, 빌라 라 파트라이아

라"(고전 4:9) 한 데서 비롯하였다.

## 세상의 권위權威 The powers that be

현존하는 지배 세력을 뜻하는 말. '당국', '당국자', '권력자'로도 번역한다. "각 사람
은 위에 있는 권세들에게 복종하라 권세는 하느님으로부터 나지 않음이 없나니 모든
권세는 다 하느님께서 정하신 바라"(롬 13:1)라는 구절에서 비롯하였다. 바울이 행정당
국의 권위를 인정한 것은 기독교가 사회적·정치적으로 현 체제를 수호하려는 경향을
가지고 있음을 보여 주기 위해 가끔 인용된다. 요즈음 '세상의 권위'라는 말을 쓸 때는
언제나 조소기嘲笑氣가 서려 있다.

## 세상의 빛 Light of the world

산상수훈에서 예수가 제자들을 격려하며 그들을 지칭한 말. 예수는 제자들을 가리켜
"너희는 세상의 빛이라 산 위에 있는 동네가 숨겨지지 못할 것이요 사람이 등불을 켜
서 말 아래에 두지 아니하고 등경 위에 두나니 이러므로 집 안 모든 사람에게 비치느
니라 이같이 너희 빛이 사람 앞에 비치게 하여 그들로 너희 착한 행실을 보고 하늘에
계신 너희 아버지께 영광을 돌리게 하라"(마 5:14~16) 하였다. 일반적인 말로 자신의 빛
을 됫박(『개역성서』에는 "말"로 번역되어 있음)에 감춘다는 것은 지나치게 겸손히 자신의
덕을 숨김을 의미한다. 다른 문맥에서 "세상의 빛"은 그리스도 자신을 가리키기도 한
다(요 8:12).

## 세상의 소금 Salt of the earth

산상수훈에서 예수가 제자들을 가리켜 한 말. 예수는 제자들에게 "너희는 세상의 소
금이니 소금이 만일 그 맛을 잃으면 무엇으로 짜게 하리요 후에는 아무 쓸 데 없어 다
만 밖에 버려져 사람에게 밟힐 뿐이니라"(마 5:13) 하였다. 소금은 음식물을 보존해 주
어 부패하지 않는 것의 상징으로 쓰인다. 예수 당시 막소금은 많은 양의 광물성 불순
물을 함유하고 있어 바깥에 노출되면 용액이 흘러나오고 아무 맛도 없는 잔유물만 남
았다. 현대에 어떤 사람을 세상의 소금이라 말하는 것은 그가 덕망은 있으나 어느 정
도는 고리타분한 사람임을 의미하기 때문에 애매한 칭찬이 된다.

## 세상적인 사람 Man of the world

'세속적인', '비종교적인 사람'을 뜻하는 말. "여호와여 이 세상에 살아 있는 동안 그
들의 분깃을 받은 사람들에게서 주의 손으로 나를 구하소서"(시 17:14) 한 데서 비롯하
였다.

## 세월을 아끼라 Redeem the time

주어진 기회를 허비하지 말고 잘 사용하라는 뜻. "세월을 아끼라 때가 악하니라"(엡 5:16)는 구절에서 비롯하였다. "모든 기회를 최대한으로 이용하라making the most of every opportunity"로 번역하기도 한다. 삶을 충실히 살라는 의미에서는 "카르페 디엠Carpe diem(Seize the day)"과 뜻이 통한다. ⇨ 카르페 디엠

## 세이렌들 그Seiren(단) Seirenes(복) 라 Siren(단) Sirenes(복) 영Siren(단) Sirens(복)

그리스 신화에 나오는 여자의 머리를 가진 거대한 새들. 세 명의 바다 괴물인 파르테노페, 리게이아, 레우코시아를 말

「돛에 묶여 세이렌들의 노래를 듣는 오뒷세우스」

한다. 호메로스Homeros의 『오뒷세이아Odysseia』에 나오며, 시칠리아 근처 작은 섬에 살면서 매혹적인 노래를 불러 뱃사람들을 유혹해 바위에 부딪쳐 죽게 했다. 오뒷세우스와 부하들은 세이렌들을 안전하게 통과했는데, 오뒷세우스는 노래를 들었지만 자기 몸을 돛대에 꽁꽁 묶어 움직일 수 없었고, 부하들은 귀를 밀초로 틀어막아 노래를 들을 수 없었기 때문이다. 흔히 아름답고 유혹적인 여자를 세이렌이라 부른다. 황금양털을 찾아 나섰던 아르고호 선원들은 오르페우스가 세이렌들의 노래에 대항하여 자기의 음악으로 그녀들의 음악을 무찔렀기 때문에 무사히 통과했다. 독일에서는 로렐라이 Lorelei와 동의어이다. 로렐라이는 라인 강변에 우뚝 솟은 바위 이름이자 그 위에서 노래하는 마녀 이름이기도 하다. "siren song"은 불가항력적인 유혹(속임)의 말(호소)을 의미한다. ⇨ 로렐라이

## 세인트 폴 성당 Saint Paul's Cathedra ⇨ 성 바울 성당

## 세일즈맨의 죽음 Death of a Salesman

미국의 극작가 밀러Arthur Miller의 희곡 제목. 퓰리처상을 수상하였다. 이 작품은 너무 늙어 자기가 쓸모가 없다고 여긴 세일즈맨 윌리 로먼이 자살하는 내용으로 현대인의 불안을 잘 묘사했다. 1949년 2월 10일 모로스코 극장에서 초연되었다.

### 세트 Set/Seth

고대 이집트 신화에서 악과 암흑의 신. 흔히 앉아 있는 개 같은 짐승, 혹은 개의 얼굴을 가진 인간으로 그려진다. 세트는 형 오시리스를 죽인 악한 같은 신으로 호루스 신(오시리스와 이시스의 아들), 오시리스 신과 영원한 적이다.

### 셀라 Selah

『성서』「시편」에 등장하는 히브리어. 단어의 뜻은 분명치 않으나 성가대원이나 악단에게 그들의 목소리나 악기 소리를 높이라 혹은 잠깐 쉬라는 지시의 말로 추정한다. 이 말은 「시편」에 71회, 「하박국」에 3회 나온다. 아멘과 비슷한 뜻으로 이해되기도 한다.

### 셀레네 ㄱSelene

달의 여신. 그리스어로는 달moon이란 뜻으로, 로마인에게는 루나Luna로 알려졌다. 휘페리온과 테이아의 딸이자 태양신 헬리오스의 여동생이다. 잘생긴 목동인 엔뒤미온을 사랑하여 언제나 꿈속에서 엔뒤미온을 찾아볼 수 있도록 동굴 속에 그를 영원히 잠들게 하였다. 때로는 아르테미스, 헤카테와 동일시된다.

### 셰익스피어, 윌리엄 Shakespeare, William

**1564~1616**

영국의 가장 위대한 시인·극작가. 1564년 4월 23일 스트래트퍼드 어펀 에이번에서 출생하여 그곳 문법학교에 다닌 것으로 여겨진다. 18세 때인 1582년 8살 연상인 앤 해서웨이와 결혼하여 1남 2녀를 낳고 런던으로 가서 극작가로 입신출세했다. 비극, 희극, 사극을 망라한 36편 외에 「비너스와 아도니스」, 「루크레티아의 겁탈」, 『소네트집』 등이 있다. 생존 당시 출판한 희곡은 18편인데, 보통 사절판四折判(Quarto)이라고 불린다. 최초의 희곡전집은 1623년에 나왔는데, 최초의 이절판二折判(the Fist Folio)으로 불린다. 『햄리트Hamlet』(1601), 『오셀로Othel-

셰익스피어 전집 초판본 표지, 1623

*lo*』(1604), 『리어왕*King Lear*』(1605), 『맥베스*Macbeth*』(1605)는 4대 비극으로 불린다.

## 셰헤라자드 Scheherazade

『아라비안 나이트*Arabian Nights*』에 나오는 샤리아르 왕의 아름다운 왕비. 무궁무진한 이야기꾼이다. 샤리아르 왕은 아내한테 배신당한 뒤 모든 여자는 정숙하지 못하다고 믿고서 매일 밤 새 신부와 결혼하고 그녀가 배신할 기회를 주지 않기 위해 다음날 아침이면 사형에 처한다. 그 사실을 알고 있던 셰헤라자드는 왕의 아내로 뽑혀 결혼하던 날 밤에 매혹적인 이야기를 지어낸다. 이야기가 너무 재미있어서 왕은 이야기를 끝까지 들으려고 셰헤라자드의 처형을 하루만 더 연기한다. 영리하게도 셰헤라자드는 이야기를 천하룻밤 동안 계속했고, 마지막 날 왕은 자신의 행위를 뉘우치고 셰헤라자드를 왕비로 맞이한다.

## 셸리, 퍼시 비시 Shelley, Percy Bysshe 1792~1822

영국의 낭만파 시인·극작가. 옥스퍼드 대학 재학 당시 「무신론의 필연성」이란 팸플릿을 냈다가 퇴학당했다. 이상주의적 급진사상가였고 다채로운 연애로 스캔들을 일으켜 1818년 봄 영원히 영국을 떠나 이탈리아로 갔다. 대표작으로 「서풍부Ode to the West Wind」(1819), 『사슬에서 해방된 프로메테우스*Prometheus Unbound*』(1819), 『어도네이스*Adonais*』(1821) 등이 있다.

## 소경이 소경을 인도하다 Blind lead the blind

예수가 바리새인을 비난한 말. "그냥 두라 그들은 맹인이 되어 맹인을 인도하는 자로다 만일 맹인이 맹인을 인도하면 둘이 다 구덩이에 빠지리라"(마 15:14, 눅 6:39)는 구절에서 비롯하였다. 예수의 이와 같은 비난은 일반적으로 잘못된 지도자나 조직에 흔히 적용되어 냉소적으로 쓰인다.

## 소금 기둥 Pillar of salt

절대절명의 순간에 드러난 거짓 믿음을 상징하는 말. "롯의 아내는 뒤를 돌아보았으므로 소금 기둥이 되었더라"(창 19:26)는 구절에서 비롯하였다. 소돔과 고모라 성이 멸망할 때 하느님이 롯에

아멜리아 커런, 「셸리 초상」, 1819

게 뒤를 돌아보지 말고 도망가라고 했으나 롯의 아내가 명령을 어기고 뒤를 돌아보아 소금 기둥이 되고 말았다. ⇨ 롯, 소돔과 고모라

## 소금 언약言約 Covenant of salt

불변의 언약을 뜻하는 말. "이는 여호와 앞에 너와 네 후손에게 영원한 소금 언약이니라"(민 18:19)는 구절에서 비롯하였다. 이와 같은 비유는 소금의 썩지 않는 성질에서 나왔다.

## 소돔과 고모라 Sodom and Gomorrah

전통적으로 사해의 남단에 위치한 도시. 그곳의 거주자들이 타락하고 사악하여 하느님이 멸망시켰다["소돔 사람들은 여호와 앞에 악하며 죄인이었더라"(창 13:13)]. 롯과 그의 가족이 살았던 소돔에 관한 상세한 이야기는 「창세기」(18:16~29)에 있다. 『성서』에서 이 도시들을 사악함에 대한 경고로서 계속해서 언급하고 있다. 남색男色 혹은 항문성교를 뜻하는 sodomy는 소돔에서 비롯한 말인데 그것은 이 도시가 멸망을 당하게 된 죄 중의 하나였다. 소돔과 고모라는 오늘날까지 타락의 본보기로 인용된다. ⇨ 롯

## 소돔의 사과 Apple of Sodom ⇨ 사해 과실

## 소로, 헨리 데이비드 Thoreau, Henrry David 1817~62

미국의 초절주의자超絶主義者. 자연과의 합일을 지복至福으로 여기고, 자연에의 복귀를 설파한 낭만주의적 사상가이다. 대표작으로 『월든Walden』(1854)이 있다.

## 소여, 톰 Sawyer, Tom

트웨인Mark Twain의 『톰 소여의 모험The Adventures of Tom Sawyer』(1876)에 나오는 장난기 심하고 모험심 강한 주인공. 톰과 친구 헉 핀은 우연히 악한 인전 조Injun Joe의 살인을 목격한 뒤 모험을 떠난다. 톰은 책략이 많고 임기응변에 능숙하며 곤경을 벗어나기 위해서는 거짓말도 잘한다. 친구 헉보다는 세상일에 관해 훨씬 약삭빠르다. 톰은 로맨틱한 탈주와 방종한 상상을 가진 미국인의 소년 시절을 상징한다. 톰은 속편 『허클베리 핀의 모험The Adventures of Huckleberry Finn』(1884)에도 등장한다.

## 소크라테스 그Sokrates 기원전 470~399

그리스의 철학자. 아테나이에서 태어났는데, 아버지 소프로시스코스는 조각사, 어머니 파이나레테는 산파였다. 직업이 석공이었으며, 아테나이를 돌아다니면서 동료 시민들의 지혜를 의심하고 정확한 정의, 방법의 합리성 그리고 사상의 명쾌성을 찾았다. 자신은 아무것도 모른다고 공언하면서 결국엔 상대방의 무지를 폭로하곤 했다. 새롭

고 극히 엄격한 디알렉티케dialektike(문답법)를 써서 소피스트들이 애매하게 만들고 부패시킨 옛 미덕의 가치(그리스어로 아레테areté)를 다시 정의하고, 자기가 썩었다고 본 전통적·철학적·정치적 가치에 새 생명을 불어넣으려 했다. 불행히도 그의 사상은 그가 싸우려 한 사상과 혼동되었고 아이러닉한 교육법과 개인적인 면이 많은 적을 만들었다. 펠로폰네소스 전쟁 말기에 아테나이가 붕괴한 뒤 신들에 대한 불경과 청년을 타락시켰다는 죄목으로 고소당하여 재판받았고 헴록hemlock을 마시고 자살하도록 강요당했다. 그의 사상과 교수법은 수제자 플라톤이 자신의 저서에 상세히 적어 서양 철학에 막대한 영향을 끼쳤다.

### 소포클레스 ㄱSophokles 영Sophocles 기원전 496년경~406

그리스 3대 비극 작가 중 한 명. 앗티카 근처 콜로노스에서 태어났다. 123편의 희곡을 썼다고 하는데 그 중에 7편만이 남아 있다. 그의 비극 작품은 비극을 가장 완벽한 고전 형식으로 완성시켰다고 여겨진다. 그가 제3배우를 도입함으로써 그리스 연극에서 플롯을 한층 더 복잡하게 하고 더욱 충실한 성격 묘사가 가능해졌다. 그는 아이스퀼로스Aischylos보다는 호언장담을 덜 하고 에우리피데스Euripides보다는 한층 더 형식적이다. 그는 인물의 성격 묘사와 인물에 대한 연민을 불러일으키는 데 능숙했다. 아리스토텔레스는 주인공이 차츰 자기 자신의 죄를 발견해 가는 오이디푸스 전설에 바탕을 둔 소포클레스의 『오이디푸스 왕Oidipous tyrannos』(기원전 429년경)의 플롯을 비극의 완벽한 예로 여겼다. 소포클레스의 영웅들(주인공들)은 특징적으로 실물보다 크고 심오하게 완고하다. 그의 희곡들은 놀라울 만큼 다양해서, 신들에 대한 태도조차도 일반화하기 힘들다. 그는 잔인한 딜레마에 빠진, 그리고 흔히 이전의 신탁에 묶여 있는 인물을 묘사한다. 그렇지만 에우리피데스와 달리 그러한 고통을 초래한 듯한 신의 세계 질서에 대해 항의하는 경우가 드물다.

### 소小플리니우스 라Gaius Plinius Caecilius Secundus 영Pliny the Younger 82년경~113년경

로마의 정치가·웅변가·저술가. 대大플리니우스의 조카 겸 양자이다. 대표작으로 『서한집Epistilae』이 있다.

### 속물근성俗物根性 Philistinism

아널드Matthew Arnold가 「하인리히 하이네」(하이네론)와 『교양과 무질서Culture and Anarchy』(1869)에서 블레셋 사람들의 전투적인 태도와 근성을 두고 일컫은 말. 이 말로써 19세기 영국 중산 계급의 무교양과 실리주의를 비판했다. 아널드는 교양 없는 귀족은 야만인Barbarian, 교양 없는 부르주아 속물은 블레셋인Philistine이라고 정의 내렸다. 블레셋인이 팔레스타인에 사는 이스라엘인을 압박한 일이 『성서』에 나와 있다. ⇒ 블레셋 사람

### 속사람 The inner man/The inward man

사람의 내적 혹은 영적인 부분, 즉 영혼이나 정신을 가리키는 말. 겉사람과 대비되는 말이다. 이 말은 "그 영광의 풍성함을 따라 성령으로 말미암아 너희 속사람을 능력으로 강건하게 하시오며"(엡 3:16)에 나온다.

### 속죄贖罪 Atonement

죄를 없애서 인간이 하느님과 올바른 관계를 갖도록 하기 위해 하느님이 사용하는 방법 혹은 과정. 구약시대에는 희생제물과 제사를 통해 이 일이 행해졌으나 신약시대에 이르러서는 그리스도의 삶과 죽음, 부활을 통해 예수 자신이 사람들의 죄를 담당하는 대속물이 되므로 그를 믿음으로 속죄가 가능하게 된다. 속죄를 뜻하는 영어 단어 atonement는 앵글로색슨어에 기원을 둔 말로서 '하느님과의 하나됨at-one-ment'이라는 뜻을 가지고 있다.

### 속죄양贖罪羊 Scapegoat ⇒ 속죄일

### 속죄일贖罪日 Day of atonement

전년도의 죄를 속죄하기 위해 모든 노동을 금하고 금식하는 날. 히브리어로는 욤 키푸르Yom Kipur이다. 이 날은 대제사장이 백성들의 죄를 사하기 위해 성소의 지성소에 들어갈 수 있는 유일한 날이다. 이 날에는 황소를 잡고 그 피를 속죄소mercy seat에 뿌렸다. 또 양 두 마리를 준비하는데 제비를 뽑아 한 양은 백성들의 죄를 대신해서 희생하였다. 대제사장이 다른 양 위에 손을 얹는 것으로 백성의 죄가 속죄양scapegoat에게 전과되었고 그 양은 나중에 광야에 풀어 놓았다. 이 양과 관련한 상징은 「히브리서」 8장과 9장에서 그리스도의 희생을 설명하는 데에 사용되었다.

### 손에 쟁기를 잡다 Put one's hand to the plough

'어떤 일을 시작하다', '일상적인 삶이나 행동을 시작하다'라는 뜻. 이 말은 "예수께서 이르시되 손에 쟁기를 잡고 뒤를 돌아보는 자는 하느님의 나라에 합당하지 아니하니라 하시니라"(눅 9: 62) 한 데서 비롯하였는데 이 문맥에서는 '세상적인 모든 일을 버리고 전심으로 주를 따르라'는 의미이다.

## 손을 높이 들고 With a high hand

'장엄하게', '담대하게'라는 뜻. "이스라엘 자손이 애굽 사람의 목전에서 큰 권능으로 나왔으니"(민 33:3)라는 구절에서 "큰 권능"으로 번역된 말이 '손을 높이 든다'는 말이다.

## 손을 씻다 Wash one's hands

'어떤 일에서 손을 떼다', '아무런 책임이 없다고 주장하다'라는 뜻. 예수 당시 유대 총독이던 빌라도는 예수의 무죄를 믿었으나 사람들에게 떠밀려 예수를 처형하기에 이르렀다. 그러면서 "빌라도가 물을 가져다가 무리 앞에서 손을 씻으며 가로되 이 사람의 피에 대하여 나는 무죄하니 너희가 당하라"(마 27:24) 말하며 자신의 책임을 회피하려 하였다. 예수의 죽음에 대하여 자신은 책임이 없다는 것을 나타내기 위하여 손을 씻은 것이다. ⇒ 본디오 빌라도

## 손을 약하게 하다 Weaken the hands

'낙심케 하다', '낙담시키다'라는 뜻. "청컨대 이 사람을 죽이소서 그가 이같이 말하여 이 성에 남은 군사의 손과 모든 백성의 손을 약하게 하나이다"(렘 38:4)에서 비롯하였다.

## 손을 짧게 하다 Shorten the arm/Shorten the hand

'능력이 줄다', '힘을 제한하다'라는 뜻. "여호와의 손이 짧아졌느냐 네가 이제 내 말이 네게 응하는 여부를 보리라"(민 11:23)에 나오는 말이다.

## 솔로몬 Solomon

다윗과 밧세바의 아들로 기원전 960년에서 922년까지 38년 간 이스라엘을 다스린 왕. 많은 첩과 부富, 능가할 자 없는 지혜의 소유자로 유명하다. 성전과 수많은 화려한 궁전을 건축했다(왕상 1~11장). 또 수천이나 되는 잠언과 노래를 짓고 편집했다. 「잠언서」의 저자이며 「전도서」와 「아가서」의 저자로도 추정된다. 킹 비도 감독의 영화 「솔로몬과 스바의 여왕Solomon and Sheba」(1959, 율 브리너·지나 롤로브리지다 주연)이 있다.

## 솔로몬의 심판審判 Judgment of Solomon

정의를 실천하는 한 극단적 방법인 동시에 솔로몬의 유명한 지혜의 한 실례. 한 아이를 놓고 두 여자가 서로 자기의 아들이라고 싸우자 솔로몬은 "칼을 내게로 가져오라 하니 칼을 왕 앞으로 가져온지라 왕이 이르되 산 아이를 둘로 나누어 반은 이 여자에게 주고 반은 저 여자에게 주라 그 산 아들의 어머니 되는 여자가 그 아들을 위하여 마음이 불붙는 것 같아서 왕께 아뢰어 청하건대 내 주여 산 아이를 그에게 주시고 아무쪼록 죽이지 마옵소서 하되 다른 여자는 말하기를 내 것도 되게 말고 네 것도 되게 말

고 나누게 하라 하는지라 왕이 대답하여 이르되 산 아이를 저 여자에게 주고 결코 죽이지 말라"(왕상 3:25~28)고 하여 진짜 엄마를 가려냈다.

### 솔제니친, 알렉산드르 Solzhenitsyn, Aleksandr 1918~2008

러시아의 작가. 1970년 노벨 문학상을 수상했다. 1974년 반체제적이란 이유로 국외로 추방당하여 미국으로 건너가 생활했지만 1994년 소련연방 붕괴 뒤 조국으로 돌아갔다. 대표작으로 『이반 데니소비치의 생활의 하루*Odin den ivana Denisovicha(One Day in the Life of ivan Denisovich)*』(1962), 『암 병동*Rakovy Korpus(Cancer Ward)*』(1968), 『굴락군도 *Archipelag Gulag(The Gulag Archipelago)*』(1974) 등이 있다.

### 솜누스 라Somnus

로마 신화에서 잠의 신. 밤의 아들이다. 그리스 신화의 휩노스Hypnus에 해당한다.

### 솥 밑에서 가시나무 터지는 소리 Crackling of thorns under a pot

'어리석은 사람의 허튼 웃음', '쑥스러운 너털웃음'을 뜻하는 말. "우매한 자들의 웃음 소리는 솥 밑에서 가시나무가 타는 소리 같으니"(전 7:6)라고 한 데서 비롯하였다.

### 쇠가 그의 몸으로 들어가다 Iron entered into his soul

'심한 고통을 당하다', '고통으로 심한 정신적 고뇌를 겪다'라는 뜻. "그의 발은 차꼬를 차고 그의 몸은 쇠사슬에 매였으며"(시 105:18)에 나오는 말로 히브리어 원문[그의 몸이 쇠(착고) 속으로 들어갔다]을 라틴어로 잘못 옮긴 데서 생긴 표현이다.

### 쇼, 조지 버나드 Shaw, George Bernard 1856~1950

아일랜드 태생의 영국 극작가·사회 개혁가. 1925년 노벨 문학상을 수상하였다. 대표작으로 『피그메이리언*Pygmalion*』(1913), 『인간과 초인간*Man and Superman*』(1903) 등이 있다.

### 수건으로 싸다 Hide in a napkin

'재능이나 능력을 묵히다'라는 뜻. "또 한 사람이 와서 이르되 주인이여 보소서 당신의 한 므나가 여기 있나이다. 내가 수건으로 싸 두었었나이다"(눅 19:20)라는 구절에서 비롯하였다.

### 수난受難 Passion

그리스도가 십자가를 지기 위해 당한 고통과 십자가에 달려 죽은 사건을 가리키는 말. 자신이 십자가에 달려 죽을 시간이 가까워짐을 안 예수는 겟세마네 동산에서 하느님께 "아버지여, 아버지께서는 모든 것이 가능하오니 이 잔을 내게서 옮기시옵소서 그러나 나의 원대로 마옵시고 아버지의 원대로 하옵소서"(막 14:36) 하고 애절한 기도를 한다. 그 뒤 자기를 배반한 제자 유다를 따라 온 로마군에게 체포되어 대사제 가야바의 관저로 끌려가서 유대 총독 빌라도 앞에서 재판을 받고 십자가형을 선고받는다. 예수는 채찍을 맞고 조롱을 받으며 가시관을 머리에 쓰는 등 온갖 모욕을 당한 뒤 십자가를 등에 지고 갈보리 언덕으로 끌려가 못 박혀 죽는다. 그리스도의 수난은 그 생애와 활동에서 가장 본질적이고도 결정적인 부분인데, 이 수난을 통하여 인류에 대한 신의 속죄贖罪와 보속補贖이 성취되었다. 이 같은 일련의 사건이 바로 그리스도의 수난인데, 이

「그리스도의 수난」

를 소재로 한 문학, 회화, 음악이 많다. 대표적인 것으로 바흐Johann Sebastian Bach의 「요한 수난곡Passion according St. John」(1723), 「마태 수난곡St. Matthew Passion」(1729) 등이 있고 이를 극화한 그리스도의 수난극passion play도 여럿 있다. 가장 유명한 것은 10년마다 독일 바바리아Bavaria의 오베람메르가우Oberammergau 마을에서 행해지는 연극이다.

### 수사修士 로렌스 Friar Laurence

셰익스피어William Shakespeare의 『로미오와 줄리에트Romeo and Juliet』(1594)에서 몬터규가家와 캐퓰리트가家, 두 가문 사이의 싸움을 끝내도록 하기 위해 로미오와 줄리에트를 결혼시킨 프란시스코파 수도승. 두 집안의 화해를 희망했던 그의 소망은 결국 수포로 돌아갔다.

### 수사修士 턱 Friar Tuck

로빈 후드 전설에 등장하는 쾌활한 뚱보 수사. 전설적인 로빈 후드의 친구이다.

### 수사학修辭學 Rhetoric

표현의 효과를 높이기 위하여 문장어구의 배치와 선택에 관한 방법을 연구하는 학문. 본래는 웅변술 혹은 그 원칙이나 조건을 가르치는 이론을 일컬었다. 수사학은 보통 아리스토텔레스로부터 시작되었다고 한다. 중세에는 학예學藝(liberal arts)의 하나로 중요한 과목이었다. 시학poetics이 작시법이었듯이 수사학은 산문작법이었으며, 특히 연설에 도움이 되었다.

## 수산나와 장로들 Susanna and the Elders

『외경』에 등장하는 수산나 이야기. 유대의 두 장로長老(Elder)가 바빌론 요아김의 현숙한 아내인 아름다운 수산나가 정원에서 목욕하는 모습을 보고 탐욕을 품었다. 수산나가 장로들의 접근을 거절하자 그들은 그녀를 간통죄로 무고誣告했다. 그녀에게 유죄가 선언되지만 여호와는 다니엘을 보내 장로들의 음모를 밝히게 했고 장로들은 처형되었다.

## 수태고지受胎告知 Annunciation

예수의 어머니인 마리아에게 가브리엘 대천사가 나타나 처녀인 그녀가 성령으로 잉태하여 아들을 낳을 것이라고 전해준 소식을 가리키는 말. 대천사는 그의 이름을 예수로 하라고 말했다(눅 1:26 이하).

## 수호신守護神 Genius

출생할 때 사람들에게 혹은 지역의 주민에게 할당되어 있다고 여겨지는 신. 그리스어 다이몬daimon에 해당한다. 로마인은 모든 사람에게 그를 보살피는 수호신이 있다고 믿었다. 의미를 확장하여 genius는 언어, 역사적 시기, 나라의 독특한 성격을 뜻하며, genius loci(토지 수호신)는 어떤 곳의 특이한 성격 혹은 그 장소가 정신에 주는 독특한 인상을 뜻한다. 'evil genius(악령)'는 다른 사람의 행동이나 성격에 해로운 영향을 끼치는 사람이다. genius가 영어에서 엄청난 지적 능력, 혹은 본능적인 최고의 창조적 능력을 가진 천재란 의미를 가지게 된 것은 훨씬 뒤의 일이다.

## 술 맡은 관원 Cupbearer

요셉 당시 바로 왕의 청지기로 술 맛을 보는 자(창 40:1). 외국인인 경우도 더러 있었으며 왕의 신임과 총애를 받아 정치적 영향력을 행사했다. 느헤미야는 바사의 아닥사스다 1세(기원전 464~423년경)의 술 맡은 관원이었으며 왕의 신임과 호의를 얻었다.

## 숯을 만지다 Touch pitch

근묵자흑近墨者黑이라는 뜻. "숯을 만지면 너도 더러워지고 오만한 자들과 사귀면 너마저 오만해진다"(『외경』 「집회서」 13:1)에 나오는 말이다.

## 쉬링크스 ㄱSyrinx

목신牧神 판이 사랑한 요정. 쉬링크스는 판의 사랑을 물리쳤는데 판은 정숙의 여신 아르테미스의 추종자였기 때문이다. 판이 쉬링크스를 쫓아가 막 껴안으려는 찰나에 물의 요정들이 그녀를 갈대로 변신시켰다. 판은 갈대를 꺾어 갈대피리, 즉 팬파이프

알레소 발도비네티, 「수태고지」, 피렌체 우피치 미술관

panpipe 혹은 팬플루트를 만들어 매혹적이면서 구슬픈 가락을 연주하고 그것을 쉬링 크스라 이름 붙였다. 그리스어로 syrinx는 '관', '통', '피리pipe'라는 뜻이다.

### 쉬볼레쓰/쉽볼렛 Shibboleth

어떤 특정한 집단이나 계층의 사람들을 구별시켜 주는 (행동, 의상, 말 따위의) 특성 혹은 어떤 사람의 신분을 확인시켜 주는 암호를 뜻하는 말. 승리한 길르앗 사람들이 전쟁터 를 빠져나가 요단 강을 다시 건너려고 하는 에브라임 사람들에게 그들이 신분을 밝히 지 않으면 Shibboleth를 발음해 보도록 했다. 에브라임 사람들은 '쉬sh'를 발음하지 못 해 '시볼레쓰Sibboleth'라고 발음했고 그러면 죽임을 당했다(삿 12:6). 이 말은 축어적으 로는 '넘쳐 흐르는 개천'이란 뜻이다.

## 쉼플레가데스 그Symplegades

보스포로스 해협 북쪽 끝 흑해 입구를 지키는 두 개의 험한 바위. '부딪히는 바위 Clashing Rocks'라는 뜻의 그리스어이다. Wandering Rocks라고도 영역한다. 퀴아네아 이Kyaneai(흑청색dark-blue 바위)란 별명이 있다. 이 바위들은 그곳을 통과하는 배들을 양 측에서 협공해서 부수었다. 예언자 피네우스의 조언과 헤라의 도움을 받아 아르고나 우타이(아르고호 선원들)는 이 바위들을 통과할 때에 배의 키 한 개를 잃었다. 전설에 의 하면 아르고나우타이가 통과한 뒤 바위들이 합쳐져서 단단한 하나의 바위를 형성했다 고 한다. 『오뒷세이아Odysseia』(xii)에 나오는 플랑크타이Planktai(wandering rocks)는 정확 한 장소는 알 수 없지만 같은 종류의 전설이 있는 바위이다. 조이스James Joyce의 『율리 시즈』 제10장을 "The Wandering Rocks"라고 부른다. 쉼플레가데스 이야기는 아폴로 니오스Apollonius의 『아르고나우티카Argonautika』(ii), 헤로도토스Herodotos의 『역사 Historiai』 등에 나온다.

## 쉽볼렛 Shibboleth ⇨ 쉬볼레쓰

## 슈퍼맨 Superman

니체Friedrich Wilhelm Nietzsche의 『짜라투스트라는 이렇게 말했다Thus Sprach Zarathustra』 (1883~85)에 등장하는 초인超人. 짜라투스트라는 사람과 사상에 체현한 인간 유형으로 독일어로 Übermensch인데, 이는 초인 즉 슈퍼맨을 말한다. 초인 사상은 인간이 현재 능력과 잠재력을 초월하여, 자신의 천성적·지적 힘을 자유로이 구사하여 현세의 목 적을 실현하는 미래의 상태를 나타낸다.

## 스가랴 Zechariah

『구약성서』의 한 책으로 소선지자서의 11번째 책. 예언자 스가랴가 쓴 것으로 전체 2 부로 구성되어 있다. 전반부는 예루살렘에 성전을 재건할 때(기원전 530) 쓴 것으로 「학 개」와 같은 주제, 같은 시대를 다룬다. 후반부는 알렉산드로스 대왕이 죽고 난 뒤인 기 원전 323년에 쓴 것으로 이스라엘의 장래와 메시야에 대한 예언을 담고 있다.

## 스데반 Stephen

초대 교회의 일곱 집사 중의 한 명이며 기독교 최초의 순교자. 유대인들의 미움을 사 서 신성 모독죄로 공회에 넘겨졌다. 거기에서 그는 메시야를 죽인 유대인의 죄를 폭로 했고 그 말을 듣던 유대인들은 그를 돌로 쳐 죽였다(행 7장). 스데반의 순교 이후에 교 회에 가해진 박해는 복음을 확산시키는 결과를 가져왔다. 스데반의 순교는 현장에 있던 사울의 회심에 결정적인 계기가 되었다. 그의 이름은 그리스어로 '왕관Crown'이란 뜻이다.

## 스랍 Seraph

「이사야서」 6장에 나오는 천사. 세라핌seraphim은 스랍seraph의 복수형이다. 형체는 인간이지만 세 쌍의 날개를 지녔다. 두 날개는 날기 위해, 두 날개는 얼굴을 보호하기 위해, 나머지 두 날개는 발을 보호하기 위한 것이다. 천사의 아홉 계급 중 최고 천사이며, 치품熾品 천사라고 번역한다. 한 스랍이 이사야의 입술에 숯불을 대어 그의 죄를 정결케 했다. ⇨ 세라핌

## 스뮈르나 ㄱSmyrna

1)그리스 신화에서 퀴프로스 왕 키뉘라스의 딸이자 아도니스의 어머니. 뮈라Myrrah라고도 한다. 키뉘라스는 퓌그말리온과 갈라테이아의 딸 파포스의 아들이다. 키뉘라스의 아내가 자기 딸이 아프로디테보다 훨씬 더 아름답다고 자랑하자 아프로디테는 화가 치밀어 그녀의 딸을 미치게 하여 아버지와 불륜의 사랑을 하게 했다. 유모의 계략으로 12일 간 속일 수는 있었지만 드디어 탄로가 나 아버지는 크게 노하여 스뮈르나를 죽이려 했다. 스뮈르나는 아버지의 칼을 피하여 신들에게 도움을 청하여 몰약沒藥 나무myrrh tree가 되었다. 열 달 뒤에 이 나무가 갈라져 아도니스가 태어났다고 한다. ⇨ 아도니스

2)이오니아 해안의 도시. 호메로스의 출생지라고도 한다.

## 스바냐 Zephaniah

『구약성서』의 한 책. 예언자 스바냐가 쓴 것으로 바벨론 유수 이전 요시아 왕의 재위 기간(기원전 640~609)에 쓰였다. 묵시론적 내용을 담고 있으며 모든 사람이 심판을 받을 "여호와의 큰 날"(습 1:14)을 경고한다. 스바냐는 회개할 것을 촉구한 뒤 이스라엘의 회복을 예언하며 이스라엘 사람들에게 구원을 바라며 기뻐하라고 말한다.

## 스바의 여왕 Queen of Sheba

남서 아라비아의 스바 왕국(현대의 예멘 공화국으로 추정)을 다스리던 '남방의 여왕'. 솔로몬의 지혜에 도전하려고 그를 찾아왔으나 그의 지혜가 그녀의 능력 이상임을 알게 된다(왕상 10장, 역하 9장).

## 스벤갈리 Svengali

뒤 모리에George du Maurier의 소설 『트릴비Trilby』(1894)에 등장하는 음악가. 여주인공

트릴비에게 최면술을 사용하여 노래하는 법을 배우게 하고 탁월한 예술가로 만든다. 이후 스벤갈리는 다른 사람에게 마술적 영향을 끼치는 사람을 뜻하게 되었다.

### 스스로의 법이 되어 Law unto oneself

'규범이나 관습에 상관없이 자기 자신의 지침을 따른다'는 뜻. "율법 없는 이방인이 본성으로 율법의 일을 행할 때에는 이 사람은 율법이 없어도 자기가 자기에게 율법이 되나니"(롬 2:14)에 나오는 말로 바울이 율법을 모르던 이방인의 구원에 관해 설명하는 부분이다.

### 스올 Sheol

히브리어로 음부陰府, 즉 죽은 자들이 유령shadows으로 있는 땅 밑 세계. 이곳은 벌을 받는 곳이 아니라 죽은 자들이 쉬는 곳이다. 고대 근동近東에서는 죽은 자는 땅속에 거한다고 생각했다. 흑암과 침묵, 망각의 장소이기도 하다. 신약시대의 하데스Hades와 동의어이다.

### 스웨컴, 로저 Thwackum, Roger

필딩Henry Fielding의 소설 『톰 존즈Tom Jones』(1749)에 등장하는 가정교사. 스웨컴 목사는 인간을 태어날 때부터 타락했다고 보는 전통적인 고교회파高教會派를 대표한다.

### 스위프트, 조너선 Swift, Jonathan 1667~1745

아일랜드 출신의 영국 풍자 작가. 성 패트릭 교회의 수석 사제이다. 그의 작품은 인간에 대한 통렬한 비판과 풍자가 특색이다. 대표작으로 『걸리버 여행기Gulliver's Travels』(1726), 『통桶 이야기The Tale of a Tub』(1704) 등이 있다.

### 스퀘어, 토머스 Square, Thomas

필딩Henry Fielding의 소설 『톰 존즈Tom Jones』(1749)에서 이성과 종교에 관해 스웨컴 목사와 논쟁하는 무신론자. 인간 미덕의 아름다움을 찬미한다. 톰을 좋아하지 않지만 임종 자리에서 톰에 대한 나쁜 혐의를 말끔히 씻어 준다.

### 스퀴로스 ㄱSkyros 영Scyrus

에게 해에 있는 섬. 테세우스는 온갖 모험을 끝낸 뒤 이 섬으로 돌아왔는데 스퀴로스 왕 뤼코메데스에 의해 절벽 아래로 밀려 떨어져 죽임을 당했다. 아킬레우스도 트로이아 전쟁에 참가하지 못하도록 어머니 테티스가 여자 옷을 입혀 스퀴로스 궁정으로 보내 이곳에서 자랐다. 이 이야기는 오비디우스Ovidius의 『변신 이야기Metamorphoses』(vii·xiii)에 나온다.

## 스킬라와 카륍디스 □Skylla kai Charydis 영Scylla and Charybdis

그리스 신화에 나오는 괴물들. 포세이돈이 바다 요정 스킬라('바위'란 뜻)를 사랑하자 포세이돈의 질투심 많은 아내 암피트리테는 스킬라를 여섯 개의 대가리가 달린 괴물로 변신시켜 버렸다. 괴물이 된 스킬라는 이탈리아 멧시나 해협에 있는 동굴 안에 살았다. 맞은편에는 또 하나의 괴물 카륍디스('소용돌이'란 뜻)가 있었는데, 해협의 시칠리아 해안 쪽에 살았다. 포세이돈과 가이아의 딸 카륍디스는 제우스에 의해 바다로 내던져져 괴물로 변했다고 한다. 배가 카륍디스를 피하여 스킬라 가까이 지나갈 때면 스킬라는 뱃사람들을 낚아채어 잡아먹었다. 만일 배가 스킬라를 피하면 카륍디스 곁을 통과해야 하는데, 카륍디스는 뱃사람들을 빨아들였다. 실제로 스킬라는 바위, 카륍디스는 소용돌이와 관련이 있었다. 여기에서 파생한 "스킬라와 카륍디스 사이에between Scylla and Charybdis"라는 말은 한쪽에서 도망치는 것이 다른 쪽의 밥이 되는 두 개의 위험 사이에 처한, 즉 진퇴양난進退兩難을 뜻하게 되었다. 호라티우스Horatius는 "스킬라를 피하려다가 카륍디스로 표류한다"고 말했는데, 이는 한 결점을 피하려다 다른 결점에 빠진다는 뜻이다. 오뒷세우스, 이아손, 아이네아스 모두 스킬라와 카륍디스를 통과해야만 했다. 이와 관련한 이야기는 오비디우스Ovidius의 『변신 이야기Metamorphoses』(xiii · xiv), 파우사니아스Pausanias의 『그리스 안내기Periegesis Hellados』(ii) 등에 나온다.

## 스타인벡, 존 Steinbeck, John 1902~68

미국의 소설가. 1962년 노벨 문학상을 수상하였다. 주로 빈민의 생활을 서정적으로 그렸다. 대표작으로 『분노의 포도The Grapes of Wrath』(1939), 『에덴의 동쪽East of Eden』(1952) 등이 있다.

## 스타크, 윌리 Stark, Willie

워런Robert Penn Warren의 소설 『모든 왕의 신하들All the King's Men』(1946)에 등장하는 보스Boss라고 불리는 어느 남부의 주지사. 실용주의적 독재자로 사람과 사건을 자기 마음대로 다루려 한다. 이 작품은 선동 정치와 정치 기구에 대한 엄격한 통제로 유명한 루이지애나 주 정치가 휴이 롱Huey Long(1893~1935)의 경력에 일부분 바탕을 두고 있다.

## 스탕달 Standhal 1783~1842

프랑스의 소설가. 본명은 마리 앙리 베일Marie Henri Beyle이다. 그의 소설은 개인 대 사회의 관계를 뚜렷이 묘사하며 리얼리즘 소설의 고전으로 여겨진다. 작품으로 소설 『적과 흑Le Rouge et le Noir(The Red and the Black)』(1830), 『파르마의 수도원La Chartreuse de Parme(The

*Charterhouse of Parma*』(1839), 평론 『연애론*De l'amour*』(1822), 자서전 『앙리 브륄라르의 생애*La Vie de Henri Brulard(The Life of Henry Brulard)*』(1890) 등이 있다.

## 스탠디쉬, 마일즈 Standish, Miles

롱펠로Henry Wadsworth Longfellow의 장시長詩 「마일즈 스탠디쉬의 구혼The Courtship of Miles Standish」(1858)에 등장하는 청교도 대장. 프리실라한테 구혼하는 것에 자신이 없어 존 올든한테 대신 구혼해 달라고 간청한다. 그러나 프리실라는 스탠디쉬를 거절하고, 존 올든에게 "존, 당신 자신을 위해 말해 보세요."라고 말하면서 그를 받아들인다.

## 스텐토르 ㄱStentor

호메로스Homeros의 『일리아스*Ilias*』에 나오는 그리스 용사. 50명의 목소리를 합쳐 놓은 것 같은 우렁찬 '청동 목소리voice of bronze'를 가졌다. '스텐토르 같은stentorian'은 매우 우렁찬 큰 목소리를 뜻한다.

## 스토아주의 Stoicism

그리스의 철학자 제논이 기원전 310년경에 확립한 학설. 제논이 아테나이의 아고라(시장)에 있던 Stoa poikile(painted portico, 색칠한 주랑柱廊)에서 이것을 가르친 데서 이름이 유래하였다. 스토아주의 철학 체계에서 주목할 점은 윤리적인 측면이다. 스토아 철학에서는 행복은 정의情意나 욕망의 속박에서 벗어나 신의 의지를 따름으로 신을 가까이 하는 것에 있다고 주장한다. 이리하여 미덕이 최고선이 되고 고뇌는 신경쓸 일이 못 된다. 이러한 주장은 일반적으로 에피쿠로스Epikouros의 제자와 대립시켜 극기금욕주의자克己禁慾主義者를 Stoic, Stoician이라 부른다. 그러나 에피쿠로스의 설도 절제로 고통을 피하고 욕망에 괴롭힘을 당하지 않는 것을 염원하므로 대립적인 관계가 아니다. 로마에서는 에픽테토스, 세네카, 아우렐리우스 등이 스토아 철학자로 유명하다.

## 스톡만, 의사 토머스 Stockmann, Dr. Thomas

입센Henrik Ibsen의 극 「민중의 적An Enemy of the People」(1883)에 등장하는 청렴한 의사 겸 온천 수질 검사자. 온천수가 오염되었음을 발견하고 그 사실을 공표함으로써 "타운의 적"으로 취급당하는 대가를 치르면서도 끝까지 청렴함을 유지한다.

## 스튁스 ㄱStyx

하데스 주위를 일곱 번 감고 흐르는 강. 티탄 오케아노스와 테튀스의 딸 중 하나의 이름이기도 하다. '증오'란 뜻의 그리스어에서 유래하였다. 스튁스는 티탄족인 팔라스와의 사이에 네 딸을 두었는데, 니케Nike(승리), 크라토스Kratos(지배), 젤로스Zelos(경쟁심),

비아Bia(폭력)이다. 스틱스는 티탄과 신들의 싸움 때 맨 먼저 제우스의 편을 들었기 때문에 제우스는 그녀를 '서약의 여신'으로 삼았다. 죽은 사람은 뱃사공 카론이 보트에 태워 스틱스 강 건너로 실어다 준다. 그래서 Stygian oath(스틱스 강에 걸고 한 맹세)는 신들 조차도 깨트릴 수가 없고, 취소할 수 없는, 꼭 지켜야만 하는 맹세를 뜻한다. "스틱스 강을 건너다cross the Styx"는 '죽다'란 뜻이다. 제우스는 신들이 맹세할 때 스틱스의 강물에 걸도록 하기 위해 이리스한테 주전자로 강물을 길어오게 했다. 맹세를 깨트린 신은 1년 동안 호흡과 음식을, 9년 동안 신들과의 교제를 금지당했다. 실제의 스틱스 강은 아르카디아의 노나크리스 근방 켈모스 산 북동쪽 암벽에서 폭포가 되어 60m 낙하하는 크라티스 강으로 이 강물에는 독성이 있다고 여겨졌다. 이 하데스의 강은 마력이 있어 테티스는 아킬레우스를 낳았을 때에 아기를 이 강물에 담가 영원불사하게 하려 했다. 이와 관련한 이야기는 호메로스Homeros의 『오뒷세이아Odysseia』(x), 베르길리우스Vergilius의 『아이네이스Aeneis』(vi) 등에 나온다. ⇒ 아킬레우스, 카론

### 스튐팔로스의 새 Stymphalian Birds

헤라클레스가 물리쳐서 없앤 괴조怪鳥. 그리스 펠로폰네소스 반도 아르카디아에 있는 스튐팔로스Stymphalos 호수에 있는 무수히 많은 맹금猛禽을 말한다.

### 스티어포스 Steerforth

디킨스Charles Dickens의 『데이비드 코퍼필드David Copperfield』(1850)에 등장하는 데이비드의 친구. 리틀 에밀리의 정조를 뺏은 부패하고 사악한 남자이다.

### 스파르타쿠스 라Spartacus

트라케인 노예. 기원전 73년에 이탈리아 카푸아에 있던 검투사 양성 학교에서 도망쳐 나와 노예들과 희망 없는 사람들을 선동하여 로마 군대를 대여섯 전투에서 패배시켰다. 하지만 기원전 71년에 그의 군대는 크라수스에 의해 격파당하고 그도 전사했다.

### 스파르토이 그Spartoi

카드모스가 뿌린 용의 이빨에서 태어난 용사들. '씨 뿌려진 자들'이란 뜻이 있다. 이들 중 에키온, 크토니오스, 우다이오스, 펠로로스, 휘페레노스 다섯 명만이 살아남았다. 카드모스는 이들의 도움으로 테바이 성을 쌓았다. 이들의 자손은 테바이의 중요한 시민이 되었다. ⇒ 카드모스

### 스핑크스 그Sphinx

고대 신화에 나오는 괴물. '교살자'라는 뜻의 그리스어이다. 이것의 기원은 이집트이

며 가장 유명한 것이 기자Giza의 대석상 스핑크스이다. 남자의 얼굴을 하고 있고 길이는 57m 정도이다. 제4왕조시대(기원전 2600년경~2480년경)의 것으로 추정되며 태양신 하르마키스Harmachis의 화신이라고 한다. 스핑크스의 얼굴은 왕의 초상이며 파라오의 권력의 상징이었다. 상체上體는 인간의 모습이며 하반신은 날개 없는 사자의 형상을 하여 태양신 라Ra를 나타내는 것으로 여겨졌다. 스핑크스의 형상은 앗시리아, 페니키아를 거쳐 그리스에 와서는 여자 머리에다 날개 달린 사자의 몸으로 표현되었다. 그리스 신화에 나오는 스핑크스 중에는 테바이를 봉쇄하고 만나는 모든 사람한테 수수께끼를 물었다는 스핑크스가 가장 유명하다. 그 스핑크스가 내는 수수께끼를 풀지 못한 사람에 대한 벌은 죽음이었다. 그런데 오이디푸스가 수수께끼를 맞추자 스핑크스는 굴욕감을 느껴 자살해 버렸다. 이집트의 기자에 있는 거대한 스핑크스는 그리스의 스핑크스보다 먼저 있었다. 이집트 상은 누워 있는 자세로 날개가 없고 사람(때로는 파라오)의 얼굴, 사자의 몸을 갖고 있다. 이와 관련한 이야기는 소포클레스Sophokles의 『오이디푸스 왕』, 헤시오도스Hesiodos의 『신통기Theogonia』, 아폴로도로스Apollodoros의 『비블리오테케Bibliotheke』 등에 나온다.

## 스핑크스의 수수께끼 The Riddle of the Sphinx

그리스 신화에 나오는 스핑크스가 테바이 시를 봉쇄하고 만나는 모든 사람에게 물었다는 수수께끼. 이 수수께끼의 정답을 맞추지 못한 것에 대한 벌은 죽음이었는데, 아무도 맞추지 못했고 오이디푸스만 그 수수께끼를 풀었다. 오이디푸스는 자기도 모른 채 아버지를 죽이고 나서 테바이 대문大門에서 스핑크스와 마주쳤다. 스핑크스는 수수께끼를 물었다. 틀린 답을 말하면 죽고 맞추면 스핑크스의 힘을 깨트릴 수가 있었다. "무슨 생물이 아침에는 네 발로 걷고, 낮에는 두 발로 걷고, 저녁에 세 발로 걷는가?" 오이디푸스는 답했다. "사람이다. 사람은 아기일 때 네 발로 기어 다니고, 어른이 되면 두 발로 걷고 노인이 되면 지팡이에 기대어 발

「스핑크스의 질문을 받는 오이디푸스」

266

을 절며 걷는다." 오이디푸스는 정답을 말했고 스핑크스는 자살해 버렸다. 오이디푸스는 스핑크스의 수수께끼를 맞춤으로써 테바이 시의 구원자가 되고, 어머니이자 과부가 된 왕비 이오카스테를 배우자로 삼았다. ⇨ 오이디푸스

### 슬롭, 의사 Slop, Dr.

스턴Laurence Sterne의 『트리스트럼 섄디Tristram Shandy』(1759~67)에 등장하는 무능한 시골 의사. 트리스트럼이 태어날 때에 코를 비틀어 놓았다.

### 슬픔의 길 라Via Dolorosa

예수가 빌라도의 법정에서 십자가를 지고 갈보리 산까지 걸어간 길. 로마 사람들의 침공으로 예루살렘이 완전히 무너졌기 때문에 그 정확한 길은 알 수 없다. 전통에 의해 현대 예루살렘에 14곳이 지정되어 있는데 다음과 같다. 예수가 빌라도의 법정에서 사형언도를 받은 곳, 예수가 십자가를 진 곳, 예수가 십자가의 무게를 견디지 못하고 쓰러진 곳, 예수가 어머니를 만난 곳, 구레네 사람 요셉이 예수를 대신해 십자가를 진 곳(마 27:32, 막 15:21), 베로니카가 예수의 얼굴을 닦은 곳, 예수가 다시 쓰러진 곳, 예수가 예루살렘의 여인들을 만난 곳(눅 23:28~31), 예수가 세 번째 쓰러진 곳, 병사들이 예수의 옷을 벗긴 곳, 예수가 십자가에 못 박힌 곳(마 27:35, 막 15:24, 눅 23:33), 예수가 죽은 곳(눅 23:46, 요 19:30), 예수의 시체를 내린 곳(마 27:59, 마 15:46), 예수의 시체가 무덤에 안치된 곳(마 27:60, 요 19:41~42). ⇨ 십자가의 길

### 슬픔의 사람 Man of Sorrows

고난받는 종 예수를 뜻하는 말. 『구약성서』에서 앞으로 올 메시야에 대한 예언 중 대표적인 구절이다. "그는 멸시를 받아 사람들에게 버림받았으며 간고를 많이 겪었으며 질고를 아는 자라 마치 사람들이 그에게서 얼굴을 가리는 것같이 멸시를 당하였고 우리도 그를 귀히 여기지 아니하였도다 그는 실로 우리의 질고를 지고 우리의 슬픔을 당하였거늘 우리는 생각하기를 그는 징벌을 받아 하느님께 맞으며 고난을 당한다 하였노라 그가 찔림은 우리의 허물 때문이요 그가 상함은 우리의 죄악 때문이라 그가 징계를 받으므로 우리는 평화를 누리고 그가 채찍에 맞으므로 우리는 나음을 받았도다 우리는 다 양 같아서 그릇 행하여 각기 제 길로 갔거늘 여호와께서는 우리 모두의 죄악을 그에게 담당시키셨도다 그가 곤욕을 당하여 괴로울 때에도 그의 입을 열지 아니하였음이여 마치 도수장으로 끌려 가는 어린 양과 털 깎는 자 앞에서 잠잠한 양같이 그의 입을 열지 아니하였도다"(사 53: 3~7). 이 구절은 「이사야서」에 나오는 고난받는 종

에 관한 예언으로 대략 6세기에 바빌로니아에 살고 있던 익명의 저자가 쓴 것으로 알려진다. 유대인은 이 구절이 이스라엘을 가리킨다고 생각하고 기독교인은 인류의 죄로 인해 고난받은 예수의 오심에 대한 예언으로 이해한다. 이 구절은 성금요일의 기도문에 쓰인다. ⇨ 메시야

### 승천昇天 Ascension/Assumption/Translation

일반적으로 신약시대에 예수가 부활하여 하늘로 올라간 것을 뜻하는 말. 『구약성서』는 에녹(창 5:24)과 엘리야(왕하 2:11)의 승천Translation을 기록하고 있다. 신약시대에 이르러 그리스도의 승천Ascension은 그리스도 사역의 완결과 성령에 의한 메시야 왕국의 시작을 의미한다. 또 성모 마리아의 승천Assumption을 들 수 있다.

### 시간 영감時翁 Father Time

시간의 의인화Personification. 대머리에다 수염이 달리고 손에 큰 낫scythe과 물주전자 water jar 혹은 모래시계hour glass를 가진 노인으로 형상화된다. 이 노인은 큰 낫으로 시간이라는 나무를 계속 베어 내고 있다. 그리스 신화에 나오는 크로노스에 해당한다.

### 시내 산/호렙 산 Mount Sinai/Mount Horeb

하느님이 모세에게 십계명을 주고 히브리인과 언약을 맺은 장소.

### 시논 ㄱSinon

트로이아 전쟁에서 탈주병으로 위장한 그리스 병사. 시쉬포스의 아들이다. 트로이아 전쟁 때에 그리스군은 목마를 만들고 캠프파이어를 끈 뒤 트로이아인이 못 보게 트로이아에서 가까운 테네도스 섬 뒤로 배를 철수시켜 숨겼다. 이때 시논은 두 손이 등 뒤에 묶인 채 트로이아로 가서 자진해서 포로가 된 뒤 프리아모스 왕에게 목마를 성 안으로 끌어들여 아테나 여신한테 바치라고 조언한다. 캇산드라의 경고에도 프리아모스는 목마를 끌고 들어오게 했고, 밤이 되자 시논은 목마의 옆구리를 열어, 숨어 있던 그리스군을 나오게 하여 트로이아군을 기습하고 도시를 약탈했다. 이 이야기는 호메로스Homeros의 『오뒷세이아Odysseia』, 베르길리우스Vergilius의 『아이네이스Aeneis』 등에 나온다.

### 시대時代의 표적表迹 Signs of the times

'시대의 정세와 흐름'을 뜻하는 말. 이것은 "아침에 하늘이 붉고 흐리면 오늘은 날이 궂겠다 하나니 너희가 날씨는 분별할 줄 알면서 시대의 표적은 분별할 수 없느냐"(마 16:3)한 데서 비롯하였다.

## 시드, 엘 에Cid, El 영The Cid

12세기 에스파냐의 장시長詩 「시드Poema del Cid」와 그 밖의 시에 나타나는 장수. 본명은 로드리고(혹은 루이) 디아스 데 비바르Rodrigo Diaz de Vivar(1043년경~99)이다. 중세 기사로서 전쟁에서 무어인들을 무찌른 것으로 유명하다. 그의 여러 모험은 1094년 발렌시아 정복으로 정점에 달했다. 그의 영웅적 업적은 1140년경 카스티야의 무명작가가 쓴 서사시 『엘 시드El Cid』(아라비아어로 시디Sidi는 수령, 정복자라는 뜻)에 노래되었다.

## 시라노 드 베르주락 Cyrano de Bergerac 1619~55

프랑스의 극작가·군인·모험가·자유사상가. 그에 대한 역사적 사실보다는 그의 이름이 붙은 로스탕Edmond Rostand의 희곡 주인공으로 더 많이 알려져 있다. 역사상의 시라노는 코믹한 희극 『현학자Le Pédant joue』(1654), 비극 『아그리핀느의 죽음La Mort d'Agrippine』(1654) 등의 작품을 쓴 것으로 알려져 있으며, 그가 치른 결투와 몹시 크고 긴 코로 유명하다. 하지만 로스탕의 희곡에서는 허풍 뒤에 자기 코에 대한 부끄러움, 자의식을 감춘 인물로 그려진다. 그는 순진한 마음을 가지고 있고 명예를 몹시 소중히 여긴다. 이와 같은 로스탕의 희곡을 바탕으로 한 영화로는 마이클 고든 감독의 「시라노 드 베르주락」(1950, 호세 페러 주연)과 장 폴 라페누 감독의 「시라노 드 베르주락」(1990, 제라르 드 파르듀 주연)이 있다. 스티브 마틴은 로스탕의 작품을 현대물로 각색하여 『록산』(1987)이라는 작품을 썼다.

## 시리우스 그Sirius

천랑성Dog Star. 행성 중 가장 밝은 별이다. 거인 사냥꾼인 오리온의 충실한 사냥개가 하늘로 올라가 별이 되었다고 한다. 고대인들은 이 별이 지상에 큰 더위를 몰고 오고 들판을 타게 하여 불모지로 만든다고 믿었다. 이것은 발광發狂과 관련이 있다. 이 이야기는 베르길리우스Vergilius의 『아이네이스Aeneis』(iii) 등에 자세히 나온다.

## 시모에이스 그Simoeis 영Simois

오케아노스와 테티스의 아들인 강신江神. 트로이아의 평야에 흐르는 강 이름(지금은 '돔브레크'라 불린다)이기도 하다. 이데 산에서 흘러 크산토스 강(그 l Xanthos 영 l Xanthus, 별명 '스카만드로스Skamandros')으로 흐른다. 트로이아 전쟁은 대부분 이 강 근처에서 싸웠는데 시모에이스는 크산토스 강의 신을 도와 아킬레우스를 괴롭혔다. 그의 딸 아스튀오케는 다르다니아의 에릭토니오스 왕의 아내가 되어 트로스를 낳았다. 이 이름에서 트로이아란 말이 나왔다. 트로이아가 함락된 뒤 안드로마케는 시아버지 프리아모스 왕을 죽인 아킬레우스의 아들 네옵톨레모스와 결혼하여 그리스의 에페로스에 와서 살았는데, 인공으로 시모에이스 강을 만들어 고향을 그리워했다고 한다. 이 이야기는 호메로스Homeros의 『일리아스*Ilias*』(v), 베르길리우스Vergilius의 『아이네이스*Aeneis*』(iii), 오비디우스Ovidius의 『변신 이야기*Metamorphoses*』(xiii) 등에 나온다.

## 시민 불복종市民不服從 Civil Disobedience

소로Heny David Thoreau의 정치사상을 담은 에세이. 1849년에 발행되었다. 소로는 "최소한도로 통치하는 정부가 최상의 정부That government is best which governs least"라는 자유주의 입장에서 개인의 자유를 강력히 주장하고, 자기 자신의 양심에 대한 복종이 국가에 대한 복종보다 우선한다고 했다. 그는 당시 미국 정부의 멕시코 전쟁과 노예 제도에 반대하고 납세를 거부했다가 구속되기도 했다. 이 작품은 그의 저항 정신을 설파한 것으로 간디Mahatma Gandhi의 무저항주의에 큰 영향을 끼쳤다.

## 시바 Shiva

힌두교에서 비슈누, 브라흐마와 함께 삼신일체Trimurti를 이루는 신. 삼신일체에서 시바는 파괴자로 히말라야 산 중 최고봉에 산다고 여겨졌다. 무수한 팔과 세 개의 눈이 있으며 뱀들과 죽은 사람들의 해골에 둘러싸여 악마들이 뒤따라오는 무시무시한 모습으로 그려진다. 삼신 중 브라흐마는 창조, 비슈누는 보존, 시바는 파괴를 나타내었지만 나중에는 창조, 재생의 의미도 띠게 되었다. ⇨ 브라흐마, 비슈누

## 시빌라 라Sibylla 영Sibyl

동방에서 기원한 것으로 여겨지는 여자 예언자(무녀). 그녀들의 수는 넷에서 열까지 이른다. 몇몇은 아폴론에게 시중드는, 영감 받은 여사제였다. 그 중 가장 유명한 무녀는 아이네이스를 하계로 안내한, 그리고 로마의 마지막 왕인 타르퀴니우스 수페르부스한테 성스런 예언집을 팔겠다고 한 쿠마이의 무녀이다. 『시빌라 예언집』은 로마 역사에서 중요한 역할을 했다. 미켈란젤로Buonarroti Michelangelo는 바티칸 궁에 있는 시스티나 예배당Sistine Chapel 천장의 웅장한 벽화에 리뷔에, 델포이, 쿠마이, 페르샤, 에뤼트라이 시빌라의 그림을 그려 넣었다. 시빌라는 990년을 살았다고

「춤추는 시바」

270

한다.

## 시빌라 예언집預言集 Sibylline Books

원래 그리스 솔론Solon 때 그리스어로 쓰인 예언집. 이것은 쿠마이로 옮겨진 신탁의 말로서 쿠마이의 시빌라가 보존했다. 시빌라는 흔히 예언을 잎사귀에다 적고서는, 바람에 날아가기 전에 가져가도록 동굴 입구에 갖다 놓곤 했다. 어느 시빌라가 로마의 타르퀴니우스 수페르부스 왕한테 예언집 9권을 가져가 아주 높은 값에 팔겠다고 했는데, 왕이 거절하자 사라졌다가 3권은 태우고 다시 6권을 가지고 돌아와서 같은 값을 요구했다. 왕이 거절하자 다시 사라졌다가 3권을 더 태우고 와서는 똑같은 값을 요구했다. 그제서야 왕이 깜짝 놀라 3권을 샀는데 시빌라는 다시는 나타나지 않았다고 한다. 이 신탁의 말들은 로마의 카피톨리노 언덕의 유피테르 신전에 소중히 보관되었지만 기원전 83년 술라 치세 때 불타 없어졌다. 『시빌라 예언집』은 국가 위기 상황에 처했을 때 신들의 분노를 피하기 위한 방법을 찾기 위해 참고로 사용되었다. 그러나 그리스도교 황제들 아래서는 이 예언집이 필요가 없어져 파기되었다. 코울리지Samuel Taylor Coleridge의 시집 제목에 『시빌라의 잎사귀들Sibylline Leaves』(1817)이 있다. ⇨ 신탁, 쿠마이의 시빌라

## 시성諡聖 Canonization

로마 카톨릭 교회Roman Catholic Church와 동방정교회Easter Orthodox Church에서 죽은 사람을 공식적으로 성인聖人(saint)으로 인정해 등록해 주는 것을 일컫는 말. 존 단John Donne이 쓴 「시성Canonization」이란 시가 있다.

## 시쉬포스 ㄱSisyphos 영Sisyphus 프Sisyphe

에퓌레(나중에 '코린토스'가 됨) 최초의 왕. 헬렌과 오르세이스의 아들인 텟살리아 왕 아이올로스(바람의 신인 아이올로스와 다름)의 아들, 아타마스와 살모네오스의 형, 아틀라스의 딸 메로페의 남편, 글라우코스(벨레로폰의 아버지)·오르뉘티온·시논의 아버지이다. 시쉬포스는 아주 교활한 인간으로 소문이 났다. 악명 높은 도적 아우톨뤼코스가 계속 자신의 소를 몰래 훔치자 "아우톨뤼코스가 이것을 훔쳤다."고 새긴 납 조각을 발굽에 붙여놓음으로써 쉽사리 찾아냈고, 아우톨뤼코스의 딸 안티클레이아를 겁탈하는 것으로 그에게 복수했다. 안티클레이아의 아들 오뒷세우스는 안티클레이아가 남편인 라에르테스가 아니라 시쉬포스와 통정하여 얻은 것이라는 전설이 있는데, 이 이야기는 오뒷세우스가 왜 교활한지를 잘 설명해 준다. 사신死神이 시쉬포스를 잡으러 왔을 때

그가 사신을 사슬로 포박한 결과 아무도 죽는 사람이 없게 되자 아레스가 와서 사신을 풀어 주었다는 이야기도 있다. 시쉬포스에 관한 다른 이야기도 있다. 시쉬포스와 동생 살모네오스는 서로 철천지원수 사이였다. 시쉬포스는 동생을 죽일 방법을 델포이 신탁에 물었다. 그러자 신탁은 조카인 살모네오스의 딸 튀로를 범하여 아이를 얻어야 한다고 했다. 시쉬포스는 신탁대로 하여 쌍둥이를 얻었지만, 튀로가 신탁을 알고서 아기들을 죽여 버렸다. 시쉬포스에 관한 가장 흔한 이야기는 제우스와 관련한 것이다. 제우스가 강의 신 아소포스의 딸 아이기나를 납치하여 아이아코스(펠레우스의 아버지)를 낳았다. 시쉬포스는 이 비밀을 아이기나의 아버지한테 알려준 대가로 아크로코린토스 꼭대기에 샘을 만들어 달라고 요구했다. 이에 노한 제우스는 시쉬포스에게 하계에서의 영원한 형벌을 내렸다. 시쉬포스는 지상에서의 여러 악행 때문에 하계의 타르타로스(하계는 둘로 구분되는데, 에레보스 밑에 타르타로스가 있다)에서 거대한 바위를 언덕 위로 굴려 올리도록 벌 받았다. 그러나 언덕 꼭대기로 바위를 거의 다 밀어올리자마자 바위는 다시 굴러 내려 떨어지곤 했다. 이렇게 시쉬포스의 노동은 결코 끝나지 않았다. 따라서 '시쉬포스의 노동'은 힘들고 무익한 노동을 가리킨다. 이스트모스 경기 Isthmian Games는 시쉬포스가 코린토스를 다스리는 동안 조카 멜리케르테스의 시체가 돌고래에 실려 코린토스 지협 해안에 닿은 것을 발견한 후 조카를 매장해 주고 그 애를 기념하여 벌인 장례식 경기라고 한다. 시쉬포스는 20세기 들어 프랑스 작가 까뮈 Albert Camus의 철학적 평론『시쉬포스의 신화』로 더욱 유명해졌다. 시쉬포스 이야기는 오비디우스Ovidius의『변신 이야기Metamorphoses』(iv), 베르길리우스Vergilius의『아이네이스Aeneis』(vi), 호메로스Homeros의『오뒷세이아Odysseia』(xi) 등 여러 곳에 나온다.

### 시쉬포스의 신화 프Le Mythe de Sisyphe 영The Myth of Sisyphus

까뮈Albert Camus의 에세이. 1942년에 발표되었다. 불가해한 어려운 우주와 마주친 의식 있는 인간의 상태를 탐구한 작품으로 까뮈의 부조리 이론theory of the Absurd을 처음으로 밝힌 글이다. 까뮈에 의하면 인간은 알기를 갈망하지만 절대적 지식은 불가능하다. 따라서 의식이 맑은 인간은 희망 없는 가운데 살아야만 한다. 하지만 까뮈는 절망과 자살을 모두 거부한다. 그는 인간이 알고 있는 좁은 범위 안에서는 생명과 창조가 가능하다고 말한다. 그는 신화의 시쉬포스를 이러한 인간 삶의 부조리의 영웅으로 삼는다. 적어도 시쉬포스는 바위, 운명의식, 그리고 산 위로 올라가는 헛된 몸부림이 그의 마음을 가득 채우고 있음으로써 행복감에 젖기에 충분하다고 생각했다.

## 시스티나 예배당 [이]Capella Sistina [영]Sistine Chapel

성 베드로 성당의 바실리카에 인접한 예배당. 미켈란젤로Buonarroti Michelangelo가 천장과 벽에 『성서』를 주제로 그린 프레스코로 유명하다. 이 그림의 「천지창조The Creation」는 천장화의 주요 주제 중의 하나이고, 「최후의 심판The Last Judgment」은 예배당 뒷벽에 그려져 있다. Sistina는 Sistino의 여성형인데 capella가 여성형이기 때문에 여성형용사 Sistina가 된 것이며, Sistino는 교황 Sixtus라는 뜻이다. 이 예배당은 식스투스Sixtus 4세가 건립했다.

## 시온 Zion/Sion

예루살렘의 다른 이름. 원래는 예루살렘을 가리키는 지명이었으나 의미가 확장되어 '천국 백성의 공동체', '하느님의 도성'을 뜻하게 되었다.

## 시온에서 안일한 자 At ease at Zion

오늘날에는 '유한계급'이라 할 만한 사람들에게 적용되는 말. 선지자 아모스Amos가 "화 있을진저 시온에서 안일한 자"(암 6:1)라고 하여 안락과 사치에 빠져 자기밖에 모르던 부자들을 공격한 데서 비롯하였다.

## 시온주의 Zionism

추방당한 유대인들이 그들의 본토로 돌아가려는 운동을 일컫는 말. 이스라엘로 돌아가는 것을 목적으로 삼는 시온주의라는 개념은 19세기 말경에 처음으로 나타났다. 번바움Nathan Birnbaum이 잡지 『자기 해방Selbst Emanzipation』(1891)에서 정치적 조직을 가리키기 위해 이 말을 처음으로 사용했다. 헤르츨Theodore Herzl은 정치적 시온주의와 실제적인 시온주의를 구별했다. 전자는 정치적으로 자주적인 유대 국가를 건설하는 것을 목표로 삼는 반면 후자는 이스라엘 땅에 유대인들이 정착하도록 인도적으로 도와줄 것을 요청한다.

## 시편詩篇 Psalms

『구약성서』의 19번째 책. 150편의 찬송(하느님께 부르는 노래)을 담고 있다. "이스라엘의 노래 잘 하는 자"(삼하 23:1)라 불리는 다윗이 대다수를 썼다고 전한다.

## 시학詩學 Poetics

시에 관한 이론. 시학 중에 가장 유명한 아리스토텔레스Aristoteles(기원전 384~322)의 『시학Peri Poietikes』은 당시의 그리스 문학 작품을 토대로 문학 법칙을 세우려 한 것으로 문학개론에 해당한다. 아리스토텔레스는 산문을 다루지 않고 시와 극을 주된 문학 형식으로 보고 모방, 연민과 공포, 카타르시스 등을 중요 개념으로 내세워 이론을 펼쳤으며 그러한 이론은 시학의 원조가 되었다. 로마 시인 호라티우스Horatius(기원전 65~8)가 『시학*Ars poetica*』을 써서 그 뒤를 이은 뒤 번창하여 비다Marcus Hieronymus Vida, 스칼리제로Giulio Cesare Scaligero 등의 시학이 등장하였다. 17세기의 프랑스 비평가 브왈로Nicolas Boileau는 아리스토텔레스와 호라티우스를 이어받아 『시학*L' Art poétique*』을 짓고 엄중한 시작법을 설파했다. 18세기에 이르러 영국인 포우프Alexander Pope의 『비평론*Essay on Criticism*』(1711)이 나타났다. 포우프는 새로운 표현보다는 그리스·로마 고전 시인들이 보여 준 선례의 완벽함을 모방하라고 가르쳤다. ⇨ 아리스토텔레스

## 신곡神曲 이La Divina Commedia 영The Divine Comedy

단테Alighieri Dante의 서사시. 「지옥Inferno」, 「연옥Purgatorio」, 「천국Paradiso」 편의 3부로 구성되어 있다. 내용은 지옥에서 천국으로 올라가는 단테의 이야기이다. 지옥과 연옥에서는 로마 시인 베르길리우스Vergilius가 안내자이고 천국의 안내는 베아트리체가 맡는다. 단테에 의하면 지옥은 원뿔 같은 구조이며 아홉 권圈(circle)으로 구성되어 있고 죄인들은 각각 자기의 죄에 해당하는 권에서 고통을 받는다. 연옥은 일곱 개의 대臺가 있는 바위산으로 회개하는 죄인들이 모여 정상에 있는 지상낙원에 이른다. 천국은 아름다움과 빛의 세계로 가장 높은 곳은 삼위일체의 빛으로 빛난다. 단테는 『신곡』에서 인간 영혼의 정화편력淨化遍歷을 통해 내세의 존재를 보여 준다. 단테는 원래 작품명에 divina란 형용사를 붙이지 않았는데 16세기에 이르러 그렇게 불리게 되었다. 이 작품은 서양 문학 전통에 막대한 영향을 끼쳤다. 초서Geoffrey Chaucer가 단테의 단편을 일부 번역했는데 1805년에 와서야 간행되었다.

## 신데렐라 영Cinderella 프Cendrillon

동화의 주인공. 영어 Cinderella는 프랑스어 Cendrillon(Cendre, 재)의 번역어이며 우리말로는 '재순이', '재투성이 계집애', '부엌데기' 정도로 해석할 수 있다. 이 동화는 신데렐라가 사랑스런 성격과 요정의 도움으로 결국 왕자의 사랑을 얻는다는 이야기가 큰 줄거리이다. 이와 같은 이야기가 등장하는 대표적인 작품으로는 프랑스의 페로Charles Perrault와 그림Grimm 형제의 동화가 있다. 'Cinderella dance' 는 밤 12시에 끝나는 무도회를, 'Cinderella complex' 는 여성이 남성한테 의존하려는 잠재적 욕망을 가리킨다.

## 신드바드 Sindbad the Sailor/Sinbad the Sailor

『아라비안 나이트*Arabian Nights*』에 나오는 한 이야기의 주인공. 바그다드의 부유한 청

년으로 그에게 많은 고통과 불운과 함께 막대한 재산을 가져온 일련의 일곱 가지 항해에 관해 이야기한다. 그 중에서 대괴조大怪鳥 록Roc, 식인종, 바다의 노인Old Man of the Sea에 대한 이야기가 유명하다.

### 신神들의 황혼 톡Götterdammerung 영Twilight of the Gods

바그너Wilhelm Richard Wagner의 4부작 오페라 「니벨룽의 반지」 중 마지막 오페라. 악의 세력과 우주적 싸움에서 신들과 세계가 파괴된다.

### 신명기 申命記 Deuteronomy

모세 5경 중 마지막 책. 이스라엘인들이 사막 광야를 거쳐 약속의 땅으로 들어가기까지 방랑의 기록이다. 이 책에서 모세는 하느님과 직접 말을 하는 선지자로 나타난다. 이 책은 모세의 율법을 다시 말하고 그의 일생 중에 일어난 마지막 사건들을 기록하고 있는데 내용은 모세의 죽음으로 끝난다.

### 신발 끈을 풀기에도 합당치 않은 Not worthy to unlace (a person's) shoes

세례자 요한이 그리스도와 자신을 견주어 하는 말로서 자신은 가장 천한 노예의 일을 하기에도 부족하다는 뜻. "나는 그의 신발 끈 풀기도 감당하지 못하겠노라"(요 1:27)는 구절에서 비롯하였다.

### 신약성서 新約聖書 New Testament

사람들과 맺은 하느님의 언약 실현과 예수 그리스도를 통한 은총을 다룬 기독교 『성서』의 후반부. 총 27권의 작은 책으로 구성되어 있는데 예수의 생애를 다룬 4권의 복음서와 교회의 초기 역사와 몇몇 회중에게 보낸 교부들의 편지가 들어 있다. 이 편지들이 기독교의 초석이 되었다. ⇨ 성서

### 신인동형동성설 神人同形同性說 Anthropomorphism

인간의 형태 혹은 인간의 특성과 애정으로 신을 구현하려는 것을 뜻하는 말. 나아가 인간이 아닌 사물에 인간적 특질을 부여하는 만물유정관萬物有情觀을 가리키기도 한다.

### 신탁神託/신탁소神託所 그Manteion/Chresterion 라Oraculum 영Oracle

고대 그리스에서 사제(신관)나 여사제(무녀)가 하는 말, 혹은 그러한 회답이 이루어지는 성전을 가리키는 말. 사제들의 말은 인간의 질문에 대한 신의 대답으로 여겨졌다. 여러 신탁소 중에 델포이에 있는 아폴론의 신탁소, 도도네에 있는 제우스의 신탁소, 에피다우로스에 있는 아스클레피오스 신탁소가 가장 유명했다. 라틴어로 Oraculum은 '말하다'라는 뜻이다. 오늘날 신탁은 신의 영감을 받은 듯한 권위 있는 혹은 절대 확실

한 발언을 뜻한다.

**그리스의 신탁** 고대 그리스 시대에는 신탁이 매우 중요했고 큰 영향력을 행사했다. 아주 고대의 신탁에 관해서는 호메로스Homeros의 『일리아스*Ilias*』와 『오뒷세이아*Odysseia*』에 나와 있다. 이러한 신탁은 신전 근처에 있는, 어느 성스러운 나무의 뿌리에서 솟아오르는 샘의 음색이나, 오크 나무 잎사귀의 살랑거림(나중에는 놋 종의 소리)을 사제가 해석한다. 당시 신전 중에서 가장 유명한 것으로는 도도네에 있는 제우스 신전과, 델포이에 있는 아폴론 신전이 있다. 델포이의 신탁은 퓌티아Pythia라 불리는 무녀가 황홀경에 빠졌을 때에 지르는 소리를 통역한다. 그리스와 소아시아에는 이 밖에도 작은 신탁소가 많이 있었다. 예컨대, 에피다우로스에 있는 아스쿨레피오스 신전에는 병자가 잠들어 있는 사이에 꿈에서 완전히 나았다고 알림을 받기도 했다. 보이오티아의 트로포니오스 동굴에서도, 오로포스의 암피아라오스 신전에서도 꿈에 신탁을 알리는 일이 있었다. 아카이아의 부라에 있는 헤라클레스 신전에서는 제비뽑기 혹은 점으로 신탁이 주어졌다. 외국의 신탁소 중에는 리비아 사막에 있던 유피테르의 암몬Ammon 신탁이 그리스인에게 몹시 신뢰받았다.

**로마의 신탁** 로마 공화정 시대에는 『시뷜라 예언집』 외에 신탁은 별로 신용하지 않고, 국가는 신들의 뜻을 알기 위해 신탁에 의존하지도 않았다. 제정 시대에 이르러 신탁 예언은 그리스나 동양의 신들의 예배와 더불어 득히 즐겨 쓰이게 되었다. 신탁의 수집은 상당히 오래전부터 시작된 것임에 틀림없다. 그리스에서와 같은 의미를 가진 신탁 신전은 이탈리아에는 하나도 없었다. 그러나 쿠마이에서는 아폴론 신전 밑이 시뷜라의 동굴이었고, 프라이네스테에는 오래된 유명한 포르투나 신전이 있었다. 거기서 소르테스라고 알려진 신탁이 행해졌는데 신탁이 쓰인 패를 아이가 잡아당기는 방법이었다. 파우누스는 예언의 신으로 알려져 있었고 카르멘티스도 같은 힘을 갖고 있다고 여겨졌다. 티부르의 파우누스 신전에서는 인쿠바티오 incubatio, 즉 꿈에 의해 신탁을 얻는 방법이 행해졌다. 이때 신탁을 구하는 사람은 양한 마리를 죽여 그 껍질로 몸을 감싸고 잔다. 그러면 꿈을 통해 신탁이 주어진다.

## 신통기神統記 ㄱTheogonia 영Theogony

헤시오도스Hesiodos가 1,022행으로 쓴 시. 이 긴 시는 원초原初의 카오스(혼돈)에서 시작하여 우라노스(하늘)와 가이아(땅)의 출생, 그들의 자식인 티탄들, 크로노스와 그의 자식들, 제우스의 출현과 티탄들의 패배, 그 다음에 제우스와 여러 여신의 자식들의 목록이 잇따른다. 이 작품은 신들의 계보 연구에서 표준이 되는 전거로서 중요시된다.

### 실낙원失樂園 Paradise Lost ⇨ 잃어버린 낙원

### 실러, 프리드리히 폰 Schiller, Friedrich von 1759~1805

독일의 시인·극작가·역사가·비평가. 낭만주의 운동의 선구자이다. 그가 쓴 「환희의 송가Das Lied an die Freude(Ode to Joy)」를 베토벤의 제9교향곡의 마지막 악장에서 코러스가 노래한다. 대표작으로 희곡 『군도群盜(Die Räuber)』(1781)가 있다.

### 실레노스 그Silenos 영Silenus

삼림森林의 신으로 그리스의 하위 신. 그리스어 복수형은 실레노이Silenoi이다. 흔히 사튀로스와 혼돈되는데 사튀로스보다 나이가 많고, 말의 귀, 때때로 말의 꼬리와 다리를 가진 모습으로 그려진다. 지혜와 예언으로 평판이 나 있다. 사튀로스처럼 호색적은 아니지만, 거의 언제나 술에 취해 있다. 이에 관한 이야기는 아폴로도로스Apollodoros의 『비블리오테케Bibliotheke』, 오비디우스Ovidius의 『변신 이야기Metamorphoses』, 파우사니아스Pausanias의 『그리스 안내기Periegesis Hellados』 등에 나온다.

### 실버, 매티 Silver, Mattie

워튼Edith Wharton의 『이선 프롬Ethan Frome』(1911)에 등장하는 인물. 이선의 바가지 긁는 아내 지나의 우아하면서 예쁜 사촌이다. 그녀가 농장에 오면서 이선의 생활은 좀 밝아지지만, 두 사람은 사랑에 빠져 최후엔 비참한 운명에 이른다.

### 실존주의實存主義 Existentialism

20세기 문학과 철학에서의 한 운동. 인간은 완전히 자유롭고, 그러므로 자기 자신에 대해 책임이 있다고 주장한다. 인간은 이 책임 때문에 깊은 고뇌나 두려움이 생기게 된다. 대표적인 철학가로는 19세기에 니체Friedrich Wilhelm Nietzsche, 키에르케고르Søren Kierkegaard, 작가로는 도스토예프스키Fyodor Dostoevsky, 20세기에 사르트르Jean-Paul Sartre, 카뮈Albert Camus 등이 있다.

### 심령心靈이 상함 Vexation of spirit

'상하여', '마음이 아파서' 라는 뜻. "나의 종들은 마음이 즐거우므로 노래할 것이로되 너희는 마음이 슬프므로 울며 심령이 상하므로 통곡할 것이며"(사 65:14)에 나오는 말이다.

### 심벌린 Cymberline

로마의 지배(1세기)를 받던 브리튼의 왕. 셰익스피어William Shakespeare의 만년 작품

(1609)의 제목이기도 하다. 심벌린이 지배할 무렵에 브리튼인은 로마인 정복자들과 사이좋게 지냈으며 로마인에게 정기적으로 공물을 바쳤다. 『심벌린』은 로맨스로 분류되는데 요정 이야기의 느낌이 든다. 이 작품에서 성질 급하지만 선량한 왕은 사이가 멀어진 딸을 용서하고 오랫동안 행방불명이던 아들들과 재결합한다.

### 심은 대로 거둔다 Reap as one sows

'스스로 행한 일의 결과에 따라 고통도 당하고 기쁨도 누린다'는 뜻. 이것은 "스스로 속이지 말라 하느님은 업신여김을 받지 아니하시니 사람이 무엇으로 심든지 그대로 거두리라"(갈 6:7)에 나오는 말이다.

### 심지 않은 곳에서 거둔다 Reap where one has not sown

'다른 사람이 수고한 것을 자신이 쓰려고 취하다'는 뜻. 『성서』에 나오는 달란트의 비유 중 "한 달란트 받았던 자는 와서 이르되 주인이여 당신은 굳은 사람이라 심지 않은 데서 거두고 헤치지 않은 데서 모으는 줄을 내가 알았으므로"(마 25:24)라는 구절에서 비롯하였다.

### 심판의 날 Day of Judgment/Judgement Day

하느님이 각 사람의 선악을 판결하여 구원이나 멸망을 언도할 세상의 최후 멸망 뒤에 오는 날(계 20:11~15). '최후의 심판일' 또는 '세상의 마지막 날'이라고도 한다.

### 십계＋誡 Decalogue ⇨ 십계명

### 십계명＋誡命 The Ten Commandments

기독교 성지인 시내 산에서 하느님이 모세에게 두 개의 돌판에 120 히브리어로 새겨 준 계명(출 20:3~17). "너는 나(하느님) 외에는 다른 신들을 네게 두지 말라. 너는 무슨 우상이든지 만들거나 숭배하지 말라. 네 하느님 여호와의 이름을 망령되이 일컫지 말라. 안식일을 기억하며 그날을 거룩하게 지켜라. 네 부모를 공경하라. 살인하지 말라. 간음하지 말라. 도적질하지 말라. 네 이웃을 해하려고 거짓 증거하지 말라. 네 이웃의 물건을 탐하지 말라." 이 내용을 다룬 영화로 세실 드밀Cecil B. De Mille 감독의 「십계The Ten Commandments」(1956, 찰튼 헤스튼 · 율 브린너 주연)가 있다.

### 십자가 위의 예수의 말 Jesus' words on the cross ⇨ 십자가 위의 7언

### 십자가 위의 7언들 Seven Last Words

십자가 위에서 예수가 했다고 전하는 일곱 가지 말. 복음서 전체에서 예수가 말한 일곱 문장을 모은 것이다. 예수의 수난을 묵상하는 때에 경건하게 사용된다. 하이든Franz

Joseph Haydn, 구노Charles-François Gounod가 이 말들에 곡을 붙였다. 7언은 다음과 같다. "아버지여 저들을 사하여 주옵소서 자기들이 하는 것을 알지 못함이니이다"(눅 23:34), "내가 진실로 네게 이르노니 오늘 네가 나와 함께 낙원에 있으리라"(눅 23:43), "여자여 보소서 아들이니이다…보라 네 어머니라"(요 19:26~27), "나의 하느님, 나의 하느님, 어찌하여 나를 버리셨나이까"(마 27:46), "내가 목마르다"(요 19:28), "다 이루었다"(요 19:30), "아버지여 내 영혼을 아버지 손에 부탁하나이다"(눅 23:46).

### 십자가의 길/십자가의 14처處 Stations of the Cross

그리스도의 수난을 나타내는 14곳의 그림이나 성상聖像. 라틴어로는 Via Crucis라고 한다. 예루살렘에서 비롯한 것으로 순례자들이 예수가 사형선고를 받고 무덤에 묻히는 곳에 이르기까지 십자가를 지고 간 길이라고 추정되는 길을 따라가며 특정한 사건이 일어난 곳에 멈춰 기도를 드렸다. 나중에 사람들이 이 14곳에서 일어난 사건에 관한 그림이나 조각을 만들어 성지에 갈 수 없는 사람들이 기도하도록 하였다. ⇨ 슬픔의 길

### 십자가형/책형磔刑 Crucifixion

십자가에서 예수가 묶여 못 박혀 죽은 형벌을 뜻하는 말. 예수가 가룟 유다의 배반으로 잡힌 뒤에 유대인들은 그를 거짓 메시야라고 고소해 십자가형에 처하도록 로마 총독인 본디오 빌라도에게 넘겨주었다. 빌라도는 그에게서 아무런 잘못도 찾지 못하자 예수를 "유대인의 왕"으로 간주하는 것은 터무니없는 일이라고 사람들을 설득하면서 예수를 풀어 주려고 하였다. 그러나 사람들이 계속 예수를 십자가에 못 박아야 한다고 주장하자 빌라도는 예수의 죽음이 자신의 책임이 아니라는 것을 보이기 위해 손을 씻은 다음 예수를 넘겨주었다. 그러자 로마 군인들은 예수의 머리에 가

엘 그레코, 「책형」, 마드리드 프라도 미술관

279

시관을 씌우고 "유대인의 왕"이라고 외치며 조롱했다. 예수는 예루살렘 근처 갈보리 언덕으로 나무 십자가를 지고 가서 십자가에 못 박혀 십자가형을 당한 두 강도 사이에 놓였다. 예수는 죽기 직전에 "아버지, 저들을 용서하소서, 저들이 하는 짓을 알지 못하나이다"라고 말했다. 죽은 뒤 예수의 추종자들이 그의 시신을 무덤에 안치했다. 예수는 죽기 전 제자들에게 믿는 자들의 죄를 사하기 위해 자신을 희생할 것이라고 말했다. 기독교인들은 예수가 십자가에서 죽은 것과 3일 뒤에 부활한 것이 인간의 구원을 가능케 했다고 믿는다. "감당해야 할 십자가가 있다"는 말은 어떤 사람에게 강요된 고통스러운 책임을 뜻한다.

### 쌍날칼 Double-edged sword

하느님의 말씀에 대한 비유적인 표현. 이것은 "하느님의 말씀은 살아 있고 활력이 있어 좌우에 날선 어떤 검(쌍날칼)보다도 예리하여 혼과 영과 및 관절과 골수를 찔러 쪼개기까지 하며 또 마음의 생각과 뜻을 판단하나니"(히 4:12)에 나오는 말이다.

### 써 버렸다 I have written

'고칠 수 없는 성질의 일'을 뜻하는 말. 예수가 십자가형을 받을 때 예수의 십자가 위에 "유대인의 왕 나사렛 예수Iesus Nazarenus Rex Iudaeorum(INRI)"라고 쓴 것을 가지고 유대인들이 "자칭 유대인의 왕"으로 고쳐 써야 한다고 주장하자 빌라도는 "한 번 썼으면 그만이다What I have written, I have written"라고 말하여 거절하였다. 한 번 썼으니 이제 고쳐 쓸 수 없다는 말이다.

### 쓰고 쓰여지다 Spend and be spent

바울이 교인들을 위해 자신이 가진 모든 것을 다 쓰고 나아가 자신의 몸도 바쳐 헌신하겠다는 의미에서 한 말. 사도 바울이 "너희 영혼을 위하여 크게 기뻐하므로 재물을 사용하고 또 내 자신까지도 내어 주리니"(고후 12:15) 한 데서 비롯하였다.

### 쓰스 □Zeus

루스드라Lystra 사람들이 바울과 바나바가 그 현신現身이라고 소동한 헬라 신 중의 하나. 제우스를 말한다.

### 쓴 쑥과 쓸개즙 Wormwood and gall

괴로움의 상징. 쓴 쑥으로 번역한 wormwood는 맛이 쓴 식물이다. 쓸개즙은 언제나 쓴 괴로움의 상징이었다. 이것은 "내가 그들 곧 이 백성에게 쑥을 먹이며 독한 물을 마시게 하고"(렘 9:15, 23:15, 신 29:18) 한 데서 비롯하였다. 하느님이 유대인의 행악으로 인해 그들이 쓴 잔을 다 들이키도록 벌하는 구절로서 지금도 이와 같은 의미로 인유된다.

### 씨름하다 Wrestle with

'기도하며 분투한다'라는 뜻. "야곱은 홀로 남았더니 어떤 사람이 날이 새도록 야곱과 씨름하다가"(창 32:24~26)라는 구절에서 보듯 얍복Jabbok 강가에서 야곱이 하느님의 천사와 밤새워 싸운 데서 나온 말이다.

### 씨 뿌리는 자의 비유 The parable of the sower

천국에 관한 예수의 비유 중 하나. "예수께서 그들 앞에 또 비유를 들어 이르시되 천국은 좋은 씨를 제 밭에 뿌린 사람과 같으니"(마 13:24 이하)라고 한 구절에서 비롯하였다. 하느님이 선과 악(밀과 가라지)을 최후의 심판까지 같이 있도록 내버려 둔다는 것이다.

# ㅇ

### 아가雅歌 Song of Songs/Song of Solomon

『구약성서』의 한 책. '노래 중의 노래'라는 뜻으로 로마 카톨릭 교회에서는 캔티클 Canticle이라 부른다. 전통적으로 솔로몬이 썼다고 하나 후대에 쓰였을 가능성이 있다. 내용은 사랑의 전원시이거나 결혼축하 글인데 유대인들은 그것을 이스라엘에 대한 하느님의 사랑이라 해석하고, 기독교인들은 교회에 대한 그리스도의 사랑을 우화적으로 표현한 것이라 해석한다.

### 아가멤논 ㄱAgamemnon

아카이아족의 가장 강력한 도시 뮈케나이의 왕. 아트레우스의 아들, 메넬라오스의 형, 클뤼타임네스트라의 남편, 이피게네이아·엘렉트라·크리소테미스·오레스테스의 아버지이다. 메넬라오스의 아내 헬레네가 파리스한테 납치되어 트로이아로 갔을 때에 트로이아 원정대 총사령관으로 뽑혔다. 아울리스에서 딸 이피게네이아를 아르테미스의 제물로 바치도록 강요받았고 결국 딸을 제물로 바쳐 클뤼타임네스트라의 원한을 샀다. 그로 인해 트로이아에서 승리한 뒤 귀국하자마자 목욕탕에서 클뤼타임네스트라와 정부 아이기스토스한테 살해되었다. 그의 죽음은 딸 엘렉트라와 아들 오레스테스가 복수한다. 아가멤논 이야기는 아이스퀼로스 Aischylos의 3부작 『오레스테이아Oresteia』의 1부인 『아가멤논』과 세네카Seneca의 『아가멤논』의 주제이다.

아가멤논의 황금가면

## 아각 Agag

아말렉 왕들의 호칭. 흔히 사울에게 잡혀 그 자리에서 목숨은 건졌으나 나중에 사울에게 죽임을 당한 왕을 가리킨다(삼상 15:32~33). '아각처럼 행동한다'는 말은 위협에 직면하여 조심스럽게 계산적으로 행동하는 것을 의미한다.

## 아간 Achan

『구약성서』의 인물. 강탈자, 약탈자라는 뜻이 있다. 하느님의 지시를 어기고 여리고 성에서 전리품을 훔쳐 땅에 숨겼고 이로 인해 이스라엘은 아이 성 전투에서 참패를 당했다. 그의 죄가 나중에 발각되어 그와 가족들은 돌에 맞아 죽임을 당하고 약탈품들은 불태워졌다(수 7:1~25). 이 골짜기가 바로 '괴로움의 골짜기'라는 뜻을 가진 아골Achor 골짜기이다.

## 아게노르 ㄱAgenor

이오의 아들 에파포스의 딸 리뷔에와 포세이돈 사이에서 태어난 쌍둥이 중의 한 명(다른 한 명은 벨로스). 시리아의 튀로스 혹은 시돈의 왕이며, 텔레파사와 결혼하여 세 아들 카드모스·포이닉스·킬릭스와 딸 에우로페를 두었다. 나중에 카드모스는 그리스 중심부에 테바이를 건설했다.

## 아겔다마 Aceldama

유다가 그리스도를 배반한 대가로 받은 피 묻은 돈으로 산 예루살렘에 있는 밭. "이 사람이 불의의 삯으로 밭을 사고 후에 몸이 곤두박질하여 배가 터져 창자가 다 흘러온지라…그 밭을 아겔다마라 하니 이는 피밭이라는 뜻이라"(행 1:18~19)는 구절에서 이 땅과 관련한 이야기를 볼 수 있다. 마태에 의하면 대제사장들은 유다의 피 값을 "나그네들을 묻기 위해 토기장이의 밭"을 사는 데 사용했다(마 27:7~8). 오늘날 아겔다마는 '피비린내 나는 전쟁터' 혹은 '살육의 터'를 의미한다.

## 아굴의 소원 Agur's wish

아굴이 간절히 원한 것. "나로 가난하게도 마옵시고 부하게도 마옵시고"(잠 30:8)라는 『성서』구절에 나타나 있다. 아굴은 「잠언」 30장의 저자로 솔로몬 시대의 현자로 추정된다.

## 아글라이아 ㄱAglaia

세 미美의 여신 중 한 명. 그리스어로 '광채'라는 뜻이다. 나머지 여신은 에우프로쉬네(기쁨), 탈리아 혹은 탈레이아(꽃핌)이다.

## 아나니아 Ananias

『신약성서』「사도행전」에 등장하는 인물. '거짓말쟁이'라는 뜻으로 쓰인다. 아내 삽비라Sapphira와 더불어 교회에 바칠 헌금 중 일부를 자기 몫으로 숨겼고 나중에 발각되어 성령을 속였다는 죄로 그 자리에서 죽임을 당했다(행 5:1~11).

## 아나바시스 ㄱAnabasis

크세노폰Xenophon의 책 제목. 『일만 인의 퇴각Retreat of Ten Thousands』이라고도 한다. 아나바시스는 그리스어로 '진군進軍', '원정'이란 뜻이다. 이 작품은 소小퀴로스의 형 아르타크세르크세스(아케메네스조 페르시아 왕)를 공격하기 위한 원정을 묘사하고 있다. 이 책은 페르시아 내부의 허약함을 그리스에 알려, 알렉산드로스 대왕이 원정을 하는 데 간접적 원인이 되었다는 점에서 의미가 크다. 이 책에 묘사된 크세노폰 장군이 바빌론 부근에서 흑해 연안까지 1만 명의 그리스 용병의 퇴각을 이끌었다는 기록은 흥미진진하다. 같은 제목의 작품으로 1960년 노벨 문학상을 받은 프랑스의 시인 페르스 Saint-John Perse가 고비 사막 탐험을 소재로 한 시 「원정遠征(Anabase)」(1924)이 있다.

## 아낙/아낙 자손 Anak/Son of Anak

이스라엘이 팔레스타인을 정복하기 전에 거기 살았던 원주민. 키가 크고 힘이 장사였다. 이들을 염탐한 이스라엘 정탐꾼들은 그들과 비교하면 자신들은 메뚜기 같다고 말했다(민 13:33). 일반적으로 거인을 뜻한다.

## 아널드, 매슈 Arnold, Matthew 1822~88

영국의 시인·비평가. 1957년 옥스퍼드 대학의 시詩 교수로 임명되어 10년 동안 재직했다. 그의 시는 로맨틱한 염세주의적 경향을 띤다(「도버 비치Dover Beach」,「학자 집시The Scholar Gipsy」). 고전적 기준에 기초를 둔 비평은 대개 바베어리언Barbarian(교양 없는 귀족)과 필리스타인Philistines(블레셋 사람. 교양 없는 부르주아 속물)을 향했다. 대표작으로 『시집Poems』(1855), 『문학과 교의Literature and Dogma』(1873), 『교양과 무질서Culture and Anarchy』(1869) 등이 있다.

## 아네모네 ㄱAnemone

미소년 아도니스가 죽어서 피어난 꽃. 영어로 windflower(바람꽃)라고 하는데 바람에 꽃잎이 쉽게 떨어지기 때문이다. 무상한 삶을 상징한다.

## 아담 Adam

기독교에서 말하는 인류 최초의 조상. 『성서』에 따르면 하느님은 흙으로 빚고 생기를

불어넣어 아담을 만들었다. 또 아담이
잠든 사이에 아담의 갈비뼈로 이브를 만
들었다. 하느님은 그들에게 에덴동산의
모든 과일은 먹을 수 있으나 선악을 알
게 하는 나무의 열매는 먹지 말라고 말
했다. 그러나 뱀의 유혹에 넘어간 이브
가 그 열매를 먹고 아담에게 주어 아담
도 그 열매를 먹었다. 이후로 아담은 얼
굴에 땀을 흘려 먹을 것을 벌어야 하고
이브는 고통 가운데 아이를 낳아야 하는
벌을 받았다. 그러고 나서 하느님은 그
들을 에덴동산에서 추방했다. 아담과 이
브의 불순종으로 인한 가장 처참한 결과
는 "너는 흙이니 흙으로 돌아갈지어다"

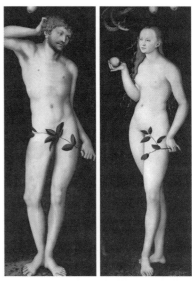

루카스 크라나흐, 「아담과 이브」, 피렌체 우피치 미술관

라는 하느님의 말에서 보듯이 인간에게 죽음이 생긴 것이다. 아담에 관한 인유는 주로
죄 없는 순전함에서의 타락, 혹은 그가 이브와 함께 범한 원죄를 가리킨다. 아담은 인
류 전체를 상징하는 이름으로도 쓰인다. '옛 아담the old Adam'이 구원의 은총을 입지
못한 사람 혹은 원죄를 대표한다면 '새 아담the second Adam(the new Adam)'은 인류의 구
원을 가져온 예수 그리스도를 일컫는다. 아담은 930살에 죽었다. 밀튼John Milton은 『잃
어버린 낙원Paradise Lost』(1668)에서 '인간의 최초의 불순종'에 관한 이 이야기를 다시
시작하였다.

### 아담의 갈비뼈 Adam's rib

하느님이 이브를 만들었다는 아담의 뼈. 하느님은 먼저 흙으로 아담을 만든 뒤에 아담
이 잠든 사이에 그의 갈비뼈로 이브를 만들었다. "여호와 하느님이 아담을 깊이 잠들
게 하시니 잠들매 그가 그 갈빗대 하나를 취하고 살로 대신 채우시고 여호와 하느님이
아담에게서 취하신 그 갈빗대로 여자를 만드시고 그를 아담에게로 이끌어 오시니 아
담이 이르되 이는 내 뼈 중의 뼈요 살 중의 살이라 이것을 남자에게서 취하였은즉 여
자라 부르리라"(창2:21~23) 하였다. 이 이야기는 남자가 여자보다 갈비뼈를 하나 적게
가지고 있다는 잘못된 견해의 시발점이 되었다. 오늘날에는 여성을 약간 빈정대는 용

어로도 쓰인다.

**아담의 저주 Adam's curse** ⇨ 얼굴에 땀을 흘려야

**아데미 ㄱAtemis** ⇨ 아르테미스

**아도니스 ㄱAdonis**

신과 같은 아름다움을 지닌 미소년. 파포스(뷔그말리온과 갈라테이아의 딸)의 아들인 퀴프로스 왕 키뉘라스의 왕비는 딸 뮈라Myrrha가 아프로디테보다도 훨씬 미녀라고 자랑했다. 그러자 아프로디테는 화가 치밀어 딸이 아버지한테 불륜의 욕망을 품도록 저주를 내렸다. 유모의 책략으로 뮈라는 아버지와 잠자리를 같이했는데, 키뉘라스는 딸인 줄도 몰랐다. 키뉘라스는 진실을 깨닫고는 딸을 죽이겠다고 위협했고 뮈라가 도망치자 자살해 버렸다. 이 근친상간의 결과로 뮈라는 임신했고 그 후 신들의 도움을 받아 몰약나무myrrha tree로 변신하였다. 시간이 차서 나무가 쪼개졌을 때 아도니스가 몰약나무에서 태어났다. 비할 데 없이 잘생긴 아도니스는 태어나자마자 사랑의 여신 아프로디테한테 사랑을 받았으나 (아프로디테의

애인 아레스가 변신한 것으로 보이는) 멧돼지에게 살해당한다. 그가 죽을 때 흘린 피로부터 꽃이 피어났는데, 그 이름이 아네모네이다. 아네모네는 무상한 삶을 상징하는데 '바람꽃windflower'이라는 뜻이 있다. 이와 유사한 이야기에 나오는 미소년 휘아킨토스가 히아신스로, 나르킷소스가 수선화로 피어난 것은 죽음에서 부활한다는 식물신화의 예이다. 아도니스 이야기는 연상 여자와 연하 남자 간 사랑의 원형이다. 셰익스피어는 여덟 살 연상인 앤 해서웨이와 18살에 결혼했는데, 그는 자서전적 체험이 깃든 작품의 제목을 『비너스와 아도니스*Venus and Adonis*』(1593)라고 하였다. 영문학사상 연상 여자와 연하 남자의 사

바르톨로메우스 스프랑거, 「아프로디테와 아도니스」,
빈 예술사 박물관

287

랑으로 가장 유명한 경우는 26세인 새뮤얼 존슨Samuel Johnson(1709~84)이 20세 연상의
미망인 포터 부인과 한 결혼이다.

## 아둘람 Adullam

베들레헴에서 남쪽으로 20km 떨어진 가나안에 있는 동굴. 다윗이 자신을 해치려는 사
울을 피하여 이 동굴에 숨었는데 이 소문을 듣고 환난 당한 자, 빚진 자, 마음이 원통한
자들이 거기로 모여들었다(삼상 22:1~2). 오늘날 이 말은 정치적인 용어로 '어떤 특정한
사안에 관해 자신이 속한 정당과 의견을 달리하는 소수의 정치가들 모임'을 뜻한다. 탈
당파 의원을 뜻하는 Adullamite란 말이 여기에서 비롯하였다.

## 아든 숲 Forest of Arden

옛날 영국 중부 워릭셔에 있던 숲. 셰익스피어William Shakespeare의 『뜻대로 하세요As
You Like It』(1599)에서 아든 숲은 등장인물이 제1막의 궁중 생활의 속박에서 자신을 해
방시키는 전원, 혹은 이와 유사한 공간이다. 아든 숲은 에덴동산 또는 순진함과 자유
로움이 있는 낙원적 무대의 변형이다. 유명한 셰익스피어 희곡 전집인 『아든 셰익스
피어』(1899, 초판 /1951, 개정판 /1995, 신판)도 아든 숲에서 이름을 따왔다. 이 전집은 크레
이그W. J. Craig와 케이스R. H. Case가 1899년 처음 간행했고, 유너 엘리스 퍼머Una Ellis-
Fermor 등의 편집자가 1951년 이후로 개정판을 내 왔다.

## 아라랏 산 Ararat

노아의 홍수 때 홍수가 그치고 물이 빠지자 노아의 방주가 머무르게 된 산(창 8:4). 당시
사람들은 이 산을 가장 높은 산이라고 알고 있었다. 터키 남동부에 위치한 산(해발
5,165m)으로 산헤립Sennacharib의 아들들이 아버지를 죽이고 피신한 장소이기도 하다(왕
하 19:37).

## 아라미스 그Aramis ⇨ 아토스, 포르토스 그리고 아라미스

## 아라비안 나이트 Arabian Nights

9~16세기에 이집트에서 집성된 아라비아어로 쓰인 동방 민화집. 전설에 따르면 셰헤
라자드가 남편 샤리아르 왕에게 천하룻밤 동안 계속 이야기를 해주었다고 한다. 그래
서 천일야화千一夜話라고도 불린다. 이 가운데 가장 유명한 이야기로는 「뱃사람 신바
드Sinbad the Sailor」, 「알리 바바Ali Baba」, 「알라딘 Aladdin」 등이 있다.

## 아라크네 그Arachne

염색공 이드몬의 딸로서 소아시아 뤼디아 나라의 가장 솜씨 좋은 직녀織女. 오비디우

스Ovidius의 『변신 이야기Metamorphoses』에서 그녀는 공예의 여신 아테나한테 길쌈 시합을 하자고 도전했다. 여신은 노파의 모습으로 나타나 아라크네의 교만한 마음을 타일렀지만 듣지 않아 마침내 길쌈 경기를 하게 되었다. 아테나는 올림포스의 열두 신과 신의 처벌 이야기를 짜 넣었다. 아라크네는 오만스럽게 신들과 인간 여자들의 연애 장면을 수놓았다. 아테나는 화가 잔뜩 나서 그 직물을 갈기갈기 찢어 버리고서 북으로 그녀의 머리를 때렸다. 그 일로 아

「아레스」, 보스턴 미술관

라크네는 목매어 자살했고, 아테나는 아라크네에게 연민을 느껴 그녀를 거미로 변신시켜 주었다. 아라크네라는 이름은 거미류Arachnida의 어원이 되었다. 아라크네는 그리스어로 '거미'라는 뜻이다.

### 아레스 ㄱAres

그리스 신화에서 전쟁의 신. 제우스와 헤라의 아들이다. 로마 신화의 마르스와 동일시된다. 아프로디테와 불륜의 관계를 맺었다. 썩은 고기를 뜯어먹는 독수리vulture와 개를 총애한다.

### 아레이오스 파고스 ㄱAreios Pagos 영Areopagus

아테나이의 아크로폴리스 서쪽에 있는 언덕 이름. 신화에 의하면 아레스가 딸의 애인인 포세이돈의 아들 할리로티오스를 죽인 죄로 재판을 받은 언덕이다. 아이스퀼로스Aischylos의 『에우메니데스Eumenides』에서는 어머니 클뤼타임네스트라를 죽인 죄로 오레스테스가 재판을 받은 곳이다. 아테나 여신이 이 사건을 아테나이의 시민 재판에 맡겼고, 찬반 동수였을 때 아테나 여신이 결정 투표casting vote를 던져 오레스테스를 이기게 했다.

### 아레투사 ㄱArethousa 영Arethusa ⇨ 알페이오스와 아레투사

### 아론 Aaron

최초의 대제사장. 레위 지파 아므람의 아들로 모세의 형이며 미리암의 남동생이다. 속

죄일에 지성소에 들어가 이스라엘 백성의 죄를 대신하여 희생 제물을 드렸다. 그래서 이스라엘의 제사장을 '아론의 자손들'이라고 일컫는다. 이집트에 10가지 재앙이 내릴 동안에 모세의 대변인이며 조력자였다. 이집트 왕 바로의 면전에서 그의 지팡이는 뱀으로 변하였고 마찬가지로 뱀으로 변한 이집트인들의 지팡이를 삼켜 버렸다(출 7:8~12). 모세가 시내 산에 올라가고 없는 동안 황금 송아지를 만들었다. 여호와는 아론과 모세가 그의 말을 거역했으므로 그들이 약속의 땅에 들어가는 것을 허용하지 않았다. 여호와의 명령대로 모세는 아론에게서 제사장의 제복을 벗겨 그의 아들 엘리아살에게 입혔다.

## 아론의 지팡이 Aaron's Rod

아론이 하느님이 택한 제사장임을 보여 주는 표시(민 17장). 고라 일당의 반역 사건 이후 아론 집안의 제사장직의 권위를 확인하기 위해 이스라엘 12지파가 성막에 지팡이 하나씩을 두었는데 아론의 지팡이에서만 싹이 났다. 「출애굽기」에서 보듯이 아론의 지팡이는 절대적인 하느님의 권능과 그가 택한 백성을 깨어 지키신다는 것을 상징한다. 로렌스David Herbert Lawrence의 소설 『아론의 지팡이Aaron's Rod』(1933)가 있다.

## 아르고나우타이 ㄱArgonautai(복) Argonautes(단) 영Argonauts(복)

55명의 아르고호號 선원을 일컫는 말. 아르고나우타이는 황금양털Golden Fleece 탐색 원정에 이아손을 동반했다. 그들은 나름대로 영웅이었고, 헤라클레스·오르페우스·카스토르·폴룩스·펠레우스(아킬레우스의 아버지)·아드메토스 같은 영웅이 참가했다. 그들은 일련의 모험을 겪은 뒤 고대 국가이고 메데이아의 고향인 카우카소스(지금은 카프카스) 남쪽 흑해 연안에 있던 콜키스에 도착해서 메데이아의 도움을 받아 황금양털을 훔쳤다. 그러고 나서 더 많은 모험을 겪고 난 뒤에 고향으로 돌아왔다. 이들에 관한 많은 고전 작가의 이야기는 그리스 문학에서 호메로스Homeros의 서사시 다음으로 인기가 높았으며, 신화적 소재의 큰 원천이 되었다. 아르고나우타이는 영웅 모험가의 원형이다. 이 이야기를 다룬 작품으로 핀다로스Pindaros의 『퓌토 축승가Pythian Odes』, 아폴로니오스Apollonios Rhodos의 『아르고나우티카Argonautika』, 모리스William Morris의 『이아손의 삶과 죽음The Life and Death of Jason』(1867) 등이 있다.

## 아르고나우티카 ㄱArgonautica

아폴로니오스Apollonios Rhodos(기원전 295년경~215)의 서사시. 아킬레우스의 아버지 아이아코스가 참가한 모험을 다룬 서사시로 『오뒷세이아Odysseia』보다 시기적으로 한 세대

앞선 해양 모험 이야기이다. 호메로스Homeros의 작품 이후 최대의 걸작으로 순식간에 고전이 되었다. 베르길리우스Vergilius도 이 작품에 큰 영향을 받아 『아이네이스*Aeneis*』를 썼다. 아이네이스와 디도의 사랑의 모델은 이아손과 메데이아의 사랑이다. 이 작품을 영화화한 포 채피 감독의 「이아손과 아르고호 원정대Jason and the Argonauts」(1963)가 있다.

### 아르고스 ㄱArgos 영Argus

1) 아르고호를 건조한 조선공造船工. 아르고호는 최초의 원양 항해선으로 여겨진다. 이아손이 황금양털을 찾으러 이 배를 타고 떠났다.

2) 헤르메스가 죽인 100개의 눈을 가진 괴물. 헤라가 아르고스의 눈을 뽑아 공작의 꼬리에 갖다 붙였다. "아르고스의 눈을 가진Argus-eyed"이라는 말은 여기서 나온 것으로 '경계를 늦추지 않는'이란 뜻이다.

3) 오뒷세우스의 충실한 개. 20년 만에 돌아온 주인을 알아보고는 곧 죽었다.

4) 펠로폰네소스 반도 동북부에 위치한 옛 도시. 기원전 7세기에 번영했다. 아르고스는 그리스어로 '평야'라는 뜻이다.

### 아르고스의 폴뤼클레이토스 ㄱPolykleitos of Argos

그리스의 조각가. 기원전 450년경~420년경에 활약한 것으로 추정된다. 그의 원작은 한 점도 남아 있지 않고 로마 시대 때의 모각模刻 5~6점이 알려져 있다. 가장 유명한 것은 건장한 체격의 유연한 누드상인 「도뤼포로스Doryphoros('창을 든 남자'란 뜻)」이다. 이 조각은 오랫동안 남성미의 표준으로 간주되어 왔다. 고대에는 아르고스 근처의 헤라 신전에 있던 상아와 황금의 거대한 헤라상으로 아주 유명했고, 고대 작가들은 이것을 올림퓌아에 있던 페이디아스의 제우스상과 비교했다.

### 아르주나 Arjuna

『바가바드 기타*Bhagavad Gita*』 중 천신天神 인드라의 아들이며 반신半神인 영웅. 판두족의 제3왕자이다. 아르주나의 이륜 전차chariot 마부는 비슈누의 화신인 크리슈나인데, 아르주나는 그에게서 심오한 철리哲理와 신앙 해탈의 도道를 가르침 받는다.

### 아르카디아 ㄱArcadia

그리스의 펠로폰네소스 반도 산악 지대의 한 지역. 평화와 조화, 목가적 행복이 가득한 이상적 장소로 여겨졌다. 처음에는 이탈리아의 시인 산난자로Sannanzaro(1456~1530)가 노래한 공상인 장소(그리스의 시인 테오크리토스와 그 밖의 시인이 노래한 전원시의 배경은 주로 시켈리아였지 혼히 오해하는 아르카디아
가 아니었음)였지만, 시인들이 이상향으
로 노래하면서 펠로폰네소스 반도의 한
지방(즉 아르카디아)을 상상해서 점차 거
기를 가리키는 것으로 되어 버렸다. 그
곳은 1590년 죽고 난 뒤 출판된 시드니
경Sir Philip Sidney의 산문 이야기인 『아르

델로스 섬

카디아』의 무대이기도 하다. 오늘날에는 파노프스키Erwin Panofsky의 연구로 아르카디
아가 결코 이상향이 아니었음이 증명되었다.

## 아르테미스 ㉐Artemis

그리스 신화에서 사냥과 정숙의 여신. 달의 여신이기도 하다. 『성서』에서는 '아데미'
로 표기되어 있다. 로마인들은 디아나라 불렀다. 제우스와 레토의 딸이며, 아폴론과
쌍둥이로 델로스 섬에서 태어났다. 활과 화살통으로 무장한 여자 사냥꾼으로 모든 어
린 새끼의 보호자이다. 아르테미스는 수많은 신화에 등장한다. 예컨대 이피게네이아
의 희생, 자신의 목욕하는 장면을 본 악타이온을 수사슴으로 변신시켜 죽게 한 일, 오
리온의 죽음, 니오베 자식들의 살해, 파이드라와 힙폴뤼토스의 이야기 등이 그녀와
관련이 있다. 아르테미스는 퀸티아Cynthia(델로스 섬에 있는 산 이류에서 따옴), 델리이
Delia(델로스 섬에서 태어났기 때문에 붙음), 헤카테Hekate, 루나Luna, 포이베Phoibe, 셀레네
Selene 등 여러 이름으로 불린다.

## 아리마대의 요셉 Joseph of Arimathea

예수의 장례를 위해 세마포와 무덤을 제공한 인물(마 27:57). 예수를 은밀히 따랐던 제자
로(요 19:38) 산헤드린 공회의 회원이었다. 최후의 만찬에서 예수가 포도주를 마신 잔으
로 십자가에서 흘린 예수의 피를 받았다고 하는데 이 잔이 성배聖杯이다. ⇨ 성배

## 아리스타이오스 ㉐Aristaios ㉎Aristaeus

아폴론과 퀴레네의 아들. 아폴론은 어느 날 사냥꾼 요정 퀴레네가 펠리온 산비탈에서
사자와 씨름하는 것을 보았다. 퀴레네는 텟살리아 라피타이족 왕 힙세우스의 딸인데,
아폴론은 그녀를 리뷔에(지금의 리비아)로 납치해 가 그녀의 이름을 딴 도시(퀴레네)의
여왕으로 삼았다. 그녀와 사이에서 태어난 아들이 아리스타이오스이다. 아리스타이
오스는 온 세상을 여행하다가 마침내 그리스에 정착하여 카드모스의 딸 아우토노에와

결혼하여 사냥꾼 악타이온을 낳았다. 나중에 나무의 요정dryas 에우뤼디케(오르페우스의 신부)한테 사랑에 빠져 그녀를 쫓아갔고, 에우뤼디케는 도망치다 뱀을 밟아 물려 죽었다. 이것에 노한 뉨페(요정)들이 그의 꿀벌을 모두 죽여 버렸다. 아리스타이오스는 어머니의 충고로 프로테우스한테 조언을 얻어 소를 에우뤼디케의 망령에게 바쳤다가 9일째 되는 날 돌아와 보니 소의 시체에 꿀벌이 들끓고 있었다. 그는 죽고 나서 양과 양치기, 포도, 올리브의 수호신이 되었다.

### 아리스토텔레스 ㄱAristoteles 영Aristotle 프Aristote 기원전 384~322

그리스의 철학자. 마케도니아 왕의 시의侍醫의 아들로 스타게이라에서 태어났다. 18세에 아테나이에 있는 플라톤의 아카데메이아 학원에 공부하러 갔으며 그 학교의 누스nous(정신)로 알려지게 되었다. 348년 플라톤이 죽고 난 뒤 마케도니아 왕 필립포스 2세로부터 아들 알렉산드로스를 가르치도록 초청받았다. 그는 논리와 합리성, 철학적 질문에 대해 엄격한 과학적 접근법을 강조했다. 저서로는 『영혼론De anima(On the Soul)』, 『자연학Physica(Physics)』, 『형이상학Metaphysica(Metaphysics)』, 『시학Peri Poeitikes(Poetics)』(이 작품은 창작론임) 등이 있다. 오늘날 아리스토텔레스적Aristotelian이라고 하면 작품을 사회적 또는 도덕적 맥락에서 파악하기보다 고려해야 할 작품에 직접 초점을 맞추는 객관적 방법을 말한다.

### 아리스토파네스 Aristophanes 기원전 450년경~385년경

그리스의 희극 시인, 풍자 작가. 그의 작품은 44편 중 11편만이 완전하게 남아 있다. 환상과 풍자의 대가로 당시 인물들(철학자들과 펠로폰네소스 전쟁의 주창자들을 포함)을 조롱했다. 가장 주목할 만한 작품으로는 펠로폰네소스 전쟁에 관한 희극인 『아카르나이인들Acharneis』(기원전 425)과 소크라테스가 비도덕적인 수사학 교사로서 공격당하는 『구름Nephelai』(기원전 423)이 있다. 『뤼시스트라테Lysistrate』(기원전 411)에서는 그리스(아테나이와 스파르타) 여자들이 남편들한테 섹스를 거부함으로써 평화를 성취한다는 내용을 그렸다. 한편 『개구리들Batrachoi』(기원전 405)에서는 디오뉘소스 신이 하계로 내려가 비극 창작술은 아이스퀼로스가 에우리피데스보다 우위에 있다고 판결하는 이야기가 나온다. 그의 작품에 등장하는 인물들은 대체로 음란한 구어체로 말한다. 하지만 그는 다양한 서정적 문체의 대가이기도 하다.

### 아리아드네 ㄱAriadne

크레테의 왕 미노스와 파시파에의 딸. 테세우스에게 실타래를 주어 괴물 미노타우로스를 죽이고 난 뒤 미궁에서 도망칠 수 있도록 도와주었다. 그녀는 테세우스를 따라나 섰지만 낙소스 섬에서 버림을 받았다. 이 섬에서 디오뉘소스는 아리아드네를 발견하고 결혼하여 많은 아이를 낳았으며, 나중에 결혼 선물로 주었던 화관花冠을 하늘의 별자리로 만들었다고 한다.

### 아마겟돈 Armageddon

예언에 의하면 악의 세력들이 하느님을 대적하여 최후의 필사적인 일전을 벌일 장소. 『성서』에 "세 영이 히브리어로 아마겟돈이라 하는 곳으로 왕들을 모으더라…큰 성이 세 갈래로 갈라지고 만국의 성들도 무너지니"(계 16:16~19)라는 구절이 있다. 현대에 이 말은 마지막 심판 전에 악과 선의 전쟁터를 일컫는다. "핵의 아마겟돈"에서와 같이 아마겟돈은 '최후의', '지독한 파괴적인 싸움'을 뜻하기도 한다.

### 아마존 ㄱAmazon(단) Amazones(복) 영Amazon

군신軍神 아레스와 뉨페(요정) 하르모니아를 조상으로 하는 호전적 여무사女武士. 신화에 나오는 여자 용사 종족으로 소아시아 혹은 흑해의 북쪽 스퀴타이 어딘가에 살았다. 관습적으로 오른쪽 유방을 잘라내어[amazona는 그리스어 a(without)+mazos(breast)] 활을 사용하는 데 방해가 되지 않도록 했으며, 아이를 낳기 위해서만 남자를 받아들였고, 왼쪽 유방으로 젖을 먹였다. 만약 낳은 아이가 사내아이면 추방하거나 죽였다. 아마존은 여러 전설에 나타나는데, 아킬레우스는 트로이아 전쟁 동안에 아마존의 여왕인 펜테실레이아와 1대 1 대결을 해서 그녀를 죽였다. 테세우스는 아마존들과 싸워 승리했으며 힙폴뤼테(안티오페라는 설도 있음)와 결혼하여 힙폴리토스를 낳았다. 헤라클레스는 포로가 된 멜라닙페의 몸값으로 아마존 여왕이 두른 허리띠를 요구하고 그것을 입수하는 데 성공했다. 가장 걸출한 아마존 여왕은 힙폴뤼테인데 헤라클레스가 아홉 번째 난업難業 때 죽였다. 아마존은 특히 건강하고 남성적이며 호전적인 여자를 가리킨다. 남아메리카에 있는 아마존 강Rio Amazonas의 이름은 16세

「말을 탄 아마존들」, 영국박물관

294

기에 에스파냐 탐험가들이 이 지역을 탐험했을 때에 그리스 신화에 나오는 아마존들처럼 호전적인 여자들과 싸운 데서 유래했다고 한다.

### 아말렉 족속을 무찌르다 To smite the Amalekites

'진멸시키다', '근절하다'라는 뜻. 아말렉 족속은 시나이 광야 르비딤에서 이스라엘을 공격했으나 아론과 훌이 모세의 기도하는 두 손이 내려오지 않도록 붙들어 주어 멸망당하고 만다(출 17장).

### 아말테이아 ㉠Amaltheia ㉎Amalthea

크레테에서 아기 제우스한테 젖을 먹여 주었다는 염소, 혹은 염소젖을 먹여 준 요정(어떤 이야기에서는 크레테 왕 멜릿소스의 딸이다). 제우스는 그녀에게 염소의 뿔, 즉 코르누코피아를 주었는데, 그 뿔은 소유자가 원하는 것은 무엇이든 생산해 내는 힘을 가졌다고 한다.

### 아멘 Amen

'확실한', '견고한', '신뢰할 수 있는'이라는 뜻을 가진 히브리어. 구약시대에는 맹세나 저주의 결과를 기꺼이 받아들이겠다고 공언할 때(신 27:15)나 예배할 때 화답으로 사용되었다(시 41:13). 신약시대에는 기도의 끝에 이 말을 해서 기도자와 자신이 하나가 됨을 표현했다. 예수는 이 말을 자신의 메시야적인 권위를 부여하기 위해 사용했다. 「요한계시록」 3장 14절에서는 예수를 아멘과 동일시한다.

### 아멘 자리 Amen corner

교회에서 독실한 신자들이 차지하는 자리. 신앙심이 가장 두터운 사람들이 그 자리에 앉아서 목사의 말에 "아멘"이라는 반응을 선도한다. 이것이 의미가 확장되어 열광적이고 무비판적인 추종자들을 가리키게 되었다. 볼드윈James Baldwin은 이 구절을 1995년에 쓴 연극 제목으로 삼았다.

### 아모스 Amos

『구약성서』「아모스서」의 저자. 아모스는 예루살렘에서 남쪽으로 16km 떨어진 드고아 출신의 선지자로 목자와 뽕나무 경작자로 생활하다가 선지자로 부름 받았다. 유대왕 웃시야와 이스라엘 왕 여로보암 2세 치하에서 활동했다.

### 아무도 일할 수 없는 밤이 온다 Night cometh, when no man can work

어떤 일을 할 수 있을 때 하지 않으면 나중에는 하고 싶어도 할 수 없게 된다는 뜻. "때가 아직 낮이매 나를 보내신 이의 일을 우리가 하여야 하리라 밤이 오리니 그때는 아무도 일할 수 없느니라"(요 9:4)고 한 구절에서 비롯하였다.

### 아무 쓸모없는 Good for nothing

'전적으로 무가치한', '쓸모없다'라는 뜻. 예수의 산상수훈 중 "너희는 세상의 소금이
니 소금이 만일 그 맛을 잃으면 무엇으로 짜게 하리요 후에는 아무 쓸 데 없어 다만 밖
에 버려져 사람에게 밟힐 뿐이니라"(마 5:13) 한 데서 비롯하였다. ⇨ 세상의 소금

### 아바 Abba

'아버지'를 뜻하는 아람어. 영어의 Daddy에 해당하는 말로 친근함과 애정이 어린 표
현이다. 예수가 겟세마네에서 기도할 때 이 말을 썼으며 바울은 하느님을 아바로 부르
는 것을 기독교인이 하느님의 자녀가 된 증거로 보았다(갈 4:6).

### 아바돈 Abaddon

무저갱無底坑(기독교에서 악마가 벌을 받아 떨어진다는 '밑바닥 없는 구렁텅이'를 이르는 말)의 천
사로서 전갈과 유사한 황충 떼를 주관하는 왕(계 9:1~2 · 11). '심연' 또는 '멸망'이라는
뜻의 히브리어이다. 그의 헬라어 이름은 아볼루온Apollyon이다. 밀튼John Milton은 이 이
름을 『잃어버린 낙원Paradise Lost』(1667)에서 무저갱 자체를 나타내는 말로 사용한다.

### 아발론 Avalon

웨일즈 신화에 나오는 죽은 자의 왕국. 아서 왕 전설에서 아서 왕과 다른 영웅들이 죽
고 난 뒤 가는 서쪽 바다에 있는 낙원 같은 섬이다. 치명상을 입은 아서 왕이 치료받기
위해 마법의 배에 태워져 도착한 곳은 "사과의 섬The Isle of Apples"이었다. 전통적으로
서머셋 주 글라스튼베리Glastonbury로 여겨진다.

### 아버지여 저들을 용서해 주옵소서 저들이 하는 일을 알지 못하나이다 Father, forgive them, for they know not what they do

예수가 십자가에 달린 채 자신을 십자가에 처형한 사람들을 용서해 달라고 한 기도.
⇨ 십자가 위의 7언

### 아베르누스 라Avernus

이탈리아 중부 캄파냐에 있는 호수. 쿠마이Cumae와 프테올리Pteoli 중간의 곳에 가까운
사화산死火山의 화구호火口湖이다. 물에서 강한 독기를 풍기는 증기가 나와 그 위를 날
아다니는 새들도 떨어뜨려 죽였기 때문에 사람들이 그곳을 하계로 들어가는 입구로
여겼다. 이 호숫가 동굴로부터 아이네아스는 하계로 들어갔다. 이 이름은 베르길리우
스Vergilius의 『아이네이스Aeneis』의 "아베르누스 호수로의 하강은 쉽다Facilis descensus

Averno"라는 시 구절에서 알 수 있듯이 하계와 동일시되었다.

### 아베 마리아 <small>라</small>Ave Maria <small>영</small>Hail, Mary

성모송聖母頌. 천사 가브리엘이 처녀 마리아가 예수를 수태했음을 알려 줄 때 한 인사말(눅 1:28). "천사 축사Angelica Salutatio"라고 한다. 그림에서는 가브리엘이 흔히 "아베 마리아 그라티아 플레나Ave Maria Gratia Plena(은총이 가득한 축복받은 마리아)"라고 적힌 책을 쥐고 있다. 슈베르트Franz Peter Schubert의 가곡 「아베 마리아」는 스코트Walter Scott의 시 「호수의 미녀The Lady of Lake」(1810)에 곡을 붙인 것으로 천사 축사와는 다르다.

### 아벨 Abel

최초의 목자(창 4:2). 아담과 하와의 둘째 아들이며 가인Cain의 동생이다. 하느님이 아벨의 제사는 받았으나 가인의 제사는 받지 않아 형의 시기를 샀고 결국 그에게 살해당한다(창 4장). ⇨ 가인과 아벨

### 아벨라르와 엘로이즈 Abélard et Héloïse

비극적 사랑의 연인. 아벨라르Pierre Abélard(1079~1142)는 재기발랄한 프랑스 신학자이자 스콜라 철학자이다. 생트 주느비에브와 노트르 담에서 매우 인기 있는 설교자였다. 아벨라르는 파리 대학 전신前身에서 교편을 잡았으며, 실재론實在論과 유명론唯名論 논쟁에 대해 중립적 입장을 취했다. 신학에 대한 합리적 연구를 강조했고 플라톤 이론보다 아리스토텔레스 논리학을 신봉했다. 하지만 그의 대중적 명성은 노트르 담 성당의 참사회원參事會員인 퓔베르의 조카딸이며 제자였던 엘로이즈Héloïse(1101~64)와의 비극적 연애에 있다. 그들은 아들 아스틀로라브가 태어난 뒤 비밀리에 결혼했다. 그러나 그들의 연애가 세상에 알려지자 아벨라르는 퓔베르한테 거세당한 뒤 수도승이 되었고 엘로이즈는 수녀가 되었다. 두 사람의 연애편지가 남아 있다. 두 연인은 죽고 난 수백 년 뒤인 1817년에 같은 무덤에 묻혔다. 그들은 영원한 비극적 연인으로 기억된다. 포우프 Alexander Pope의 「엘로이즈가 아벨라르에게Eloisa to Aberard」(1717)라는 시가 있다.

### 아벳느고 Abednego

'느보의 종(빛나는 자의 종)'이란 뜻으로 느부갓네살이 다니엘의 친구인 아샤라에게 붙여 준 이름. 아벳느고는 우상에게 절하지 않고 하느님만 숭배하겠다고 해서 나중에 극렬한 풀무불 속으로 던져졌으나 해를 입지 않았다(단 3:26).

### 아뷔도스 Abydos

헬레스폰토스 해협에 면한 세스토스 반대쪽 해안의 고대 도시. 세스토스에 살았던 헤로

의 애인 레안드로스의 고향이기도 하다.

## 아브라함 Abraham

『구약성서』에서 최초의 족장이며 사라의 남편, 이삭의 아버지로서 믿음의 조상으로 일컬어지는 인물. 하느님은 아브라함과 언약을 맺어 고국을 떠나라고 명령하고 그의 후손에게 가나안을 주겠다고 약속했는데 이 땅이 '약속의 땅the promised land' 이다. 이 언약은 이삭에게로 이어졌다. 그 뒤에 하느님은 아브라함에게 이삭을 번제燔祭로 바치라고 해서 그의 믿음을 시험했다. 아브라함은 이 말에 순종해 이삭을 제단에 올려놓고 죽이기 위해 칼을 집어 들었다. 그때 하느님의 천사가 나타나 이삭을 죽이지 말라고 외쳤다. 아브라함이 그의 믿음을 증명했기 때문에 아들을 희생시킬 필요가 없었다. 아브라함의 이름은 '열국의 아버지' 라는 뜻이다. ⇨ 약속의 땅

## 아브라함의 품 Abraham's bosom

'천국' 을 뜻하는 상징적 표현. 아브라함은 구약시대의 위대한 족장으로 믿음의 조상이다. 『신약성서』에 거지 나사로가 죽었을 때 "천사들에게 받들려 아브라함의 품에 들어가고"(눅16:22)라는 표현이 나오는데, 흔히 아브라함의 품은 천국의 휴식과 평화를 가리킨다.

## 아비가일 Abigail

나발Nabal의 아름답고 사려 깊은 아내. 다윗이 그들의 양 떼를 보호해 주었다(삼상 25:3). 다윗은 양 떼를 지켜 주었는데도 나발이 그와 그의 부하들에게 쓸 것을 내주지 않자 보복을 결심한다. 아비가일이 이 말을 듣고 뛰쳐나가 다윗의 분노에서 남편을 구했다. 그녀는 나발이 죽은 뒤에 다윗의 부인이 되어 길르압을 낳았다. 나중에 그녀는 충성스럽고 재치 있는 모든 하녀를 지칭하는 이름이 되었다. 그녀의 이름에는 '나의 아버지는 기쁨이다' 라는 뜻이 있다. ⇨ 나발

## 아비삭 Abishag

노년의 다윗을 시중들던 수넴 출신의 아름다운 잇사갈 여자. 다윗의 임종을 목격했다 (왕상 1:1 이하). 나중에 다윗의 아들 중 하나인 아도니야Adonijah가 그녀를 아내로 취하려고 했다가 솔로몬에게 죽임을 당했다(왕상 2:13~25).

## 아서 Arthur

5세기 말에서 6세기경의 전설적인 고대 영국 왕. 마법사 멀린의 도움을 받아서 15세에 아버지 유서Uther의 왕위를 계승했다. 캐멀로트에서 원탁의 기사들의 회의를 주재했고

많은 전투에서 그들을 이끌었다. 그 전투 이야기들은, 특히 제프리 오브 몬머스Geoffrey of Monmouth, 노르만 시인 웨이스Wace, 크레티앵 드 트르와Chrétien de Troyes 등의 작품과 맬러리 경Sir Thomas Malory의 『아서 왕의 죽음Le Morte d'Arthur』(1485)에 기록되어 있다. 아서 왕과 관련된 많은 전설 중 호수의 미녀한테 홀린 이야기, 성배Holy Grail 탐색, 조카 모드리드와 함께 싸우다가 전사한 일, 신화적인 아발론 섬에서 매장된 일 등이 유명하다.

### 아서 왕 전설권傳說圈 Arthurian Cycle

영국의 전설적 왕인 아서의 일생을 둘러싼 공상적 전설을 통칭하는 말. 아서 왕은 보통 6세기의 브리타니아 왕이라고 여겨진다. 이 전설권은 크게 두 가지 특징이 있다. 처음에는 13세기 초에 나타나 주로 색슨족이나 로마인들에 대한 아서 왕의 방어전을 다룬다. 이 이야기가 13세기 중에 서서히 전개되어 완결 단계에서는 성배 탐색Quest of the Grail 전설과 아서의 왕비 기니비어에 대한 원탁기사 란슬러트의 연애 전설이 교차된다. 이 전설권의 씨앗은 네니우스Nennius(796년경)의 『브리튼인의 역사Historia Britonum』에 있고, 제프리 오브 몬머스Geoffrey of Monmouth의 『브리튼 왕들의 역사Historia Regum Britanniae』로 인해 매우 널리 퍼지게 되었다. 그 뒤 웨이스Wace에 의해 운문으로 번역[(『Brut d'Angletérre』(1155)]되었고, 이후 레야먼Layamon의 『브리튼인Brut』(1205)이 나오고 나서부터 뚜렷이 아서 왕 전설이라고 인정할 수 있는 것이 고정되기 시작했다. 이 전설의 요소 중에 가장 흥미롭고 많이 알려진 것이 원탁 12기사Twelve Knights of the Round Table이다. 이것이 성배 전설이나 란슬러트 이야기에 덧붙여져 트리스트람 로맨스와 같은 관련 없는 전설과 합체되어 퍼져 나갔다. 맬러리 경Sir Thomas Malory의 『아서 왕의 죽음Le Morte d'Arthur』(1485)은 아서 왕 전설에 대한 집대성으로 영문학 산문문학의 시조가 되었다.

### 아세라 Asherah

가나안족의 모신母神. 라스 삼라 경판Ras Shamra tablets에는 바다의 여신으로 언급되어 있으며, 『구약성서』에서는 바알과 연관이 있다. 그녀는 사자와 뱀 그리고 성스러운 나무와 관련이 있는데 이스라엘 사람들이 그녀를 야훼의 배우자로 섬긴 흔적이 있다. 이세벨이 아세라 신앙을 퍼뜨렸다(왕상 18:19).

### 아스가르드 Asgard

'신들의 주거住居'라는 뜻. 스칸디나비아와 게르만 신화에서 신들이 사는 곳이다. 신

은 각자 집을 갖고 있으며, 그것은 천상의 다
리 비프로스트Bifrost(무지개)로 지상과 연결되
어 있다. 북유럽 신화의 주신 오딘Odin의 궁
전은 발할라Valhalla라고 불리었다.

### 아스다롯 Ashtoreth/Ashtoroth

아스다롯

가나안인과 페니키아인의 사랑·풍요·다산
多産의 여신. 아슈타르테Ashtarte로도 불린다.
그리스인은 아스타르테Astarte라고 불렀는데,
바빌로니아인의 이쉬타르Ishtar, 그리스인의
사랑의 여신인 아프로디테에 해당한다. 그
리스인들은 아스다롯을 달의 여신인 아르테
미스(셀레네)와도 동일시했다. 이 신의 제례
의식은 남성 신인 바알 의례와 관련이 있었
고, 그 신전에서 행해지던 종교적인 매춘에
솔로몬이 빠져 산당山堂을 세웠다(삿 2:13,
10:6, 왕상 11:5·33). ⇨ 베누스, 아프로디테

### 아스카니우스 라Ascanius

아이네아스와 크레우사의 아들. 이울루스
Iulus라고도 불린다. 이탈리아 알바 롱가Alba
Longa 시의 통치자가 되었다.

### 아스클레피오스 그Asklepios 영Asclepius

아폴론과 코로니스의 아들. 켄타우로스 케
이론Cheiron한테 치료 기술을 배웠고 죽은 사
람을 부활시키는 방법도 알고 있었다. 최초
의 의사로 여겨진다. 제우스한테 살해된 뒤
의학의 신으로 선포되었다. 그의 상징은 뱀
의 막대기를 감고 있는 지팡이인데, 오늘날
의사들의 상징이 되었다. 그에 관한 이야기
는 호메로스Homeros의 『일리아스Ilias』(iv), 아

「아스클레오피오스」, 아테나이 국립박물관

폴로도로스Apollodoros의 『비블리오테케Bibliotheke』(iii), 『호메로스풍 찬가Homerou Hymnoi』 등에 나온다.

**아스타르테 Astarte** ⇨ 아스다롯

**아스트라이아** 그**Astraia** 영**Astraea**

제우스와 테미스의 딸. 그녀의 이름은 '별처녀'라는 뜻이다. 디케(정의의 여신)와 동일시된다. 황금시대에는 인간의 세상에 살았지만, 인간이 사악해져 하늘로 올라가 별이 되었다.

**아시아** 그**Asia**

그리스 신화에서 오케아니데스(오케아니스들) 중의 하나. 이아페토스의 아내이며 프로메테우스의 어머니이다. 그러나 셸리Percy Bysshe Shelley는 『사슬에서 풀린 프로메테우스Prometheus Unbound』(1820)에서 그녀가 프로메테우스의 아내로서 중요한 역할을 하게 한다.

**아우게이아스의 외양간 Augean stables**

아우게이아스Augeias가 3,000마리의 양과 소를 기른 외양간. 아우게이아스는 펠로폰네소스 반도 서쪽에 있는 엘리스Elis의 왕이다. 태양신 헬리오스의 아들로, 콜키스의 왕 아이에테스와 형제라고도 하고 엘레이오스의 아들이라고도 한다. 아우게이아스의 외양간을 청소하는 일이 헤라클레스의 열두 난업難業 중의 하나였다. 그 외양간은 30년 동안이나 청소한 적이 없었다. 이 어려운 일을 성취하기 위하여 헤라클레스는 알페이오스 강물이 외양간을 통과하여 흐르도록 수로를 바꾸었다. 그러나 아우게이아스가 하루 만에 청소를 해주면 가축의 1/10을 헤라클레스한테 주겠다는 약속을 깨뜨렸기 때문에 헤라클레스는 그를 죽여 버렸다. 여기에서 산더미 같은 일을 해치우는 것을 "아우게이아스의 외양간 청소cleaning the Augean stables"라고 하는 말이 나왔다.

**아우구스투스 시대 Augustan Age**

흔히 라틴 문학의 전성기로 여겨지는 아우구스투스 카이사르Augustus Caesar 시대(기원전 27~기원후 14). 나중에는 한 나라의 문학 번성기를 뜻하

「아우구스투스」, 볼티모어 월터 아트 갤러리

게 되었다. 이 시대에는 기지와 우아함을 선호했고, 감정적 만
족보다는 지적인 만족을 선호하였다. 이탈리아에서는 교황 레
오 10세 시대, 프랑스에서는 루이 14세 시대가 아우구스투스 시
대라고 불린다. 영국에서는 앤 여왕Queen Anne(재위 1702~14)과
그 후 시대의 작가들을 골드스미스Oliver Goldsmith가 Augustan이
라고 불렀다. 이때의 대표적 작가로는 포우프Alexander Pope, 애
디슨Joseph Addison, 스틸Richard Steele, 스위프트Jonathan Swift, 디포
우Daniel Defoe, 게이John Gay, 콩그리브William Congreve가 있다.

## 아우구스티누스 Aurelius Augustinus / St. Augustinus of Hippo
## 50~430

초대 기독교의 위대한 철학자·사상가. 로마 지배 시절에 아프
리카 타가스테(알제리아의 소우크 아라스)에서 태어났고, 기독교
를 정열적으로 해석하였다. 편지와 설교 외에 93권의 저작을
남겼는데, 『찬미록Confessions』(397년경~400)과 『하느님의 도시
The City of God』(413~426)가 유명하다.

프란체스코 보티치니,
「성 아우구스티누스」,
피렌체 아카데미아
미술관

## 아우렐리우스 Aurelius, Marcus 121~180

로마황제. 161년에서 180년까지 통치하였다. 후기 스토아 학파
의 철학자로서 『명상록』을 썼다. 그의 주요 문학적 업적은 마지
막 통치 10년 동안 종군하면서 그리스어로 쓴
스토아 철학적 경구와 명상 모음집이다.

## 아우로라 라Aurora

새벽의 여신. 태양신 휘페리온의 딸로 그리스
신화의 에오스Eos에 해당한다. 호메로스Homeros
는 그녀를 "장밋빛 손가락의rhododaktylos"라고
불렀다. 그녀는 대여섯 명의 잘생긴 젊은이를
사랑했다. 그 중에는 오리온도 있었으며, 가장
유명한 인간 애인은 트로이아의 왕 라오메돈의
아들 티토노스이다. 티토노스와 사이에 낳은
아들 멤논은 에티오피아의 왕이 되었다. 그는

「마르쿠스 아우렐리우스 황제」,
포트워스 킴벨 아트 미술관

나중에 트로이아 전쟁에서 트로이아군 편에서 싸웠지만 아킬레우스한테 죽임을 당했다. 아들의 죽음에 대한 아우로라의 눈물이 풀 위의 아침 이슬이 되어 반짝거린다고 한다. "북北의 아우로라(오로라)aurora borealis"는 북방의 빛, 태양 입자에 의해 생기는 빛을 발하는 대기 현상이다.

### 아우토 다 페 포auto-da-fé

포르투갈어로 '신앙(신념)의 행위act of faith'라는 뜻. 에스파냐 종교재판Inquisition에서는 사형선고와 집행, 즉 뉘우치지 않는 이단자가 교회의 재판에서 사형선고를 받고, 사형집행을 위해 정부로 넘겨지는 일을 뜻한다. 에스파냐의 종교재판에서 최초의 종교재판소장grand Inquisitor은 토르퀘마다Thomas de Torquemada(1420~98)이다. 그 당시 공동 통치자는 카스티야 왕 페르디난드 5세(1452~1516)와 아라곤 여왕이던 아내 이사벨라(1474~1504)였다.

### 아우톨뤼코스 그Autolykos 영Autolycus

데우칼리온의 딸 키오네의 아들. 오뒷세우스의 어머니 안티클레이아의 아버지이다. 유명한 도둑이었지만 헤르메스와 코린토스 왕 시쉬포스의 가축을 훔치는 데는 실패했다. 아버지 헤르메스한테서 도술盜術을 배워서 도둑질, 거짓말의 명인이 되었으며 자기 자신과 훔친 물건을 눈에 보이지 않게 하는 기술을 물려받았다. 아르고나우타이의 콜키스 원정에 참가하고 헤라클레스한테 씨름을 가르쳤다.

### 아울리스 그Aulis

에우보이아 섬과 그리스 본토 사이의 해협인 에우리포스에 임한 작은 항구. 그리스의 트로이아 원정군 배들이 여기에 집결하여 출범했다.

### 아이기나 그Aigina 영Aegina

강의 신 아소포스와 메토페의 딸. 제우스와 통정하여 아이아코스(아킬레우스의 할아버지)를 낳았다. 아테나이 앞바다에 있는 아이기나 섬은 그녀가 변신하여 된 것이라는 이야기가 있다.

### 아이기스 그Aigis 영Aegis

제우스와 아테나의 방패. 염소가죽으로 만들었다. 그리스어로 '염소가죽'이라는 뜻이다. 헤파이스토스가 만든 제우스의 아이기스는 벼락으로도 파괴하지 못하며, 한 번 흔들면 비바람이 일고 사람들의 마음에 공포를 불어넣었다. 아테나의 방패에는 고르곤의 머리가 달려 있는데, 제우스를 젖 먹여 키운 암염소 아말테이아의 가죽이라는 설도 있다. 미국 '이지스 함' 이름도 여기서 따왔다.

## 아이기스토스 ㄱAigisthos 영Aegisthus

튀에스테스가 딸 펠로피아와 통정하여 낳은 불륜의 아들. 일설에는 어머니의 버림을 받아 양치기가 염소 젖으로 길렀기 때문에 아이기스토스('염소 함'이란 뜻)라 불린다고 한다. 튀에스테스는 자기 아들들을 죽인 형 아트레우스한테 복수하기 위해서는 딸한 테서 아들을 얻어야 한다는 신탁을 받았다. 그래서 펠로피아를 강간했고, 그녀는 임신 사실을 말하지 않은 채 아트레우스와 결혼했는데, 그 아들이 아이기스토스이다. 아이기스토스는 뮈케나이 왕 아트레우스에 의해 길러졌고, 형제들의 살해에 대한 보복을 위해 아트레우스를 죽인다. 아트레우스 왕의 아들이며 왕위 계승자인 아가멤논이 트로이아 전쟁에 나갔을 때에 왕비 클뤼타임네스트라는 아이기스토스의 정부가 되었고, 그는 트로이아 전쟁에서 아가멤논이 귀국하자 클뤼타임네스트라와 공모하여 목욕탕에서 아가멤논을 죽인다. 그에 관한 이야기는 호메로스Homeros의 『오뒷세이아Odysseia』(iii), 아이스퀼로스Aischylos의 『아가멤논Agamemnon』, 에우리피데스Euripides의 『오레스테스Orestes』, 『엘렉트라Elektra』 등 여러 곳에 나온다.

## 아이네아스/아이네이아스 ㄱAineas/Aineias 영Aeneas

앙키세스와 아프로디테의 아들. 호메로스Homeros의 『일리아스Ilias』에 트로이아 용사로 나오지만, 베르길리우스Vergilius의 서사시 『아이네이스Aeneis』의 주인공으로 더 잘 알려져 있다. 베르길리우스의 이야기에서 아이네아스는 불타는 트로이아로부터 아버지를 어깨에 짊어지고 아들의 손을 잡고서 도망쳐 나왔다. 아내는 피난 중 행방불명되었다. 여러 해에 걸친 방랑과 고생 뒤에 이탈리아에 상륙했는데, 이곳은 그의 후손이 새로운 도시와 세계를 지배할 제국을 건설하도록 운명 지어져 있었다. 아이네아스는 가족과 전통에 대한 경건함과 충성이라는 측면과 밀접한 관련이 있다. 아이네아스 이야기는 호메로스의 『오뒷세이아Odysseia』(viii), 아폴로도로스Apollodoros의 『비블리오테케Bibliotheke』(iii), 오비디우스Ovidius의 『변신 이야기Metamorphoses』(xiv) 등에 나온다.

## 아이네이스 라Aeneis 영Aeneid

베르길리우스Vergilius가 라틴어로 쓴 6음보의 서사시. 영웅 아이네아스가 그리스군이 트로이아를 약탈할 때 도망쳐 나와서 이탈리아에 도착하여 연적인 투르누스와 벌이는 결투, 루툴리아족 장수인 투르누스를 죽인 싸움 등 아이네아스의 모험을 이야기한다. 베르길리우스는 이 작품을 통해 운명의 성취, 즉 대제국이 많은 고난을 겪고 난 뒤 결국에는 로마에 건설된다는 것을 보여 주려고 했다. 비록 아이네아스가 로마(그의 후손인 로물루스와 레무스에 의해 세워짐) 혹은 알바 롱가(전설에 따르면, 아들 아스카니우스가 세움)에조차 도달하지 못하지만, 로마 건국의 토대를 마련했다.

## 아이소포스 ㄱAisopos 영Aesop 기원전 6세기

그리스의 동물 우화 작가. 주로 도덕적인 내용을 썼는데 사모스 섬에서 노예로 살았다고 한다. 지금 터키에 속한 프뤼기아에서 태어나 사모스인의 노예가 되었지만, 반짝이는 기지 덕택에 해방되었다. 뤼디아 왕 크로이소스의 은총을 입어 사명을 띠고 그리스 델포이로 갔으나 그곳 사람들의 분노를 사, 낭떠러지에서 떠밀려 떨어져 죽었다고 한다. 이솝 우화는 구전되어 오다가 기원전 300년경에 데메트리우스Demetrius가 『이솝 우화집』을 최초로 편찬하였다. 그 뒤 바브리우스Babrius가 그리스어 시행으로, 파이드로스Phaidros가 라틴어로 번역했다. 르네상스 시대에 서구에 알려졌으며, 에라스무스Erasmus가 1513년 라틴어판을 낸 뒤부터 학교에서 널리 사용되었다.

## 아이스퀼로스 ㄱAischylos 영Aeschylus 기원전 525~456

소포클레스Sophokles, 에우리피데스Euripides와 함께 그리스 3대 비극 시인 중 최연장자. 그가 지은 약 90편의 저작 중 남아 있는 것은 7편으로 『청원하는 여자들Hiketides』, 『페르시아인들Persai』, 『테바이를 공격하는 일곱 장수Hepta epi Thebas』, 『사슬에 묶인 프로메테우스Prometheus desmotes』, 『오레스테이아Oresteia』(3부작, 『아가멤논Agamemnon』, 『제주를 붓는 여인들Choephorai』, 『자비로운 여신들Eumenides』)이다. 이 중 『페르시아인들』은 아이스퀼로스도 참전한 페르시아 전쟁이라는 동시대의 테마를 다루지만, 다른 작품은 모두 다 신화적 테마를 다룬다. 아이스퀼로스는 신들의 길과 인간의 정의와 도덕을 화해시키려 했고, 오만불손(그 | hybris 영 | hubris)이 파멸을 초래한다는 것과 범죄의 오점汚点이 몇 세대나 지속됨을 가르치려 했다. 그의 문체는 원시적인 장엄함을 지니고 있으며, 흔히 헤브라이 예언자들의 문체에 비견된다.

「아킬레우스와 주사위놀이를 하는 아이아스」

## 아이아스 ㄱAias 라Ajax 영Ajax

트로이아 전쟁에 참전한 그리스군 용사. 호메로스Homeros의 『일리아스Ilias』

에서는 용기와 힘이 아킬레우스 다음가는 엄청나게 키가 큰 인물로 묘사된다. 그러나 머리가 우둔하고 지나치게 오만불손하다. 아킬레우스의 갑옷과 투구를 차지하려고 오뒷세우스와 겨루었다가 자신이 지자 미쳐서 양 떼를 도살했다. 그 뒤 제정신이 들자 수치스러워서 자살했다. 그에 관한 이야기는 아폴로도로스Apollodoros의 『비블리오테케Bibliotheke』(iii), 오비디우스Ovidius의 『변신 이야기Metamorphoses』(vii) 등에 나온다.

## 아이아코스 ㄱAiakos 영Aeacus

제우스와 아이기나의 아들. 펠레우스(아킬레우스의 아버지)와 텔라몬의 아버지이다. 고결한 인격을 갖춘 인물로 제우스는 그가 죽은 뒤 미노스와 라다만토스와 함께 하계의 심판관으로 삼았다.

## 아이에테스 ㄱAietes 영Aeetes

콜키스의 왕. 키르케, 파시파에의 오빠이다. 코카서스의 요정인 아스트로데이아와 결혼하여 칼키오페를 낳았는데, 나중에 프릭소스의 아내가 되었다. 오케아노스의 딸인 뒤이나와 결혼하여 딸 메데이아와 아들 압쉬르토스를 낳았다. 프릭소스가 황금양 등에 타고서 아타마스 왕에게서 도망쳐 왔을 때, 양을 죽이고 황금양털을 성스런 숲속 나무에다 걸어두게 했다. 제우스의 명령으로 이아손과 아르고호 영웅들이 황금양털을 찾으러 왔을 때 처음엔 환영했지만, 황금양털을 가지러 온 걸 알고 난 뒤에는 죽이려 했다. 이와 관련한 이야기는 아폴로도로스Apollodoros의 『비블리오테케Bibliotheke』(i), 오비디우스Ovidius의 『변신 이야기Metamorphoses』(vii)에 나온다.

## 아이올로스 ㄱAiolos 영Aeolus

바람의 신. 힙포테스(혹은 힙포타스)의 아들이다. 그리스어로 '변하기 쉬운', '변화가 많은'이란 뜻으로 바람의 속성이 잘 드러난 말이다. 그는 서해의 떠도는 아이올리아 섬의 왕이었는데 아들 여섯과 딸 여섯을 서로 결혼시켜 화목하게 살게 했다. 또 트로이아 전쟁 뒤 고향으로 돌아가는 오랜 여행을 한 오뒷세우스와 부하들을 환대했다. 하지만 오뒷세우스가 부하들이 보물이 들어 있는 줄 알고 역풍을 가둬 놓은 주머니를 풀어 다시 돌아오자 냉대했다. 호메로스Homeros의 『오뒷세이아Odysseia』에서는 그가 자루 속에 바람을 가두었고, 베르길리우스Vergilius의 『아이네이스Aeneis』에서는 바람을 동굴에 넣어둔 것으로 묘사되었다.

## 아이올로스 하프 Aeolian harp

바람의 힘으로 소리를 내는 현악기. 1650년 키르허Athanasius Kircher가 로마에서 발명하였다. 가장 흔한 형태는 직사각형 상자에 여러 개의 현을 걸친 것이다. 열린 창문가에 갖다 놓으면 바람이 양¥ 창자 현을 가로질러 스쳐지나가며 현을 진동시켜 소리를 낸다. 현은 길이는 똑같지만 두께가 달라 각기 다른 가락을 낸다. 19세기까지 인기가 높았다.

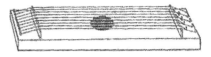

아이올로스 하프

**아카데메이아** ㉐Akademeia ㉎Academy
플라톤이 제자들과 철학을 이야기했다는 아테나이 교외에 있던 학원 이름. 이 일파의 철학을 '아카데메이아 학파' 라 일컫는다. 한편 아리스토텔레스가 세운 학교 뤼케이온Lykeion은 아테나이 근처에 있었다. 아리스토텔레스가 거기서 가르쳤기에 이 이름은 아리스토텔레스 철학의 학파 이름으로 쓰인다.

「노천에서 담론하는 철학자들」, 로마 국립미술관

### 아카데메이아의 숲 Grove(s) of Academe/Grove(s) of Akademeia
'칼리지', '대학교', 혹은 '학회'의 의미로 자주 사용하는 말. 이 표현은 밀튼John Milton 의 『다시 찾은 낙원Paradise Regained』에서 비롯하였다. 아카데메이아는 철학자 플라톤이 가르치던 아테나이에 있는 공공의 숲이었다. 이 용어는 땅의 소유자였던 아르카디아 시민 아카데모스의 이름에서 파생하였다.

### 아카스토스 ㉐Akastos ㉎Acastus
이올코스의 왕. 펠리아스의 아들이자 아르고호의 선원이다. 메데이아는 펠리아스의 딸들을 감쪽같이 속여 아버지를 죽이게 했다. 이를 보복하기 위해 아카스토스는 메데이아와 이아손을 이올코스에서 추방했다. 아카스토스의 아내 힙폴뤼테는 남편 궁전에 망명자로 와 있던 펠레우스(아킬레우스의 아버지)가 자기를 겁탈하려 했다고 거짓 비난했는데, 잇따른 언쟁에서 펠레우스가 아카스토를 죽였다.

### 아카이아 ㉐Achaia
펠로폰네소스 반도에 있던 고대의 한 주州. 호메로스Homeros는 자주 『일리아스Ilias』에서 그리스인들을 아카이아인들이라고 부른다.

### 아카이아인들 ⒢Achaioi ⒠Achaeans
아가멤논 휘하의 모든 그리스군에 대한 총칭.

### 아카테스 ⒧Achates
베르길리우스Vergilius의 『아이네이스Aeneis』에 나오는 아이네아스의 친구. 아카테스의 한결같은 충성심은 우정의 대명사이다. 그는 자주 "충실한 아카테스fidus Achates"라고 불린다. 아카테스와 아이네아스의 우정은 중국의 관중管仲과 포숙아鮑叔牙의 우정管鮑之交에 비유할 수 있다.

### 아칸타 ⒢Akantha ⒠Acantha
아폴론이 사랑한 님페(요정). 아칸타는 아칸토스(그 ┃ Akanthos 영 ┃ Acanthus, 그리스어로 '가시'란 뜻)라는 꽃으로 변신되었고, 코린토스 양식Corinthian order 건축물 꼭대기의 잎사귀 장식으로 쓰였다.

### 아케론 ⒢Acheron
사자死者의 세계인 하데스에 있는 4개의 강 중 하나. '비탄의 강'이란 뜻이다. 죽은 자는 배 삯('오볼'이라는 그리스 은화)을 주고 뱃사공 카론의 배를 타고 이 강을 건너야 했다.

### 아켈로오스 ⒢Acheloos ⒠Achelous
1)핀도스 산맥에서 시작하여 아카르나니아와 아이톨리아의 경계를 이루면서 코린토스로 흘러들어가는 그리스 최대의 강.
2)코린토스의 페이레네, 델포이의 카스탈리아, 테바이의 디르케 등 많은 샘 님페(요정)의 아버지. 멜포메네와 통정하여 세이렌들을 낳았다. 오이네우스의 딸 데이아네이라를 얻으려 헤라클레스와 다툴 때 몸을 온갖 형상으로 변신하였는데, 황소로 둔갑했을 때 헤라클레스가 그 뿔을 부러뜨려 패배하였다. 아켈로오스는 헤라클레스가 부러뜨린 뿔을, 제우스를 젖 먹였던 염소의 뿔로 대치하였다.

### 아크로폴리스 ⒢Akropolis ⒠Acropolis
1)(고대 그리스 도시들의 언덕에 있던) 성채城砦. the Acropolis는 아테나이의 아크로폴리스[그리스어 'akron(high)+polis(city)'에서 파생함]를 말한다.
2)언덕에 있던 고대 그리스 도시들의 요새.
3)아테나이의 요새. 현대의 아테나이 시보다 91m쯤 솟아 오른 거대한 바위로 해발

아테나이에 있는 아크로폴리스

156m, 동서 길이 300m, 폭 122m이다. 여기서 아테나와 포세이돈이 아테나이를 차지하기 위해 겨루었고, 케크롭스와 에렉테우스의 유명한 궁전들이 세워졌다. 대표적인 건물로 대문(그 | Propylaia 영 | Propylaea), 아테나 니케 신전, 에렉테이온(그 | Erechtheion 영 | Erectheum), 여인상주女人像柱의 주랑Portico of the Caryatids, 박물관(1878년 건립), 그리고 아테나이 미술의 가장 완벽한 산물인 파르테논이 있다. 아리스토파네스Aristophanes 의 희극 『뤼시스트라테Lysistrate』(기원전 411)의 무대이기도 하다.

### 아킬레우스 그Achilleus 영Achilles

프티아의 왕 펠레우스와 바다의 여신 테티스의 아들. 트로이아 전쟁에서 그리스군 중 제일가는 영웅으로 그의 이야기는 호메로스Homeros의 『일리아스Ilias』에 상세히 나와 있다. 아킬레우스는 트로이아가 포위된 마지막 며칠 동안에 그의 유일한 약점인 발뒤꿈치에 파리스가 쏜 화살을 맞아 죽는다. 아킬레우스가 아기였을 때 어머니 테티스는 스튁스 강에 아기를 담가 영생불사하게 하려 했지만, 강물에 담글 때에 발뒤꿈치를 붙들고 있었기 때문에 거기만 물이 묻지 않아 그를 죽일 수 있는 유일한 부분이 되었다. 그래서 '아킬레우스 뒤꿈치Achilles' heel(아킬레우스건腱Achilles tendon)'는 치명적인 약점을 가리킨다. 아킬레우스는 화를 잘 내고 성급히 증오하며 프리아모스의 아들들 같은 적한테는 무자비하지만 브리세우스나 파트로클로스와의 관계에서 보듯 부드러운 사랑도 느낄 줄 알았다. 그는 텐트에서 시무룩하기도 했지만 의심할 나위가 없는 용기와 힘의 소유자였다.

**아탈란테 ㄱAtalante 영Atalanta**

이아소스(혹은 제우스)와 클뤼메네의 딸. 발이 매우 빨랐고, 남자가 그녀를 경주에서 먼저 패배시키지 않는 한 누구와도 결혼하기를 거부했다. 그녀와 달리기를 해서 지면 상대방은 죽어야 했다. 수많은 구혼자가 실패한 뒤 아프로디테는 헤스페리데스의 사과 3개를 힙포메네스(어

폼페오 지롤라모 바토니, 「아킬레우스와 켄타우로스 케이론」, 피렌체 우피치 미술관

떤 이야기에서는 멜라니온)한테 주었는데, 그는 이 사과를 경주할 때 가져갔다. 힙포메네스는 아탈란테가 사과를 주우려고 멈출 줄 알고 위기에 처할 때마다 사과를 떨어뜨렸다. 그의 책략은 성공했고 아탈란테는 그의 신부가 되었다. 아탈란테는 칼뤼돈 멧돼지 사냥에 참가한 것으로도 알려져 있다. '아탈란테의 경주Atalanta's race'는 책략이 성공하는 시합을 말한다. 그러나 힙포메네스가 아프로디테가 사과를 준 것에 대해 고마움을 잊자 힙포메네스와 아탈란테는 벌을 받아 표범으로 변신하였다. 고대 그리스인들은 표범은 교미하지 않는다고 믿었다. 이 이야기는 드라이든John Dryden(1631~1700)의 『멜레아그로스와 아탈란테*Meleager and Atalanta*』, 스윈번Algernon Charles Swinburne의 극시 『칼뤼돈의 아탈란테*Atalanta in Calydon*』(1865) 등의 주제가 되었다.

**아테나/아테네 ㄱAthena/Athene 라Minerva 영Athena/Athene**

제우스와 메티스의 딸. 올림푸스 12신 중 하나이다. 로마 신화에서 미네르바에 해당한다. 메티스는 티탄 오케아노스와 테튀스의 딸로 제우스의 첫번째 부인이다. 제우스는 가이아한테서 첫 아내 메티스가 낳은 자식이 위험할 만큼 총명하거나 왕위를 찬탈할 것이라는 경고를 받는다. 메티스가 임신하자 제우스는 임신한 메티스를 삼켜 버렸고

그 결과 아테나 여신이 완전 무장한 채 태어났다. 아테나는 본래 도시와 문명, 생활의 지혜의 여신이었다. 아테나가 전쟁의 여신 역할을 한 것은 대개 이러한 가치들을 지키기 위해서이다. 아테나는 앗티카를 차지하기 위한 시합에서 포세이돈을 이기고 아테나이의 수호여신이 되었다. 파르테논('처녀신전'이란 뜻)은 그녀의 신전이 되었다. 그녀는 올리브 나무를 창조했다고 하며 상징은 올빼미이다. 앗티카의 수도 아테나이는 그녀의 이름을 딴 것이다.

페이디아스, 「아테나 파르테노스」,
아테나이 국립고고학박물관

### 아테나이풍風 기지機智 Attic salt

아테나이인의 우아하면서도 날카로운 기지를 일컫는 말. 이와 같은 표현이 나온 것은 소금salt이란 단어가 그리스어와 라틴어에서 기지를 나타내었고, 아테나이인은 기지와 세련된 말씨로 유명했기 때문이다.

### 아토스, 포르토스 그리고 아라미스 Athos, Porthos, et Aramis

뒤마Alexandre Dumas의 소설 『삼총사三銃士(Les Trois Mousquetaires)』(1844)에 등장하는 세 친구. 아토스는 용감하면서도 신중하고, 포르토스는 덩치가 크고 힘이 세지만 지적으로는 평범하고, 아라미스는 신비롭고 검은 옷을 입으며 경건하다. 삼총사는 모험하는 친구들의 상징이다.

### 아트레우스 그Atreus

뮈케나이의 왕. 펠롭스와 힙포다메이아의 아들이자 튀에스테스의 형이다. 아가멤논과 메넬라오스의 아버지이기도 하다. 펠롭스가家에 떨어진 저주의 상속자여서 "아트레우스 가문家門"이라고 하면 저주받은 불운한 가문을 말한다. 제우스의 아들 탄탈로스가 이 가문의 시조이다. 동생 튀에스테스는 소유자에게 왕권을 확립해 주는 황금양털의 숫양을 손에 넣기 위해 형수인 아에로페와 통정한다. 이에 아트레우스는 분개하여 복수하기 위해 화해한다는 구실로 동생을 불러 튀에스테스의 세 아들을 죽여 음식을 만들어 잔치상에 올려놓았다. 그러자 튀에스테스는 아트레우스 가문에 저주를 퍼부었다. 이 저주로부터 아가멤논, 이피게네이아, 엘렉트라, 오레스테스의 비극이 시작된다.

## 아틀라스 ㄱATlas

그리스 신화의 티탄 종족의 하나. 제우스한테 티탄족이 패배한 뒤 아틀라스는 두 어깨로 땅과 하늘을 영원히 지탱하는 벌을 받았다. 페르세우스는 아틀라스가 환대해 주지 않자 화가 치밀어 아틀라스한테 메두사의 머리를 향하게 함으로써 아틀라스를 북아프리카를 동서로 달리는 바위 산맥으로 변신시켰다. 하늘을 짊어지고 있는 아틀라스의 이미지는 문학에 빈번히 나타나며, 의미가 확장되어 무거운 짐을 진 사람을 가리키게 되었다. 16세기 이후 짐을 진 아틀라스의 그림이 지도에 장식으로 사용되어 atlas란 단어가 지금은 지도책이란 뜻으로 쓰이게 되었다. map은 한 장으로 된 지도를 뜻한다.

## 아틀란티스 ㄱAtlantis

전설상의 대륙. 플라톤의 『티마이오스Timaios』와 『크리티아스Critias』에 의하면, 아틀란티스는 헤라클레스의 기둥(지브롤터의 바위) 서쪽에 있던 대륙으로 기원전 9000년경에 존재했다고 한다. 고도로 발달한 문명을 갖고 있었으나 지진으로 파괴되었다고 한다. 아틀란티스의 전설은 기원전 1500년경에 있었던 테라(지금의 산토리니)의 화산 폭발을 가리키는 듯하다. 베이컨Francis Bacon은 이 섬을 빌어 이상국가론인 『신아틀란티스The New Atlantis』(1627)를 썼다.

## 아파테이아 ㄱApatheia

그리스어로 '부동심不動心'을 뜻하는 말. 격정이나 외적 자극에 대해 마음이 동요하지 않고 냉정한 마음을 유지하는 것을 가리킨다. 그리스의 스토아 학파들은 쾌락, 정욕, 공포, 비애 따위를 억제하고 늘 평정을 잃지 않는 사람이야말로 진정한 도덕군자道德君子이며 행복한 자라고 말했다.

## 아폴론 ㄱApollon 영Apollo

지성知性·오성悟性의 신. 그리스·로마 신화에서 가장 중요한 신 중의 하나이다. 때때로 형용사 phoebos(빛나는)가 붙고, 태양과도 동일시된다. 사수射手와 치료의 신이자 음악과 시의 신이다. 또 예언자이다. 델포이의 신탁소는 특히 그의 보호를 받았다. 아폴론은 그리스인이 존중한 가장 고도로 세련된 미덕을 대표한다. 오늘날 "아폴론적Apollonian"이라는 말은 '차분한', '예의바른', '잘 균형 잡힌'이란 뜻이다. 아폴론적과 반

312

대되는 말로는 "디오뉘소스적Dionysiac"이 있다. 미술에서 아폴론은 「벨베데레의 아폴론」(바티칸 미술관 소장)이라 불리는 유명한 조각상에서처럼 이상적인 청년상으로 표현된다. 태양신 휘페리온Hyperion과 동일시되기도 한다.

## 아폴론적 · 디오뉘소스적 Apollonian and Dionysiac

니체Friedrich Wilhelm Nietzsche가 『비극의 탄생Die Geburt der Tragödie』(1872)에서 그리스 문화의 두 중심 원리를 설명하며 사용한 용어. 아폴론은 태양신, 예언의 신, 음악·의학·궁술 같은 예술의 신이다. 디오뉘소스는 올림포스의 신은 아니지만 술과 명정酩酊(drunkenness)의 신이며, 출생·죽음·재생을 상징한다. 이 두 상징 주위에 니체는 대조적인 두 개의 관념군을 밀집시킨다. 아폴론군은 이지적이고 정적이며 이성, 질서, 빛, 꿈, 완전한 형식, 억제, 개체화의 원리를 뜻한다. 디오뉘소스군은 동적이며, 열정, 도취, 비합리성, 혼돈, 어둠, 황홀, 자연과의 혼연일체를 통한 자기상실을 뜻한다. 니체는 이 두 세력이 그리스 비극에 존재하며, 참다운 비극은 이 세력들 사이의 긴장에 의해 생겨난다고 믿었다. 니체는 모든 예술 활동은 아폴론형Apollonian type과 디오뉘소스형Dionysian type으로 갈라진다고 했다. 전자는 몽환적·이지적·정적이며, 후자는 도취적·본능적·열정적·동적이다. 모든 형식의 예술을 이 관점에서 바라볼 수 있다.

## 아폴리네르, 기욤 Apollinaire, Guillaume 1880~1918

프랑스의 시인·소설가. 이탈리아인 아버지와 폴란드인 어머니 사이에서 로마에서 태어났다. 19세기와 20세기 프랑스 시의 접합점에 있다. 입체파, 초현실파, 다다이스트, 미래파 등 선구적 유파의 이름을 갖고 모더니즘 투사로 활동했으며, 대담한 시도로 시인들에게 미래의 문을 열어 주었다. 시집에 『알콜Alcools』(1913), 『칼리그람Calligrammes』(1918) 등이 있다.

## 아풀레이우스 라Apuleius, Lucius 124년경~170년경

155년경에 활약한 고대 로마의 저술가. 아프리카 마다우라에서 태어나 카르타고(나중에 이곳에 정착), 아테나이, 로마에서 교육을 받았다. 11권으로 된 라틴어 소설 『황금 당나귀The Golden Ass』(160, 원제목은 '변신 이야기Metamorphoses')로 유명한데 마지막 권에 그의 철학적, 종교적 목표를 밝혔다.

## 아프로디테 그Aphrodite 라Venus 영Venus

그리스 신화에서 사랑과 미의 여신이자 풍요의 여신. 어원은 '거품에서 태어난'이다. 로마 신화의 베누스Venus에 해당한다. 그리스 남부 키테라 섬 해변에 가까운 바다에서

태어났다. 헤시오도스Hesiodos의 『신통기Theogonia』에 의하면 크로노스가 아버지 우라노스(하늘)의 남근을 낫으로 잘랐을 때에 정액이 바다에 떨어져 일어난 거품에서 태어났다고 한다. 제우스는 아프로디테를 유일하게 못생긴 신인 헤파이스토스와 결혼시켰고, 아프로디테는 여러 번 남편한테 부정不貞을 저질렀다. 그녀의 아들은 육체적 욕망의 날개가 달린 장난꾸러기 신인 에로스(그 | Eros 라 | Cupido 영 | Cupid)이다. 그녀의 애인 중에는 제우스, 헤르메스, 아레스, 디오뉘소스, 그리고 인간인 앙키세스가 있다. 그녀와 앙키세스 사이에 난 아들이 트로이아군의 장군이며 베르길리우스Vergilius의 『아이네이스Aeneis』의 주인공인 아이네이아스이다. 헤르메스와 사이에서는 헤르마프로디토스(그 | Hermaphroditos 영 | Hermaphrodite, 남녀추니), 디오뉘소스와 사이에서는 프리아포스(그 | Priapos 영 | Priapus)를 낳았다. 아프로디테는 남자한테 욕정을 불러일으키게 하는 여러 장식이 있는 허리띠(케스토스kestos)를 차고 있었다. 호메로스Homeros의 『오뒷세이아Odysseia』에서 헤파이스토스, 아프로디테, 아레스는 영원한 삼각관계eternal triangle이다. 이 작품은 아레스와 아프로디테의 연애와 그 때문에 고민하는 헤파이스토스의 이야기를 담고 있다. 그녀에게 성스런 새는 백조와 비둘기이고, 성스런 나무는 도금양myrtle, 꽃은 빨간 장미이다. 백조 혹은 비둘기가 아프로디테의 이륜차chariot를 끌고 간다. ⇨ 베누스

「아프로디테의 탄생」, 로마 국립미술관

### 아합 Ahab

이세벨과 결혼한 이스라엘의 왕. 나중에 바알을 섬기는 이방 종교로 개종했다. 수리아와의 전쟁터에서 살해되어 개들이 그 피를 핥는 신세가 되고 말았다(왕상 22:38). 백성의 신을 배반하고 이방신을 섬기는 것을 옹호했기 때문에 그의 이름은 사악함의 한 별명이 되었다. 멜빌Herman Melville의 소설 『모비 딕Moby Dick』(1851)에서 아합은 하얀 고래를 잡으려는 포경선 피쿼드Pequod호의 선장 이름(에이햅)이다.

### 아홉 영걸英傑 Nine Worthies

중세 초기와 르네상스 시대 문학에서 함께 언급되는 영웅들. 15세기 영국의 인쇄업자이자 작가인 캑스튼William Caxton은 관례적으로 이들을 세 그룹으로 분류했다. 즉 그리스도 탄생 이전의 이교도[헥토르, 알렉산드로스(알렉산더) 대왕, 카이사르(줄리어스 시저)], 그리스도 탄생 이전의 유대인(여호수아, 다윗 왕, 마카베오 유다), 그리스도 교도[아서 왕, 샤를마뉴 대제, 고드프루아 드 부용(제1회 십자군 지휘자)]이다. 셰익스피어William Shakespeare의 『사랑의 헛수고Love's Labours Lost』의 최후 막에도 아홉 영걸이 나온다.

### 아히도벨 Achitophel

『구약성서』에 나오는 다윗의 조언자. 아버지를 반역한 압살롬의 편이 되지만 그의 충고가 받아들여지지 않자 스스로 목을 매었다(삼하 2:17). 그의 이름은 반역을 도모하는 친구 혹은 조언자(삼하 16:20~23)를 일컬을 때 쓰인다. 드라이든John Dryden은 『압살롬과 아키토펠Absalom and Achitophel』(1681)에서 셰프스베리 공작을 지칭하는 데 이 이름을 사용한다. ⇨ 내 아들 압살롬아

### 악인은 쫓아오는 자가 없어도 도망친다 The wicked flee when no man pursueth

악인의 불안한 심리를 잘 묘사한 구절. "악인은 쫓아오는 자가 없어도 도망하나 의인은 사자같이 담대하니라"(잠 28:1) 한 데서 비롯하였다.

### 악인의 긍휼 Tender mercies of the wicked

의인과 악인의 대비되는 행동을 묘사하는 「잠언」 12장 중 "의인은 자기의 가축의 생명을 돌보나 악인의 긍휼은 잔인이니라"(잠 12:10)에 나오는 구절. 여기서 긍휼은 반어적으로 '거칠게 다룬다'라는 뜻이다.

### 악타이온 ㄱAktaion 영Actaeon

그리스 신화에 나오는 사냥꾼. 우연히 사냥의 여신인 정숙한 아르테미스가 목욕하는 것을 보았다. 여신은 화가 치밀어 악타이온을 수사슴으로 변신시켰고, 그 사실을 모르

는 그의 사냥개들이 그를 물어 죽였다.

## 악티움 Actium

고대 그리스의 에페이로스('본토'란 뜻)
서쪽 해안에 있는 곳. 여기서 옥타비아
누스Octavianus, 즉 로마 제국 초대 황제
가 된 아우구스투스Augustus가 기원전 31
년 9월 2일에 안토니우스Marcus Antonius
의 함대를 무찔렀다.

「악타이온의 죽음」, 보스턴 미술관

## 악한 눈 Evil eye

'악의에 찬 눈초리', '증오에 찬 눈빛',
'증오의 표정'을 뜻하는 말. 『신약성서』의 "내 것을 가지고 내 뜻대로 할 것이 아니냐
내가 선하므로 네가 악하게 보느냐"(마 20:15)에서 비롯하였다. '포도원 일꾼과 품삯의
비유'에 나오는 구절로 아침부터 나와 일한 사람들이 오후 5시에 와서 일한 사람들과
똑같이 한 데나리온을 받아 화난 표정을 짓자 그것에 대한 설명으로 한 말이다.

## 안드로마케 ㄱAndromache

소아시아 테베 왕 에에티온의 딸. 트로이아 용사 헥토르의 아내이며 아스튀아낙스의
어머니이다. 그녀의 부왕父王과 일곱 명의 남자 형제는 그리스군한테 살해되고 어머
니는 포로가 되지만 몸값을 치르고 돌아왔다. 호메로스Homeros의 『일리아스Ilias』 제4
권에 나오는 헥토르와 안드로마케의 작별 장면은 이 서사시에서 가장 감동적인 구절
중 하나이다. 트로이아가 함락당한 뒤 트로이아의 운명은 에우리피데스Euripides의 『트
로이아 여인들Troiades』과 『안드로마케Andromache』에 잘 그려져 있다. 안드로마케는
헥토르가 죽자 시동생인 데이포보스와 결혼한다. 전쟁 뒤에는 아킬레우스의 아들 네
옵톨레모스(별명은 퓌로스)의 첩이 되어 그리스 에페이로스(혹은 프티아)에서 살면서 몰
롯소스, 피엘로스, 페르가모스 세 아들을 낳았다. 에페이로스에서 트로이아의 시모에
이스 강을 만들어 고향을 그리워했다고 한다. 네옵톨레모스가 헬레네의 딸 헤르미오
네와 결혼한 뒤 델포이에서 살해되자 헥토르의 동생인 예언자 헬레노스와 결혼하여
살았다. 베르길리우스Vergilius의 『아이네이스Aeneis』에 아이네아스가 이탈리아로 가는
도중에 그녀를 만난 이야기가 나온다. 헬레노스가 죽고 난 뒤에는 아들 페르가모스와
더불어 뮈시아로 가서 페르가몬 시를 건설했다.

### 안드로메다 ㄱAndromede 영Andromeda

에티오피아 왕 케페우스와 캇시오페이아의 딸.
캇시오페이아가 자기 딸들이 바다 신의 딸들인
네레이데스보다 훨씬 아름답다고 뽐내자 포세
이돈이 바다뱀을 보내어 나라를 황폐시키는 것
으로 보복했다. 그래서 케페우스 왕은 바다뱀
을 달래기 위한 제물로 안드로메다를 바쳤다.
제물이 되어 바위에 사슬로 묶여 있던 안드로
메다는 메두사를 퇴치하고 돌아오던 영웅 페르
세우스한테 구조된다. 페르세우스가 메두사의
머리를 괴물에게 보여 주자마자 괴물은 돌로
변해 버렸다. 페르세우스는 안드로메다와 결혼

「페르세우스와 안드로메다」

했고, 그녀는 나중에 하늘의 별자리가 되었다. 이 이야기는 아폴로도로스Apollodoros의
『비블리오테케Bibliotheke』(ii)에 나온다.

### 안색이 변하다 One's countenance fell

실망이나 낙담한 표정. 가인과 아벨이 제사를 드렸을 때 하느님께서 아벨의 제사만을
받고 가인의 제사는 받지 않자 "가인이 몹시 분하여 안색이 변하니"(창 4:5) 한 데서 비
롯하였다.

### 안식일安息日 Sabbath

유대인들이 매주 토요일마다 지킨 안식과 명상을 위한 거룩한 날. 이 관습은 "안식일
을 기억하여 거룩하게 지키라"는 십계명의 제3계명을 준수하는 것이다. 안식일은 「창
세기」에 나타난 대로 하느님이 천지를 다 창조한 뒤에 안식한 날인 제7일을 기념하는
것이다. sabbath는 히브리어로 '안식', '휴식'이라는 뜻이다.

### 안타이오스 ㄱAntaios 영Antaeus

그리스 신화에서 거인 종족(기간테스) 중의 하나. 대지의 여신 가이아와 바다의 신 포세
이돈의 아들이다. 레슬링을 하여 자기를 이기지 못하는 자들을 죽였다. 그는 발이 땅
에 붙어 있는 한 무적으로 남아 있었다. 하지만 헤라클레스가 그를 땅에서 번쩍 들어
올려 목을 졸라 죽였다. 이 이야기는 베르길리우스Vergilius의 『아이네이스Aeneis』(x)에
나온다.

## 안토니우스, 마르쿠스 라Antonius, Marcus 영Antony, Mark

셰익스피어William Shakespeare의 비극 『앤토니와 클레오파트라Antony and Cleopatra』(1607)의 주인공. 실제 로마의 장군으로 옥타비아누스Octavianus, 레피두스Lepidus(기원전 82~30)와 함께 제2차 삼두三頭정치가의 한 사람이다. 로마 제국의 동부 지역을 맡아 다스렸으며 클레오파트라와 결혼했다. 그들의 연합군이 그리스 서쪽 악티움 해전(기원전 31)에서 옥타비아누스의 함대한테 패배하자 자살했다.

프란체스코 트레비사니, 「안토니우스와 클레오파트라의 만찬」, 피렌체 우피치 미술관

## 안트로포파기 그Anthropophagi

식인食人 거인들. 문자 그대로는 '사람을 먹는 자들', 즉 식인종을 가리킨다. 시칠리아 섬의 가장 오래된 주민이다. 오뒷세우스는 식인종의 한 종족인 라이스트뤼곤인들Laistrigones을 만나는데, 그들은 오뒷세우스의 배 12척 중 오뒷세우스가 선장으로 있는 배를 빼놓고는 모두 다 부서 버렸다.

## 안티고네 그Antigone

오이디푸스와 이오카스테의 딸. 두 오빠 에테오클레스와 폴뤼네이케스가 테바이의 왕위를 다투다가 죽었는데 외삼촌 크레온은 폴뤼네이케스가 테바이를 공격했다고 하여 그의 매장을 금지했다. 그러자 안티고네는 매장의 상징으로 시체에다 간신히 흙을 부어 주었다. 화가 난 크레온은 안티고네를 생매장하도록 선고를 내렸지만 그녀는 갇힌 동굴에서 목을 매어 죽었다. 크레온의 아들이며 안티고네의 약혼자이던 하이몬 역시 자살해 버렸다. 안티고네와 크레온의 싸움은 일반적으로 개인적인 양심과 공적 의무, 신성한 책임(죽은 사람은 매장되어야 하기 때문에)과 국가 처벌 사이의 갈등이라고 단순하게 해석되어 왔다. 그렇지만 소포클레스Sophokles의 『안티고네Antigone』(기원전 442 혹은 441)에 묘사된 것처럼 안티고네와 크레온 두 사람은 비타협적이고 완고한 인물이다. 안티고네 이야기를 소재로 한 영화로 트자벨라스George Tzavellas 감독의 「안티고네

와토, 「제우스와 안티오페」, 루브르 박물관

Antigone」(1962)가 있다.

### 안티오페 ㄱAntiope

암피온과 제토스의 어머니. 사튀로스의 모습으로 변한 제우스의 사랑을 받아 쌍둥이 암피온과 제토스를 낳았다. 안티오페의 아버지 뉙테우스는 아기들을 산에다 버려 죽게 했지만, 쌍둥이는 목자한테 구원되었다. 안티오페는 뤼코스와 그의 아내 디르케 한테 노예로 주어졌고, 쌍둥이 아들이 성장하여 그녀의 정체를 알게 될 때까지 천한 신분으로 지냈다. 성장한 쌍둥이는 어머니를 해방시키고 잔인한 주인을 죽였다. 안티오페는 디르케의 죽음에 노한 디오뉘소스에 의해 미쳐서 온 그리스를 헤매고 다녔는데, 포코스가 그녀를 치료해 주고 아내로 삼았다. 그녀에 관한 이야기는 호메로스 Homeros의 『오뒷세이아*Odysseia*』(xi), 아폴로도로스Apollodoros의 『비블리오테케 *Bibliotheke*』(iii), 오비디우스Ovidius의 『변신 이야기*Metamorphoses*』(vi) 등에 나온다.

### 알라딘 Aladdin

『아라비안 나이트*Arabian Nights*』의 이야기 중의 하나인 「알라딘과 마술 램프Aladdin and the Wonderful Lamp」의 주인공. 알라딘은 주인의 명령에 복종하는 진genie이라고 알려진 이슬람 신화의 정령이 들어 있는 마법 램프를 손에 넣는다. 정령을 통해 알라딘은 큰 재산을 모으고 마지막에는 술탄의 딸과 결혼한다. 알라딘의 램프는 '즉시 힘과 행운을 가져오는 도구'를 상징한다.

## 알라스토르 ㄱAlastor

1)필로스의 왕 넬레우스의 아들. 네스토르와 남매 사이이다. 헤라클레스한테 살해되었다. 아르고스와 클뤼메노스의 딸인 하르팔뤼케와 결혼하지만 클뤼메노스는 딸한테 불륜의 사랑을 품어 도중에 딸을 빼앗아 온다. 하르팔뤼케는 이에 분노하여 남동생을 죽여 아버지의 식탁에 올리고 자신은 칼키스라는 밤새가 되었다. 알라스토르는 보통명사로는 '복수復讐'에 대한 의인화이다. 그리스어로 '복수하는 사람avenger'이란 뜻이다.

2)하데스가 페르세포네를 납치할 때 마차를 끌던 말 중의 하나.

## 알바트로스 Albatross

코울리지Samuel Taylor Coleridge의 「노수부의 노래The Rime of the Ancient Mariner」(1798)에 나오는 수명이 30~40년, 날개가 2~3m 정도 되는 거대한 바다 새. 신천옹信天翁이라고도 불린다. 노수부가 아무런 이유도 없이 이 새를 활로 쏘아 죽이자 동료들이 죽은 알바트로스를 그의 목에 매달았다. 이 새는 '집요한 불안의 씨앗'을 상징한다. 보들레르Charles Baudelaire의 소네트 「알바트로스」에서는 이 새가 시인詩人을 상징한다.

## 알비온 라Albion

기원전 4세기에 맛실리아의 퓌테아스가 언급한 브리튼Britain의 옛 이름. 로마인들은 알비온이 도버의 하얀 절벽white cliffs of Dover을 언급하는 라틴어 albus(하얀)에서 파생한 것으로 생각했지만, 켈트어가 어원일 가능성이 크다.

## 알케스티스 ㄱAlkestis 영Alcestis

펠리아스의 딸이며 아드메토스의 신부. 아폴론은 아드메토스한테 많은 신세를 져서 누군가가 그를 대신해 죽겠다고 하면 그를 죽지 않게 해주겠다고 제의한다. 아무도 대신 죽으려는 사람이 없자 알케스티스는 자신을 제물로 바치겠다고 제의하고서 죽는다. 그러나 헤라클레스가 알케스티스를 하데스에서 구출해 낸다. 알케스티스의 죽음과 부활은 기원전 438년에 공연된 에우리피데스Euripides의 비극 『알케스티스Alkestis』의 주제가 되었다. 알케스티스는 자기희생의 상징이다. 밀튼John Milton의 시 「죽은 아내On His Deceased Wife」에 이 신화가 언급되어 있다. 이 이야기는 에우리피데스의 『알케스티스』, 아폴로도로스Apollodoros의 『비블리오테케Bibliotheke』(i), 파우사니아스Pausanias의 『그리스 안내기Periegesis Hellados』(v) 등 여러 곳에 나온다.

## 알퀴오네/할퀴오네 ㄱAlkyone/Halkyone 영Halcyon

아이올로스의 딸이며 케윅스의 아내. 남편이 난파당해 죽는 꿈을 꾸었는데 그 다음날

320

남편 시체를 해변에서 발견하고는 사흘 동안 몹시 비통해한 뒤 바다에 투신자살했다. 그녀와 남편은 물총새kingfisher로 변신하였는데, 이 새가 둥지를 치는 시기는 언제나 바다 표면이 매우 평화로울 때이다. 그래서 "halcyon days"는 동지冬至를 전후하여 날씨가 온화한 2주간으로 평온하고 행복하던 시절을 뜻한다. 이 이야기는 오비디우스 Ovidius의 『변신 이야기*Metamorphoses*』(xi)에 나온다.

### 알크메네 ㉆Alkmene ㉎Alcmena

티륀스의 왕 암피트뤼온의 아내. 남편의 모습을 하고 나타난 제우스와 통정하고 같은 날 밤 원정에서 돌아온 남편과 또 통정하여 헤라클레스와 이피클레스를 낳았다. 알크 메네 이야기는 호메로스Homeros의 『오뒷세이아*Odysseia*』(xi), 아폴로도로스Apollodoros 의 『비블리오테케*Bibliotheke*』(ii), 파우사니아스Pausanias의 『그리스 안내기*Periegesis Hellados*』(i) 등에 나온다.

### 알파요 오메가 Alpha and Omega

그리스어 자모음의 첫 글자(*A*)와 마지막 글자(*Ω*). 그리스도가 자신이 만유이며 우주 만물의 시작과 끝임을 나타내기 위하여 쓴 비유적인 표현이다. "나는 알파와 오메가 요 처음과 마지막이요 시작과 마침이라"(계 22:13) 한 데서 비롯하였다. 현대에는 어떤 개념이나 철학의 처음과 끝을 지칭한다.

### 알페이오스와 아레투사 ㉆Alpheios kai Arethousa ㉎Alpheus and Arethusa

그리스 신화에서 강의 신과 숲의 요정. 아레투사는 아름답고 정숙한 젊은 여사냥꾼으 로 숲의 요정이다. 처녀 여신 아르테미스를 섬긴다. 강의 신인 알페이오스한테 추격을 당하여 더 이상 도망칠 수가 없게 되자 아르테미스한테 도움을 청한다. 여신은 그녀를 시켈리아Sikelia에서 떨어진 오르튀기아 섬에 있는 성스런 샘으로 변신시켰다. 아름다 운 아레투사의 샘은 오늘날에도 볼 수 있다. 그리스의 알페이오스 강 속에 내던진 나 무 술잔이 아레투사의 샘에 나타난다는 이야기가 아직도 사람들 사이에서 회자된다. 알페이오스 강은 그리스 아르카디아의 동남쪽에서 엘리스를 거쳐 올륌피아 곁을 지나 바다로 흘러들어간다. 이 이야기는 베르길리우스Vergilius의 『아이네이스*Aeneis*』(iii), 오 비디우스Ovidius의 『변신 이야기*Metamorphoses*』(v) 등에 나온다.

### 암브로시아 ㉆Ambrosia

그리스 신들의 음식. 신들을 영생불사하게 했다. 특별히 맛있거나 향기로운 음식, 즉 신찬神饌을 가리킨다. 암브로시아는 'a(부정사)+brot(죽어야 할)', 즉 '영생불사, 불로불사

(ambrotos=immortal)' 라는 뜻으로 꽃보다도 달고 향기로운 암브로시아를 먹으면 죽지 않고 영원히 살 수 있다고 한다. 상처에 바르면 금세 낫는다고 하여 향유香油로도 쓰인다. 한편 불로불사주不老不死酒인 넥타르(그 | nektar 영 | nectar)는 신들이 마시는 술, 즉 신주神酒로 '죽음을 물리치는death-defeating' 이란 뜻이다. 크레테 섬의 이데 산에서 아기 제우스한테 젖을 먹인 염소 아말테이아의 뿔은 암브로시아와 넥타르로 가득 차 있었다.

### 암포르타스 그Amphortas

아서 왕 전설에서 성배를 돌보는 부상당한 어부왕Fisher King. 상처 때문에 말을 탈 수가 없어서 낚시질에 만족해야만 했다. 그의 상처는 성배를 찾아낸 기사의 도움이 있어야만 치료될 수 있었다. 엘리어트Thomas Stearns Eliot의 『황무지The Waste Land』(1922)에도 어부왕이 나온다.

### 암피트리테 그Amphitrite

바다의 여신. 네레우스와 도리스의 딸로 포세이돈의 아내이자 트리톤의 어머니이다.

### 암흑의 왕 Prince of Darkness ⇨ 사탄

### 압살롬 Absalom ⇨ 내 아들 압살롬아

### 앗티스 그Attis

프뤼기아의 미소년. 그리스 신화 초기의 풍요의 신이자 대지의 여신인 퀴벨레는 미소년 앗티스를 사랑했는데, 그가 자기 대신 인간 여자를 사랑하는 것을 질투하여 그를 미치게 했다. 앗티스는 광기로 인해 자신을 거세하고서 죽었다. 그의 피에서 제비꽃이 자라났고, 퀴벨레는 그의 시체를 부활시켜 주었다. 앗티스의 제의祭儀에서 신참자는 광란적인 의식 중에 이 신의 거세를 흉내 냈다.

### 앙키세스 그Anchises

트로이아 왕가의 한 사람. 여신 아프로디테는 앙키세스의 아름다움에 반해 앙키세스한테 아이네아스를 낳아 주었다. 앙키세스는 자기의 잘생긴 얼굴을 아프로디테가 찬미한다고 자랑하다가 제우스가 던진 번개에 맞아 절름발이가 되었다. 베르길리우스Vergilius는 『아이네이

리비오 메후스, 「포세이돈과 암피트리테」, 피렌체 우피치 미술관

스*Aeneis*』에서 트로이아 전쟁에서 그리스군에 패배당한 뒤 아이네아스가 늙은 아버지 앙키세스를 어깨에 메고 아들의 손을 잡고 피난 가는 모습을 그렸다. 이 이야기는 헤시오도스Hesiodos의 『신통기*Theogonia*』, 베르길리우스의 『아이네이스』 등에 나온다.

## 애국심은 악당의 마지막 피난처 Patriotism is the last refuge of a scoundrel

영국의 시인인 존슨Samuel Johnson(1709~84)이 말한 경구. 존슨의 전기 작가인 보즈월James Boswell은 "존슨의 이 말뜻은 진정한 애국심이 아니라 사리사욕을 감춘 위장된 애국심을 의미하는 것"이라고 설명했다.

## 애로우스미스, 마틴 Arrowsmith, Martin

루이스Sinclair Lewis의 『애로우스미스*Arrowsmith*』(1924)의 주인공. 의사인 애로우스미스는 자신의 연구 신념과 실제 의학계 사이의 갈등으로 마음이 힘들다. 일련의 타협, 좌절 그리고 불운을 겪고 나서 결국 버몬트에 있는 인적이 드문 실험실로 물러난다. 소설이나 논픽션에서 자주 그의 인물형을 모방하는데 크로닌Cronin의 『성채城砦(*The Citadel*)』(1937)에 나오는 앤드루 맨슨 박사가 대표적인 예이다. "애로우스미스 같은 사람an Arrowsmith"이라고 하면 실제 세계의 유혹과 타협 사이에서 갈등하는 매우 이상주의적인 사람을 말한다.

## 애쉴리, 브레트 Ashley, Brett

헤밍웨이Ernest Hemingway의 『태양도 떠오른다*The Sun Also Rises*』(1926)의 등장인물. 세련된 영국인 미녀이다. 그녀는 제이크 반즈를 사랑하지만 아무런 결실도 맺을 수 없는 사랑에 자꾸만 휩쓸려든다. '방황하는 세대Lost Generation(길 잃은 세대)'의 원형이다.

## 앤토니오 Antonio

셰익스피어William Shakespeare의 『베니스의 상인*The Merchant of Venice*』(1596)에 나오는 청년 무역 상인. 앤토니오는 유대인 고리대금업자 샤일록한테 돈을 빌리며 계약 조건으로 빚을 갚지 못하면 자신의 살 1파운드를 주겠다고 한다. 결국 계약한 날짜를 지키지 못해 위기에 처하지만, 포셔가 변호사로 위장하여 앤토니오를 구한다.

## 앨리고리 allegory

축어적 혹은 가시적 의미 뒤에 감추어진 뚜렷한 둘째 의미를 지닌 스토리 혹은 시각적 이미지. '우유寓喩', '풍유諷諭' 등으로 번역하기도 한다. 앨리고리의 주요 기교는 의인화personification인데, '자유의 여신상'처럼 추상적인 것이 인간적 형상을 취하게 되는 것이다. 문학에서 앨리고리는 하나의 이야기에서 두 수준level의 의미 사이에 계속적인 대응을 하며, 모든 인물과 사건이 이야기 바깥의 사상 체계와 합치한다. 예를 들면 번연John Bunyan의 『천로역정The Pilgrim's Progress』(1678) 중의 각 등장인물과 에피소드는 구원salvation이라는 기존 교리에 딱 들어맞는다. 우유적 사고는 정신적 영역과 물질적 영역, 혹은 구약시대와 신약시대 사이의 대응을 찾는 방법으로서 중세기에 널리 퍼져 있었고 도덕극morality play과 단테Alighieri Dante와 랭글런드William Langland의 작품에서 절정에 달했다. 드라이든John Dryden과 오웰George Orwell 같은 후기 작가들은 앨리고리를 정치적 풍자 방법으로 사용한다. 클라이브 스테플스 루이스Clive Staples Lewis는 비물질적인 것을 물질적인 것으로, 즉 추상적인 것을 구체적인 것으로 표현하는 것이 앨리고리이고, 구체적인 것을 추상적인 것으로 표현하는 것이 상징주의라고 말하지만 앨리고리와 상징주의는 이처럼 명확히 구별되지 않는다.

## 앨리스 Alice

캐럴Lewis Carroll의 『이상한 나라의 앨리스Alice's Adventures in Wonderland』(1865)의 주인공. 상상력이 많고 의지가 강한 소녀이다. 이상한 동물들과 이상한 사람들 속에서 일련의 환상적 모험을 체험한다. 환경이나 만나는 인물의 행위가 아무리 기괴해도 앨리스는 언제나 침착하고, 합리적 설명과 논리적 해결을 통하여 이상한 나라의 초현실적 현상들의 정확한 의미를 찾기 위해 애쓴다. 이 작품에 묘사된 기지와 유머가 넘치는 독특한 환상 세계는 현대의 시인과 소설가 들의 발상에 커다란 영향을 끼쳤다.

## 앵초꽃 길 Primrose path

'파멸의 길'을 뜻하는 말. 셰익스피어William Shakespeare의 두 시행, 즉 "빈둥거리는 앵초꽃 길primrose path of dalliance"(『햄리트Hamlet』)과 "영원한 불길로 가는 앵초꽃 길primrose way to everlasting bonfire"(『맥베스Macbeth』)에서 나온 말이다.

## 야곱 Jacob

이삭과 리브가의 아들. 야곱의 열두 아들이 나중에 이스라엘 열두 지파의 시조가 되었다(실제로는 레위의 자손이 제사장의 역할을 맡게 되어 지파에서 빠지고 요셉의 두 아들 에브라임과 므낫세가 각기 한 지파를 이뤄 모두 열두 지파가 되었다). 어렸을 때 팥죽 한 그릇을 주고 형인 에서한테 장자권을 샀고 어머니 리브가의 도움으로 에서로 분장해 나이 들어 눈먼 아버지 이삭의 축복을 얻어 냈다. 그 일로 야곱은 에서의 분노를 사게 되고 형을 피하여 밧단아람으로 가던 중에 "땅에 서 있고 그 꼭대기는 하늘까지 이르러 하느님의 천사들이 오르락내리락 하는" 사다리 꿈을 꾸었다. 그 후 고향으로 돌아오는 저녁에 얍복 강가에서 어떤 사람을 붙들고 그 사람이 자신을 축복해 줄 때까지 놓지 않고 날이 새도록 그와 씨름한 이야기도 있다. 그 사람은 하느님의 천사였고 그 뒤 야곱의 이름을 이스라엘(하느님과 싸워 이김)로 바꾸어 주었다. 그의 노년의 삶은 라헬에게서 낳은 요셉과 베냐민 두 아들에 집중되어 있다(창 24~51장). ⇨ 리브가, 요셉

마티아스 스토머, 「이삭의 축복」

## 야곱의 사다리 Jacob's ladder

야곱이 형 에서의 분노를 피해 도망하던 중에 꾼 꿈에 나오는 이야기. "야곱이 브엘세바에서 떠나 하란으로 향하여 가더니…꿈에 본즉 사닥다리가 땅 위에 서 있는데 그 꼭대기가 하늘에 닿았고 또 본즉 하느님의 사자들이 그 위에서 오르락내리락 하고 또 본즉 여호와께서 그 위에 서서 이르시되 나는 여호와니…내가 너와 함께 있어 네가 어디로 가든지 너를 지키며 너를 이끌어 이 땅으로 돌아오게 할지라 내가 네게 허락한 것을 다 이루기까지 너를 떠나지 아니하리라 하신지라 야곱이 잠이 깨어 이르되 여호와께서 과연 여기 계시거늘 내가 알지 못하였도다 이에 두려워하여 이르되 두렵도다 이곳이여 이것은 다름 아닌 하느님의 집이요 이는 하늘의 문이로다 하고 야곱이 아침에 일찍이 일어나 베개로 삼았던 돌을 가져다가 기둥으로 세우고 그 위에 기름을 붓고 그곳 이름을 벧엘이라 하였더라"(창 28:10~19). 이 이야기는 표면상으로는 베델('하느님의 집'이란 뜻의 히브리어) 신전의 기원을 설명하는 것인데 이 신전은 요시아 왕이 파괴하기 전까지는 중요한 의식의 중심지였다. 오늘날 야곱의 사다리, 즉 땅에서 하늘까지 이르는 사다리는 '인간과 신의 교통交通'을 상징한다. ⇨ 베델

## 야누스 |라|Janus

가장 오래된 로마 신 중의 하나. 두 개의 얼굴을 가졌는데 한 얼굴은 앞쪽을, 나머지 얼굴은 뒤쪽을 바라보고 있다. 그래서 야누스는 과거를 알고 미래를 바라보는 경계警戒와 지혜의 신이다. 문門의 신으로 퇴장과 입장, 혹은 시작과 끝의 신이 되었다. 원래 빛의 신이었는데 새벽에 하늘을 열고 저녁에 하늘을 닫았다. 평화로울 때에는 야누스 신전의 문들이 닫혀 있지만, 전쟁이 나면 열렸다. 야누스는 베르길리우스Vergilius의 『아

이네이스*Aeneis*에 묘사되어 있다. 제일*祭日*은 1월 9일이다. 영어의 January(1월)는 야누스에서 나왔는데 1월은 과거를 돌아보고 미래를 내다보는 달이기 때문이다.

### 야후 Yahoo
스위프트Jonathan Swift의 풍자 소설 『걸리버 여행기*Gulliver's Travels*』(1726)에 등장하는 동물 종족. 인간의 형상을 하며 인간의 악과 가장 타락한 면들을 체현하고 있다. 야후는 이성*理性*의 지시대로 사는 고귀한 말*馬*의 종족인 상위*上位*의 후이넘족*族*에게 종속되어 있다.

### 야훼 Yahweh
하느님의 옛 히브리 이름. ⇨ 여호와

### 약속의 땅 Promised land
하느님이 아브라함의 자손에게 주겠다고 약속한 땅. 가나안 땅을 일컫는다. 아브라함에게 가나안을 주겠다는 하느님의 약속은[나중에 나일 강과 유프라테스 강 사이의 모든 것을 포함하는 것으로 확장되었다(참고: 창 15:18)] 그 땅을 여호수아가 다시 정복하였을 때, 그리고 이스라엘 사람들이 바벨론 유수에서 돌아온 뒤에 다시 갱신되었다. 『구약성서』에서 가장 지속적으로 나타나는 주제의 하나이다. 개신교 찬송에서 약속의 땅은 가끔 천국을 의미한다. ⇨ 가나안

### 양과 염소를 분별하다 Divide the sheep from the goats
최후의 심판에 관한 예언 중 하나. 여기서 양은 '의인'을, 염소는 '악인'을 상징한다. 이 구절은 "인자가 자기 영광으로 모든 천사와 함께 올 때에 자기 영광의 보좌에 앉으리니 모든 민족을 그 앞에 모으고 각각 구분하기를 목자가 양과 염소를 구분하는 것같이 하여 양은 그 오른편에 염소는 왼편에 두리라"(마 25:31~33) 한 데서 비롯하였다.

### 양을 채우다 Fill up the measure
예수가 서기관과 바리새인을 책망하는 구절의 일부분. "너희가 너희 조상의 분량을 채우라"(마 23:32) 한 데에서 비롯하였다. 예수는 서기관과 바리새인에게 선지자들과 의인들의 피를 흘리게 하고 그들을 죽인 것처럼 이제 예수 자신을 그렇게 하여 부족한 양을 채워 완전하게 하라 하였다. 일반적으로 '부족한 양을 채운다'는 뜻으로 사용된다.

### 양의 탈을 쓴 이리 Wolf in a sheep's clothing or in a lamb's skin
'부드러움과 온화함으로 자신의 흉악한 의도를 숨기는 사람', '위선자'를 가리키는 말. 예수의 산상수훈 중 "거짓 선지자들을 삼가라 양의 옷을 입고 너희에게 나아오나 속에

는 노략질하는 이리라"(마 7:15) 한 데서 비롯하였다.

### 양털처럼 흰 White as wool

요한이 환상 중에 본 그리스도의 모습을 설명하는 구절. 요한은 예수를 "그의 머리와 털의 희기가 흰 양털 같고 눈 같으며 그의 눈은 불꽃 같고"(계 1:14)라고 하며 자기가 본 예수의 환상을 설명한다.

### 어둠의 왕 Prince of Darkness ⇨사탄

### 어디로 가시나이까? Quo Vadis?

전설에 의하면 베드로가 순교를 피하여 로마에서 도망치다가 그리스도를 만나 한 질문. 베드로가 예수께 이 질문을 하자 예수는 "다시 십자가에 못 박히러 로마로 간다"고 대답했고, 이 말을 듣고 베드로는 돌아서서 로마로 되돌아갔다. 폴란드 작가 시엔키에비치Henryk Sienkiewicz(1846~1916)의 역사 소설과 영화의 제목이기도 하다.

### 어린아이가 그들을 이끌리라 Little child shall lead them ⇨사자가 어린 양과 함께 눕다

### 어린아이들로 가득 찬 화살통 Quiver full of children

일반적으로 '대가족'이나 '많은 어린아이'를 의미하는 말. "이것이(어린아이) 그 화살에 가득한 자는 복되도다 그들이 성문에서 그들의 원수와 담판할 때에 수치를 당하지 아니하리로다"(시 127:5) 한 구절에서 비롯하였다. 즉 자식은 하느님이 주신 선물 내지는 기업이므로 어린아이가 많은 것이 복이라는 말이다.

### 어린아이를 용납하라 Suffer little children

'가치없어 보이는 것이라도 소중히 여기라'는 뜻. 예수 활동 당시 어린아이는 사람 취급을 하지 않았다. 그래서 사람들이 축복을 받으려고 아이들을 예수께 데려오는 것을 제자들은 나무랐다. 그러나 예수는 "어린아이들을 용납하고 내게 오는 것을 금하지 말라 천국이 이런 사람의 것이니라"(마 19:14) 하였다. 예수는 또 어린아이들의 순수함이 사람들이 천국에서 회복할 순수함과 같은 것이라고 말하였다.

### 어린아이와 젖먹이의 입에서 Out of the mouths of babes and sucklings

하느님이 만든 만물의 아름다움을 찬양하는 구절. "어린아이들과 젖먹이들의 입으로 권능을 세우심이여"(시 8:2) 한 데서 비롯하였다. 오늘날에도 같은 뜻으로 쓰인다.

### 어린아이의 이가 시다 Children's teeth set on edge

'누구에게 아주 괴로움을 주다'라는 뜻. 이것은 "그때에 그들이 말하기를 다시는 아버지가 신 포도를 먹었으므로 아들들의 이가 시다 하지 아니하겠고 신 포도를 먹는 자마다 그의 이가 신 것같이 누구나 자기의 죄악으로 말미암아 죽으리라"(렘 31:29~30, 겔 18:2~3)고 한 구절에 근거한다. 예레미야와 에스겔은 한 가족이 공동으로 도덕적 책임을 질 것을 주장하는 잘 알려진 속담을 인용하고 있다. 그러나 두 선지자 모두 이 속담을 배척함으로써 모든 사람이 각자 책임을 져야 한다는 보다 현대적이고 개인주의적인 교리를 선포하고 있다.

### 언쇼, 캐서린 Earnshaw, Catherine

에밀리 브론티Emily Brontë의 소설 『폭풍의 언덕Wuthering Heights』(1847)의 여주인공. 캐서린은 깊은 생각에 잠긴 야성적인 히스클리프에 대해 이상하리만큼 정열적인 애정을 품지만 사회적 지위 때문에 히스클리프를 거절하고, 그가 집을 떠나도록 한다. 히스클리프가 복수하러 돌아왔을 때에 캐서린은 성격이 부드러운 에드거 린튼과 결혼하여 무기력해져 있었다. 캐서린과 히스클리프의 맹렬한 사랑은 마침내 그들을 파멸시키고 캐서린은 린튼의 딸 캐시를 낳다가 죽는다.

### 언약言約 Covenant

축어적으로는 '계약'이라는 뜻. 『성서』에서는 "하느님과 그의 백성과의 계약"으로 하느님은 그 백성에게 약속(언약)을 하고 그들에게 어떤 특정한 행위를 요구한다. 『구약성서』에서 하느님은 노아, 아브라함, 모세와 언약을 맺었다. 하느님은 노아에게는 다시는 이 세상을 물로 심판하지 않을 것을 약속하고서 그 징표로 무지개를 보여 주었다. 아브라함에게는 그가 하느님이 지시하는 곳으로 가면 열국列國의 조상이 되게 하겠다고 약속하고서 그 민족의 모든 남자의 할례로써 그 언약을 인증하였다. 하느님은 모세에게는 이스라엘 사람들이 약속의 땅에 이를 것이지만 모세의 율법을 지켜야 한다고 하였다. 『신약성서』에서 하느님은 예수를 믿는 사람들에게 구원을 약속하였다. 인간들끼리의 계약을 나타내는 영어 단어는 contract이다.

### 언약궤言約櫃/증거궤證據櫃 Ark of the Covenant

하느님이 모세에게 준 십계명의 돌판 두 개와 만나가 담긴 항아리, 그리고 아론의 싹이 난 지팡이를 담고 있는 상자. 크기는 대략 122×76×76cm³였으며 장대로 메고 다닐 수 있고 황금을 입혔다. 하느님의 어좌御座로 알려진 덮개의 양끝에, 날개를 어좌 위로 펼치고 얼굴을 안쪽으로 향한 금박 천사가 있다. 언약궤는 여호와가 실제로 거하고 있는 곳으로 알려져 모든 상징 가운데 가장 성스러운 상징이었다. 이스라엘 민족이 방랑할 때에 그들과 함께 있었고 적들로부터 그들을 보호해 주는 일종의 성물聖物로 여겨졌다(삼상 5장). 그것은 신성한 힘으로 가득 차 있어 심지어는 잘못하여 만지기만 해도 죽었고, 여리고 성도 그것 앞에 무너졌다(수 6:4~12). 엘리 대제사장 시절에 언약궤를 블레셋인에게 빼앗긴 적이 있었으나 곧 반환되었다. 솔로몬이 언약궤를 예루살렘 성전에다 안치했는데 바벨론 유수Babylonian Captivity까지는 거기에 있었다. 그 이후에는 행방이 묘연해져서

언약궤

다시 지은 성전의 지성소는 비게 되었다. 오늘날 유대교 회당에서 언약궤는 회중을 바라보고 있는 상자나 함을 말하는데 그 속에는 『토라Torah』가 들어 있다. 그 궤를 나타내는 작은 상자는 아비시니아( '에티오피아' 의 별칭) 기독교회가 가장 신성시하는 것이다. 웃사Uzzah는 언약궤가 떨어지려 하자 붙들었는데 죽고 말았다(삼하 6:6~7). 따라서 "궤에 손을 댄다touch [or lay hands on] the ark"는 속담은 '신성한 것을 불경스럽게 대하거나 끼어드는 것'을 뜻한다.

### 언약言約의 무지개 Bow of promise
노아의 홍수가 끝난 뒤 하느님이 다시는 홍수로 세상을 멸하지 아니할 것이라는 징표로 보여 준 무지개. "내가 내 무지개를 구름 속에 두었나니 이것이 나와 세상 사이 언약의 증거니라"(창 9:13) 한 데서 비롯하였다.

### 얼굴에 땀을 흘려야 In the sweat of thy face
아담이 하느님께 불순종해서 받은 벌의 일부분. "네가 얼굴에 땀을 흘려야 식물을 먹으리라"(창 3:19) 한 데서 비롯하였다. 아담과 하와의 타락 이후 줄곧 사람들은 먹고 살기 위해 애쓰고 땀을 흘려야만 했고 이런 이유 때문에 노동은 때때로 '아담의 저주'라고 불린다.

### 얼굴을 맷돌질하다 Grind the faces of
'고혈을 빨다', '억압한다' 라는 뜻. "어찌하여 너희가 내 백성을 짓밟으며 가난한 자의 얼굴을 맷돌질하느냐"(사 3:15) 한 데서 비롯하였다.

### 얼 킹 영Erl-King 독Erl-König
심술궂은 작은 요정elf 왕. 민간전승에서는 이 요정이 사람, 특히 어린아이를 유괴하여

죽음에 이르게 한다고 믿었다. 이 요정과 관련된 이야기는 슈베르트Franz Peter Schubert 가 나중에 곡을 붙인 괴테Johann Wolfgang von Goethe의 유명한 밸러드 「요정 왕Der Erl-König」이 유명하다. 셰익스피어William Shakespeare의 『한여름 밤의 꿈A Midsummer Night's Dream』(1595)에도 훔친 어린아이 이야기가 나온다.

### 엉커스 Uncas

쿠퍼James Fenimore Cooper의 『모히칸족 최후의 사람The Last of the Mohicans』(1826)에 등장하는 모히칸족 추장 칭가치국트의 아들. 엉커스는 문자 그대로 모히칸족 최후의 사람으로 애인 코라를 지키다가 마구아한테 죽임을 당한다.

### 에게리아 라Egeria

로마 신화에서 네미에 있는 디아나Diana 숲 샘의 여신. 로마의 두 번째 왕 누마와 결혼했고 제식祭式과 정치 문제에 관해 상담역을 했다고 한다. 누마가 죽었을 때 눈물을 너무 많이 흘려서 샘이 되어 버렸다고 한다.

### 에녹 Enoch

므두셀라의 아버지이며 의인의 한 전형(창 5:21~24). 매우 경건한 하느님의 사람으로 엘리야처럼 죽지 않고 하늘로 올라갔다(창 5:24). 「히브리서」에서는 그를 믿음의 선배로 소개한다.

### 에다 Eddas

북유럽 전설. 사가Saga와 동의어이다. 두 가지가 있다. 『고古에다The Elder Edda』는 12세기에서 비롯하여 13세기에 끝난 고대 북유럽 신화집이고, 『신新에다The Young Edda』는 스노리 스툴루손Snorri Sturluson(1242년 죽음)이 산문과 운문을 섞어 시인이나 시를 설명한 안내서이다.

### 에덴동산 Garden of Eden

「창세기」에 지상의 천국으로 묘사된 동산. 아담과 이브가 사탄의 유혹에 넘어가 타락하기 전에 순전하고 은총의 삶을 살던 장소이다. 에덴은 히브리어로 기쁨, 환희, 쾌락이란 뜻이다. 아담과 이브는 선악을 알게 하는 지식의 나무에 달린 금지된 열매를 먹은 뒤에 천국 같은 동산에서 에덴 동쪽 땅으로 쫓겨났다. 오늘날 이 말은 '지복至福 상태' 혹은 '완벽하게 순수한 상태나 장소'를 뜻한다. 에덴동산의 한 번역어인 Paradise는 담으로 둘러싸인 널따란 공원을 가리킨다. 라틴어 『70인역성서Septuagint』의 번역자들이 처음 이 말을 빌려와 에덴동산을 지칭하는 말로 썼다. 수메르어로 edin은 '넓은 들판(open field, steppe)'을 뜻한다.

## 에덴의 동쪽 East of Eden

가인이 아우 아벨을 죽인 뒤에 쫓겨난 곳(창 4:16). 스타인벡John Steinbeck은 형제 간의 갈등을 그린 소설의 제목(1592)으로 이 구절을 사용했다. 스타인벡의 소설은 애덤 그래스크와 그의 두 아들 카알과 아론에 초점이 맞추어져 있다. 애덤은 캘리포니아의 샐리너스 밸리에 아내인 캐씨와 함께 정착하는데 그녀는 두 아들을 낳고서는 집을 떠나 창녀가 된다. 아론을 더 좋아하는 애덤은 엄마가 창녀라고 말해 아론을 죽게 만든 카알을 처음에는 용서하지 못한다.

플로리스, 「에덴동산의 아담과 이브」,
피렌체 피티 궁전미술관

## 에덴의 뱀 Snake in one's Eden

'완벽한 평화나 행복을 망치는 존재나 세력'을 뜻하는 말. 『성서』에 뱀은 "여호와 하느님의 지으신 들짐승 중에 가장 간교하니라"(창 3:1)고 표현되어 있다.

## 에라토 ⑨Erato

아홉 시신詩神 중 연애시의 시신. ⇨ 무사들

## 에레보스 ⑨Erebos ⑧Erebus

'암흑'이라는 뜻. 헤시오도스Hesiodos에 의하면 에레보스와 뉙스(밤)로부터 헤메라(낮)가 태어났다. 그 후의 시인들은 에레보스를 하데스 혹은 지옥과 동일시했는데, 지금도 그 뜻으로 쓰인다. ⇨ 타르타로스

## 에렉테이온 ⑨Erechtheion ⑧Erechtheum

아테나이 고대의 왕 에렉테우스에게 바친 아크로폴리스에 있는 이오니아식 신전. 기원전 421~405년에 건설했다. 이 신전에 있는 여인상주女人像柱(caryatides)가 유명하다. 여섯 개의 여인상주가 기둥 역할을 한다. 카리아티드caryatid는 '카뤼아이의 여자 woman of Caryae'란 뜻인데, 카뤼아이는 스파르타에 있는 도시 이름이다. 기둥 모양은 매년 열리는 아르테미스 축제 때 처녀들이 춤을 추던 자세를 본떠 만들었다. 이 여인

상주 중 하나가 영국박물관으로 옮겨졌다.

## 에로스 ㄱEros 라Cupido 영Cupid

사랑의 신. 로마인들은 그리스 신화의 에로스를 아모르(라 l Amor 영 l Love, 사랑) 혹은 쿠피도(라 l Cupido 영 l Cupid, 욕망)와 동일시했다. 초기 그리스 신화에서 에로스는 청춘의 아름다움의 신으로 카오스와 가이아 사이에서 생겨난 강력한 원초적 힘이었다. 나중에 로맨틱한 사랑의 신이 되었고 아프로디테와 아레스의 아들로 여겨졌다. 에로스는 횃불을 들고 신과 인간 들에게 화살을 쏘아 사랑에 빠지게 하는 날개 돋친 장난꾸러기 소년으로 그려진다. 에로틱erotic이란 단어는 eros(sexual love)에서 나온 말이다.

## 에리뉘에스/에리뉘스들/복수의 여신들 ㄱErinyes(복) Erinys(단)

그리스 신화에서 우라노스의 남근이 아들 크로노스에 의해 잘릴 때 땅에 떨어진 핏방울에서 태어났다고 하는 여신들. 범죄, 특히 자기의 친족에 대한 살인 같은 범죄를 처벌하기 위한 원시적 복수의 여신을 가리킨다. 제우스 이전의 원초의 신이다. 라틴어 Furiae에서 영어 Furies(복수의 여신)가 파생했다. 처음에는 수가 일정하지 않았으나 나중에 알렉토, 티시포네, 메가이라 셋으로 한정되었다. 그녀들은 무자비했다. 엄격하고 사납게 보이지만 못생기지는 않고, 날개가 돋아 있으며 뱀들을 가지고 다니거나, 뱀들에 에워싸인 모습으로 형상화된다. 복수

의 여신들에 관한 가장 유명한 언급은 어머니 클뤼타임네스트라를 죽인 오레스테스를 에리뉘스들이 추격하는 이야기이다. 이들의 갈등은 아이스퀼로스 Aeschylos(기원전 525~456)의 3부작 『오레스테이아Oresteia』의 최후의 극 『에우메니데스Eumenides』에서 해소된다. 이 작품에서 복수의 여신들과 오레스테스는 아테나이 법정에서 그들의 주장을 펴는데 아테나는 결정표casting vote를 던져 무죄를 선고한다. 복수의 여신들은 아테나가 그녀들의 명예와 앗티카에 영구적인 집을 약속하자 비로소 화가 풀린다. 더

「아프로디테와 에로스」

332

구나 그녀들의 이름(복수의 여신들)이 '에우메니데스(자비로운 여신들)' 로 바뀐다. 이 해석은 인류 역사에서 부족적 관습과 복수의 규칙이 법전code에 길을 내어 주는 계기를 설명해 준다. 에리뉘에스는 현대 심리학의 관점에서 보면 '양심의 가책'에 해당한다. 그리스인들은 살인, 특히 친족 살인을 불결pollution한 것으로 여겼다. 이와 관련한 이야기는 아이스퀼로스의 『에우메니데스』, 소포클레스Sophokles의 『콜로노스의 오이디푸스Oidipous epi kolonoi』(작가가 죽고 난 뒤인 기원전 401년에 공연) 등에 나온다.

### 에리식톤/에뤼식톤 ㄱErisichthon

데메테르의 성스런 숲에서 나무를 잘라냄으로써 데메테르를 조롱하고 화나게 한 텟살리아 사람. 데메테르는 자신을 화나게 한 것에 대한 보복으로 그를 저주하여 몹시 배가 고프게 하여 그가 자기 자신의 두 다리를 먹어치우고 마침내는 온몸을 다 먹어치워 이빨만 남게 했다. 이 이야기는 오비디우스Ovidius의 『변신 이야기Metamorphoses』(viii)에 나온다.

### 에릭토니오스 ㄱErichthonios 영Erichthonius

1)고대 아테나이 왕. 뱀의 다리를 가진 사람으로 묘사된다. 그의 출생에 관해서는 다음과 같은 이야기가 전한다. 아테나 여신이 무기를 주문하러 헤파이스토스한테로 갔는데, 그는 아내인 아프로디테의 사랑을 얻지 못하던 중 욕정이 폭발하여 아테나를 겁탈하려 했다. 절름발이인데도 달려가 아테나를 붙잡고 성교하려 했지만 여신이 거부했기 때문에 사정한 정액이 여신의 허벅지에 묻었다. 아테나는 화를 내며 털로 정액을 닦아 땅바닥에 팽개쳤다. 그리하여 대지가 그 정액을 잉태하여 에릭토니오스를 낳았다. 아테나는 에릭토니오스를 영생불사하게 할 생각으로 신들한테는 그의 존재를 비밀로 하고, 아기를 상자에 넣어 케크롭스 왕의 딸 판드로스한테 절대로 열어보지 말 것을 부탁하며 맡겼다. 하지만 판드로스가 호기심에 이끌려 상자를 열어 보자 그 안에는 뱀이 갓난아기를 감고 있었다. 이때 판드로스는 뱀에 물려 죽었다고도 하고, 아테나가 그녀를 미치게 했다는 이야기도 있다. 에릭토니오스는 아크로폴리스 위에 있는 아테나의 신역神域에서 양육되고 케크롭스의 뒤를 이어 아테나이 왕이 되었으며, 물의 넘페(요정) 프락시테아를 아내로 맞아 아들 판디온(필로멜라의 아버지)을 얻었다. 그는 아크로폴리스에 있는 아테나 신전을 창건하였으며, 판아테나이제祭를 창설하고 전차chariot를 처음으로 몰았다고 한다. 현재 아크로폴리스에 있는 에릭테이온 신전Erechtheion은 아테나이 왕 에렉테우스에서 나온 말이지만, 본래는 에릭토니오스와 동일했던 듯하다.

2)트로이아 다르다노스 왕의 아들. 일로
스Ilos와 형제 사이이다. 트로이아 왕국
을 계승하고 시모에이스의 딸 아스튀오
케를 아내로 삼아 트로스Tros의 아버지
가 되었다. Ilium(그 | Ilion)이 Ilos에서 나
왔듯이 Troy(그 | Troia)는 Tros 왕 이름에
서 나왔다.

「에릭토니오스의 탄생」, 영국박물관

### 에머슨, 랠프 왈도 Emerson, Ralph Waldo 1803~82

미국의 시인·사상가. 보스턴에서 목사
의 아들로 태어났다. 하버드 대학을 졸
업한 뒤 교사 생활을 하다 유니테어리언
Unitarians파의 목사가 되었다. 그러나 기독교 성찬의식에 의심을 품고 몇 년 만에 그만
두었으며 사직한 다음 해에 영국으로 가서 칼라일Carlyle과 친교를 맺었다. 귀국한 뒤
에는 보스턴 근교의 콩코드에 자리를 잡고, 저작 활동과 강연으로 초절주의超絶主義 사
상Transcendentalism을 전파했다.

### 에바, 리틀 Eva, Little

스토우Harriet Beecher Stowe의 『톰 아저씨의 오막집Uncle Tom's Cabin』(1852)에 나오는 인
물. 선량함과 사랑이 거의 성녀聖女 같은 귀여운 금발 소녀이다.

### 에바다 Ephphatha

예수가 귀머거리의 귀에 손가락을 넣고 한 말(막 7:34). 아람어를 헬라어로 그대로 옮긴
것인데 그 뜻은 '열려라'이다.

### 에반데르 라Evander

헤르메스와 요정 카르멘타의 아들. 트로이아 전쟁 이전에 이탈리아로 이주했다. 트로
이아를 떠나기 전에 아이네아스의 아버지 앙키세스를 만났고, 아이네아스가 도착했을
때는 이미 노인이었지만 투르누스와의 싸움에서 아이네아스를 도왔다.

### 에발 산에는 기어가고 그리심 산에는 뛰어가야 한다 We must creep into Ebal, and leap into Gerizim

'저주는 더디 하고 축복은 재빠르게 하여야 한다'는 뜻. "시므온과 레위와 유다와 잇사

갈과 요셉과 베냐민은 백성을 축복하기 위해 그리심 산에 서고 르우벤과 갓과 아셀과 스불론과 단과 납달리는 저주하기 위하여 에발 산에 서고"(신 27:12~13)라는 구절에서 비롯하였다.

**에베소의 과부 Widow of Ephesus** ⇨ 에페소스의 과부

**에베소의 잠자는 일곱 청년 Seven Sleepers of Ephesus**

기독교 박해로 숨어 있던 일곱 명의 청년. 로마의 데키우스 황제Decius(재위 249~251) 치하에서 에베소의 일곱 청년이 기독교 신앙 때문에 박해를 받아 어느 바위에 숨어 약 187년 간 잠잔 뒤에 깨어났는데 그때는 로마가 기독교화되어 있었다고 한다.

**에벤에셀 Ebenezer**

'구원의 바위', '도움의 돌'이라는 뜻. 이스라엘 사람들은 블레셋 사람들에게 패배해 언약궤를 빼앗겼다(삼상 4:1~11). 그러나 나중에 언약궤를 되찾았을 때 사무엘은 승리를 기념하기 위해 돌을 세우고 그 돌을 에벤에셀이라 불렀다(삼상 7:2~12).

**에서 Esau**

이삭과 리브가의 장자. 털이 많고 능숙한 사냥꾼이었다. 꾀 많은 쌍둥이 동생 야곱은 뱃속에 있을 때도 에서와 싸웠는데 나중에 형을 속여 팥죽 한 그릇과 장자권을 바꾸고 형이 받을 축복을 빼앗았다. 에서는 나중에 에돔 족속의 시조가 되었는데 그들과 이스라엘인들과의 전통적인 적대 관계가 여기에서 비롯하였다. 나중에 야곱은 형과 화해하는 데 아주 애를 먹었다(창 25, 27, 33장). 에서는 영원한 권리나 귀중한 것보다 눈앞의 이득만을 선호하는 사람의 전형이다. ⇨ 야곱

**에스겔 Ezekiel**

바벨론 유수 기간 동안 활동한 히브리 선지자. 『구약성서』 「에스겔서」의 저자이다. 포로살이에 대한 유대인의 도덕적인 책임을 강조하고 신령과 믿음을 새롭게 할 것을 촉구했다. 이스라엘 사람들에 대한 그의 설교가 「에스겔서」에 들어 있다.

**에스더 Esther**

『구약성서』 「에스더서」의 여주인공. 페르시아의 왕 아하수에로는 7일 동안의 잔치에 왕비 비스다가 내빈들 앞에 나올 것을 명했다. 그러나 그녀는 이를 거절했고 그 결과 쫓겨났다. 그 뒤 에스더가 왕국의 처녀 가운데서 선택되어 왕비를 대신하게 되었다. 나중에 그의 사촌 모르드개가 왕의 대신 하만에게 절하기를 거절하여 하만을 격노케 했다. 절대적인 권위를 지니고 있던 하만은 포로로 온 모든 유대인과 모르드개를 처단

베르나르도 카발리노, 「아하수에로 왕과 에스더」, 피렌체 우피치 미술관

하기로 작정했다. 그러나 에스더가 "죽으면 죽으리라"는 비장한 각오로 왕이 부르기 전까지는 왕 앞에 나갈 수 없다는 당시 관습을 어기고 왕에게 나아가 간청하여 이를 저지했다. 나중에 하만이 처형되었을 때 유대인들은 적에 대한 그들의 승리를 칭송했다. 부림절Purim은 이 사건을 기념하기 위한 것이다. 에스더는 유대인이 가장 사랑하는 여성으로 남아 있다. 그녀의 이름은 '별'이란 뜻이다.

### 에스라 Ezra

바벨론 유수 이후 1,500명의 유대인 무리를 예루살렘으로 데리고 온 유대인 제사장이자 율법학자. 『구약성서』의 「느헤미야서」와 더불어 「에스라서」는 에스라의 여행과 성전을 재건하고 유대인 사회를 도덕적으로 정화하려는 그의 노력을 기록하고 있다.

### 에어, 제인 Eyre, Jane

샬러트 브론티Charlotte Brontë의 소설 『제인 에어Jane Eyre』(1847)의 여주인공. 제인은 어린 나이에 고아가 되었으나 감수성이 예민하고 지성적이며 자립심이 강한 여자로 성장하여 가정교사와 학교 선생을 하며 생계를 잇는다. 자신이 가정교사로 있는 집의 주인인 로체스터와 사랑에 빠지게 되는데 로체스터는 매우 신중하며 수수께끼 같은 인물이다. 이 둘의 사랑 이야기가 소설의 핵심이다.

## 에어리얼 Ariel

셰익스피어William Shakespeare의 『폭풍우*The Tempest*』(1611)에서 프로스페로를 섬기는 공기의 요정. 히브리어로 '하느님의 사자獅子' 혹은 '하느님의 제단'이라는 뜻이다. 에어리얼은 마음대로 자기의 모습을 눈에 보이지 않게 할 수가 있다. 에어리얼은 프로스페로가 캘리번의 야비한 악과 무지에 대조하여 선한 마술의 원리로서 사용하는 가벼움, 밝음, 영성靈性을 구현한다. 프로스페로가 마녀 시코랙스의 감금에서 에어리얼을 해방시켰듯이, 프로스페로는 극의 마지막에서 자기의 마술을 버릴 때 에어리얼을 해방시켜 준다. 모루아André Maurois는 셸리Percy Bysshe Shelley의 전기 제목(1923)으로 썼으며, 밀튼 John Milton은 『잃어버린 낙원*Paradise Lost*』(1667)에서 반역 천사 중의 하나로 그렸고, 포우프Alexander Pope는 「머리타래의 겁탈The Rape of the Lock」(1714)에서 여주인공인 미녀 벨린다를 수호하는 공기의 요정으로 그렸다.

## 에오스 그Eos 라Aurora

새벽의 여신. 로마인들은 아우로라Aurora라고 불렀다. 호메로스Homeros가 이 여신을 표현하며 쓴 형용사 어구 "장미빛 손가락을 가진rhododactylos(rosy-fingered)"이란 구절은 영시에 자주 나타난다.

## 에우로페 그Europe 영Europa

튀로스(그 l Tyros 영 l Tyre)의 왕인 아게노르의 딸. 그녀를 사랑한 제우스는 점잖은 하얀 황소의 모습으로 변신하여 나타났다. 그녀가 황소 등에 올라타자 황소는 바로 바다로 뛰어들어 크레테 섬으로 헤엄쳐 갔다. 거기서 에우로페는 제우스한테 미노스, 라다만튀스, 사르페돈을 낳아 주었다. 이 이야기는 아폴로도로스Apollodoros의 『비블리오테케 *Bibliotheke*』(ii), 오비디우스Ovidius의 『변신 이야기*Metamorphoses*』(ii) 등에 나온다.

## 에우뤼디케 그Eurydike 영Eurydice

나무의 요정(그 l dryas 영 l dryad). 트라케 사람 오르페우스의 아내이다. 트라케의 들판에서 물의 요정들과 거닐다가, 혹은 베르길리우스Vergilius에 의하면 그녀를 겁탈하려는 아폴론의 아들 아리스타이오스(카드모스의 딸 아우토노에와 이미 결혼했음)를 피하려다가 뱀을 밟아 뱀에게 물려 죽었다고 한다. ⇨ 아리스타이오스, 오르페우스

## 에우뤼클레이아 그Eurykleia 영Euryclea

오뒷세우스의 유모. 20년 만에 트로이아에서 돌아온 오뒷세우스를 처음에는 못 알아

파올로 베로네세, 「에우로페의 납치」, 베네치아 두칼레 궁전

봤지만 목욕시켜 주다가 허벅지에 난 상처를 보고 즉시 자기 주인임을 깨달았다.

### 에우뤼토스 ⊐Eurytos 영Eurytus

오이칼리아의 왕. 이올레의 아버지로 아버지와 같이 활의 명수이다. 헤라클레스한테 궁술을 가르쳤다. 호메로스Homeros에 의하면 아폴론을 이긴다고 자랑했다가 늙기도 전에 죽임을 당했다고 한다. 그의 활을 아들 이피토스가 오뒷세우스한테 선물로 주었고, 오뒷세우스는 이 활로 페넬로페의 구혼자들을 살육했다.

### 에우리피데스 Euripides 기원전 485년경~406년경

그리스의 비극 작가. 기원전 455년 이후 모두 80~90편의 희곡을 썼는데 비교적 완전하게 남아 있는 것은 19편이고 그 밖에 많은 단편이 있다. 소피스트의 영향을 받았는데, 소피스트들은 사람들에게 수사학이란 새로운 기술을 가르쳐 전통적 믿음에 의심

니콜로 델 아바테, 「에우뤼디케의 죽음」,
런던 국립미술관

「오뒷세우스의 발을 씻겨 주는 에우뤼클레이아」,
루브르 박물관

을 품게 했다. 그는 작품들에서 특히 신화의 신들을 불신하게 하여 사람들을 당황시키
는 것을 목표로 삼고 정반대의 등장인물을 등장시켜 격렬하게 논쟁을 시켰다. 아리스
토파네스Aristophanes는 자신의 풍자 희극 『개구리』에서 에우리피데스가 비극을 일상
생활 수준에 더 가깝게 가져옴으로써 타락시켰다고 비평했는데, 이것은 오히려 에우
리피데스의 강점强點을 지적한 것이다. 또 에우리피데스의 여자 혐오증에 대해 불평
을 늘어놓았는데 이것은 에우리피데스가 여자들의 강한 감정에 매혹되고 그것에 동정
적인 것을 오해한 것이다. 에우리피데스 작품의 등장인물은 아이스퀼로스Aischylos나
소포클레스Sophokles의 언어보다 덜 숭고한 언어를 사용한다. 한편 그의 코러스들은
매우 서정적이고 음악적으로 참신성이 있지만 그의 많은 희곡의 플롯보다는 덜 요긴
하다. 그의 비극 작품들은 테마와 어조가 매우 다양하며 때로는 작품에 따라 극단적인
주제 의식을 보여 주기도 한다. 예컨대 작품 중에서 바람피우는 남편을 괴롭히기 위해
두 아들을 죽이는 여자 이야기를 묘사한 『메데이아Medeia』, 의붓아들에 대한 사랑 때
문에 죽고 아들의 죽음까지 초래케 하는 파이드라가 등장하는 『힙폴뤼토스Hippolytos』,
그리스에서 행해진 디오뉘소스 숭배의 도래를 충격적으로 묘사한 『박카이Bakkhai』 등
은 극찬을 받는다. 그에게 영향을 받은 작가로는 드라이든John Dryden, 몰리에르Molière,
지로두Hyppolyte-Jean Giraudoux 등이 있다.

## 에우메니데스 그Eumenides

'자비로운 여신들'이라는 뜻. ⇨ 에리뉘에스

## 에우테르페 ㄱEuterpe

서정시抒情詩의 시신詩神. ⇨ 무사들

## 에우프로쉬네 Euphrosyne

세 미美의 여신 중 한 명. 환희와 미의 화신化身이다. 다른 두 미美의 여신은 아글라이아와 탈리아이다. ⇨ 카리스들

## 에이규치크 경, 앤드루 Aguecheek, Sir Andrew

셰익스피어William Shakespeare의 『십이야Twelfth Night』(1600)에 나오는 토비 벨치 경의 어리석은 겁쟁이 친구이며 올리비어의 구혼자. 세바스천과의 결투에서 부상을 입는다. 셰익스피어 작품의 등장인물 중에서 흥미로운 희극적 인물의 하나이다. 그의 이름 중 "aguecheek"는 '학질(말라리아)에 걸린 뺨'이란 뜻으로 셰익스피어의 말장난이 드러나는 희극적 이름이다.

## 에이븐의 시인詩人 Bard of Avon

스트래트퍼드 어폰 에이븐Stratford-upon-Avon에서 태어난 셰익스피어William Shakespeare를 지칭하는 말. 존슨Ben Jonson은 비가悲歌 「내가 사랑하는 작가 윌리엄 셰익스피어 씨를 추념하며To the Memory of my Beloved, the Author, Mr. William Shakespeare」에서 셰익스피어를 "에이븐 강의 아름다운 백조Sweet Swan of Avon"라고 불렀다. 스트래트퍼드 어폰 에이븐에서 에이븐은 강 이름이고, 스트래트포드는 옛날 로마인들이 닦은 도로 이름이다.

## 에이햅 선장 Captain Ahab

멜빌Herman Melville의 『모비 딕Moby Dick』(1851, 일명 '백경')에 나오는 포경선 피쿼드호의 선장. 『구약성서』 「열왕기상」 16~22장에 나오는 이스라엘 왕 아합에서 이름을 따왔다. 그는 커다란 하얀 고래한테 한쪽 다리를 먹혀 복수심에 불타 온 바다를 헤매다니며 복수를 성취하지만 자신도 죽고만다. ⇨ 모비 딕, 아합

## 에일레이튀이아 ㄱEileityia 영Ilithyia

출산의 여신. 제우스와 헤라의 딸이라고 한다. 기원은 미노스 시대(크레테 문명)인 듯하다. 이 여신에 관한 이야기는 별로 없다. 아폴론과 아르테미스, 혹은 헤라클레스의 출생을 늦추게 하는 일 정도가 그녀가 행한 일로 전한다.

## 에코 ㄱEcho

숲과 샘의 님페(요정). 남편의 간통 현장을 덮치려는 헤라에게 재잘재잘 끊임없이 말을 걸어 헤라가 간통 현장을 놓치게 되었다. 그 벌로 헤라는 에코가 상대에게 먼저 말을 걸

니콜라스 푸생, 「에코와 나르킷소스」, 루브르 박물관

지 못하게 해버렸다. 그리스 신화에서 에코는 산의 요정으로 나르킷소스를 사랑하게 되었으나 먼저 말을 걸 수가 없어 희망도 없는 사랑을 하다가 나중에는 목소리(메아리) 이외엔 아무것도 남지 않게 될 때까지 여위어 갔다. 에코와 관련한 다른 이야기는 에코의 구애자 중의 하나이던 목신牧神 판이 에코가 자기의 구애를 거절하자 목동들을 시켜 그녀를 찢어 죽여서 목소리만 남았다는 것이다. 이 이야기는 오비디우스Ovidius의 『변신 이야기Metamorphoses』(iii) 등에 나온다.

### 에키드나 ㄱEchidna

반인반사半人半蛇인 여자 괴물. 이름은 '뱀'이란 뜻이다. 제우스한테 도전한 튀폰 Typhon의 아내이다. (헤라클레스가 죽인) 휘드라, 스핑크스, (하계의 번견番犬) 케르베로스, (벨레로폰이 죽인) 키메라의 어머니이다. 그녀에 관한 이야기는 헤시오도스Hesiodos의 『신통기Theogonia』, 아폴로도로스Apollodoros의 『비블리오테케Bibliotheke』(ii), 오비디우스Ovidius의 『변신 이야기Metamorphoses』(ix) 등에 나온다.

### 에테오클레스 ㄱEteokles 영Eteocles

테바이 왕 오이디푸스와 이오카스테의 아들. 폴뤼네이케스의 형이며 안티고네와 이스메네의 오빠이다. 오이디푸스가 왕위를 버리고 테바이를 떠나자 형제는 해마다 교대로 다스리자는 데 합의했다. 그러나 에테오클레스는 자신이 다스릴 기간이 지나서도 왕위를 내놓기를 거부하고 폴뤼네이케스를 추방했다. 동생은 형의 배신에 대한 보복을 결심하고 아르고스로 가서 아르고스 왕 아드라스토스의 딸 아르기아와 결혼해서 테바이를 공격할 군사를 일으켰다. 형제는 결투를 하다가 동시에 서로를 찔러 둘 다 죽었다. 이들에 관한 이야기는 아폴로도로스Apollodoros의 『비블리오테케Bibliotheke』(iii), 아이스퀼로스Aischylos의 『테바이를 공격한 일곱 장수Hepta epi Thebas』 등에 나온다.

## 에트나 라Etna/Aetna 그Aitne 영Etna

시켈리아 섬에 있는 유럽 최대의 활화산(해발 3,323m). 로마인들은 그리스의 대장장이 신인 헤파이스토스를 그들의 불카누스와 동일시하였다. 그래서 헤파이스토스의 대장간이 에트나 산 밑에 있다는 신화가 생겨났다. 에트나 화산 활동에 대한 이야기는 그곳에 괴물 튀폰이 갇혀 있어 이따금씩 꿈틀거린다는 것이다. 제우스는 시켈리아 섬을 튀폰 위에다 떨어트려 꼼짝달싹 못하게 했다. 아널드Matthew Arnold의 시 「에트나 산의 엠페도클레스Empedocles on Etna」(1852)가 있다.

## 에페소스의 과부/에베소의 과부 Widow of Ephesus

로마의 정치가이자 작가인 페트로니우스Gaius Petronius(?~65)가 쓴 장편 소설 『사튀리콘Satyricon』에 나오는 한 이야기. 여성의 정조를 통절히 풍자했다. 『사튀리콘』은 16세기 이후 유럽 여러 나라에서 유행한 피카레스크(악한) 소설Picaresque novel의 선구를 이루는 작품이다.

## 에페이오스 그Epeios 영Epeius/Epeus

목마Wooden Horse의 발명자. 이 목마는 탱크의 원형으로 여겨진다. 에페이오스는 포키스의 수장首長으로 군함 30척을 이끌고 트로이아 원정군에 참가했고 아테나 여신의 도움을 받아 목마를 만들었다. 이 이야기는 베르길리우스Vergilius의 『아이네이스Aeneis』(ii)에 나온다.

## 에피메니데스 그Epimenides

그리스판 '립 밴 윙클'. 립 밴 윙클은 어빙Washington Irving의 가장 인기 있는 단편인 『스케치북The Sketch Book』(1819~20)에 등장하는 중심 인물이다. 크레테의 목동으로 시를 쓸 줄 알고, 사람들에게 종교를 가르치고 기적을 행했다. 어느 날 잃어버린 양을 찾다가 졸음이 와 동굴에 누웠는데 그때부터 57년 동안 잠을 잤다. 그리스에서 최초로 신전을 세운 사람이라고도 한다.

## 에피메테우스 Epimetheus

프로메테우스의 동생. 최초의 여자인 판도라를 아내로 맞았으며 데우칼리온의 아내인 퓌라를 낳았다. 이 이야기는 헤시오도스Hesiodos의 『신통기Theogonia』, 아폴로도로스Apollodoros의 『비블리오테케Bibliotheke』(i) 등에 나온다.

## 에피카스테 ㄱEpikaste

오이디푸스의 어머니이자 아내. 호메로스Homeros의 『일리아스Ilias』에는 이오카스테라는 이름으로 나온다. 그녀와 관련한 이야기는 호메로스의 『일리아스』(xi), 소포클레스Sophokles의 『오이디푸스왕Oidipous tyrannos』 등에 나온다. ⇒ 이오카스테

## 엔니우스 Quintus Ennius 기원전 239~169년경

로마의 시인·극작가·풍자가. 최초의 위대한 라틴 시인으로 비극, 희극, 풍자시, 경구警句를 망라해 쓴 다작多作 작가이다. 아이네아스의 방랑부터 그의 시대까지 로마의 역사를 헥사미터hexameter(처음으로 라틴 시에 도입했음)로 쓴 서사시 『연대기Annales』가 가장 유명하다. 이 서사시는 로마의 시인인 루크레티우스Lucretius와 베르길리우스Vergilius의 『아이네이스Aeneis』에 영향을 끼쳤다.

## 엔돌의 신접神接한 여인 Witch of Endor

'무당'이나 '영매靈媒'를 뜻하는 말. 사울 왕이 블레셋 군대에 직면하였을 때 엔돌에 사는 한 여자 무당을 찾아가 죽은 선지자 사무엘의 망령을 불러올리도록 했다. 그러자 망령은 사울의 패배와 그가 적의 손에 죽을 것을 정확하게 예언했다(삼상 28:3~25).

## 엔뒤미온 ㄱEndymion

달의 여신 셀레네가 사랑한 미소년. 젊고 잘생긴 양치기인데 셀레네가 열렬히 사랑했다. 셀레네의 요구로 제우스는 엔뒤미온에게 한 가지의 소원을 허락했다. 엔뒤미온은 영원한 젊음을 유지하고 싶어서 영원한 잠을 요청했다. 제우스는 그의 소원을 들어주었고, 그 뒤 셀레네는 매일 밤 내려와 엔뒤미온이 눈치 채지 못하게 살며시 그에게 키스했다. 이 사랑의 장소는 소아시아 카리아에 있는 라트모스 산이라는 설이 유력하다. 이 이야기는 키츠John Keats의 장시 「엔디미언Endymion」(1818)의 테마를 형성하고 있는데, 이 시는 유명한 다음 행으로 시작한다. "아름다운 것은 영원한 기쁨A thing of beauty is a joy forever". 이 이야기는 파우사니아스Pausanias의 『그리스 안내기Periegesis Hellados』(v)에 나온다.

앤 루이 지로데 트리아종, 「잠든 엔뒤미온」, 루브르 박물관

## 엘긴 대리석상大理石像들 Elgin Marbles

그리스 아테나이의 파르테논 신전에 있던 대리석 조각들. 터키 주재 영국 공사 엘긴 백작Earl of Elgin 토머스 브루스Thomas Bruce가 1803~12년에 파르테논에서 영국으로 가져와, 1816년에 영국박물관에 팔았다. 페이디아스의 지도로 조각된 것들로 여겨진다. 키츠John Keats는 화가 친구 헤이든과 함께 가서 보고 「엘긴 대리석상들을 보고서On seeing the Elgin Marbles」를 지었지만, 그리스를 사랑한 바이런Lord Byron은 훔쳐 온 물건이라 생각해서 엘긴 백작을 비난하는 시를 지었다.

## 엘 도라도 [에]El Dorado [영]The gilded(man)

16세기에 남아메리카 탐험가들이 찾던 황금인간의 나라. '황금인간'이란 뜻이다. 이러한 전설은 해마다 추장이 기름을 바르고 황금가루에 뒹군 뒤 에메랄드와 황금의 제물을 성스런 호수에 내던지며, 의식적으로 황금을 씻어내던 콜롬비아의 칩차Chibcha 인디오들의 관습에서 비롯한 듯하다. 이 관습은 에스파냐 정복자들conquistadores이 오기 훨씬 전에 사라진 것 같지만 이야기만은 계속 살아남아 황금나라의 전설이 되었다. 곤살로 피살로와 프란시스코 데 오렐라나가 황금향黃金鄕을 찾아 나섰는데, 후자는 아마존 강을 쭉 따라 탐험했다. 16세기 중엽부터 일련의 모험가들이 엘 도라도와 그 변형들, 즉 "계피의 나라", "마노아의 황금나라" 등을 찾아 나섰다. 영어권 사람들한테 가장 잘 알려진 탐험으로는 1595년 월터 롤리 경Sir Walter Raleigh의 탐험이다.

## 엘레게이아 ⑤Elegeia 라Elegia 영Elegy

애가哀歌, 비가悲歌. 친구나 유명 인사의 죽음을 탄식하는 정교한 형식의 서정시를 일컫는 말이다. 그리스·라틴 시에서는 시의 운율meter에 관한 것이지 내용에 관한 것이 아니어서 연애시가 엘레게이아에 자주 포함되었다. 그러나 밀튼John Milton의 「리시더스Lycidas」(1637) 이후로, 영국에서는 이 용어가 흔히 탄식을 뜻하게 되었다. 밀튼은 「리시더스」를 monody(singing alone, 독창가·애가·비가)라 불렀다. 밀튼 이후 엘레게이아를 이와 같은 의미로 쓴 시로는 키츠John Keats의 죽음을 애도한 셸리Percy Bysshe Shelley의 「어도네이스Adonais」(1821), 클러프Clough의 죽음을 슬퍼한 아널드Matthew Arnold의 「서시스Thyrsis」(1867)가 있다. 테니슨Alfred Tennyson의 「추도시In Memoriam」(1850)는 친구 핼럼Arthur Hallam을 애도한 긴 애가이다. 휘트먼Walt Whitman의 「라일락이 마지막으로 뜰에 피었을 적에When Lilacs Last in the Dooryard Bloom'd」(1865)는 유명한 인물(에이브러햄 링컨)을 기념하는데, 오든Wystan Hugh Auden의 「예이츠를 추모하며In Memory of W.B. Yeats」(1939)와 같은 경우이다. 넓은 의미에서 애가elegy는 삶의 덧없음이나 슬픔에 대한 음울한 사색의 시이기도 하다. 그러한 예로는 그레이Thomas Gray의 「시골 교회 묘지에서 쓴 비가Elegy Written in a Country Churchyard」(1751), 릴케Rainer Maria Rilke의 『두이노 비가Duinoser Elegien』(1912~22), 레오파르디Giacomo Leopardi의 많은 시를 들 수 있다.

## 엘레우시스 ⑤Eleusis

헤르메스와 다에이라의 아들. 트립톨레모스의 아버지라는 이야기도 있다. 트립톨레모스는 일반적으로 켈레오스 왕과 메타네이라의 아들로 여겨진다. 엘레우시스는 아테나이 북서 해안에 있는 도시로 데메테르 여신 숭배의 중심지이며, 지금은 폐허가 되었지만 화려한 신전이 있었다. 엘레우시스란 인물은 이 도시의 이름에서 유추해 낸 것이다.

## 엘레우시스 비의秘儀 Eleusinian Mysteries

아테나이 근처에 있는 엘레우시스(서북쪽으로 23km)에서 거행된 비의秘儀. 그리스의 비의들 중 가장 유명한 것으로 그 의식은 전수자만 알고, 절대로 말해서는 안 되는 비밀이었다(mystery는 mystes(입을 다문close-mouthed)에서 나왔다. 정확한 의식의 내용은 불명확하지만 그 비의는 데메테르와 페르세포네에게 바쳐진 것이며 풍요와 곡물의 씨 뿌림과 관련이 있었다. 그 까닭은 그 비의가 농업 축제에서 발전한 듯하기 때문이다. 이 비의의 준비 활동에 관한 것은 호메로스풍 데메테르 찬가Hymn to Demeter에서 발견된다. 나중에 디오뉘소스가 이악코스Iacchos란 이름으로, 풍요와 대지의 재생의 신으로서 이 비의와 관련을 갖게 된다. 그 결과 축제의 일부는 하계로의 하강과 내세에 대한 몰입과 연관된다. 이 비의는 뮈스타이mystai(신참자)들이 아테나이에서 엘레우시스까지 엄숙히 행진하는 것으로 시작한다. 그 다음 텔레스테리온Telesterion(전수관)에서 행해진 의식은 비밀로 남아 있다. 2~3월에 아테나이 바깥인 일리소스 강가 아그라이에서 거행된 소小비의Lesser Mysteries는 정화 의식으로 시작했고, 매해 9~10월에 엘레우시스에서 거행된 대大비의Great Mysteries는 바다에서의 의식적인 목욕, 3일 간의 단식과 수수께끼로 남아 있는 핵심적 의식을 포함했다.

### 엘레인 Elaine

맬러리 경Sir Thomas Malory의 『아서 왕의 죽음Le Morte d'Arthur』(1469)에 나오는 인물. 아서 왕 전설(『아서 왕의 죽음』)의 「애스톨래트의 백합처녀The Lily Maid of Astolat」와 테니슨 Alfred Tennyson의 『왕의 목가Idylls of the King』(1859)에서 엘레인은 란슬러트를 사랑했지만 헛수고였고, 가웨인이 그녀를 사랑했지만 그것도 헛되었다. 엘레인은 비탄한 나머지 죽어서 캐멀러트Camelot에 묻힌다.

### 엘렉트라 ㄱElectra 영Elektra

아가멤논과 클뤼타임네스트라의 딸. 오레스테스의 누나이다. 엘렉트라는 클뤼타임네스트라와 아이기스토스가 트로이아에서 귀국한 아가멤논을 죽였을 때 안전을 위해 남동생을 외국으로 보냈다. 여러 해 뒤 오레스테스가 친구 퓔라데스와 함께 돌아왔을 때, 엘렉트라는 어머니에 대한 미움으로 동생한테 어머니와 그녀의 정부를 죽이도록 설득한다. 엘렉트라는 나중에 퓔라데스와 결혼한다. 엘렉트라 이야기는 그리스의 3대 비극 작가가 모두 다루었다. 아이스킬로스Aischylos의 『제주祭酒를 붓는 여인들 Choephoroi』(3부작 『오레스테이아Oresteia』의 두 번째 극), 소포클레스Sophokles의 『엘렉트라 Electra』, 에우리피데스Euripides의 『엘렉트라』이다. 슈트라우스Richard Strauss의 힘차고 격렬한 오페라 「엘렉트라」(1909)와 호프만스탈Hofmannsthal의 리브레토libretto(대본)는 소포클레스의 비극을 바탕으로 삼았다. 프로이트가 정신 분석에서 사용한 '엘렉트라 콤플렉스Electra complex'는 딸의 아버지에 대한 무의식적 성적 애착을 가리키며, '오이디푸스 콤플렉스'의 여성판이다. 엘렉트라는 호박amber이란 뜻이다. 그녀의 이야기를 소재로 한 영화로는 마이켈 카코야니스 감독의 「엘렉트라Elektra」(1961, 마리아 칼라스 주연)가 있다.

**엘로힘 Elohim** ⇨ 여호와

**엘뤼시온** ㄱElysion ㅸElysium

'낙원'을 뜻하는 말. 하늘나라에 있는 것이 아니라 하계에 있다. 하계에는 지옥에 해당하는 벌 받는 곳도 있다. 이 말은 '행복한', '즐거운'이란 말에서 나왔다.

**엘뤼시온 들판 Elysian Fields**

낙원. 죽은 자의 재판관 라다만튀스가 지배하는 세계의 끝에 있는 지복至福의 나라이다. 신들에게 선택된 소수가 '생활이 가장 편안한', 눈도 폭풍도 비도 없는 낙원으로 갈 수 있다. 호메로스Homeros의 『오뒷세이아Odysseia』(iv)에서는 이 낙원을 '엘뤼시온 들판'이라 했다. 베르길리우스Vergilius의 『아이네이스Aeneis』(vi)에서 엘뤼시온의 들판은 하계에 있는데 거기엔 올바른 삶을 산 영혼만이 들어갈 수 있다. 이 영혼들은 영원한 봄과 햇빛 지역에서 즐겁게 시간을 보낸다. 파리에서 가장 아름다운 큰 길 중 하나인 샹젤리제(프 | Champs Elysées 영 | Elysian Fields)는 그리스어 Elysion(엘뤼시온의 들판)의 라틴어 번역인 elysii campi의 프랑스어 번역이다. 1660년대에 정원庭園으로 설계된 샹젤리제는 지금 세계에서 가장 유명한 거리가 되었다.

**엘리사 Elisha**

기원전 9세기 이스라엘의 선지자. 엘리야의 후계자이다. 나만의 문둥병을 고쳤으며(왕하 5장) 요단 강물을 갈랐고(왕하 2:13) 물에 빠진 도끼를 떠오르게 했다(왕하 6:1~7).

**엘리야 Elijah**

기원전 9세기 아합 왕 재위 시절에 살았던 이스라엘의 선지자. 그가 예언한 큰 가뭄 기간 동안 그릿 시냇가에서 까마귀들과, 죽은 아들을 살려준 감사의 표시로 사렙 땅 과부가 가져다 준 음식으로 연명했다. 아합 왕과 이세벨 왕비가 바알의 추종자가 된 뒤 엘리야는 갈멜 산Mount Carmel에서 참 신을 가려내자고 바알 신의 선지자들에게 도전했다. 바알이 그의 선지자들에게 응답하지 않자 엘리야는 물이 찬 도랑으로 둘러싸인 재단을 만들며 그들의 신이 자고 있는 모양이라고 놀렸다. 엘리야가 기도하자 하느님의 불이 내려와 "번제물과 나무와 돌과 흙을 태우고 또 도랑의 물을 핥았다"(왕상 18:38). 엘리야는 바알 선지자 450인을 기손 시내에서 죽였다. 엘리야는 불수레를 타고 승천했는데 이를 우연히 밭을 갈고 있던 엘리사가 목격했다. 이를 보고 "엘리야가 가진 영감의 갑절"이 임하기를 기도한 엘리사에게 엘리야의 겉옷이 떨어졌다(왕상 18:17~40, 19:19, 왕하 2:8~14). 여기서 파생한 "엘리야의 겉옷Elijah's mantle"은 어떤 직책을 승계하는 것을 의미하게 되었다.

패트릭 헤론, 「T. S. 엘리어트」

### 엘리어트, 토머스 스턴즈 Eliot, Thomas Stearns 1888~1965

영국의 시인·비평가·극작가. 미국 미주리주 세인트루이스에서 태어났다. 『황무지The Waste Land』(1922)로 1920년대 영시에 결정적인 영향을 끼쳤으며, 1948년 노벨 문학상을 수상했다. 전통을 중시하고, 종교적 접근을 통하여 현대인의 메마른 정신을 구원하려 했다. 대표작으로 「프루프록의 연가The Love Song of J. Afred Prufrock」(1917), 『성회 수요일Ash Wednesday』(1930), 시극 『대성당 안의 살인Murder in the Cathedral』(1935), 『가족 재회The Family Reunion』(1939), 『칵테일 파티The Cocktail Party』(1949) 등이 있다.

### 엘리 엘리 라마 사박다니 아Eli, Eli, Lamma Sabacthani

"나의 하느님, 나의 하느님, 어찌하여 나를 버리셨나이까?"(마 27:46)라는 뜻의 아람어. 십자가 위에서 예수가 한 7언 중의 하나이다. ⇒ 십자가 위의 7언

### 엘리자베스 1세 Elizabeth Ⅰ 1533~1603

영국 여왕(재위 1558~1603). 헨리 8세와 앤 불린Boleyn의 딸이다. 스코틀랜드의 메리 여왕을 처형함으로써 카톨릭의 음모에 종지부를 찍었으며 1588년에는 에스파냐의 무적함대를 무찔렀다. 치세 동안 상업의 성장, 해양 팽창, 그리고 문학·음악·건축의 번영을 이룩하였다.

### 엠마오 Emmaus

예루살렘에서 약 11km 떨어져 있던 성읍. 글로바와 그의 동료 제자가 예루살렘에서 이곳으로 내려가는 도중에 예수를 만난 사건으로 유명한 곳이다(눅 24:13).

### 엠페도클레스 그Empedokles 기원전 493년경~433년경

그리스의 철학자·정치가·시인. 루키아노스Lukianos에 의하면 엠페도클레스는 사람

파올로 베로네세, 「예수의 엠마오에서의 저녁식사」, 루브르 박물관

들이 그가 신들에게로 갔다고 믿도록 에트나 화산 분화구에 투신했지만, 에트나가 그의 샌들을 토해 내는 바람에 그의 거짓말이 드러나 버렸다고 한다.

### 여러 사람에게 여러 모습 All things to all men

'약삭빠르며 전적으로 좋지만은 않은 융통성'을 뜻하는 말. "내가 여러 사람에게 여러 모습이 된 것은 아무쪼록 몇 사람이라도 구원하고자 함이니"(고전 9:22)라는 구절에서 비롯하였다. 바울이 사람들을 개종시키기 위해 유대인들에게는 유대인으로, 이방인들에게는 이방인으로 접근한 데서 나온 말이나 현대에 와서 의미가 변질되었다.

### 여로보암 Jeroboam

느밧의 아들. 사악함과 우상 숭배로 유명하다. 열 지파를 선동하여 솔로몬의 아들인 르호보암에 반역토록 했고 그 결과 새로 생긴 나라의 왕이 되었다. 그는 "용맹한 큰 자"로 언급되는데 그의 이름이 아주 큰 술병이나 포도주 병(정확히는 3l)을 가리키는 데에 쓰이는 것도 이 때문이다(왕상 11, 14장).

### 여리고 Jericho

예루살렘 아래 사해의 움푹한 땅에 위치한 성. 이 성에 대한 고고학적인 증거는 부분적으로는 「여호수아서」에 있는 여리고 이야기를 확인시켜 주고, 한편으로는 『성서』에 기록된 내용을 일부 수정해 준다. 예컨대 고고학적인 증거에 의하면 여리고 성은 『성서』

의 기록처럼 한 번 무너진 것이 아니라 두 번 무너진 것이 분명하다. 나팔소리에 여리고 성이 신비하게 무너진 사건은 때로 싸우지 않고 얻은 승리를 묘사하는 데에 쓰인다.

## 여호사밧 Jehosaphat

유다의 제4대 왕. 이교적 우상 숭배를 근절시켰으며 백성에게 모세의 율법을 가르치기 위해 순회하는 율법 선생을 파견했다. 솔로몬 이후 가장 뛰어난 왕으로 평가받는다. 그의 이름은 '여호와가 심판하셨다' 라는 뜻이다.

## 여호수아 Joshua

눈Nun의 아들. 모세가 죽은 뒤 약속의 땅을 정복하는 동안 이스라엘의 지도자였다. 해와 달을 멈추라 명한 것과 여리고 성을 정복한 것으로 유명하다. 이스라엘이 여리고 성을 포위하고 있을 때 하느님은 그에게 제사장들을 시켜 트럼펫을 불고 온 군대가 큰 소리를 지르라고 명령했다. 여호수아는 하느님의 명대로 했고, 그들이 내지른 소리에 성벽이 무너져 군대가 성안으로 진입해 성을 정복했다(수 6:1~20, 10:12~24).

## 여호수아가 해와 달을 멈추라 명하다 Joshua commands the sun and the moon to stand still

신실한 자들의 고지식함을 시험하는 산문적이고 축어적인 사실의 진술이 된 『성서』 구절. 원래 문맥에서는 시적 과장의 한 부분이었다. 이 표현은 "여호와께서 아모리 사람을 이스라엘 자손에게 넘겨 주시던 날에 여호수아가 여호와께 아뢰어 이스라엘의 목전에서 이르되 태양아 너는 기브온 위에 머무르라 달아 너도 아얄론 골짜기에서 그리할지어다 하매 태양이 머물고 달이 멈추기를 백성이 그 대적에게 원수를 갚기까지 하였느니라 야살의 책에 태양이 중천에 머물러서 거의 종일토록 속히 내려가지 아니하였다고 기록되지 아니하였느냐"(수 10:12~13)는 구절에서 비롯하였다. 여호수아의 이 기도는 이제는 사라져 버린 야살의 책에서 따온 것이다.

## 여호와/야훼 Jehovah

기독교에서 '하느님'을 뜻하는 말. 기독교인들은 말로 할 수 없는 『구약성서』의 하느님을 나타내기 위해 히브리글자 'Y, H, W, H'를 썼다. 야훼의 4자음 문자tetragrammaton로 불리는 이 말은 유대인들이 『성서』를 읽을 때도 결코 말하지 않고 '아도나이' 혹은 '엘로힘'으로 발음하였다. 이것의 실제 발음은 소실되었지만 야훼Yahweh나 야베Yave였을 것으로 추정한다. 그 발음이 여호와는 아니었을 것이다.

## 여호와는 나의 목자 The Lord is my shepherd ⇒ 푸른 초장

### 여호와의 기름 부음 받은 자 Anointed of the Lord

그리스도 혹은 메시야, 하느님에 의해 선택된 자들, 곧 선지자, 제사장, 왕들을 가리키는 말. 다윗은 사울 왕을 죽이려 한다는 말에 "내 손을 들어 내 주를 해하지 아니하리니 그는 여호와의 기름 부음을 받은 자이기 때문이라"(삼상 24:10)고 대답했다. 이러한 직분자들을 세울 때 머리에 기름을 부은 데서 유래하였다.

### 연금술사의 돌 Philosopher's stone

비금속卑金屬을 황금으로 변화시키거나, 인간의 수명을 연장시킬 수 있는 힘을 가졌다고 여겨진 돌 혹은 물질. 중세 연금술사鍊金術師들은 이 돌을 찾아내려 했다.

### 연기된 소망 Hope deferred

이루어지지 않은 소망. 「잠언」의 "소망이 더디 이루어지면 그것이 마음을 상하게 하거니와 이루어지는 것은 곧 생명나무니라"(잠 13:12) 한 데서 비롯하였다. 이 구절은 이루어지지 않은 소망이 사람을 병들게 한다는 뜻이다.

### 연약한 그릇 Weaker vessel

'여자'를 가리키는 말. 이 비유는 "남편들아 이와 같이 지식을 따라 너희 아내와 동거하고 그를 더 연약한 그릇이요 또 생명의 은혜를 함께 이어받을 자로 알아 귀히 여기라 이는 너희 기도가 막히지 아니하게 하려 함이라"(벧전 3:7) 한 구절에서 비롯하였다. 베드로는 아내를 남편보다 육체적으로 연약하며 사회적으로 남편에 매여 있다고 간주하는데 이는 여자들이 덜 신령하거나 생명의 은총에서 제외되어서가 아니다. 그릇이라는 용어는 사람에게 적용될 경우 그들이 유용한 도구이고 신령한 은혜를 담을 용기임을 시사한다. 연약한 그릇이라는 말은 지금은 은총의 수혜자라는 의미를 상실해 여자에 대해 별로 좋지 않은 말로 받아들여진다.

### 연옥煉獄 ⇨ 푸르가토리오

### 열 가지 재앙 The Ten Plagues ⇨ 이집트에 내린 재앙

### 열매로 그들을 알지니 Know them by their fruits

예수의 산상수훈 중에 나오는 구절 중의 하나. "그들의 열매로 그들을 알지니 가시나무에서 포도를, 또는 엉겅퀴에서 무화과를 따겠느냐 이와 같이 좋은 나무마다 아름다운 열매를 맺고 못된 나무가 나쁜 열매를 맺나니 좋은 나무가 나쁜 열매를 맺을 수 없고 못된 나무가 아름다운 열매를 맺을 수 없느니라 아름다운 열매를 맺지 아니하는 나무마다 찍혀 불에 던져지느니라 이러므로 그들의 열매로 그들을 알리라"(마 7:16~20)는 구절에서 비롯하였다. 이것은 거짓 선지자들을 조심하라는 말로 그들이 무슨 말을 하든 그 열매를 보면 그 사람이 어떠한지를 알 수 있다는 뜻이다.

## 열매 없는 무화과 Leaves without fig

'지켜지지 않는 약속이나 말만 하고 행하지는 않는 것'을 뜻하는 말. 예수가 한 비유 중에 "한 사람이 포도원에 무화과나무를 심은 것이 있더니 와서 그 열매를 구하였으나 얻지 못한지라"(눅 13:6) 한 구절에서 비롯하였다.

## 열조烈祖에게로 돌아가다 Gathered to one's father

'조상과 함께 장사되다', '죽는다'는 뜻. 이 말은 "그 세대의 사람도 다 그 조상에게로 돌아갔고"(삿 2:10)에서 나온 구절로 여호수아가 죽고 여호수아의 죽음을 목도한 그 세대 사람들도 다 죽어 여호와를 알지 못하게 되었음을 설명하는 대목에서 비롯하였다.

## 엿보는 톰 Peeping Tom

영국 중부 코벤트리의 한 시민. 전설에 의하면 머시아 백작의 아내인 고다이버 부인이 남편이 코벤트리 주민들한테 중세增稅를 부과하는 것을 비난하자 백작이 농담으로 당신이 대낮에 발가벗고 말을 타고 간다면 세금을 올리지 않겠다고 말했다. 고다이버 부인은 그렇게 하겠다고 말하고, 주민들에게는 외출을 금지했다. 모든 사람이 그녀의 말을 따랐으나 톰은 호기심을 참지 못해 고다이버 부인을 창문으로 엿보았다. 그래서 "엿보는 톰"이라고 하면 관음증을 가진 사람을 가리키게 되었다.

## 영원한 도시 Eternal City

'로마'를 뜻하는 말. 라틴어로는 Urbs Aeterna이다. 오비디우스Ovidius, 티불루스Tibullus 등의 로마 작가들이 로마 시에 붙인 별명이다.

## 영주領主의 초야권初夜權 ㅍDroit du seigneur 영The Lord's right

영주가 가신家臣이 결혼할 때 남편을 대신해 그의 신부와 첫날밤을 치르는 권리. 라틴어로는 jus primae noctis이다. 이 말은 '강력한 권리'라는 의미로 인용되기도 한다.

## 영혼의 어두운 밤 Dark night of the soul

아무런 희망도 없는 절망 상태를 일컫는 말. 이 구절은 에스파냐의 신비주의자이자 시인이며 기독교 신비주의 창시자인 십자가의 성 요한St. John of the Cross(본명은 후안 데 라 크루스Juan de la Cruz, 1542~91)의 책에 나온다. 그는 기독교 신비주의의 창시자인데 하느님에게 가까워지는 과정을 설명하는 이 신비주의에서는 환상과 음성이 중요한 역할을 수행한다. 이 과정의 한 부분에서 개인은 하느님도 없고 아무런 희망도 없으며 심지어는 기도할 힘조차 없는 완전한 절망에 처하게 된다. 「영혼의 어두운 밤」은 그가 쓴 시로 완전한 절망의 상태를 설명하는 제목이다. 그러나 마침내 그의 영혼은 하느님과 합일에 이른다.

## 예레미야 Jeremiah

『구약성서』의 가장 위대한 선지자의 한 사람. 바벨론 사람들에 의해 예루살렘이 함락될 당시와 그 뒤 절망의 시기에 살았다. 성전이 무너지자 국가보다 개인의 중요성을 더 강조했고 신앙의 근원을 인간의 마음에 두었다. 그의 예언은 「예레미야서」에 기록되어 있고 「예레미야애가哀歌」의 저자로도 간주된다.

## 예루살렘 Jerusalem

옛 유대 왕국의 수도이고 현대 이스라엘의 수도. 유대인과 기독교도 그리고 이슬람 교도의 성스러운 도시이다. 고대 이름은 히에로솔뤼마Hierosolyma이며 히브리어로 '평화의 성城'이라는 뜻이다. 종종 '시온Sion(Zion)'이라고도 불린다. 시온 산 언덕 위에 예루살렘의 성채가 세워져 있다. 예루살렘은 1948년 이스라엘과 요르단 사이에 둘로 갈라졌지만 1967년 이스라엘이 요르단령領을 합병해 버렸다. 「요한계시록」에서 말하는 "새 예루살렘New Jerusalem"은 이 세상 끝날에 세워질 천국의 도성을 의미한다. 예루살렘을 소재로 한 작품으로는 블레이크William Blake의 시 「예루살렘Jerusalem」(1804~20), 탓소Tasso의 장편 서사시 「예루살렘 해방Gerusalemme Liberata」(1559), M.두래블의 소설 『황금빛 예루살렘Jerusalem the Golden』(1967) 등이 있다.

## 예수 Jesus

1세기에 활동한 예언자로 기독교도들에게는 하느님의 아들로 인식된 인물. 예수 그리스도로서 하느님인 동시에 인간이며 인간의 타락 후에 이어져 온 죄에서 인류를 구하기 위해 하느님이 보낸 메시야이다. 베들레헴에서 예수 그리스도가 태어난 이야기를 통틀어 '그리스도의 탄생The Nativity'이라고 부른다. 성령에 의해 동정녀Virgin Mary에게 잉태되었고 베들레헴의 한 마구간에서 태어났다. 마리아와 그녀의 남편인 요셉은 그를 나사렛에서 길렀다. 12살 소년일 때 성전에 올라가 놀라운 지식으로 모세의 율법 학자들을 놀라게 했다. 어른이 되어서는 12명의 제자를 뽑아 그들과 함께 팔레스타인 지방을 다니며 하느님의 말씀을 가르치고 병자들을 고치며 이적을 행했다. 스스로를 메시야라고 하고 율법을 지키지 않았기 때문에 추종자도 많았지만 적도 많았다. 예수는 제자인 가룻 유다의 배신으로 본디오 빌라도에게 재판을 받은 뒤에 당시 그곳을 지

배한 로마 당국에 의해 십자가형에 처해
졌다. 기독교도들은 그가 죽음에서 살아
났고 이런 그의 부활이 인류의 구원을
가능케 했다고 믿는다. 기독교도들은 예
수의 재림을 기다린다. 그의 생애를 소
재로 한 영화로는 피터 스커이스 감독의
「예수」(1979, 브라이언 리콘 주연), 프랑코
제페렐리 감독의 「나자렛 예수Jesus of
Nazareth」(1977, 로버트 파월 주연)가 있다.
노만 주이슨 감독의 록 뮤지컬 영화「지
저스 크라이스트 수퍼스타Jesus Christ
Superstar」(1973, 팀 라이스 가사, 앤드류 로이드
웨버 음악, 테드 닐리·칼 앤더슨 주연)는 예
수와 가룟 유다의 인간적 고뇌가 담긴
의미 있는 작품이다.

알브레히트 알트도르퍼, 「그리스도의 부활」, 빈 미술관

## 예수의 동생들과 누이들 Brothers and sisters of Jesus

마리아와 요셉 사이에서 태어난 예수의 형제 자매. 마리아는 예수를 낳은 다음 아들
넷, 딸 셋넷을 더 낳은 것으로 전해진다. 고향에 돌아온 예수를 보고 사람들이 "이는
그 목수의 아들이 아니냐 그 어머니는 마리아, 그 형제들은 야고보, 요셉, 시몬, 유다라
하지 않느냐 그 누이들은 다 우리와 함께 있지 아니하냐"(마 13:55~56) 한 데서 예수의
형제와 자매를 추정해 볼 수 있다.

## 예수의 어머니 마리아 Mary, Mother of Jesus

성령의 방문을 받아 예수를 잉태한 순결하고 정결한 동정녀. 나중에 요셉과 결혼했고
(마 1:18~25) 둘 사이에 여러 명의 자녀를 두었다(마 13:55). 베들레헴 마구간에서 아기 예
수를 낳았고 유아 대학살을 피하여 요셉과 함께 이집트로 도망쳤다(마 2장). 예수가 소
년이었을 때 성전에서 제사장들과 이야기하고 있는 것을 모르고 그를 찾았다(눅
2:41~51). 가나의 혼인 잔치에서 아들에게 꾸중을 들었고(요 2:1~5) 그가 못 박힐 때 그곳
에 있었다(요 19:25~27). 순결함과 인내 그리고 인간의 고통에 대한 동정심으로 인해 마
리아는 기독교 성인 가운데 최고의 자리를 차지한다. 특히 그녀의 무염시태無染始胎

(Immaculate Conception)와 육신의 모습으로 승천한 것을 믿는 로마 카톨릭 교회에서 성모 마리아는 특별한 경배의 대상이다. 종교적인 그림과 조각에서 대단히 중요한 인물이며 흔히 마돈나Madonna라고 불린다. ⇨무염시태, 성 요셉

필립보 리피, 「천사와 함께 있는 성모와 아기 예수」, 피렌체 우피치 미술관

## 예수의 예루살렘 입성入城 Jesus' entry into Jerusalem

예수가 팔레스타인의 여러 곳에서 3년간 가르친 뒤 십자가에 못 박히기 전 안식일에 나귀를 타고 예루살렘으로 승리의 입성을 한 일. 예수를 따르던 무리들은 종려가지를 들고 그를 마중하러 나갔으며 호산나를 외쳤다. 그 입성은 부활절 전 주일인 종려주일Palm Sunday에 기념한다.(참고: 마 21:1~11, 막 11:1~10, 눅 19:28~44, 요 12:12~19)

## 예술은 길고 인생은 짧다 Ars longa, vita brevis

그리스의 의사 힙포크라테스Hippokrates(기원전 460~357)의 말이라고 전하는 경구. 이것은 의사가 죽어가는 병자를 간호하면서 의학책을 찾아 보는데, 의술ars의 책은 방대하고 길어longa 쉽사리 찾을 수 없고, 한편 병자의 생명vita(목숨)은 조금밖에 남아 있지 않다고 탄식한 말이라는 설이 있다. 이 해석에 따르면 "의술은 길고 인생은 짧다"로 번역되어야 한다. 랜덤하우스 사전에서는 이것을 "기술(의술)을 배우는 데 시간이 많이 걸리므로 시간을 함부로 쓰지 말라"는 뜻의 힙포크라테스의 경구라고 설명해 놓았다.

## 예와 아니오 Yea and nay

긍정과 부정. "하느님은 미쁘시니라 우리가 너희에게 한 말은 예 하고 아니라 함이 없노라"(고후 1:18)에서 나온 말이다. 때로 '긍정과 부정 사이를 왔다 갔다 하는 진술이나 말'을 의미하기도 한다.

## 예이츠, 윌리엄 버틀러 Yeats, William Butler 1865~1939

아일랜드의 시인·극작가. 엘리어트Thomas Stearns Eliot와 더불어 20세기의 가장 위대한

시인으로 꼽힌다. 그레고리 부인Isabella Augusta Gregory, 싱John Synge과 함께 19세기 말 아일랜드 문화 부흥에 적극 힘썼다. 1923년 노벨 문학상을 수상했다. 아름다운 여배우이자 애국자인 모드 곤Maud Gonne과의 비극적인 사랑으로도 유명하다. 그 사랑이 수편의 훌륭한 서정시를 낳게 했다. 그의 시는 현대시에 큰 영향을 미쳤다.

### 예후 Jehu

님시Nimshi의 손자. 요람 왕을 죽여 아합 왕조를 쓰러뜨렸고 사악한 왕비 이세벨과 모든 이교도 선지자들을 죽였다. 왕을 죽이러 가면서 병거兵車를 난폭하고 급하게 몬 것으로 유명하다(왕하 9:20). 그의 이름은 넓은 의미로는 '위험한 운전자'를 뜻한다.

### 옛 뱀 The old serpent

'마귀'를 뜻하는 말. "용을 잡으니 곧 옛 뱀이요 마귀요 사탄이라"(계 20:2) 한 데서 비롯하였다. ⇨ 사탄

### 오귀기아 ㄱOgygia

요정 칼립소가 살았던 섬. 오뒷세우스는 귀향하는 항해 도중 이곳에 7년이나 감금되었다. 이 섬 서쪽에 파이아케스족의 나라 스케리아Scheria가 있었다. 이 이야기는 호메로스Homeros의 『오뒷세이아Odysseia』(iv·v·xii)에 나온다.

### 오난 Onan

유다의 둘째 아들. 이스라엘의 관습에 따라 결혼 뒤에 후손 없이 죽은 형 에르의 부인 다말과 잠자리를 같이해 형의 '후손을 세울 것'을 강요받았다. 그러나 그의 씨가 자기 것이 될 수 없음을 알고서 형의 자식을 낳지 않으려고 정액을 땅에 쏟아버렸다(창 38:1~10). 여기에서 체외사정을 뜻하는 onanism이라는 말이 나왔는데 이 말은 수정을 못하도록 하는 방법뿐 아니라 수음masturbation을 의미하기도 한다.

### 오데트 Odette

프랑스 소설가 프루스트Marcel Proust의 『잃어버린 시간을 찾아서A la recherche du temps perdu』(전7권, 1913~27)에 나오는 인물. 오데트 드 크레시란 귀족 이름을 취하여 스완의 아내가 된 고급 창녀이다. 그녀의 지성은 천사 같은 외모의 아름다움과는 정반대로 심미적인 남편과 친구들의 지성과 비교하면 저속하고 보잘것없다. 스완과 사이에서 딸 질베르트를 낳는데 내레이터 마르셀은 잠시 그녀한테 홀딱 반한다.

### 오뒷세우스 ㄱOdysseus 영Ulysses

호메로스Homeros의 『오뒷세이아Odysseia』의 주인공. 라에르테스의 아들, 이타케의 왕이

다. 율리시스Ulysses 혹은 라틴어 이름인 울릭세스Ulixes로도 알려져 있다. 오뒷세우스는 헬레네한테 구혼했다가 실패한 자들(그 중에는 그리스에서 가장 강력한 사람도 있다)에게 헬레네(오뒷세우스 자신도 페넬로페와 결혼하기 전에 구애했다)를 보호할 것을 맹세하자고 제의했다. 이 결정이 트로이아 전쟁을 유발했다. 트로이아 전쟁 중 몇몇 전투에 참여했는데 그가 이름을 떨친 것은 목마木馬 전략과 조언 때문이다. 아킬레우스와 아가멤논의 말다툼을 해결 짓도록 아킬레우스한테 보내어진 세 명의 사절 중 한 사람이었다. 10년 동안이나 기다린 아내 페넬로페와 아들 텔레마코스에게 돌아온 뒤에도 다시 방랑의 길에 나섰다. 오뒷세우스는 호메로스에게는 책사策士였고, 어떤 사람들에게는 음모가·사기꾼이었고, 또 다른 사람들에게는 인간 정신의 최고의 구현이었다. 즉 그는 용감하고, 장애물을 극복할 수 있는, 꺾이거나 휘어지지 않는 사나이이다. 테니슨Alfred Tennyson은 「율리시즈Ulysses」(1842)란 유명한 시를 썼다.

## 오뒷세이아 ⊐Odysseia 영Odyssey

호메로스Homeros의 서사시. 서양의 해양 모험 문학의 효시로 일컬어진다. 이 장편의 서사시는 트로이아에서 그리스군이 승리한 뒤 그리스 영웅 오뒷세우스가 충실한 아내 페넬로페와 아들 텔레마코스가 10년 동안이나 기다리고 있는 고향 이타케로 돌아올 때까지의 방랑을 그리고 있다. 그들은 에게 해와 지중해를 모험하는 과정에서 외눈박이 거인 폴뤼페모스와 식인 거인족 라이스트뤼고네스족, 마녀 키르케를 만난다. 또 오뒷세우스는 하계로 내려갔고, 세이렌들의 노래에 홀리지 않고 스퀼라와 카륍디스를 통과했다. 서사시의 마지막에 오뒷세우스는 자기 집으로 돌아오지만 알아차리는 사람이 아무도 없었다. 그는 페넬로페의 구혼자들을 죽이고 나서 더럽혀진 궁전을 정화하고 아내와 결합한다. 오늘날에는 위험한 여행을 자주 오디시Odyssey라고 말한다. 다른 서사시에서 오뒷세우스는 자신과 키르케 사이에서 낳은 아들 텔레고노스한테 본의 아니게 살해된다. 영문학에서는 오뒷세우스 이야기를 바탕으로 많은 문학 작품이 창작되었다. 대표적인 예로 셰익스피어William Shakespeare의 『트로일러스와 크레시더Troilus and Cressida』(1602), 테니슨Alfred Tennyson의 시 「율리시즈Ulysses」(1842), S. 필립스의 시극 『율리시즈』가 있으며 조이스James Joyce의 『율리시즈』도 『오뒷세이아』를 뼈대로 해서 아일랜드 더블린에서 주인공 블룸의 하루 동안의 방랑을 다루었다. Odyssey라는 말은 '기나긴 혹은 힘든 여행'을 뜻한다. 오뒷세우스 이야기는 영화로도 많이 제작되었는데, 대표적인 예로 마리오 카메리니 감독의 「율리시즈Ulysses」(1955), 안드레아 콘찰로프스키 감독의 「오디세이*The Odyssey*」(1997), 조지프 스트릭 감독의 「제임즈 조이스의 율리시즈」(1967)가 있다.

## 오딘 Odin

북유럽 신화의 최고신. 신들의 엄숙한 지배자, 우주의 지배자이다. 천지와 인간을 창조하고, 아내 프리가와의 사이에서 토르와 발드르를 낳았다. 대기大氣, 지혜, 명계冥界(하계), 시詩, 전쟁, 농업의 신이기도 하다. 카알라일Thomas Carlyle은 『영웅과 영웅숭배 *Heroes and Hero Worship*』(1841)에서 오딘에 관해 논하였다. 오딘은 영어로 Woden 혹은 Wodan이라고 하고, Wednesday는 오딘의 이름을 따라 W로 시작되는 그의 이름의 형식을 취한 것이다.

## 오레스테스 그Orestes

아가멤논과 클뤼타임네스트라의 아들. 이피게네이아와 엘렉트라의 남동생이다. 아가멤논이 트로이아로 출발한 뒤 오레스테스의 어머니는 아이기스토스를 애인으로 삼고 오레스테스를 추방한다. 오레스테스는 성인이 된 뒤 돌아와서 아버지의 살해에 대한 복수를 위해 간통자들을 죽인다. 그 뒤 자신이 저지른 살인 때문에 복수의 여신들(에리뉘에스)에게 쫓기지만 나중에 신들에 의해 면죄되고 왕위에 오른다. 전설에 의하면 오레스테스는 메넬라오스와 헬레네의 딸 헤르미오네와 결혼하여 장수했다고 한다. 아이스퀼로스Aischylos가 그의 이야기를 작품화한 『오레스테이아*Oresteia*』(3부작, 『아가멤논 *Agamemnon*』, 『코에포로이*Choephoroi*』, 『에우메니데스*Eumenides*』)는 그리스 비극 중 유일한 3부작이다. 소포클레스Sophokles와 에우리피데스Euripides 등도 비극의 주제로 삼았다.

## 오레스테이아 그Oresteia

기원전 458년에 상연된 아이스퀼로스Aischylos의 비극 작품. 현존하는 유일한 3부작 trilogy 비극이다. 작가의 최대 걸작이며, 아테나이에서 상연된 최후의 작품으로 추정한다. 『아가멤논*Agamemnon*』, 『코에포로이*Choephoroi*』, 『에우메니데스*Eumenides*』 3부로 구성되어 있다. 각 희곡은 독립적으로 완결되어 있으며 동시에 커다란 통일을 이루며 융합되어 있다. 각 부의 내용을 요약하면 다음과 같다.

　**제1부** 트로이아 원정에서 개선장군으로 귀환한 아가멤논이 간부姦夫와 통정한 아내 클뤼타임네스트라한테 살해된다.

　**제2부** 아가멤논 살해 당시 어린애였던 왕자 오레스테스가 외국에 피신해 있다가 귀국하여 누나 엘렉트라와 힘을 합쳐 어머니를 죽인다. 아폴론의 명령에 의한 것임

에도 혈연의 피를 흘리게 한 데 대
해서 복수의 여신 에리뉘에스가 오
레스테스를 추격한다. 이에 미친
오레스테스는 델포이의 아폴론 신
전으로 향한다.

**제3부** 오레스테스가 아폴론 신전
에서 분노의 여신들한테 에워싸인
채 잠들어 있는 장면에서 시작한

「아이기스토스를 죽이는 오레스테스와 엘렉트라」

다. 그는 아테나이로 도피하여 재판소 아레이오파고스에서 무죄 판결을 받는다. 분
노의 여신들은 분노하지만 아테나이에서의 숭배를 약속받고 자비로운 여신들(에우
메니데스)이 된다. 영국국립극단Royal National Theatre에서 피터 홀 연출, 토니 해리슨
번역의 「오레스테이아Oresteia」를 공연했다(1981). 또 1936년 노벨 문학상을 받은 오닐
Eugene O'Neill의 미국판 『오레스테이아』 격인 『상복喪服이 어울리는 엘렉트라Mourning
Becomes Electra』(1931)가 있다.

## 오르케스트라 ㄱOrchestra 영Orchestra

고대 그리스 극장의 반원형 무대 혹은 청동기 시대에 풍요 춤을 춘 둥근 타작마당을
모방한 것. 고대 그리스에서는 합창가무대석, 고대 로마에서는 귀빈석을 가리켰다.
orchestra는 '춤 터dancing floor'란 뜻이다.

## 오르쿠스 라Orcus

로마인들이 하데스를 지칭하는 데 쓰던 말.

## 오르페우스 ㄱOrpheus 이Orfeo 프Orfée

아폴론과 시신詩神 칼리오페의 아들인 음악의 거장. 뤼라 연주자이다. 오르페우스의
음악은 거의 마술적이어서 야생 짐승을 길들이고, 싸우는 쌍방을 화해시킬 수 있었다.
오르페우스는 나무의 요정dryas인 아내 에우뤼디케가 뱀에 물려 죽자 하데스로 내려가
죽은 자의 왕 하데스를 설득하여 아내를 지상으로 데려올 결심을 했다. 하데스는 오르
페우스가 지상으로 오르기 전에는 뒤를 돌아보지 말라는 조건으로 그의 요구에 동의
했다. 그러나 오르페우스는 빛이 있는 곳에 다다랐을 때 뒤를 돌아봄으로써 그 조건을
깨뜨렸고, 에우뤼디케는 하데스로 빨려들어 가고 말았다. 그의 뤼라(ㄱ l lyra 영 l lyre)는
뤼라 별자리가 되었다. 오늘날 오르페우스적Orphic이라고 하면 '비교적秘敎的', '수수

께끼 같은' 이란 뜻이다. 그리스 밀교密敎인 오르페우스교Orphism는 그와 더불어 시작했다고 하며, 그것의 중요한 내용은 영혼불멸·윤회사상이다. 오르페우스 이야기는 나중에 북유럽 신화, 핀다로스 등에게 영향을 끼쳤다. 장 콕토 감독은 이를 영화화하여 「오르페Orfée」(1949), 「오르페우스의 유언Testament of Orpheus」(1962)을 만들었고, 마르셀 카뮈 감독은 「흑인 오르페우스Orfeo Negro」(1958)를 만들었다.

## 오르페우스교 비의秘儀 Orphic Mysteries

오르페우스교의 제전. 이 신앙의 기초가 된 성스런 시를 썼다고 하는 신화 속 인물인 오르페우스에서 이름을 따왔다. 오르페우스교의 신자들은 신앙의 중심을 디오뉘소스 자그레우스의 신화에 두었고, 디오뉘소스 탄생의 이야기를 통하여 인간에 내재된 선과 악의 갈등을 설명했다. 이 신화에서 오르페우스는 제우스와 페르세포네의 아들이다. 디오뉘소스는 티탄들에 의해 살해되어 먹히지만, 아테나가 디오뉘소스의 심장을 빼내 제우스한테 주었다. 제우스는 벌로써 번개로 티탄들을 불태웠고, 티탄들의 재로 인간 종족을 창조했다. 그러므로 오르페우스 교도들은 인간은 자기 속에 신적인 요소를 조금씩 가지고 있다고 말한다. 제우스가 오르페우스의 심장을 먹었고 그것으로부터 세멜레의 아들, 두 번째 디오뉘소스가 태어났다. 오르페우스교의 비의는 그리스 종교가 인간성의 선과 악에 대하여 한층 더 신비로운 쪽으로 고찰하기 시작했음을 보여 준다. 그런데 오르페우스가 그리스에 도입한 디오뉘소스 비의는 이집트의 오시리스 비의를 베낀 것이다.

## 오리온 ㄱOrion

그리스 신화에 나오는 보이오티아의 잘생긴 거인 사냥꾼. 그의 아버지는 휘리에우스라고도 하고 포세이돈이라는 설도 있다. 그는 포세이돈한테 물 위를, 혹은 물 속을 걷는 힘을 얻었다. 시데를 아내로 삼았는데 그녀는 헤라와 아름다움을 겨루다가 타르타로스에 갇혔다. 오리온은 나중에 키오스 섬으로 가서 오이노피온 왕의 딸 메로페한테 구혼했는데, 왕은 먼저 그가 섬의 들짐승을 퇴치할 것을 요구했다. 오리온이 이 일을 완수하고 다시 메로페를 요구하자 오이노피온은 오리온에게 술을 먹여 잠든 새에 눈을 찔러 장님으로 만들어 버렸다. 오리온은 헤파이스토스의 대장간으로 가서 케달리온이라는 소년을 데려다 자기 어깨 위에 올려놓고서 태양이 떠오르는 방향으로 인도하도록 명령하였다. 태양빛으로 시력을 회복한 다음 원수를 갚기 위해 오이노피온한테로 갔으나 헤파이스토스가 지하에 방을 만들어 오이노피온을 피신시켰기 때문에 복

니콜라 푸생, 「떠오르는 해를 찾아 나선 장님 거인 오리온」, 뉴욕 메트로폴리탄 미술관

수할 도리가 없었다. 오리온이 시력을 회복한 것에 대해서는 새벽의 여신 에오스가 오리온을 연모하여 그를 훔쳐 델로스로 데리고 가서 시력을 회복시켜 주었다는 이야기도 있다. 어떤 전설에서는 오리온이 아르테미스의 친구이고, 또 다른 전설에서는 오리온이 아르테미스를 범하려다가 여신이 보낸 전갈에 쏘여 죽었다고 한다. 가장 통설로 받아들여지는 이야기에서 오리온은 죽고 난 뒤 하늘에 별자리 하나를 차지하고, 그의 충실한 사냥개는 천랑성天狼星(Sirius, Dog Star)이 되었다. ⇨ 오이노피온, 케달리온

**오베론 Oberon**

중세의 전설과 로맨스에 나오는 요정 왕Fairy King. 왕비는 티테이니아Titania이다. 오베론은 13세기 무렵 프랑스의 무훈가武勳歌 「보르도의 위옹Huon de Bordeau」, 초서Geoffrey Chaucer, 스펜서Edmund Spenser를 거쳐 셰익스피어William Shakespeare의 희극 『한여름 밤의 꿈A Midsummer Night's Dream』(1595)에까지 전승되었다. 오베론이 부부싸움을 한 아내 티테이니아한테 복수하려는 계획은 너무나 잘 진행되었다. 즉 티테이니아는 당나귀와 사랑에 빠짐으로써 모욕을 당하고, 이 희곡의 등장인물들은 터무니없는 희극적 로맨스에 엉켜 든다. 그러나 마지막에 요정 왕과 왕비는 화해하고 연인들도 모두 잘 마무리된다. 존슨Ben Jonson은 가면극 「오베론」(1611)을 썼고 베버Carl Maria von Weber는 독

일 시인 빌란트Christoph Martin Wieland의 같은 이름의 장편 서사시를 바탕으로 가극「오베론」(1826)을 썼다. 빌란트는 셰익스피어 희곡 11편을 산문으로, 『한여름 밤의 꿈』을 운문으로 번역했다.

### 오병이어五餠貳魚 ⇒ 빵과 생선

### 오블로모프 Oblomov

러시아 소설가 곤차로프Ivan Goncharov의 풍자 소설(1859)의 제목이자 주인공. 이 작품은 19세기 러시아 사회에 대한 강력한 비판으로, 귀족과 상인 계급을 대조시켜 봉건 제도를 비난한다. 이 작품은 나태에 대한 고전적 연구이다. 굉장히 게으른 귀족 지주인 오블로모프는 늘 침대에 누워 있거나 아니면 옷을 입은 채로 잠을 자러 간다. 그의 이름은 무책임하고 병적인 나태와 동의어로 쓰인다.

### 오비디우스 라Publius Ovidius Naso 영Ovid 기원전 43~기원후 17

아우구스투스 황제 통치하에서 글을 쓴 위대한 라틴 시인 중 가장 많은 작품을 쓴 작가. 법률을 공부했지만 시를 위해 공적 생활을 버렸다. 그러나 기원전 8년에 흑해 연안 토미스로 추방되었다. 오비디우스는 사랑이란 테마에 매혹되어 사랑을 쾌활하면서도 관능적으로 다루었다. 대표작인 『연가Amores』, 『여주인공들Heroides』(신화에 등장하는 여자들이 애인들에게 보낸 편지 모음), 『사랑의 기술Ars Amatoria』, 서사시 『변신 이야기Metamorphoses』 등은 사랑이 주된 테마이다. 미완성으로 남아 있지만 『축세력Fasti』(1년 중 첫 여섯 달을 다룸)이라는 시적인 달력도 썼다. 그러나 그가 귀양 가서 쓴 『비가悲歌(Tristia)』와 『흑해에서 보낸 편지Epistulae ex Ponto』는 한층 음울한 어조를 띤다. 그의 작품은 전체적으로는 놀랄 만한 명랑함, 이야기의 유창함, 관능적 표현의 절묘함이 특징이며, 그러한 특징이 중세와 르네상스 시대를 사로잡았다. 그의 작품은 유럽 각국에서 번역, 출판되었다.

### 오셀로 Othello

셰익스피어William Shakespeare의 비극 『오셀로Othello』(1604)의 주인공. 베네치아에 봉사하는 흑인 무어인 군인으로 베네치아 상원의원의 딸 데스디모나와 결혼하였다. 오셀로를 배반하는 기수旗手이자 악한의 원형인 이아고는 손수건을 미끼로 오셀로를 선동하여 데스디모나에 대한 잘못된 질투로 미치게 한다. 이 비극의 마지막에 오셀로는 결국 데스디모나를 죽이고 자신도 자살한다. 이 이야기는 원래 이탈리아 소설가 친쩨오의 『100가지 이야기Hecathommithi』(1565)에 수록된 것이지만 중요한 요소들은 거의 전부가 셰익스피어의 창작이다. 이 비극은 여우와 사자의 전형적 이야기, 즉 여우 이아고가 사자인 오셀로를 정복하는 것이 주제이다.

### 오순절五旬節 Pentecost

예수의 제자들에게 성령이 내린 날. 오순절이란 이름은 유월절이 시작되는 날로부터 50일째 되는 날에서 유래하였다. 오순절은 성령이 임했을 때 진행중이던 이스라엘 사람들의 봄 추수 축제(맥추절)를 나타내는 Shabuoth의 그리스식 이름이다. 예수가 부활하고 승천한 뒤에 제자들은 두려워하며 예루살렘에 모여 있었다. 그날 아침에 다음과 같은 일이 일어났다. "불의 혀처럼 갈라지는 것들이 그들에게 보여 각 사람 위에 하나씩 임하여 있더니 그들이 다 성령의 충만함을 받고 성령이 말하게 하심을 따라 다른 언어들로 말하기를 시작하니라"(행 2:3~4). 축제 때문에 다른 여러 나라 말을 쓰는 방문객이 예루살렘에 많이 있었는데 예수의 제자들이 그들 사이를 다니며 하느님의 놀라운 일에 관해 말을 하자 모든 사람들이 그 말을 각기 제 나라 말로 듣게 되었다(행 2:1~13). 베드로는 그 도시에 모인 사람들에게 힘 있는 연설을 했고 그 연설을 들은 수많은 사람이 예수를 믿고 제자가 되었다.

### 오시리스 Osiris

고대 이집트의 주신主神 중 하나. 여동생이자 아내인 이시스, 아들 호루스와 함께 삼위일체三位一體를 이룬다. 원래는 이집트와 세계의 다른 지역에 문명을 퍼트린 현명한 왕이었다. 오시리스가 세계를 여행하는 동안 이시스가 나라를 대신 다스렸다. 오시리스가 돌아오자 악한 동생 세트Set가 형을 토막 내어 죽였는데, 이시스가 마술로 오시리스를 소생시켰다. '선한 자'인 오시리스와 동생 세트는 선과 악, 밤과 낮의 세력의 갈등을 나타낸다. 오시리스는 태양신으로서 농경을 가르치고 전쟁을 정지시키는 등 인간에게 복리를 가져오는 신인 동시에, 하계에서 죽은 자를 재판하고 부활시키는 신이라 여겨졌다. 오시리스 신앙은 아뷔도스를 중심으로 널리 퍼졌다. 그리스인은 오시리스를 디오뉘소스와 동일시했다.

### 오웰, 조지 Orwell, George 1903~50

영국의 소설가·수필가. 본명은 에릭 아서 블레어Eric Arthur Blair이다. 인도에서 태어나 이튼 학교를 졸업한 뒤 미얀마에서 경찰관이 되었다. 영국의 제국주의적 식민 정책에 불만을 느껴 작가 생활을 시작했다. 대표작 『동물농장Animal Farm』(1945)과 『1984』(1949)에서 인간성을 상실한 조직화된 사회를 공격했다.

## 오이노네 ㉠Oinone ㉤Oenone

이데 산에 사는 요정. 트로이아 왕자 파리스의 아내(어떤 이야기에서는 연인)로 파리스의
그리스 여행이 불행을 초래할 것이라고 예언했다. 파리스는 오이노네를 버리고 절세
미녀인 헬레네를 얻었고, 그 결과 트로이아 전쟁이 일어났다. 오이노네는 파리스가 필
록테테스의 독 묻은 화살을 맞았을 때는 그를 간호해 주지 않았으나, 파리스의 죽음을
전해 듣고는 불 속에 뛰어들어 자살해 버렸다. 테니슨Alfred Tennyson의 시 「오이노네
Oenone」(1892)와 「오이노네의 죽음The Death of Oenone」(1892), 모리스William Morris의 『지
상낙원The Earthly Paradise』(1868~70) 중 「파리스의 죽음」은 이 신화에 바탕을 두고 있다. 이
이야기는 오비디우스Ovidius의 『헤로이데스Heroides』(v)에 나온다.

## 오이노마오스 ㉠Oinomaos

아레스와 스테로페의 아들. 피사의 왕이며 펠롭스와 결혼한 힙포다메이아의 아버지이
다. 오이노마오스는 딸을 사랑해서인지, 사위한테 죽임을 당한다는 신탁 때문인지 딸
이 결혼하기를 원치 않았다. 그는 딸의 구혼자들한테 결혼 조건으로 힙포다메이아를
그들의 수레에 태우고 코린토스 지협地峽까지 달리는 내기를 걸어 자기에게 붙잡힌 구
혼자는 모두 죽여 버렸다. 그러고는 그 머리를 자기 집 벽에 걸어놓았다. 그에게는 아
레스한테서 받은 말馬이 있어서 언제나 구혼자들을 따라잡을 수가 있었다. 펠롭스는
오이노마오스의 마부馬夫한테 뇌물을 먹여 전차 경주에서 오이노마오스를 죽이고 힙
포다메이아를 차지했다. 이 이야기는 아폴로도로스Apollodoros의 『비블리오테케
Bibliotheke』, 오비디우스Ovidius의 『변신 이야기Metamorphoses』 등에 나온다.

## 오이노피온 ㉠Oinopion

디오뉘소스와 아리아드네(혹은 헬리케), 혹은 테세우스와 아리아드네의 아들. 크레테,
혹은 렘노스, 혹은 낙소스 섬에서 키오스 섬으로 이주하여 왕이 된 뒤 포도주 양조법
을 사람들에게 가르쳤다. 그의 이름은 '포도주 마시기'라는 뜻이다. 그에게는 에우안
테스, 스타퓔로스, 마론, 탈로스 네 아들과 딸 메로페가 있었다. 거인 사냥꾼 오리온이
키오스에 사냥을 왔다가 메로페한테 구애를 하자 오이노피온은 오리온에게 술을 먹여
취하게 하고서는 잠든 사이에 장님으로 만들어 바닷가에 버렸다.

## 오이디푸스 ㉠Oidipous ㉤Oedipus

테바이의 왕 라이오스와 왕비 이오카스테(『일리아스』에서는 '에피카스테'로 나옴)의 아들.
그의 이름은 그리스어로 '부어 오른 발swollen foot'이라는 뜻이다. 라이오스는 아들이

아버지를 죽일 것이라는 신탁의 경고를 받고서, 오이디푸스가 태어나자 아기를 양치기에게 맡겨서 근처 키타이론 산에 내버려 죽도록 했다. 그때 양치기는 아기의 두 손과 발을 꽁꽁 묶고 아기의 발에 못을 박았다. 그 결과 오이디푸스의 발이 퉁퉁 부어오르게 되었다고 한다. 코린토스의 폴뤼보스 왕의 목자牧者가 아기를 발견하고선 자식이 없는 왕과 왕비 메로페한테 그 아기를 데려온다. 오이디푸스는 그들이 진짜 부모라고 여기면서 자란다. 어느 날 그들이 친부모가 아니라는 말을 들었으나 부모가 이 사실을 부인하자 신탁을 받으러 델포이로 갔는데, 거기서 자기가 아버지를 죽이고 어머니와 결혼할 운명이라는 이야기를 듣는다. 그는 코린토스의 통치자들을 자기 부모라고 믿기에 코린토스를 떠난다. 델포이 근처 세 길이 만나는 곳(삼거리)에서 라이오스를 만났는데 상대방의 정체를 모른 채 말다툼을 하다가 그를 죽이게 된다. 그 뒤 오이디푸스는 테바이를 괴롭혀 왔던 스핑크스의 수수께끼를 푼 보상으로 테바이의 왕이 되었고 혼자 몸이 된 이오카스테와 결혼하여 아이 넷(에테오클레스, 폴뤼네이케스, 안티고네, 이스메네)을 낳았다. 오이디푸스 통치 당시에 전염병이 테바이를 엄습한다. 이때 전염병을 없애기 위해서는 라이오스의 살인자를 찾아내어 추방해야 한다는 신탁이 내렸다. 그래서 오이디푸스가 장님 점쟁이 테이레시아스를 불러들였는데 그가 제시한 증거는 오이디푸스가 범인임을 명백히 증명해 주는 것이었다. 모든 사실을 알게 된 이오카스테는 자살하고, 오이디푸스는 자신의 두 눈알을 빼고 안티고네와 함께 테바이를 떠나 콜로노스에서 죽을 때까지 방랑 생활을 했다. 오이디푸스의 비극적 이야기와 자식들의 이야기는 소포클레스Sophokles의 『오이디푸스 왕Oidipous tyrannos』(기원전 429~420), 『안티고네Antigone』(기원전 442/441), 『콜로노스의 오이디푸스Oidipous epi Kolonai』(작가가 죽고 난 뒤 기원전 401년에 공연), 아이스퀼로스Aischylos의 『테바이를 공격하는 일곱 장수Hepta epi Thebas』(기원전 467)에 묘사되어 있다. 오이디푸스 이야기는 영화로도 많이 제작되었는데, 타이런 거스리 감독의 「오이디푸스 왕Oedipus Rex」(1957), 피에르 파올로 파졸리니 감독의 「오이디푸스 왕Oedipus Rex」(1967), 필립 새빌 감독의 「오이디푸스 왕Oedipus the King」(1968) 등이 유명하다.

## 오이디푸스 콤플렉스 Oedipus Complex

프로이트Sigmund Freud가 사용한 정신분석학 용어. 아들이 어머니에 대해 지나친 성애를 느끼고, 자신의 욕망을 좌절시키는 아버지를 죽이고 싶어하는 심리 상태를 나타낼 때 쓴다. 프로이트는 이 현상을 분석했고, 이것이 그의 심리학의 중심 테마를 이루었다. 프로이트가 이 이름을 선택한 이유는 이 콤플렉스가 오이디푸스 신화의 여러 면과 상응하기 때문이다. 이것의 반대는 엘렉트라 콤플렉스라 한다.

## 오카생과 니콜레트 Aucassin et Nicolette

1200~20년경의 프로방스 지방의 이야기. 중세 로맨스 중에서 가장 훌륭하고 가장 인기 있던 로맨스(샹트 파블Chante-fable)의 하나로 운문과 산문이 교대로 쓰여 있다. 보케르 백작의 아들 오카생은 포로가 된 사라센 처녀 니콜레트를 사랑하게 된다. 두 사람의 신분 차이로 일련의 복잡한 불행과 이별을 겪지만, 그 결과로 니콜레트는 자기가 왕의 딸임을 알게 된다. 그녀는 음유 시인으로 변장하여 오카생한테 돌아와서는 그들의 러브 스토리를 그에게 노래하고, 두 연인은 마침내 행복하게 결합한다.

## 오케아노스 그Okeanos 라Oceanus 영Ocean

1) 우라노스(하늘)와 가이아(땅)의 아들. 티탄巨神 중의 하나로 테튀스의 남편이다.

2) 세계의 둘레를 감아 흐르는 강의 신. 테튀스와 결혼했고 오케아니데스(그ㅣOkeanides 영ㅣOceanids)라고 알려진 3,000명의 요정을 낳았다. 호메로스Homeros의 세계상世界像에서는 평평한 원형의 대지 주위를 흐르는 강으로, 세계의 모든 하천이나 샘은 이 물이 지하를 지나 지상에 나타나는 것으로 여겨졌다. 태양과 별들은 이 강에 잠겼다가 황금 술잔을 타고서 밤새 동쪽으로 건너가 다시 떠오른다고 했다. 오뒷세우스는 오케아노스 강을 건너 하계로 들어갔다.

## 오토스와 에피알테스 그Otos kai Ephialtes 영Otus and Ephialtes

포세이돈과 알로에우스의 아내인 이피메데이아 사이에 난 아들. 이피메데이아는 포세이돈을 연모해서 바닷가에서 바닷물을 손바닥에 담아 가슴에 흘려 넣었다. 포세이돈은 그녀의 사랑을 받아들여 두 아들(알로아다이, 즉 오토스와 에피알테스 형제를 가리킴)을 낳게 했다. 둘은 거인으로 자라 아홉 살이 되자 키가 17m쯤 되었다. 그들은 옷사 산을 올림포스 산 위에, 다시 그 위에 펠리온 산을 포개어 놓고 하늘로 올라가 신들과 싸우려 했다. 에피알테스는

밀레토스의 헤카타이오스의 세계 지도. 오케아노스 강이 지구 주위를 흐른다.

헤라한테, 오토스는 아르테미스에게 구애하고, 아레스를 묶어 청동 항아리에 가두었는데 헤르메스가 구출해 내었다. 그래서 아폴론이 그들이 다 자라기 전에 죽였다고도 하고 제우스가 벼락을 쳐 죽였다고도 한다. 또 다른 이야기에는 아르테미스가 수사슴으로 변하여 낙소스에서 사냥하고 있는 형제 사이를 달렸더니, 양쪽에서 투창을 던져 형제가 모두 죽었다고 한다. 이 이야기는 호메로스Homeros의 『일리아스*Ilias*』(ii), 『오뒷세이아*Odysseia*』(xi), 파우사니아스Pausanias의 『그리스 안내기*Periegesis Hellados*』(ix) 등에 나온다.

## 오피온과 에우뤼노메 Ophion and Eurynome

아폴로니오스Apollonios Rhodos 의 『아르고나우티카*Argonautika*』에 등장하는 한 쌍의 부부. 크로노스와 레아 이전의 세계를 다스렸다고 한다.

## 오필리아 Ophelia

셰익스피어William Shakespeare의 『햄리트*Hamlet*』(1601)에 나오는 폴로니어스의 아름다운 딸. 레어티즈의 여동생이다. 햄리트를 사랑한 오필리아는 극에서 여러 갈등의 희생자가 된다. 햄리트의 손에 아버지 폴로니어스가 죽자 미쳐서 물에 빠져 죽는다.

## 오하라, 스칼리트 O'Hara, Scarlett

미첼Margaret Mitchell의 소설 『바람과 함께 사라지다*Gone with the Wind*』(1936)의 여주인공. 의지, 수완, 기회주의를 통해 남북전쟁의 불운을 헤쳐 나간다.

## 오홀라와 오홀리바 Aholah and Aholibah

이방 종교들에서 나타나는 다산을 위한 성적인 행위, 음란을 지칭하는 말. "또 여호와의 말씀이 내게 임하여 이르시되 인자야 두 여인이 있었으니 한 어머니의 딸이라 그들이 애굽에서 행음하되 어렸을 때에 행음하여 그들의 유방이 눌리며 그 처녀의 가슴이 어루만져졌나니 그 이름이 형은 오홀라요 아우는 오홀리바라…"(겔 23장)라는 구절에 이들에 대한 언급이 있다. 하느님에 대한 불순종을 의미한다.

## 온유한 자는 땅을 유업으로 받을 것이다 The meek shall inherit the earth

예수의 산상수훈 중 8복에서 따온 말(마 5:5). 이 세상의 권력을 포기한 사람은 천국에서 보상을 받게 된다는 의미이다.

## 올림포스 산 Mount Olympus

그리스 중동부 테살리아에 있는 그리스 신들의 거주지. 현대 그리스어로는 올림보스 Olimbos이다. 신들은 구름에 가려져 인간들이 볼 수 없는 산꼭대기에 살았다. 올림포스 산은 미티카스(2,917m), 스코리온 (2,911m), 스테파니(2,910m)라는 세 봉우리로 이루어져 있다. 현대 용법에서 Olympian은 명사로 쓰일 때는 '올림포스 신들', '올림픽 선수'를 뜻하고, 형용사로 쓰일 때는 '장엄한', '탁월한'이란 의미로 쓰이며, '멀리 떨어져 있는', '고요히 초연한', '인간의 운명에 무관심한'이란 뜻을 함축한다.

### 올림포스 12신神 The Twelve Olympians

그리스 신화에서 12명의 주요한 신. 그들의 주된 거주지는 올림포스 산(그리스 북부 테살리아와 마케도니아의 경계에 있는 연산連山의 동쪽 끝에 있는 높은 봉우리)이었다. 고대 세계의 다른 곳에도 그들은 신전과 궁전을 갖고 있었다. 바다의 신이지만 포세이돈도 올림포스 신이다.

**올림포스 12신**

| 그리스 이름 | 로마 이름 |
| --- | --- |
| 제우스 Zeus | 유피테르 Jupiter |
| 헤라 Hera | 유노 Juno |
| 아폴론 Apollon | 아폴로 Apollo |
| 아르테미스 Artemis | 디아나 Diana |
| 포세이돈 Poseidon | 넵투누스 Neptunus |
| 아테나 Athena | 미네르바 Minerva |
| 데메테르 Demeter | 케레스 Ceres |
| 아프로디테 Aphrodite | 베누스 Venus |
| 헤파이스토스 Hephaistos | 불카누스 Vulcanus |
| 헤르메스 Hermes | 메르쿠리우스 Mercurius |
| 아레스 Ares | 마르스 Mars |
| 헤스티아 Hestia | 베스타 Vesta |

### 올림피아 경기 Olympic Games

제우스를 기려 엘리스Elis에 있는 올림피아 들판에서 매해 7월에 개최되던 고대 그리스인의 네 가지 성스런 경기 중의 하나. 다른 세 가지는 델포이에서 개최되는 퓌토 경기Pythian Games, 코린토스에서 개최되는 이스트모스 경기Isthmian Games, 네메아에서 개최되는 네메아 경기Nemean Games이다. 이때 온갖 종류의 스포츠가 행해지는데, 신들에게 희생제물을 바치는 일로 시작하고 끝이 난다. 체육 경기 외에 코로스 시와 무용 경연도 있었다. 올림피아에서의 이 전통은 1896년 부활되었는데, 그 후 세계대전 때를 제외하고 4년마다 거행되고 있다. ⇒ 제전

올림피아 경기

### 올리브 가지 Olive branch

노아의 홍수 이후 홍수물이 빠진 정도를

가리키는 한 척도로 이용된 것. 올리브는 『성서』에서는 '감람橄欖나무'로 번역되어 있다. 고도가 높은 곳에서는 자라지 않기 때문에 「창세기」에서 올리브 잎은 홍수물이 빠진 정도를 알 수 있는 하나의 기준이었다. "또 칠 일을 기다려 다시 비둘기를 방주에서 내놓으매 저녁때에 비둘기가 그에게로 돌아왔는데 그 입에 감람나무 새 잎사귀가 있는지라 이에 노아가 땅에 물이 줄어든 줄을 알았으며"(창 8:10~11) 하는 구절에서 그 근거를 볼 수 있다. 여기서 물이 줄어들었다는 것은 하느님의 진노가 사그라졌다는 표시이기 때문에(창 8:21~22) 비둘기는 인간과 하느님 사이의 화해의 전령이다. 현대에 와서 비둘기와 올리브 가지가 평화와 연관되는 것은 반드시 이 구절에만 근거를 두었다고는 할 수 없지만 그 의미가 가장 보편적으로 쓰인다. 오늘날에는 비둘기는 비폭력적인 외교 정책을 주장하는 사람을, 그리고 올리브 가지를 건네는 것은 평화의 제안을 한다는 의미로 사용된다. ⇒ 노아의 비둘기

## 옴팔레 ㄱOmphale

초기의 뤼디아 왕 트몰로스의 왕비였다가 남편이 죽고 난 뒤 여왕이 된 인물. 노예로 팔리는 헤라클레스를 돈으로 사서 여자 옷을 입혀 3년 동안 봉사하게 했다. 헤라클레스를 정부情夫로 삼았고 그의 자식을 낳았다. 3년 뒤에 헤라클레스를 티륀스로 돌려보냈다. 이 이야기는 아폴로도로스Apollodoros의 『비블리오테케Bibliotheke』(i) 등에 나온다.

## 옴팔로스 ㄱOmphalos

델포이의 아폴론 신전 안에 있는 달걀 모양의 돌. 세계의 중심 위치를 정확히 나타내었다. 그래서 옴팔로스는 '원천', '신비로운 중심'을 의미한다. 글자 그대로는 '배꼽navel'이란 뜻이다. 제우스의 아버지 크로노스는 아들이 자기를 폐위시키고 왕이 된다는 예언 때문에 레아가 낳은 아들을 모두 삼켜 버렸다. 화가 난 레아는 제우스를 낳았을 때 얼른 돌을 보자기에 싸서 남편한테 주었다. 나중에 크로노스는 자신이 먹었던 모든 자식을 토해 내는데, 이때 토해 낸 돌이

프랑수아 르무안, 「헤라클레스와 옴팔레」, 루브르 박물관

델포이 신전의 옴팔로스로 쓰였고 여기서 제물sacrifice이 바쳐졌다. 참고로 12~16세기 잉카 제국의 수도인 페루 남부의 도시 쿠스코Cuzco도 배꼽이란 뜻이고, 이스터 아일랜드Easter Island(백인이 이 섬을 부활절에 발견했기 때문에 이렇게 이름 지음)의 원래 이름인 라파 누이Rapa Nui도 배꼽이란 뜻이다.

「델포이에서 성스런 옴팔로스를 껴안고 있는 오레스테스」

### 옷사 산에 펠리온 산을 쌓다 Pile Pelion on Ossa ⇨ 펠리온

### 와서 우리가 서로 변론하자 Come, let us reason together

유대 백성에게 겉치레적인 종교를 버리고 참된 예배를 드릴 것을 권고하는 말. "여호와께서 말씀하시되 오라 우리가 서로 변론하자 너희 죄가 주홍 같을지라도 눈과 같이 희어질 것이요 진홍같이 붉을지라도 양털같이 되리라"(사 1:18) 한 데서 비롯하였다. 이 말은 때때로 타락하고 비참해진 사람들에게 희망을 제안하는 말로 인용된다.

### 완벽完璧의 권고 Counsel of perfection

'실현될 수 없는 이상'을 뜻하는 말. 『성서』의 "예수께서 이르시되 네가 온전하고자 할진대 가서 네 소유를 팔아 가난한 자들을 주라…그 청년이 재물이 많으므로 이 말씀을 듣고 근심하며 가니라"(마 19:21~22, 막 10:21~22, 눅 18:22~23)라고 한 구절에 근거한다. 완벽의 권고라는 말은 『성서』에 꼭 같은 말이 나오는 것은 아니지만 이 이야기에서 비롯한 것이다. 이 이야기에서 율법에 따라 의롭게 살아온 한 젊은이가 예수께 영생을 얻기 위해서 무엇을 해야 하는지를 물었는데, 예수의 충고는 그의 도덕적 능력을 넘는 것이었다.

### 왕중왕王中王 King of kings

『성서』에서 하느님을 지칭하는 표현. 종종 세속적으로 아주 강력한 왕을 지칭할 때도 사용한다.

### 외경外經 Apocrypha

유대인들이 영감이 없다고 배척하여 『구약성서』에 들지 못했으나 나중에 로마 카톨릭 교회(트렌트 공회, 1546)와 동방정교회(콘스탄티노플 회의, 1638)에 의해 정전正典으로, 성령의 영감을 받은 것으로 받아들여진 책들. 문자적으로 '애매한' 또는 '숨겨진'이라는 뜻을 지닌 그리스어 apokrypto에서 나온 말로 나중에는 '권위 없는'이란 뜻이 되었다. 주로 「에스드라 1·2서」, 「마카비 상·하서」, 「유딧」, 「토비트」, 「집회서」, 「에스더 첨가서」, 「솔로몬의 지혜서」, 「바룩서」(「예레미야 서신」 포함), 「아자리아의 기도와 세 젊은 이의 노래」, 「수산나 이야기」, 「벨과 용(뱀)」, 「므나셋의 기도」가 해당한다. 의미가 확장되어 미심쩍은 저자가 썼거나 출처가 확실치 않은 문헌을 일컬을 때 이 말을 쓴다.

### 왼 뺨도 돌려 대라 Turn the other cheek

기독교 평화주의의 핵심 구절. "나는 너희에게 이르노니 악한 자를 대적하지 말라 누구든지 네 오른편 뺨을 치거든 왼편도 돌려 대며"(마 5:39, 눅 6:29)라는 구절에서 비롯하였다. 이 표현은 폭력에 대한 저항이나 보복을 하지 말라는 뜻을 의미하게 되었다.

### 요나 Jonah

유대 소선지자의 한 사람. 니느웨Nineveh에 말씀 전하기를 거부하고, 그 대신 다시스 Tarsish로 가는 배를 탔다. 폭풍이 일자 선원들은 요나가 폭풍의 원인임을 알고 그를 배 밖으로 던져 버렸다. 큰물고기(전통적으로는 고래로 여김)가 그를 삼켜 그 뱃속에서 3일을 보냈다. 그 뒤 물고기는 요나를 토해 냈고 그는 하느님이 니느웨 사람들에게 자비를 베푼 것에 실망했지만 그들에게 말씀을 전하러 갔다. 요나는 때로 사람들에게 불운을 가져다 주는 사람이란 의미로 쓰인다.

### 요나단 Jonathan

사울 왕의 아들. 다윗과의 우정으로 유명한 인물이다(삼상 20장). 다윗과 요나단의 관계는 가장 절친한 친구 사이, 혹은 둘 사이의 우정을 의미한다. 중국의 관중과 포숙아의 우정(관포지교管鮑之交)과 비슷하다.

### 요단 강 Jordan river

팔레스타인에 있는 강. 이 강은 사해死海로 흘러간다. 세례자 요한이 여기에서 예수에게 세례를 베풀었다.

### 요단 강을 건넘 Crossing over Jordan

여호수아의 인도로 이스라엘인들이 동쪽에서 가나안을 공격하기 위해 요단 강을 건넌 일. 「여호수아」 3장에 의하면 제사장들이 언약궤를 메고 요단 강에 발을 들여놓자 강물이 멈춰 온 민족이 다 마른 강바닥을 건너갔다. 흑인 영가에서 요단 강을 건너 약속의 땅으로 들어간다는 것은 천국에 들어간다는 비유이다.

### 요릭 Yorick

1) 셰익스피어William Shakespeare의 『햄리트Hamlet』(1600년경)에 나오는 햄리트 아버지의 어릿광대. 햄리트는 그를 어렸을 때부터 알고 있었다. 이 작품에서 유명한, 무덤 파는 사람 장면에서 햄리트는 요릭의 해골을 발견하고서 그것을 손에 든 채 "아, 가엾은 요릭Alas, poor Yorick"이란 말을 하고 나서, 요릭이 살았을 때에 그와 함께 지낸 행복한 시절을 회상한다.

2) 스턴Laurence Sterne의 소설 『트리스트럼 섄디Tristram Shandy』(1759~67)에 등장하는 공상이 많은 부조리한 목사.

### 요셉 Joseph

야곱과 라헬 사이에서 태어난 아들. 야곱은 요셉을 편애했는데 이로 인해 형들의 시기를 샀다. 형들은 그를 죽이기로 작정했으나 누그러져서 그를 깊은 우물에 가두고 내팽개쳐 버렸다. 그러고는 아버지에게 피 묻은 옷을 보여 주며 요셉이 어떤 짐승한테 물려 죽임을 당했다고 속여 믿게 했다. 형들은 요셉을 이집트에 종으로 팔았는데 거기에서 요셉은 성실함과 바로의 꿈이 다가올 기근을 의미한다는 해몽으로 인해 높은 자리에 오르게 된다. 그 땅에 기근이 닥쳤을 때 그의 형들이 곡식을 구하러 이집트로 찾아왔다. 요셉은 마침내 형제들과 화해하고 그의 아버지에게로 돌아갔다(창 37~48장). 요셉은 자신의 덜 축복받은 백성들을 충실히 구제하는 능력자의 한 표상이 되고 있다. 이 이야기를 주제로 만Thomas Mann은 4부작 소설 『요셉과 그의 형제들Joseph und seiner Brüder』(1933~43)을 썼다. 그에 관한 이야기는 영화로 만들어지기도 했는데 대표적으로 어빙 래

야코포 틴토레토, 「요셉과 보디발의 아내」, 루브르 박물관

터 감독의 「요셉과 형제들Joseph and His Brothers」(1960, 마리에토 주연)이 있다.

## 요셉과 보디발의 아내 Joseph and Potiphar's wife

『성서』에 나오는 요셉과 관련한 일화. 요셉이 이집트에 머무르는 동안 보디발 집안의 집사가 되었는데 보디발의 아내가 그를 유혹했다. 의로운 요셉은 저항했고 화가 난 여자는 남편에게 요셉을 무고해 얼마 동안 옥살이를 살게 했다(창 39장). 몇몇 아랍 학자는 그녀를 라힐Rahil 혹은 쥬레이카Zuleika라 부른다. 이 이야기의 주제는 여러 나라의 민담과 신화에도 나타나는데 가장 유명한 이야기는 그리스 신화에 나오는 테세우스의 왕비 파이드라Phaidra 이야기이다. 요셉은 성적인 문제에서 빈틈없는 미덕을 가진 사람을 의미한다.

## 요셉과 형제들 Joseph and his brothers ⇨ 요셉

## 요크나파토파 군 Yoknapatawpha County

포크너William Faulkner가 지어낸 미시시피 주의 군郡. 『사토리스Sartoris』(1929), 『헛소리와 분노The Sound and the Fury』(1929), 『임종의 자리에 누워As I Lay Dying』(1930), 『앱설럼, 앱설럼!Absalom, Absalom!』(1936)을 포함한 포크너의 몇몇 소설의 배경이다. 포크너는 요크나파토파 군의 역사, 지리, 생태학, 사람들을 사실적으로 묘사했다. 그는 작품에서 요크나파토파의 세부를 매우 상세히 묘사하고 여러 인물형으로 채웠다.

## 요한복음 The Gospel according to St. John

『신약성서』의 네 번째 책. 예수의 생애에 관한 기록 중 가장 영적인 책으로 사건에 대한 기록보다는 예수의 삶과 죽음의 의미를 해석하는 데 중점을 둔다. 이 책이 강조하는 성육신incarnation, 즉 예수가 온전한 인간과 온전한 신으로 태어났다는 것은 기독교 신학에서 대단히 중요하다. 이 책은 예수의 가르침과 그가 행한 기적들을 설명한 뒤에 유다의 배반과 예수의 십자가형과 부활을 그린다. 전통적으로 성 요한Saint John이 썼다고 간주되지만 현대 학자들은 「요한서신서」의 저자가 이 책을 썼을 것이라는 의견에 동의한다.

## 욥 Job

우즈 땅에 있는 의롭고 하느님을 두려워하던 의인. 하느님은 사탄에게 그를 하고 싶은 대로 해보도록 허락했다. 욥은 사탄이 자신의 믿음과 정절을 시험할 때 큰 고통을 겪었다. 그러나 까닭 없는 불행을 당하면서도 믿음을 굳게 지켰다. 하느님은 결국에는 그에게 재산을 회복시켜 주고 행복과 번영을 제공했다. 「욥기」는 고통이 죄에 대한 벌이라면 왜 의로운 사람이 고통을 당하는가 하는 문제를 다루고 있다. 오늘날 욥의 이름은 연속적인 고통을 당하는 사람을 가리키는 데 사용된다. "고통 가운데 행한 욥의 인내"라는 표현은 속담으로 쓰인다.

### 욥의 위로자들 Job's comforters

욥의 친구인 엘리바스, 빌닷, 소발을 가리키는 말. 이들은 욥이 극심한 고통을 당하고 있을 때 찾아와 처음에는 욥을 위로했지만 욥의 재앙이 죄의 결과라고 설명하려 들었다. 욥은 그들의 해석을 거부했다. 따라서 그들은 '어떤 사람의 상처에다 소금을 끼얹는 위로자', '위로하는 척하며 더 큰 고통을 가져다주는 사람들'을 가리킨다.

### 욥의 인내 Patience of Job

'극심한 환난과 고통을 참는 초인적인 인내'를 뜻하는 말. 욥의 유명한 인내는 「욥기」 1, 2장에서 나타난다. 이후 욥은 화를 내고 반역적인 모습을 보인다. 욥의 인내는 그가 무고히 사탄의 시험을 받아 가진 재산과 자식들을 다 잃었는데도 "주신 이도 여호와시요 거두신 이도 여호와시오니 여호와의 이름이 찬송을 받으실지니이다"(욥 1:21) 하고 또 온 몸에 악창이 났으나 "우리가 하느님께 복을 받았은즉 재앙도 받지 아니하겠느냐 하고 이 모든 일에 욥이 입술로 범죄하지 아니하니라"(욥2:10) 하여 하느님을 원망하지 않고 인내한 것을 말한다.

### 용사들이 엎드러졌도다 How are the mighty fallen

이스라엘의 초대 왕인 사울과 그의 아들 요나단의 죽음을 애도하는 다윗의 조가弔歌에 나오는 말. "이스라엘아 네 영광이 산 위에서 죽임을 당하였도다 오호라 두 용사가 엎드려졌도다"(삼하 1:19) 한 데서 비롯하였다.

### 용서받지 못할 죄 The unpardonable sin

'성령 훼방죄', '성령에 대한 신성 모독죄'를 가리키는 말. "그러므로 내가 너희에게 이르노니 사람에 대한 모든 죄와 모독은 사赦하심을 얻되 성령을 모독하는 것은 사하심을 얻지 못하겠고"(마 12:31) 한 데서 비롯하였다.

### 우골리노 Ugolino della Gherardesca 1200년경~1289

이탈리아 피사의 백작. 겔프(교황)당의 수령으로 반대당한테 속아 두 아들, 두 손자와 함께 탑에 감금되어 굶어죽었다. 단테Alighieri Dante의 『신곡La Divina Commedia』에서 그들은 「지옥Inferno」편의 제9권인 얼음 지옥에 갇혀 원수인 루기에로Rugiero의 머리를 갉아먹는다.

374

### 우라노스 ㉐Uranos ㉓Uranus

하늘에 대한 인격화. 원초의 카오스(혼돈)에서 출현한 가이아(땅)는 우라노스(하늘)를 낳았고, 하늘과 교합하여 티탄족을 낳았다. 티탄인 크로노스는 낫으로 아버지의 남근을 자름으로써 하늘과 땅을 갈라놓았다. 우라노스는 태양계의 일곱 번째 행성, 즉 천왕성을 뜻하기도 한다.

귀스타브 도레, 「우골리노」

### 우리 아버지 Pater noster

주기도문의 서두(마 6:9). 라틴어로 '우리 아버지'라는 뜻이다. ⇨ 주기도문

### 우파니샤드 Upanishad

고대 인도의 힌두교 성전聖典인 『베다Vedas』의 일부. 기원전 10세기쯤의 것이다. 현존하는 118부의 텍스트 중에서 18부가 진짜인 것으로 인정받는다. 내용은 종교의 기본적 교의이다. 즉 신인 브라흐마는 속성屬性을 갖지 않고, 그의 본성은 전달할 수는 없지만 인식될 수는 있다. 개인의 주체인 아트만은 본래는 신의 일부이지만 불완전한 지식과 경험으로 신과 떨어지게 되었으며, 각 개인의 의무는 광범위한데 정신적·도덕적·육체적 수양으로 신과 본래의 일체성을 실현할 수가 있다.

### 우피치 미술관 Uffizi Gallery

이탈리아 피렌체에 있는 미술관. 15세기 메디치가家의 수집품을 소장한 미술관이다. 원래는 바자리Vasari가 설계한 정부 사무소였으나 확장하여 오늘날에 이르렀다.

### 운명의 여신들 Fates

인간의 출생과 삶과 죽음을 지배하는 신. 라틴어로 파르카이Parcae[(단)Parca] 혹은 그리스어로 모이라이Moirai[(단)Moira]라고 알려진 여신으로 클로토(그 | Clotho 영 | Spinner), 라케시스(그 | Lachesis 영 | Drawing of lots), 아트로포스(그 | Atropos 영 | Inevitable)이다. 클로토는 사람이 태어날 때 그 사람의 생명의 실을 짜고, 라케시스는 실의 길이를 재고 실의 성격을 결정짓고, 아트로포스는 가위로 실을 자른다. 이 운명의 여신들을 거역할 수 있는 방법이 없고 그녀들은 용서도 모른다.

### 울며 이를 갊이 Weeping and gashing of teeth

좌절과 슬픔을 뜻하는 말. 이 말은 "동서로부터 많은 사람이 이르러 아브라함과 이삭과 야곱과 함께 천국에 앉으려니와 그 나라의 본 자손들은 바깥 어두운 데 쫓겨나 거기서 울며 이를 갈게 되리라"(마 8:11~12)는 구절에서 비롯하였다. 이 구절은 예수의 마지막 심판일에 대한 예언으로서 로마 백부장의 믿음과 그 동족의 불신을 대비시키고 있다.

### 울부짖는 광야 Howling wilderness

'황량한 광야'를 뜻하는 말. 모세의 마지막 노래 중 "여호와께서 그를 황무지에서, 짐승이 부르짖는 광야에서 만나시고 호위하시며 보호하시며 자기 눈동자같이 지키셨도다"(신 32:10) 한 데서 비롯하였다. 여기서 "부르짖는howling"은 '짐승이나 바람의 울부짖는 소리로 가득한'이란 뜻이다.

### 울티마 툴레 Ultima Thule

라틴어로 가장 먼 툴레[베르길리우스Vergilius의 「농경시Georgica」(i)]라는 뜻. 로마인들에게 울티마 툴레는 세계의 가장 북쪽 끝, 즉 브리튼Britain으로부터 북쪽으로 6일 동안 항해하여 도달할 수 있는 땅(아마 영국의 셰틀런드, 혹은 노르웨이의 북쪽 해안, 혹은 아이슬란드 등)의 이름이었다. 이 말은 '먼 곳', '지구의 끝', '여행에서 가장 먼 지점'을 뜻한다.

### 워즈워스, 윌리엄 Wordsworth, William 1770~1850

영국의 시인. 콜리지Samuel Taylor Coleridge와 함께 익명으로 출판한 『서정 담시집Lyrical Ballads』(1798)은 영국 낭만파의 횃불이 되었다. 그는 소박한 생활과 높은 사색을 이상으로 삼고 호수 지방인 그라스미어에서 살았다. 특히 평범한 소재를 일상생활의 언어로 꾸밈없이 다루었다. 대표작으로 「틴턴 애비Lines Composed a Few Miles above Tintern Abbey」(1798), 「영혼불멸을 깨닫는 노래Ode: Intimations of Immortality」(1807), 「소요逍遙(The Excursion)」(1814), 『서곡The Prelude』(1850) 등이 있다.

### 원수를 사랑하라 Love your enemies

예수의 산상수훈 중 하나. "나는 너희에게 이르노니 너희 원수를 사랑하며 너희를 박해하는 자를 위하여 기도하라 이같이 한즉 하늘에 계신 너희 아버지의 아들이 되리니 이는 하느님이 그 해를 악인과 선인에게 비추시며 비를 의로운 자와 불의한 자에게 내려주심이라"(마 5:44~45) 한 데서 비롯하였다. 예수는 여기서 보복이라는 옛 도덕과 용서라는 새로운 도덕을 대비시키고 있다.

## 원죄原罪 Original sin

에덴동산에서 아담과 이브가 하느님의 명령을 어기고 금단의 열매를 따먹은 죄(창 3장). 이 일로 아담과 이브는 에덴동산에서 쫓겨났다. 기독교 신학에서 원죄는 모든 인간이 하느님의 은혜에서 멀어지게 된 행위를 일컫는다. 기독교에서는 원죄가 아담이 타락한 결과로 야기된 모든 인간을 특징짓는 죄의 상태라고 말한다. 모든 인간은 아담의 후손이고 그의 죄로 더럽혀져 있기 때문에 인간은 수태의 순간부터 타락한 상태로 태어난다는 주장이다. 성 아우구스티누스Saint Augustine가 이 견해의 주

반 데르 구스, 「원죄」, 빈 미술관

된 주창자였는데 인간이 그들 자신의 행위로 인해 완전해질 수 있다고 주장한 펠라기우스Pelagius가 그의 대적이었다. 이 문제는 기독교도들이 상대방을 이단으로 정죄해 박해하고 처형한, 삶과 죽음이 달린 중차대한 문제였다.

## 원탁圓卓 Round Table

아서 왕 전설에서 기사들이 둘러앉은 둥근 탁자. 아서 왕과 150명의 기사들은 원탁에 빙 둘러 앉았는데, 이것은 상석上席 때문에 말썽이 생기는 것을 미리 막기 위해 마법사 멀린Merlin이 만든 것으로 여겨진다. 이 원탁에는 성배Holy Grail를 탐색할 기사를 위한 '목숨 빼앗는 좌석Siege Perilous'(원탁의 빈 자리로 성배를 찾아낼 수 있는 기사만이 앉을 수 있고, 다른 사람은 앉자마자 목숨을 잃는다고 한다)이 있었다. 원탁은 아서 왕 전설의 주요 상징 중의 하나로 일반적으로 아서와 그의 기사 일단一團을 가리킨다.

## 월든 Walden

소로Henry David Thoreau가 매서추세츠 주 동북부 콩커드 근처 월든 호숫가 숲 속에서 오두막집 한 채를 짓고서 1845년부터 2년 정도 자연에서 살았던 생활을 기록한 작품(1854)의 제목. 이 작품에는 '숲 속의 생활Life in the Woods'이라는 부제가 있다. 월든은 물질주의 문명의 가치관에서 해방된 생활 속에서 누리는 자연과의 고독한 영교靈交를

상징한다.

## 월터 미티 Walter Mitty

미국의 유머·풍자 만화 작가 서버James Thurber의 유명한 단편 「월터 미티의 은밀한 생활The Secret Life of Walter Mitty」(1939)의 주인공. 영웅적 모험을 하는 자신을 상상함으로써 단조로운 현실을 도피하는 온순한 몽상가이다.

## 윗슨, 의사 Watson, Dr.

유명한 탐정 셜록 홈즈의 친구. 닥터 윗슨이라고 불린다. 탐정 조수의 원형으로 총명함은 모자라지만 충실한 사람이다. 언제든 홈즈와 같이 행동하고 정신적이든 육체적이든 어떤 위험도 가리지 않는데, 그것이 사건을 해결로 이끈다.

## 위고, 빅토르 Hugo, Victor 1802~85

프랑스의 시인·극작가·소설가. 대표작으로 소설 『파리의 노틀담Notredame de Paris』(1831), 『레 미제라블Les Misérables』(1862, '불쌍한 사람들'이라는 뜻) 등이 있다. 1830년 희곡 「에르나니」가 상연되었을 적에 고전파와 싸워 이겼다. 정치에 적극적으로 참여했지만 망명하여 18년을 보냈다. 정치적으로 큰 영향을 남기지 못했지만, 19세기 프랑스 문학에 끼친 영향은 절대적이다.

## 위태로운 의자 Siege Perilous

성배 기사 전설에 등장하는 의자. 프랑스어 siège에는 초기에는 chaise(의자)란 의미와 함께 기사騎士 좌석이라는 의미가 있었다. 특히 원탁Round Table의 특정한 좌석은 성배를 찾아낼 운명을 지닌 기사를 위해 늘 비워 둔다. 만일 다른 기사가 그 자리에 앉으면 죽고 만다. 결국 란슬러트와 엘레인의 아들 갤러해드 경이 이 좌석의 정당한 점유자임이 입증되었다. ⇒ 갤러해드 경

## 유그드라실 Yggdrasil 영World Ash

옛 노르웨이어로 우주 나무라는 뜻. 북유럽 신화에서 하늘과 땅과 하계를 연결하는 거대한 서양 물푸레나무ash tree를 말한다. 그 잎사귀는 언제나 푸르며 나뭇가지는 하늘로 올라가 있다. 한 뿌리는 하계로 멀리 뻗어 있고, 나무 밑엔 뱀 한 마리가 똬리를 틀고 있다. 또 하나의 뿌리는 강물의 수원水源이고, 또 하나의 뿌리에서 나오는 샘에서는 지혜가 흘러나온다. 나무 맨 꼭대기의 가지에는 신들에게 위험을 경고하는 황금빛 수탉이 있다. 한편 나무 밑에는 최후의 전투를 알릴 각적角笛(뿔피리)이 있었다. 동물·악마·괴물 들이 이 나무를 갉아먹지만, 셋째 뿌리 밑에 사는 노른들Norns(운명의 세 여신)

이 파괴된 부분을 계속 회복시킨다. 이 나무는 생명과 지식의 나무이며, 시간과 공간의 나무이다. 신들이 죽을 때에 나무도 파멸한다는 예언이 있다.

### 유노 Juno ⇒ 헤라

### 유니콘/일각수一角獸 Unicorn

몸은 말馬과 비슷하고 이마에 뿔이 한 개 뾰족이 나 있는 상상의 동물. 플리니우스 Plinius에 의하면 이것은 사슴의 머리, 코끼리의 다리, 사자 꼬리를 갖고 있다. 성격이 잔인하다고 하며, 젊은 처녀가 그 앞에 있을 때만 잡을 수 있다. 처녀 앞에서는 누워서 잡혀도 가만히 있기 때문이다. 중세에는 그리스도를 나타냈고, 뿔은 진리의 복음을 상징했다. 뿔은 마력이 있어 치료 효과가 있다고 여겨졌다. 유니콘은 스코틀랜드 왕실의 문장紋章이었지만, 제임스 1세 이후 영국 문장에도 쓰고 있다.

### 유다 Judah

1)야곱의 아들 중 한 명.

2)야곱에서 비롯한 열두 지파의 하나.

3)솔로몬 왕국이 분열된 뒤 수도를 예루살렘에 둔 남쪽의 영토. 로마의 점령 아래에서는 유디아라 불렸다.

4)흔한 유대 남자 이름. 기원전 2세기의 애국자 마카베오 유다Maccabaeus Judas, 가룟 유다Iacariot Judas 그리고 열두 제자 중의 하나인 성 유다Saint Judas 등에서 볼 수 있다.

### 유다의 염소 Judah's goat

다른 염소들을 죽음으로 인도하는 염소. 다른 사람을 유혹하여 위험에 처하게 하고 배반하는 사람을 가리킨다. 예수를 은 삼십에 배반한 가룟 유다에서 비롯하였다.

### 유다의 입맞춤 Kiss of Judas ⇒ 가룟 유다

### 유딧 Judith

『구약성서』에 나오는 바빌론의 장군 홀로

아르테미시아 젠틸레스키, 「홀로페르네스의 목을 베는 유딧」, 피렌체 우피치 미술관

379

페르네스에 의해 함락된 베툴리아에 살던 부유하고 아름다운 과부. 민족을 구하겠다고 자원하여 홀로페르네스에게 가서 유대인에게 대항하여 그를 도와주는 척하여 융숭한 대접을 받았다. 홀로페르네스가 술에 취해 잠든 사이에 유딧은 그의 목을 베었고 고향으로 승리의 귀환을 했다. 이를 소재로 한 영화로는 그리피스Griffith 감독의 「베툴리아의 유딧Judith of Bethulia」(1913, 릴리언 기시 주연)이 있다. 그림에서는 젠틸레스키Artemisia Gentileschi의 「홀로페르네스의 목을 베는 유딧Judith Beheading Holofernes」(1620년경)이 유명하며 클림트 Gustav Klimt의 「유딧」 연작이 있다.

### 유리를 통해 희미하게 보다/거울을 통해 희미하게 보다 See through a glass darkly

감각으로 얻은 지식의 제한성과 영적인 인지의 보다 높은 진리를 대비시킬 때 주로 인용하는 말. 바울이 "우리가 지금은 거울로 보는 것같이 희미하나 그때에는 얼굴과 얼굴을 대하여 볼 것이요"(고전 13:12) 한 데서 비롯하였다. 유리를 통해 본다는 것은 거울을 통해 본다는 것인데 이 당시 거울은 잘 연마되지 않아서 상이 흐렸다. 바울은 현재 우리가 가진 불완전한 지식과 나중에 하느님의 뜻이 드러날 때 인간이 궁극적으로 누릴 온전한 지식을 대조시킨다.

### 유미르 Ymir

북유럽 신화에서 모든 생물 중 최초의 생물이자 거인들의 아버지. 그의 왼팔 아래에서 남자와 여자가 나왔다. 거인들이 유미르를 죽였고, 유미르의 몸에서 땅·하늘·바나·숲·산들을 포함한 스칸디나비아 세계의 여러 부분이 생겨났다.

### 유발 Jubal

라멕과 아다의 아들이며 두발가인의 형제. "수금과 퉁소를 다루는 모든 자"의 조상이었다(창 4:21). 음악과 노래의 시조로 기억된다.

### 유베날리스 라Juvenalis 영Juvenal 60년경~120년경

로마 최후의 가장 위대한 풍자 작가. 그의 풍자시는 16편이 남아 있는데 주요 주제는 인간 생활과 로마 제국의 어두운 면이다. 문체는 힘차고 수사학적이며 고결하다. 후대의 시인들에게 상당한 영향을 끼쳤는데, 영문학에서는 존슨 박사Dr. Johnson의 「런던 London」(1738)과 「인간 소망의 덧없음The Vanity of Human Wishes」(1749) 등의 창작에 가장 큰 영향을 끼쳤다.

### 유순한 대답 Soft answer

'욕설이나 비난에 대한 온유한 반응'을 뜻하는 말. "유순한 대답은 분노를 쉬게 하여

도 과격한 말은 노를 격동하느니라"(잠 15:1)라는 구절에서 비롯하였다.

### 유아幼兒 대학살 Massacre of the Innocents/Slaughter of the Innocents

헤롯 대왕이 장차 자기를 누르고 위대한 왕이 될 아이가 유대에 태어난다는 말을 듣고 자행한 학살. 헤롯은 그 아이가 누구인지를 알 수 없었기 때문에 군사들에게 두 살 이하의 사내아이를 다 죽이라고 명했다(마 2:1~16). 이때 마리아와 요셉은 이집트로 도망하여 아기 예수를 구했다. ⇨예수의 어머니 마리아

### 유월절逾越節 Passover

이집트에 내린 최악의 재앙에서 이스라엘 사람들을 건진 사건과 그 일을 기념하기 위해 매년 지키는 명절. 모세를 통해 하느님은 그들이 이집트에서 탈출하기 전날 통째로 구운 양을 주식으로 하여 특별한 음식을 준비하라고 말했다. 그 양의 피는 문설주와 문

다니엘레 다 볼테라, 「유아 대학살」

지방에 발라 이스라엘 사람의 집임을 표시하는 데 쓰였다. 그 밤에 하느님은 죽음의 사자Angel of Death를 보내 이집트의 처음 난 수컷을 다 죽이되 이스라엘 사람들의 집에서 피를 보거든 거기서는 아무도 죽이지 말고 넘어가라고passover 명했다. 그 후 하느님은 해마다 봄에 이스라엘 사람들이 그때의 음식을 먹으며 이 일을 기념하여 지키라고 명했다. 예수가 제자들과 함께한 최후의 만찬은 유월절 음식이었다. 제자들은 예수의 십자가형과 부활을 신약시대의 새 유월절이라고 설명했다.

### 유토피아 ㄱUtopia

이상국가, 이상향. 그리스어로 '아무데도 없는 장소no place'란 뜻이다. 일반적으로 이상적인 완벽한 인간 사회를 뜻한다. 유토피아의 모델은 플라톤의 『국가Politeia』이다. 최초로 이 단어를 쓴 모어 경Sir Thomas More의 『유토피아Utopia』(1516, 사회가 사회적·법적·정치적 조화를 이루며 모어 경의 인문주의 원리들에 따라 작동하는 상상적인 섬 이름), 베이컨 Francis Bacon의 『뉴 아틀란티스New Atlantis』(1627), 버틀러Samuel Butler의 『에레훤 Erehwon』(1872, nowhere를 거꾸로 쓴 것), 미국 작가 벨러미Edward Bellamy의 『회고, 2000년에서 1887까지Looking Backward, 2000~1887』(1888) 등 여러 작가가 다양한 유토피아를 묘사하였다. 특히 헉슬리Aldous Huxley의 『멋진 신세계Brave New World』(1932)나 오웰 George Orwell의 『1984』(1949)에서 그린 유토피아는 실제로는 디스토피아dystopia, 즉 반유토피아anti-utopia이다.

### 유투르나 라Juturna

투르누스의 여동생이며 이륜전차 몰이꾼. 로마인들은 '샘의 여신'이라 불렀다.

### 유피테르/웁피테르 라Jupiter/Juppiter

로마 신화에서 제우스를 지칭하는 이름. 천문학에서는 목성을 말한다. ⇨제우스

### 유향乳香과 황금黃金과 몰약沒藥 Frankincense, gold and myrrh ⇨ 동방박사

### 육신肉身이 약하도다 The flesh is weak

때로 인간이 지닌 연약함으로 인해 어떤 일을 하지 못하는 핑계로 사용하는 말. 예수가 겟세마네 동산에서 최후의 기도를 하며 제자들에게 기도하라고 하였으나 제자들은 계속 잠에 빠져 있자 제자들에게 한 말이다. "시험에 들지 않게 깨어 기도하라 마음에는 원이로되 육신이 약하도다"(막 14:38) 한 데서 비롯하였다.

### 육체 노동 Servile works

안식일이나 축제일에 금지된 육체 노동. 『구약성서』의 "그 첫 날에는 너희가 성회로

모이고 아무 노동도 하지 말지니라"(레 23:7)에 나오는 말이다.

### 육체의 가시 Thorn in the flesh

병자를 완전히 불구로 만들지는 않지만 그를 훼방하는 고질적인 괴로움을 뜻하는 말. 바울이 병들었을 때 "여러 계시를 받은 것이 지극히 크므로 너무 자만하지 않게 하시려고 내 육체에 가시 곧 사탄의 사자使者를 주셨으니"(고후 12:7)라고 한 데서 비롯하였다. 바울은 자신의 병을 고쳐 달라고 세 번이나 여호와께 기도했으나 그 병을 견뎌내도록 은총에 의존하라는 대답을 받았다. 이때 바울을 괴롭힌 것이 구체적으로 무엇이었는지는 명확치 않다. 기질 혹은 정신적 혹은 신체적 고질병이라 추측된다.

### 율리시즈 Ulysses ⇨ 오딧세우스

### 율법학자律法學者 Scribes

모세의 율법과 전통을 공부한 사람. 직업적 법률가와는 다르다. 율법을 공부하는 학생과 해석자들은 랍비 칭호를 들으며 존경을 받았다. 외국의 지배에 적대적이던 유대의 평민들은 바리새파와 율법학자들을 존경하였다. ⇨ 바리새 교파

### 은銀 삼십 Thirty pieces of silver

가룟 유다가 예수를 반역한 대가로 받은 돈. 은전 하나가 대략 노동자의 5일 품삯에 해당했다고 하니 노동자의 반년 임금에 해당하는 액수이다. ⇨ 가룟 유다

### 은 줄이 풀어지다 Silver cord be loosed

죽음에 대한 상징적 표현. "너는 청년의 때에 너의 창조주를 기억하라 곧 곤고한 날이 이르기 전에…은 줄이 풀리고 금 그릇이 깨지고 항아리가 샘 곁에서 깨지고 바퀴가 우물 위에서 깨지고 흙은 여전히 땅으로 돌아가고 영은 그것을 주신 하느님께로 돌아가기 전에 기억하라"(전 12:1~7)고 한 데서 비롯하였다. 여기서 줄, 그릇, 항아리, 바퀴 등이 풀어지고 부서지는 것은 모두 죽음에 대한 상징이다. 그릇과 줄을 사슬에 달린 램프라고 간주하여 사슬이 끊어지면 램프는 떨어지고 불이 꺼진다고 해석하는 이도 있다. 비슷하게 항아리와 바퀴는 우물물을 끌어올리는 권양기捲揚機의 두레박과 바퀴라고 해석한다. 따라서 이 구절은 두 친숙한 생명의 상징인 빛과 물을 중심으로 구성되어 있는 것이다. 제임즈Henry James는 부서진 금사발의 이미저리imagery를 소설 『황금사발The Golden Bowl』(1904)의 제목 겸 주요한 상징으로 삼았다.

### 은총을 입다/은혜를 입다 Find favour

어떤 사람의 눈에 들어 승인이나 호의를 얻게 되는 것을 뜻하는 말. "천사가 이르되 마

리아여 무서워하지 말라 네가 하느님께 은혜를 얻었느니라"(눅 1:30) 한 데서 비롯하였다. 이것은 마리아에게 수태고지를 알리는 가브리엘 천사의 말이다.

## 음녀淫女 Scarlet woman

죄를 지은 여자를 뜻하는 말. scarlet(진홍색)은 죄의 색깔이다.

## 의로운 해 The sun of righteousness

'그리스도'를 가리키는 말. 이 비유는 "내 이름을 경외하는 너희에게는 공의로운 해가 떠올라서 치료하는 광선을 비추리니 너희가 나가서 외양간에서 나온 송아지같이 뛰리라"(말 4:2)는 구절에서 비롯하였다.

## 의사고전주의擬似古典主義 pseudo-Classicism

18세기 영국의 시인 포우프Alexander Pope나 새무얼 존슨Samuel Johnson이 고전문학의 표현을 규칙화하고 그 규칙에 따라 표현 형식을 결정한 것을 가리키는 말. 그런데 그리스·라틴 문학의 참다운 고전 정신은 조화·중용·통제 등으로 만물에 질서를 부여하고, 그것을 예술로 표현하는 것이다. 그 때문에 고전의 근본 정신을 잃어버렸다고 해서 가짜란 뜻의 pseudo란 이름이 붙었다. 그러나 포우프의 "자연과 호메로스는 동일했다Nature and Homer were the same"라는 말에는 단순한 고전 모방이라기보다는, 완성된 표현은 현실과 별도로 하나의 세계를 구축한다는 심미적 통찰이 있다고 보아야 한다.

## 의심 많은 도마 Doubting Thomas

처음에는 예수의 부활을 믿지 않다가 나중에 믿은 사도. 예수가 부활해서 제자들에게 나타난 저녁에 그 자리에 없었다. 그는 다른 제자들이 전하는 예수의 부활 이야기를 믿지 않고서 "내가 그의 손의 못 자국을 보며 내 손가락을 그 못 자국에 넣으며 내 손을 옆구리에 넣어 보지 않고는 믿지 아니하겠노라"(요 20:25)고 말했다. 일주일 뒤에 도마가 그들과 함께 있을 때 예수가 나타나서 도마에게 그의 상처를 만져보고 믿으라고 말했다. 그때 도마는 "나의 주 나의 하느님"이라고 신앙을 고백했다. 그러자 예수가 "너는 나를 본고로 믿느냐 보지 못하고 믿는 자들은 더 복되도다"고 말했다. 도마는 확실한 증거에 의거하지 않고서는 예수의 부활을 믿으려 들지 않았고, 예수는 도마의 호기심을 채워 주었지만 그를 나무랐다. 일반적으로 "의심 많은 도마"라고 하면 '미주리 주(의심 많은 주Show Me State)에서 온 사람', 즉 '믿기 위해서는 반드시 자기 눈으로 보아야만 하는 사람'이라는 의미로 쓰인다.

## 이가봇 Ichabod

엘리 제사장의 아들 비니하스의 부인이
낳은 아들(삼상 4:21). 히브리어로 '영광
이 떠났다'는 뜻이다. 흔히 후회와 비판
을 나타내는 감탄사로 쓰인다.

## 이노 ㉐Ino

카드모스와 하르모니아의 딸. 아가우에,
아우토노에, 폴뤼도로스, 세멜레의 자매
이다. 아이올로스의 아들이며 테바이 왕
인 아타마스가 헬레와 프릭소스의 어머

카라밧지오, 「의심 많은 도마」, 포츠담 신궁전

니 네펠레를 버린 뒤 그와 결혼했고, 레아르코스와 멜리케르테스를 낳았다. 이노는 자기
자식이 왕위를 계승하게 하려고 네펠레의 자식을 미워하고 죽일 작정을 했다. 그래서 헬
레와 프릭소스는 황금양털의 숫양을 타고서 하늘을 날았다. 헬레는 바다에 떨어져 죽어
그 바다가 헬레스폰토스라 불리며, 프릭소스는 콜키스에 닿아 공주 칼키오페와 결혼했
다. 이 이야기는 호메로스Homeros의 『오뒷세이아*Odysseia*』(v), 아폴로도로스Apollodoros
의 『비블리오테케*Bibliotheke*』(ii), 오비디우스Ovidius의 『변신 이야기*Metamorphoses*』(iv)
등에 나온다.

## 이다스와 륑케우스 ㉐Idas kai Lynkeus ㉛Idas and Lynceus

아파레우스(혹은 포세이돈)의 아들들. 카스토르와 폴뤼데우케스(폴룩스)의 사촌이다. 이
들 형제는 칼뤼돈 멧돼지 사냥과 황금양털 모험에 같이 참가했다. 형제는 사촌인 포이
베와 힐라에이라와 결혼하려 했는데, 신부들이 카스토르와 폴뤼데우케스한테 납치되
었다. 그러자 이다스는 마르펫사와 결혼했으나 아폴론이 그녀를 사랑해서 데려가 버
렸다. 이다스는 활과 화살을 가지고 아폴론을 추격했고, 결국 제우스가 마르펫사에게
둘 중 한 명을 선택하도록 허락했다. 마르펫사는 자기가 늙으면 아폴론이 버릴 것이라
고 생각해서 이다스를 선택했다. 다른 이야기에서는 이다스, 륑케우스, 카스토르, 폴
뤼데우케스는 소를 길러서 넷이 똑같이 분배하기로 약속했다. 이다스와 륑케우스는
카스토르와 폴뤼데우케스에게 포이베와 힐라에이라를 훔쳐간 데 대한 보복으로 그들
의 몫을 주기를 거부했다. 그래서 싸움이 일어났고 이다스가 카스토르를 죽이자 제우
스가 벼락을 쳐 이다스를 죽이고 폴뤼데우케스는 하늘로 데려갔다고 한다. 이 이야기

는 호메로스Homeros의 『일리아스*Ilias*』(ix), 아폴로도로스Apollodoros의 『비블리오테케
*Bibliotheke*』(i·iii)에 나온다.

## 이데 그Ide 라Ida 영Ida

1) 이데 산에 이름을 준 크레테의 님페(요정) 이름.

2) 물이 풍부한 강(시모에이스, 스카만드로스, 아이세포스, 그라니코스)의 원천으로 이름난 프
뤼기아에 있는 산. 이 산으로 가뉘메데스가 납치되었고, 파리스의 심판이 있었으며 트
로이아 전쟁 동안 신들이 이 산 꼭대기에서 관전觀戰했다. 또 파리스의 심판 이전에는
파리스와 요정 오이노네가 살았다.

3) 제우스가 태어났다는 크레테 섬 중앙에 있는 산. 그곳에 있는 동굴에서 제우스가 자
라났다고 한다. 이곳에서 고대 그리스의 많은 봉헌물이 발굴되었다.

## 이도메네우스 그Idomeneus

데우칼리온의 아들, 메다의 남편. 크레테 왕으로 트로이아 전쟁에 참가하여 다른 영웅
보다 나이가 많았지만 용감히 싸웠다. 아킬레우스의 갑주를 차지하기 위한 경기에서
심판 중 한 사람이었고 트로이아 목마의 용사이기도 했다. 전쟁이 끝나고 귀국하던 중
에 격렬한 폭풍우를 만났다. 이때 만일 포세이돈이 자기를 안전하게 귀국시켜 준다면
상륙해서 만난 최초의 사람을 바치겠노라고 맹세했는데, 그 첫 사람이 자기를 환영하
러 나온 아들이었다. 이도메네우스는 하는 수 없이 맹세를 지켰다. 이 이야기는 『성
서』에 나오는 이스라엘의 대사사大士師 입다Jephthah(사 11:30~40)의 일화와 유사하다. 모
차르트의 오페라에도 「이도메네오」가 있다. ⇨ 입다의 딸

## 이를 갈다 Gnash the teeth

분노나 슬픔을 나타내는 데 쓰는 말. 구원에 이르기 위해서는 좁은 문으로 들어갈 것
을 촉구하는 비유 중 "너희는 밖에 쫓겨 난 것을 볼 때에 거기서 슬피 울며 이를 갈리
라"(눅 13:28)에서 비롯하였다.

## 이를 시리게 하다 Set one's teeth on edge

'이를 갈게 하다', '진저리 나게 하다', '신물 나게 하다', '아주 불쾌한 느낌을 주다'라
는 뜻. 『구약성서』의 "그때에 그들이 말하기를 다시는 아버지가 신 포도를 먹었으므
로 아들들의 이가 시다 하지 아니하겠고"(렘 31:29)에서 비롯하였다.

## 이리스 그Iris

서풍西風 제퓌로스의 아내. 이름은 '무지개'를 뜻한다. 신들, 특히 제우스와 헤라의 사

자使者 노릇을 했다. 흔히 날개가 달린 것으로 표현되고 무지개를 타고 굉장한 속도로 달릴 수 있다고 한다. 호메로스Homeros의 『일리아스Ilias』와 베르길리우스Vergilius의 작품에서는 신들의 메신저로 나온다. 나중에는 헤르메스가 신들의 사자 노릇을 맡아 했다. 이리스의 특별한 임무는 생명의 실을 잘라 줌으로써 죽어가는 여자들의 영혼을 육체로부터 해방시켜 주는 것이었다. 눈의 홍채iris는 이 이름에서 따왔다.

## 이머전 Imogen

셰익스피어William Shakespeare의 『심벌린Cymbeline』(1609)에 등장하는 브리튼 왕 심벌린의 딸. 최고 미덕의 화신으로 정숙하고, 관대하고, 충실하고, 용감하고, 독립심이 강하다.

## 이방異邦 여인 Strange woman

'창녀'를 뜻하는 말. "지혜가 또 너를 음녀에게서, 말로 호리는 이방 계집에게서 구원하리라"(잠 2:16)는 구절에서 음녀는 이방 여인과 같은 의미이다. 여기서 strange는 '이상한'이 아니라 'foreign(외국인)'이란 뜻이다.

## 이방인異邦人 Gentile

『성서』에서 유대인이 아닌 사람, 유대교를 믿지 않는 사람, 이교도들을 지칭하는 말. 유대인과 이방인 사이의 갈등은 『성서』 전반에 걸쳐 수없이 나타난다. 비유적으로는 하느님을 믿지 않는 모든 사람을 가리킨다.

## 이브 Eve

아담의 아내로서 하느님이 최초로 만든 여자. 아담이 홀로 지내는 것을 딱하게 여긴 하느님이 아담을 잠들게 한 후 갈비뼈를 하나 뽑아 돕는 배필로서 여자를 만들었다. 아담은 이브를 보고 "이는 내 뼈 중의 뼈요 살 중의 살이라 이것을 남자에게서 취하였은즉 여자라 칭하리라"(창 3:23)고 하였다. 나중에 사탄의 유혹에 빠져 선악과를 따먹고 타락하게 되고 에덴동산에서 쫓겨난다. 『개역성서』에는 하와라고 불린다. ⇨ 아담

## 이사야 Isaiah

기원전 8세기의 히브리 선지자. 그 이름의 뜻은 '여호와는 구원이시다'이다. 「이사야서」는 그의 이름에서 비롯하였다. 이스라엘이 그들의 적인 앗수르에 의해 멸망할 것을 예견하여 돌이켜 야훼를 바르게 섬기는 데에 그들의 구원이 달렸다고 경고했다. 「이사야서」의 후반부는 바벨론의 멸망과 유대인들의 귀향을 예언하고 있다. 전반부는 멸망의 어두운 소식을 전하지만 「이사야서」는 "그들의 칼을 쳐서 보습을 만들고 그

들의 창을 쳐서 낫을 만들 것이며 이 나라와 저 나라가 다시는 칼을 들고 서로 치지 아니하며 전쟁을 연습하지 아니하리라"(사 2:4)와 같은 평화의 예언으로 자주 인용된다. 기독교의 복음서들은 다른 어떤 선지자서보다 「이사야서」를 많이 인용한다. 이 때문에 「이사야서」는 '제5복음서'로도 불린다.

### 이삭 Issac

아브라함과 사라가 각각 100세와 91세 때 얻은 아들. 아브라함의 믿음을 시험하기 위해 하느님은 그에게 이삭을 바치라고 명했고 아브라함이 기꺼이 명령대로 수행하려 하자 하느님은 인간 희생 제물을 전통적인 양으로 대치했다(창 21:1~8, 22:1~4). 이삭은 아내 리브가와 사이에서 에서와 야곱을 낳았다. 이삭이란 이름은 '웃음'이란 뜻인데 어머니인 사라가 자신이 그처럼 나이 들어 아이를 낳을 것이라는 하느님의 말을 듣고 어이가 없어 웃은 데서 비롯하였다.

### 이산離散 Diaspora

정복, 이주 혹은 강제 축출로 사람들이 흩어지는 것. 대문자로 쓰면 이 말은 바벨론 유수와 로마 통치에 대한 투쟁이 실패한 뒤에 팔레스타인에서 유대인이 흩어진 것을 의미한

카라밧지오, 「이삭의 희생」, 피렌체 우피치 미술관

다. 때로는 이스라엘이 아닌 다른 나라에 살고 있는 유대인들을 가리키기도 한다.

## 이상적 왕자 Prince Charming

매혹적 신랑감. 흔히 신데렐라 이야기에 나오는 왕자를 가리킨다.

## 이세벨 Jezebel

이스라엘 왕 아합의 왕비. 바알 숭배를 이스라엘 왕국으로 들여왔기 때문에 야훼를 숭배하는 사람들과 엘리야에게 가증스러운 존재이다. 「요한계시록」에 나타나는 이세벨은 신도들을 꾀어 부도덕한 일을 하게 하고 우상에게 바친 음식을 먹도록 한 두아디라 교회의 거짓 여선지자이다(계 2:20). 오늘날 이세벨은 "화장한 이세벨painted Jezebel"이란 말과 함께 방종한 여자를 의미하는데, 이는 화장이 한때는 창녀의 실질적인 표시로 간주되었기 때문이다.

## 이스라엘 Israel

야곱이 얍복 강가에서 하느님의 천사와 싸운 뒤에 얻은 이름(창 32:28). 히브리어로 '하느님과 겨룬 사람'이란 뜻이다. 그의 후손으로 이루어진, 때때로 이스라엘의 자손이라 불리는 유대 민족의 나라 이름이기도 하다. ⇨ 야곱

## 이스마엘 Ishmael

1)아브라함과 그의 아내 사라의 몸종이던 하갈 사이에서 태어난 아들. 사라는 자신이 아들(이삭)을 낳자 아브라함에게 하갈과 이스마엘을 쫓아내라고 요구하여 두 사람은 결국 광야를 헤매게 된다(창 11~12장, 21:9~21). 이스마엘은 '하느님이 들으신다God is hearing'라는 뜻으로 '광야의 거주자', '추방자', '무법자'의 원형이다.

2)멜빌Herman Melville의 『모비 딕Moby Dick』(1851)에 등장하는 불만에 찬 명상적인 내레이터. 이 이름은 『성서』에 나오는 이스마엘에서 비롯하였다. 이 소설은 "내 이름을 이스마엘이라 부르시오Call me Ishmael"로 시작한다. 뭍에서의 생활이 편치 못하고 매력이 없어질 때엔 언제나 바다로 나가는 이스마엘은 에이햅 선장이 이끄는 포경선捕鯨船 피쿼드호號에 승선 계약을 맺고, 선장의 미친 듯한 백경의 추격에 휩쓸리고 만다.

## 이스트미아 경기 Isthmian Games ⇨ 제전

## 이시스 Isis

고대 이집트의 풍요의 여신. 소의 뿔을 가진 모습으로 그려진다. 오빠이자 남편인 오시리스와 사이에서 아들 호루스를 낳았다. 풍요와 자연의 여신이며, 그녀와 관련한 많은 비의秘儀 숭배가 있다. 그 밖에도 수부水夫의 보호자이며 달의 여신이다. 암소는 그

녀에게 성스런 동물이다. 그리스 신화의 아테나, 데메테르와 동일시되었다.

## 이아고 Iago

셰익스피어William Shakespeare의 비극 『오셀로Othello』(1604)에서 놀랄 만한 지력知力을 갖춘 음모의 천재. 오셀로를 충동질하여 데스디모나에 대한 근거 없는 질투심을 불러일으켜 결국 그녀를 죽게 한다. 세계 문학에서 순전한 악의惡意에서 이아고를 능가할 인물은 별로 없다. 영어 이름 Jacob에 해당한다.

## 이아손 ⑴Iason ⑼Jason

그리스 텟살리아 지방의 이올코스의 왕인 아이손의 아들. 그리스 영웅이다. 왕좌를 삼촌 펠리아스에게 찬탈당하고 추방되었다. 추방지에서 켄타우로스 케이론이 그를 길렀다. 이아손이 왕위를 요구하러 되돌아왔을

「이시스」

때에 펠리아스는 황금양털Golden Fleece을 가져오면 왕위를 내놓겠다고 말한다. 이아손은 55명의 영웅(아르고나우타이)과 함께 아르고호를 타고 출항하여 아이에테스 왕이 황금양털을 보관하고 있던 흑해 연안의 콜키스에 도착했다. 그는 왕의 딸이자 마법사인 메데이아의 도움을 받아 황금양털을 손에 넣고 그리스로 되돌아온다. 이아손은 펠리아스 왕의 딸들을 속여 아버지를 토막 살해케 한 뒤 그 죄로 이올코스에서 쫓겨나 코린토스로 도망갔다. 그곳에서 메데이아와 사이에서 두 아이를 낳고 10여 년 동안 행복하게 살았다. 그러나 그 뒤 이아손은 크레온 왕의 딸 글라우케와 결혼하기 위해 메데이아를 버렸다. 메데이아는 글라우케와 자기의 두 자식을 죽이는 것으로 그에게 복수했다. 메데이아는 그 뒤 아테나이로 도망쳐 아이게우스 왕과 결혼했는데, 테세우스가 성장하여 부왕父王을 찾아왔을 때 테세우스를 독살시키려 했다. 이아손은 만년에 추방자가 되었다가 그의 옛 배에 있던 뱃머리가 떨어져 맞아 죽었다는 이야기가 있다. 이러한 이아손의 이야기는 문학과 영화의 모티브가 되었다. 모리스William Morris의 소설 『이아손의 삶과 죽음The Life and Death of Jason』(1867)이 있고, 돈차피 감독의 영화 「이아손과 아르고호 원정대Jason and the Argonauts」(1963)가 있다. 이아손과 관련한 이야기는 아폴로니오스Apollonios Rhodos의 『아르고나우티카Argonautica』, 오비디우스Ovidius의

『변신 이야기*Metamorphoses*』, 에우리피데스*Euripides*의 『메데이아*Medeia*』 등 여러 곳에 나온다.

### 이약코스 ㉠lakchos ㉡lacchus

1) 디오뉘소스와 동일시된다.

2) 엘레우시스 비의秘儀에서 행렬을 인도한 신.

### 이오 Io

아르고스 최초의 왕인 강의 신 이나코스의 딸. 제우스가 이오를 겁탈하려 하자 헤라는 이오를 흰 암송아지로 변신시키

「아테나 여신과 이아손」

고는 눈이 백 개나 달린 거인 아르고스를 배치하여 감시하게 했다. 제우스가 헤르메스를 보내어 아르고스를 죽이자 헤라는 아르고스의 눈을 다 뽑아내어 공작 꼬리에다 박아 넣었다고 한다. 이오는 쇠파리에 물리며 온 세상을 돌아다니다가 유럽에서 아시아로 건너가(건너간 지점이 보스포로스 해협이다. Bosphoros는 '암소의 건널목Cow's strait' 혹은 '소들의 개울Oxford'이란 뜻이다) 마침내 이집트로 왔다. 거기서 제우스는 이오를 여자로 변신시켰고, 이오는 에파포스라는 아들을 낳았다. 이 이야기는 오비디우스*Ovidius*의 『변신 이야기*Metamorphoses*』(i)에 나온다.

### 이오카스테 ㉠lokaste ㉡Jocasta

테바이 왕 라이오스의 아내. 오이디푸스의 어머니이다. 델포이의 신탁대로 아들의 아내가 되었는데 나중에 자기가 한 일을 깨닫고 목매어 자살했다. 호메로스*Homeros*의 『일리아스*Ilias*』에는 에피카스테*Epikaste*로 나온다. 이 이야기는 호메로스의 『오뒷세이아*Odysseia*』(xi), 소포클레스*Sophokles*의 『오이디푸스 왕*Oidipous tyrannos*』 등에 나온다.

⇨ 에피카스테

### 이올레 ㉠Iole

오이칼리아의 왕 에우뤼토스의 딸. 헤라클레스는 오이칼리아를 공격하여 이올레를 납치했다. 헤라클레스의 아내인 데이아네이라는 남편을 빼앗기지 않으려고 켄타우로스 넷소스의 충고를 따라 켄타우로스의 피를 묻힌 옷을 헤라클레스한테로 보냈다. 이것은 헤라클레스의 화살에 묻은 휘드라의 피로 독이 스며 있어서 헤라클레스의 살에

달라붙어 견딜 수 없을 정도로 고통을 일으켰다. 고통을 면하기 위해 헤라클레스는 오이테 산으로 자기를 실어 날라 화장해 달라고 했다. 헤라클레스는 이올레를 아들 휠로스한테 물려주고[아프리카의 많은 일부다처제 부족에서는 장남이, 어머니를 제외하고 아버지의 아내들을 상속받는 관습이 있었다. 이스라엘에서도 압살롬은 아버지의 후궁들과 동침했다(삼하 16:21 이하)], 필록테테스의 아버지인 포이아스한테 활과 화살을 주면서 화장 장작에 불을 붙여 달라고 부탁했다. 이 이야기는 오비디우스Ovidius의 『변신 이야기』*Metamorphoses*』(ix)에 나온다.

### 이웃을 자신처럼 사랑하라 Love thy neighbor as thyself

인간의 형제애에 대한 권고로 쓰이는 말. 하느님은 모세와 예수를 통해 "네 이웃을 네 몸과 같이 사랑하라"고 명령하셨다(레 19:18, 마 19:19)에서 비롯하였다. 인류애로 자비를 베풀라는 명령이다.

### 이집트에 내린 재앙 Plagues of Egypt

이집트인들을 괴롭힌 열 가지 재앙(출 7~12장). 하느님과 바로 사이의 격렬한 싸움이었는데 유대인들의 이집트 탈출일인 유월절과 바로 군대의 전멸을 정점으로 끝이 났다. 열 가지 재앙은, 나일 강이 피로 바뀐 것, 개구리들이 온 땅을 덮은 것, 온 땅의 티끌이 다 이가 되어 사람과 가축을 습격한 것, 파리 떼가 온 땅에 가득한 것, 가축들이 병들어 죽게 된 것, 애굽 모든 사람과 가축에게 독종이 생긴 것, 우박이 온 천하에 내린 것, 메뚜기들이 온 지면에 가득해 풀과 채소 및 푸른 것은 다 먹어 치운 것, 앞을 볼 수 없는 짙은 어둠이 3일 동안 이집트를 덮은 것, 이집트의 처음 난 사람과 짐승의 수컷들의 죽음이다. 유대인들이 이스라엘로 가도록 허락하지 않던 바로는 이러한 재앙을 당하고서야 그들을 속박에서 풀어 주었다.

### 이집트의 고기 가마 Fleshpots of Egypt

일반적으로 '죄악의 환락'을 뜻하는 말. 이것은 사막에서 이스라엘 자손들이 모세와 아론에게 "우리가 애굽 땅에서 고기 가마 곁에 앉아 있던 때와 떡을 배불리 먹던 때에 여호와의 손에 죽었더라면 좋았을 것을 너희가 이 광야로 우리를 인도해 내어 이 온 회중을 주려 죽게 하는도다"(출 16:3)라고 불평한 데서 비롯하였다.

### 이집트의 신들 gods of Egypt

이집트 신화에 나오는 신들. 이집트 신들 중 후기 고전고대古典古代(classical antiquity)에 숭배받은 주요한 신에는 암몬, 오시리스, 부바스티스, 사라피스, 이시스, 하르포크라테스 등이 있다. 이들은 헬레니즘 시대 이후 그리스·로마 세계로 들어온 신들이다. 이 신들에 대한 숭배는 제정帝政시대에 들어와 더욱 번성해졌고 그 비교의식秘敎儀式은 아풀레이우스Apuleius의 『황금 당나귀The Golden Ass』에서 부분적으로 엿볼 수 있다. 그러나 그리스 신화의 원줄기에는 아무런 영향도 끼치지 못했다.

**이집트의 어둠 Egyptian darkness** ⇨ 이집트에 내린 재앙

**이집트의 처음 난 것을 죽임 The slaying of the first born of Egypt**

『구약성서』에서 여호와가 바로와 이집트인에게 내린 열 번째 재앙. 그 구체적인 내용은 "밤중에 여호와께서 애굽 땅에서 모든 처음 난 것 곧 왕위에 앉은 바로의 장자로부터 옥에 갇힌 사람의 장자까지와 가축의 처음 난 것을 다 치시매 그 밤에 바로와 그 모든 신하와 모든 애굽 사람이 일어나고 애굽에 큰 부르짖음이 있었으니 이는 그 나라에 죽임을 당하지 아니한 집이 하나도 없었음이었더라"(출 12:29~30)는 구절에서 엿볼 수 있다. 그러나 죽음의 사자가 히브리인의 장자는 치지 않았는데 이는 모세가 그 백성들에게 양의 피에 적신 "우슬초 다발"로 문의 "좌우 설주와 상인방에 뿌리도록" 명했기 때문이다(출 12:21~28). ⇨ 이집트에 내린 재앙

**이카로스 ⑤Ikaros ⑧Icarus**

다이달로스의 아들. 아버지와 함께 미노스의 라뷔린토스(미궁)에서 도망친 뒤에 아버지로부터 밀랍과 깃털로 만든 날개를 받았다. 다이달로스는 날개를 주면서 이카로스에게 태양에 너무 가까이 가지 말라고 했다. 그러나 아들은 하늘을 날자 신이 나서 아버지의 경고를 무시했고, 결국 밀랍이 녹아 버려 바다에 빠져 죽었다. 이 이야기는 오비디우스Ovidius의 『변신 이야기Metamorphoses』(viii)에 나온다.

**이코르 Ichor**

신들의 혈액인 투명한 액체를 일컫는 말.

**이타케 ⑤Ithake ⑧Ithaca**

이오니아 해에 있는 작은 섬. 오뒷세우스의 나라이다.

**이피게네이아 ⑤Iphigeneia ⑧Iphigenia**

아가멤논과 클뤼타임네스트라의 딸. 엘렉트라의 언니, 오레스테스의 누나이다. 『일리아스Ilias』에서는 크뤼소테미스Chrysothemis란 이름으로 나온다. 아가멤논이 아르테미스 여신의 사슴을 죽여 아르테미스를 화나게 했기 때문에 그리스 함대가 아울리스에서 바람이 불지 않아서 전진할 수 없게 되었다. 이때 예언자 칼카스는 아르테미스 여신을 달

래기 위하여 아가멤논이 딸을 제물로 바쳐야 한다고 말했다. 이피게네이아를 아킬레우스와 결혼한다는 구실로 불러내었지만, 아킬레우스는 결혼에 대해 아무것도 몰랐다. 또 다른 이야기에 의하면 이피게네이아가 제물로 바쳐지려는 찰나에 아르테미스가 연민을 느껴 이피게네이아 자리에 사슴을 바꿔치기했다고 한다. 여신은 이피게네이아를 그녀의 여사제로 삼기 위해 크림 반도에 있는 타우로이인들의 나라(타우리스)로 데려갔다. 이후 오레스테스와 친구 필라데스가 오레스테스의 클뤼타임네스트라 살해에 대한 보상으로 타우로이인들의 아르테미스 상을 가지러 왔을 때 이피게네이아가 남동생을 알아보고 동생을 도와 여신상을 가지고 함께 도망친다. 이피게네이아는 에우리피데스Euripides의 두 편의 희곡 『아울리스의 이피게네이아Iphigeneia he en Aulidi』와 『타우리스의 이피게네이아Iphigeneia en Taurois』에 등장한다. 라신Jean-Baptiste Racine과 괴테 Johann Wolfgang von Goethe도 이 이야기를 다루었다. 영화로는 에우리피데스의 『아울리스의 이피게네이아』에 바탕을 둔 마이켈 카코야니스 감독의 「이피게네이아Iphigenia」(1977)가 있다. 이 이야기는 아이스퀼로스Aischylos의 『아가멤논Agamemnon』, 베르길리우스Vergilius의 『아이네이스Aeneis』(ii), 오비디우스Ovidius의 『변신 이야기Metamorphoses』(xii) 등에 나온다.

### 이피클레스 ㄱIphikles 영Iphicles

헤라클레스와 쌍둥이 형제. 티륀스 왕 암피트뤼온과 알크메네의 아들이다. 암피트뤼온이 싸움터에 나가 있는 동안 제우스는 알크메네를 연모하여 남편의 모습으로 둔갑하여 정을 통했다. 그런데 그날 밤 남편도 돌아와 그녀와 관계를 맺어 헤라클레스와 이피클레스가 같은 시간에 태어났다. 헤라는 알크메네를 질투하여 뱀 두 마리를 보냈지만 아기 헤라클레스가 뱀들을 목 졸라 죽였다. 이피클레스의 아들 이올라스는 헤라클레스가 레르네의 늪에 사는 휘드라를 정복할 때 도와주었다. 이올라스는 여러 모험에서 헤라클레스의 동반자였는데 헤라클레스가 아우게이아스와 싸울 때 살해되었다.

### 익스캘리버 Excalibur

아서 왕 전설에서 어느 교회 묘지의 바위에 꽂혀 있는 마술의 보검寶劍. 영국 왕으로서 정당한 권리를 가진 자만 뽑아낼 수 있었다. 아서는 칼을 바위에서 뽑아내고 펜드래곤 Urther Pendragon의 상속자이자 왕으로 인정받았다. 다른 이야기에서는 아서 왕이 이 보검을 "호수의 레이디the Lady of the Lake"(자주 'Vivian'이라고 함)로부터 받았다가 죽을 때 돌려주었다고 한다.

### 익시온 그Ixion

테살리아 지방의 라피타이족 왕. 디아와 결혼하여 페이리토오스의 아버지가 되었다. 장인인 에이오네우스를 살해하고 헤라를 겁탈하려 했는데, 제우스는 구름으로 헤라의 형체를 만들어 겁탈을 막으려 했다. 그는 술에 취해 구름(네펠레Nephele)과 정을 통했다(그 일로 네펠레가 낳은 아이가 켄타우로스라고도 한다). 제우스는 헤르메스한테 명령하여 그를 하계에서 영원히 회전하는 커다란 불바퀴fiery wheel에 묶도록 했다. 그의 이름은 배신 행위와 끔찍한 처벌을 뜻한다.

### 인간이 만물의 척도다 Man is the measure of all things

'인간이 모든 것의 기준이다' 라는 뜻. 그리스 철학자 프로타고라스Protagoras(기원전 485년경~410)의 말이다. 이 말 속에 그리스인들의 인간 중심 사상이 함축되어 있다.

### 인생은 고난을 위하여 났나니 불티가 위로 날음 같으니라 Man is born to trouble as the sparks fly upward

연기가 자연스럽게 위로 올라가는 것처럼 사람이 살며 고난을 당하는 것이 당연하다는 뜻.(참고: 욥 5:7)

### 인생의 날들 Days of our years

'삶의 날', '평생'을 뜻하는 말. 모세는 "우리의 연수가 칠십이요 강건하면 팔십이라도 그 연수의 자랑은 수고와 슬픔뿐이요 신속히 가니 우리가 날아가나이다"(시 90:10)라고 화살처럼 순식간에 가버리는 세월을 노래한다.

### 인자사子 Son of Man

『성서』의 여러 곳(마 8:20)에서 그리스도 혹은 메시야를 가리키는 말. 특히 아담의 후손으로서의 그리스도를 뜻한다(사 51:12).

### 인전 조 Injun Jo

트웨인Mark Twain의 『톰 소여의 모험The Adventures of Tom Sawyer』(1876)에 등장하는 의사 로빈슨을 살해한 혼혈 악한. 톰이 그의 본색을 폭로하자 톰을 죽이려 했다. 도망쳤으나 동굴에 갇혀 굶어 죽는다.

### 인페르노 이Inferno

단테Alighieri Dante의 『신곡La Divina Commedia』(1310~14)의 제1부인 「지옥Inferno」편을 지칭하는 말. 단테는 로마 시인 베르길리우스Vergilius의 안내를 받아 지옥을 통과하는데, 지옥은 지구의 중심까지 도달하는 거꾸로 된 거대한 원뿔cone처럼 생겼으며 아홉 권圈

들라크루아, 「지옥의 단테와 베르길리우스」, 루브르 박물관

(circle)으로 구성되어 있다. 거기서 고통당하는 영혼들은 그들의 죄값에 따라 배치되는데 아리스토텔레스Aristoteles의 악vice의 분류에 따라서 크게 세 카테고리(무절제 incontinence, 잔인brutishness, 악의malice)로 분류된다. 솔제니친Solzhenitsyn Aleksandr의 『(지옥의) 제1권Kruge perrom(The First Circle)』(1968)은 소련 사회를 「지옥」편에 비유한 것이다.

### 일각수—角獸 ⇨ 유니콘

### 일곱 대죄大罪 Seven Deadly Sins

중세에 '지옥에 떨어지게 하는 것damnation'으로 널리 알려진 일곱 가지 큰 죄. 오만pride, 탐욕covetousness, 정욕lust, 분노anger, 대식大食(gluttony), 질투envy, 나태sloth를 말한다.

### 일과 역일曆日 그Erga kai Hemerai 영Works and Days

헤시오도스Hesiodos의 826행의 시. 폭정의 시대에 정의와 농사의 필요성을 다룬다. 이 작품에는 인류의 다섯 시대Five Ages of Mankind(황금시대, 은시대, 청동시대, 영웅시대, 철시대)에 대한 내용과 제우스, 아홉 시신詩神, 판도라, 프로메테우스, 플레이아데스, 데메테르, 레토, 아폴론 신화가 들어 있다. 일종의 농부의 달력 형식으로 진행된다.

### 1984

오웰George Orwell의 반유토피아dystopia 소설(1949)의 제목. 1984년의 타락한, 기계화된,

엄격히 관리되는 사회의 특성을 묘사하였다. 이 작품에서 전체주의 개념을 특징짓기 위해 '빅 브러더Big Brother', '더블 싱크doublethink(이중사고二重思考)'와 같은 구절을 사용했다. ⇨ 뉴스픽, 유토피아

## 일리아스 ⑨Ilias ⑲Iliad

호메로스Homeros(기원전 800년경)가 쓴 가장 위대한 그리스 서사시. 유럽 문학 중 가장 오래된 작품이다. 작품 제목은 트로이아의 여러 이름 중의 하나인 '일리온Ilion'(일로스 Ilos 왕의 이름을 땀)에서 따왔다. 일리아스란 '일리온에 관한 노래 또는 서사시'란 뜻이다. 총 24권('권'은 지금의 '장章'에 해당)으로 구성되어 있다. 이 서사시의 기본 주제는 트로이아 전쟁에서 아킬레우스의 분노와, 그 분노가 마지막 장면에서 연민으로 변하는 것에 관한 것이다. 내용은 전쟁 10년째의 마지막 47일 동안의 사건이다. 아킬레우스는 그리스군 총사령관 아가멤논이 브리세이스를 빼앗아 간 것에 대해서 몹시 화가 나 전쟁터에서 물러났다. 그러나 절친한 친구 파트로클로스가 트로이아 영웅 헥토르한테 살해되고 투구와 갑옷이 벗겨진 것을 보고 복수하기 위하여 싸움터로 나선다. 마침내 아킬레우스는 헥토르를 죽이고 시체를 전차 뒤에 묶어 트로이아 성벽 주위로 세 바퀴나 끌고 다녔다. 헥토르의 아버지인 트로이아 왕 프리아모스는 헤르메스의 도움을 받아 몰래 아킬레우스의 막사로 가서 헥토르의 시체를 매장하도록 아킬레우스한테서 허락을 얻는다. 『일리아스』는 헥토르의 장례식과 함께 조용히 막을 내린다. 전쟁과 죽음의 서사시 『일리아스』는 오로지 전쟁만이 불러일으킬 수 있는 특이한 슬픔과 연민의 순간들로 가득 차 있다. 신과 인간의 차원으로 구성되는데, 신들이 인간의 일에 참여하고 때로는 인간과 더불어 고통을 겪는다. 『일리아스』의 트로이아 전쟁 이야기는 겉으로는 미녀 쟁탈전이지만, 역사적·경제적 관점에서 보면 경제전經濟戰이 바탕이 된 듯하다. 왜냐하면 트로이아의 지리적 위치가 흑해의 무역에서 지브롤터에 버금가는 전략적 요충지였기 때문이다. 모든 전쟁은 본질적으로 경제전이란 말을 연상케 한다. 트로이아의 멸망 원인이 지진이라는 설도 있다. 트로이아는 고고학자들이 발굴해 보니 아홉 겹으로 쌓아 올려진 도시였다. 트로이아 전쟁

「아킬레우스와 헥토르의 싸움」

이야기에 등장하는 트로이아는 일곱 번째 트로이아에 해당한다.

### 일만 악의 뿌리 Root of all evil

'금전욕'을 뜻하는 말. "돈을 사랑함이 일만 악의 뿌리가 되나니 이것을 탐내는 자들은 미혹을 받아 믿음에서 떠나 많은 근심으로써 자기를 찔렀도다"(딤전 6:10) 한 데서 비롯하였다.

### 일용日用할 양식糧食 Daily bread

매일 먹을 음식. 주기도문 중 "오늘 우리에게 일용할 양식을 주시옵고"(마 6:11)에서 비롯하였다. 주기도문의 여러 기원祈願 중의 하나로, 사람이 자신의 물질적인 필요가 충족되기를 정당하게 구할 수 있다는 것을 암시하지만, 장래에 관해 지나치게 염려하지 않는 신뢰의 정신을 가르치기도 한다. 로마 카톨릭에서는 이 말이 성찬의 빵에 적용된다고 보지만 이 해석이 절대적인 것은 아니다.

### 일의 뿌리 The root of the matter

'일의 근본', '실제 원인'이라는 뜻. "너희가 만일 이르기를 우리가 그를 어떻게 칠까 하며 또 이르기를 일의 뿌리가 그에게 있다 할진대"(욥 19:28)에서 비롯하였다.

### 일하다가 죽다 Die in harness

'죽을 때까지 일하다'라는 뜻. "전투가 끝나고 유대인들은 기쁜 마음으로 철수하다가 니가노르가 갑옷을 입은 채 죽어 쓰러져 있는 것을 확인하였다"(마가베오 하 15:28)라는 구절에서 비롯하였다.

### 일흔 번씩 일곱 번 Seventy times seven

'수없이 많은', '무수히'라는 뜻. "그때에 베드로가 나아와 이르되 주여 형제가 내게 죄를 범하면 몇 번이나 용서하여 주리까 일곱 번까지 하오리까 예수께서 이르시되 네게 이르노니 일곱 번뿐 아니라 일흔 번을 일곱 번까지라도 할지니라"(마 18:21~22) 한 데서 비롯하였다.

### 잃어버린 낙원樂園 Paradise Lost

밀튼John Milton이 후기에 무운시blank verse로 쓴 서사시. 1667년에 10권으로 출판되었다가 1674년에 7권과 10권이 둘로 나뉘어 모두 12권으로 출판되었다. 아담과 하와(나아가 인류)의 타락에 관한 『성서』이야기를 탁월한 리듬과 언어로 표현하여 많은 학자가 영어로 쓰인 가장 위대한 시 중의 하나로 꼽는다. 이 작품의 주요 인물은 하느님과 사탄(루시퍼) 그리고 아담과 이브이다. 이 작품에서 밀튼은 사탄을 강력하고 동정적인 인물로 그린다. 낭만주의 시인인 블레이크William Blake와 셸리Percy Bysshe Shelley는 사탄이 이 작품의 주인공이라고 하며 천국의 독재에 대한 그의 저항을 찬양했다. 이것은 밀튼이 하느님보다는 사탄에 공감을 느꼈다는 것이며, "하느님의 길을 인간에게 정당화하려justify the ways of God to men" 한다는 첫 구절은 그의 진실을 감추기 위해서였다는 설도 있다. 이 시에서 시신詩神은 그리스 신화의 무사Mousa가 아니라 모세, 다윗, 예언자들에게 영감을 불어넣었던 성령Holy Spirit이다. 이 작품에서 영감을 얻은 작품이 많은데 하이든Franz Joseph Haydn의 오라토리오oratorio 「천지 창조Schöfung」(1798)와 키츠 John Keats의 장시長詩 「엔디미온Endymion」(1818)이 대표적이다. 밀튼은 1671년에 퀘이커 교도 친구인 엘우드Thomas Ellwood의 권유에 따라 이 작품과 짝을 이루는, 그리스도의 시험을 극화한 『다시 찾은 낙원Paradise Regained』을 썼다.

### 잃은 양 Lost sheep/Stray sheep

자신이 원래 있던 곳을 벗어나 길을 잃은 양. 너희 중에 어떤 사람이 양 백 마리가 있는데 그 중의 하나를 잃으면 아흔아홉 마리를 들에 두고 그 잃은 것을 찾아내기까지 찾아다니지 아니하겠느냐"(눅 15:3) 한 데서 비롯하였다.

### 임臨할 나라 Kingdom come

'다가올 세상', '내세', '천국'을 뜻하는 말. 주기도문에 나오는 구절이다.

### 입다의 딸 Jephthah's daughter

아버지가 하느님과 한 약속 때문에 재물이 된 여인. 이스라엘의 사사士師인 입다는 침략해 온 암몬 족속들과 대적하러 백성을 이끌고 나갈 때에 승리하면 그 대가로 돌아오는 길에 그를 처음 만나러 오는 사람을 하느님께 바치겠다고 서원했다. 그런데 그 사람이 다름 아닌 하나뿐인 딸이었다. 입다는 딸이 산에 가서 두 달 동안 처녀인 채로 죽어야 하는 자신의 운명을 애통해하도록 허락해 달라는 말을 들어준 뒤에 하느님에 대한 자신의 맹세를 지켰다(삿 11:29~40). 이 이야기는 '성급한 약속'이라는 주제로 민담에 자

샤를 르브룅, 「입다의 희생」

주 나오는데 맹세를 하는 사람은 자신의 개가 반길 것이라고 기대하는 것이 보통이다. 오늘날에 이 이야기는 그리스의 이도메네우스 전설을 연상케 하는 비극적 특성으로 인해 기억된다.

### 입센 Ibsen, Henrik 1828~1906

노르웨이의 극작가. 문제극 형식으로 사회의 인습적 편견을 적발한 『인형의 집*Et Dukkehjem*』(1879), 『유령들*Gengangere*』(1881), 『민중의 적*En Folkefiende*』(1882), 『헤다 가블러*Hedda Gabler*』(1890) 같은 사회적이면서 정치적인 희곡을 썼다.

### 입술을 내밀다 Shoot out one's lip

경멸의 표시. 다윗이 "나를 보는 자는 다 비웃으며 입술을 비쭉이고 머리를 흔들며"(시 22:7)라고 한 데서 비롯하였다.

### 잇몸 사이로 도망치다 Escape by the skin of one's teeth

'머리카락 하나 사이로 빠져 나오다', '구사일생으로 도망치다'라는 뜻. "내 피부와 살이 뼈에 붙었고 남은 것은 겨우 잇몸뿐이로구나"(욥 19:20)에서 비롯한 말이다.

# ス

### 자가나트 Juggernaut/Jagganath

비슈누 신의 제8화신化身인 크리슈나의 신상神像. 힌두어로 '세계의 지배자'라는 뜻이다. 힌두교에서 죄를 없애 주는 신으로 여겨졌다. 자가나트 축제일 동안 이 신상이 큰차에 실려 신전으로 갈 때 많은 광신도가 극락왕생을 성취하고 싶은 소망에 차의 거대한 바퀴 밑에 깔려 죽으려 몸을 내던지곤 한다. 비유적으로는 사람을 희생시키는 것 (미신, 사상, 제도, 풍습 등), 불가항력적인 것(전쟁 등), 위압적으로 거대한 것, 괴물(군함, 전차 등) 등을 가리킨다.

### 자그레우스 ㄱZagreus/Dionysos Zagreus

오르페우스교Orphism에서 디오뉘소스와 동일시하는 신. 제우스가 뱀으로 둔갑하여 페르세포네와 정을 통하여 첫번째 디오뉘소스(자그레우스)가 태어났다. 질투심 많은 헤라의 사주를 받은 티탄巨神들이 자그레우스를 습격하자 자그레우스는 여러 형체로 변신하여 도망쳤지만 황소로 변신했을 때에 티탄들한테 잡아먹혔다. 그러나 아테나가 그의 심장을 구해 내 제우스에게 가져다 주었고 제우스는 그 심장을 테바이 왕의 공주인 세멜레의 몸속에 넣었다. 자그레우스의 심장으로 만들어진 세멜레의 아들이 태어나자 제우스는 그 아기를 디오뉘소스라고 불렀다. 제우스는 티탄들을 번개로 내리쳐 태워 버렸고 그 재에서 인간이 태어났다고 한다. 자그레우스는 프뤼기아어 혹은 트라케어로 '갈기갈기 찢긴tom in pieces'이라는 뜻 같다.

### 자기 눈의 들보 Beam in one's own eye

다른 사람의 사소한 잘못은 잘 찾아내면서도 자신의 큰 잘못은 무시하려는 인간의 성향을 질책할 때 드는 비유. "어찌하여 형제의 눈 속에 있는 티는 보고 네 눈 속에 있는 들보는 깨닫지 못하느냐"(마 7:3)는 예수의 산상수훈에서 비롯하였다. beam 대신

plank가 쓰이기도 하는데 여기에 대조되는 말은 mote(티끌) 혹은 speck이다.

## 자기 목숨을 버리다 Lay down one's life

'목숨을 바치다', '희생하다'라는 뜻. 예수의 참된 목자에 관한 비유 중 "아버지께서 나를 아시고 내가 아버지를 아는 것 같으니 나는 양을 위하여 목숨을 버리노라"(요 10:15) 한 데서 비롯하였다.

## 자기 세대에 있어서는 더 지혜로운 Wiser in one's generation

'세상일에 더 지혜로운'이라는 뜻. 『신약성서』에 나오는 불의한 청지기에 관한 비유 중 "이 세대의 아들들이 자기 시대에 있어서는 빛의 아들들보다 더 지혜로움이니라"(눅 16:8) 한 데서 비롯하였다. 이는 이 세상에 속한 사람들은 세상일에서는 빛의 아들들, 즉 믿는 자들보다 더 지혜롭다는 뜻이다. 여기서 지혜는 '용의주도하다', '약삭빠르다'라는 뜻이다.

## 자기의 십자가를 지다 Bear one's cross/Take one's cross

'고난과 고통, 그리고 희생을 감수하다'라는 뜻. 예수가 "누구든지 나를 따라오려거든 자기를 부인하고 자기 십자가를 지고 나를 따를 것이니라"(마 16:24) 한 데서 비롯하였다. 문맥 그대로의 의미는 예수를 따라가기 위해서는 십자가를 지는 고통을 감수해야 한다는 말이다.

## 자기 집이 그를 알아보지 못한다 Place which knows him may know him no more

'너무나 달라져서 알아볼 수 없게 된 상태'를 뜻하는 말. 욥이 온 몸에 악창이 나 너무 달라진 자신의 모습을 설명하는 구절 중 "그는 다시 자기 집으로 돌아가지 못하겠고 자기 처소도 다시 그를 알지 못하리이다"(욥 7:10) 한 데서 비롯하였다.

## 자기 품의 아내 Wife of one's own bosom

'가장 소중한 아내'란 뜻. "네 어머니의 아들 곧 형제나 네 자녀나 네 품의 아내나 너와 생명을 함께하는 친구"(신 13:6)라는 구절에서 비롯하였다. "품의 남편husband of her bosom"(신 28:56)이라는 말도 있다.

## 자기학대자 [라]Heauton Timorumenos [영]Self-tormentor

로마 희극 작가 테렌티우스Publius Terentius Afer(기원전 195년경/185년경~159)의 희극. 메난드로스Menandros(기원전 342년경~292년경)의 같은 이름의 작품이 있다. 보들레르Charles Baudelaire의 『악의 꽃Les Fleurs du mal』(1857)에도 「자기학대자L'Héautontimorouménos」란 제목의 시가 있다.

## 자베르, M. Javert, M.

위고Victor Hugo의 『레 미제라블Les Misérables』(1862, '불쌍한 사람들'이라는 뜻)의 등장인물. 엄격하게 양심적이며 강직한 총경이다. 그의 임무는 탈옥한 장 발장을 감옥으로 되돌려 보내는 일이다. 그러나 발장이 자신을 죽일 수 있었는데도 목숨을 구해 주자 마음의 갈등을 해결할 수 없어 자살한다.

## 자색 옷과 고운 베옷 Purple and fine linen

화려하고 멋진 옷에 대한 비유. 『신약성서』에 나오는 부자와 나사로의 비유 중 "한 부자가 있어 자색 옷과 고운 베옷을 입고 날마다 호화롭게 즐기더라"(눅 16:19)라는 구절에서 비롯하였다. "자색 옷과 고운 베옷"은 화려하고 멋진 것을 뜻한다. 자색 옷은 겉옷이고 고운 베옷은 속옷으로 모두 값진 의복이다. 『옥스퍼드영어대사전The Oxford English Dictionary』에는 이 자색이 '진홍색crimson'으로 정의되어 있다. 옛날에는 고위 고관, 왕이나 장군, 추기경이 진홍색 옷을 입었다.

## 자신의 마음에 맞는 After one's own heart

사무엘 선지자가 사울 왕에게 여호와께서 자신의 마음에 맞는 사람(다윗)을 그의 후계자로 삼을 것을 일러주는 대목. "여호와께서 그의 마음에 맞는 사람을 구하여 여호와께서 그를 그 백성의 지도자로 삼으셨느니라"(삼상 13:14) 한 데서 비롯하였다.

## 자신의 영원한 집으로 돌아가다 Go to one's long home

『성서』에 나오는 '죽는다'는 뜻을 나타내는 여러 표현 중의 하나. "이는 사람이 자기의 영원한 집으로 돌아가고 조문객들이 거리로 왕래하게 됨이니라"(전 12:5) 한 데서 비롯하였다. 여호와의 곤고한 날에 일어날 일을 설명하는 대목이다.

## 자신이 한 행위의 열매를 먹다 Eat the fruits of one's own doing

'자신이 행한 일의 보상을 받다'라는 뜻. "너희는 의인에게 복이 있으리라 말하라 그들은 그들의 행위의 열매를 먹을 것임이요"(사 3:10) 한 데서 비롯하였다.

## 자연의 본질에 관하여 라De Rerum Natura

로마의 철학자이며 시인인 루크레티우스Lucretius(기원전 98~55)의 과학적이고 철학적인 시. 시인은 데모크리토스Demokritos(기원전 460년경~370)와 에피쿠로스Epikouros(기원전 342년경~271년경)의 사상에 바탕을 두고 사물의 본질과 작용을 설명하였다. 대체로 유물론적이며 사물이 존재하는 내재적 법을 증명하는 데 초자연적 혹은 영적靈的 원인으로 인한 생기生氣를 부정한다는 점에서 접근법이 매우 현대적이다. 전6권 7,400행의 대작으로 1·2권은 공허空虛와 원자 그리고 물질의 존재 원인에 대해, 3·4권은 인간의 본질에 대해, 5·6권은 외적 세계와 자연 현상에 대해 논하였다. 전체적으로는 교훈시이지만 자연계에 대한 명상, 미신을 타파하려는 열의, 아름다운 시골 경치에 대한 찬미, 인생에 관한 작가의 날카로운 표현이 탁월하다.

### 자줏빛 옷을 입은 창녀 바벨론 Scarlet whore of Babylon

일반적으로 매춘부를 가리키는 말. 이 창녀는 일곱 머리와 열 뿔을 가진 붉은 색 짐 위에 앉아 있는데, 그 손에는 가증의 잔을 들고 있고 그녀 이마에는 "비밀이라, 큰 바벨론이라, 땅의 음녀들과 가증한 것들의 어미"(계 17:5)라고 씌어 있다. 요한의 비유에서 그녀는 로마 제국을 나타낸다. 몇몇 개신교 주해서에서는 그녀를 로마 카톨릭 교회로 해석한다.

### 작고 세미한 음성 Still small voice

'양심', '양심의 소리'를 뜻하는 말. 이러한 의미의 파생은 하느님이 시끄럽고 장황하게 야단법석을 떨며 말씀하시는 것이 아니라 인간에게 속으로 말씀하신다는 생각에 힘입은 것이다. 호렙 산 위의 엘리야에게 작고 세미한 음성이 들려 시리아와 이스라엘의 왕들에게 기름을 붓고 엘리사를 그의 후계자로 삼으라고 말했다(왕상 19:11~13).

### 작은 일들의 날 Days of small things

'변변치 못한 때', '초라한 시절'을 뜻하는 말. 성전 긴축을 방해하는 자들이 짓고 있는 성전이 솔로몬의 성전에 비해 초라하다고 조롱하자 스가랴가 "작은 일의 날이라고 멸시하는 자가 누구냐?"(슥 4:10) 한 데서 비롯하였다.

### 잔을 마시다 Drink the cup

'슬픔과 괴로움을 감당하다'라는 뜻. "내가 마시려는 잔을 너희가 마실 수 있느냐"(마 20:22)고 한 예수의 말에서 비롯하였다. 『성서』에서 잔은 운명, 고통, 경험 등을 상징한다.

### 잔이 넘치나이다 Cup runs over/Cup is full

하느님의 차고 넘치는 은혜와 관대함을 표현하는 비유적인 표현. 「시편」에서 가장 사랑받는 문장 중 하나로 "주께서 내 원수의 목전에서 내게 상을 차려 주시고 기름을 내 머리에 부으셨으니 내 잔이 넘치나이다"(시 23:5)라는 구절에서 비롯하였다. 기름은 지중해 세계 어디서나 아주 고귀하게 여겨지던 상품으로 기쁨과 번영의 상징이었다. 사제들의 서품식에 쓰였고 즐거움을 위해 일반 사람들도 사용했다.

**잘했다, 착하고 충성스런 종아 Well done, thou good and faithful servant** ⇨ 달란트의 비유

### 잠언箴言 Proverbs

『구약성서』의 20번째 책. 주로 교훈적인 금언金言을 모아놓았다. 세속적인 의미에서 격언은 평이하고 누구나 다 수긍하는 진리를 표현한 간결한 말이다. 「잠언」은 전통적으로 솔로몬이 저자라고 하나 여러 사람의 글을 모아 놓은 책일 가능성이 크다.

### 잠자는 숲 속의 미녀 Sleeping Beauty

프랑스 동화 작가 페로Charles Perrault의 동화에 나오는 공주. 영어를 번역하면 그냥 '잠자는 미녀'이다. "잠자는 숲 속의 미녀La Belle au bois dorman"라는 말은 프랑스어 번역 제목이다. 공주는 질투심 많은 요정의 마술에 걸려 백년 동안 깊은 잠에 빠지는데 그녀가 잠들어 있는 성 주위의 빽빽한 숲을 뚫고 들어올 만큼 용감한 왕자의 키스만이 공주를 마법에서 풀어 잠에서 깨어나게 할 수 있다.

### 장미는 장미는 장미는 장미 A rose is a rose is a rose is a rose

장미는 장미 이상도 이하도 아니라는 뜻. 미국 여류 시인 거트루드 스타인Gertrude Stein (1874~1946)의 시에 나오는 구절이다. 이 구절을 '말로는 정의를 내릴 수 없는 어떤 것'으로 해석하는 사람도 있다.

### 장 발장 Jean Valjean

위고Victor Hugo의 『레 미제라블Les Misérables』(1862, '불쌍한 사람들'이라는 뜻)의 주인공. 엄격한 사회 구조의 부정에 지배당하는 가난한 사람의 전형이다.

### 장자권長子權 Birthright

고대로부터 다른 아들보다 특권을 누린 장자의 권리. 이런 특권은 지금도 왕위를 부여받는 순서에 그대로 드러난다. 『성서』에서도 하느님이 이집트에서 처음 난 모든 것을 죽였지만 이스라엘의 장자들은 살렸다(출 13:12~16). 그 이후에 장자는 특별한 대우를 받는다. 장자는 상속받을 때 다른 자식에 비해 두 배를 받으며(신 21:15~17) 제사장이 될 수 있는 특권을 누린다(출 13:1~2). 에서는 팥죽 한 그릇에 장자권을 야곱에게 팔아 자신이 받을 축복을 결국 야곱이 받게 되었다. 에서는 아무리 후회해도 그 권리를 만회할 수 없었다(창 25:27~34, 히 12:16). 야곱의 장자인 르우벤은 죄로 인하여 장자권을 잃었고 시므온과 레위는 난폭함으로 인해 장자권을 받을 수 없어 결국 유다가 장자권을 받았다. ⇨ 야곱, 에서

## 장화 신은 고양이 Puss in Boots

프랑스 동화 작가 페로Charles Perrault의 동화 제목. 교활한 고양이가 가난뱅이 주인에게 큰 행운을 가져다 주는 내용인데, 주인인 젊은이는 귀족이 되어 공주와 결혼한다.

## 재는 재로, 흙은 흙으로 Ashes to ashes, dust to dust

죽은 자를 장사 지내며 무덤가에서 입관식을 할 때 쓰는 말. 성공회의 『영국 국교의 기도서』에 나온다. 무덤 속의 주검에 흙을 덮으며 "흙은 흙으로, 재는 재로, 그리고 티끌은 티끌로 돌아간다. 영원한 생명으로 부활할 것을 분명히 확신하며…"라는 구절을 낭송한다. 보다 더 일반적인 의미로는 '종말이나 되돌릴 수 없는 상실', 혹은 '부패'를 뜻한다.

## 재림再臨 Second Coming

예수 그리스도가 다시 오심. 「요한계시록」에서 성 요한은 영광 중에 그리스도가 다시 오는 것을 미리 본다. 그리스도가 죽은 자들을 부활시키고 의로운 자들은 천국의 축복으로, 죄인들은 지옥의 영원한 벌로 갚는 마지막 심판이 재림시에 일어날 것임을 본다. 재림은 지상에서의 평화와 번영을 누리는 그리스도의 천년 간의 왕국인 천년왕국과도 연관이 있다. 몇몇 사람은 재림이 천년왕국 끝에 일어날 것으로, 또 어떤 사람들은 재림이 천년왕국의 시작이라고 믿는다. 예이츠William Butler Yeats는 시 「재림The Second Coming」(1919)에서 그리스도의 재림이 아닌 사자의 몸에 사람의 머리가 달린 무서운 짐승rough beast의 재림을 이야기한다. ⇨ 천년왕국

## 재물 Mammon ⇨ 맘몬

## 재버웍 Jabberwock

용을 닮은 괴물. 캐럴Lewis Carroll의 『거울 나라의 앨리스Through the Looking Glass』 (1872)에 나오는 넌센스 시(희시戱詩) 「재버워키Jabberwocky」에 묘사되어 있다.

## 재키스 Jacques

셰익스피어William Shakespeare의 『뜻대로 하세요As You Like It』(1599)에 나오는 음울하고 명상적이며 냉소적인 인물. 아든 숲 속의 추방당한 공작의 궁정에 소속되어 있다. '인간의 일곱 시대The Seven Ages of Man'에 관한 재키스의 말은 가장 많이 인용되는 셰익스피어의 시행으로 다음과 같다. "온 세계는 하나의 무대 / 모든 남자와 여자는 한갓 배우에 불과하다. / 그들에겐 퇴장과 입장이 있고 / 한 사람이 평생 동안 많은 역役을 맡는데 / 그의 막幕들은 일곱 시대All the world's a stage / And all the men and women merely players. / They have their exits and their entrances. / And one man in his time plays many parts, / His acts being seven ages."

## 저주詛呪받음 Anathema

원래 의미는 '신에게 바쳐졌다'는 뜻. 고대 히브리인들은 그들이 무찌른 적을 잡아 신에게 바쳤기 때문에(삼상 15) 이 말은 가증스러워서 멸절해야 할 어떤 것으로 이해되었다. 『신약성서』에서 이 말은 저주받는 것을 의미하며(롬 9:3), 아타나시우스 신경信經 (Athanasian Creed)에서와 같이 저주의 한 형태로 기독교에서 쓰이게 되었다. 영어에서 이 말은 저주받은 것, 저주하는 행위를 뜻하는 명사로 쓰인다. Maranatha는 '주님이 오신다'는 뜻을 지닌 아람어이다. 이 말은 바울이 「고린도전서」 16장에서 그의 서신을 끝내는 축복의 말로 사용한 것으로서 독립된 문장으로 읽혀야 한다 ["누구든지 주를 사랑하지 아니하면 저주를 받을 것이다 주께서 임하시느니라"(고전 16:22)]. 대다수의 기독교인은 아람어를 몰라 바울의 문구가 anathema를 강조하는 것으로 잘못 생각해 이 두 말을 이중의 저주로 이해했다.

## 적敵그리스도 Antichrist

그리스도의 대적자를 가리키는 말. 요한은 아버지와 아들을 부인하는 그가 적그리스도다(요한 2:18·22, 4:3)라고 하였다. 이것은 그리스도의 사랑과 선의 원리를 부인하는 실체로서 로마 제국, 마호메트, 교황, (루터와 그 후에는 개신교들에 의한) 로마 카톨릭 교회, 나폴레옹, 스탈린, 히틀러 등에 다양하게 적용되었다.

## 전기傳記 Biography

다른 사람의 생애와 성격에 대한 기록. 최초의 전기 작가들은 1세기와 2세기의 그리스와 로마 역사가들이었다. 타키투스Tacitus는 로마 황제들의 전기를 썼고, 수에토니우스 Suetonius는 매력적인 소문 이야기를 곁들인 카이사르의 전기를 썼다. 플루타르코스 Ploutarchos가 그리스와 로마 정치가들에 대해 쓴 『대비열전對比列傳(Bioi Paralleloi)』은 셰익스피어William Shakespeare가 『줄리어스 시저Julius Caesar』(1599년경) 같은 로마극을 쓸 때에 사용했다. 수피 이슬람 문학과 중세 저술에는 성인전聖人傳이 많다. 그러나 이탈리아 르네상스 시기에 바자리Giorgio Vassari는 『화가들의 전기』(1550)에서 새로운 주제를 발견했다. 영국에서는 전기가 17세기에 오브리Aubrey와 월튼Izaak Walton에서 발달하여 존슨Samuel Johnson 박사의 『영국 시인 평전Lives of the English Poets』(1779~81)에서 중요한 문학 형식이 되었다. 존슨 자신에 관한 전기는 비서였던 보즈월James Boswell에 의해 기록되었는데, 모든 전기 중 가장 유명한 전기인 『새뮤얼 존슨의 생애*The Life of Samuel Johnson*』(1791)이다. 19세기에 나온 많은 전기는 체면과 종교적 믿음 때문에 내용이 자주 훼손되었다. 하지만 이러한 금기들은 『빅토리아조 명사들*Eminent Victorians*』(1918)과 『빅토리아 여왕*Queen Victoria*』(1921)을 쓴 위트 있고 불손한 스트레이치Lytton Strachey에 의해 제거되었다. 20세기에 들어 가장 훌륭한 전기는 엘먼Richard Ellmann의 『제임스 조이스*James Joyce*』(1959)와 『오스카 와일드*Oscar Wilde*』(1987)이다.

### 전도서傳道書 Book of Ecclesiastes

『구약성서』의 한 책. 세상 모든 것에 대한 비관적이고 냉소적인 고발이 주된 내용이다. 이 책은 "전도자가 이르되 헛되고 헛되며 헛되고 헛되니 모든 것이 헛되도다"(전 1:2, 2:11·17·26, 4:4·16, 6:9 등) 하는 표현에서 볼 수 있듯이 이 세상의 어리석음과 공허함을 강조하고 역설한 것으로 유명하다. 솔로몬이 저자로 추정되나 기원전 3세기경의 이름 없는 저자가 쓴 것이라는 설도 있다. 인생의 의미와 지혜를 계속해서 구하지만 "모든 것이 헛되다"는 것을 발견하게 된 노인이 쓴 것처럼 보인다. 이 책에 의하면 폭정과 억압의 세계에서 사람이 취할 도리는 하느님의 선물인 자신의 일을 기뻐하는 것이다(전 5:19). 이 책은 인간들의 악과 죽음의 보편성을 강조한다는 점에서 약간 비관적인 색채를 띤다. "범사에 기한이 있고 천하 만사가 다 때가 있나니"(전 3:1)로 시작하는 유명한 구절이 있다.

### 전도자傳道者 The Preacher

『구약성서』 중에서 「전도서」를 이끌어 가는 화자話者. 히브리어로는 koheleth이다.

### 점성술占星術 Astrology

별들이 인간의 행위 혹은 운명에 끼치는 영향을 알기 위해 해, 달, 별, 행성의 위치와 관계를 연구하는 것. 별이 보여 주는 징표를 통해 미래를 예언하는 기술로 동양에서 로마로 소개되어 공화정 후기에 유명했고, 제정 시대에 매우 융성했다. 여러 황제가 점성술을 억압하려 했으며 티벨레우스, 클라우디우스, 베텔리우스, 베스파시아누스 황제는 점성술을 추방했다. 그 까닭은 점성술의 진위를 의심해서가 아니라 음모에 이용될 두려움 때문이었던 듯하다. 그러나 압박에도 불구하고 점성술은 계속 행해졌다.

### 정욕이 불같이 타는 것보다 결혼하는 것이 낫다 Better to marry than to burn

결혼에 대한 바울의 견해. 바울이 "내가 결혼하지 아니한 자들과 과부들에게 이르노니 나와 같이 그냥 지내는 것이 좋으니라 만일 절제할 수 없거든 결혼하라 정욕이 불같이 타는 것보다 결혼하는 것이 나으니라"(고전 7:8-9)고 한 데서 비롯하였다. 결혼에 관한 이 같은 바울의 견해는 결혼한 사람들에게는 심술궂고 무감각하게 보일지 모르지만, 그 당시 바울은 독신이었다. "불탄다"는 구절은 몇몇 사람이 생각하는 것처럼 '간음에 대한 벌로 지옥에서 불에 타고 있다'는 의미는 아니다.

### 정중한 제의提議 A Modest Proposal

스위프트Jonathan Swift의 에세이. 원제목은 "가난한 사람들의 자식들이 부모, 국가에 짐이 되는 것을 막고 그들을 대중에게 유익하게 하기 위한 정중한 제의A Modest Proposal for preventing the children of poor people in Ireland from being a burden to their parents"(1729)이다. 이 에세이는 가난한 아일랜드 사람들의 자식을 죽여, 부유한 영국 지주들에게 음식을 만들어 팔아 아일랜드의 빈곤을 개선하자고 제의한다. 물론 이 제의는 영국의 착취에 대한 통렬한 풍자이다. 이 에세이는 풍자문의 걸작으로 여겨진다.

### 젖과 꿀이 흐르는 땅 Land flowing with milk and honey

'가나안'을 가리키는 말. "내가 내려가서 그들을 애굽인의 손에서 건져내고 그들을 그 땅에서 인도하여 아름답고 광대한 땅, 젖과 꿀이 흐르는 땅 곧 가나안 족속, 헷 족속, 아모리 족속, 브리스 족속, 히위 족속, 여부스 족속의 지방에 데려가려 하노라"(출 3:8)는 구절에서 비롯하였다. 가나안은 소와 벌 떼를 키울 수 있을 정도로 비옥한 땅으로 사막에 거하는 이스라엘인에게는 천국처럼 보였을 것이다. 지금은 비옥한 땅을 표현할 때에 가나안이라는 비유를 두루 쓴다. ⇨ 가나안

### 제 곳으로 가다 Go to one's own place

『성서』에서 '죽는다'는 뜻을 나타내는 표현 중의 하나. 가룟 유다가 죽고 난 뒤 유다를 대신할 제자를 뽑기 위한 기도 중에 "유다는 이 직무를 버리고 제 곳으로 갔나이다"(행 1:25) 한 데서 비롯하였다.

### 제멋대로의 지체 Unruly member ⇨ 길들일 수 없는 지체

### 제시카 Jessica

셰익스피어William Shakespeare의 희극 『베니스의 상인The Merchant of Venice』(1596)에 나오는 샤일록의 딸. 샤일록의 재산을 많이 갖고 나와 로렌조와 함께 도망쳐 버린다.

### 제11시에 At the eleventh hour

'어떤 일을 할 수 있는 가장 늦은 시간'을 뜻하는 말. 『신약성서』의 포도원 일꾼과 품삯에 관한 비유 중 "제십일시에 온 자들이 와서 한 데나리온씩을 받거늘"(마 20:9)이라고

한 데서 비롯하였다. 여기서 "제십일시"는 오후 5시를 말한다. 주인은 아침 일찍부터 시작해 제3시, 제6시, 제9시 그리고 마지막으로 제11시에도 일꾼을 불러 일을 시킨 뒤에 같은 품삯을 지불했다.

## 제우스 ㄱZeus

그리스 신화에서 최고신. 그의 이름은 순수한 인도유럽어 'dyaus', 'deiw'에서 유래하며 '하늘', '낮', '빛'을 뜻한다. 우라노스(하늘)와 달리 비, 폭풍, 벼락 등과 같은 기상학적 현상을 일으키는 하늘의 신이다. 로마인은 유피테르Jupiter와 동일시했다. 제우스는 크로노스와 레아의 막내아들이고, 하데스·포세이돈·데메테르·헤라·헤스티아의 동생이며, 헤라의 남편이기도 하다. 제우스와 그의 형들은 아버지 크로노스를 폐위시키고 제비를 뽑아 세계를 나누었는데, 제우스가 하늘을 차지했다. 제우스는 기가스巨人들과 프로메테우스의 도움을 받아 티탄巨神들을 정복했다. 제우스는 신들의 최고 지배자이지만 운명의 여신들을 제압할 수는 없었고, 하데스나 포세이돈한테 항상 명령을 내릴 수도 없었다. 이 한계 안에서 제우스는 인간의 운명을 다스렸고, 율법을 준 자, 정의의 집행자, 신과 인간 들의 아버지로 여겨졌다. 제우스는 벼락을 휘두르는 자, 번개를 던지는 자였고, 아이기스(메두사 머리가 달린 방패)와 왕홀王笏을 갖고 있었다. 그가 사랑하는 새는 독수리였다. 제우스는 수많은 사랑의 모험을 했다. 여기서 그의 이름은 신과 인간 들의 신화적 아버지인 동시에 일종의 진실적인 연애 전문가를 상징하게 되었다. 조각가 페이디아스의 제우스 상은 고대 세계의 7대 불가사의 중의 하나로 꼽힌다.

## 제전祭典 라Festivitates 영Festivities

전全 그리스의 대제전. 올림피아Olympia, 퓌토Pytho, 이스트모스Isthmos, 네메아Nemea 4대 제전이 있었다. 이때에 그리스 방방곡곡으로부터 참배자가 몰려들었다.

**올림피아 제전(경기)** Olympian Games  펠로폰네소스 반도의 서쪽에 있는 엘리스Elis의 올림피아에서 제우스 신을 위해 개최되었다. 그 기원은 매우 오래되었다. 처음에는 펠롭스Pelops를 위해 행해진 듯하며 기원전 776년부터 올림피아 제전으로 된 듯하다. 그 후 경기 승리자의 기록이 계속되고 있고, 경기가 이 제전의 주요 행사였다. 맨처음에 이 제전은 지역적인 것이었지만 제1멧세니아 전쟁(기원전 8세기) 이후 전 펠레폰네소스 반도에서 경기자가 참가했다. 제전은 4년마다 한 번씩 한여름에 거행하게 되었는데 여기에서 "Olympias", 즉 역사상 사건의 기일期日을 헤아리기 위하여 4년의 주기週期를 사용하게 되었다. 제전 기간 동안 성스런 휴전休戰(ekecheiria)이 선포되었고 올림피아에 참배하는 사람들의 안전이 보증되었다. 시인이나 웅변가들도 이 대집회를 이용하여 자기들의 작품을 낭독하여 사람들에게 알렸다. 운동선수와 이륜전차二輪戰車(chariot) 기수들이 그리스 각 도시국가로부터 몰려들었다. 이 제전에 얼마나 많은 사람이 모였는가는 올림피아의 경기장에 약 4만 명의 관람석이 있는 것으로 미루어 짐작할 수 있다. 상품은 올리브관crown of wild olives이었다.

**퓌토 제전(경기)** Pythian Games  올림피아 제전의 제3년째 8~9월에 델포이에서 개최되었다. 아폴론이 큰 뱀 퓌톤Python을 이긴 것을 축하했다. 승리자에게는 템페 골짜기에서 베어 온 월계관crown of bay leaves을 씌워 줬다.

**이스트미아 제전(경기)** Isthmian Games  코린토스 지협地峽(Isthmus)에서 2년마다 거행되었다. 멜리케르테스의 장례식을 위해 생겨난 제전이라고 한다. 테세우스 혹은 포세이돈이 시작했다고도 한다. 상품은 원래 소나무관crown of pine이었지만, 고전기古典期에는 말린 셀러리관crown of dry celery이었다.

**네메아 제전(경기)** Nemean Games  2년마다 이스트미아 제전 두 달 후에 아르고스의 네메아에서 거행되었다. 이 제전도 원래 테바이를 공격하러 갔던 일곱 장수의 원정遠征 도중에 용한테 살해된 어린 왕자 오펠테스의 장례식으로서 거행되었다. 제전들이 여러 면에서 중요한 경기들을 통해 그리스 인종의 일치를 강조하고, 체육을 교육의 일부로서 장려하고, 최상의 작품을 듣는 기회를 주고, 시나 음악을 장려하고, 인간의 육체의 아름다움을 보여 줌으로써 그림과 조각을 장려했기 때문이다. 상품은 신선한 셀러리관crown of fresh celery이었다. 승리자는 별도로 자기 나라에서 상을 받았고, 그의 승리는 나라의 명예가 되었다. 시인은 우승자의 송시頌詩(ode)를 쓰고 조각가가 그의 조상彫像을 만들었다.

### 제7천天 Seventh Heaven

최고의 지복至福 상태를 뜻하는 말. 프톨레마이오스Ptolemaeos의 우주론에서는 지구를 중심으로 천체를 일곱 혹은 아홉 동심원적 공간으로 분할하고 각각에 행성을 배치한다. 유대인들은 일곱 천국을 인정했는데 그 중에 제7천국은 하느님과 최고 천사가 있는 곳이다.

### 제퓌로스 ㉐Zephyros ㉎Zephyrus

서풍. 그리스 신화에서 서풍은 산들바람으로 동풍의 거친 감정과 대조가 된다. 제퓌로스는 바람의 신인 아이올로스와 새벽의 여신 에오스(아우로라)의 아들로서 꽃의 여

411

신 플로라Flora를 사랑했다. 제퓌로스는 아폴론이 미소년 휘아킨토스를 총애하자 질투가 나 아폴론이 던진 원반을 표적에서 벗어나게 하여 휘아킨토스의 머리를 명중시켜 죽게 했고, 휘아킨토스는 히아신스로 변신했다. 제퓌로스는 하르퓌이아 포다르게와 통정하여 아킬레우스의 바람처럼 빠른 말馬인 크상크토스와 발리오스를 낳았다.

### 조문條文 Dead letter

'더 이상 효력이 없는 율법', '공문화空文化한 법률'을 뜻하는 말. "이제는 우리가 얽매이던 것에 대하여 죽었으므로 율법에서 벗어났으니 이러므로 우리가 영의 새로운 것으로 섬길 것이요 조문의 묵은 것으로 아니할지니라"(롬 7:6) 한 데서 비롯하였다.

### 조문條文은 죽이나 영靈은 살린다 Letter killeth, but the spirit giveth life

율법을 엄격하게 준수하는 것보다 그 정신에 충실한 것이 더 중요하다는 뜻. "조문은 죽이는 것이요 영은 살리는 것이니라"(고후 3:6)는 바울의 말에서 비롯하였다. 바울은 여기에서 모세의 율법(돌판)과 마음에 쓰인 '살아 있는 하느님의 영'을 대조시킨다. 현대의 일상적인 용례에서는 그 의미가 거의 소실되었다.

### 조이스, 제임스 Joyce, James 1882~1941

아일랜드의 소설가 · 시인. 대표작으로 『더블린 사람들Dubliners』(1914), 『젊은 예술가의 초상A Portrait of the Artist as a Young Man』(1916), 『율리시즈Ulysses』(1922), 『피네간의 철야Finnegans Wake』(1939) 등이 있다.

### 족장族長들 Patriarchs

『구약성서』에서 이스라엘의 창시자를 일컫는 말. 아브라함, 이삭, 야곱 그리고 그의 아들들을 말한다.

### 존슨, 새뮤얼 Johnson, Samuel 1709~84

영국의 시인 · 비평가. 혼자서 『영어 사전A Dictionary of the English Language』(2권, 1755)을 완성했다.

### 존재存在의 대연쇄大連鎖 Great Chain of Being

자연의 질서를 나타내는 유럽의 전통 이미지. 우주의 모든 피조물은 거대한 사슬의 각 고리처럼 하느님이 정해 준 위치를 차지하여 질서를 이루고 있다는 사고방식이다. 즉 가장 높은 곳에 하느님이, 그 다음에 천사, 인간, 동물, 식물 그리고 맨 밑에 광물(혹은 무생물)이 있다. 18세기에 포우프Alexander Pope가 『인간론An Essay on Man』에서 "존재의 광대한 사슬Vast chain of being"이라고 말한 바 있으며, 호메로스Homeros의 『일리아스Ilias』

에도 하늘에 매달아 놓은 황금사슬의 이미지가 있고, 플라톤Platon과 아리스토텔레스 Aristoteles에게서도 비슷한 생각을 엿볼 수 있다. 이런 개념이 확립된 것은 중세에서 18세기 사이였다. 18세기에 이르러 철학자 라이프니츠Gottfried Wihelm von Leibniz에 의해 개념이 더욱 다듬어졌다. 셰익스피어William Shakespeare의 『트로일러스와 크레시다Troilus and Cressida』에 나오는 "단계段階[위계位階(degree)]"에 대한 논의가 전형적이다. 러브조이 Lovejoy의 『존재의 대연쇄The Great Chain of Being』는 이 생각을 중심으로 하여 서양 자연관의 변천을 다룬 서양사상사의 명저이다. 이 개념은 하느님의 무한한 창조성이 최대한 다양한 존재의 창조로 흘러들어간다는 전제를 바탕으로 한 세 가지 점을 포함하는데, 그 결과는 다음과 같다. 충만plenitude: 우주는 온갖 가능한 생명의 형상을 내포한다. 연속성 continuity: 각기 서로 조금씩 다른 종種(species)들의 연속성이 있다. 단계gradation: 하느님에서 최하위의 물질 형상에 이르기까지 모든 피조물은 계층적이고 상호 연관적 체계로 존재하며, 인간은 천사와 동물 사이의 중간 단계에 있다.

### 존즈, 톰 Jones, Tom

필딩Henry Fielding의 희극적 소설 『톰 존즈』(1749)의 주인공. 젊고 순진하지만 자주 난폭하고 어리석을 정도로 충동적이다. 음모를 꾸미는 블라이필의 배신으로 고아 톰은 계부인 스콰이어 올워디한테서 쫓겨나 일련의 모험과 뒤얽힌 연애 관계에 빠진다.

### 졸라, 에밀 Zola, Émile 1840~1902

프랑스의 소설가. 리얼리즘 소설의 전통을 이어 자연주의 이론을 세웠다. 드레퓌스 사건 때 피고를 변호한 에세이 「나는 탄핵한다J'accuse」(1898)로 많이 알려졌다. 소설로 『주막집L'Assomoir』(1877), 『제르미날Germinal』(1885) 등이 있다.

### 좁은 문으로 들어가라 Enter ye in at the strait gate

'생명을 얻는 길로 들어가라' 라는 뜻. "좁은 문으로 들어가라 멸망으로 인도하는 문은 크고 그 길이 넓어 그리로 들어가는 자가 많고 생명으로 인도하는 문은 좁고 길이 협착 狹窄하여 찾는 자가 적음이니라"(마 7:13~14) 한 데서 비롯하였다.

### 종들의 종 Servant of servants

'가장 비천한 예속과 속박에 묶인 사람' 이라는 뜻. "가나안은 저주를 받아 그 형제의 종들의 종이 되기를 원하노니"(창 9:25) 한 데서 비롯하였다. 노아가 자신이 술이 취해 발가벗은 것을 큰 아들 함Ham(가나안의 아버지)이 얘기한 것을 알고서 내린 저주의 말이다. 여기에서 파생한 "하느님의 종들의 종servus servorum Dei(servant of the servants of

God)"은 교황을 뜻한다.

## 종일 수고와 더위를 견디다 Bear the burden and heat of the day

'하루의 힘든 일을 견디다'라는 뜻. "나중 온 이 사람들은 한 시간밖에 일하지 아니하였거늘 그들을 종일 수고하며 더위를 견딘 우리와 같게 하였나이다"(마 20:12) 한 말에서 비롯하였다. 이것은 예수가 포도원 일꾼과 품삯에 관한 비유를 할 때 나온 구절로 아침부터 하루 종일 포도원에서 일한 사람들이 한 시간만 나와 일한 사람들과 같은 품삯을 받게 되자 불평한 말이다. ⇨ 제11시에

## 죄罪 Sin

하느님의 도덕적 요구에 상응하는 행동의 기준에 이르지 못하는 상태. 로마 카톨릭 신학에서 죄는 하느님의 은총을 상실하지 않는 사면할 수 있는 죄venial와, 사면될 수 없고 오직 고해와 사면에 의해서만 제거될 수 있는 무거운 죄mortal로 나뉜다. 아퀴나스Thomas Aquinas에 의하면 세상에는 7대 죄악Seven Deadly Sins이 있다. 밀튼John Milton의 『잃어버린 낙원Paradise Lost』(1667)에서 죄는 죽음과 더불어 지옥의 문지기이다. 죄는 반은 여자이고 반은 뱀의 모습인데 사탄의 머리에서 다 자란 모습으로 튀어나왔다고 한다. '죄의 사람'(살후 2:3)은 일반적으로 적敵그리스도를 가리키는 것으로 이해되지만 청교도들은 로마 교황을, 제5왕국파Fifth Monarchy Men(크롬웰 시대의 급진적 과격 좌파) 사람들은 크롬웰을 가리킨다고 생각했다.

## 죄 없는 자 He that is without sin ⇨ 첫 돌을 던지다

## 죄罪와 벌罰 Crime and Punishment

도스토예프스키Fyodor Dostoevsky의 첫 걸작 소설(1866). 인도주의적 목적이 악의 수단을 정당화해 준다고 믿고서 전당포 주인을 살해한 가난한 학생에 대한 심리 분석이 이야기의 핵심이다.

## 죄의 사람 The man of sin

'적그리스도'나 '마귀'를 뜻하는 말. 이 뜻은 "누가 어떻게 하여도 미혹되지 말라 먼저 배교하는 일이 있고 저 불법의 사람 곧 멸망의 아들이 나타나기 전에는 이르지 아니하리라"(살후 2:3) 한 데서 비롯하였다.

## 죄의 삯 The wages of sin

『성서』에서 죽음을 뜻하는 말. "죄의 삯은 사망이요 하느님의 은사는 그리스도 예수 우리 주 안에 있는 영생이니라"(롬 6:23) 한 데서 비롯하였다. 하지만 실제 죄의 삯은 얼

마간의 도덕적 가책이나 육체적 불편일 수 있기 때문에 이 말의 현대적 용법은 다소 모순이 있다.

### 죄인罪人 Sinners
유대인들에 의하면 모세의 율법을 어기는 모든 사람. 그들은 같은 유대인 중에서 모세의 율법을 어기는 사람뿐 아니라 모든 이방인gentiles을 죄인으로 보았다. 초대 교회의 전도자들이 이방인에게 복음을 전파하는 것을 머뭇거린 것은 이런 이유 때문이다.

### 죄인의 괴수魁首 The chief of sinners
사도 바울이 자신을 일컬은 말. "미쁘다 모든 사람이 받을 만한 이 말이여 그리스도 예수께서 죄인을 구원하시려고 세상에 임하셨다 하였도다 죄인 중에 내가 괴수니라"(딤전 1:15) 한 데서 비롯하였다.

### 주기도문主祈禱文/주主의 기도 The Lord's Prayer
예수가 제자들에게 정기적으로 사용하도록 가르친 기도.「마태복음」6장 9~13절과「누가복음」11장 2~4절에 나오며 그 내용은 다음과 같다. "하늘에 계신 우리 아버지여 이름이 거룩히 여김을 받으시오며 나라이 임하옵시며 뜻이 하늘에서 이루어진 것같이 땅에서도 이루어지이다. 오늘날 우리에게 일용할 양식을 주옵시고 우리가 우리에게 죄지은 자를 사하여 준 것같이 우리 죄를 사하여 주옵시고 우리를 시험에 들지 말게 하옵시며 다만 악에서 구하옵소서. (나라와 권세와 영광이 아버지께 영원히 있사옵나이다 아멘)"

### 주두柱頭 Capital
건축에서 기둥의 머리 부분. 그리스 건축에는 코린토스식Corinthian, 도리스식Doric, 이오니아식Ionic의 세 가지 주두柱頭 혹은 주식柱式이 있었다.

### 주신 자도 하느님이시오 가져가신 자도 하느님이시라 Lord gave, and the Lord hath taken away
하느님의 뜻에 순응함을 나타내는 말.「욥기」1장 21절에 나오는 말이다. 욥이 사탄의 시험을 받아 자식과 가진 재산을 하루아침에 다 잃게 되었지만 하느님을 원망하지 않고 그의 뜻을 겸허하게 받아들이는 자세를 보인 구절이다.

### 주여 자비를 베푸소서 ㄱKyrie eleison
원래는 그리스에서 태양신을 부르는 그리스어. 이 간구懇求는 대부분의 서방교회 성찬식에서 최초로 정형화된 찬송이고 동방교회에서도 의례에 사용한다.

### 주의 만찬 Lord's supper ⇨ 최후의 만찬

**주현절主顯節 Epiphany** ⇨ 공현절

**주홍 글자 The Scarlet Letter**

호손Nathaniel Hawthorne의 소설 제목. 여주인공 헤스터 프린이 간통죄로 가슴에다 수치의 정표인 Adultery(간통)의 첫 글자 'A'를 주홍색(진홍색scarlet)으로 수놓아 달고 다니라는 선고를 받는다. scarlet은 죄의 색깔이다. 「이사야서」 1장 18절에 이와 관련한 기록이 있다.

**죽은 개 Dead dog**

'아무런 가치가 없는 쓸모없는 것'을 뜻하는 말. "이스라엘 왕이 누구의 뒤를 따라 나왔으며 누구의 뒤를 쫓나이까 죽은 개나 벼룩을 쫓음이니이다"(삼상 24:14) 한 데서 비롯하였다. 이는 다윗이 자신을 잡으려고 쫓아온 사울 왕에게 하는 말이다.

**죽은 자로 죽은 자를 장사葬事하게 하라 Let the dead bury their dead**

예수를 최우선적으로 따르라는 말. "제자 중에 또 한 사람이 이르되 주여 내가 먼저 가서 내 아버지를 장사하게 허락하옵소서 예수께서 이르시되 죽은 자들이 그들의 죽은 자들을 장사하게 하고 너는 나를 따르라"(마 8:21~22, 눅 9:60) 한 데서 비롯하였다. 여기서 "죽은 자"는 영적으로 죽은 자를 가리킨다. '죽은 자의 장사'는 도저히 피할 수 없는 효심에서 비롯한 행위이기 때문에 예수의 말을 들은 사람들은 하느님 나라가 더 시급하다는 예수의 주장에 충격을 받았을 것이다. 예수의 대답을 경솔하다거나 냉담하다고 생각해서는 안 된다. 오늘날 이 말은 의미가 약화되어 단지 '과거사를 문제 삼을 것이 아니라 지금 닥친 일을 염려하자'는 의미로 쓰인다.

**죽음의 그림자 Shadow of death**

'죽음의 위협'과 '두려움'을 가리키는 말. 다윗이 "내가 사망의 음침한 골짜기로 다닐지라도"(시 23:4) 한 데서 비롯하였다.

**죽음처럼 강한 Strong as death**

'사랑의 힘이 죽음같이 강하다'는 뜻. "너는 나를 도장같이 마음에 품고 도장같이 팔에 두라 사랑은 죽음같이 강하고 질투는 스올같이 잔인하며"(아 8:6)라는 구절에서 비롯하였다.

**죽지 않는 구더기 Worm that dieth not**

지옥의 모습을 설명하는 한 비유. "거기에서는 구더기도 죽지 않고 불도 꺼지지 아니하느니라"(막 9:48) 한 데서 비롯하였다.

### 죽 한 그릇 Mess of pottage

'순간의 쾌락'을 상징하는 말. 에서가 팥죽 한 그릇을 받고서 야곱에게 장자권을 판 사건(창 25:29~34)에 나온 말로서 순간의 쾌락(죽 한 그릇)을 위해 영원한 가치를 지닌 것을 팔아 치우는 것을 뜻한다. ⇨ 야곱, 장자권

### 중언부언重言復言 Vain repetition

'쓸데없이 별 내용 없는 말을 되풀이한다'는 뜻. "기도할 때에 이방인과 같이 중언부언하지 말라 그들은 말을 많이 하여야 들으실 줄 생각하느니라"(마 6:7) 한 데서 비롯하였다.

### 즐거운 산맥 Delectable Mountains

번연John Bunyan의 『천로역정The Pilgrim's Progress』(1678)에 나오는 산맥. 이 산맥의 꼭대기에서는 '천상의 도시Celestial City'가 보인다. 이 때문에 '즐거운 산맥'이라 한 것이다.

### 증거궤證據櫃 Ark of the Covenant ⇨ 언약궤

### 지구라트 Ziggurat

사각형의 기단其壇 위에 계단 모양으로 쌓아올린 신전. 사람들은 그 꼭대기에 성소가 있고 거기에 신이 산다고 생각했다. 니느웨Nineveh, 바빌론Babaylon, 그리고 우르Ur에 있는 지구라트가 유명하다. 바벨탑 이야기(창 11:1~9)는 지구라트의 영향을 받은 것으로 추측된다.

### 지구르트 Sigurd

아이슬란드 산문 전설집인 『볼숭가 사가Volsunga Saga』의 주인공. 불길 속에 잠들어 있는 미녀 브룬힐트의 연인으로 용인 파프니르를 죽였다. 이 신화의 튜튼 판인 『니벨룽의 노래Niebelungenlied』에서는 지크프리트로 알려져 있다. 바그너Wilhelm Richard Wagner의 「니벨룽의 반지Der Ring des Nibelungen」(1869~76)의 주인공이기도 하다. 20세기에는 나치스가 그를 아리아인의 남성다움과 영웅주의의 상징으로 썼다.

### 지드, 앙드레 Gide, André 1869~1951

프랑스의 소설가. 개성을 속박하는 것과 싸웠고, 개인의 가능성을 신뢰했다. 1947년 노벨 문학상을 수상했다. 대표작으로 『배덕자L'Immoraliste』(1902), 『좁은문La Porte étroite』(1909), 『화폐위조자Les Fauxmonnayeurs』(1926) 등이 있다.

### 지롱드 당원들 Girondists

지롱드당이라고 알려진 온건한 공화당 당원. 프랑스 혁명에 중요한 역할을 했다. 이들

의 이름은 지롱드당 지도자를 많이 낸 보르도 근처의 지롱드 현에서 유래하였다. 대부분이 중산층 계급 상인인 지롱드 당원들은 사회적 민주주의가 아니라 정치적 민주주의를 지지했지만, 혁명의 중심이 공포정치를 초래한 한층 더 급진적인 세력으로 기울어 힘을 잃고 말았다.

### 지상낙원地上樂園 Earthly Paradise

지상 천국. 『성서』에 의하면 아담과 이브가 에덴동산에서 추방되어 죽은 뒤로는 의로운 자를 기다리는 낙원을 제외하고는 어떤 낙원Paradise(어원적으로는 '공원', '정원'이란 뜻)도 인간에게 열려 있지 않다. 그러나 인류는 여전히 이 지상에서 이상적으로 행복한 생활을 달성하려는 꿈에 젖어 있다. 여러 문화에서 지상낙원이 흔히 섬, 정원, 혹은 격리된 골짜기 형태 등 원형적 이미지로 나타나는 것은 놀라운 일이 아니다. 지상낙원은 그리스 고전 전설에서는 아르카디아나 황금시대로, 켈트 전설에서는 아발론으로, 중국 신화에서는 펭라이蓬萊로 흔히 나타난다. 많은 사람이 지상낙원을 형상화했는데, 영국 시인 스펜서Edmund Spenser는 아도니스의 정원으로, 힐튼James Hilton은 소설 『사라진 지평선Lost Horizon』(1933)에서 샹그릴라Shangrila로 지칭했으며, 카몽이스Camões의 『루지아다스Os Lusíadas』(1572)와 멜빌Herman Melville의 『타이피Typee』(1846)에서는 남해南海의 낙원으로 나타냈다. 모리스William Morris는 『지상낙원The Earthly Paradise』(1870)이라는 장편 설화시narrative poem를 썼다.

### 지성소至聖所 Holy of holies

유대 성전에서 가장 안쪽에 있으며 언약궤가 보관된 방. 이 방은 휘장으로 가려져 있다. 대제사장만이 일 년에 한 번, 속죄일에만 들어갈 수 있었다. 지성소라는 말은 가장 신성한 사원이나 장소를 가리킨다.

### 지오콘다 La Gioconda ⇨모나 리자

### 지옥地獄 Hell

기독교 신학에서 인간이 죽은 뒤 그 영혼이 벌을 받는 장소. 사탄과 마귀, 죽은 뒤 영원한 형벌에 처해진 사악한 영혼들이 영원한 괴로움을 당하는 곳이다. 지옥에 관한 기독교의 개념은 유대교의 셰올Shoel(모든 죽은 자들의 거처), 『신약성서』의 게헨나Gehenna와 연관이 있다. 지옥은 그리스 신화의 하데스와도 비슷하다. 자주 사탄이 지옥을 다스리는 자로 여겨지며, 일반적으로 지옥은 뜨거운 불이 맹렬히 타오르는 곳으로 그려진다. 지옥을 그린 문학 작품은 수없이 많은데 가장 대표적인 것이 단테Alighieri Dante의 『신곡

*La Divina Commedia*』(1310~14)과 밀튼John Milton의 『잃어버린 낙원*Paradise Lost*』(1667)이다.

## 지진地震을 일으키는 자 Earth Shaker

해신海神 포세이돈의 별명 중 하나. 그는 폭풍과 거대한 파도로 지구를 흔들 수 있었다. 의미가 확대되어 오늘날에는 여러 사건에 힘을 휘둘러 세계를 흔드는 자의 별명이 되었다. ⇨ 포세이돈

## 지크프리트 Siegfried ⇨ 지구르트

## 지킬과 하이드 Jekyll and Hyde

스티븐슨Robert Louis Stevenson의 소설 『지킬 박사와 하이드 씨의 이상한 사건*The Strange Case of Dr. Jekyll and Mr. Hyde*』(1886)의 등장인물. 선량한 지킬 박사는 그를 악한 하이드 씨로 변신시키는 약품과 다시 선한 사람으로 되돌릴 수 있는 해독제를 발명한다. 지킬 박사는 선악의 이중성격 중 악의 성격을 가진 하이드 씨의 지배를 받아 살인을 저지르고, 해독제를 만들 수 없게 되자 결국 자살한다. 여기서 비롯하여 '지킬과 하이드'는 '분열된 인격'이나 '몹시 모순되는 성격 특징을 보이는 사람'을 가리킨다.

## 지혜智慧의 가치는 루비보다 더하다 The price of wisdom is above rubies

'지혜의 한량없는 가치'를 나타내는 『성서』 구절. "그러나 지혜는 어디서 얻으며 명철이 있는 곳은 어디인고 그 길을 사람이 알지 못하나니 사람 사는 땅에서는 찾을 수 없구나 깊은 물이 이르기를 내 속에 있지 아니하다 하며 바다가 이르기를 나와 함께 있지 아니하다 하느니라 순금으로도 바꿀 수 없고 은을 달아도 그 값을 당하지 못하리니 오빌의 금이나 귀한 청옥수나 남보석으로도 그 값을 당하지 못하겠고 황금이나 수정이라도 비교할 수 없고 정금 장식품으로도 바꿀 수 없으며 진주와 벽옥으로도 비길 수 없나니 지혜의 값은 산호(루비)보다 귀하구나"(욥 28:12~18)에서 비롯하였다.

## 진노震怒의 그릇 Vessel of wrath

'신의 노여움을 받을 만한 사람'을 뜻하는 말. "만일 하느님이 그의 진노를 보이시고 그의 능력을 알게 하고자 하사 멸하기로 준비된 진노의 그릇을 오래 참으심으로 관용하시고"(롬 9:22)라는 구절에서 비롯하였다.

## 진노震怒의 약병들 Vials of wrath

'재앙'을 뜻하는 말. "또 내가 들으니 성전에서 큰 음성이 나서 일곱 천사에게 말하되 너희는 가서 하느님의 진노의 일곱 대접을 땅에 쏟으라 하더라"(계 16:1)고 한 데서 비롯하였다. "진노의 약병을 쏟다"라는 말은 '재앙을 내리다'라는 뜻으로 쓰인다.

### 진리眞理가 너희를 자유케 하리라 The truth shall make you free

사람들이 진리를 앎으로써 자유와 구원을 얻으리라는 예수의 약속. "진리를 알지니 진리가 너희를 자유롭게 하리라"(요 8:32)고 한 구절에서 비롯하였다.

### 진설병陳設餅 Bread of the presence/Sacred bread/Showbread/Shewbread

'하느님 앞에 놓은 떡'이란 뜻. 이 떡은 성막 안 성소에 순금으로 입힌 상에 두 줄로

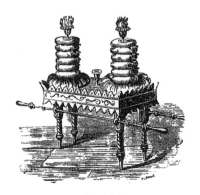

진설병 식탁

진열된다(출 25:30). 고운 가루로 구운 열 두 개의 빵인데 그 위에서는 유향을 태웠고 안식일 때마다 바꾸었다. 다윗이 배가 고파 부하들과 함께 먹은 떡도 바로 이 진설병이다(삼상 21:4~6).

### 진주문眞珠門 Pearly gates

천국을 가리키는 말. 새 예루살렘에 관한 요한의 묘사에서 비롯하였다. 요한은 "그 열두 문은 열두 진주니 각 문마다 한 개의 진주로 되어 있고 성의 길은 맑은 유리 같은 정금이더라 성 안에서 내가 성전을 보지 못하였으니 이는 주 하느님 곧 전능하신 이와 및 어린 양이 그 성전이심이라"(계 21:21~22) 하고 새 예루살렘의 모습을 그려 냈는데, 이러한 내용이 일반인의 상상 속에 들어와 진주문이나 황금 길에 관한 인유는 무엇이든지 천국을 가리키는 것으로 이해되었다.

### 진흙 발 Feet of clay

우상의 발. 오늘날 "진흙 발을 가진 우상"이란 말은 '찬탄을 받지만 알고 보면 치명적인 약점을 지닌 어떤 것'을 뜻한다. "진흙 발"은 다니엘의 예언 중에 나오는 것으로 그가 "왕이여 왕이 한 큰 신상을 보셨나이다 그 신상이 왕의 앞에 섰는데 크고 광채가 매우 찬란하며 그 모양이 심히 두려우니 그 우상의 머리는 순금이요 가슴과 두 팔은 은이요 배와 넓적다리는 놋이요 그 종아리는 쇠요 그 발은 얼마는 쇠요 얼마는 진흙이었나이다"(단 2:31~33) 한 데서 비롯하였다. 여기서 다니엘이 말한 우상의 두 발은 셀레우시드와 프톨레마이오스 왕국(기원전 4세기부터 이집트와 소아시아를 다스린 마케도니아와 그리스 왕조)을 가리킨다.

## 질풍疾風과 노도怒濤 톡Sturm und Drang 영Storm and Stress

18세기 후반 독일에서 일어난 낭만주의 문학 운동. 시인이자 극작가이며 비평가인 쉴러
Johann Christoph Friedrich von Schiller와 괴테Johann Wolfgang von Goethe가 중심이 되어 사회에
대한 개인의 반항을 자주 다루어 행동과 고도의 감정을 일으키게 하였다.

## 짐 Jim

트웨인Mark Twain의 『허클베리 핀의 모험The Adventures of Huckleberry Finn』(1885)에 등장
하는 흑인 노예. 배운 게 없고 미신을 많이 믿지만 용감하고 너그러우며 선량한 인간
이다. 주인에게서 도망쳐 나와 또 다른 도망자인 헉과 함께 미시시피 강 하류로 여행
한다.

## 짐승의 표 Mark of the Beast

불의와 배교의 표시. "첫째 천사가 가서 그 대접을 땅에 쏟으매 짐승의 표를 받은 사람
들과 그 우상에게 경배하는 자들에게 악하고 독한 종기가 나더라"(계 16:2)고 한 데서
비롯하였다. 이것은 일곱 대접에 담긴 재앙을 설명하는 구절이다. 여기서 짐승은 적그
리스도 혹은 적그리스도적인 세력을 말한다.

## 집을 정리하라 Set one's house in order

'죽기 전에 모든 일을 정리하라'는 뜻. 이것은 "너는 집을 정리하라 네가 죽고 살지 못
하리라"(왕하 20:1) 한 데서 비롯하였다. 이는 이사야가 히스기아 왕이 병들어 죽을 것
이라며 한 말이다.

## 짚 없이 벽돌을 만들어라 Make bricks without straw

'불합리하고 불가능한 조건에서 일하기를 요구하는 것'을 뜻하는 말. 예전에 짚은 벽
돌을 만들 때 진흙이 붙어 있게 하는 데 쓰였다. 그런데 "바로Pharaoh가 그날에 백성의
감독들과 기록원들에게 명하여 이르되 너희는 백성에게 다시는 벽돌에 쓸 짚을 전과
같이 주지 말고 그들이 가서 스스로 줍게 하라"(출 5:6~7)고 하였다. 따라서 히브리인들
은 생산량의 축소 없이 그들 자신의 시간을 들여 스스로 일을 하기 위한 원자재를 구
해야 했다.

# ㅊ

### 착한 여신女神 라Bona Dea

여자들만 숭배하는 로마 여신. 뱀과 관련이 있는데 로마의 아벤티누스 언덕에 있는 보
나 데아 신전에는 길들여진 뱀이 많이 있었다. 일설에는 목신 파우누스의 딸인데 아버
지가 불륜을 강요하자 듣지 않아 도금양 나뭇가지로 얻어맞았다고 한다. 파우누스는
나중에 뱀으로 변신하여 목적을 달성했다고 한다.

### 참새 한 마리가 떨어지는 것 Fall of a sparrow

하느님이 그의 창조물의 아주 사소한 일까지 인도하고 거기에 임재함을 의미하는 구
절. 예수가 제자들에게 "참새 두 마리가 한 앗사리온에 팔리는 것이 아니냐? 그러나
너희 아버지께서 허락하지 아니하시면 그 하나라도 땅에 떨어지지 아니하리라…두려
워하지 말라 너희는 많은 참새보다 귀하니라"(마 10:29~31)고 한 데서 비롯하였다.

### 창세기創世記 Genesis

『구약성서』의 첫 번째 책. genesis는 '태어남(birth)'을 뜻하는 그리스어에서 나온 말이
다. 1~11장은 세계와 인간의 창조, 인간의 타락, 가인과 아벨, 노아의 홍수 이야기를 담
고 있고, 12~50장은 아브라함, 이삭, 야곱, 요셉 등 족장의 이야기를 담고 있다.

### 채색 옷/색동 옷 Coat of many colours

야곱이 요셉을 총애하여 입힌 옷. 야곱은 아내 라헬이 낳은 첫 아이인 요셉을 매우 아껴
그에 대한 애정과 사랑의 상징으로 채색 옷을 입혔다. 요셉의 형들은 그를 몹시 질투하
여 요셉을 아버지 몰래 노예로 팔아 버렸다. 그러고는 요셉의 옷을 피에 적시어 야곱에
게 가져왔고 요셉이 사나운 동물에게 잡아먹혔다고 얘기했다(창 37장).

### 책망받다 Call in question

'심문을 하다', '의심을 가지다', '의문을 제기하다'라는 뜻. "오늘 아무 까닭도 없는 이

일에 우리가 소요騷擾의 사건으로 책망받을 위험이 있고"(행 19:40)에 나오는 말이다.

**책형磔刑 Crucifixion** ⇨ 십자가형

**챈티클리어 Chanticleer**

중세 동물우화beast fable에 나오는 수탉. 「여우 르나르Reynard the Fox」(12세기) 이야기에서 여우 르나르는 닭들을 속여 이젠 여우가 고기를 먹지 않는다고 믿게 한다. 챈티클리어의 경계심이 풀리자 르나르는 닭들을 잡아먹는다. 초서Geoffrey Chaucer의 『캔터베리 이야기The Canterbery Tales』(14세기 말) 중 「수녀 시승詩僧 이야기Nun's Priest's Tale」에도 챈티클리어가 나온다. 여기서 그는 뽐내고 허세를 부리다가 허영심으로 인해 위험을 눈치 채지 못한다.

**천구天球들의 음악 Music of the Spheres**

하늘에는 내재해 있지만 인간은 감지할 수 없는 조화로운 소리. 고대 그리스 철학자 퓌타고라스Pythagoras는 우주의 조화harmony를 연구하다가 모든 고체는 움직일 때 정묘한 음악 소리를 낸다는 설을 세웠다. 그러고는 이 법칙을 천체들에 적용하여 천체들의 집합적인 소리가 "천구天球들의 음악music of the spheres"을 만든다고 진술했다.

**천국天國 Heaven**

하느님과 천사, 구원을 얻은 사람들의 영혼이 사는 곳. 더할 나위 없이 아름답고 평화로운 곳이다.

**천국에서 하인 노릇하기보다 지옥에서 다스리는 편이 낫다 Better to reign in Hell than serve in Heaven**

사탄이 하느님에게 대적하며 한 말. 밀튼John Milton의 『잃어버린 낙원Paradise Lost』(1667)에 나오는 유명한 대사 중 하나이다.

**천국天國의 보화寶貨 Treasure in heaven**

'영적인 보화의 영속적인 가치'를 뜻하는 말. 예수의 산상수훈 중 "너희를 위하여 보물을 땅에 쌓아 두지 말라 거기는 좀과 동록이 해하며 도둑이 구멍을 뚫고 도둑질하느니라 오직 너희를 위하여 보물을 하늘에 쌓아 두라 거기는 좀이나 동록이 해하지 못하며 도둑이 구멍을 뚫지도 못하고 도둑질도 못하느니라 네 보물 있는 그곳에는 네 마음도 있느니라"(마 6:19~21) 한 데서 비롯하였다.

**천년왕국千年王國 Millennium**

「요한계시록」에 예언된 천년의 기간(계 20:1~6). 이 기간 동안 예수를 신실히 따르며 적그리스도를 경배치 아니한 사람은 예수와 함께 세상을 다스릴 것이라고 한다. 「요한계시록」에 의하면 천년왕국은 세상을 지배하기 위한 최후의 전쟁 이전에 있고 그 이후에 심판의 날이 있다. 비유적으로 천년왕국은 지상에서의 큰 정의와 행복의 기간을 의미한다.

### 천년이 어제 같다 Thousand years are but as yesterday

'천년이 순간처럼 빠르게 지나갔다'는 뜻. "주의 목전에는 천년이 지나간 어제 같으며 밤의 한순간 같을 뿐임이니이다"(시 90:4)라는 구절에서 비롯하였다.

### 천로역정天路歷程 The Pilgrim's Progress

번연John Bunyan이 6개월 동안 감옥에 갇혀 있는 동안 쓴 최대 걸작. 원제는 『이 세상에서 장차 올 세상으로의 순례자의 여행The Pilgrim's Progress from This World to That Which is to Come』이다. 제1부는 1678년에, 제2부는 1684년에 출판되었다. 인간 내부의 문제를 종교적 알레고리allegory로 형상화시켰는데, 변화가 많은 인물의 성격 묘사와 『흠정영역성서The Authorized Version』(1611)를 연상시키는 간결하며 단순한 문체의 아름다움이 돋보인다. 이 작품은 번연의 관찰과 체험에서 나왔다. 삶의 순례에 관한 상징적인 이야기로 한때는 『성서』 다음으로 대중의 인기를 누렸다. 이 작품은 크리스천이 멸망의 도시City of Destruction에서 천상의 도시Celestial City로 가는 구원의 여정을 꿈의 형식으로 그렸다. 소박하지만 고양된 『성서』의 산문 언어로 쓰인 이 작품은 설화의 특질을 갖고 있다. '세상똑똑 씨Mr. Worldly-Wiseman', '믿음 씨Faithful', '희망 씨Hopeful', '완강 씨Obstinate' 등의 인물에 대한 사실적인 묘사와 유머로 인해 18세기 소설에 큰 영향을 끼쳤다. 제2부는 크리스천의 아내 크리스티아나와 아들들이 그를 찾아 나서는 노력을 그리고 있는데 심리적인 강렬함이 줄어들어 제1부가 지닌 힘이 없다. 일반적으로 이 작품은 청교도 감수성의 가장 훌륭한 문학적 표현으로 여겨진다. 오늘날 천로역정이라는 말은 소박한 사람이 천국에 도달하려는 경건한 노력을 뜻한다.

### 천사天使 Angels

하느님과 함께 천국에 사는 영靈들. 타락한 천사들인 지옥의 마귀를 가리키기도 한다. 어원은 그리스어 angelos(messenger, 사자使者), 즉 하느님의 심부름꾼(사환使喚)이라 해서 천사天使로 번역된 것이다. 그러나 원래는 히브리어 말라크mal'ākh의 번역어이다. 『성서』에 의하면 천사들은 하느님의 소식을 전하기 위해, 그리고 그들을 보호하거나 하느님의 심판을 행하기 위해 인간의 모습으로 이 땅에 내려오곤 한다. 하느님과 인간 사이

## 중세 유럽 때 천사의 아홉 계급(Nine Choirs of Angels)

| | |
|---|---|
| **상급3대上級三隊**<br>최고천사the Highest, 신과<br>직접 관련이 있는 천사들 | 치품천사熾品天使(Seraphim)<br>불과 사랑의 천사로 여섯 개의 날개와 상크투스Sanctus(Holy)란 단어가 세 개 적혀<br>있는 방패를 갖고 있다. 우리엘Uriel이 우두머리. |
| | 지품천사知品天使(Cherubim)<br>지식이 가득 차 있고 맑은 눈을 가진 공작 날개로 표현된다. 요피엘Jophiel이 우두<br>머리. |
| **중급3대中級三隊**<br>통치천사Governing orders | 좌품천사座品天使(Thrones)<br>신의 옥좌玉座를 운반하며, 존엄과 정의의 천사로서 불바퀴fire-wheels로 표현된<br>다. 야프키엘Japhkiel이 우두머리. |
| | 주품천사主品天使(영 | Dominions 라 | Dominationes)<br>홀과 검을 가지고 있고 신의 지상 세계 지배를 나타낸다. 자드키엘Zadkiel이 우두<br>머리. |
| | 역품천사力品天使(영 | Virtues 라 | Virtutes)<br>수난의 엠블럼을 갖고 있다. 그리스도의 수난을 나타낸다. 하니엘Haniel이 우두<br>머리. |
| **하급3대下級三隊**<br>집행천사Executive Orders | 능품천사能品天使(Powers)<br>인류의 수호자로 불길을 뿜는 검을 갖고 있다. 라파엘Raphael이 우두머리. |
| | 권품천사權品天使(Principalities)<br>주권자들sovereigns을 지키며 검과 홀과 십자가를 갖고 있다. 카마엘Chamael이 우<br>두머리. |
| | 대천사大天使(Archangels)<br>신의 옥좌 옆에 서 있다. 앞서 말한 천사들의 지도자이다. 미가엘Michael이 우두<br>머리. |
| | 천사天使(Angels) |

*아홉 계급의 천사들은 계급에 따라 각각 제1천구天球(moon)에서 제9천구crystalline sphere를 지배한다.

를 중재하는 초자연적 존재인 천사에도 계급이 있다. 신성한 일곱 천사는 미가엘 Michael, 가브리엘Gabriel, 라파엘Raphael, 우리엘Uriel, 차무엘Chamuel, 요피엘Jophiel, 자드 키엘Zadkiel인데 미가엘과 가브리엘은 『성서』에 나오는 천사이고 나머지는 『외경』에 이름이 나온다. 밀튼John Milton은 『잃어버린 낙원Paradise Lost』(1667)에서 타락한 천사들의 명단을 기록하고 있다. 바벨론 유수 이후 페르시아·그리스·로마의 영향을 받아 천사는 이전보다 한층 더 중요한 역할을 하게 되었고, 천사 숭배를 교의敎義에 어긋나지 않는다고 생각한 성 아우구스티누스 이후 숭배되기에 이르렀다.

### 철장 Rod of iron

'강력한 통치력', '무력'을 뜻하는 말. "네가 철장鐵杖으로 저희를 깨뜨림이여 질그릇 같이 부수리라 하시도다"(시 2:9) 한 데서 비롯하였다.

### 첫 돌을 던지다 Cast the first stone

'앞장서서 비난하다'라는 뜻. "서기관들과 바리새인들이 음행중에 잡힌 여자를 끌고 와서 가운데 세우고 예수께 말하되…모세는 율법에 이러한 여자를 돌로 치라 명하였거니와 선생은 어떻게 말하겠나이까? 이르되 너희 중에 죄 없는 자가 먼저 돌로 치라"(요 8:3~8) 한 데서 비롯하였다. 간음 중에 잡힌 여인을 예수가 변호한 것은 스스로 의롭다 하는 자들에 대한 경고인 동시에 모든 인간은 다 죄인이라는 것을 상기시키는 구절이다.

### 청춘靑春의 샘 Fountain of Youth

다시 젊어지게 할 수 있다는 전설의 샘. 에스파냐 탐험가 폰세 데 레온Juan Ponce de Leon이 이 샘을 찾다가 미국의 플로리다 주州를 발견했다.

### 체셔 고양이 Cheshire cat

캐럴Lewis Carroll의 『이상한 나라의 앨리스Alice's Adventures in Wonderland』(1865)에 나오는 고양이. 이 고양이는 나무 뒤에서 히죽히죽 웃고 있다. 그러고는 앨리스와 문답하고 난 뒤 웃음만을 남겨 놓고는 모습을 감추어 버린다.

### 체호프, 안톤 Chekhov, Anton 1860~1904

러시아의 극작가·단편 소설가. 대표작으로 『갈매기Chayka(The Seagull)』(1896), 『벚꽃동산Vishnyovy sad(The Cherry Orchard)』(1904), 『세 자매Tri sestry(Three Sisters)』(1901) 등이 있다.

### 초막草幕 Tabernacle ⇨ 성막

### 초막절草幕節 The feast of Tabernacles

광야에서 하느님이 이스라엘 자손들을 안전하게 지켜 준 것에 감사하고 이를 기념하기 위한 축제. 이 기간 동안 남자들은 모두 다 초막succoth에 거하며 매일 제사를 드렸다(레 23:43~44). 장막절 혹은 추수절이라고도 한다. 초막절은 곡식을 모두 거두고 난 뒤

초막절 전경

가을에 열리는 절기로 8일 동안 계속된다.

### 초인超人 [독]Übermensch [영]Overman/Superman

예외적이며 매우 재능이 뛰어난 정력적인 개인을 특징짓는 말. 이 단어는 괴테Johann Wolfgang von Goethe의 『파우스트Faust』(1790~1831)에 처음으로 나타난다. 초인은 니체 철학에서 중심적인 개념으로 『짜라투스투라는 이렇게 말했다Also Sprach Zarathustra』(1883~91)에서 니체Wilhelm Friedrich Nietzsche가 묘사한 초월적 인간에 체현되어 있다. 이 용어는 히틀러와 나치 당원에 의해 저속화되고 왜곡되었다.

### 초자연적 존재超自然的存在 Machinery

신고전주의 시대에 기계에 의해 도입된 존재를 뜻하는 말. 포우프Alexander Pope에 의하면 신들deities, 천사들angels, 혹은 악마들demons이 시에서 행동하게 되어 있는 역할을 의미하는 데 사용했다고 한다. 이 용어는 무대로 신을 내려오게 하기 위하여 그리스 극작가들이 사용한 기계적 수단에서 파생하였다. 그것은 비극에서 사용되다가 행위에 참여하는 초자연적 존재(신god)가 등장하는 서사시로 확장되었다. 그리하여 기계 자체보다는 기계에 의해 도입되는 존재(신)에 적용되게 되었다. 포우프의 『머리타래의 겁탈The Rape of the Lock』(1714)에서 초자연적 존재는 신이 아니고 요정들(공기의 요정들

sylphs, 땅의 요정들gnomes, 불의 요정들salamanders, 물의 요정들nymphs)이다. ⇨ 데우스 엑스 마키나

## 최고천最高天 Empyrean

신의 자리. 프톨레마이오스Ptolemaeos에 의하면 5천five heavens이 있는데 최고천은 순수한 불로 되어 있다. 제5천이 empyrean(그 | empyros 영 | fiery)이라 불린다. 기독교의 천사론에서는 이곳에 하느님과 천사들이 있다.

## 최후最後의 만찬晩餐 The Last Supper

예수가 십자가에 못 박히기 전에 제자들과 함께한 저녁 식사를 가리키는 말. 『성서』의

디에릭 부츠, 「최후의 만찬」

429

여러 곳에 이에 대한 묘사가 나온다. "내가 너희에게 전한 것은 주께 받은 것이니 곧 주 예수께서 잡히시던 밤에 떡을 가지사 축사하시고 떼어 이르시되 이것은 너희를 위하는 내 몸이니 이것을 행하여 나를 기념하라 하시고 식후에 또한 그와 같이 잔을 가지시고 이르시되 이 잔은 내 피로 세운 새 언약이니 이것을 행하여 마실 때마다 나를 기념하라 하셨으니"(고전 11:23~25, 마 26:26~29, 막 14:22~25, 눅 22:14~20, 요 13:1). 이 구절이 어떠한 의식을 묘사하는 것인지에 관해서는 학자들 사이에 의견이 분분하다. 「마태복음」(26:17), 「마가복음」(14:12), 「누가복음」(22:7)은 유월절 만찬이라 하나 「요한복음」(13:1)은 유월절 전이라 한다. 그 근원이 어떠하든지 간에 이 만찬은 일치된 견해는 없어도 본질적으로 기독교의 거의 모든 종파에서 가장 경건한 의식이다. '최후의 만찬'은 제의적인 용어가 아니라 십자가에 못 박히기 전에 예수가 주관한 제자들과의 만찬 혹은 예술로 재현한 것을 가리키는 역사적인 용어이다. 가장 유명한 예술 작품으로는 다 빈치 Leonardo da Vinci가 그린 유명한 벽화(1495~98)가 있다. 여기서 Last Dinner가 아니라 Last Supper라는 점에 주의해야 한다. Dinner는 잘 차려 먹는 것이지만 예수는 제자들과 간단한 저녁 식사supper를 했을 뿐이다.

**최후의 심판 Last Judgment** ⇨ 최후의 심판일

**최후의 심판일審判日 Doomsday**

최후의 심판이 일어난 날. doom이란 말은 원래는 법적인 판결을 의미했으나 『성서』 「요한계시록」과 다른 여러 곳에서 무서운 이미지들과 연관되어 있어 '끔찍한 운명'을 뜻하게 되었다. 오늘날 최후의 심판일은 핵전쟁과 같이 인간의 힘에 의한 세상이 멸망할 위험을 가리킬 때 쓰인다. ⇨ 심판의 날

**축혼가祝婚歌/결혼축가結婚祝歌 Epithalamion**

결혼을 축하하는, 그리고 전통적으로 결혼식 날 밤에 신부 방 앞에서 부르는 노래 혹은 시. 축혼가들(특히 로마 시인 카툴루스Gaius Valerius Catullus의 축혼가)이 남아 있긴 하지만 이 형식은 르네상스 시대에 꽃피었다. 스펜서Edmund Spenser의 「축혼가Epithalamion」(1595)가 영국에서 가장 찬양받았으며, 시드니Philip Sidney, 단John Donne, 존슨Ben Jonson, 마블Andrew Marvell, 드라이든John Dryden 등도 축혼가를 썼다. 셸리Percy Bysshe Shelley와 오든Wystan Hugh Auden의 것도 있다.

**춘희椿姬 La Dame aux Camélias**

뒤마 피스Alexandre Dumas fils의 소설 제목이자 여주인공. 원제목은 『동백꽃 부인The

*Lady of the Camelias*』(1852)이다. 고급 창녀가 된 가난한 여자 재봉사 마르그리트는 부유한 애인을 버리고 아르망 뒤발과 사랑에 빠진다. 하지만 이 연애로 일어난 스캔들 때문에 아르망을 포기한다. 결핵에 걸려 죽게 되었을 때 그녀는 아르망한테 떠난 이유를 말한다. 춘희는 비극적이긴 하지만 참다운 사랑과 낭만적 자기희생을 할 수 있는 창녀의 원형이다. 베르디Giuseppe Verdi의 「라 트라비아타La Traviata」(1853, '타락한 여인'이란 뜻)는 이 소설을 오페라화한 것인데 인명과 플롯에 약간의 변경이 있다.

### 출애굽기 Exodus

『구약성서』의 두 번째 책. '행진해 나가다'라는 뜻을 가진 그리스어 exodu에서 비롯한 이름이다. 이 책은 모세의 탄생, 이집트에서 이스라엘인의 종살이, 그리고 마침내 그들이 사막으로 도망쳐 나온 것을 기록하고 있다. 이스라엘인들은 모세를 지도자로 삼아 홍해를 건넜다. 그 뒤에 그들은 가나안이라는 약속의 땅에 이르기까지 40년 간 시나이 황야Sinai wilderness를 헤맸다. 이 기간 동안 하느님은 그의 이름과 율법, 그리고 이스라엘의 운명을 계시했다. 이 책의 20장은 십계명을 담고 있다. '출애굽'은 넓은 의미로 대단위 사람들의 출발, 대규모 이동을 뜻한다.

### 충분하고 남는 Enough and to spare

'아주 풍족하다'는 뜻. 『신약성서』에서 탕자가 "내 아버지에게는 양식이 풍족한 품꾼이 얼마나 많은가 나는 여기서 주려 죽는구나"(눅 15:17) 하며 한탄한 데서 비롯한 표현이다. 탕자가 아버지의 재산을 미리 받아 외국에서 허랑방탕한 생활로 모두 탕진한 뒤에 돼지 키우는 사람 밑에서 일을 하며 배가 고파 돼지가 먹는 쥐엄 열매로 배를 채우려 했으나 그마저도 주는 사람이 없을 때 돌이켜 아버지 집을 생각하며 한 말이다.
⇨ 탕자

### 취미의 심판자 라Arbiter elegantiae 영Judge of elegance/Arbiter of refinement

네로 황제의 친구인 고대 로마의 풍자가 페트로니우스Gaius Petronius에 대해 역사가 타키투스가 평한 말. 페트로니우스의 풍자 소설로는 세계에서 가장 오래된 작품으로 알려진 피카레스크 장편 소설Picaresque Novel 『사튀리콘Satyricon』이 있다.

### 칠 년 간의 풍년과 칠 년 간의 흉년 Seven years of plenty and seven lean years

요셉이 해몽해 준 이집트 왕 바로의 꿈 중 하나. 요셉은 일곱 좋은 암소와 일곱 좋은 이삭은 칠 년 간의 풍년을, 파리하고 흉악한 일곱 소와 동풍에 말라 속이 빈 일곱 이삭은 칠 년 간의 흉년을 의미한다고 해석하였다(창 41:1~36).

### 7대 죄악七大罪惡 Seven Deadly Sins

카톨릭에서 정한 계율. 즉 오만Pride, 음욕Lust, 질투Envy, 분노Anger, 인색Covetousness, 폭식Gluttony, 나태Sloth를 가리킨다. 중세 문학에서는 7대 죄악을 자주 의인화해서 형상화했다. 대표적으로 랭글랜드William Langland, 초서Geoffrey Chaucer, 스펜서Edmund Spenser 등의 작품에서 볼 수 있다.

### 칠링워스, 로저 Chillingworth, Roger

호손Nathaniel Hawthorne의 소설 『주홍글자The Scarlet Letter』(1850)에 나오는 헤스터 프린의 첫 남편. 사라져 죽었다고 여겨졌는데 헤스터가 딤즈데일의 아이를 낳은 뒤에 되돌아온다. 악과 복수의 화신化身이다.

### 칠십 년 Threescore and ten

'인간의 평균 수명'을 가리키는 말. 『성서』의 "우리의 연수가 칠십이요 강건하면 팔십이라"(시 90:10) 한 데서 비롯하였다. 단테Alighieri Dante의 『신곡La Divina Commedia』(1310~14)은 "인생 여정의 절반에 이르러 나는 정도正道를 벗어나 어두운 숲 속을 헤매고 있었다"로 시작하는데, 여기서 '인생 여정의 절반'은 곧 그의 나이 35세를 말한다.

# ㅋ

### 카두케우스 ㄱKerykeion 라Caduceus

신들의 사자使者 헤르메스가 가진 지팡이神杖. 흔히 두 마리의 뱀이 감고 있는 것으로 그려진다. 헤르메스가 준 뤼라에 대한 보답으로 아폴론이 주었다.

### 카드모스 ㄱKadmos 영Cadmus

포이니키아의 왕자. 고대 그리스 테바이 시의 건설자이며 최초의 통치자이다. 제우스한테 납치된 여동생 에우로페를 찾으러 나섰다가 온갖 고난을 겪는다. 성스런 샘을 지키던 용을 죽이고, 아테나의 지시에 따라 그 용의 이빨들을 땅에다 뿌렸는데 그 이빨들이 무장한 병사들이 되어 즉시 싸우기 시작했다. 그 싸움에서 살아남은 다섯 명이 테바이 시를 창립했다고 한다. 카드모스와 아내 하르모니아는 늙어서 영생불사의 뱀으로 변신하였다. 카드모스는 그리스에 알파벳을 전했다고 한다. 그리스어 문자는 포이니키아(페니키아) 문자의 영향을 받았는데 그 결과 호메로스Homeros의 서사시를 보존할 수 있게 되었다. 그에 관한 이야기는 헤시오도스Hesiodos의 『신통기Theogonia』, 오비디우스Ovidius의 『변신 이야기Metamorphoses』(iii) 등에 나온다.

### 카드모스의 승리 Cadmean Victory

'희생이 큰 승리'를 뜻하는 말. 카드모스한테 패배한 용의 이빨들이 무장한 병사들이 되어 즉시 공격하기 시작했다는 전설에서 비롯하였다.

### 카라마조프, 표도르 파블로비치 Karamazov, Fyodor Pavlovitch

도스토예프스키Fyodor Dostoevsky의 소설 『카라마조프 형제Bratya Karamazofy(The Brothers Karamazov)』(1880)에 등장하는 인물. 부유하지만 방탕하며 자기연민이 강한 익살스런 노인으로 아들 드미트리와 함께 그루셴카의 호의를 갈망한다. 그루셴카의 사랑을 얻기 위해 아들 드미트리를 부추겨 자신을 증오하고 죽이겠다고 위협하도록 한다. 하인이지만 서자庶子인 스메르자코프한테 살해당한다.

## 카레니나, 안나 Karenina, Anna

톨스토이Lev Nikloaevich Tolstoi의 소설 『안나 카레니나Anna Karenina』(1875~77)의 여주인공. 매우 정열적인 성격의 소유자이다. 차갑고 냉담한 관리 알렉세이 카레닌과 결혼했지만 그 결혼은 그녀의 마음을 만족시켜 주지 못한다. 그녀는 알렉세이 브론스키 백작을 사랑하기 전에는 이 사실을 거의 깨닫지 못했다. 아들을 포함하여 모든 것을 포기하고 브론스키와 사랑의 도피를 하고 그의 아이를 낳지만 카레닌과 이혼할 수 없어 사회로부터 배척당한다. 끝내는 브론스키의 사랑을 확신할 수 없어 자살한다.

## 카론 ㉠Charon

에레보스의 아들. 죽은 사람의 영혼을 스튁스 강을 건너 하데스로 실어다 주는 뱃사공이다. 배삯으로 매장할 때 죽은 사람의 입에 얹어 놓는 작은 주화Charon's toll를 받았다. 일반적으로 누더기 옷을 입고 빗지도 않고 헝클어진 머리칼을 한 더럽고 지저분한 노인으로 묘사된다. 베르길리우스Vergilius의 서사시 『아이네이스Aeneis』, 아리스토파네스Aristophanes의 『개구리들Batrachoi』(기원전 405), 그리고 루키아노스Lukianos의 『사자死者들의 대화Mortuorum dialog』 등에 등장한다.

## 카뤼아 ㉠Karya ㉎Carya

라코니아(스파르타)의 공주. 이름은 '호도나무'라는 뜻이다. 디오뉘소스가 사랑했는데 죽은 뒤 호도나무로 변신하였다.

## 카뤼아티데스 ㉠Karyatides ㉎Caryatides

그리스 건축에서 여인상女人像 기둥. 신전의 상인방lintel을 떠받치기 위하여 기둥 대신 사용한 긴 옷을 입은 여성 조각상을 말한다. 카뤼아이Karyai는 스파르타의 도시 이름이고 카뤼아티데스Karyatides는 'Karyai의 처녀들'이란 뜻이다. 여기서 매해 아르테미스 축제 때 한 무리의 처녀들이 제례 무용ritual dance을 추는 것이 관례였다. 이 무용에서 처녀들은 아크로폴리스에 있는 에렉테이온 신전에

아크로폴리스 언덕 위에 있는 에렉테이온 신전의 여인상 기둥

조각되어 있는 것과 같은 자세들을 때때로 취했다. ⇨ 에렉테이온

## 카뤼아티스 ㄱKaryatis

아르테미스 여신의 별명 중 하나. '호도나무'라는 뜻의 지명인 카뤼아이Karyai에서 유래했다.

## 카륍디스 Charybdis ⇨ 스퀼라와 카륍디스

## 카르마 Karma

힌두교와 불교 사상에서 한 사람에게 일어나는 모든 이전以前 지상에서의 화신化身의 행위와 체험의 총계. 그것이 다음 화신의 성격을 결정짓는다. 힌두교에서는 '갈마磨', '업業'으로, 불교에서는 '인과응보', '인연', '숙명'으로 해석될 수 있다.

## 카르멘 Carmen

프랑스 작가 메리메Prosper Mérimée의 중편 소설 『카르멘Carmen』(1864)의 여주인공. 이 작품은 비제Georges Bizet의 오페라에 영감을 불어넣었다. 경박한 집시 여인 카르멘은 돈 호세를 유혹하여 군대 임무를 소홀히 하게 하고, 돈 호세는 결국 카르멘 문제로 말다툼하다가 상관을 죽이게 된다. 돈 호세는 카르멘이 이젠 자기를 사랑하지 않는다고 말하자 그녀를 죽여 버린다. 카르멘은 정열적이고 분방한 낭만적 여주인공의 전형이다.

## 카르페 디엠 라Carpe diem 영Seize the day

'현재를 즐겨라'라는 뜻. 호라티우스Horatius의 『오드Carmina(Odes)』에 나오는 "오늘을 즐겨라, 내일을 믿지 말고Carpe diem, quam minimum credula postero"에서 비롯하였다. 사후死後의 삶을 기대하지 않는 사람은 현세에서의 삶을 충실히 살아야 한다는 사상이지만, 지금 이 말은 향락주의를 나타내게 되었다. 이 테마는 고전 라틴 문학 시대(오비디우스Ovidius 등), 중세의 음유시Goliardic verse, 중세 페르시아의 시(오마르 하이얌Omar Khayyám 등), 프랑스 르네상스기의 서정시(롱사르Pierre de Ronsard의 시 등)에 나타난다. 영국 시, 특히 16~17세기의 연애시에는 애인한테 젊고 아름다운 동안 사랑을 즐기라고 권유하는 시가 많다. 대표적인 작품으로 헤릭Robert Herrick의 시 「모을 수 있는 동안 장미 봉우리를 따 모아라Gather ye rose buds while ye may」를 들 수 있다. 카르페 디엠을 '아나크레온적 테마'라고 하는데 아나크레온Anacreon(기원전 582년경~485)은 연애와 술을 찬양하는 시를 썼다. 'carpe rosam(gather the rose)'이라고도 한다.

## 카리스들 ㄱCharites(복) Charis(단) 라Gratiai(복) Gratia(단) 영Graces(복) Grace(단)

제우스의 세 딸인 에우프로쉬네(기쁨), 아글라이아(광채), 탈리아(명랑)를 뜻하는 말.

Charis는 그리스어로 '아름다움grace'이란 뜻이다. 이 여신들은 매력과 아름다움의 화신으로 삶에 우아함과 사랑스러움을 주었다. 영어로 Three Graces(삼미신三美神)라고도 번역한다. 이들은 피렌체 우피치 미술관에 있는 보티첼리Sandro Botticelli의 「프리마베라Primavera」('봄'이란 뜻)에 매우 아름답게 그려져 있다. ⇨ 삼미신

### 카모잉스, 루이스 데 Camoëns, Luiz de 1524년경~1580

포르투갈의 시인. 『우스 루지아다스Os Lusiadas(The Luciads)』(1572)는 르네상스 시대를 대표하는 민족 서사시이다. 이 작품에서 루수스의 자손인 루시아인들(즉 포르투갈인들)은 바스코 다 가마Vasco da Gama의 지휘로 인도항로를 발견한다. 웅장한 공상과 정열이 넘치는 걸작이다.

### 카뮈, 알베르 Camus, Albert 1913~60

실존주의 문학을 대표하는 프랑스의 소설가·극작가. 운명의 부조리에 반항하는 인간의 가치를 강조했으며, 1957년 노벨 문학상을 수상했다. 대표작으로 소설 『이방인L'Étranger』(1942), 『페스트La Peste』(1947), 희곡 『칼리굴라Caligula』(1944), 에세이 『시쉬포스의 신화Le Mythe de Sisyphe』(1942), 『반항적 인간L'Homme révolté』(1951) 등이 있다.

산드로 보티첼리, 「프리마베라」, 피렌체 우피치 미술관

## 카밀라 라Camilla

볼스키Volsci족 왕 메타부스의 딸. 처녀 사냥꾼 용사로서 아이네아스와 친구인 투르누스의 싸움에 참가했다가 살해되었다. 바람보다 빨리 달리는 여자로 활 쏘는 팔을 자유롭게 하기 위해 한쪽 유방을 노출시킨 채 싸웠다.

## 카사노바 데 세인갈트, 지아코모 Casanova de Seingalt, Giacomo 1725~98

이탈리아 베네치아 출신의 모험가·도박사·사기꾼. 연애 편력으로 아주 유명하다. 18세에 파도바 대학에서 법학 박사가 되었고 히브리어·라틴어·프랑스어·에스파냐어를 구사했다. 60세에 프라하에서 사서로 일했으며, 40여 권의 책을 집필했는데 호메로스Homeros의 『일리아스Ilias』도 번역했다. 그와 관련해서는 추문과 파란이 넘치며, 영향력 있는 경력으로 대저택에서 많은 고관과 접촉할 수 있었다. 신용할 수는 없지만 역사적으로 흥미로운 그의 『회상록Mémoires』이 1826년에서 1838년에 걸쳐 12권으로 출판되었다. 카사노바란 이름은 바람둥이나 상대를 가리지 않는 애인에게 적용된다. 그의 "즐겁게 보낸 시간은 낭비가 아니다. 권태로운 시간만이 낭비일 뿐이다"는 말이 매우 유명하다.

## 카스토르와 폴뤼데우케스 그Kastor kai Polydeukes 영Castor and Polydeuces

'신의 쌍둥이' 혹은 '디오스쿠로이Dioskouroi('제우스의 아들들'이란 뜻)라는 뜻. 레다와 제우스의 아들로 전설에 의하면 헬레네의 오빠들이라고 한다. 많은 모험에 참가했는데 카스토르는 모험 도중에 살해당한다. 폴뤼데우케스는 하데스에서 카스토르와 함께 있고 싶어 했지만, 제우스는 하루 걸러 하루씩 지상에서 지내도록 허락했다가, 마지막에는 그들을 하늘에 데려다 놓고 '쌍둥이자리Gemini'로 만들었다. 미국 우주 계획에 이 이름이 사용되었다. 폴룩스Pollux는 폴뤼데우케스Polydeukes의 라틴어 이름이다.

## 카스토르프, 한스 Castorp, Hans

만Thomas Mann의 소설 『마魔의 산Der Zauberberg(The Magic Mountain)』(1924,)의 주인공. 한스는 북독일의 기사인데 결핵에 걸려 스위스 요양소에 있는 사촌 요아힘 찜센 소위를 방문한다. 그곳에서 자기도 결핵에 걸린 사실을 발견하고 7년 동안 머문다. 한스는 클로디아 쇼샤의 에로틱한 자극, 이탈리아의 인문주의자이자 자유주의자인 세템브리니의 지적 자극, 유대인으로 나중에 예수회에 들어간 나프타와 민헤르 피페르코른 등 개성 강한 인물들의 영향을 받아 점차 지식의 온갖 분야를 탐험한다. 그러나 한스는 발전에도 불구하고 활동적으로 의무를 행할 수가 없었고 제1차 세계대전이 터졌을 때 병사가 되어 전쟁터에서 죽는다.

### 카오스 그Chaos

헤시오도스Hesiodos의 『신통기Theogonia』에 의하면 태초에 하늘(우라노스)과 땅(가이아)
이 있기 전에 존재한 우주. 초기 그리스 우주론에서 원초 세계의 상태는 한계도 없고
신의 정신이 부과한 패턴도 없었다. 그리스인은 카오스를 의인화했고, 카오스를 밤과
에레보스(암흑)의 부모라고 생각했다. 카오스의 반의어는 질서 있는 우주, 즉 코스모스
cosmos인데, 흔히 질서가 있는 것은 아름답다고 여겼다. 화장품cosmetics이란 말도 코스
모스에서 나왔다. 오늘날 카오스는 '조직화되지 않은', '무정부 상태의', '혼란스런 상
태'를 뜻한다. 카오스가 입을 떡 벌린 허공gaping void, 거기에서 가이아, 타르타로스, 에
레보스, 그리고 뉙스(밤)가 뛰쳐나왔다. 어떤 사람은 에로스(사랑)도 카오스에서 나왔
다고 하지만, 일반적으로 에로스는 아프로디테와 아레스의 아들로 여겨진다. 태초에
존재하지 않았지만 존재하게 된 카오스를 그리스인들이 어떻게 생각했는지는 분명하
지 않다.

### 카이사르 Caesar ⇨ 가이사

### 카이사르 Caius Julius Caesar 기원전 100~44

로마의 장군·정치가. 대웅변가이다. 『갈리아
전기De Bello Gallico(On The Gallic War)』(기원전
58~52)와 자신과 폼페이우스의 갈등을 다룬 『내
란De Bello Civili(On The Civil War)』(기원전 49~48)을
썼다. 키케로Marcus Tullius Cicero는 오직 바보만
이 카이사르의 기록을 고치려 들 것이라고 말
했다.

### 카이사르의 아내 Caesar's Wife

폼페이아. 방탕한 젊은 귀족 클라우디우스와 통
정한 일이 들켜 클라우디우스는 재판을 받고 카
이사르는 폼페이아와 이혼했다. 재판에서 카이
사르는 정사情事의 세부는 전혀 모른다고 말했
다. 그렇다면 왜 아내와 이혼했느냐는 질문을
받자 이렇게 대답했다고 한다. 로마 역사가 수

「카이사르」, 로마 카피톨리노 미술관

에토니우스Gaius Suetonius Tranquillus(75~150)에 의하면, "내 가문은 죄는 말할 것도 없이 의혹을 받아서도 안 된다." 플루타르코스Plutarchos(46~120)에 의하면, "왜냐하면 내 아내가 혐의조차도 받아서는 안 된다고 생각했기 때문에." 오늘날 "카이사르의 아내처럼 like Caesar's wife"은 고위직에 있는 사람은 어떤 혐의도 생기지 않도록 행동해야 한다는 뜻으로 사용된다.

### 카인과 아벨 Cain and Abel ⇨ 가인과 아벨

### 카지모도 Quasimodo

위고Victor Hugo의 『파리의 노트르 담Notre Dame de Paris』(1831)에 나오는 노트르 담 성당의 종지기. 매우 못생기고 청각장애가 있다. 마녀재판을 받는 집시 무용수 에스메랄다한테 헌신적이어서 음모를 꾸미는 부주교 프롤로로부터 에스메랄다를 구해 내지만, 그녀는 프롤로의 책략에 걸려서 교수형에 처해진다. 그녀가 죽자 카지모도는 높은 종탑에서 프롤로를 밀어 떨어뜨려 죽인다. 여러 해가 지난 뒤에 범죄자들의 매장지인 몽포콩에서 한 여자와 기형적인 모습의 남자 해골이 함께 포개져 있는 것이 발견된다.

### 카쿠스 라Cacus

로마 아벤티누스 언덕의 암굴에 사는, 대가리가 셋이고 세 개의 입에서 불을 뿜는 괴물. 불카누스의 아들로 손아귀에 걸려드는 사람들을 잡아먹었다. 헤라클레스가 게뤼온의 소를 그리스로 몰고 오는 열 번째 난업難業을 마치고, 이 괴물의 동굴 근처에서 쉬었는데, 그가 잠자는 동안 괴물이 소를 훔치고 동굴 입구를 커다란 바위로 막아버렸다. 헤라클레스는 장애물을 치울 수가 없자 동굴 지붕을 뜯어내고 위에서 동굴 안으로 뛰어 들어가 카쿠스를 목 졸라 죽였다.

### 카타르시스 그Katharsis 영Catharsis

사람이 비극을 보았을 때 일어나는 감정 정화 작용. 아리스토텔레스가 『시학詩學』에서 일컬은 말이다. 관객이 다른 사람의 갈등을 목격함으로써 자신의 연민과 공포를 정화할 수 있다는 것이다.

### 카튼, 시드니 Carton, Sidney

디킨스Charles Dickens의 『두 도시 이야기A Tale of Two Cities』(1859)에 나오는 인물. 로맨틱하고 방탕하고 무모한 변호사로 루시 마네트에 대한 사랑 때문에 목숨을 바쳐 루시의 남편 대신 단두대에 오른다. 죽기 직전에 "나는 여태까지 한 일보다도 훨씬 더 좋은 일을 한다. 내가 가는 곳은 내가 여태까지 알았던 것보다 훨씬 더 나은 안식처다."

라고 말한다.

## 카파네우스 ㉐Kapaneus ㉎Capaneus

테바이를 공격한 일곱 장수 중 한 명. 몸집이 크고 성질이 난폭하여 테바이에 불을 지르려고 성벽을 기어오르면서 제우스도 자기를 막지 못할 거라고 큰소리쳤기 때문에 제우스의 벼락을 맞아 죽었다. 그의 아내는 그의 화장단에 뛰어들어 자살했다. 이 이야기는 아이스퀼로스Aischylos의 『테바이를 공격한 일곱 장수*Hepta epi thebas*』(기원전 467)에 나온다.

## 카프카 Kafka, Franz 1883~1924

프라하에서 태어나 독일어로 글을 쓴 오스트리아의 유대계 작가. 초자연적이며 몽환적인 작품을 많이 썼다. 그의 작품 속 인물들은 흔히 현대 생활에서 좌절한 외롭고 고문당하는 희생자들이다. 대표작으로 『변신*Die Verwandlung*』(1915), 『심판*Das Urteil*』(1916), 『성城(*Das Schloss*)』(1925) 등이 있다.

## 칼레발라 Kalevala

핀란드의 국민적 대서사시. '칼레바의 나라'라는 뜻인데, 칼레바는 전설적 거인의 이름이다. 이 작품의 일부는 중세 때의 것으로 여겨진다.

## 칼립소 ㉐Kalypso ㉎Calypso

그리스 신화에서 오귀기아Ogygia 섬에 사는 뉨페(요정). 아틀라스의 딸이다. 호메로스Homeros의 『오뒷세이아*Odysseia*』(v)에서 오뒷세우스를 오귀기아 섬에 7년 동안 붙들어 두었던 요정으로 아들을 하나 혹은 둘을 낳았다. 오뒷세우스는 낮에는 아내 페넬로페를 그리워하고 밤이면 요정의 애인 노릇을 하면서, 자기를 영원히 남아 있게 하려는 칼립소의 온갖 제안을 뿌리친다. 칼립소는 마지막에 헤르메스가 가져온 제우스의 명령을 듣고, 하는 수없이 자기의 욕심을 버리고 오뒷세우스가 이타케로 귀향하는 것을 돕는다. 오귀기아는 '바다의 배꼽'이란 뜻이고, 칼립소는 '감추는 여자'라는 뜻이다. 음악에서 칼립소는 트리니다드 토바고를 중심으로 한 카리브 해(서인도제도)의 민속음악을 일컫는다. 이 음악에는 풍자와 유머가 담겨 있다. 전통적으로 기타 반주에 맞춘 음악인 스틸 밴드에 맞춰 연주되기도 했다. 칼립소 이야기는 호메로스의 『오뒷세이아』(vii), 헤시오도스Hesiodos의 『신통기*Theogonia*』 등에 나온다.

## 칼리마코스 ㉐Kallimachos ㉎Callimachus 기원전 305~240

그리스의 시인·학자. 헬레니즘 세계에서 가장 중요한 도서관인 알렉산드리아 왕실 도

안 브뤼겔(헨드릭 드 클레르크와 함께 채색), 「오뒷세우스와 칼륍소가 있는 환상적인 동굴」,
런던 조니반 해프튼 미술관

서관장을 지냈다. 그의 박식하면서도 매우 세련된 시는 라틴 문학에 심오한 영향을 끼쳤다. 대표작으로는 『아이티아*Aitia*』와 소서사시인 「헤칼레Hekale」 등이 있다.

### 칼리스토 ㄱKallisto 영Callisto

'최고의 미녀'라는 뜻. 아르테미스를 시중드는 아르카디아의 님페(요정)이다. 처녀성을 지키겠다고 맹세했는데, 제우스의 사랑을 받아 아르카스를 낳았다. 칼리스토의 임신은 어느 날 아르테미스와 님페들이 함께 목욕을 하게 되어 발각되었다. 이 일에 대해 아르테미스가 화를 내어(혹은 헤라의 분노를 염려하여 제우스가) 칼리스토를 곰으로 변신시켰다. 제우스는 나중에 칼리스토를 큰곰자리(영 I Great Bear 라 I Ursa Major)로, 아들 아르카스를 아르크투로스Arkturos 별로 만들어 주었다고 한다. 이 이야기는 아폴로도로스Apollodoros 의 『비블리오테케*Bibliotheke*』, 오비디우스Ovidius의 『축제력*Fasti*』에 나온다.

### 칼리오페 ㄱKalliope 영Calliope

서사시의 시신詩神(무사). 칼리오페란 이름은 '아름다운 목소리'라는 뜻이다. 이것은 아마 서사시를 궁정에서 아름답고 낭랑한 목소리로 읊은 데서 비롯한 듯하다. 칼리오페는 무사 중 우두머리로 아폴론과 사이에서 오르페우스를 낳았다. ⇨무사들

## 칼을 들면 칼로 망한다 Take the sword, perish with the sword

폭력에 의존하지 말라는 경고. 베드로가 예수를 잡으러 온 대제사장의 하인 말고 Malchus의 귀를 자르자 예수가 한 말이다(마 26:52).

## 칼을 보습으로 창을 낫으로 두드려 만들다 Beat swords into plowshares, and their spears into pruning hooks

시온의 회복과 평화의 통치가 이를 것을 예견한 미가의 말. "그들이 칼을 쳐서 보습을 만들고 그들의 창을 쳐서 낫을 만들 것이며 이 나라와 저 나라가 다시는 칼을 들고 서로 치지 아니하며 다시는 전쟁을 연습하지 않으리라"(사 2:4, 미 4:3) 한 데서 비롯하였다. 평화에의 기도로 자주 인용된다.

## 칼카스 ㉠Kalchas ㉎Calchas

아르고호 선원 테스토르의 아들. 유명한 점쟁이였다. 트로이아 전쟁 때 그리스 예언자 중 가장 현명한 예언자로 트로이아까지 그리스군과 종군했다. 그는 아울리스에서 그리스군에게 함대가 출항하기 위해서는 아가멤논의 딸 이피게네이아를 희생하여 아르테미스의 분노를 달래야만 한다고 예언했다. 『일리아스*Ilias*』(i)에서 그는 아가멤논한테 아폴론이 그리스군을 괴롭히기 위해 보낸 전염병을 막기 위해서는 아가멤논이 전리품인 크뤼세이스를 아버지 크뤼세스한테 돌려보내야 한다고 말했다. 『아이네이스*Aeneis*』(ii)에서 시논은 칼카스가 자기를 제물로 바치도록 지명한 자였다고 주장한다. 칼카스는 몹소스가 미래를 예언하는 데 자기보다 나은 것이 입증되자 상심해서 죽었다. 이 이야기는 아이스퀼로스Aischylos의 『아가멤논*Agamemnon*』, 에우리피테스Euripides의 『아울리스의 이피게네이아*Iphigeneia he en Aulidi*』 등에 나온다.

## 캇산드라 ㉠Kassandra ㉎Cassandra

트로이아 왕 프리아모스의 딸. 아폴론은 그녀를 사랑하여 예언의 힘을 주었지만, 그녀가 자기의 구애를 거절하자 아무도 그녀의 예언을 믿지 않도록 해버렸다. 캇산드라는 트로이아 함락을 예언했지만 아무도 믿어 주는 사람이 없었고 트로이아 멸망 뒤 아가멤논에 의해 전리품으로 뮈케나이로 끌려갔다. 아가멤논의 최후에 관한 캇산드라의 예언은 클뤼타임네스트라가 그를 죽였을 때 성취되었다. 캇산드라는 '예언의 지혜를 가졌지만 그 예언을 가장 필요로 하는 사람들에 의해 그 예언이 무시당하는 사람', '나쁜

소식을 자꾸만 예언하는 사람'을 가리키게 되었다. 이 이야기는 호메로스Homeros의 『일리아스Ilias』(vi · xiii) · 『오뒷세이아Odysseia』(iv), 베르길리우스Vergilius의 『아이네이스Aeneis』(iii) 등에 나온다.

## 캉디드 Candide

볼테르Voltaire의 가장 유명한 풍자 소설(1759)의 제목이자 주인공 이름. "낙천주의"라는 부제가 붙어 있다. 이 작품은 캉디드라는 소박한 청년의 비극적 모험을 이야기한다. 캉디드의 불운은 언제나 모든 것은 "모든 가능한 세계 중에서 최선의 세계에서 최선을 위해 존재한다"는 어리석은 선생 팡그로스 박사의 교훈과는 대조적으로 진행된다. 볼테르는 팡그로스라는 인물을 통해 라이프니츠Leibnitz의 이성인과율性因果律을 공격한다. 특히 "우리는 우리의 정원을 가꾸지 않으면 안 된다"는 구절이 널리 알려져 있다. 이 말은 추상적 이론보다도 실제적 응용으로 우리 자신의 일을 돌보아야 한다는 것이다. 캉디드라는 인물은 젊은이의 순진함과 밝은 이상주의를 뜻한다.

## 캐멀러트 Camelot

아서 왕 전설에서 웨일즈나 콘월에 있었다고 하는 아서 왕의 궁전이 있던 마을. 맬러리 경Sir Thomas Malory은 15세기에 캐멀러트가 윈체스터에 있었다고 주장했다. 그런데 캐멀러트는 콜체스터의 로마 이름인 Camalodunum의 의미가 확장된, 젊음과 아름다움이 지배하고 예술이 번영하는 권력의 중심부를 의미하는 것이다. 미국의 케네디 대통령 시대의 워싱턴도 캐멀러트라고 불렀다.

## 캐치-22 Catch-22

미국 작가 헬러Joseph Heller의 전쟁 소설(1961)의 제목. "캐치-22"는 군대 규정의 한 법조항이다. 이 작품에 등장하는 육군 항공대 소속의 요사리안은 전투를 면제받고 싶다. 그러기 위해서는 전투를 하기에는 정신적으로 부적합하다는 판정을 받아야만 한다. 그런데 전쟁 공포에서 면제받고 싶다고 요청하는 병사는 사실은 미친 사람이 아니므로 면제받을 수가 없다. 따라서 "캐치-22"는 '피할 수 없는 부조리한 상황', '딜레마'를 가리킨다. 여기서 '캐치catch'는 '함정'이라는 뜻이다.

## 캐퓰리트 Capulet

셰익스피어William Shakespeare의 『로미오와 줄리에트Romeo and Juliet』(1594)에서 화를 잘 내는 줄리에트의 아버지. 화를 낼 때면 이성을 잃어버려 결국에는 딸의 사랑과 삶을 망쳐 버렸다.

## 캔터베리 이야기 The Canterbury Tales

초서Geoffrey Chaucer의 최대 걸작(1387년경~1400). 이야기 모음집으로 이야기의 뼈대는 캔터베리에 있는 성 토마스 아 베키트St. Thomas à Becket의 사당祠堂에 참배하러 가는 순례 여행이다. 런던의 서더크에 있는 타바드 여관에 모인 30명의 순례자에게 여관주인인 해리 베일리가 가는 길에 2편, 오는 길에 2편의 이야기를 해서 여행의 따분함을 덜고, 이야기를 가장 잘한 사람한테 무료로 저녁을 내겠다는 제의를 한다. 이 작품의 「전체 서시序詩The General Prologue」 이야기에는 사회 각계각층 인물의 초상화가 미술관처럼 생생히 그려져 있다. 그러나 초서는 이 작품을 완성하지 못하고 죽었고, 24편만이 수록되어 있다.

## 캘러밴 Caliban

셰익스피어William Shakespeare의 『폭풍우The Tempest』(1611)에 등장하는 기괴하고 그로테스크한 괴물. 프로스페로는 마술 결투에서 캘러밴의 어머니인 마녀 시코랙스를 패배시킨 뒤 캘러밴을 노예로 삼는다. 캘러밴은 악마가 아버지로서, 그의 이름은 본능적·짐승적인 악惡을 나타낸다. 그와 반대되는 인물은 공기의 요정 에어리얼Ariel이다.

## 케니코트, 캐럴 Kennicott, Carol

루이스Sinclair Lewis의 소설 『메인 스트리트Main Street』(1920)에 나오는 여주인공. 이상주의적 개혁 추진가로 미네소타 주州 고퍼 프레리의 추악하고 인습적이며 평범한 마을을 한층 의미가 있는 마을로 변모시키려고 한다. 잠깐 동안의 반항과 다른 지역으로 잠시 도망치려 했던 시도가 실패하고 나서, 미국 전체가 고퍼 프레리임을 깨닫는다. 캐롤은 자식들이 자라나 자기의 목표를 달성해 주리라 희망하면서 자기의 마을로 돌아온다.

## 케달리온 그Kedalion

야금冶金(metallurgy)의 명수. 낙소스 섬에 살았는데 헤라의 청탁을 받고 헤파이스토스한테 기술을 익혔다. 오리온의 어깨에 올라앉아 태양이 떠오르는 방향을 가리킴으로써 오리온의 시력을 회복시키기도 했다.

## 케라모스 그Keramos

도기陶器 발명자. 디오뉘소스와 아리아드네의 아들이다. 아테나이에는 그의 이름을 딴 케라메이코스Kerameikos라는 이름의 구區가 있다. Keramos는 '토기土器(pottery)'란 뜻이다. 영어 ceramics는 여기서 나왔다.

### 케레스 Ceres

데메테르의 로마 이름. 농업의 여신이다. 이 말에서 영어 cereal이 나왔다. ⇒데메테르

### 케룹/케루빔 Cherub(단) Cherubim(복)

『성서』에서 하느님의 왕관을 운반하는 천사들. 일반적으로 복수형으로 쓰인다. 신학자들은 그들에게 천사 중 두 번째 자리를 주었다. 서양 예술에서 흔히 날개를 가진 이름답고 토실토실한 어린아이로 나타난다. 이것의 형용사형 cherubic은 '어린아이와 같은', '즐겁고 순진한'이라는 뜻이다.

### 케르베로스 ㉑Kerberos ㉓Cerberus

하계를 지키는 대가리가 셋 달린 무시무시한 개. 케르베로스는 산 자가 하계下界에 오는 것을 환영하지 않았다. 오르페우스는 음악으로 그를 홀렸고, 헤라클레스는 마지막 난업難業을 완수하기 위해 케르베로스를 티륀스로 끌어오느라 무진 애를 써야만 했다. 케르베로스에 관한 이야기는 호메로스Homeros의 『오뒷세이아Odysseia』(xi), 베르길리우스Vergilius의 『아이네이스Aeneis』(v)등에 나온다.

### 케르베로스 과자 A sop to Cerberus

베르길리우스Vergilius의 『아이네이스Aeneis』에서 쿠마이의 시뷜라(무녀)가 아이네아스를 하계로 인도할 때에 머리가 셋 달린 지옥의 사나운 번견番犬 케르베로스한테 준 꿀과 아편이 든 과자. 케르베로스는 이것을 먹고 잠들었다. 여기서 "케르베로스에게 과자를 주다give a sop to Cerberus"는 말이 나왔는데, 이것은 '위험한 사람에게 주는 뇌물 혹은 회유'를 뜻한다.

### 케리스 시내 The Brook Kerith

무어George Moore의 역사 소설(1916). 예수의 삶을 그린 소설로 예수가 십자가형을 당하는 데까지는 관례를 따르나, 아리마데 사람 요셉이 예수가 여전히 살아 있다는 사실을 알게 된다는 점이 다르다. 30년이 지난 뒤에 예수는 아직도 케리스 시내에서 목동으로 살고 있다. 예수는 자신이 이전에 자신에 대해 가졌던 신념이 신성 모독이라고 생각하고 이제 그 신념을 버렸다. 그러다가 마침내 사도 바울을 만나 자신에 관한 얘기를 듣고서 공포에 질려 예루살렘으로 올라가 진실을 털어놓을 생각을 한다. 그러나 바울은 예수의 얘기를 아무도 믿지 않을 것이라고 예수를 설득해 단념케 한다. 『성서』에는 그릿Cherith 시냇가라고 나와 있는 팔레스타인의 이 시내에서 까마귀들이 엘리야에게 음식을 가져다주었다(왕상 17:2-6).

### 케스토스 ㉠Kestos ㉣Cestus ㉥Cestus/Girdle

아프로디테의 허리띠. 이 허리띠에는 남자의 욕정을 불러일으키게 하는 여러 장식이 수놓여 있었다고 한다. 헤라는 트로이아군을 돕는 제우스의 마음을 빼앗아 그리스군에게 승리할 기회를 주기 위해서 트로이아 전쟁 동안 잠시 아프로디테한테서 이 띠를 빌린 적이 있다. 그리스어로 kestos는 '수놓은embroidered'이라는 뜻이다.

### 케어리, 필립 Carey, Philip

모옴William Somerset Maugham의 소설 『인간의 굴레Of Human Bondage』(1915)의 주인공. 수줍고 예민한 고아로서 만곡족彎曲足인 자기한테 애정이 별로 없는 숙모와 숙부 집에서 자란다. 이 소설은 독립과 성숙을 달성하려는 케어리의 노력, 밀드리드라는 웨이트리스와의 다난多難한 연애, 그리고 무엇보다도 케어리의 지적 계몽과 예술적 실현의 모색을 그리고 있다. 고도의 열망은 결코 이루지 못했지만, 케어리는 의학 공부를 끝마치고 나서 결혼하고 의사가 된다.

### 케옵스 왕의 피라미드 The Pyramid of Cheops ⇨ 쿠푸 왕의 피라미드

### 케이론 ㉠Cheiron ㉥Chiron

반인반마半人半馬의 괴물인 켄타우로스 중 하나. 크로노스와 필뤼라(오케아노스의 딸)의 아들이다. 반인반마가 된 것은 크로노스가 아내인 레아의 눈을 속이기 위해 말의 형상으로 변신해 통성했기 때문이라고 한다. 케이론은 다른 켄타우로스와 형상만 같을 뿐 현자賢者였고 인간과 신神의 선생이었다. 제자로 영웅 중에는 아킬레우스와 헤라클레스가 있고, 신으로는 아스클레피오스가 있다. 그는 허브 처방에 능숙했다. 그의 제자 대여섯 명은 황금양털 원정에 따라나서기도 했다.

### 케찰코아틀 Quetzalcoatl

멕시코 아즈텍족의 주신主神인 자연신. '날개 달린 뱀Plumed Serpent' 혹은 '날개 돋친 용Plumed Dragon'으로 번역한다. 로렌스David Herbert Lawrence의 소설에 『날개 달린 뱀 Plumed Serpent』(1926)이 있다.

### 케크롭스 ㉠Kekrops ㉥Cecrops

전설적인 아테나이의 초대 왕. 앗티카(당시 이름은 '케크로피아')의 대지에서 태어났다고 한다. 가끔 허리에서 발끝까지 구렁이의 형상을 한 것으로 표현된다. 아테나와 포세이돈이 그의 왕국을 차지하려고 경쟁하자 백성들이 아테나를 숭배하도록 했다. 아테나는 아크로폴리스에 올리브 나무를 자라게 했지만, 포세이돈은 삼지창으로 작은 샘밖에 만들지 못했기 때문이다. 케크롭스는 앗티카에서 인간을 제물로 바치는 일을 금하고, 제우스를 최고신으로 인정한 첫 통치자이다.

**켄타우로스** ㉐Kentauros ㉐Centaur

1)익시온과 네펠레의 아들. 텟살리아 지방의 라피테스족 왕 익시온은 헤라를 겁탈하려고 했는데, 제우스가 구름(네펠레)을 헤라의 형상으로 만들었다. 익시온 왕은 술에 취해 구름이 헤라인 줄 알고 정을 통했다. 그 결과 낳은 아이가 켄타우로스라고 한다. 또는 익시온과 네펠레 사이에서 난 아들이 펠리온 산에서 야생 암말과 교배하여 낳았다고도 한다.

장 밥티스트 르노, 「아킬레우스를 가르치는 켄타우로스」, 루브르 박물관

2)그리스 텟살리아와 아르카디아 사이에 있는 산속에 사는 반인반마半人半馬족. 이들은 상반신은 인간이고 하반신은 말의 허리와 다리를 가졌다. 그리스인은 켄타우로스가 인간의 짐승적이고 기괴한 면을 나타낸다고 여겼다. 켄타우로스는 술과 여자를 좋아하여 라피테스족의 왕 페이리토오스의 결혼식에 초대되었을 때에 여자들을 납치하려다 난투극이 벌어졌고 결국 져서 달아났다. 이 괴물들과 싸우는 장면은 파르테논 신전의 작은 벽(프리즈)에 조각되어 있다. 켄타우로스 중 가장 유명한 자는 현명하고 선량한 케이론(그 | Cheiron 영 | Chiron)인데 그는 의술과 여러 기술에 뛰어나 아킬레우스, 아스클레피오스, 이아손 등 많은 영웅을 가르쳤다.

**켈트 신화** Celtic Myth

켈트족의 신화. 아일랜드 신화나 영웅전설 등이 있는데 보통 세 가지로 분류한다. 즉 아일랜드 선주민족에 얽힌 신화족 설화, 얼스터의 전설적 영웅 쿠훌린Cuchulain에 얽힌 이야기인 얼스터 설화(쿠훌린 설화), 2~3세기 무렵에 활동한 피니아 기사단과 지도자 핀 마클, 그의 아들 오시안Ossian에 관한 설화를 엮은 피니아 설화(오시안 설화)이다.

**코네티커트 앵키** Connecticut Yankee

트웨인Mark Twain의 『코네티커트 앵키, 아서 왕 궁정에 가다A Connecticut Yankee at King

*Arthur's Court*』(1889)의 주인공. 약삭빠른 뉴잉글랜드인으로 머리를 한 대 얻어맞고 나서는 잠들어 528년 아서 왕 시절의 영국에서 깨어나 19세기의 지식을 이용하여 왕국을 지배하고 각종 개혁을 단행한다.

## 코딜리어 Cordelia

셰익스피어William Shakespeare의 『리어 왕*King Lear*』(1605)에 등장하는 리어 왕의 막내딸. 아버지를 진심으로 사랑하지만 사악한 언니들(고너릴과 리건)처럼 애정을 표현하는 것은 거부한다. 그 때문에 화를 잘 내는 리어 왕은 그녀를 추방한다. 리어 왕과 코딜리어는 비극의 끝에 가서 잠시나마 다시 결합한다. 그녀는 비극적 여성의 전형이며, 선량함과 충실의 귀감이다.

## 코란/꾸란 Koran/Qur'an/Quran

'암송'이란 뜻. 이슬람교의 성서에 해당하는 이슬람 교도의 성전聖典. 알라Allah가 천사 가브리엘을 통하여 예언자 마호메트(570년경~623)한테 들려주었다는 계시를 집대성한 것으로 도덕, 행동, 사고思考 등 이슬람 생활 전체에 걸친 궁극적인 규범을 담고 있다.

## 코레 그Kore ⇨ 페르세포네

## 코로스 그Choros 영Chorus

합창가무단. 그리스 연극에서 희곡의 주요 액션과 떨어져 있으면서, 그 액션에 관해 논평히는 한 그룹의 배우들을 말한다. 에우리피데스Euripides(기원전 484년경~406년경)는 전통적인 코로스를 덜 사용하면서 코로스 기능 일부를 주역主役(protagonist)들의 운명과 밀접히 관련된 한 사람에게 집중시켰다. 아리스토파네스Aristophanes(기원전 450년경~388년경)의 희극에서는 코로스가 비극에서와 똑같은 기능을 수행하지만, 새·개구리·벌 등의 옷을 입고 변장하여 플롯의 깊숙하고 외설스런 면들에 밀접히 관련하여 논평을 함으로써 각 희곡의 풍자성을 강조한다. 엘리자베스 시대 무대에서 코러스는 프롤로그나 에필로그를 해설한 인물을 말한다. 스피커(변사辯士)는 연극의 시작, 혹은 2막이나 그 이상의 막 이전에 말했다. 셰익스피어William Shakespeare의 『겨울 이야기*The Winter's Tale*』의 3막과 4막 사이의 16년이라는 긴 세월은 "시간, 코러스Time, the Chorus"에 의해 다리가 놓인다. 그룹 코러스는 엘리어트Thomas Stearns Eliot의 『성당에서의 살인 *Murder in the Cathedral*』(1935)이 예외이긴 하지만 현대 유럽 드라마에서는 드물게 사용된다. 19세기 연극에서 코러스는 뮤지컬 코미디, 보드빌vaudeville(노래와 춤을 곁들인 경희극輕喜劇), 리뷰revue(촌극寸劇: 노래·무용 등으로 된 뮤지컬 코미디로 최근 사건을 풍자적으로 다룸)

에서 가수와 무용수 들의 한 집단이다.

**코뤼바스들/코뤼반테스** ㄱ**Korybas**(단) **Korybantes**(복) ㅇ**Corybantes**

풍요의 여신 퀴벨레를 섬기는 황홀경에 빠진 사제들. 퀴벨레 여신의 의식儀式에서는 사람들이 북cymbal을 미친 듯이 치며 축하한다. 그들의 시끄러운 북소리는 아버지 크로노스한테서 쫓겨난 어린 제우스의 울음소리를 지워 버려 제우스가 위기를 넘길 수 있었다.

**코르네이유, 피에르 Corneille, Pièrre 1606~84**

프랑스의 극작가. 라신Jean-Baptiste Racine과 더불어 프랑스 고전 비극의 쌍벽을 이루었다. 라신이 현실의 인간을 그려 정열에 지배당하는 것과 달리, 코르네이유는 이상적인 인간을 그려 의지의 힘을 찬미했다. 대표적인 작품으로『르 시드Le Cid』(1636),『호라티우스Horace』(1640),『신나Cinna』(1641) 등이 있다.

**코르누코피아/풍요의 뿔** ㄱ**Cornu copiae** ㄹ**Cornucopia** ㅇ**Horn of plenty**

음식과 음료를 영원히 제공하는 풍요의 뿔. 아기 제우스한테 수유했다고 전하는 염소의 뿔이다. 뿔 안에는 꽃, 과일, 곡식이 가득한 것으로 그려진다. 일상 회화에서는 끝없이 넘쳐 흐르는 공급을 뜻한다. ⇨ 아말테이아

**코르퀴라** ㄱ**Korkyra/Kerkyra** ㅇ**Corcyra**

1)이오니아 해에 있는 일곱 섬 중 가장 큰 섬. 오뒷세우스가 난파당한 곳이다. 호메로스Homeros의『오뒷세이아Odysseia』에서 알퀴노오스 왕의 궁전이 있었다. 스케리아 Scheria, 파이아키아Phaiakia라 불렸는데, 지금은 코르푸Corfu라 불린다.

2)아소포스 강의 신과 메토페(라돈 강 신의 딸)의 딸. 포세이돈한테 납치되어 이 섬에서 통정하고, 이 섬에 이름을 주었다. 둘 사이에 태어난 파이악스Phaiaks가 파이아케스인Phaeacians의 조상이다.

코르누코피아

**코린토스** ㄱ**Korinthos** ㅇ**Corinth**

1)펠롭스의 아들. 코린토스 시에 이름을 준 왕이다.

2)고대 그리스의 항구 도시. 호메로스

Homeros의 『일리아스*Ilias*』에는 에퓌레로 소개되어 있다. 바람의 신 아이올로스의 아들인 시쉬포스가 코린토스 시를 세웠다. 이곳에는 아프로디테 신전이 있었다. 신화에 등장하는 아폴론, 포세이돈, 브리아레오스, 멜리케르테스, 이스트미아 경기, 시쉬포스, 페이레네 샘, 넬레우스, 테세우스, 이아손, 메데이아, 아이에테스, 아소포스 등이 이곳과 관련이 있다. 카이사르가 식민지로 만들었고, 아우구스투스는 아카이아 주州의 수도로 삼았으며, 하드리아누스 황제는 여기에 목욕탕을 지었다. 조선造船이 주요 산업이었으며, 최초의 3단노 갤리선trireme도 이곳에서 설계되었다. 기원전 650~550년은 도자기로 유명했다. 1858년 옛 코린토스는 지진으로 파괴되었고, 신 코린토스도 1928년의 지진으로 완전히 파괴되었다. 코린트 운하는 네로가 기원전 67년에 건설을 시작했지만 중단되었고, 프랑스 회사가 1882년 현재의 운하를 만들기 시작하여 그리스 회사가 1893년 완공했다.

## 코울리지, 새뮤얼 테일러 Coleridge, Samuel Taylor 1722~1834

영국의 시인 · 비평가 · 철학가. 사우디Robert Southey와 함께 미국에 이상국가Pantisocracy (이상적 평등 사회, 만민 동권정체同權政體)를 창건할 계획을 세웠지만 실패했다. 1798년 워즈워스William Wordsworth와 함께 『서정 담시집*Lyrical Ballads*』을 냈는데, 그 가운데 유명한 「노수부의 노래The Rime of the Ancient Mariner」가 있다. 또 음악적이며 환상적인 시 「쿠빌라이 칸Kubla Khan」과 「크리스터벨Christabel」을 썼다.

## 코코 Ko-Ko

길버트William Gilbert와 설리번Arthur Sullivan의 오페레타 「미카도Mikado」(1885, '천황天皇'이라는 뜻)에 등장하는 사형집행 장관. 마음이 부드러워 어떤 사람도 사형을 집행하지 못하고, 못생긴 늙은 여자 카티샤와 결혼한다.

## 콕토, 장 Cocteau, Jean 1889~1963

프랑스의 시인 · 배우 · 영화 연출가 · 화가 · 소설가 · 평론가. 제1, 2차 세계대전 중 가장 혁신적인 작가로 널리 인정받았다. 피카소Pablo Picasso와 교류가 있었으며, 영화 「미녀와 야수La Belle et la Bête」(1945), 희곡 『오르페*Orphée*』(1926), 소설 『무서운 아이들*Les enfants terribles*』(1926) 등 여러 분야에 걸쳐 많은 작품을 남겼다. 시집으로 『평조곡平調曲 *Plain-Chant*』(1923), 『시집*Poémes*』(1948) 등이 있다.

## 콘래드, 조지프 Conrad, Joseph 1857~1924

영국의 소설가. 부모는 폴란드인이었다. 초기에는 해양 소설을 쓰다가 나중에는 정치 소설을 썼다. 인간 모럴moral의 탐구자로 알려져 있다. 작품으로 『로드 짐Lord Jim』(1900), 『어둠의 속The Heart of Darkness』(1902), 『노스트로모Nostromo』(1904), 『밀정密偵(The Secret Agent)』(1907) 등이 있다.

## 콘트라포스토 Contraposto

미술에서 인물의 한 부분이 다른 부분으로부터 꼬여 있거나 돌아선 포즈를 가리키는 용어. 이탈리아어로 '대치한(set against, set opposite, contrast)'이란 뜻이다. 르네상스 시대에 이 말은 많은 고전(그리스·로마) 조각의 특징인, 몸무게가 주로 한 다리에 실려, 그 다리의 엉덩이가 다른 엉덩이보다 상대적으로 좀 올라가 있는 긴장이 풀린 비대칭 포즈asymmetrical pose를 묘사하기 위해 사용했다. 후기

미켈란젤로, 「다비드」, 피렌체 아카데미아 미술관

르네상스의 그림·조각 등에 몸의 비꼼이나 비틀림을 강조한 인체의 표현법, 엉덩이나 다리가 어깨와 머리의 방향과 다른 방향으로 향해 있는 그림이나 조각 인물의 자세를 말한다. 미켈란젤로Buonarroti Michelangelo는 콘트라포스토의 대가였다.

## 콜로노스의 오이디푸스 그Oidipous epi Kolonoi 영Oedipus at Colonus

소포클레스Sophokles의 최후의 극작품. 콜로노스는 아테나이 근처의 시구市區(deme)인데 소포클레스의 출생지이며 이 작품(그가 죽고 난 뒤인 기원전 401년에 공연됨)의 무대이기도 하다. 눈먼 오이디푸스는 여러 해에 걸친 방랑 후에 딸 안티고네의 부축을 받으며 콜로노스에 도착하고 나서는 떠나기를 거부했다. 그가 그곳에서 죽을 것이라는 신탁이 있었기 때문이다. 오이디푸스는 아테나이 왕 테세우스의 보호를 받으며 지내다가 두 아들의 알력을 알고 아들을 저주한 자신의 운명을 극복하고 편안히 죽는다.

## 콜롬비나 이Colombina 영Columbine

코메디아 델 라르테commedia del l'arte(16세기에서 18세기 초까지 이탈리아에서 유행한 즉흥 희

콜롯세움, 로마

극)에 나오는 전형적인 여성 등장인물. 보통 어릿광대 아르레키노(이 | Harlequino 영 |
Harlequin)한테 사랑받는 기지 가득한 여자로 등장한다. 콜롬비나는 이탈리아어로 '비
둘기 같은'이란 뜻이다. 영국 팬토마임pantomime에서는 팬터룬Pantaloon의 하인이며 콜
럼바인의 연인이다.

### 콜롯세움 라Colosseum
고대 로마의 원형 투기장. 5만 명이 앉을 수 있었다. 지금은 폐허가 되었지만 옛 영광
을 상상할 수 있다. 이곳에서는 검투사gladiator들의 싸움, 사람과 동물의 싸움이 있었
다. 모의해전模擬海戰(mock sea battle)을 위해 투기장이 물로 채워지기도 했다. 전설에 의
하면 로마인들을 즐겁게 하기 위해 여기에서 기독교도들이 사자 밥이 되었다고 한다.

### 콜키스 그Kolchis 영Colchis
카우카소스(지금의 '카프카스') 산맥 바로 아래, 흑해 동쪽 끝 파시스 강변에 있던 나라.
아이에테스의 왕국이며 메데이아가 태어난 곳이다. 아르고나우테스(아르고호 선원)들
이 황금양털을 얻기 위해 떠난 목적지이기도 하다. 이에 대한 이야기는 아폴로니오스
Apollonios Rhodos의 『아르고나우티카Argonautika』 등에 나온다.

## 콜필드, 홀든 Caulfield, Holden

샐린저Jerome David Salinger의 소설 『호밀밭의 파수꾼*The Catcher in the Rye*』(1951)의 주인공. 17세의 소년으로 이 세계가 야바위꾼들로 가득 차 있다고 믿고서 피난처를 미친 듯이 찾는다. 그는 소외되어 탐색하는 모든 청년의 상징이 되었다.

## 쿠마이의 시뷜라 Cumaean sibyl

이탈리아 나폴리 근처 쿠마이에 있는 아폴론 신전의 시뷜라 혹은 여자 예언자. 아이네아스를 하계로 안내했다. 시뷜라는 본래 그리스 신화의 무녀들이다. 일찍이 트로이아 전쟁을 예언한 에뤼트라이의 시뷜라가 있었지만 가장 유명한 것은 아폴론의 사랑을 받은 쿠마이의 시뷜라 데이포베이다. 그녀는 손바닥 안에 쥔 모래알 수만큼의 수명을 얻었지만 그 수명을 얻을 때 젊음도 함께 요구하는 것을 잊어버려 나중에는 늙게 되었다. 그녀는 아이네아스가 찾아 왔을 때에는 700살이었다. 미켈란젤로Buonarroti Michelangelo는 시스티나 예배당 천장에 다섯 명(델포이, 뤼비아, 쿠마이, 에뤼트라이, 페르시아)의 시뷜라를 그렸다. 엘리어트Thomas Stearns Eliot의 시 「황무지*The Waste Land*」(1922)의 도입부에 쿠마이의 시뷜라에 대한 언급이 있다. 이 시에서 화자가 그녀에게 소원이 뭐냐고 묻자, "난 죽고 싶다"라고 답한다. ⇨ 시뷜라

## 쿠푸 왕의 피라미드/케옵스 왕의 피라미드 The Pyramid of Cheops

기자Giza에 있는 최대 피라미드. 이집트 제4왕조의 왕인 케옵스(기원전 2571~8)의 묘이다. 케옵스는 쿠푸Khufu의 그리스 이름이다. ⇨ 고대 세계 7대 불가사의

## 쿠피도 라Cupido 영Cupid

에로스Eros의 로마 이름. 베누스와 아레스의 아들이다. 미술에서는 토실토실하게 살이 찌고 날개 돋친 아기로 그려지고 때로는 눈이 눈가리개 천으로 가려져 있다.

## 쿠피도와 프쉬케/큐피드와 프쉬케 Cupid and Psyche

사랑의 신 쿠피도와 프쉬케의 사랑 이야기. 아풀레이우스Apuleius(123~?)가 편집한 이야기 모음집인 『황금 당나귀*The Golden Ass*』(원제목은 '변신 이야기*Metamorphoses*')에 수록되어 있다. 이 이야기에서 쿠피도한테 사랑받은 인간 프쉬케는 연인의 정체를 알아내려 하지 않겠다고 쿠피도에게 약속한다. 쿠피도는 자기의 정체를 감추고서 밤에 프쉬케를 방문한다. 그러나 프쉬케는 언니들의 재촉에 못 이겨 쿠피도와 한 약속을 깨트리고 그가 방문했을 때 촛불을 켜서 누구인지 알아내려 했다. 마침내 이들의 사랑은 여러 시련과 고생을 겪은 뒤에 모든 것이 잘 마무리된다. 본래 쿠피도는 '쿠피도(큐피

드)와 푸쉬케 신화'에서처럼 청년으로 묘사되지만, 그림에서는 귀여운 어린아이의 모습을 하고 있다.

### 쿠훌린 Cuchulain

아일랜드 전설에서 "아일랜드의 아킬레우스Irish Achilles"라고 불리는 이교異教의 영웅적 용사. 그의 전설적 모험은 주로 게일 문학의 얼스터 사이클Ulster Cycle에서 찬양되고, 아일랜드 시인 예이츠 William Butler Yeats의 시나 희곡의 소재가 되었다. 옛날 오이신Oisin 시에 노래되었으며, 레이디 그레고리Isabella Augusta Gregory는 『뮈르헤네의 쿠훌린Cuchulain of Muirthemne』(1902)에서도 이야기했다.

프랑수아 파스칼 시몽 제라르, 「프쉬케와 쿠피도」, 루브르 박물관

### 쿼 바디스? Quo Vadis?

시엔키에비치Henryk Sienkiewicz가 1986년에 쓴 역사 소설. 네로 통치 시대의 로마와 초기 기독교 순교자를 다룬다. 등장인물 중에서 쇠퇴해 가는 이교도주의를 대변하는 로마의 귀족 페트로니우스Petronius가 가장 흥미롭다. 중심 플롯은 이교도주의와 기독교 사이의 갈등이다. 이 작품에 등장하는 여러 인물과 연속되는 에피소드, 무엇보다도 고대 로마의 변화무쌍함과 쇠퇴해 가는 삶에 대한 묘사가 주된 흥밋거리이다. 기독교도인 아름다운 리기아는 황제의 호위병인 비니시우스와 사랑에 빠진다. 그 때문에 그녀는 고발되어 맹수들이 있는 경기장에 내던져진다. 그녀는 거기서 탈출하여 결국 비니시우스와 결혼하고, 베드로와 바울이 비니시우스를 기독교로 개종시킨다. 이 작품은 세계 거의 모든 나라말로 번역되었다. '쿼 바디스'는 '어디로 가시나이까'라는 뜻이다.

### 퀴네공드 Cunégonde

볼테르Voltaire의 『캉디드Candide』(1759)에 나오는 인물. 캉디드의 삼촌의 딸이자 그의 연인이다. 캉디드의 아버지는 두 연인이 키스하는 것을 본 다음에 그를 추방한다.

### 퀴리누스 라Quirinus

로마 신화에 나오는 전쟁의 신. 마르스의 다른 이름이다. 그리스 신화의 아레스에 해당한다. 로마에 있는 퀴리누스 언덕Quirinal Hill은 이 신의 이름을 딴 것이다.

## 퀴리에 엘레이손 Kyrie Eleison

로마 카톨릭, 그리스 정교, 성공회 교회(영국 국교회에서는 답창으로 사용) 예배에서 사용하는 기도. 그리스어로 '주여, 자비를 베푸소서Lord, have mercy (upon us)' 라는 뜻이다. 미사에서는 이 말에 곡을 붙였다. 흔히 퀴리에라고만 불린다.

## 퀴벨레 □Kybele 영Cybele

소아시아의 지모신地母神. 그리스 신화의 레아와 로마 신화의 마그나 마테르Magna Mater(大母)에 해당한다. 이 여신을 숭배하는 이들은 흥청망청 술을 마시며 피투성이 의식을 치르며 퀴벨레를 숭배했다.

## 퀴클롭스 □Kyklops(단) Kyklopes(복) 영Cyclops(단) Cyclopes(복)

원초의 신인 우라노스(하늘)와 가이아(땅)의 아들. 그리스어로 '둥근 눈'이란 뜻이다. 헤시오도스Hesiodos(기원전 735년경)에 의하면 눈 하나를 가진 기가스巨人인 퀴클롭스는 셋만 있다. 제우스에게 번개와 벼락을 공급했고 나중에는 아폴론한테 살해당했다. 그러나 호메로스Homeros는 이마 한복판에 눈 한 개를 가진 거대한 괴물인 퀴클롭스가 많이 있었다고 믿었다. 그들은 시칠리아 서해안에 살면서 양을 치는 식인종이었다. 가장 재미있는 이야기는 그들의 지도자인 폴뤼페모스와 오뒷세우스의 대결이다. 또 거대한 선사시대의 구조를 가진 성벽들은 퀴클롭스들이 지었다고 한다. "퀴클롭스식 Cyclopean"이란 말은 건축 양식의 하나로, 거석巨石을 쌓아올린 성벽을 가리키는데 지금도 뮈케나이, 그리스, 에스파냐의 타라고나 등지에서 볼 수 있다.

## 퀴파릿소스 □Kyparissos 영Cyprissus

텔레포스의 아들로서 아폴론의 사랑을 받은 미소년. 사슴을 사랑했는데, 어느 날 자신이 실수로 던진 창에 사슴이 찔려 죽자 슬퍼한 나머지 자살하려고 했다. 신들은 그를 가엾게 여겨 슬픔의 나무(편백나무: 그리스어로 'cyparissos')로 변신시켰다.

## 퀸스, 피터 Quince, Peter

셰익스피어William Shakespeare의 『한여름 밤의 꿈A Midsummer Night's Dream』(1595)에 등장하는 아테나이 직인職人 중의 하나인 목수. 「피러머스와 시스비Pyramus and Thisbe」라는 막간극을 연출하고 감독한다.

## 퀼프, 대니얼 Quilp, Daniel

디킨스Charles Dickens의 『골동품 가게Old Curiosity Shop』(1841)에 나오는 인물. 못생기고

교활하고 악의적인 난쟁이이다.

## 크니도스 ㉣Knidos ㉤Cnidus

소아시아 카리아의 옛 도시. 아프로디테 신전과 최초의 여신 누드 조각상인 프락시텔레스의 아프로디테 상이 있었다. 프락시텔레스는 두 아프로디테 상, 즉 아테나이인이 받아들인 옷 입은 아프로디테 상과, 아테나이인이 거절했지만 크니도스인이 구매한 누드 아프로디테 상을 만들었다.

## 크라나오스 ㉣Kranaos ㉤Cranaus

케크롭스의 뒤를 이어받은 앗티카 왕. 대지에서 태어났다고 한다. 초대 왕 케크롭스의 아들 에뤼식톤이 아들 없이 죽자 왕위를 계승했다. 그의 시대에 아테나이는 크라나이라고 불렸지만, 그의 딸 앗티스Attis가 어린 나이에 결혼도 하지 못한 채 죽자 딸의 이름을 따서 나라 이름을 앗티카Attica라 불렀다. 그의 치세 동안에 제우스는 홍수를 보냈고, 데우칼리온은 크라나오스의 궁궐에 피난했다. 물이 빠진 뒤 데우칼리온의 아들이 왕위를 찬탈한 듯하다.

## 크라켄 Kraken

노르웨이 바다에 나타난다는 중세의 전설적인 바다 괴물. 배를 난파시키고 침몰시킨다고 여겨진다. 1마일(약 1.6km)이나 되는 긴 촉수觸手로 배를 바다 바닥으로 끌어내리는데, 『성서』에 나오는 바다뱀인 레비아탄Leviathan과 비슷하나.

## 크랩 Krapp

베키트Samuel Beckett의 『크랩 씨의 최후의 테이프Krapp's Last Tape』(1959)에 나오는 인물. 자신이 찬란했던 젊은 시절의 테이프 리코딩에 귀를 기울이는 늙은 사회낙오자이다.

## 크런처, 제리 Cruncher, Jerry

디킨스Charles Dickens의 『두 도시 이야기A Tale of Two Cities』(1859)의 등장인물. 찰스 다니가 프랑스로부터 도망치는 것을 도와준 은행 종업원이다. 낮에는 텔슨 은행의 심부름을 하면서, 밤이면 시체 도굴자가 되어 의학해부용 시체를 제공한다.

## 크레시다 Cressida ⇨ 트로일로스와 크레시다

## 크레온 ㉣Kreon ㉤Creon

'지배자'라는 뜻.

1)테바이의 전설적 왕. 이오카스테(오이디푸스의 어머니, 아내)의 오빠이며, 안티고네·에테오클레스·폴뤼네이케스의 외삼촌이다. 테바이의 왕을 두 번 지냈다. 소포클레스

Sophokles의 『오이디푸스 왕*Oidipous tyrannos*』(기원전 429년경~420), 『안티고네*Antigone*』(기원전 442 혹은 441), 『콜로노스의 오이디푸스*Oidipous epi Kolonoi*』(작가가 죽고 난 뒤인 기원전 401년에 공연)에 나타난다.

2) 코린토스의 전설적 왕인 글라우케의 아버지. 이아손이 글라우케('크레우사'라고도 함)와 결혼하기 위하여 메데이아를 버리자 메데이아는 크레온과 글라우케를 죽게 했다.

### 크레우사 ㄱKreousa 영Creusa

크레온Kreon('지배자'란 뜻)의 여성형으로 '왕비'라는 뜻.

1) 영웅 이아손이 사랑한 코린토스의 공주. 이아손은 크레우사('글라우케'라고도 함)와 결혼하려고 메데이아와 이혼하려 했다. 하지만 크레우사는 메데이아가 아들을 시켜 보낸 독 묻은 결혼 예복을 입고 불타 죽었고 딸을 구하려던 아버지도 불탔다.

2) 아이네아스의 첫 아내 이름. 트로이아를 도망쳐 나오는 피난길에 죽었다.

### 크레인, 이커보드 Crane, Ichabod

어빙Washington Irving의 「슬리피 홀로우의 전설Legend of Sleepy Hollow」(1820, 『스케치북*The Sketch Book of Geoffrey Crayon, Gent*』에 수록)에 나오는 인물. 빈틈없고 소박하고 소심하고 우물쭈물하는 성격이며, 전형적인 시골뜨기이다. 그의 라이벌은 "목 없는 기수Headless Horseman"로 변장해서 그를 위협하여 사회로부터 쫓아낸다.

### 크레테 ㄱKrete 라Creta

지중해에 있는 큰 섬. '백악白堊(chalk)'이란 뜻이다. 고고학자들은 각지各地에 그리스가 진출하기 이전부터 에게 해와 그 주변에 훌륭한 문명이 존재했음을 입증했는데, 그 중심이 크레테였다. 크레테 섬 초기의 주민이 어떤 인종이었는지 알 수는 없지만 인도 유럽 인종도 셈족도 아님은 명백하다. 이 섬은 기원전 2400~1400년에 이르는 동안 대단히 번영했고 지배적인 지위에 있었다. 이러한 위상은 섬의 지리적 위치에 기인하는데, 크레테 섬은 상업과 해군의 양성에 매우 적합한 요건을 갖추고 있었다. 섬 사람들이 공업과 수공예에 뛰어난 것도 한 요인이다. 그들은 청동 세공과 도자기 제조에 탁월했는데, 그들이 만든 공업 제품은 그리스·이집트·퀴프

크놋소스 궁전

로스·시리아·시켈리아·칼키디키 등으로 운반되었다. 초기의 크레테인은 고도로 미술에 소질이 있는 민족으로 굉장히 아름답고 독창적인 작품을 만들었다. 특히 벽화, 꽃병 장식, 작은 조각상 등이 뛰어났다. 크레테인은 다른 나라와 활발히 교류했고 중기·후기 미노스 시대에는 그리스 일부에도 강력한 영향을 끼쳤다. 특히 뮈케나이, 티륀스, 테바이에 대한 영향이 아주 커서 뮈케나이 문명이 일어나게 된 원인이 되었다. 뮈케나이 문명은 근본적으로는 크레테 문명과 같은 것이다. 일부 전문가의 의견으로는 이곳들이 크레테인의 이주지였다고 한다. 나중에 뮈케나이 문명을 도리스족(그 | Dorieis 영 | Dorians: 그리스 4대 종족의 하나. 다른 종족은 미그라티오네족(그 | Migrationes 영 | Migrations), 디알렉토스족(그 | Dialecti 영 | Dialects), 헬레네족(그 | Hellenes 영 | Hellenes)]의 펠로폰네소스 침략으로 인해 파괴되었다. 크레테 섬 자체에도 크놋소스와 파이스토스 등 큰 도시가 발전했다. 그러나 이들 도시는 기원전 17세기경에 대지진 혹은 다른 나라의 침략, 혹은 대혁명의 파국 때문에 완전히 파괴되어 버렸다. 그 후 기원전 16세기에서 15세기에 걸쳐 크레테의 번영은 본래의 모습으로 돌아왔다. 크놋소스가 크레테 섬의 주 도시가 되고 왕이 크레테 섬 전체를 지배했다. 여러 기록으로 볼 때 그리스 신화에 나오는 미노스란 이름은 여러 크레테 왕의 이름 혹은 칭호였던 듯하다. 기원전 14세기경의 미노스 왕도 크놋소스도 그리스인들의 침략 때문에 갑자기 멸망해 버린 것 같다. 앗티카에서는 테세우스와 미노타우로스 신화로 이때의 승리를 찬양한다. 이것은 카드모스가 크레테를 떠나 보이오티아 일부를 점령한 것과 관계가 있는 듯하다. 다른 크레테인들은 소아시아, 시리아, 혹은 이집트로 이주했다. 새로운 지배자 밑에서 크레테 섬은 옛날의 번영을 회복하지 못했고, 기원전 1400년 이후 크레테 미술은 쇠퇴했다. 기원전 1200년경에 도리스인들의 침략이 있었고 남아 있던 미노스 문명은 다 파괴되어 버렸다.

## 크레테 황소 Cretan Bull

헤라클레스가 정복한 크레테 왕 미노스의 황소. 크레테 황소를 생포하는 것은 헤라클레스의 일곱 번째 난업難業이었다. 이 황소는 두려우면서도 아름다운 모습을 하고 있었는데, 포세이돈이 미노스한테 왕위 계승권의 적임자임을 확인해 주는 선물로 하사한 것인 동시에 저주였다. 헤라클레스는 이 황소를 잡고난 뒤 이것을 타고 그리스 본토로 가서 시골에 풀어 놓았다. 황소는 돌아다니면서 마라톤 평야를 황폐시켰다. 그래서 마라톤 황소Marathonian Bull라고 불리기도 한다. 미노스의 왕비 파시파에는 다이달로스가 만들어 준 인조 암소 안으로 들어가 이 황소와 교미하여 괴물 미노타우로스를 낳았다. 미노스는 이 괴물을 다이달로스가 만든 라뷔린토스labyrinth(미궁)에 가두었다.

## 크로노스 ㉧Kronos ㉠Cronos/Cronus

우라노스(하늘)와 가이아(땅)의 아들인 티탄巨神. 열두 티탄 중 막내이다. 로마 신화에서 사투르누스(라ㅣSaturnus 영ㅣSaturn)에 해당한다. 크로노스는 어머니의 도움을 받아 아버지를 폐위시킨다. 크로노스가 통치하는 동안 이 세상에는 황금시대Golden Age가 왔다. 자식 중 하나가 그의 왕위를 빼앗을 것이라는 예언 때문에 크로노스는 자식들이 태어나자마자 삼켜 버렸지만, 아내 레아는 제우스가 태어났을 때 그가 도망치도록 도와주었고, 크로노스를 속여 다른 자식들을 토해 내게 했다. 드디어 퀴클롭스, 몇몇 기가스, 테미스 그리고 프로메테우스의 도움을 받아, 제우스와 그의 형들은 크로노스와 티탄들과 싸워 그들을 패배시키고 타르타로스(하계下界의 아랫부분)에 감금했다. 크로노스와 레아의 다른 자식은 하데스, 포세이돈, 데메테르, 헤라, 헤스티아이다. 크로노스는 헬라스 이전의 고대 풍요신으로 여겨진다. 그가 들고 있는 낫은 곡물신으로서의 그의 속성을 나타내는 듯하다. 로마인이 크로노스와 동일시한 사투르누스는 농업의 신이다. 그리스인은 크로노스가 아버지 우라노스를 거세할 때 사용한 것이 이 낫이라고 설명한다. 크로노스는 또 시간時間의 신으로, 손에 낫을 들고 있는 구부정한 영감 모습Father Time으로 그려진다. 여기에서 파생한 chronology는 '연대학', '연대기'라는 뜻이다.

## 크로이소스 ㉧Kroisos ㉠Croesus

뤼디아 최후의 왕. 그가 굉장한 부富를 축적했다는 이야기는 전설적이다. 아이올리아, 이오니아(밀레토스 제외)의 여러 도시와, 카리아의 여러 주州를 정복했다. 크로이소스는 델포이의 신탁을 잘못 해석하여 할뤼스 강을 건너 페르시아를 공격했다가 패배한다. 델포이의 신탁은 "만일 크로이소스가 할뤼스 강을 건넌다면, 그는 대국大國을 멸망시키리라If Croesus crosses the river Halys he will detroy a great state"였다. 크로이소스는 페르시아 왕 퀴로스한테 사형선고를 받자 솔론의 이름을 외쳤는데, 솔론이 크로이소스의 몰락을 예언했기 때문이다. 이 모순된 이야기를 알게 되자 퀴로스는 크로이소스를 고문으로 삼았다. 그러나 헤로도토스Herodotos가 말한 이 이야기는 연대적으로는 불가능하다. 솔론이 죽고 나서(기원전 559년경) 크로이소스(재위 기원전 560~546년)가 왕이 되었기 때문이다. 크로이소스의 이름은 "크로이소스처럼 부유한rich as Croesus"이란 표현에서처럼 일차적으로는 굉장한 부를 연상케 한다.

### 크록스타드, 닐스 Krogstad, Nils

입센Henrik Ibsen의 『인형의 집Et dukkehjem(A Doll's House)』(1879)에 등장하는 토르발드 은행의 회계장부 기입자. 토르발드(노라의 남편)가 이탈리아로 요양 갈 수 있도록 노라가 그녀의 아버지 이름을 위조한 사실을 알고 있다. 그는 그것을 빌미로 노라를 윽박질러서 토르발드가 자기를 승진시키도록 하려 한다. 한편 그는 자기가 놓친 애인 크리스티네 린데를 다시 얻으려고 애쓴다. 마침내 크리스티네가 자신의 구혼을 받아들이자 그는 이름을 바꾸고 위조 증서를 반환한다.

### 크롤리, 로든 Crawley, Rawdon

새커리William Makepeace Thackeray의 『허영의 시장Vanity Fair』(1847~48)에 나오는 인물. 모략가 베키 샤프의 남편이다. 아내의 배신 행위를 알고 난 뒤 코벤트리 섬으로 떠나가 버린다.

### 크루소, 로빈슨 Crusoe, Robinson

디포Daniel Defoe의 『로빈슨 크루소The Life and Strange Surprising Adventures of Robinson Crusoe』(1719)의 주인공. 셀커크Alexander Selkirk가 무인도인 후안 페르난데스에서 생활한 것에서 힌트를 얻어 썼다. 크루소는 모험을 하던 중 조그마한 무인고도無人孤島에 난파당한다. 온갖 실제석 기술과 지식을 사용하여 혼자 힘으로 그곳에 안락한 집을 짓는다. 나중에는 자기가 식인종으로부터 구해 준 야만인 프라이데이와 친해지고 그는 하인 겸 친구가 된다. 그는 구조될 때까지 자급자족하며 아주 만족하게 섬에서 24년을 보낸다. 쿠체John Maxwell Coetzee는 이 이야기를 『적敵(Foe)』(1987)이라는 제목으로 다시 썼다. 이 소설에서는 프라이데이가 크루소를 구해 주는 인물로 등장한다.

### 크뤼세 그Chryse

트로이아 근처의 섬. 아폴론 신전이 있었다. 파우사니아스Pausanias는 이 섬이 바다 속으로 침몰했다고 기술했다.

### 크뤼세스 그Chryses

크뤼세이스의 아버지. 아폴론 신전의 신관神官이었다.

### 크뤼세이스 그Chryseis

아폴론의 신관인 크뤼세스의 딸. '크뤼세스의 딸'이란 뜻이다. 금발에다 열아홉 살의 아리따운 처녀로 여겨진다. 그리스군이 트로이아 근방 뮈시아의 테베를 약탈할 때에 아킬레우스한테 포로가 되었는데 결국에는 총사령관 아가멤논의 차지가 되었다. 아폴론은 크뤼세이스를 잡아간 데 대한 보복으로 전염병을 퍼뜨려 수많은 그리스군이 죽었다. 아가멤논은 하는 수 없이 크뤼세이스를 아버지 크뤼세스한테 돌려주었다. 대신에 크뤼세이스 반환을 강력히 주장한 아킬레우스로부터 첩 브리세이스를 빼앗았다. 이로 인해 둘은 불화不和에 빠졌다.

### 크리슈나 Krishna

힌두교의 신. 비슈누의 제8화신化身이다. 빛·불·폭풍우·하늘과 태양의 신으로 가장 인기 있는 힌두 신 중의 하나이다. 크리슈나 숭배는 1960년대에 부활했다. ⇨ 비슈누, 아르주나

### 크리스천, 플레처 Christian, Fletcher 1764~93

18세기의 선상 반란 지도자. 노르도프Charles Nordoff와 홀James Norman Hall은 공저 『바운티호의 반란Mutiny on the Bounty』(1932)에서 그의 이야기를 소설화했다. 크리스천은 멋있고 침울하고 완고한 낭만적 영웅의 전형이다.

### 크림힐트 Kriemhild

『니벨룽의 노래Nibelungenlied』의 여주인공. 영웅 지크프리트(지구르트)와 결혼하지만 남편이 죽고 난 뒤 니벨룽족(난쟁이족)의 보물 일부를 도둑맞는다. 그녀는 아일랜드 산문 전설집인 『볼숭가 사가Volsunga Saga』에서는 구드룬이고, 바그너Wilhelm Richard Wagner의 오페라 「니벨룽의 반지Der Ring des Nibelungen」(1869~76)에서는 구트루네이다.

### 크산팁페 Xantippe

소크라테스Sokrates의 아내. 바가지를 많이 긁은 것으로 유명하다. 그녀의 이름은 일반적으로 '사나운 여자shrew'를 가리킨다.

### 크세노폰 Xenophon 기원전 430년경~355년경

그리스의 군인·역사가. 아테나이의 명문가에서 태어나 젊은 시절 소크라테스Sokrates의 가르침을 받았다. 기원전 401년 페르시아 왕자 소小퀴로스의 형인 아르타크세르크세스에 대한 원정遠征에 참가했다가 패전하고 퇴각하는 1만 명의 그리스 용병을 이끌고 귀국했다. 스파르타 왕 아게실라오스에 봉사했으며, 기원전 396년과 394년에는 스파르타군에 종군했다. 그는 스파르타 편을 들었기 때문에 추방당하고 재산을 몰수당했지만 아게실라오스가 엘리스에 땅을 주어 20년 간 시골 신사로, 사냥하며 글을 쓰며 살았다. 이후 주민들의 봉기로 그곳에서 쫓겨나자 코린토스로 와서 여생을 보냈다. 크

세노폰은 이러한 다양한 경험을 바탕으로 수많은 주제에 관한 저술을 남겼다. 특히 『아나바시스*Anabasis*』가 유명하다.

## 큰 구렁이 사이에 놓여 있어 A great gulf fixed between

'영원한 분리의 수단으로 작용하는 큰 간격', '넘을 수 없는 차이'라는 뜻. "너희와 우리 사이에 큰 구렁이 끼어 있어 여기서 너희에게 건너가고자 하되 할 수 없고 거기서 우리에게 건너 올 수도 없게 하였느니라"(눅 16:26)라는 구절에서 비롯하였다. 이것은 부자와 거지 나사로의 비유에서 나사로의 손에 물을 묻혀 자신의 갈증을 덜게 해 달라는 부자의 간청에 대한 아브라함의 응답이다.

## 큰 기쁨의 좋은 소식 Good tidings of great joy

들판에 있던 목동들에게 하느님의 천사가 그리스도의 탄생을 전한 것을 뜻하는 말. "천사가 이르되 무서워 말라 보라 내가 온 백성에게 미칠 큰 기쁨의 좋은 소식을 너희에게 전하노라 오늘 다윗의 동네에 너희를 위하여 구주가 나셨으니 곧 그리스도 주시니라"(눅 2:10~11) 한 데서 비롯하였다.

## 클레어, 에인절 Clare, Angel

하디Thomas Hardy의 소설 『더버빌가家의 테스*Tess of the d' Urbervilles*』(1891)에 나오는 테스의 남편. 조금 이기적이며 자기만 옳다고 생각하는 사람으로서 시대에 뒤떨어진 전통이나 쇠퇴한 관습에 반항한다. 그는 테스가 시골처녀(테스 더비필드)라고 생각했으나 몰락한 더버빌 가문 출신이고 앨렉 더버빌한테 순결을 빼앗긴 것을 알고 나서 테스를 떠난다. 이후 되돌아오지만 때가 너무 늦어 테스가 그녀를 계속 괴롭히는 앨렉을 죽이는 것을 막지 못한다.

## 클레오파트라 7세 ㄱKleopatra 영Cleopatra 기원전 68~30

순수한 마케도니아인의 자손으로 태어나 동생 프톨레마이오스 13세와 함께 이집트를 통치한 여인. 동생과 결혼했지만 동생을 추방한다. 동생이 죽고 난 뒤 카이사르의 명령으로 프톨레마이오스 14세와 결혼하지만 남편 살해를 음모한다. 야심, 지배 능력, 미모와 위트로 이름났으며 율리우스 카이사르와 마르쿠스 안토니우스와의 연애로 잘 알려져 있다. 클레오파트라는 카이사르와 사이에서 낳은 아들 카이사리온을 이집트의 명목상 공동 통치자로 삼았지만 아들은 기원전 30년 옥타비아누스의 명령으로 사형에 처해진다. 그녀는 카이사르를 따라 로마로 갔다가 기원전 44년 카이사르가 암살된 뒤 이집트로 되돌아갔다. 타르수스에서 세 집정관 중 하나인 안토니우스는 완전히 그녀에게 빠져 그녀를 따라 이집트로 갔으며, 결국 아내 옥타비아(또 다른 집정관 옥타비아누스의 여동생)와 이혼하고 클레오파트라와 결혼했다. 안토니우스는 악티움(그리스 서쪽 에페이로스의 곶岬) 해전海戰(기원전 31)에서 옥타비아누스한테 패한 뒤 클레오파트라의 팔에 안긴 채 죽었고, 그녀도 자살했다. 독약을 마셨거나 뱀에 물린 듯하다. 셰익스피어William Shakespeare의 『앤토니와 클레오파트라 Anthony and Cleopatra』(1607)는 두 사람의 사랑을 희곡화한 작품이다.

귀도 레니, 「클레오파트라」, 피렌체 피티 궁전미술관

**클레이오** ㉊**Kleio** ㉎**Clio**

역사의 시신詩神. ⇨ 무사들

### 클로델, 폴 Claudel, Paul 1868∼1955

프랑스의 시인 · 극작가 · 외교관. 카톨릭 신앙으로 신에 대한 찬가를 썼고, 장대한 서사 시극을 창조했다. 대표 작품으로는 시집 『오대송가Cinq grandes odes』(1910), 희곡 『마리아에의 고지告知(L'annonce faite a Marie)』(1912) 등이 있다.

### 클로디어스 Claudius

셰익스피어William Shakespeare의 『햄리트Hamlet』(1601)에서 햄리트 왕의 동생이며 살인자. 햄리트 왕자의 삼촌이자 햄리트의 어머니 거트루드의 정부이다. 호색적이고 배신하는 인물로 최후에 햄리트의 암살을 음모한다. 비평가 중에는 클로디어스의 결단성, 적어도 잠시나마 회개하려는 욕망, 덴마크의 질서를 유지하는 능력을 지적하며 그에 대해 다소 동정적인 평가를 하는 사람이 있기도 하다.

### 클로리스 ㉊Choloris

꽃 · 정원 · 사랑의 여신. 로마 신화의 플로라Flora에 해당한다.

### 클로토 ㉊Klotho ㉎Clotho ⇨ 운명의 여신들

### 클뤼타임네스트라 ㉊Klytaimnestra ㉎Clytemnestra

아가멤논의 아내. 레다와 스파르타 왕 튄다레오스의 딸이며, 이피게네이아 · 엘렉트

라·크리소테미스·오레스테스의 어머
니이다. 첫 남편은 튀에스테스의 아들인
탄탈로스였는데 아가멤논이 탄탈로스
를 죽이자 튄다레오스 왕이 과부가 된
딸을 뮈케나이 왕 아가멤논과 결혼시켰
다. 아가멤논이 트로이아로 출범할 때
순풍을 얻기 위해 아르테미스 여신에게
딸 이피게네이아를 제물로 바친 것에 분
노하여 트로이아 전쟁에서 귀국한 남편

「클뤼타임네스트라를 죽이는 오레스테스」, 영국박물관

을 정부 아이기스토스와 공모해 목욕탕에서 죽였다. 그리고 아가멤논이 트로이아에
서 첩으로 데리고 온 트로이아의 공주 캇산드라도 죽였다. 그러나 그 보복으로 아들
오레스테스한테 살해되었다. ⇨ 아가멤논, 오레스테스

**키르케** ㄱKirke ㉠Circe
태양신 헬리오스의 딸. 황금양털 탐험 이야기에서 콜키스(코카서스)의 왕 아이에테스의
누이동생이다. 호메로스Homeros의 『오뒷세이아*Odysseia*』에서 오뒷세우스의 부하들이

라이트 바커, 「키르케」, 브래드포드 미술관

그녀의 궁전에 도착했을 적에 그들을 돼지로 변신시킨 아름다운 여자 마법사이다. 오뒷세우스의 선발대가 이런 운명을 겪은 뒤, 오뒷세우스는 헤르메스가 준 마법의 약초 몰뤼moly를 부적 삼아 그녀와 대결하고, 칼로 위협했다. 오뒷세우스는 키르케와 1년 더 머문 뒤 그녀의 지시를 받고서 하데스 사자死者들의 망령과 만난다. 그 다음에 자기 부하들을 본래 인간 모습으로 되돌려 받고서 항해를 계속한다. 키르케는 유혹하는 여자를 가리킨다.

### 키를 한 자 더하다 Add a cubit to his stature

불가능한 일을 의미하는 말. cubit(완척腕尺)은 고대의 도량 단위로 46~56cm까지로 길이가 일정하지 않다. 이것은 팔꿈치를 뜻하는 라틴어의 cubitus에서 비롯한 말로 팔꿈치에서 손가락 끝까지의 길이이다. 이것은 "너희 중에 누가 염려함으로 키를 한 자 더할 수 있느냐?"(마 6:27)는 구절에서 비롯하였다. 흔히 "자기 키에 한 자를 더한다"는 표현으로 쓰여 자기의 타고난 한계를 넘어서는 것을 말한다.

### 키마이라 ㄱChimaira 영Chimera

신화적 동물. 그리스어로 '암염소'라는 뜻이다. 앞 1/3은 사자, 중간 1/3은 염소, 뒤 1/3은 뱀의 형상을 하고 있다. 무적으로 여겨졌는데 영웅 벨레로폰이 천마天馬 페가소스를 타고 하늘로 올라가 화살을 쏘아 쉽게 정복해 버렸다. 오늘날에는 상상 속의 기괴하고 무시무시한 동물을 뜻한다. "키마이라적Chimerical"은 '터무니없이 공상적인', 혹은 '기상천외한'이라는 뜻이다. 프랑스 작가 라블레François Rabelais의 『팡타그뤼엘 Pantagruel』(1532)에 이것에 관한 언급이 있다. 키마이라에 관한 이야기는 여러 책에 나오는데, 대표적으로 호메로스Homeros의 『일리아스Ilias』(vi), 헤시오도스Hesiodos의 『신통기Theogonia』, 아폴로도로스Apollodoros의 『비블리오테케Bibliotheke』(i), 베르길리우스Vergilius의 『아이네이스Aeneis』(vi) 등이 있다.

「키마이라」(뱀 꼬리는 벤베누토 첼리니가 복원함), 피렌체 고고학박물관

### 키츠, 존 Keats, John 1795~1821

영국의 낭만파 시인. 소네트 「채프먼의 호메로스를 처음 읽고서On First Looking Into Chapman's Homer」(1815)를 썼다. 스펜서Edmund Spenser의 『요정 여왕The Faerie

조셉 세번, 「존 키츠」(24세 때)　　　　　　　　「키케로」, 피렌체 우피치 미술관

*Queene*』(1590)에 큰 영향을 받았다. 26세로 죽기까지 영문학 사상 드문 천재로 많은 작품을 남겼다. 종교적 헌신의 태도를 취한 대표적인 인물이다. 작품으로 「하이퍼어리언Hyperion」(1819), 「무자비한 미녀La Belle Dame Sans Merci」(1819), 「나이팅게일부賦(Ode to a Nightingale)」(1818) 등이 있다.

## 키케로 Cicero, Marcus Tullius 기원전 106~43

로마의 정치가·웅변가·철학자. 연설문 대부분이 남아 있다. 연설문을 통해 파란만장한 정치 경력을 알 수 있다. 키케로는 웅변의 이론과 실천, 그리고 웅변의 한 분야인 수사학rhetoric에 매혹되었다. 시도 썼는데 별다른 주목은 받지 못했다. 그러나 그의 편지들, 특히 친구 앗티쿠스한테 보낸 (공개를 의도하지 않은) 편지들은 다양하고 활기찬 문체로 당대 로마 정치에 대한 견해를 피력하고 있다. 그가 정치 활동을 하지 않던 시기에 쓴 일련의 철학서들도 매우 탁월하다. 그의 저서는 대개 그리스 출전出典에 바탕을 둔 것이지만 때로는 플라톤Platon에 바탕을 둔 대화 형식을 통해 향락주의적 에피쿠로스파와 엄격한 스토아 학파 사이의 근본적 철학 논쟁을 생생히 그려 내기도 한다. 키케로는 라틴어가 추상적인 설명을 하는 데는 부적합한 언어라고 생각했다. 그가 이룬 중요한 성취 중 하나는 추상적 어휘를 크게 확대시켰다는 것이다. 이로 인해 4세기의 기독교 작가들은 자신들의 신앙 이론을 좀더 풍부하게 해설할 수 있었다. 키케로는 오늘날까지도 서구 사상과 문학에 영향을 끼치고 있다.

**키타이론** ㄱKithairon 영Cithaeron

1)보이오티아에 있는 산. 오이디푸스는 태어나자마자 이 산에 죽도록 버려졌다. 악타이온이 자기의 사냥개들한테 물려 갈기갈기 찢겨 죽은 곳이기도 하다. 헤라클레스는 이곳에서 거대한 사자를 죽였다. 펜테우스 왕이 갈기갈기 찢겨 죽은 곳도 이곳이다.

2)아버지를 살해한 헬리콘의 잔인한 형. 동생을 바위에서 밀어뜨리고 자기도 떨어져 죽었다. 사람들은 그들의 이름을 따서 에리뉘스들(복수의 여신들)이 사는 산을 키타이론 산, 무사詩神들이 사는 산을 헬리콘 산이라 이름 지었다.

**킴메리오이족** ㄱKimmerioi(복) 영Cimmerians(복)

하데스 위쪽에 있는 음울하고 캄캄한 토지에 사는 종족. 사자死者의 세계와 거의 구별이 되지 않는 영역에 산다. 호메로스Homeros에 의하면 그 나라는 세계의 끝 오케아노스 강 중간에 있었다. 여기에서 "킴메리오스의 어둠Cimmerian darkness"은 '극단적 암흑', '세계의 끝'을 뜻하게 되었다.

# ㅌ

### 타게스 ㉀Tages

제우스의 손자. 에트루리아의 흙에서 지혜의 백발을 가진 아이로 태어났다. 에트루리아의 열두 지배자에게 예언을 들려주고 다시 흙으로 돌아갔다.

### 타고르, 라빈드라나트 Tagore, Rabindranath 1861~1941

인도의 시인·소설가·철학자. 종교적이고 상징적인 서정시를 벵골어와 영어로 썼다. 1913년 노벨 문학상을 수상했다. 작품으로 시집 『기탄잘리*Gitanjali*』(1910)와 소설 『고라 *Gora*』(1907~10) 등이 있다. 화가이자 재능 있는 작곡가이기도 하다. 수백 편의 시를 작곡했는데 그가 지은 「우리 황금의 벵골Our Golden Bengal」은 방글라데시 국가國歌가 되었다.

### 타나토스 ㉀Thanatos ㉐Orcus

그리스 신화에서 사신死神. 그리스어로 '죽음'이란 뜻인데 타나토스는 죽음을 의인화한 것이다. 호메로스Homeros는 그를 휩노스(잠)의 형제라 하고, 헤시오도스Hesiodos는 뉙스(밤)의 아들이라고 한다. 로마인들은 사신을 오르쿠스Orcus라고 불렀다.

### 타락墮落 The Fall

아담과 하와가 하느님의 은총에서 '실추失墜'하고 선악을 알게 하는 지식의 나무의 열매를 먹지 말라는 하느님의 계명에 불순종하여 에덴동산에서 추방당한 것을 일컫는 말(창 3장). 1956년에 발표된 카뮈Albert Camus의 소설 제목이기도 하다. 오늘날에는 행복하고 축복받은 상태에서 떨어짐을 나타내는 은유로 쓰인다.

### 타락한 천사天使 Fallen angel

루시퍼(사탄)가 하느님에게 반역하는 데 동조한 천사 중의 한 명. 루시퍼와 함께 천국에서 지옥으로 떨어졌다. 이 반란의 이야기는 가나안족의 신화에서 나온 것이다. 이 이야기는 나중에 유대 기독교 전통에서 다듬어졌고 밀튼John Milton의 『잃어버린 낙원Paradise Lost』(1667)에서 완벽한 형태를 갖추게 되었다. 오늘날에는 은총이나 행복한 상태에서 떨어진 사람을 말하는 데 이 표현을 쓴다.

**타렌툼** 라**Tarentum**

이탈리아 남동부에 있던 도시. 지금은 타란토Taranto라 불린다. 기원전 708년 스파르타인이 창설했다. 스파르타는 기원전 282년 로마와의 싸움에서 그리스 본토의 퓌로스 왕에게 지원군을 요청하였고, 퓌로스는 막대한 피해를 입고 나서 이겼다. 그러나 272년 로마한테 정복당했다. 포에니 전쟁 동안에는 한니발이 점령했고 로마의 파비우스 장군이 회전會戰을 피하는 지연전술로 카르타고군으로부터 탈환했다. 플루타르코스Ploutar-chos의 『대비열전對比列傳(Bioi Paralleloi)』에 파비우스의 전기가 실려 있다. 셰니에André Chénier의 「타렌툼의 처녀La jeune Tarentine」(1819)라는 시가 있다.

**타르타로스** 그**Tartaros** 영**Tartarus**

하계下界에서 아래쪽을 가리키는 말. 위쪽은 에레보스Erebos이다. 하계는 이 두

마사치오, 「에덴동산에서의 추방」,
피렌체 카르미나 성당

부분으로 이루어져 있다. 타르타로스는 가장 극악한 죄인들을 벌하는 곳으로 제우스가 전쟁에서 무찌른 티탄Τιτάν族을 가두었다. 밤보다 더 캄캄하고, 세 개의 벽과 불의 강 플레게톤이 에워싸고 있다. 시詩에서 타르타로스는 하계 전체를 가리키기도 한다. 이것에 대한 이야기는 호메로스Homeros의 『오뒷세이아Odysseia』(xi), 헤시오도스

Hesiodos의 『신통기*Theogonia*』 등에 나온다.

## 타르튀프 Tartuffe

몰리에르Moliere의 희극 『타르튀프*Tartuffe*』(1664)의 중심인물. 유쾌하지 못한 위선자이다.

## 타르페이아 바위 Tarpeian Rock

사비니인과의 전쟁 중에 카피톨리노 언덕 요새를 지킨 로마군 사령관의 딸 타르페이아의 이름을 따서 지은 바위. 리비우스Livius의 『로마사*Ab Urbe Condita Libri*』(i · xi)에 의하면, 사비니인들은 타티우스 왕의 지휘 아래 언덕을 맹공했다. 이때 타르페이아는 적의 병사들이 왼팔에 감은 황금 팔찌에 눈이 멀어 만일 그들이 팔찌를 준다면 요새의 문을 열어 주겠다고 제의했다. 티티우스 왕은 그녀의 조건을 받아들였고 병사들은 들어가며 왼팔에 쥐고 있던 방패들을 타르페이아한테 내던졌다. 죽은 타르페이아는 사비니 군인에 의해 바위 아래로 내던져졌다. 이 언덕 중 그 부분은 그녀의 이름을 따서 타르페이아 바위라고 불리었는데 지금은 없어졌다. 나중에 로마의 범죄자들이 이 바위에서 내던져져 처형되었다.

## 타아他我/분신分身 Alter ego/Other self

제2자아, 둘도 없는 친구. 예를 들면, 호메로스Homeros의 『일리아스*Ilias*』에서 파트로클로스는 아킬레우스의 타아이며, 토클러스Alice B. Toklas는 스타인Gertrude Stein의 분신이다. 분열된 자아를 가리킬 때도 쓰인다. 예를 들면, 하이드 씨는 지킬 박사의 분신이다. 콘래드Joseph Conrad의 『비밀 공유자*Secret Sharer*』(1912)에서 이야기를 하는 선장과 리게트Legatt도 같은 경우이다. 다른 사람의 성격을 공유하는 인격을 말하는 경우도 있다.

## 타우리스 그Tauris

이란 타브리즈Tabriz의 고대 이름.

## 타우모스 그Thaumos 영Thaumus

그리스의 해신海神. '경이wonder'를 뜻한다. 날개를 가진 탐욕스런 새여자bird woman인 하르퓌이아(그 | Harpyia 영 | Harpy)의 아버지라고 한다.

## 타이스 Thaïs

기원전 4세기경 아테나이의 창녀. 일반적으로 창녀를 뜻하는 그리스어이다. 알렉산드로스 대왕의 정부情婦로서 알렉산드로스의 동방원정에 동행하여 페르세폴리스 왕궁을 불태우도록 충동질했다고 한다. 아나톨 프랑스Anatole France의 소설 『타이스*Thaïs*』

(1890)에서 알렉산드리아의 호색가였던 수도사 파프뉘스는 무희舞姬인 타이스를 기독교로 개종시킬 필요가 있다고 생각한다. 그러나 타이스가 개종한 뒤 파프뉘스는 타이스에 대한 욕정을 억누를 수 없어 수녀원에서 죽어 가는 타이스를 찾아낸다. 마스네Jules Emile Frédéric Massenet는 이 소설에 바탕을 둔 같은 제목의 오페라 「타이스」(1894)를 썼다.

### 타이태닉호 The Titanic

'티탄티神처럼 거대한 배'라는 뜻. 영국에서 3년에 걸쳐 건조된 46,329톤짜리 당시 최대의 호화 여객선이다. 1912년 4월 14~15일 밤 2,206명을 태우고 영국 사우샘프턴에서 뉴욕을 향해 처녀항해하던 중에 뉴펀들랜드 남쪽 바다에서 빙산과 충돌하여 1,517명의 희생자를 내고 침몰했다. 하디Thomas Hardy의 「둘의 수렴The Convergence of the Twain」(1912)은 이 배의 침몰에 관하여 쓴 것이다. 제임스 카메론 감독은 영화 「타이태닉Titanic」(1997)에서 이 배의 침몰 이야기를 다루었다.

### 타임 머신 Time Machine

영국 작가 웰스Herbert George Wells의 첫 소설로 사이언스 픽션science fiction(과학 소설)의 고전. '타임 머신'이라는 과거와 미래의 시간을 자유자재로 왔다 갔다 할 수 있는 기계가 발명되어, 이름도 없는 타임 트래블러Time Traveller는 802701년의 사회에 다다른다. 그가 빌견한 세계에는 두 종족이 살고 있는데, 향락적이고 퇴폐적인 엘로이족과, 지하에서 일하는 원숭이같이 생긴 몰록족(현대 노동자들의 후손)이다. 그들의 이름은 『성서』에 나오는 엘리Eli와 몰록Molock에서 따온 것이다. 엘로이족은 음식과 옷·집을 몰록족에 의존하고, 몰록족은 아름답고 경박한 엘로이족을 잡아먹는다. 타임 트래블러는 한 번 현대로 돌아오지만, 다시 탐험에 나섰다가는 돌아오지 않는다. 두 종족은 억제되지 않는 자본주의의 필연적 결과를 상징한다. 즉 이것은 막다른 골목에 몰린 프롤레타리아 계급에 의해 마침내 잡아먹히는 신경쇠약에 걸린 상류 계급에 대한 웰스의 비전이다.

### 타잔 Tarzan

미국 작가 버로우즈Edgar Rice Burroughs의 『원숭이들의 타잔Tarzan of the Apes』(1914)에 등장하는 정글의 영웅. 원래 영국 귀족의 아들이었지만 정글에 버려져 원숭이들에 의해 길러졌다. 타잔은 동물들의 언어를 배우고, 그들의 왕이 된다. 나중에 제인이라는 미국 여자와 결혼하여 아들을 낳는다. 이 이야기는 56개국의 언어로 번역되고 만화로 그려졌으며, 이를 소재로 여러 편의 영화가 제작되었다.

472

### 타키투스 Publius Cornelius Tacitus 56년경~117년경

로마의 역사가. 주요 저서로 『동시대사*Historiae*』(69~96년까지 다룸)와 14년 아우구스투스 황제가 죽은 뒤의 라틴 역사의 시련기를 다룬 『연대기*Annales*』가 있다. 미덕美德을 기록하여 후세에 악을 배척하도록 하는 것이 역사가의 임무라고 여겼다. 이를 위해 그가 기록하는 사건들만큼 기억에 남을 만한, 간결하고 빠르고 예리한 문체를 창조해 냈다. 영국의 역사가 기번Gibbon은 고대의 역사가 중에 타키투스를 가장 찬양했다.

### 탄탈로스 ㄱTantalos 영Tantalus

제우스와 오케아니데스(바다의 요정들) 중 한 명 사이에서 태어난 아들. 펠롭스와 니오베의 아버지이며 뤼디아의 왕이 되었다. 제우스의 애견을 훔치고 신들의 음식과 술인 암브로시아와 넥타르를 인간에게 주었다. 또 아들을 죽여 음식을 만들어 신들한테 대접하여 하데스에서 엄한 벌을 받았다. 이러한 죄 때문에 탄탈로스는 머리 바로 위에 과일 가지가 달려 있는 물 속에서 턱까지 물이 채워진 채 서 있게 되었다. 탄탈로스가 열매를 먹거나 물을 마시려고 하면 언제나 열매가 손에 닿지 않거나 물이 물러나거나 했다. tantalize(감질나게 괴롭히다)란 영어 단어는 그의 이름에서 파생하였다. 그에 대한 이야기는 호메로스Homeros의 『오뒷세이아*Odysseia*』(xi) 등에 나온다.

### 탈라타, 탈라타 ㄱThalatta, Thalatta 영The sea, The sea

'바다다, 바다다' 라는 뜻. 기원전 401년 소小퀴로스가 페르시아 왕이자 형인 아르타크세르크세스를 토벌하러 갔다가 쿠낙사에서 패전했다. 이 전쟁에 크세노폰이 참가했다. 크세노폰이 바빌론 부근에서 소아시아의 산악 지대를 횡단하여 흑해를 향해 1만 명의 그리스인 용병을 이끌고 퇴각하다가 테케스 산꼭대기에 다다랐다. 이때 병사들이 멀리 북쪽에 있는 흑해를 보고서 감격하여 "탈라타, 탈라타" 하고 외쳤다. 그들이 이렇게 기뻐서 외친 것은 이젠 배만 타면 고향 그리스로 돌아갈 수 있었기 때문이다. 영국의 소설가 아이리스 머독Iris Murdoch은 『바다, 바다*The Sea, The Sea*』(1978)를 썼다.

### 탈로스 ㄱTalos 영Talus

1)헤파이스토스가 만들어 미노스 혹은 에우로페한테 준 청동 괴물. 탈로스는 크레테 섬을 지키기 위해 해안을 돌아다니면서 이방인이 상륙하면 붙들어 자기 몸을 뜨겁게 달구어 죽게 하거나 불 속에 던져 버렸다. 그의 유일한 약점은 혈관이었다. 아르고호 선원들은 크레테 해안에서 탈로스에게 쫓길 때 메데이아의 주문으로 겨우 위기를 모면했다.

2)다이달로스의 조카. 어렸을 때부터 톱과 컴퍼스를 만들고 창의력이 대단히 뛰어났다. 다이달로스는 그의 재능을 질투하여 그를 탑 밑으로 밀어뜨려 죽였다. 탈로스는 죽어서 자고새partridge가 되었는데 페르딕스perdix라고도 부른다.

### 탈리아 ㉠Thalia
희극喜劇의 여신. ⇨ 무사들

### 탈무드 Talmud
전승되어 온 유대교 율법의 본체. 장로들이 지켜야 할 계율이 실려 있다. 탈무드는 모세 5경의 보유補遺인 구전 율법 미쉬나Mishnah와 미쉬나의 내용에 관한 주석인 게마라Gemara로 구성되어 있다. 이것이 성문화成文化된 것으로는 기원전 400년경 팔레스타인에서 편집된 판(Palestinian Talmud)과 기원전 500년경 바빌로니아에서 편집된 한층 더 중요한 판(Babylonian Talmud)이 있다.

### 탕자蕩子 Prodigal son
회개하고 가족에게로 돌아온 방탕한 자식. 한 청년이 아버지가 그를 위해 떼어 놓은 재산을 미리 받아서 먼 나라로 여행을 떠나 방탕한 생활을 하며 다 써 버렸다. 청년은 모든 재산을 다 쓴 뒤에 자신의 잘못을 회개하고 아버지에게 돌아와 종으로 삼아 달라고 하였다. 이때 아버지는 그를 너그러이 용서하고 살진 송아지를 잡아서 잔치를 벌였다(눅 15:17~24). 여기서 비롯한 "살진 송아지를 잡다"라는 말은 호사스런 환영을 나타내는 표현이 되었다.

### 태양의 황소 Oxen of the Sun
성우聖牛. 트로이아에서 귀향길에 오른 오뒷세우스와 그의 부하들은 풀을 뜯어먹고 있는 성스러운 소들을 해치지 말라는 특별한 지시를 받고 태양의 섬에 상륙한다. 그런데 바다에 바람이 자서 배가 나아갈 수 없게 되고 음식도 다 떨어지자, 오뒷세우스의 부하들은 그가 혼자 기도하러 갔을 때에 소를 죽이고 고기를 먹어 치웠다. 그러자 태양신 헬리오스는 이에 대해 즉시 보복하여 배를 부수고 오뒷세우스를 빼놓고 모두 죽여 버렸다.

### 태어나지 않았다면 좋았을 것 It would be better never to have been
예수가 가룟 유다에 대해 한 말. 예수가 "인자는 자기에게 대하여 기록된 대로 가거니와 인자를 파는 그 사람에게는 화가 있으리라 그 사람은 차라리 태어나지 아니하였더라면 제게 좋을 뻔하였느니라"(마 26:24) 한 데서 비롯하였다.

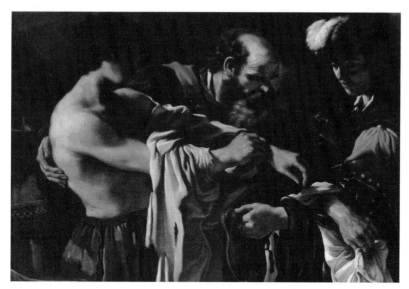

요제프 하인츠, 「탕자의 귀향」, 빈 미술관

## 태초에 말씀이 계시니라 In the beginning was the Word

"태초에 말씀이 계시니라 이 말씀이 하느님과 함께 계셨으니 이 말씀은 곧 하느님이시니라…그 안에 생명이 있었으니 이 생명은 세상의 빛이라"(요 1:1~4)에 나오는 구절. 이 구절에서 "말씀"에 해당하는 그리스어 원어는 로고스logos인데 이 말은 그리스 철학에서 여러 의미로 쓰였다. 헤라클레이토스Herakleitos는 이 말을 유전하는 만물 가운데 있는 이성적 질서의 원리로 보았다. 스토아 철학자들은 그것을 만물이 비롯한 신성한 이성의 원리로 보았다. 반면 필로 유대오스Philo Juaeus(예수 당시에 알렉산드리아에 살았던 유대 신학자겸 철학자)는 하느님과는 다른, 그러나 하느님의 천지창조의 수단인 일종의 조물주로 생각했다. 요한은 「요한복음」에 나오는 이 구절에서 로고스는 하느님과 동일하며 말씀이 그리스도 안에서 성육되었다고 주장함으로써 필로 유대오스의 말을 바로잡았다. 요한은 창조주 하느님과 메시야에 대한 히브리인의 믿음을 그 시대에 맞도록 재해석하기 위해 헬라적 개념을 쓴 것이다. 이 말을 하느님의 계시나 『성서』를 뜻하는 "하느님의 말씀"과 혼동해서는 안 된다.

## 택한 그릇 Chosen vessel

'택한 사람이나 도구', '그리스도의 복음을 위한 도구'라는 뜻. 원래는 예수가 사도 바울을 두고 "이 사람은 내 이름을 이방인과 임금들과 이스라엘 자손들 앞에 전하기 위하여 택한 나의 그릇이라"(행 9:15)고 한 말에서 비롯하였다.

## 탬버레인 Tamburlaine

칭기스 칸Genghis Khan의 손자의 손자. 전설적인 몽골인 정복자 Timur i Leng(1336~1405, '절름발이 티무르Timur the Lame'를 뜻함. Timur는 터키어로 '철iron'이란 뜻임)에서 나온 이름이다. 태머레인Tamurlaine이라고도 한다. 사마르칸트의 수도에서 인도, 페르시아, 러시아의 대부분을 정복했고 중국을 침공할 준비를 하다가 죽었다. 말로우Christopher Marlowe의 첫 희곡 『탬버레인 대왕Tamburlaine the Great』(1587년경)은 그의 생애에 바탕을 둔 것이다.

## 터치스톤 Touchstone

셰익스피어William Shakespeare의 『뜻대로 하세요As You Like It』(1599)에 나오는 인물. 위트 있고 풍자적인 어릿광대이다.

## 털리버, 매기 Tulliver, Maggie

엘리어트George Eliot의 소설 『플로스 강의 물방앗간The Mill on the Floss』(1860)의 주인공. 거칠고 기세가 몹시 사납고 거친 성격으로 시골 사회에서는 아웃사이더이다. 가족 간의 일련의 갈등과 개인적 갈등을 겪은 뒤에 사촌의 약혼자를 빼앗으려 한다는 의심을 받는다. 실제로는 라이벌 가문의 아들인 신체장애자 필립 웨이켐을 사랑한다. 결국에는 가혹한 오빠 톰과 화해하고 난 뒤 범람한 강물에서 둘 다 익사한다.

## 테네스 ㄱTenes

테네도스 섬의 왕. 트로이아 바로 앞에 있는 섬 테네도스Tenedos에 이름을 준 아폴론(혹은 퀴크노스)과 프로클레아(트로이아의 라오메돈 왕의 딸)의 아들이다. 그리스의 트로이아 원정군이 여기에 왔을 때 돌을 던져 저지하려다가 아킬레우스한테 살해되었다. 어머니 테티스가 아킬레우스한테 아폴론의 아들을 죽이면 자기도 죽게 된다고 예언을 했는데도 아킬레우스는 그 예언을 깜빡 잊었다. 그래서 아폴론이 파리스가 쏜 화살을 아킬레우스의 발뒤꿈치에 맞게 했다고 한다.

## 테니슨, 앨프레드 Tennyson, Alfred 1809~92

영국의 시인. 빅토리아 시대의 대표적 시인으로 "언어의 마술사"라 불렸다. 링컨셔에서 태어나 케임브리지 대학을 나왔다. 세련된 운율미, 견실한 도덕 정신, 소박한 애국심을 표출한 시를 통하여 1850년 워즈워스William Wordsworth의 후계자로서 계관시인

Poet Laureate이 되었다. 대표작으로는 친구의 죽음을 애도한 장시長詩「인 메모리엄In Memoriam」(1850)과 「왕의 목가 Idylls of the King」(1859~85), 「이녹 아든 Enoch Arden」(1864) 등이 있다.

## 테렌티우스 Publius Terentius Afer 영 Terence 기원전 186/185~159년경

로마의 극작가. 카르타고에서 태어나 스물한 살에 노예로 로마에 왔다. 상원위원 테렌티우스 루카누스를 주인으로 섬겼는데 주인은 그의 기지와 학식에 감명받아

새뮤얼 로렌스, 「앨프레드 테니슨」

그를 해방시켜 주고 공부를 계속하도록 도와주었다. 그리스로 건너가 메난드로스를 연구하였으며, 『안드로스의 처녀Adria』(기원전 166), 『장모Hecyra』(기원전 165), 『고행자Heantóntimoru-menos』(기원전 163), 『환관들Eunuchus』(기원전 161), 『포르미오Phormio』(기원전 161), 『형제들 Adelphoe』(기원전 160) 등의 작품을 발표했다. 이 작품들은 16세기에 희극의 모델이 되었고 왕정복고기의 희극, 특히 콩그리브William Congreve나 다음 세기의 스틸Richard Steele, 셰리든 Richard Brinsley Sheridan한테 영향을 많이 끼쳤다.

## 테르모필라이 그Thermopylai 영Thermopylae

그리스 중부 텟살리아에 있는 고갯길(폭 7.5m). '뜨거운 문hot gates'이라는 뜻이다. 동東 그리스의 관문이다. 헤라클레스는 켄타우로스 넷소스의 독 묻은 셔츠를 입자 살이 타기 시작해 너무나 뜨거운 나머지 가까운 물속으로 뛰어들어 죽었다. 그때부터 물이 뜨거워져 온천이 되어 오늘날까지 전해진다고 한다. 그래서 이름이 hot gates 혹은 hot spring이 되었다. 이곳은 스파르타 왕 레오니다스와 300명의 스파르타군이 기원전 480년에 페르시아군과 대치한 곳인데, 최후에는 배반을 당해 패배했다. 여기에서 의미가 확장하여 테르모필라이라고 하면 훨씬 우세한 적에 대한 영웅적인, 최후방어선의 저항을 뜻하게 되었다. 그리스군의 용감무쌍한 저항은 시인 시모니데스Simonides(기원전 556~467)가 지은 묘비명에 칭송되어 있다. "길손이여, 가서 스파르타인들에게 말해다오 / 여기에, 명령에 복종하여, 우리 누워 있다고Stranger, take this message to the Spartans / That here we lie, obedient to their orders".

### 테르시테스 ⑳Thersites

호메로스Homeros의 『일리아스*Ilias*』 제2권에 나오는 인물. 못생기고, 저속하고, 입버릇이 점잖지 못하고 고약하며, 말썽을 일으키는 그리스 병사이다. 모든 영웅에게 노골적으로 미움을 받는다. "테르시테스 같은 사람"이란 '비판이나 욕이나 하고 아무 일도 하지 않는 사람'을 뜻한다.

### 테릅시코레 ⑳Terpsichore ⇨ 무사들

### 테미스 ⑳Themis

우라노스와 가이아의 딸. 호메로스Homeros에 의하면 테미스는 제우스의 사무원으로 올림포스 회의를 소집하거나 향연을 맡아 일했다. 헤시오도스Hesiodos에 의하면 테미스는 제우스와 사이에 호라들(그ⅠHorai 영ⅠHours, 계절의 여신들)과 모이라들(그ⅠMoirai 영ⅠFates, 운명의 여신들)을 낳았다.

### 테바이 ⑳Thebai ⑲Thebes

1)보이오티아의 수도. 포이니케인(페니키아인) 카드모스가 창건했다. 이곳의 왕을 지낸 라이오스, 오이디푸스, 에테오클레스가 불행한 일을 겪은 것과 두 전쟁[테바이를 공격한 일곱 장수와 에페고노이(일곱 장수의 후예)의 전쟁] 이야기로 유명하다. 알렉산드로스 대왕이 그리스를 침략했을 때에 시인 핀다로스Pindaros의 생가生家만 빼놓고 테바이는 완전히 파괴되었다. 테바이와 관련 있는 신화적 인물로는 카드모스, 쌍둥이 암피온과 제토스, 아게노르, 하르모니아, 포이닉스, 킬릭스, 에우로페, 폴뤼도로스, 세멜레, 라이오스, 이오카스테, 오이디푸스, 폴뤼네이케스, 안티고네, 펜테우스, 니오베, 안티오페, 디르케, 테이레시아스 등이 있다. 아르고호 선원들, 칼뤼돈 멧돼지 사냥, 트로이아 전쟁 이야기와 더불어 테바이 이야기는 그리스 신화 중 가장 큰 사건 중 하나이다.

2)이집트의 도시 룩소르Luxor의 그리스 이름. 제12왕조(기원전 2000) 때 이전의 수도 멤피스 대신 수도가 되었고, 제18왕조에서 제20왕조까지(기원전 1400~1100) 대단히 번영했다. 호메로스Homeros에 의하면 이 도시에는 약 100개의 성문이 있었다고 한다.

### 테바이를 공격한 일곱 장수 ⑳Hepta epi Thebas

아이스퀼로스Aischylos의 희곡 제목. 오이디푸스는 장님이 되어 나라를 떠날 때 아들 에테오클레스와 폴뤼네이케스가 자기를 돌보려 하지 않자 둘이 서로 죽일 것이라고 저주한다. 이 형제는 테바이 시를 한 해씩 교대로 다스리기로 약속하지만, 에테오클레스는 약속을 어기고 해가 바뀌어도 동생한테 왕위를 물려주지 않았다. 그러자 폴뤼네이케스는 아르고스 왕 아드라스포스한테 가서 공주를 아내로 삼고, 왕의 지휘 아래 일곱 명의 장수가 테바이를 공격했다. 극은 여기서 시작한다. 테바이 사람들을 격려하는 에테오클레스에게 사자使者가 와서 아르고스 편의 동향을 보고한다. 그는 아르고스의 일곱 명의 장수와 대결할 것을 맹세하고 자기는 동생과 직접 대결하겠다고 말한다. 형제는 싸우다 둘 다 죽고, 안티고네와 이스메네가 나타나 만가輓歌를 부른다. 이때 포고사布告使가 나타나 폴뤼네이케스는 반역자이기에 장례를 치르지 못한다고 명령하지만 안티고네는 국법을 어기고서라도 장례를 치를 결심을 한다.

## 테세우스 ㅣTheseus

아테나이 왕 아이게우스와 트로이젠의 공주 아이트라의 아들. 아이게우스는 아내와 어린 아들을 아이트라의 고향인 트로이젠에 살게 하고서 아들의 힘을 시험하게 했다. 즉 테세우스는 성장하면 큰 바위를 들어올려 그 밑에 있는 칼과 샌들을 꺼내어 아테나이로 가져와야만 했다. 테세우스는 성공했고 아테나이로 오는 과정에서 많은 모험을 겪었다. 도중에 강도 프로크루스테스를 만났고 아테나이에서는 메데이아와 대결했다. 헤라클레스가 크레테에서 가져와서 풀어 놓아 마라톤 평야를 황폐시킨 황소도 죽였다. 테세우스는 미노타우로스를 죽이기 위해 크레테로 가는 것을 자원했다. 그리하여 미노스 왕이 아들 안드로게오스가 아테나이에서 살해된 데 대한 보복으로 해마다 14명의 청년 남녀를 미노타우로스의 밥으로 제공하던 일을 끝내 버렸다. 테세우스는 아버지한테 크레테에서 돌아올 때에 안전한 귀환의 표시로 하얀 돛을 올리기로 약속했지만 그것을 깜빡 잊어버렸다. 결국 아이게우스는 검은 돛이 걸린 것을 보고서는 비탄에 잠긴 나머지 바다에 투신자살했다. 에게 해Aegean Sea는 그의 이름에서 나온 것이다. 테세우스는 아버지의 뒤를 이어 아테나이의 왕이 되었다. 그는 아마존족과 싸웠고, 아마존 여왕 힙폴뤼테와 결혼하여 힙폴뤼토스라는 아들을 낳았다. 그 뒤 힙폴뤼테를 버리고 아리아드네의 동생 파이드라와 결혼했다. 이 이야기를 소재로 한 실비오 오마디오 감독의 영화 「테세우스 대 미노타우로스」(1960)가 있다. 테세우스와 관련한 다른 이야기는 테세우스와 라피타이족 왕 페이리토오스의 우정이다. 테세우스는 결혼식 잔치에서 페이리토오스의 신부 힙포다메이아를 납치하려 한 술취한 켄타우로스들과 싸웠다.

## 테스모포리아 ㅣThesmophoriazusai ㅣThesmophoria

토지의 풍요를 비는 주술적 제사. '보물을 가져오는 자'라는 뜻이다. 이 제사는 매우 오랜 기원을 가지고 있으며 여자들만 참석한다. 10월에서 11월쯤 되는 퓌아넵시온 달의 11일에서 13일까지 거행되며, 이 기간에는 단식한다. 이 제사는 트립톨레모스가 시작했다고 한다. 아리스토파네스Aristophanes(기원전 445년경~380)의 현존하는 작품(기원전 410~11년에 공연) 중 『테스모포리아주사이Thesmophoriazusai』는 '테스모포리아(데메테르의 별명)를 축하하는 여인들'이란 뜻이다. 이 극은 에우리피데스Euripides를 여성 증오자로 설정하여 그의 비극을 폄하한다. 작가의 놀라운 패러디 재능이 유감없이 발휘되어 있다.

### 테스피스 ㄱThespis

앗티카의 이카리아 출생의 시인. 그리스 비극의 창시자로 기원전 534년의 디오뉘소스 축제 때 처음으로 비극을 상연했다. 거의 전설적인 그리스 시인으로 비극에 처음으로 배우(첫 번째 배우)를 도입했다고 한다(기원전 543년경). 당시까지 공연은 코로스Chorus만으로 행해졌는데 그가 등장인물에 말하는 역할을 주었다. 또 주신酒神 합창곡dithyramb에 처음으로 대화와 독백 형식을 넣었다고 한다. 그의 이름에서 파생한 '테스피스의 Thespian'라는 단어는 배우를 가리키는 명사, 혹은 연극예술에 관한 일들을 묘사하는 형용사로 사용된다. 그의 작품 중 현존하는 것은 한 편도 없다.

### 테우크로스 ㄱTeukros 영Teucer

1)트로이아 왕가의 조상. 스카만드로스 강의 신과 이디이아(이데 신의 뉨페)의 아들이다. 그러나 아버지 스카만드로스와 같이 크레테에서 온 사람이고 이데 산은 크레테에 있는 산이라는 설도 있다.

2)살라미스 왕 텔라몬과 헤시오네의 아들. 대大아이아스의 배다른 동생이다.

### 테이레시아스 ㄱTeiresias 영Tiresias

그리스 테바이의 예언자. '징조(조짐)를 즐기는 사람', 즉 '예언자'라는 뜻이다. 소포클레스Sophokles의 『안티고네Antigone』, 『오이디푸스 왕Oidipous tyrannos』, 에우리피데스 Euripides의 『박카이Bakchai』와 『페니키아 여자들Phoinissai』에 등장한다. 한 전설에 의하면, 테이레시아스는 남자이기도 했다가 여자이기도 했다. 테이레시아스가 젊었을 때에 사냥개를 데리고 사냥하다가 목이 말라 샘물을 찾던 중, 교미하는 뱀을 보고 떼어 놓으려 막대기로 쳤는데 그때 여자로 변신하였다. 7년 뒤 다시 그곳을 지나다가 또 교미하는 뱀을 보고, 너희는 때리는 사람의 성을 바꾸는 이상한 마력을 갖고 있으니 한 번 더 때려 보자고 말하며 때렸더니 다시 남자가 되었다. 그 때문에 제우스와 헤라가 성교에서 남자와 여자 중 어느 쪽이 더 많은 쾌감을 느끼는지 논쟁을 벌였을 때 답을 얻기 위해 남자와 여자 모두를 경험해 본 테이레시아스를 불러 물어보았다. 테이레시아스는 성교는 여자에게 아홉 배나 더 많은 쾌감을 준다(아폴로도로스Apollodoros의 『비블리오테케Bibliotheke』)고 말했다. 이 대답이 헤라(남자가 여자보다 섹스를 더 즐긴다고 주장했다)를 매우 화나게 하여 그녀는 테이레시아스의 눈을 멀게 해 버렸다. 같은 신이 한 일을 다른 신이 취소할 수가 없기 때문에 이 불행을 보상하기 위해 제우스는 테이레시아스한테 예언의 재능과 장수長壽의 복을 주었다. 이 이야기는 로마 시인 오비디우스Ovidius의 『변신 이야기Metamorphoses』에 나온다. 또 하나의 이야기는 테이레시아스가 알몸으로 목욕하는 아테나를 보았기 때문에 아테나가 그의 눈을 두 손으로 가려 장님으로 만들었다는 것이다. 어머니 카리클로스는 시력의 회복을 원했지만 여신은 시력 대신 예언의 힘을 주었다. 테이레시아스는 죽은 뒤에도 예언의 힘을 가졌기 때문에 오뒷세우스는 마녀 키르케의 권유에 따라 하계로 내려가 그의 혼령을 만나 자기의 장래 일을 물었다. 테이레시아스는 테바이 왕 펜테우스한테 디오뉘소스와 친히게 지낼 것을 권하고, 요정 에코가 자취를 감춘 뒤에 메아리가 그녀임을 가르쳐 주었으며, 나르킷소스의 죽음을 예언하기도 했다. 테이레시아스는 시대를 초월한 테바이의 유일한 예언자였다. 예언력을 가졌던 딸 만토의 아들 몹소스도 예언자였다. 테니슨Alfred Tennyson의 극적 독백에도 나온다. 스윈번Algernon Charles Swinburne은 「테이레시아스」란 시를 썼으며, 아폴리네르Guillaume Apollinaire는 『테이레시아스의 유방Les Mamelles de Tirésias』(1917)이란 희곡을 썼다. 테이레시아스는 엘리어트Thomas Stearns Eliot의 『황무지The Waste Land』(1922)에도 등장한다.

### 테튀스 Tethys

열두 명의 티탄巨神족 중의 하나로 우라노스와 가이아의 딸. 오케아노스와 결혼하여 바다의 요정들(오케아니데스)을 낳았다.

### 테티스 그Thetis

해신海神 네레우스의 딸. 제우스와 포세이돈의 사랑을 받았지만, 테미스 혹은 프로메테우스가 아버지보다 훌륭한 아들을 낳을 운명이라고 예언하자 제우스가 얼른 영웅 펠레우스와 결혼시켜 버렸다. 결혼식은 신들의 축복을 받았지만 이 중 유일하게 에리스Eris(불화의 여신)만이 초대받지 못했다. 화가 난 에리스는 "가장 아름다운 여자에게"라고 적힌 황금사과(불화의 사과)를 결혼 축하 연회장에 던졌다. 그 결과 헤라, 아테나,

아프로디테 세 여신이 서로 자기 것이라고 주장하며 다투어 제우스가 트로이아 왕자 파리스에게 보내어 심판하도록 했다. 파리스는 아프로디테가 최고의 미녀라고 판정을 내렸고 아프로디테는 그에 대한 보답으로 최고의 미녀인 헬레네(이미 스파르타의 왕 메넬라오스와 결혼한 여인)를 파리스에게 주었다. 그 후 테티스는 트로이아 전쟁의 영웅 아킬레우스를 낳았다. 또 헤파이스토스가 하늘에서 내던져졌을 때에 에우뤼노메와 함께 그를 붙들어 주고, 아르고호 원정대원들이 '부딪치는 바위The Clashing Rocks'를 통과하도록 도와주었다. ⇨ 불화의 사과, 파리스

장 오귀스트 도미니크 앵그르, 「제우스한테 탄원하는 테티스」, 엑상프로방스 그라네 미술관

### 텔레고노스 ㄱTelegonos 영Telegonus

오뒷세우스와 키르케의 아들. 키르케가 아버지를 찾으라고 텔레고노스를 이타케로 보냈다. 그는 해안에서 주민들을 약탈했는데, 오뒷세우스와 텔레마코스(오뒷세우스와 페넬로페의 아들)가 방어하러 나왔다가 오뒷세우스가 살해되었다. 그는 아버지의 시체를 가지고 페넬로페와 텔레마코스와 함께 아이아이아 섬으로 가서 매장하였다. 그러고는 아테나의 명령으로 페넬로페와 결혼하여 아들 이탈로스를 얻었다. 이탈리아는 그의 이름을 따서 지은 것이다.

### 텔레마코스 ㄱTelemachos 영Telemachus

오뒷세우스와 페넬로페의 아들. '원방의 전사'라는 뜻이다. 호메로스Homeros의 『오뒷세이아Odysseia』의 주요 인물이다. 아버지 오뒷세우스의 행방을 찾기 위한 그의 여행과 모험 이야기는 텔레마키Telemachy라 불린다.

### 템페 ㄱTempe

그리스 텟살리아에 있는 아름다운 골짜기. 올륌포스 산과 옷사 산 사이에 있었다. 이곳은 아폴론 신에게 성스러운 곳이었다. 여기서 다프네는 아폴론 신의 사랑을 받았고, 추격당하여 월계수로 변하였다. 의미가 확장되어 "템페의 골짜기"는 '굉장히 아름다운

곳'을 가리킨다. 키츠John Keats의 「그리스 고병부古瓶賦(Ode on a Grecian Urn)」(1819)에도 템페에 관한 언급이 있다.

**토기장이의 밭 Potter's field**

1)유다가 예수를 배반한 대가로 받은 보상금으로 산 밭. 그는 거기에 떨어져 창자가 터져 죽었고 그 밭을 아겔다마 혹은 피밭으로 만들었다(행 1:18~19). 따라서 아겔다마는 전쟁터 혹은 피 흘리는 곳은 어디든지를 가리키는 말이 되었다.

2)가난한 자들을 위한 묘지를 뜻하는 말. 마태는 유다가 스스로 목을 매기 전에 예수를 배반하는 대가로 받은 은 서른 닢을 제사장들에게 돌려주었다고 기록하고 있다. 그 돈은 더럽혀져 성전 금고에 넣을 수가 없었다. 그들은 그 돈으로 이방인들의 묘지로 쓰려고 토기장이의 밭을 구입했다. 이것이 살인 보상금(마 27:3~10)과 연관되어 피밭으로 알려지게 되었다. ⇨ 가롯 유다, 아겔다마

**토기장이의 손에 있는 진흙 Clay in the potter's hand**

'쉽게 이끌리거나 마음대로 주무를 수 있는 것'을 뜻하는 말. 『구약성서』의 "진흙이 토기장이의 손에 있음같이 너희가 내 손에 있느니라"(렘 18:6) 한 데서 비롯하였다. 인간 진흙human clay은 사람human beings을 뜻한다.

**토라 Torah**

하느님의 말씀과 계시를 담은 유대인의 경전을 지칭하는 말. 경우에 따라 모세 5경, 『구약성서』 전체, 『구약성서』와 『탈무드Talmud』를 가리킨다.

**토르 Thor**

천둥의 신. 자주 전쟁의 신으로도 여겨진다. 고대 독일어에서는 '도나르Donar(천둥)'라고도 한다. 튜튼족 세계의 어떤 지역에서는 오딘의 아들로, 그러나 다른 지역에서는 오딘과 동등한 자, 혹은 오딘보다 우월한 자로 생각했다. 토르는 그의 정신적 기민성보다는 육체적 활약으로 더 유명하다. 아스가르드에 있는 거대한 궁전을 떠나, 계획을 세우고 조언을 해주는 로키와 함께 세상을 돌아다녔다. 망치, 망치를 쥘 철장갑, 힘을 회복시켜 주는 마술 허리띠 등 많은 마법 도구를 갖고 있었다. 수많은 위업을 이루었으며, 특히 거인이나 괴물과 용감하게 대결했다. 영어 Thursday(목요일)나 독일어 Donnerstag(목요일)는 토르에서 나온 말이다.

**토비, 나의 아저씨 Toby, my Uncle**

스턴Laurence Sterne의 소설 『트리스트럼 샌디Tristram Shandy』(1759~67)에 나오는 트리스

트럼 샌디의 삼촌. 친절한 늙은 병사이자 신사이며, 자기의 과거 전투를 다시 이야기하는 데 기쁨을 느낀다.

### 토트 Thoth

이집트의 지혜와 마술의 신. 인간의 몸과 따오기의 머리를 가졌다. 예술, 과학, 상형문자를 발달시켰다.

### 톨스토이, 레오 Tolstoi, Leo 1828~1910

러시아의 소설가·단편 작가·철학자. 세계적 작가로 근대 리얼리즘 문학의 최고봉이다. 후기 작품에서는 사랑과 비폭력 사상을 주장했다. 대표적인 작품으로 『전쟁과 평화*Voyna i mir*』(1865~69), 『안나 카레니나*Anna Karenina*』(1875~77), 『부활*Voskresenye*』(1899) 등이 있다.

### 톰 아저씨 Uncle Tom

스토우Harriet Beecher Stowe의 『톰 아저씨의 오두막집*Uncle Tom's Cabin*』(1852)에 나오는 흑인 노예. 사이먼 레그리 밑에서 몹시 고통을 당하지만 리틀 에바에게 늘 헌신적이고 자기의 위엄을 유지한다. 그러나 오늘날에는 백인에 대해 예속적인 태도를 취함으로써 적의에 찬 인종 차별적 환경을 헤쳐 나가는 비굴한 흑인을 뜻한다.

### 톱시 Topsy

스토우Harriet Beecher Stowe의 『톰 아저씨의 오두막집*Uncle Tom's Cabin*』(1852)에 나오는 장난기가 심한 꼬마 도깨비 같은 흑인 소녀. 자기가 "그냥 자랐다just growed"고 말한다. 여기에서 "톱시처럼 자란grown like Topsy"이라는 말이 나왔는데, 이 말은 '돌봄이 없이 번창하거나 자란 사람'을 가리킬 때 쓴다.

### 통곡痛哭의 벽 The Wailing Wall

예루살렘에 있는 성벽 일부에 대한 명칭. 헤롯 대왕이 지은 성전의 서쪽 벽에 해당한다. 서기 70년 로마인들이 헤롯의 성전을 무너뜨린 뒤에 남아 있는 유일한 부분이라 전한다. 이 벽에서 유대인들은 그들 국가의 몰락을 애통해했다. 오늘날 예루살렘을 찾는 사람들은 이 기념물을 유대교의 한 성지로 공경한다. 이곳을 찾은 사람들은 관례적으로 조그마한 종잇조각에 쓴 기도문을 그 벽의 돌 틈 사이에 끼워 넣고 기도한다. 이 말은 의미가 확장되어 소문자로 쓰면 '불행 중에 위로와 위안의 원천'을 뜻한다.

### 통나무 왕 King Log

나라를 조용히 평화롭게 다스려 백성이 왕의 권력을 전혀 느끼지 못하게 하는 왕. 이 이야기는 개구리들이 제우스에게 왕을 보내 달라고 간청하는 그리스 우화에서 나왔다. 개구리들은 제우스가 자기들에게 내던진 통나무에 불만을 느낀다. 그러자 제우스는 그 다음에 황새를 보내는데, 황새는 개구리들을 모두 다 잡아먹는다. 가장 훌륭한 정치는 백성들이 왕이 있는지 없는지 모르는 경우, 그 다음은 백성이 왕을 찬양하는 경우, 그 다음은 백성이 왕을 욕하는 경우, 최악의 정치는 백성이 왕을 무시하는 경우라는 이야기가 있다. 이 우화에서 통나무 왕은 최고의 통치자이고 황새는 폭군을 상징한다.

### 통의 한 방울 물/바다의 한 방울 물 Drop in the bucket/Drop in the ocean

'전체에 비해 아주 작은 어떤 것'을 가리킬 때 쓰는 말. "보라 그에게는 열방이 통의 한 방울 물과 같고 저울의 작은 티끌 같으며 섬들은 떠오르는 먼지 같으리니"(사 40:15)한 데서 비롯하였다. 창해일속滄海一粟과 비슷한 뜻이다.

### 투르게네프 Turgenev, Ivan Sergeevich 1818~83

러시아의 소설가. 지식인을 주인공으로 한 문제 소설적인 장편을 발표했다. 특히 서정성이 풍부한 자연 묘사, 여성에 대한 섬세한 묘사에 뛰어났다. 작품으로 『사냥꾼 일기 Zapiski okhotnika』(1852), 『아버지와 아들Ottsy i deti』(1682) 등이 있다.

### 투르누스 라Turnus

아이네아스가 이탈리아에 도착했을 당시의 루툴리족 왕. 라티움 왕 라티누스의 딸인 라비니아(이미 그녀는 투르누스의 약혼자였다)를 두고 결투를 벌이다가 아이네아스한테 살해되었다.

### 투퀴디데스 그Thouchydides 영Thuchydides 기원전 450~399

그리스의 역사가. 『펠로폰네소스 전쟁사History of the Peloponnesian War』를 썼다. 펠로폰네소스 전쟁이 이전의 어떠한 전쟁보다도 그리스 역사에 더 큰 중요성을 띤다고 생각하여 아테나이와 스파르타의 전쟁 역사를 쓴 것이다. 문체는 다소 어렵지만 대사건을 이야기하는 데 매우 적절하다.

### 툴레 Thule

1) 북쪽 맨 끝 땅, 세계의 끝ultima Thule. 고대인이 극북의 땅으로 여긴 아이슬란드, 저틀랜드, 노르웨이, 셰틀랜드 제도 등을 가리킨다.
2) 그린란드 서북 해안의 이누이트 거주지. 현재는 미공군 기지 소유지이다.
3) 500~1400년에 북극권의 알래스카에서 그린란드에 걸쳐 번영한 문화를 지칭하는 말.

## 튀들덤과 튀들디 Tweedledum and Tweedledee

말, 태도, 외모, 습관, 의견이 거의 동일한 두 사람을 가리키는 말. 초기 속기법의 고안자이기도 한 시인 바이럼John Byrom(1692~1763)이 무시해도 좋을 정도의 차이가 있는 음악의 두 파派를 풍자하여 지어낸 이름이다. 캐럴Lewis Carroll은 이 말을 『이상한 나라의 앨리스Alice's Adventures in Wonderland』(1865)에서 사용했다.

## 튀로 ㄱTyro

살모네우스와 알키디케의 아름다운 딸. 잔인한 계모 시데로는 그녀를 감옥에 가두지만 아들 넬레우스와 펠리아스가 석방시켜 주었다. 이올코스의 창건자 크레테우스와 결혼하여 아이손(이아손의 아버지), 아뮈타온, 페레스를 낳았다.

## 튀에스테스 ㄱThyestes

펠롭스의 아들. 아트레우스의 동생, 아이기스토스의 아버지이다.

## 튀폰 ㄱTyphon

제우스가 티탄巨神들을 정복했을 때 가이아가 화가 치밀어 타르타로스와 통정하여 킬리키아에서 낳은 가이아의 막내아들. 100개의 뱀 머리를 가졌고 온몸은 뱀으로 덮여 있다. 키는 산보다도 더 높고 힘은 엄청났다. 튀폰은 제우스를 공격하여 손과 발의 힘줄을 끊어 버리고 용녀龍女 델퓌네가 감시하는 동굴 안에 감금해 버렸는데, 헤르메스와 판이 몰래 제우스를 훔쳐 내고 끊어진 힘줄을 붙여 주었다. 제우스는 벼락으로 튀폰을 정복하고 에트나Etna 산을 그 위에 던져 튀폰을 눌러 죽였다. 튀폰은 에키드나와 교합하여 많은 괴물(오르트로스, 라돈, 케르베로스, 휘드라, 키마이라, 네메아의 사자, 스핑크스 등)을 낳았다. 튀폰에 대한 이야기는 헤시오도스Hesiodos의 『신통기Theogonia』, 아폴로도로스Apollodoros의 『비블리오테케Bibliotheke』(ⅰ·ⅱ), 베르길리우스Vergilius의 『아이네이스Aeneis』(ⅸ)등 여러 곳에 나온다.

## 튄다레오스 ㄱTyndareos 영Tyndareus

스파르타의 왕. 이카리오스의 형이며 아트레우스, 레우킵포스의 의붓형제이다. 튄다레오스와 이카리오스는 아버지가 죽고 난 뒤 힙포코온과 그의 자식들한테 쫓겨 칼뤼돈의 테스티오스 왕한테로 도주하였고, 튄다레오스는 왕의 딸 레다를 아내로 맞았다. 헤라클레스가 힙포코온을 죽이자 튄다레오스는 스파르타 왕위에 올랐다. 아트레우스가 죽자 그의 아들인 아가멤논과 메넬라오스의 유모는 둘을 시퀴온 왕 폴뤼페이데스한테로 달아나게 했다. 왕은 두 아이를 칼뤼돈의 오이네우스 왕에게 맡겼다가 튄다레오스가 스파르타에서 돌아왔을 때에 데려왔다. 이 둘은 클뤼타임네스트라와 헬레네의 남편이 되었다. 페넬로페는 이카리오스의 딸이므로 튄다레오스의 조카이다. 이 이야기는 아폴로도로스Apollodoros의 『비블리오테케*Bibliotheke*』(iii), 파우사니아스Pausanias의 『그리스 안내기*Periegesis Hellados*』(iii) 등에 나온다.

### 트로스 ㉞Tros

트로이아의 에릭토니오스와 시모에이스 강신의 딸인 아스튀오케의 아들. 트로이아 왕국을 건설하였다. 트로스Tros에서 트로이아(그 | Troia 영 | Troy)란 말이 생겼다.

### 트로이아 ㉞Troia ㉐Troja ㉕Troy

북부 터키의 히사를릭Hissarlik 근처에 있던 부유하고 강력한 고대 도시. 일리온이라고도 불렸다. 독일의 고고학자 슐리만Heinrich Schliemann이 1870년에 이 언덕을 발굴했는데, 지층을 파내려 가니 호메로스Homeros의 작품에 나오는 트로이아를 포함하여 9겹level의 도시가 겹겹이 쌓여 있었다. 이 중 트로이아 전쟁에 해당하는 도시는 제7층이다. 이 도시의 창시자 테우크로스(그 | Teukros 영 | Teucer)는 크레테 섬에서 왔다. 그리스 신화에서 제우스의 아들 다르다노스는 트로이아의 동북 지구 다르다니아를 세우고 그 지방의 왕 테우크로스의 딸과 결혼했다. 그의 자손 중 트로스Tros 왕에서 트로이아(그 | Troia 라 | Troja 영 | Troy), 일로스Ilos 왕에서 일리온(그 | Ilion 영 | Ilium)이 나왔다. 트로이아 전쟁은 지금의 소아시아 서북부, 다르다넬스 해협 근처 트로이아(지금의 터키 땅) 지방에 있던 동서 교역의 중심지인 일리온에 그리스인들이 쳐들어가 경제의 헤게모니를 빼앗아 온 데서 유래한 듯하다. 호메로스의 『일리아스*Ilias*』에서 트로이아 전쟁은 표면적으로는 미녀 쟁탈전으로 묘사되지만, 모든 전쟁의 원인이 경제였듯이 이 전쟁의 본질도 경제전이었던 것 같다. 기원전 5세기 중엽의 헤로도토스Herodotos는 이러한 역사적 사건이 기원전 12세기경에 있었다고 말한다. 일리아스는 '일리온(트로이아)에 관한 노래(서사시)'란 뜻이다. 어떤 학자는 트로이아가

스테파노 델라 벨라, 「불타는 트로이아」,
피렌체 우피치 미술관

487

지진으로 망했다고도 한다.

## 트로이아의 목마木馬 Wooden Horse of Troy/Trojan Horse

'다른 사람에게 선물을 주어 그 사람의 신용을 얻고 나서 상대방을 해치는 것'에 대한 비유로 쓰이는 말. 트로이아 전쟁 10년째, 트로이아 시를 맹공하고서도 점령할 희망을 잃어버린 그리스군은 책략을 쓰기로 한다. 그들은 에페이오스(그 | Epeios 영 | Epeus)로 하여금 아테나 여신의 도움을 얻어 무장한 군인들이 숨을 수 있는 거대한 목마를 만들도록 했다. 그리고 함대는 그리스를 향하여 출항하는 척하고서는 실제로는 근처의 테네도스 섬 뒤에 대기시켜 놓았다. 베르길리우스Vergilius의 『아이네이스Aeneis』(ii)에 의하면, 함대를 대기시킨 그리스군은 탈주병으로 위장한 시논이라는 군인을 트로이아에 남겨 두었다. 시논은 트로이아인들에게 이 목마는 아테나 여신에게 그리스인이 범한 죄를 속죄하는 뜻으로 바치는 선물임을, 그리고 이것을 시내로 끌어들인다면 트로이아가 안전할 것이라고 믿게 만들었다. 트로이아인은 이 거대한 말을 성 안으로 끌어들이기 위해 성벽을 크게 뚫어야 했다. 밤이 되자 시논은 목마 속의 군인들을 풀어 놓았다. 그리스군은 도시를 약탈하고 불을 질렀다. 그러는 사이에 대기한 그리스 함대가 돌아와 트로이아를 함락하였다. 이 이야기는 호메로스Homeros의 『오뒷세이아Odysseia』(viii), 아폴로도로스Apollodoros의 『비블리오테케Bibliotheke』(ii), 베르길리우스의 『아이네이스』(ii) 등 여러 곳에 언급되어 있다.

## 트로이아의 헬레네 Helen of Troy

제우스와 레다(튄다레우스의 아내)의 딸. 헬레네는 세계에서 가장 아름다운 미녀로 자라났고, 많은 구혼자는 누가 헬레네와 결혼하든 신랑은 다른 구혼자로부터 보호되어야 한다고 그들끼리 맹세했다. 헬레네는 메넬라오스와 결혼하게 되었으나 파리스가 그녀를 트로이아로 납치해 갔다. 그러자 결혼 전 맹세에 따라 그리스 지도자들은 트로이아를 공격할 원정대를 조직했다. 트로이아 전쟁이 끝난 뒤 헬레네는 메넬라오스와 함께 스파르타로 돌아갔다. 그녀에 관한 이야기는 말로Christopher Marlowe의 『포스터스 박사의 비극 이야기The Tragical History of Dr. Faustus』(1604, "이것이 바로 그 얼굴이었던가, 천척의 배를 바다에 뜨게 하고, / 높디높은 트로이아 탑들을 불태워 버린? / 사랑스런 헬레네여, 한번만 키스해서 나를 영원불멸케 해다오!Was this the face that launched a thousand ships, / And burned the topless towers of Ilium? / Sweet Helen, make me immortal with a kiss!")와 괴테Johann Wolfgang von Goethe의 『파우스트Faust』(1831) 제2부에 나온다. ⇨ 불화의 사과

자크 루이 다비드, 「파리스와 헬레네의 사랑」, 루브르 박물관

## 트로이아 전쟁 Trojan War

스파르타 왕 메넬라오스의 아내인 헬레네가 트로이아의 왕자 파리스한테 유괴되어, 그리스가 트로이아에 대해 10년 간 계속한 전쟁. 문학 작품에서는 미녀 쟁탈전으로 그려지지만, 역사적으로는 다르다넬스 해협 지배권을 확보하기 위한 무역 전쟁이었을 가능성이 높다. 이 전쟁은 기원전 1200년경에 일어나 10년 후에 트로이아가 함락된 것으로 여겨진다. 호메로스Homeros가 트로이아 전쟁의 마지막 공격에 대해서 기록한 『일리아스Ilias』는 '일리온(트로이아)에 관한 노래(서사시)'란 뜻이다. 그리스와 트로이아의 전쟁은 기원전 5세기 그리스와 막강한 페르시아 제국의 전쟁(기원전 492~449)의 원형이기도 하다. 그리스는 강력한 트로이아를 멸망시켰듯이 대제국 페르시아를 무찔렀다.

## 트로이젠 ㄱTroizen ㅇTroezen

펠로폰네소스 반도의 아르골리스에 있는, 아테나이에서 약 64km 남쪽에 있는 고대 도시. 펠롭스의 아들 트로이젠의 이름에서 이 도시의 이름을 따왔다. 트로이젠의 핏테우스 왕이 딸 아이트라를 아이게우스 왕에게 주었다. 할아버지 핏테우스 왕이 있는 트로이젠에서 자란 테세우스는 성년이 되었을 때에 아버지를 찾아 아테나이로 갔다. 테세우스는 트로이젠에서 아테나이로 가는 도중에 케르퀴온, 페리페테스, 파이아, 프로크루스테스, 스키론, 시니스 같은 악당들을 퇴치했다. 테세우스의 아들 힙폴뤼토스도 트로이젠에 보내졌다.

### 트로일로스와 크레시다 Troilus and Cressida

중세의 한 일화. 호메로스Homeros의 『일리아스Ilias』에서 트로일로스는 프리아모스와 헤카베의 아들로서 트로이아 전쟁에서 아킬레우스한테 죽임을 당한다. 트로일로스와 크레시다의 이야기는 4~5세기의 라틴어 작품과 중세 작가들에게서 비롯하였다. 많은 작가, 특히 초서Geoffrey Chaucer의 운문 로맨스 「트로일러스와 크리세이드Troilus and Criseyde」(1385년경)나, 셰익스피어William Shakespeare의 『트로일러스와 크레시더Troilus and Cressida』(1609년경)에서 발전되었다. 셰익스피어의 극에서 크레시더는 그리스로 탈주해 온 트로이아 사제 칼카스의 딸이다(신화에서는 그리스인이다). 트로일로스와 크레시더는 서로 사랑하는데 타락한 판다로스가 중매인이다. 그런데 두 사람은 디오메데스에게 포로로 잡힌 트로이아인 세 명을 풀어주는 대가로 크레시더의 아버지인 칼카스가 자신의 딸을 주겠다고 합의함으로써 헤어지게 된다. 헤어지기 전에 두 사람은 영원한 사랑의 선물을 교환하고 변함없는 사랑의 맹세를 하지만 크레시더는 곧 약속을 잊고 디오메데스를 사랑하게 된다. 이로 인해 그녀의 이름은 변덕스러움의 대명사가 되었다. 스코틀랜드 시인 헨리슨Robert Henryson은 「크레세이드의 유언The Testament of Cresseid」 (1462)에서 크레세이드가 나병에 걸려 숨지는 것으로 처리해 배신에 대한 도덕적 판단을 내리는 한편, 동정적인 자세를 취한다.

### 트로트우드, 베치 Trotwood, Betsey

디킨스Charles Dickens의 『데이비드 코퍼필드David Copperfield』(1850)에 등장하는 데이비드의 대고모. 겉으로는 퉁명스럽지만 친절하고 인정이 많다. 런던에서 온 데이비드를 길러 준다. 데이비드에게 은혜를 베풀고 애정으로 그를 인도한다.

### 트롤 Troll

북유럽 신화에서 동굴, 땅 밑, 다리 밑, 산 등에 사는 기괴하게 생긴 거인 혹은 난쟁이 족속.

### 트리나크리아 Thrinacia/Trinacria/Trinacris

시칠리아 섬의 별명. 뜻은 모양이 삼각형인 세 곳three points 혹은 세 갑岬three promontories이다.

## 트리무르티 Trimurti

산스크리트어로 '세 형체'라는 말인 삼신일체三神一體. 힌두 신화에서 신격神格이 취한 세 가지 형상, 즉 브라흐마(창조자), 비슈누(보존자), 시바(파괴자)를 가리킨다.

## 트리스탄/트리스트럼 Tristan/Tristram

아서 왕의 원탁 기사 중 한 사람. 고아가 되었으나 삼촌인 영국 콘월 왕 마크가 양육했다. 젊은 트리스탄은 마크 왕을 대신해 미녀 이졸데 공주한테 청혼하러 아일랜드로 가서, 당시 이 나라를 황폐화시키던 용을 퇴치함으로써 그녀의 허락을 얻는다. 귀향길에 트리스탄과 이졸데는, 실수로 아일랜드 왕비가 사위인 마크 왕과 딸을 위해 준 사랑의 미약媚藥 love potion을 마셔 버린다. 그리하여 둘은 열렬한 사랑을 하게 되지만 왕에 대한 충성도 버리지 못한다. 그들의 사랑은 서양 문학에서 가장 유명한 사랑 이야기 중의 하나이며 무수한 전설과 이야기의 주제가 되었다. 아널드Matthew Arnold의 시 「트리스트럼과 이즐트Tristram and Iseult」(1852), 메이스필드John Edward Masefield의 「트리스탄과 이졸트Tristan and Isolt」(1927) 등이 있고, 바그너Wilhelm Richard Wagner의 오페라 「트리스탄과 이졸데Tristan and Isolde」(1865년 초연)가 있다.

## 트리톤 ㄱTriton

포세이돈과 암피트리테의 아들. 허리 아랫부분은 물고기이고 그 윗부분은 사람인 인어人魚 모양을 한 거대한 해신海神이다. 흔히 조개 혹은 소라고둥을 부는 모습으로 그려진다. 워즈워스William Wordsworth는 "꽃다발을 두른 뿔피리wreathed horn"라고 표현했다.

## 트립톨레모스 ㄱTriptolemos 영Triptolemus

앗티카의 켈레오스 왕과 메타네이라의 아들. 데메테르는 트립톨레모스에게 마법의 용차龍車를 주어 보리 재배를 온 세계에 가르쳐 주도록 주선했다. 그는 때때로 보리이삭을 쥐고 있는 모습으로 묘사된다.

## 트몰로스 ㄱTmolos 영Tmolus

1) 뤼디아에 있는 트몰로스 산의 신. 미다스 왕과 함께 아폴론과 판 사이의 유명한 음악(플루트) 경연의 심판이었다.

2) 뤼디아 왕. 아레스와 테오고네의 아들이며 옴팔레Omphale의 남편이다. 아르테미스 여신의 시녀인 님페 아리페를 겁탈하여 화가 치민 여신한테 살해되었다. 아들이 그를 트몰로스 산에 묻었기 때문에 산 이름이 트몰로스가 되었다.

### 트위스트, 올리버 Twist, Oliver

디킨스Charles Dickens의 『올리버 트위스트*Oliver Twist*』(1838)의 주인공. 학대받는 무력한 빈민수용소 고아로 브라운로 씨가 구해 줄 때까지 착취당하고 학대당한다.

### 티끌과 재 Dust and ashes

'아무 쓸모 없는 것'을 뜻하는 말. 아브라함이 "나는 티끌이나 재와 같사오나 감히 주께 아뢰나이다"(창 18:27, 욥 30:19, 42:6) 한 데서 비롯하였다. 이 구절은 겸손과 회개의 표현이다. 한편 "티끌에서 티끌로, 재에서 재로"라는 구절은 영국 국교의 기도문 중에서 죽은 자를 장사하는 데에 사용되어 친근한데 이 문맥에서는 육체 혹은 이 세상의 몸은 죽을 수밖에 없음을 뜻한다.

### 티끌을 핥다 Lick the dust

'엎어지다', '패배나 살육을 당하다'라는 뜻. "광야에 사는 자는 그 앞에 굽히며 그의 원수들은 티끌을 핥을 것이며"(시 72:9)라는 구절에서 비롯하였다.

### 티륀스 ㄱTiryns

펠로폰네소스 반도의 아르골리스에 있는 옛 도시. 아르고스의 아들인 티륑크스Tirynx가 세운 도시이다. 비교적 유적이 잘 보존되어 있으며 뮈케나이 시대에 퀴클롭스들이 쌓아올렸다는 거대한 바위 성벽(1885년 독일의 슐리만이 발굴)과 건축의 초석이 남아 있다. 그리스 신화와 많은 관련이 있는 곳으로, 맨 처음엔 펠라스고이족이 살았다. 이후 다나오스, 아크리시오스, 프로이토스, 페르세우스 그리고 아트레우스가 왕으로 있었다. 또 이곳은 헤라클레스가 살았던 곳으로 그는 여기서 출발하여 열두 난업難業을 성취했다. 베르길리우스Vergilius는 헤라클레스를 "티륀스 정복자"라고 불렀다.

### 티메오 다나오스 에트 도나 페렌테스 ㄹTimeo Danaos et dona ferentes

'나는 두렵다. 그리스인들이 선물을 가져와도'라는 뜻. 베르길리우스Vergilius의 『아이네이스*Aeneis*』(ⅱ)에 나오는 말이다. 본래는 트로이아 전쟁에서 사용된 트로이아 목마를 가리키는 것이었지만, 지금은 갑자기 평화 제의를 해오는 적에 대한 의심을 나타내는 표현으로 쓰인다.

### 티벌트 Tybalt

셰익스피어William Shakespeare의 『로미오와 줄리에트*Romeo and Juliet*』(1594)에 등장하는 인물. 레디 캐퓰리트의 성급한 조카이며 줄리에트의 사촌이다. 머큐쇼를 죽이고 나중에 로미오한테 죽임을 당한다.

## 티베리누스 라Tiberinus

아이네아스의 10대 후손. 티베리누스가 티베리누스 강에서 익사했기 때문에 그때까지 알불라라 불려오던 강을 티베리스(라 I Tiberis 영 I Tiber) 강이라고 고쳐 불렀다.

## 티타니아 Titania

셰익스피어William Shakespeare의 『한여름 밤의 꿈A Midsummer Night's Dream』(1595)에서 오베론의 아내. 요정들의 오만한 왕비이다. 오비디우스Ovidius의 『변신 이야기Metamorphoses』에서는 라토나(레토), 퓌로, 키르케를 티탄족 후예라서 티타니아라 부르고 있다.

## 티탄들 그Titanes(복) Titan(단)

우라노스(하늘)와 가이아(땅)의 자식들. 흔히 원로 신들Elder Gods이라고도 불리는 티탄들은 초기 그리스의 신이다. 그들은 제우스한테 쫓겨날 때까지 우주를 지배했다. 헤시오도스Hesiodos는 12명을 본래의 티탄으로 열거한다. 그에 의하면 티탄은 남자 6명(크로노스, 오케아노스, 코이오스, 이아페토스, 휘페리온, 크레이오스), 여자 6명(레아, 테미스, 므네모쉬네, 테이아, 포이베, 테티스)이다. 후세 작가들은 티탄의 자식 몇몇을 티탄 족속에 추가했다. 예컨대, 이아페토스와 클뤼메네(오케아노스와 테튀스의 딸) 사이에서 태어난 아들 프로메테우스가 티탄에 포함되었다. 티탄족은 오케아노스를 제외하고는 모두 우라노스에 반역하여 그를 퇴위시키고 크로노스를 세계의 지배자로 삼았다. 크로노스는 레아와 결혼했고, 그들의 자식들이 제우스를 우두머리로 삼고 기간테스와 다른 신들의 도움을 받아서 크로노스와 거의 모든 티탄과 10년 동안이나 싸웠다[티타노마키Titanomachy(The battle against the Titans)]. 티탄들은 패배하여 타르타로스에 감금되었다. 제우스가 크로노스 대신 통치자가 되었지만, 추첨에 의해 포세이돈과 하데스가 바다와 하계下界를 각각 다스릴 힘을 부여받았다. 형용사 Titanic('엄청난 크기와 힘을 가진'의 뜻)은 그리스 신화에서 티탄의 역할을 상기시키는 말이다.

## 티토노스 그Tithonos 영Tithonus

트로이아 왕 라오메돈의 아들. 프리아모스의 동생으로 매우 잘생겼다. 새벽의 여신 에오스가 그를 사랑하여 데려가 영생불사하게 하였다. 그러나 티토노스는 젊음과 아름다움이 계속되도록 하는 요구를 잊어 나중에 늙게 되자 어서 빨리 죽게 해달라고 간청했다. 그래서 에오스는 그를 베짱이로 변신시켜 주었다. 이에 대한 이야기는 헤시오도스Hesiodos의 『신통기Theogonia』, 베르길리우스Vergilius의 『아이네이스Aeneis』(iv · viii) 등에 나온다.

### 티튀오스 ㄱTityos 영Tityus

에우보이아의 거인. 제우스가 오르코메노스의 딸 엘라레와 통정한 뒤 낳은 아들이다. 제우스는 헤라의 복수를 피하기 위해 엘라레를 땅(가이아) 속에 감추었다. 티튀오스는 자라서 거인이 되었는데 헤라는 그가 레토를 겁탈할 욕망을 일으키게 했다. 그는 레토를 범하려다 레토의 자식들인 아폴론과 아르테미스의 화살에 맞아 죽는다. 그의 시체는 9에이커의 땅을 덮었다고 한다. 하계下界에서 두 마리의 콘도르가 그의 간 혹은 심장을 쪼아 먹었는데, 간은 한 달이 시작될 때마다 다시 자라났다. 이 이야기는 호메로스Homeros의 『오뒷세이아Odysseia』(xi), 베르길리우스Vergilius의 『아이네이스Aeneis』(vi) 등에 나온다.

### 틴들, 윌리엄 Tyndale, William 1494년경~1563

영국의 개신교 설교가. 『성서』를 영어로 번역하였다. 틴들역 『성서』는 1525년 쾰른에서 처음 인쇄되었다. 틴들은 영역 『성서』를 배포하기 위해 책을 보냈으나 주교들의 비난을 받아 불태워지고 말았다. 틴들은 『성서』와 왕의 권위가 교회와 교황의 권위에 우선한다는 팸플릿을 써서 한동안 헨리 8세의 사랑을 받았으나 왕의 이혼을 비난해 총애를 잃고 말았다. 그는 모어 경Sir Thomas More과 격렬한 논쟁을 벌이기도 했다. 이단으로 몰려 1539년 앤트워프에서 교수형을 당했다.

### 틴태절 Tintagel

아서 왕이 태어났다고 전해지는 곳. 영국 콘월 북쪽 해안에 있는 작은 마을 근처, 바다에 면한 절벽 위에 틴태절 성城이 있다. 전설에 의하면 트리스탄과 이졸데도 여기에 묻혀 있다고 한다.

### 팅커 벨 Tinker Bell

배리James Matthew Barrie의 『피터 팬Peter Pan』(1904)에 등장하는 작은 요정. 피터를 사랑해서 웬디 달링을 질투한다.

# ㅍ

### 파나케이아 ㉠Panakeia ㉡Panacea

의술醫術의 신 아스클레피오스의 딸. 그리스어로 '만병통치cure-all'라는 뜻이다. 지금은 '만병통치약'이란 뜻으로 쓰인다.

### 파뉘르쥐 Panurge

라블레François Rabelais의 풍자 산문 『가르강튀아와 팡타그뤼엘Gargantua et Pantagruel』 (1532~64)에 나오는 인물. 팡타그뤼엘의 친구인데 거지이다. 이론상으로는 현명하지만 실천에는 약하다.

### 파더 윌리엄 Father William

캐럴Lewis Carroll의 『이상한 나라의 앨리스Alice's Adventures in Wonderland』(1865)의 등장인물. 앨리스가 낭송하는 「당신은 늙었어요, 파더 윌리엄」이라는 시에 나온다. 나이가 많은데도 여전히 공중제비를 할 수 있고, 코끝에서 뱀장어가 균형 잡히게 할 수 있다.

### 파라다이스 Paradise

원래는 페르시아 왕들의 담을 쌓은 넓은 공원과 유원지를 뜻하는 말. 그리스인이 이 단어를 페르시아인한테서 빌려왔다. 『70인역성서』(Septuagint, 그리스어 역 『구약성서』. 이집트의 왕 프톨레마이오스 필라델포(기원전 3세기)의 명에 의해 알렉산드리아에서 70(72)인의 유대인이 70(72)일 동안에 번역을 끝냈다고 함) 번역자들이 이것을 에덴동산Garden of Eden으로 채택했고, 『신약성서』에서, 그리고 초기 기독교 작가들에 의해 천국Heaven에 적용되었다.

### 파라디조 Paradiso

단테Alighieri Dante 『신곡La Divina Commedia』(1310~14)의 제3부인 「천국Paradiso」편을 뜻하는 말. 단테는 베아트리체의 안내를 받아 천국Heaven의 여러 찬란한 천구天球(sphere)를 지나 마침내 열 번째 하늘에 도달한다. 거기서 단테는 한순간 신神(Godhead)을 베일로 가리고 있는 빛을 뚫고 들어가 모든 신비를 이해하는 것이 허락된다.

**파라오 Pharaoh** ⇨ 바로

**파르낫소스** ㄱPARNASSOS 영Parnassus

그리스 중앙부 코린토스 만 북쪽에 있는 산. 높이 2,457m이다. 이 산의 남쪽 기슭에 델포이 신전이 있다. 아폴론과 아홉 명의 무사가 산다. 시천詩泉 카스탈리아Kastalia가 델포이 신전 근처에 흐른다. 프랑스의 파르낫소스는 시와 음악의 신화적 고향이다. '파르낫소스 시'는 극단적 서정성과 낭만주의 시인들이 시 형식의 느슨함을 거부하고 형식적 완벽성을 통해 포착한 시각적 아름다움을 강조했다. 소재는 주로 풍경, 그리스·로마적인 테마, 염세적 형이상학적 명상이었다. 말라르메Stéphane Mallarmé, 베를렌느Paul Verlaine와 상징주의 시에 영향을 끼쳤다. 르콩트 드 릴Charles Leconte de Lisle, 프뤼돔Sully Prudhomme 등 프랑스 19세기 후반의 시인들을 '레 파르나시엥Les Parnassiens(고답파高踏派 시인들)'이라 부르는데, 직역하면 '파르낫소스 시인들'이란 뜻이다. 그리스판 '노아의 홍수' 신화인 데우칼리온 이야기에 따르면 제우스는 인간이 타락한 것에 대해 화가 나서 홍수를 보냈다. 이때 데우칼리온이 탔던 배가 파르낫소스 산에 얹히게 된다. 노아의 홍수 이야기에서는 방주가 아라랏 산 꼭대기에 얹힌다. 파르낫소스 산

안드레아 만테냐, 「파르낫소스」, 루브르 박물관

496

이야기는 파우사니아스Pausanias의 『그리스 안내기Periegesis Hellados』(x), 오비디우스Ovidius의 『변신 이야기Metamorphoses』(i · ii · v) 등에 나온다.

## 파르지팔 Parsifal

아서 왕 전설에 나오는 영웅. 성배의 수호자인 암포르타스는 악한 마술사인 클링졸한테 부상당하고, 성창聖槍(십자가에 달린 그리스도를 찌른 창)을 도둑맞는다. 암포르타스의 상처는 낫지 않고, 어떤 '순수한 바보'('파르지팔'의 문자 그대로의 뜻)인 정직하고 순진한 기사가 성창을 찾아내어 그것으로 그 상처를 건드려야만 회복될 수가 있다. 이 일을 파르지팔이 해내고, 그 도중에 요부妖婦 쿤드리를 구한다. 중세 이야기에 의하면 파르지팔은 숲 속에서 홀로 성인이 될 때까지 성장하고, 아서 왕의 원탁에 참가하고, 많은 모험 뒤에도 그의 순진함을 유지한다. 파르지팔은 결국 성배의 수호자가 된다. 에셴바흐Wolfram von Eschenbach의 시 「파르지팔Parzival」에 바탕을 둔 바그너Wilhelm Richard Wagner의 오페라 「파르지팔Parsifal」(1882)은 이 전설을 바탕으로 한 것이다.

## 파르카이 라Parcae ⇨ 운명의 여신들

## 파르테논 그Parthenon

처녀 여신 아테나에게 바쳐진 신전. '처녀 신전'이란 뜻이다. 아테나이의 아크로폴리스 언덕에 있다. 도리아식式으로 건축되었다. 펠리클레스의 친구이자 조각가인 페이디아스Pheidias의 지휘 아래 건축되었는데 그리스 건축의 가장 훌륭한 작품 중의 하나이다. 특히 이 신전은 두 개의 박공 조각, 내진외벽 상부 4면의 프리즈, 높이 42피트(약 12m)나 되는 아테나이의 거신상巨身像(상아로 된 얼굴 · 목 · 팔 · 발과 금으로 만든 옷)이 유명했다. 나중에 기독교 교회, 이슬람 교회로 쓰이다가, 1687년 터키와 베네치아군이 싸울 때 터키 수비대의 화약고로 쓰였다. 이때 베네치아군이 던진 수류탄에 폭파되어 현재의 황폐한 모습이 되었고 현재 유네스코에서 복구중이다. 파르테논은 그리스 · 로마 건축의 모델이 되어 왔다.

「파르테논 신전」, 아테나이

### 파리스 ㄱParis

프리아모스와 헤카베(그 | Hekabe 영 | Hecuba)의 아들. 별명은 알렉산드로스이다. 그가 트로이아 멸망의 원인이 될 것이라는 예언 때문에 소아시아의 이데 산에 버려졌으나 목자한테 발견되었다. 파리스가 이데 산에서 양을 돌보는 동안 헤라, 아프로디테, 아테나가 접근해 와서 유명한 '파리스의 심판'(세 예신 중 누가 가장 아름다운가를 결정해야 하는 심판)을 하도록 요청받는다. 파리스는 세 여신 중에서 세상에서 가장 아름다운 여인 헬레네를 주겠다는 약속을 한 아프로디테를 선택했다. 파리스는 오이노네라는 요정을 사랑했지만, 헬레네를 트로이아로 데려오기 위해 스파르타로 떠났다. 트로이아 전쟁에서 파리스는 기력이 없었고 용기보다는 외모를 더 자랑했다. 게다가 무책임하여 헬레네와 프리아모스 모두를 화나게 했다. 마침내 파리스는 화살을 쏘아 아킬레우스를 죽였으나, 자신도 필록테테스가 쏜 화살에 맞아 부상당한다. 파리스는 오이노네한테 돌아와 상처를 치료해 달라고 간청하지만 오이노네가 거절하여 죽는다. 프랑스의 수도 'Paris'는 그리스 신화의 파리스가 아니다. Paris가 등장하는 최초의 역사 기록은 카이사르Caius Julius Caesar의 『갈리아 전기De Bello Gallico(On the Gallic War)』(기원전 58~52)의 "파리시인의 루테치아에 집회를 옮기다"(기원전 53)라는 구절에서이다. 파리시인이란 세느 강 안에 있는 시테 섬의 원주민이며, 4세기에 이르러 이 파리시가 전화轉化해서 지금의 Paris란 지명이 뇌었다.

### 파리스의 심판審判 Judgment of Paris

그리스 신화에 나오는 트로이아의 영웅 파리스가 아테나, 헤라, 아프로디테를 놓고 심판을 내린 이야기. 파리스는 트로이아 왕 프리아모스의 아들이다. 그리스 텟살리아의 왕 펠레우스와 바다의 여신 테티스는 결혼식을 하면서 올림포스의 모든 신을 초대했는데, 오직 에리스(불화의 여신)만을 빼놓았다. 어느 누가 자신의 결혼식에 불화不和의 여신을 초대하겠는가? 에리스는 자기만 초대하지 않는 데 화가 치밀어 잔치의 흥을 깨뜨리려고, 서쪽 나라에 있는 헤스페리데스 자매의 과수원을 찾아가 황금사과 한 개를 따 가지고 와서 "가장 아름다운 여자에게"란 글을 새겨 연회장에 내던졌다. 이리하여 누가 제일가는 미녀인지 여러 여신이 겨루다 최종적으로 제우스의 아내 헤라, 제우스의 딸 아테나, 사랑과 미의 여신 아프로디테 셋으로 압축되었다. 제우스는 현명하여 이 여신들의 아름다움에 대한 심판을 트로이아 프리아모스 왕의 아들인 파리스한테 맡겨 버렸다. 헤라는 부富와 정치 권력을, 아테나는 전쟁에서의 영광을 주겠다고 파리

페테르 파울 루벤스, 「파리스의 심판」, 마드리드 프라도 미술관

스를 유혹하지만, 남자 심리에 능한 아프로디테는 이 세상에서 제일가는 미녀를 주겠
다고 약속했다. 젊고 잘생긴 파리스는 황금사과를 아프로디테에게 주었다. 아프로디
테는 스파르타 왕인 메넬라오스의 아내이자 절세의 미녀인 헬레네를 파리스에게 주었
고 파리스가 그녀를 트로이아까지 데려가는 일을 도와주었다. 이 '헬레네의 유괴'가
트로이아 전쟁을 유발시켰다. ⇨ 헤스페리데스

### 파비우스 전법戰法 Fabian Tactics

결정적인 싸움을 피함으로써 한니발을 격파한 로마의 장군 파비우스 막시무스Quintus
Fabius Maximus Verrucosus Cunctator의 지구전법持久戰法. Cunctator는 라틴어로 천연자遷
延者(delayer)를 뜻한다. 쇼George Bernard Shaw가 웹Sidney Webb 등과 함께 1884년 런던에
서 창립한 파비우스 협회Fabian Society도 로마 장군 파비우스 막시무스의 지구전법처럼
점진적 사회주의를 지향한 사상 단체였는데, 1906년 노동당 창립 당시의 사상에 큰 영
향을 끼쳤다.

### 파스칼 Pascal, Blaise 1623~62

프랑스의 수학자·물리학자·철학자. "이성만이 사람의 희망과 열망을 만족시킬 수
있으며, 그러므로 종교적 신앙이 필요하다."고 주장했다. 대표 작품인『팡세 사상집
Pensées』(1670)에 그의 종교 사상이 수록되어 있다.

### 파스테르나크 Pasternak, Boris 1890~1960

러시아의 시인·소설가. 러시아 최고의 시인 중 하나이다. 1958년 노벨 문학상이 주

어졌지만 정부의 압력 때문에 거절했
다. 고금내외古今內外의 다양한 영향을
흡수한 내면적 사색가이면서 서정시인
이었다. 그러나 소비에트 문학의 대세
에 순응하지 않아서 격렬한 비판의 대상
이 되기도 했다. 소설 『의사 지바고Doc-
tor Zhivago』(1957)로 유명하며 시 작품도
많이 썼다.

「파시파에와 다이달로스」

### 파시파에 ㄱPasiphaë

태양신 헬리오스의 딸. 마녀 키르케와
혹해 연안 콜키스의 왕인 아이에테스의
여동생이고, 크레테의 전설적인 왕 미노
스 2세의 왕비이다. 포세이돈이 미노스
가 왕위계승자임을 확인해 주는 하얀 황소를 보내 주면서 나중에 황소를 제물로 바치
라고 했다. 그러나 미노스는 왕이 된 뒤에 황소를 제물로 바치기를 거부했다. 그러자
포세이돈은 파시파에가 황소를 사랑하게 함으로써 복수했다. 파시파에는 다이달로스
가 미노스 몰래 만들어 준 인조人造 암소 속에 들어가 황소와 교미하여 황소의 머리와
인간의 몸을 가진 괴물 미노타우로스(Minotauros는 Minos와 tauros(ox)를 합친 말이다)를 낳았
다. 미노타우로스는 크레테의 크놋소스에 있는 라뷔린토스(미궁, 미로)에 갇혔다. ⇨ 라
뷔린토스, 미노스, 미노타우로스

### 파에톤 ㄱPhaëton

태양신 헬리오스와 클뤼메네의 아들. '빛나는 자'라는 뜻이다. 그가 무모하게 몬 태양의
수레chariot가 은하수를 불태웠고, 땅에 떨어져서는 리비아 사막을 만들었다. 제우스는
벼락을 내리쳐 그를 죽였다. 메러디스George Meredith는 파에톤을 찬양한 「파에톤
Phaeton」이란 시를 썼다.

### 파올로와 프란체스카 Paolo and Francesca

단테Alighieri Dante의 『신곡La Divina Commedia』(1310~14) 중 「지옥Inferno」편 5칸토에 등장
하는 이야기 속 인물. 라벤나 백작 지오반니(혹은 귀도)와 폴렌타는 리미니의 지오반니
말라테스타한테 전공戰功에 대한 보상으로 딸 프란체스카를 주었다. 그런데 남편은

500

못생긴 데다 절름발이였다. 프란체스카
는 기사 란슬러트와 왕비 기니비어에
관한 책을 읽다가 잘생긴 시동생 파올
로와 눈이 맞아 불의의 사랑에 빠졌다
가 발각되어 결국 둘 다 죽임을 당한다.
이 이야기는 이탈리아 단눈치오Gabriele
D'annuncio의 비극 『리미니의 프란체스
카Francesca da Rimini』(1902), S. 필립스의
희곡 『파올로와 프란체스카Paolo and
Francesca』(1902)의 주제가 되었다. 로댕
Auguste Rodin의 「키스Baiser」는 프란체스
카와 파올로를 조각한 것이다. 차이코
프스키Pyotr Il'ich Chaikovskii는 「프란테스
카 다 리미니Francesca da Rimini」(1876)를
작곡했다.

로댕, 「키스」, 로댕 미술관

### 파우누스 라Faunus

자연과 풍요의 로마 신. 그리스 신화의 판Pan과 동일시된다. 사투르누스(라 I Saturnus
영 I Saturn)의 손자라고도 하고, 마르스의 자손이라고도 한다. 로마인이 예언의 신으로
숭배했다. 아내는 로마의 지모신地母神 파우나Fauna인데, 보나 데아Bona Dea(좋은 여신)
로도 알려져 있다. 그녀는 매우 정숙하여 파우누스와 결혼한 뒤로는 다른 남자한테 눈
길을 준 적이 없다. 파우누스는 염소의 귀, 뿔, 꼬리, 뒷다리를 가진 인간으로 그려진
다. 로마인들은 파우누스를 그리스의 사튀로스(그 I Satyros 영 I Satyr)와 동일시했다.

### 파우사니아스 그Pausanias ?~기원전 470년경

2세기 후반 뤼디아의 시퓔리스 산 근처에서 태어난 지리학자. 『그리스 안내기Periegesis
Hellados』(10권)를 썼다. 이 책은 여행자를 위한 안내서로서 그리스 각지의 구경할 만한
곳, 특히 조각상, 그림, 무덤, 신전, 전설, 이름의 유래, 일화, 기묘한 관습과 미신에 관
해 정확히 기술했다. 또한 종교 전설에 관한 보고寶庫이다.

### 파우스트 Faust

말로Christopher Marlowe의 『포스터스 박사의 비극적 이야기The Tragical History of Dr.

*Faustus*』(1604)와 괴테Johann Wolfgang von Goethe의 『파우스트』(1부, 1808/2부, 1832)의 주인공. 독일 뷔르템베르크에서 태어나 1538년에 죽은 마술사이자 점성사인 요한 파우스투(혹은 파우스투스)의 삶에 바탕을 두고 있다. 그가 초자연적 재능을 가지고 악한 일을 한다는 소문이 나돌기 시작했다. 1587년에 요한 슈피스가 프랑크푸르트에서 『악명 높은 마법사·마술의 대가 파우스투스 박사 이야기*Faustbuch*』(1578)를 출판했는데, 즉시 인기를 얻었고 영어·프랑스어 등으로 바로 번역되었다. 이러한 강신술사降神術師 파우스트를 인간 내부의 고차원 본성과 저차원 본성의 갈등으로 변모시킨 것은 괴테였다. 신이 악마와 계약을 맺는다는 생각은 『구약성서』「욥기」에 이미 나와 있다. 파우스트 이야기에서 비롯한 "파우스트적 흥정Faustian Bargain"이란 현재의 이익을 얻기 위해 미래의 대가나 결과에 대한 생각 없이 하는 흥정을 말한다. 즉 권력, 지식, 아름다움, 영원한 젊음 등을 얻기 위해 악마와 맺는 계약을 뜻한다. 이 이야기를 바탕으로 한 음악 작품으로는 스포르Spohr의 오페라 「파우스트」(1813), 바그너Wilhelm Richard Wagner의 「파우스트」(1840), 베를리오즈Louis-Hector Berlioz의 「파우스트의 저주La Damnation de Faust」(1846), 구노Charles-François Gounod의 오페라 「파우스트」(1859), 아리고 보이토Arrigo Boito의 「메피스토펠레Mefistofele」(1868), 부소니Bussoni의 「파우스트 박사Doctor Faust」(1925)가 있다. ⇨ 메피스토펠레스

### 파운드, 에즈러 Pound, Ezra 1885~1972

미국의 시인·번역가. 1907년 유럽을 여행한 뒤 런던에 정착하여 '이미지즘imagism'을 조직하고 1920년까지 거기서 살았다. 신시新詩운동의 추진자이자 비평가인 그는 '천재의 발견자'로 불렸는데, 특히 엘리어트Thomas Stearns Eliot와 조이스James Joyce 등의 혁신적인 문학가를 육성한 것으로도 유명하다. 그는 고전과 현대 영시를 융합한 신선한 시풍을 낳았다. 대표작으로 『휴 셀윈 모벌리*Hugh Selwyn Mauberley*』(1920), 『칸토스*The Cantos*』(1925~70) 등이 있다.

### 파이드라 ㄱPhaidra 영Phaedra 프Phèdre

크레테 왕 미노스와 파시파에의 딸. 아리아드네의 여동생이다. 테세우스가 아리아드네를 버린 뒤 그와 결혼하는데, 테세우스와 아마존 여왕 힙폴뤼테 사이에 낳은 아들 힙폴뤼토스를 정열적으로 사랑했다. 하지만 순결한 힙폴뤼토스가 자신의 구애를 거절하자 파이드라는 그가 자기를 겁탈했다고 주장하는 유서를 남기고 목매 자살한다. 그것을 본 테세우스 왕은 아들을 저주하며 추방하고, 결국 힙폴리토스는 죽는다. 이것

에서 유래되어 어머니가 아들에게 연정을 품다가 파국을 맞는 것을 '파이드라 콤플렉스'라 하기도 한다. 프랑스 극작가 라신Jean-Baptiste Racine은 파이드라의 이야기를 비극 『페드르*Phèdre*』(1677)에서 사용했다. 르노Mary Renault의 소설 『바다에서 온 황소*The Bull from the Sea*』(1963), 쥘르 다신 감독의 영화 「파이드라Phaedra」(1962)가 있다. 이 이야기는 베르길리우스Vergilius의 『아이네이스*Aeneis*』(vi), 오비디우스Ovidius의 『헤로이데스*Heroides*』(iv), 파우사니아스Pausanias의 『그리스 안내기*Periegesis Hellados*』(i) 등에 나온다.

### 파이아케스인들 ㉠Phaiakes ㉥Phaeacians

그리스 서쪽 스케리아 섬에 사는 해양 민족. 스케리아(지금 이름은 '코르푸') 섬 근처에서 오뒷세우스가 난파당했다. ⇨ 코르퀴라

### 파이안/파이온 ㉠Paian/Paion ㉥Paeon

호메로스Homeros의 작품에서 신들을 치료하는 의사 신神. 헤라클레스가 대가리가 셋 달린 번견蕃犬 케르베로스를 훔치러 하계下界로 왔다가 입은 상처를 치료받기 위해 올림포스로 올라간 적이 있다.

### 파타 모르가나 Fata Morgana

중세 기사 이야기와 아서 왕 전설에 나오는 여자 요정. 이탈리아어로 'fata'는 요정이란 뜻이다. 모건 르 페이Morgan Le Fay로도 알려져 있다. 흔히 데모고르곤에 지배당하며, 여러 흉악하고 배신적인 활동을 했다. 한편 파타 모르가나는 바다나 바다 위의 공중에, 특히 모건 르 페이가 살았다는 멧시나 해협 근처에서 나타나는 신기루를 가리킨다. ⇨ 모건 르 페이

### 파트로클로스 ㉠Patroklos ㉥Patroclus

호메로스Homeros의 『일리아스*Ilias*』에서 아킬레우스의 분신과도 같은 절친한 친구. 트로이아 전쟁에서 아킬레우스 곁에서 싸웠다. 아가멤논이 아킬레우스의 애첩 브리세이스를 강탈한 뒤 아킬레우스는 전투에서 싸우기를 거부하여 그리스군은 계속 패전한다. 이때 파트로클로스가 아킬레우스의 갑주를 대신 입고 싸우다가 트로이아 영웅 헥토르의 창에 찔려 죽는다. 이 일로 아킬레우스는 친구의 복수를 하기 위해 전쟁터로 나가 헥토르를 죽인다. 아킬레우스와 파트로클로스의 우정은, 중국의 관중과 포숙아의 우정(관포지교管鮑之交)처럼 격언으로 사람들의 입에 오르내린다.

### 판 ㉠Pan

자연, 풍요, 삼림, 야생동물, 양치기들과 양을 다스리는 그리스 신. 헤르메스와 드뤼옵

스의 아들이다. 뿔과 염소 다리를 갖고 있다. 펠로폰네소스 반도의 아르카디아의 들판에서 살며 춤과 환락을 좋아했다. 몸이 가벼워 산과 들을 자유로이 뛰어다니며 풀숲에 숨어 님페(요정)들을 기다렸다가 겁탈하려 했고, 실패하면 자위 행위를 했다고 한다. 사람들이 목신을 '판Pan'이라 부른 까닭은 그가 사람들의 마음을 즐겁게 해주었기 때문이다. 그는 물의 요정 쉬링크스Syrinx를 쫓아갔는데, 그녀가 갈대로 변신하자 갈대를 꺾어서

「피리 부는 판」, 영국박물관

피리를 만들었다. 그는 일곱 개의 갈대로 만든 플루트panpipe, 즉 쉬링크스syrinx를 발명했다. 판은 대낮에 나무 그늘에서 자는데 잠을 방해하면 노하여 갑자기 사람들이나 가축에게 공포를 느끼게 했기 때문에, 여기서 'panic(공포)'이란 말이 생겨났다. 로마인들은 그를 파우누스Faunus라고 불렀다. 반은 인간, 반은 염소로 그려지는 판은 놀기 좋아하고 호색적이다. ⇨ 판의 피리

### 판다로스 ㄱPandaros 영Pandarus

1)트로이아 전쟁 때 트로이아 편에서 싸운 뤼키아의 사수射手. 그리스군과 트로이아군 사이에 맺어져 있던 휴전 협정을 메넬라오스한테 활을 쏘아 깨뜨렸다(호메로스Homeros의 『일리아스Ilias』(iv)]. 호메로스는 그를 "고귀하고 굳세고 영광스러운 사람"이라고 묘사했다.

2)중세의 이야기나 셰익스피어William Shakespeare의 『트로일러스와 크레시더Troilus and Cressida』(1609)에서 부패하고 상스러운 중매자. pander는 '악덕에 영합하는 사람', '뚜쟁이'라는 뜻이다.

### 판단하지 말라 Judge not

예수의 산상수훈 중에 나오는 말로 사람들이 자신의 잘못은 보지 못하고 남의 결점만을 두고 비판하는 것에 대해 비판한 말. 예수는 "판단을 받지 않으려면 판단하지 말라" 하였는데, 이 말은 인간이 하는 모든 결정의 오류 가능성을 상기시키기 위해 자주 인용된다. 비슷한 구절로 "형제 눈의 들보Mote in thy brother's eye"가 있다.

## 판도라 <sub>그</sub>Pandora

헤시오도스Hesiodos(기원전 700년경)에 의하면 인간 최초의 여성. 제우스는 프로메테우스가 남성을 창조하고 도와준 것을 처벌하기 위하여 헤파이스토스에게 진흙으로 여자를 창조하게 했다. 그 벌이란 온갖 종류의 악을 남자의 세계에 퍼트리는 것이었다. 아테나는 판도라에게 생명을 불어넣고 다른 신들도 판도라에게 옷을 입히고 꾸며주었고 매력과 솜씨를 부여했다. 여기서 그녀의 이름 Pandora(그리스어로 pan은 '모든', dora는 '선물')가 유래하였다. 판도라는 에피메테스한테 보내졌는데, 그는 형 프로메테우스가 신들이 준 선물은 받지 말라고 충고했는데도 판도라를 금세 받아들이고 결혼했다. 판도라는 항아리(혹은 상자)를 가지고 왔는데(영어로는 Pandora's box이지만 box가 아니라 jar, vase라는 설이 유력하다), 그 안에는 온갖 종류의 병과 악이 들어 있었다. 그리고 맨 밑바닥에 굳게 봉해진 '희망'이 있었다. 판도라가 그 항아리를 열자 인간을 괴롭히는 온갖 재앙이 흩어지고 오로지 '희망'만이 남아 있었다. 오늘날 판도라의 상자는 예기치 않은, 자꾸만 증가하는 재앙을 뜻한다. 판도라는 퓌라Pyrrha('빨강머리 여자'란 뜻)를 낳았고, 나중에 퓌라는 데우칼리온의 아내가 되었다. "판도라의 상자를 열다open a Pandora's box"는 '온갖 고난을 초래하다'라는 뜻이다.

## 판사, 산초 Panza, Sancho

세르반테스Miguel de Cervantes의 서사시 『돈 키호테Don Quixote』(1605~15)에서 농부 출신의 기사 종자從者. 겁이 많고 대식가大食家이며 유머 감각이 뛰어나고 인내심이 강한 인물이다. 근본적으로 물질주의적인 산초는 많은 격언을 인용하고 양식良識 있는 격언에 찬동한다. 산초는 주인 돈 키호테의 열정을 날카로운 상식으로 억제하려 들지만 산초와 완전히 대조적인 돈 키호테는 자신이 즐겨 읽는 책에 구현된 기사도의 낭만적 영광만을 맹신한다. ⇨ 돈 키호테

## 판의 피리 Panpipe/Panflute

목신 판의 피리. 판은 쉬링크스Syrinx라는 요정을 쫓아갔는데 요정은 판을 뿌리치며 땅속으로 가라앉아 갈대로 변신했다. 판은 그 갈대로 팬플루트 혹은 쉬링크스라는 악기를 만들었다. ⇨ 판

## 판테이온 <sub>그</sub>Pantheion <sub>영</sub>Pantheon

'만신전萬神殿', '범신전凡神殿'이란 뜻. 모든 신에게 바쳐진 신전(그리스어로 pan은 '모든', theion은 '신들의')이다. 이것은 특히 120년에서 124년에 걸쳐 로마의 하드리아누스

황제가 건조했고, 기원전 27년에 아그리파가 지은 주랑현관柱廊玄關을 포함한 로마의 원개圓蓋 건축물이다. 판테이온은 609년에 기독교 교회가 되었다. 판테이온은 흔히 명예의 전당에 있는 사람들처럼 선택된 탁월한 인간 그룹을 뜻한다. 국가의 위인들을 모신 신전(파리의 성 주느비에브 교회)을 가리키기도 한다.

### 팔라디온 ㉠Palladion ㉎Palladium

팔라스 아테나의 여신상. 트로이아의 창건자인 일로스 왕의 기도에 대한 응답으로 하늘에서 떨어졌다고 하며, 트로이아의 아테나 신전에 보존되었다. 이 여신상은 그것이 서 있는 도시를 보호하기 때문에, 오뒷세우스와 디오메데스는 트로이아가 이 여신의 보호를 받지 못하도록 밤에 트로이아로 들어가 여신상을 훔쳐서 나왔다. 이 이야기는 호메로스Homeros의 『일리아스Ilias』(x), 베르길리우스Vergilius의 『아이네이스Aeneis』(ii), 오비디우스Ovidius의 『변신 이야기Metamorphoses』(xiii) 등에 나온다.

### 팔라스 아테나 ㉠Pallas Athena

아테나의 정식 이름. 팔라스Pallas는 '처녀'라는 뜻이다.

### 팔로스 ㉠Phallos ㉎Phallus

남근상男根像. 남성 생식기는 많은 원시민족에게서 풍요의 상징으로 종교의식 때에는 땅과 가축과 사람의 풍작과 다산多産을 촉진하는 것, 종족의 쇠망을 막아 주는 것으로 여겨졌다. 그리스에서는 특히 풍요의 신 디오뉘소스와 연관이 있다. 그래서 희극comedy, 특히 고희극Old Comedy의 아테나이 배우들은 항상은 아니지만 팔로스 상징물을 찼다. 목장과 곡물과 가축의 신 헤르메스, 양들의 보호자 목신 판, 대지의 여신 데메테르 숭배 때도 팔로스 상징물을 사용했다.

### 팔리눌루스 ㉒Palinulus

아이네아스가 탄 배의 키잡이. 유노Juno가 보낸 폭풍우 때문에 시켈리아 근처 바다에서 익사했다. 아이네아스는 하계下界에서 팔리눌루스의 망령을 만나 지상에 돌아가면 정식으로 매장을 해주겠다고 약속한다.

### 팡글로스 박사 Dr. Pangloss

볼테르Voltaire의 『캉디드Candide』(1758)에서 캉디드의 현학적인 선생. 그의 이름은 그리스어로 '만국어 박사Dr. All-Tongue'란 뜻이다. 하지만 그의 주장은 터무니없다. 그는 "모든 것은 모든 가능한 세계 중에서 이 최선 세계의 최선을 위해 존재한다."는 얼토당토않은 낙관적 철학을 설파한다.

### 팡타그뤼엘 Pantagruel

라블레François Rabelais의 『가르강튀아와 팡타그뤼엘Gargantua et Pantagruel』(1532~64)에서 가르강튀아의 아들. 동료 파뉘르쥬와 함께 여행하며 세상에 짓밟힌 자들을 도와준다. 원래 팡타그뤼엘은 15세기 프랑스 전설에서 갈증을 일으키는 악마의 이름이다.

### 퍼거스 Fergus

켈트 신화에서 위대한 무왕武王 중 하나. 그의 이름은 '남성다움virility'이란 뜻이다. 20세기 아일랜드 시인 예이츠William Butler Yeats는 몇 편의 시에서 퍼거스의 업적을 찬양했다.

### 퍼디넌드 Ferdinand

셰익스피어William Shakespeare의 『폭풍우The Tempest』(1611)에 나오는 인물. 프로스페로의 섬에 난파당한 사람 중의 하나이다. 나폴리 왕 알론소의 아들인데, 극의 마지막에서 프로스페로의 딸 미랜더와 약혼한다.

### 퍽 Puck

셰익스피어William Shakespeare의 『한여름 밤의 꿈A Midsummer Night's Dream』(1595)에 나오는 인물. 요정들의 왕 오베론의 명령을 수행하는 유머러스한 장난꾸러기 꼬마 요정이다. 일종의 로빈 굿펠로Robin Goodfellow이다. ⇨ 로빈 굿펠로

### 펀치와 주디 쇼 Punch and Judy Show

어릿광대 펀치와 그의 마누라 주디가 나오는 영국 인형극. 곱사등에다 갈고리 모양의 코에 사나운 성격인데, 주디뿐 아니라 사람들과 얘기할 때 늘 막대기로 상대방을 때린다.

### 페가소스 ㉑Pegasos ㉓Pegasus

페르세우스가 메두사의 머리를 잘랐을 때 메두사의 머리에서 나온 피에서 태어난 날개 돋친 천마天馬. 벨레로폰은 아테나의 도움을 받아 페가소스를 붙잡아 올라타고는 튀폰의 아들인 불을 내뿜는 괴물 키마이라를 죽였다. 이 일로 의기양양해진 벨레로폰은 페가소스를 타고 하늘로 올라가려 했다. 이에 화가 난 제우스가 등에를 보내어 페가소스를 찌르게 하는 바람에 벨레로폰은 땅에 떨어져 절름발이가 되고, 말은 계속 하늘로 올라가 별자리가 되었다. 날개 돋친 말(천마)과 무사이(시신詩神들)와의 관련[무사이가 사는 헬레콘 산의 힙포크레네Hippocrene(말hippos+샘crene) 샘은 페가소스의 발길에 차여 생겼다고 함] 때문에 "페가소스를 올라타다to mount Pegasus"는 말이 '창조적인 혹은 영감 받은

일을 한다'는 뜻을 지니게 되었다. 페가소스와 관련한 이야기는 여러 곳에 나오는데 호메로스Homeros의 『일리아스*Ilias*』(vi), 헤시오도스Hesiodos의 『신통기*Theogonia*』, 오비디우스Ovidius의 『변신 이야기*Metamorphoses*』(iv), 파우사니아스Pausanias의 『그리스 안내기*Periegesis Hellados*』(iv) 등이 대표적이다.

### 페나테스 라Penates ⇨ 라레스와 페나테스

### 페네이오스 그Peneios 영Peneus

텟살리아에 흐르는 큰 강. 올륌포스 산과 옷사 산 사이에 있는 아름다운 템페 골짜기 사이로 흐른다.

### 페넬로페 그Penelope

스파르타 왕 튄다레오스의 이복동생 이카리오스와 물의 님페(요정) 페리보이아의 딸. '천을 짜는 여자weaver'라는 뜻이다. 오뒷세우스의 아내이자 텔레마코스의 어머니이다. 헬레네와 클뤼타임네스트라와 사촌 사이이다. 남편을 죽인 아가멤논의 아내 클뤼타임네스트라와는 대조적인 인물로 정숙한 아내의 원형이다. 페넬로페는 오뒷세우스가 트로이아 전쟁에서 싸운 10년과 귀향하는 데 걸린 10년, 모두 20년 동안 남편을 기다렸다. 그 사이에 그녀는 100명이 넘는 구혼자의 구애를 물리쳤다. 구혼자들이 집요하게 결혼을 요구하자 남편 오뒷세우스의 아버지의 수의壽衣를 짜는 일을 끝내고 나서 결혼하겠다고 동의하고서는 매일 낮에 베를 짜고 매일 밤 그날 짠 것을 풀었다. 그녀의 책략이 하녀에 의해 구혼자들한테 들키자 그녀는 오뒷세우스의 활을 구부려 도끼 열두 개를 가지런히 놓고 열두 개의 구멍을 활을 쏘아 통과시키는 사람과 결혼하겠다고 약속한다. 아무도 활조차 휘어지게 할 수 없었는데 구걸하러 온 거지가 나서서 해보겠다고 자청한다. 페넬로페가 허락하자 거지는 활을 쏘아 구멍을 관통시킨다. 그는 다름 아닌 오뒷세우스였다. 페넬로페의 베짜기는 끝없는 일에 대한 은유로 쓰인다. 이 이야기는 호메로스Homeros의 『오뒷세이아*Odysseia*』(xvi·xxii)에 나온다. ⇨ 오뒷세우스

### 페로, 샤를 Perrault, Charles 1628~1703

프랑스의 시인·동화 작가. 『페로의 동화집*Les Contes de Perrault*』(1697)에 실린 「잠자는 숲속의 미녀La Belle au bois dormant(The Sleeping Beauty)」, 「장화 신은 고양이Le Chat botté(Puss in Boots)」 등으로 많이 알려져 있다.

### 페르세우스 그Perseus

제우스의 아들. 그리스 영웅의 전형이다. 제우스가 황금 비가 되어 다나에 공주를 임

508

신시켜 낳은 아들이다. 페르세우스는 고르곤 중의 하나인 메두사를 죽였고, 아틀라스를 산으로 변신시키는 것으로 처벌했다. 안드로메다를 구해 준 뒤 그녀를 아내로 삼고 그녀에게 충실했다. 어머니(다나에)를 폴뤼덱테스의 상스러운 욕망으로부터 구해 내고, 그를 돌로 변신시켜서 폴뤼덱테스의 왕좌를 어부인 딕튀스한테 넘겨주었다. 아르고스와 티륀스의 왕좌에서 잘 다스렸고, 뮈케나이를 창건했다. 북쪽 하늘에 '페르세우스 별자리'가 있다. 데즈먼드 데이비스 감독의 영화 「티탄들의 싸움Clash of the Titans」(1981)이 있다.

단테 가브리엘 로제티, 「페르세포네」, 런던 테이트 미술관

### 페르세포네 ㄱPersephone 라Proserpine

제우스와 데메테르의 딸. 코레Kore('처녀'라는 뜻)라고도 알려져 있고, 로마인들은 프로세르피나 혹은 프로세르피네라고 불렀다. 삼촌인 하데스한테 유괴되어 하계下界의 왕비가 되었다. 데메테르는 슬픔에 잠겨 딸을 찾아 온 세상을 헤매고 다녔는데 마침내 제우스가 페르세포네를 어머니한테로 되돌아오게 했다. 그러나 하계에 있는 동안 하데스의 권유로 석류 씨를 먹었기 때문에 영구히 그곳에 묶이게 되었다. 하지만 데메테르와 하데스의 타협으로 페르세포네는 1년 중 4개월(혹은 6개월)은 하계에 머물고, 나머지는 지상에 남아 있게 되었다. 이처럼 지상과 지하에서 교대로 산다는 것은 계절의 순환을 상징하는 식물 신화의 한 형식이다. 이를 소재로 한 작품에는 테니슨Alfred Tennyson의 「데메테르와 페르세포네Demeter and Persephone」, 스윈번Algernon Charles Swinburne의 「페르세포네 찬가Hymn to Proserpine」, 브리지스Bridges의 가면극 「데메테르Demeter」가 있다.

### 페이긴 Fagin

디킨스Charles Dickens의 『올리버 튀스트Oliver Twist』(1838)에 나오는 인물. 소년 도적단을 양성하는 악랄한 유대인 노인이다. 마지막에 체포되어 사형선고를 받는다.

**페이디아스** ㄱPheidias 영Phidias 기원전 490~430

프락시텔레스Praxiteles와 더불어 고대 세계에서 유명한 그리스 조각가. 아테나이에서 출생했다. 그가 직접 제작한 것이라고 확실히 말할 수 있는 작품은 한 점도 남아 있지 않지만, 모각模刻과 아테나이에 있는 파르테논 신전의 남아 있는 조각을 통해서 그의 조각 방식을 짐작할 수 있다. 페이디아스는 파르테논 신전 안의 아테나 여신상(높이 42피트(약 12m)]과 올림피아에 있는 제우스 신전의 거대한 황금·상아 조각상(제우스 상)으로 유명하다. 페이디아스의 천재성에 대한 가장 큰 증거는 파르테논의 조각(기원전 447~432)에서 볼 수 있다. 조화롭고 고요한 위엄을 나타내는 그의 작품은 고대 해설자들의 황홀한 찬탄을 자아냈다. 하지만 중상모략을 받아 감옥에서 죽었다고 한다. ⇨ 파르테논

**페이리토오스** ㄱPeirithoos 영Perithous

텟살리아의 라피타이족 왕. 제우스와 디아(익시온의 아내)의 아들이다. 칼뤼돈의 멧돼지 사냥에 참가했다가 테세우스와 절친한 친구가 되었다. 페이리토오스가 힙포다메이아와 결혼하게 되었을 때 켄타우로스들을 초대했다. 그런데 술에 취한 켄타우로스 에우뤼티온(또는 에우뤼토스)이 신부를 빼앗으려고 하여(파르테논 신전에 이 싸움이 조각되어 있다) 라피타이족과 켄타우로스족 사이에 전투가 벌어졌다. 이때 테세우스도 싸움에 가담하여 켄타우로스들을 죽였다. 그래서 그 후 테세우스와 아마존족의 싸움에 페이리토오스도 참가했다. 테세우스와 페이리토오스는 제우스의 딸들을 아내로 삼기로 맹세하고 테세우스는 페이리토오스의 도움을 받아 헬레네를 빼앗아 왔다. 페이리토오스가 하계下界의 왕비 페르세포네를 납치하러 테세우스와 함께 내려갔을 때 하데스는 그들을 환영하는 척하며 망각의 의자에 앉혀 꼼짝 못하게 하고서는 뱀으로 몸을 칭칭 감았다. 테세우스는 헤라클레스가 하계에 케르베로스를 잡으러 왔을 때 구출되지만, 페이리토오스는 구출되지 못했다. 이 이야기는 호메로스Homeros의 『일리아스Ilias』(xix), 파우사니아스Pausanias의 『그리스 안내기Periegesis Hellados』(i), 오비디우스Ovidius의 『변신 이야기Metamorphoses』(xii) 등에 나온다.

**페이시스트라토스** ㄱPeisistratos

힙포크라테스의 아들. 기원전 570년경 메가라와의 싸움에서 유명해졌다. 이때 페이시스트라토스는 적으로부터 니사이아 항구를 빼앗았다. 그는 야심 있고 정력적이고 기지가 넘쳐 인기가 많았다. 어느 날 아고라에서 다친 것을 이용해 자기의 호위병을 지

정하고 솔론의 결정에 불만스런 사람을 모아 개혁을 선언했다. 기원전 560년경 아크로폴리스를 점령하고 전제군주가 되었다. 그는 두 번 추방당하지만 두 번 다 돌아와 권좌에 앉았다. 그의 전제 정치는 중용中庸이 있는 온정적인 것이었다. 솔론의 헌법을 유지했지만 주요 직책은 자기의 지지자들한테 주었다. 농업 문제를 해결하고 앗티카에 도로를 건설했다. 또 아테나이에는 일릿소스 강에서 수도水道를 끌어들였다. 페이시스트라토스와 아들은 새 신전을 지어 도시를 아름답게 꾸미고 미술과 문학을 장려했다. 시인 시모니데스Simonides는 연금을 받고, 아나크레온Anacreon은 아테나이로 초대되었다. 범凡아테나이아 축제Panathenaia는 운동, 시, 음악의 경기로 성대히 열렸다. 새로운 종교, 특히 디오뉘소스와 데메테르가 장려되고 대大디오뉘시아제Great Dionysia가 제도화되었다.

### 페트루치오 Petruchio

셰익스피어William Shakespeare의 희극 『말괄량이 길들이기』*The Taming of the Shrew*(1593)에 나오는 인물. 오만하지만 현명하며, 말괄량이 캐서린을 길들인다.

### 펜드라곤 Pendragon

혼란의 시대에 고대 브리튼족 족장들에게 강력한 권한을 주기 위해 사용된 칭호. 웨일즈어로 '용머리龍頭'라는 뜻이다. 아서 왕 전설에서 유서Uther 펜드라곤은 아서 왕의 아버지이다.

### 펜테실레이아 ㉭Penthesileia ㉎Penthesilea

아마존족의 여왕. 아레스와 오트레레의 딸이다. 헥토르가 죽고 난 뒤 아마존족을 이끌고 트로이아를 도우러 왔다. 마카온을 비롯하여 많은 그리스군을 죽였지만 아킬레우스한테 오른쪽 가슴을 찔려 죽었다. 아킬레우스가 그녀의 투구를 벗겼을 때 그녀의 아름다움에 너무나 감동하여 죽인 것을 후회하며 울었다. 테르시테스는 이런 아킬레우스를 조롱했다가 그에게 죽임을 당했다. 그녀에 관한 이야기는 베르길리우스 Vergilius의 『아이네이스』*Aeneis*(i), 오비디우스Ovidius의 『변신 이야기』*Metamorphoses*(xii)

「펜테실레이아를 죽이는 아킬레우스」

511

등에 나온다.

## 펜테우스 ㄱPentheus

테바이의 왕. 카드모스 딸 아가우에와 에키온의 아들이다. 사촌인 디오뉘소스가 테바이에 왔을 때 그를 무시했다. 술 취한 여자들이 산 속에서 광란의 춤을 추며 디오뉘소스 신의 비교秘教를 배우는 것이 못마땅하여 예언자 테이레시아스의 경고를 무시하고 디오뉘소스 숭배를 반대했다. 결국 디오뉘소스를 체포하지만 디오뉘소스를 묶은 쇠사슬은 절로 풀리고 감옥의 문도 열려 버린다. 그는 키타이론 산으로 도망친 여자 신도들을 추격하러 갔다가 나무 뒤에 숨어 여자들의 비밀 의식을 엿보았다. 그러나 그를 짐승으로 여긴 여자들한테 들켜 온몸이 갈기갈기 찢긴다. 맨 먼저 공격한 여자는 바로 그의 어머니 아가우에였는데 그녀는 테바이로 돌아간 뒤에야 제정신이 들어 자기가 한 짓을 깨닫고 비통해했다. 에우리피데스Euripides는 이 이야기를 『박카이Bakchai』(기원전 405)에서 다루었다. 이와 관련한 이야기는 오비디우스Ovidius의 『변신 이야기Metamorphoses』(iii) 등에 실려 있다.

## 펠레우스 ㄱPeleus

아이기나 섬의 왕 아이아코스와 엔데이스의 아들. 텔라몬의 형, 바다의 요정 테티스의 남편, 아킬레우스의 아버지이다. 펠레우스는 이아손과 함께 황금양털을 찾아 콜키스로 갔고 헤라클레스의 트로이아 원정에도 동참하여 라오메돈 왕과 싸웠으며, 아마존 나라 원정에도 참가했다. 그가 해신海神 네레우스의 딸인 테티스와 결혼하게 된 경위는 이렇다. 당시 제우스도 테티스의 미모에 반해 결혼할 욕심이 간절했다. 하지만 프로메테우스가 테티스한테서 태어난 아들이 아버지를 능가할 것이라고 한 예언 때문에 제우스는 테티스와의 결혼을 단념하였다. 그러자 켄타우로스인 케이론은 펠레우스에게 테티스가 여러 형체로 모습을 바꾸니 꼭 붙들라고 경고해 주었다. 펠레우스는 기회를 노리고 있다가 물·불·짐승으로 변신하는 테티스를 붙잡아 본래의 모습으로 돌아올 때까지 놓지 않았다. 그리하여 그들은 펠리온 산에서 결혼식을 올렸고 케이론은 물푸레나무 창槍을, 포세이돈은 신마神馬 발리오스와 크상크토스 두 마리를 선물했다. 둘 사이에서 아킬레우스가 태어났는데 테티스는 아들을 영생불사하게 할 목적으로, 남편 몰래 밤에는 아기를 불 속에 넣어 인간인 아버지한테서 물려받은 부분을 태워 버리고 낮에는 암브로시아(신들의 음식으로 먹으면 영생불사하는 약)를 발라 주었다. 그런데 펠레우스가 갓난아기가 불 속에서 허우적거리는 장면을 보고 소리를 질렀다. 테티스는 화가 치밀어 펠레우스를 버리고 바다로 돌아가 버렸다. 펠레우스는 아이를 기를 자신이 없어 아킬레우스의 교육을 케이론한테 맡겼다. 트로이아에서 아킬레우스가 죽고 난 뒤 테티스는 바다에서 함께 살려고 펠레우스를 데리러 온다. 이 이야기는 호메로스의 『일리아스*Ilias*』(ix)에 나온다. 다른 전설에서는 테티스가 아킬레우스에게 영생을 주기 위해 스튁스 강에 담갔는데 그녀의 손에 잡혀 있던 발뒤꿈치가 담기지 않았기 때문에 결국 영생을 얻지 못하고, 트로이아 전쟁 때 파리스의 화살을 맞아 죽는다.

### 펠로폰네소스 ㉥Peloponnesos

'펠롭스의 섬'이란 뜻.

### 펠롭스 ㉥Pelops

소아시아 프뤼기아 왕. 탄탈로스와 아틀라스의 딸 디오네의 아들, 아트레우스와 튀에스테스의 아버지이다. 탄탈로스는 신들의 '전지全知'를 시험해 보기 위해 아들 펠롭스를 죽여 요리하여, 신들이 초대받은 잔치 상에 내놓았다. 신들은 속지 않고 도로 솥에 넣어 펠롭스를 소생시켰고(데메테르가 다 먹어 버린 어깨는 상아로 보충한 채로), 탄탈로스는 지옥에서 무시무시한 고문을 당하는 벌을 받았다. 펠롭스는 펠로폰네소스('펠롭스의 섬'이란 뜻) 반도 엘리스의 왕이 되었고, 피사의 왕인 오이노마우스의 딸 힙포다메이아와 사이에 아트레우스, 튀에스테스, 핏테우스를 낳았다. "펠롭스의 상아 어깨ivory shoulder of Pelops"라는 말은 어떤 사람의 탁월한 특징을 뜻한다. 이 이야기는 오비디우스Ovidius의 『변신 이야기*Metamorphoses*』(vi) 등에 나온다.

### 펠리온 ㉥Pelion

텟살리아 지방에 있는 산. 그리스 신화에 의하면 거인족 기가스들(기간테스), 오토스와 에페알테스가 그리스 중부 텟살리아 동쪽에 있는 옷사 산 위에 펠리온 산을 쌓아올림으로써 하늘로 올라가려고 시도했다고 한다. "옷사에 펠리온을 쌓아올리다to pile Pelion on Ossa"란 '곤란에다 곤란을 쌓아올린다'는 뜻이다. 이 산 부근에는 켄타우로스들이 살았다. 이 이야기는 오비디우스Ovidius의 『변신 이야기*Metamorphoses*』(i) 등에 나온다.

### 평화平和가 아니라 칼을 Not peace but a sword

어떤 상황에서든 하느님을 따르는 것이 중요하다는 것을 강조하기 위해 비유적으로 사용한 구절. 예수가 "내가 세상에 화평을 주러 온 줄로 생각지 말라 화평이 아니요 검을 주러 왔노라 내가 온 것은 사람이 그 아버지와, 딸이 어머니와, 며느리가 시어머니와 불화하게 하려 함이니"라는 구절에서 나온 말이다. 예수의 이 단호한 말은 평화주의자들을 곤혹스럽게 만드는 근거가 되기도 하지만 문맥을 고려해 읽어 보면 예수가 메시야 왕국에 대한 충성과 가정에의 충성 사이에서의 갈등을 가리키고 있음을 알 수 있다.

### 평화平和의 왕 Prince of Peace

'메시야', '그리스도'를 뜻하는 말. "한 아기가 우리에게 났고 한 아들을 우리에게 주신 바 되었는데 그 어깨에는 정사를 메었고 그 이름은 기묘자라, 모사라, 전능하신 하느님이라, 영존하시는 아버지라, 평강의 왕이라 할 것임이라"(사 9:6) 한 데서 비롯하였다.

### 포도나무와 무화과나무 아래서 Under the vine and fig tree

'평안하게'라는 뜻. "솔로몬이 사는 동안에 유다와 이스라엘이 단에서부터 브엘세바에 이르기까지 각기 포도나무와 무화과나무 아래에서 평안히 살았더라"(왕상 4:25) 한 데서 비롯하였다. 이 구절에서 '단'은 팔레스타인의 최북단이고 '브엘세바'는 최남단이다. 따라서 "단에서부터 브엘세바에 이르기까지"는 이스라엘의 전지역을 가리킨다.

### 포르투나 라Fortuna

로마 신화에서 풍요·다산多産의 여신. 그리스 신화에서 운명의 여신 튀케Tyche에 해당한다. 포르투나 축제에서는 노예도 도시의 종교의식에 참여할 수가 있었다. 유럽 중세기에는 포르투나의 바퀴Fortune's Wheel가 매우 중요한 개념이 되었다. 즉 운명(포르투나)의 수레바퀴가 돌고 돌아, 행운이 불운으로 불운이 다시 행운으로 계속 변해 가므로 생애를 겸허하게 살아가야 한다는 비유로 쓰였다.

### 포모나 라Pomona

로마 신화에서 과일나무의 여신. 프리아포스, 실레누스가 구애했지만 계절의 신인 베르툼누스와 결혼했다. Pomona는 라틴어 pomum(fruit)에서 나온 말이다. ⇨ 베르툼누스

### 포보스 그Phobos

전쟁터에서 패주敗走의 신. 아레스와 아프로디테의 아들이며, 데이모스(공포)와 형제이다.

### 포사이트 Forsyte

골즈워디John Galsworthy의 『포사이트 사가The Forsyte Saga』[1922, 『자산가The Man of Fortune』(1906), 『재판사태In Chancery』(1920), 『빌려줄 집To Let』(1921)]라는 3부작 소설에 나오는 인물. 골즈워디는 이 작품에서 영국 중상류층 가문의 정열과 운명을 그렸다. 이 작품의 중요 인물로는 변호사 사무소를 차린 완고하고 엄격한 제임스, 그의 형이고 유복한 홍차 상인이며 포사이트가家에서 유일하게 심미안이 있는 졸리언, 변호사로 아름

다움에 대한 감식안이 있다고 스스로 생각하는 솜스, 그의 가장 아름다운 소유물이면서 불행한 아내 아이리니 등이 있다.

## 포세이돈 ㄱPoseidon

그리스 올림포스 열두 신 중의 하나인 해신海神. 크로노스와 레아의 아들, 제우스의 형이다. 포세이돈의 상징은 삼지창trident이고, 인간에게 말馬을 선물로 주었다. 호메로스Homeros의 작품에서 포세이돈은 지진地震의 신으로, '지진을 일으키는 자earthshaker'라는 별명이 붙어 있다. 포세이돈은 아틱카를 차지하기 위해 아테나와, 아르고스를 차지하기 위해 헤라와 경쟁했지만 모두 실패했다. 1928년 아르테미시온Artemision 곶(여기서 크세르크세스 왕이 이끈 페르시아군이 기원전 480년에 그리스군을 격파했다) 앞바다에서 어부가 유명한 포세이돈 청동상(혹은 제우스 상으로도 여겨진다)을 건져 올렸는데 지금은 아테나이 국립고고학박물관에 소장되어 있다. 이것과 똑같은 크기의 모조품이 그리스 문화부 장관 기증으로 서울 마포구 아현동 소재 한국 정교회내 박물관에 소장되어 있다.

## 포셔 Portia

셰익스피어William Shakespeare의 희극 『베니스의 상인The Merchant of Venice』(1596)에 나오는 총명한 여주인공. 변호사로 변장하여 채무를 이행하지 않아 살 1파운드를 대신

수니온 곶에 있는 포세이돈 신전

515

갚아야 하는 친구 안토니오를 변호하는 데 성공한다. 포셔는 『줄리어스 시저*Julius Caesar*』(1599)에서 브루투스의 아내 이름이기도 하다.

## 포우, 에드거 앨런 Poe, Edgar Allan 1809~49

미국의 단편 작가·시인·비평가. 보스턴 출생이며 3세 때 고아가 되었다. 27세 때 사촌인 버지니아 클렘과 결혼했고, 죽음·미美·우수憂愁를 테마로 한 음악적인 서정시를 썼다. 대표 작품으로 『헬렌에게*To Helen*』(1831), 「모그 가의 살인The Murders in the Rue Morgue」(1841), 「황금벌레The Gold Bug」(1843), 「갈까마귀The Raven」(1845), 『검은 고양이 The Black Cat』(1845), 『에너벨 리*Annabel Lee*』(1849) 등이 있다. 그의 시는 신비롭고 마술적인 언어의 음악성을 지니고 있다.

## 포우프, 앨릭잰더 Pope, Alexander 1688~1744

영국 신고전주의의 대표 시인. 로마 카톨릭 교도로 키가 작은 곱사등이었다. 천재로 11세부터 시를 쓰기 시작하였다. '영웅시체 2행 연구聯句(heroic couplet)'를 완성시켜 풍자시를 칼처럼 휘둘렀다. 대표 작품으로 『비평론*An Essay on Criticism*』(1711), 『머리타래의 겁탈*The Rape of the Lock*』(1712), 『우인열전*The Dunciad*』(1728), 『인간론*An Essay on Man*』

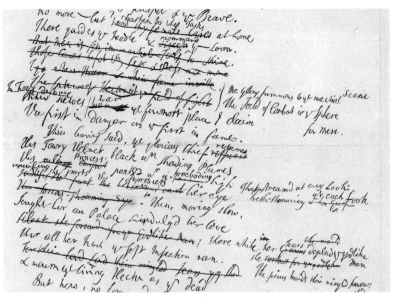

포우프가 호메로스의 작품을 번역한 육필 원고, 영국박물관

(1733~34) 등이 있다. 그의 시는 셰익스피어William Shakespeare 다음으로 가장 많이 인용된다. 호메로스Homeros의 『일리아스Ilias』를 번역(1720)했고 『오뒷세이아Odysseia』를 공역(1726)했다.

## 포이니케인들 ㉞Phoinikes ㉝Phoenicians

포이니케의 주민들. 그들의 왕인 아게노르의 아들 포이닉스Phoinix에서 이름이 유래했다. 포이니케인들은 알파벳을 발명했다. 그들 중 카드모스는 그리스로 가서 테바이를, 디도는 아프리카로 가서 카르타고를 건설했다. 포이니케인은 기원전 15~11세기까지 유대의 북부, 시리아 지방 지중해 연안의 길다란 지역에 살았던 셈족의 일파이다. 항해에 뛰어나고, 해상 무역을 업으로 삼았으며, 서쪽으로는 지중해에서 대서양까지 진출했고, 동쪽으로는 페르시아와 실론까지 세력을 뻗쳤다. 그러나 그리스가 등장함으로써 세력의 헤게모니를 잃고 기원전 332년 마케도니아한테 패하였고, 기원전 63년에 로마에 합병되었다.

## 포이닉스 ㉞Phoinix ㉝Phoenix

1)이집트 신화에 나오는 거대한 영조靈鳥로 불사조不死鳥. 에티오피아에서 태어났다. 독수리를 닮은 큰 새로 빨강, 파랑, 보라, 금빛 날개를 가졌다. 500년을 살고 나서 향나무 향료로 만든 둥지에 불을 질러 거기서 불타 죽은 뒤 새로이 태어난다고 한다. 또 다른 이야기에서는, 이 새가 둥지에서 앉아 죽으면 새로 태어난 새가 아버지 시체를 몰약myrrh 나무로 싸고, 많은 새를 거느리고서 헬리오폴리스(나일 삼각주에 있는 고대 이집트 도시. 태양신 라 신앙의 중심지)로 와서, 제단 위에서 비가悲歌를 부르며 스스로 자기 몸을 태워 재가 되고 그 재에서 다시 소생한다고 한다. 불사조는 한 마리만 있다. 이 신화적 새는 예부터 부활의 상징이다. 8세기의 영국 시인 키니울프Cynewulf가 지었다는 앵글로색슨 시에 「불사조The Phoenix」가 있다.

2)포이니케 왕 아게노르와 텔레팟사의 아들. 남동생으로 카드모스와 킬릭스, 여동생으로 에우로페가 있다. 에우로페가 제우스한테 납치되자 동생과 함께 누이를 찾으러 갔지만, 찾아낼 수 없게 되자 포이니케의 시돈에 정착했다.

3)아르고스의 아뮌토르 왕의 아들. 어머니 힙포다메이아의 부탁으로 아버지한테서 첩(클뤼티에 또는 프티아)을 떼어 내기 위해 첩을 유혹했다. 이것이 발각되어 프티아의 왕 펠레우스(아킬레우스의 아버지)에게로 가서, (장님이 되었다는 설에서는 펠레우스가 그를 케이론한테 데리고 가 시력을 회복시킨 뒤에) 아킬레우스의 선생이 되었다. 아킬레우스와 함께 트

로이아 원정을 나갔고, 아가멤논과 아킬레우스를 화해시키려 아킬레우스에게 사자使者로 나섰으나 아킬레우스가 거절하여 매우 상심하였다. 아킬레우스의 아들 네옵톨레모스와 귀국하는 도중에 죽었다.

### 포이베 ㄱPhoibe 영Phoebe

여자 티탄土神. 레토의 어머니, 아폴론과 아르테미스의 할머니이다. 포이베는 최초의 달의 여신이다. 그녀의 이름은 아르테미스로 넘어갔고, 포이보스Phoebos(빛나는 자)란 형태로 아폴론의 형용사들 중 하나가 되었다. 문학적 인유에서 포이베는 달月을 가리킨다.

### 포이보스 ㄱPhoibos 영Phoebus

'빛나는 자'라는 뜻. 태양신 아폴론의 별명이다.

### 포크너, 윌리엄 Faulkner, William 1897~1962

미국의 소설가. 주로 미국 남부 지역에서 일어나는 가족의 흥망과 사회의 퇴폐를 시간의 흐름을 뒤섞어 내적 독백의 기법으로 묘사했다. 1949년 노벨 문학상을 수상했다. 대표작으로 『분노와 고함소리Sound and Fury』(1929), 『8월의 빛Light in August』(1932), 『앱설럼, 앱설럼Absolom, Absolom!』(1936) 등이 있다.

### 폰토스 ㄱPontos 영Pontus

해신海神. 그리스어로 '바다'라는 뜻이다.

### 폰티펙스, 어니스트 Pontifex, Ernest

버틀러Samuel Butler의 자서전적 소설 『만인의 길The Way of All Flesh』(1903)의 등장인물. 엄격한 종교적 가정에서 자랐으며, 자신의 정체성을 발견하고 주장하기 위해 빅토리아조朝의 억압, 위선, 편협함과 대항하여 싸운다.

### 폴로니어스 Polonius

셰익스피어William Shakespeare의 『햄리트Hamlet』(1601)에 나오는 인물. 클로디어스 왕의 참견 잘하고 수다스런 늙은 궁내대신으로 오필리아와 레어티스의 아버지이다. '화려한 금언숲言'으로 유명한데 제일 유명한 것이 "너 자신에게 진실하라To thine own self be true"이다. 이 극의 플롯에서 주요한 역할을 한다. 그의 죽음(햄리트는 그가 엿듣기 위해 숨어 있던 태피스트리를 칼로 찌른다)이 오필리아의 광기, 자살, 그리고 햄리트와 레어티스의 결투를 유발한다. 폴로니어스는 딱딱한 세속적 지식을 대표하는 인물이다.

### 폴뤼네이케스 ㄱPolyneikes 영Polynices

테바이 왕 오이디푸스와 이오카스테의 아들. 에테오클레스의 동생이며, 안티고네와 이스메네의 오빠이다. 아버지의 왕좌를 형제가 공동으로 상속받았는데, 둘은 1년마다 교대로 나라를 다스리는 데 합의했다. 그러나 먼저 왕위에 오른 에테오클레스가 1년 뒤 왕위를 물려주지 않자, 폴뤼네이케스는 아르고스로 망명하여 아드라스토스 왕의 딸 아르기아와 결혼했다. 폴뤼네이케스는 아드라스토스 왕의 도움으로 테바이로 쳐들어갔는데, 형과 둘이 결투하다가 동시에 칼에 찔려 모두 죽는다. 이 이야기는 아이스퀼로스Aischylos의 『테바이를 공격한 일곱 장수Hepta epi Thebas』, 아폴로도로스 Apollodoros의 『비블리오테케Bibliotheke』(iii) 등에 나온다.

**폴뤼데우케스** ㄱPolydeukes 영Polydeuces ⇨ 카스토르와 폴뤼데우케스

**폴뤼덱테스** ㄱPolydektes 영Polydectes

세리포스의 왕. 다나에와 그녀의 아들 페르세우스를 돌보았다. 다나에를 사랑했지만 거절당했다. 그의 동생인 어부 딕튀스는 그가 다나에를 겁탈하려는 시도에 반대했다. 그는 성공하지 못할 것으로 여기고서 페르세우스가 자신의 욕망에 방해가 되지 못하도록 메두사의 머리를 가져오도록 명령을 내렸다.

**폴뤼도로스** ㄱPolydoros 영Polydorus

프리아모스와 헤카베의 막내아들. 트로이아 전쟁이 시작했을 무렵, 싸우기에는 너무 어려 프리아모스는 많은 보물과 함께 아들을 트라키아의 폴뤼메스토르(혹은 폴륌네스토르) 왕한테 맡긴다. 트로이아가 함락된 뒤 폴뤼메스토르 왕은 돈이 탐나 폴뤼도로스를 죽여 시체를 바다에 내던지는데, 이것이 트로이아 땅에 표착하고 헤카베(혹은 그녀의 종)가 발견하게 된다. 헤카베는 당시 포로의 몸이었지만 재물과 보물을 숨긴 자리를 가르쳐 준다는 말로 폴뤼메스토르 왕을 속여 비밀리에 만나 브로치로 왕의 눈을 후벼 눈을 멀게 하고 두 왕자를 죽인다. 이 이야기는 호메로스Homeros의 『일리아스Ilias』(xx)에 나온다.

**폴뤼페모스** ㄱPolyphemos 영Polyphemus

포세이돈의 아들. 외눈박이 거인인 퀴클롭스의 우두머리로 시켈리아에서 살았다. 오뒷세우스와 그의 부하들을 동굴에 가두고는 식사 때마다 두 사람씩 잡아먹었다. 바다 요정 갈라테이아를 사랑했지만, 갈라테이아가 자기 대신 목자牧者 아키스를 사랑했기 때문에 질투심에 아키스를 바위로 박살냈다고 한다.

**폴뤼힘니아** Polyhymnia

성스런 신에 대한 찬가와 노래의 시신詩神. ⇨ 무사들

### 폴리 아주머니 Aunt Polly

트웨인Mark Twain의 『톰 소여의 모험*The Adventures of Tom Sawyer*』(1876)에 나오는 인물. 여동생의 아들 톰 소여의 보호자이다. 친절하고 헌신적이지만 안달복달하는 성격이다.

### 폴스태프 경, 존 Falstaff, Sir John

셰익스피어William Shakespeare의 『헨리 4세*Henry IV*』(제1부, 1597/제2부, 1598), 『헨리 5세 *Henry V*』(1599), 『윈저의 쾌활한 아낙네들*The Merry Wives of Windsor*』(1601)에 등장하는 인물. 셰익스피어 희극에서 가장 성공적이고 유명한 인물이다. 뚱보에다 엄청난 술꾼이며 거짓말을 잘 한다. 젊은 왕자 핼의 친구이고 계집질하는 악당 같은 기사이며, 비양심적이며 비겁하여 경멸해야 할 사람이지만, 위트와 매력이 있고, 위선이 없다.

### 표범이 자신의 반점을 바꾸다 Leopard changes his spots

사람이 본성을 바꿀 수 없음을 뜻하는 관용구. 예레미야가 다가올 멸망에 대해 예언했을 때 사람들이 의심하자, "구스인이 그의 피부를, 표범이 그의 반점을 변하게 할 수 있느냐 할 수 있을진대 악에 익숙한 너희도 선을 행할 수 있으리라"(렘 13:23) 하였다.

### 푸르가토리오/연옥 Purgatorio

단테Alighieri Dante의 『신곡*La Divina Commedia*』(1310~14)의 제2부. 단테는 로마 시인 베르길리우스Vergilius의 안내를 받아 지옥과 연옥을 지나가는데 그곳에는 회개를 일찍 하지 않은 자들이 죄를 속죄하기 위해 기다리고 있다. 연옥은 '7대 죄악Seven Deadly Sins' 에 상응하는, 일곱 테라스terrace로 구분되어 있는데 파라다이조Paradiso(천국)로 올라가는 길은 가파르고 힘들다.

### 푸른 나무에서 In the green tree

'어려움이나 고난이 없는 상황에서'라는 뜻. "푸른 나무에도 이같이 하거든 마른 나무에는 어떻게 되리요"(눅 23:31) 한 데서 비롯하였다. 상대적인 비유로는 "in the dry tree(험한 상황에서)"가 쓰인다.

### 푸른 수염 Bluebeard

페로Charles Perrault가 1697년에 발표한 이야기의 제목이자 주인공. 부자이며 푸른 수염을 가진 남자 라울은 최근에 결혼한 아내 파티마한테 한 번도 열린 적이 없는 방 열쇠를 맡기고는 여행에 나선다. 호기심이 젊은 아내를 자극했고, 그녀는 방문을 열었다. 그런데 그곳에서 푸른 수염 사나이(라울)의 이전 아내들의 여섯 시체를 발견한다. 열쇠엔 지울 수 없는 붉은 핏자국이 묻고, 귀가한 푸른 수염 사나이는 아내를 죽이려 한다.

그 찰나 그녀의 오빠들이 들이닥쳐 그녀를 구조한다. '푸른 수염'은 고의적으로 아내나 정부情婦를 죽이려 계획하는 살인자를 뜻한다. 이를 소재로 한 오펜바흐Jacques Offenbach의 오페라가 있다.

### 푸른 초장 Green pastures

'편안하고 안락한 장소'를 뜻하는 말. 다윗이 "여호와는 나의 목자시니 내게 부족함이 없으리로다 그가 나를 푸른 초장에 누이시며 쉴 만한 물가로 인도하시는도다 내 영혼을 소생시키시고"(시 23:1~3)라고 노래한 데서 비롯하였다. 이 구절은 『성서』의 어떤 구절보다도 많이 알려져 있으며 특히 장례식에서 자주 암송된다.

### 푸리아이 라Furiae

그리스 신화의 에리뉘에스Erinyes의 로마식 이름. 디라이Dirae라고도 한다.

### 푸바 Pooh-Bah

윌리엄 길버트William Gilbert와 아서 설리번Arthur Sullivan의 오페레타 「미카도Mikado」(1885)에 나오는 인물. 오만불손하고 부정한 관리이다.

### 푸시킨, 알렉산드르 Pushikin, Aleksandr 1799~1837

러시아의 시인·소설가. 현대 러시아 문학의 창시자이다. 귀족의 아들로 태어났지만, 혁명시 「자유」를 썼다가 남부 러시아로 추방당했다. 19세기 러시아 최고의 소설이라 일컬어지는 『예브게니 오네긴Yevgeny Onegin』(1823~31) 외에, 『스페이드의 여왕Pikovaya dama』(1833), 『대위의 딸Kapitanskaya dochka』(1836) 등을 썼다. 1836년 아내의 애인인 근위대 장교와 결투했다가 치명상을 입었다. 그는 민화民話와 가요를 발굴하는 데 힘을 쏟아 러시아적인 국민문학을 창시하려고 노력했다.

### 풀잎 Leaves of Grass

미국의 시인 휘트먼Walt Whitman이 쓴 자유시free verse를 엮은 시집(1855) 제목. 수록된 유명한 시로는 「나 자신의 노래Song of Myself」, 「오 선장이여, 나의 선장이여O Captain, My Captain」 등이 있다. 이러한 작품들은 원시자연 속의 인간 생명을 노래하면서 육체와 영혼이 하나라는 신비주의가 바탕을 이루고 있다.

### 풍요의 뿔 Horn of plenty ⇨ 코르누코피아

### 풍차 창 찌르기 Tilt at windmills

'이상의 추구', '상상적인 적과 싸우는 것'에 대한 비유적 표현. 세르반테스Miguel de Cervantes의 『돈 키호테Don Quixote』(1605~15)에서 돈 키호테는 몇 개의 풍차를 기사도 정신을 가진 기사로서 싸우지 않으면 안 되는 나쁜 거인으로 착각한다. 돈 키호테는 긴 창으로 풍차들을 공격했다가 부상당한다.

## 퓌그마이오이족 ㄱPygmaioi(복) Pygmaios(단) 영 Pygmies(복)

전설상의 소인족. 중앙아시아 어딘가에 살았다고 한다. 헤라클레스는 그들을 공격하여 몸에 감았던 사자 가죽으로 그들을 둘둘 말아 쌌다.

## 퓌그말리온 ㄱPygmalion

퀴프로스(사이프러스) 왕이며 조각가. 여자들이 성적으로 문란한 것에 환멸을 느껴 모든 여자의 사랑을 거절하여 아프로디테의 분노를 초래했다. 이상적인 미美에 대한 자신의 요구를 만족시키기 위하여 대리석으로 완벽한 여자를 창조하고는 이름을 갈라테이아( '우유처럼 살결이 흰 여자' 란 뜻)라고 지었다. 그런데 그는 자신이 만든 조상彫像을 사랑하게 되었고 어느 날 아프로디테 신전으로 가서 그녀를 아내로 삼게 해달라고 기도를 올렸다. 아프로디테는 소원을 허락하여 그 조각을 살아 있는 여자로 변신시켜 주고 퓌그말리온은 그녀와 결혼했다. 이 이야기는 오비디우스Ovidius의 『변신 이야기 Metamorphoses』에 처음 나왔다. 이후 마스튼John Marston의 『퓌그말리온 이미지의 변신 Metamorphosis of Pygmalion's Image』(1598)에 나왔으며, 모리스William Morris는 『지상낙원 The Earthy Paradise』(1867~70)에서 다시 이

이야기를 하고 있다. 길버트William Schwenck Gilbert의 희곡 『퓌그말리온과 갈라테이아Pygmalion and Galatea』(1871)에서는 조각가는 이미 결혼한 몸이고, 그의 아내 시니스카Cynisca가 갈라테이아에 질투심을 느끼자, 갈라테이아는 많은 말썽 끝에 원래의 상태로 되돌아간다. 쇼George Bernard Shaw의 희곡 『퓌그말리온Pygmalion』(1913)과 그것에 바탕을 둔 브로드웨이 뮤지컬 코미디 「마이 페어 레이디My Fair Lady」(1956)는 이 전설의 현대적 번안이다. 「마이 페어 레이디」에 나오는 히긴스는 Bitter Sweet라는 별명

아뇰로 브론치노, 「퓌그말리온과 갈라테이아」, 피렌체 우피치 미술관

522

을 얻은 영국 음성학자 스위트Henry Sweet가 모델이라는 이야기가 있다. 쇼의 희곡을 각색한 앤터니 애스퀴스 감독의 영화 「퓌그말리온」(1938), 쇼의 희곡을 뮤지컬화한 영화로 조지 큐코 감독의 「마이 페어 레이디」(1964)가 있다. 2003년에는 『피그말리온 효과*Pygmailion in the Classroom*』(로버트 로젠탈 외)라는 교육학 책이 발간되었다. "피그말리온 효과"란 선생님의 기대감이나 칭찬이 학생의 지적知的 발달에 커다란 영향을 끼친다는 것이다. 즉 그리스 신화에서 퓌그말리온의 사랑이 사랑의 여신 아프로디테의 도움으로 상아 조각을 살아 있는 처녀로 변신시켰듯이, 교사의 사랑·칭찬·기대감은 학생을 훌륭한 사람으로 키울 수 있다는 것이다. ⇨ 갈라테이아

### 퓌라무스와 티스베 라Pyramus kai Thisbe 영Pyramus and Thisbe

아시아 전설의 주인공. 바빌로니아에서 가장 잘생긴 청년이던 퓌라모스는 티스베를 사랑했지만, 두 집안은 서로 반목하여 부모의 반대에 부딪힌다. 그래서 그들은 먼 데서 밀회하기로 한다. 약속한 장소에 먼저 도착한 티스베는 사자가 다가오자 도망치다가 스카프를 떨어뜨렸는데, 막 어떤 짐승을 잡아먹은 사자가 피 묻은 입으로 그 스카프를 물어뜯어 얼룩이 졌다. 퓌라모스가 도착해 보니 피 묻은 스카프만 눈에 띄고 티스베는 보이지 않자 그녀가 죽은 줄 알고 자살해 버렸다. 티스베는 돌아와서 애인의 시체를 보고는 따라 자살한다. 이 이야기의 가장 인기 있는 판본은 셰익스피어William Shakespeare의 『한여름 밤의 꿈*A Midsummer Night's Dream*』(1595) 중에서 아테나이의 직인職人들이 공연하는 「피라머스와 시스비」라는 유쾌한 극이다. 이 이야기는 로마 시인 오비디우스Ovidius의 『변신 이야기*Metamorphoses*』에 나온다.

### 퓌로스 그Pyrrhos 영Pyrrhus

1) ⇨ 네옵톨레모스

2) 그리스의 에페이로스 왕(기원전 319/318~272). 그의 아버지와 알렉산드로스 대왕의 어머니 올림피아스는 사촌간이다. 퓌로스는 유능한 지휘자이며 야심적인 군사 모험가였다. 알렉산드로스의 제국이 부활하기를 희망했고, 한때는 텟살리아와 마케도니아 일부를 소유한 가장 강력한 통치자였다. 로마에 대항하여 이탈리아에 거주하는 그리스인을 지휘해 달라는 이탈리아 타렌툼의 초청을 받아들여 기원전 280년과 279년의 전투에서는 이겼지만 이탈리아에서 자리를 굳힐 수는 없었다. "퓌로스의 승리Pyrrhic victory"라고 하면 막대한 희생을 치르고 이긴 승리를 말한다. 이것은 퓌로스가 기원전 279년에 아스쿨룸Asculum 전투에서 로마군을 크게 무찔렀지만 자기의 정예부대를 잃어버리고서 "이런

승리를 한번 더 거둔다면 우리는 끝장이다Once more such victory and we are done for" 하고
말했다는 고사에서 비롯하였다.

## 퓌타고라스 ㄱPythagoras

그리스의 철학자·수학자. 남부 이탈리아에 종교 학술 집단인 퓌타고라스 학파를 창
설하였다. 수를 만물의 근본 원리로 여겼고 퓌타고라스의 정리定理를 발견했다. 그는
디오뉘소스 숭배에서 생겨난 오르페우스교의 영육이원론靈肉二元論과 윤회輪廻를 믿
었으며, 금욕 생활을 하고 영혼을 정화하기 위해 음악과 수학을 연구했다. ⇨ 천구들
의 음악

## 퓌토 경기 Pythian Games

고대 그리스에서 거행한 4가지 그리스 제전祭典 중의 하나. 올림피아 경기 다음으로
중요한 경기였다. 4년마다 거행되었는데 아폴론이 델포이 근처에서 퓌톤Python(큰 뱀)
을 퇴치한 것을 기념하기 위해 열렸다. 퓌토Pytho는 델포이Delphoi의 옛 이름이다. ⇨
제전

## 퓌톤 ㄱPython

큰 뱀. 제우스가 일으킨 대홍수 후에 남아 있던 독이 있는 물에서 태어나 파르낫소스
산 동굴에 살았다. 델포이 근처에서 아폴론한테 살해되었다. 퓌톤을 기념하여 델포이
의 아폴론 신전의 여사제(무녀)는 퓌티아Pythia라고 불렸다.

## 퓌티아스 Pythias ⇨ 다몬과 퓌티아스

## 프라이데이 Friday

디포Daniel Defoe의 소설 『로빈슨 크루소Robinson Crusoe』(1719)에서 로빈슨 크루소가 식
인종으로부터 구해 준 야만인. 곧 크루소의 생활에 적응하여 영어로 말하는 법을 배우
고, 로빈슨 크루소의 하인이자 친구로 반려자가 된다.

## 프락시텔레스 ㄱPraxiteles

페이디아스(ㄱ I Pheidias 영 I Phidias)와 더불어 고대 세계에서 유명한 그리스 조각가. 기원
전 4세기 중반에 활동하였다. 고대 작가들이 언급한 그의 많은 작품은 로마인의 모각模
刻을 통하여 알려져 있다. 올림피아 박물관에 있는 대리석 조각인 「헤르메스와 아기 디
오뉘소스Hermes Carrying the Infant Dionysus」는 많은 권위자가 그의 작품이라고 여기고 있
다. 만일 그렇다면 이 작품은 제1급 그리스 조각가의 유일한 원작이다. 그의 가장 유명
한 작품은 「크니도스의 아프로디테the Aphrodite of Cnidus」로 이것은 최초의 지주支柱 없

이 서 있는 실물 크기의 여자 누드상이다.

## 프랑켄스타인 Frankenstein

시인 셸리Percy Bysshe Shelley의 아내이기도 한 메어리 울스턴크라프트 셸리Mary Wollstonecraft Shelley가 1818년에 발표한 괴기 소설. '현대판 프로메테우스The Modern Prometheus'라는 부제가 있다. 프랑켄스타인은 괴물의 이름이 아니라 그를 만든 박사의 이름이다. 프랑켄스타인은 묘지의 시체나 해부실의 유해로 만든 괴물에 전기를 통하게 하여 생명을 준다. 괴물은 시간이 지나면서 창조자의 이름을 빼앗고, 인간의 동정을 얻으려다 거절당하자 창조자에게 덤벼들어, 그가 사랑하는 모든 사람을 죽이고 그마저 죽음으로 몰아간다. 이 괴물은 상징적으로는 창조자에게 덤벼드는 피조물을 말한다. 이 이야기는 끊임없이 영화의 소재로 쓰이고 있다. 대표적인 예로 제임스 웨일 감독의 「프랑켄스타인의 아내」(1935), 케네스 브래너가 감독하고 로버트 드 니로가 괴물로 나오는 「메어리 셸리의 프랑켄스타인」(1994)이 있다.

## 프레스터 존 Prester John

중세 전설상의 기독교 수도사. 아시아 혹은 아프리카 왕국의 국왕이다.

## 프로메테우스 그Prometheus

그리스 신화에 나오는 문화적 영웅. 티탄토神들인 이아페토스와 클뤼메네의 아들, 데우칼리온의 아버지이다. 아틀라스, 메노이티우스, 에피메테우스의 형제이기도 하다. 프

「간을 뜯기는 프로메테우스」

로메테우스는 '선견先見(forethought)'이란 뜻이다. 프로메테우스는 계략과 사기에 탁월한 재능이 있었으며 불을 하늘에서 훔쳐 와 인간에게 주었다. 제우스는 그를 코카서스(카프카스) 바위에다 쇠사슬로 묶고 독수리로 하여금 30년 동안 매일 그의 간을 뜯어먹게 함으로써 처벌했는데(간의 강한 재생력을 이 신화보다 더 정확히 표현할 수는 없을 것이다) 마침내 헤라클레스가 독수리를 죽여 그를 해방시켜 주었다. 다른 이야기는, 프로메테우스가 아킬레우스의 어머니 테티스에 관한 비밀(테티스와 결혼하면 아들한테 폐위당한다)을 제우스한테 알려주었기 때문에 해방되었다는 것이다. 프로메테우스는 제우스가 준 신부新婦 판도라를 거절했으며, 인간에게 불을 준 것 말고도 흙으로 최초의 인간을 창조했고, 인간들에게 식물들을 기르고 약으로 사용하는 법, 땅을 경작하는 법, 말馬을 길들이는 법을 가르쳐 주었다고 한다. 또 수數도 발명했다. 신들의 금기를 파기한 프로메테우스는 권위에 대한 외롭고 용감한 저항의 상징이 되었다. 아이스퀼로스Aischylos의 『사슬에 묶인 프로메테우스Prometheus Bound』, 셸리Percy Bysshe Shelley의 『사슬에서 풀린 프로메테우스Prometheus Unbound』(1820) 등 그의 이야기는 여러 문학 작품의 소재가 되고 있다.

### 프로세르피나 라Proserpina 영Proserpine

그리스 신화에서 하계下界의 여신인 페르세포네Persephone의 로마 이름.

### 프로스트, 로버트 Frost, Robert 1874~1963

미국의 시인. 샌프란시스코에서 태어났다. 1885년 이후에는 뉴잉글랜드의 자연과 인생을 평범하면서도 솔직하게 시로 읊으며 지냈다. 1912년 영국으로 가서 시집 『소년의 의지A Boy's Will』(1913), 『보스턴의 북쪽North of Boston』(1914)을 출판하여 사람들로부터 인정받았다. 1915년 미국에 돌아와 하버드 대학에서 시를 가르치는 교수가 되었다. 퓰리처상을 네 번이나 수상했다. 대표작으로 『서쪽으로 흐르는 시냇물West-Running Brook』(1928)이 있다.

### 프로스페로 Prospero

셰익스피어William Shakespeare의 최후의 극 『폭풍우The Tempest』(1611)의 주인공. 마술사이고 추방당한 밀란 공작이다. 마법에 걸린 섬에서 여러 해 동안 딸 미랜더와 사악한 괴물 캘리번, 프로스페로의 명령을 충실히 실행하는 공기의 요정 에어리얼과 함께 살면서, 그의 공국公國을 찬탈한 동생과 그 일행을 난파시킬 계획을 꾸민다. 하지만 그는 지혜, 인내, 그리고 마술로써 모든 관계자를 화해시키고 선과 정의의 힘을 보여 준다.

### 프로이 Frey

풍요·곡식·평화·번영의 신.

### 프로이아 Freya

사랑과 미와 풍요의 여신. 프로이Frey의
여동생, 태양신 오두르의 아내이다. 그
녀에게는 '브리슬링'이라는 유명한 허
리띠(혹은 목걸이)가 있는데 이것은 그녀
가 난쟁이들을 사랑해 준 대가로 그들이
준 것이다. 그녀를 숭배하는 날을 그녀
의 이름을 따서 'Friday'라고 지었다.

「프로이」(왼쪽)와 「프로이아」(오른쪽)

### 프로크네 ㄱProkne 영Procne

아테나이의 왕 판디온의 딸. 필로멜라의 언니이다. ⇨ 필로멜라

### 프로크루스테스 ㄱProkroustes 영Procrustes

아테나이 근처 엘레우시스의 강도. 그리스어로 '잡아 늘이는 사람stretcher'이라는 뜻이
다. 자기의 여인숙에 찾아온 나그네의 키가 작으면 긴 쇠침대iron bed에, 키가 크면 짧
은 쇠침대에 강제로 눕혀, 침대 크기에 맞게끔 잡아당겨 늘이거나, 침대에 맞게 몸을
잘라내었다. 같은 방법에 의해 키가 큰 프로크루스테스는 테세우스한테 목이 잘리었
다. "프로크루스테스 같은Prucrustean"은 독단적으로 복종을 강요하거나 이미 확립된 규
범에 대한 가혹한 강요를 뜻한다. "프로크루스테스의 침대Procrustean bed"라는 말이 여
기에서 비롯하였다. 모든 제도, 법률, 규칙은 프로크루스테스의 침대 같은 면이 있다.

### 프로테우스 ㄱProteus

호메로스Homeros의 『오뒷세이아Odysseia』(iv)에 나오는 해신海神 중 하나. '바다의 노인
old man of the sea'이라는 뜻이다. 하위下位의 해신인 오케아노스와 테튀스의 아들이다.
포세이돈은 프로테우스한테 진실을 말할 힘과, 형상을 자유자재로 변신할 수 있는 능력
을 주었다. 그래서 프로테우스는 해변에서 낮잠을 잘 때만 끈으로 묶어서 붙잡을 수가
있다. "프로테우스 같은Protean"은 '변하기 쉬운', '다재다능한', '많은 역할을 해낼 수
있는'이라는 뜻이다.

### 프로필라이아 ㄱPropylaios(단) Propylaia(복) 영Proplaeum(단) Propylaea(복)

아테나이의 다섯 문 중 하나. 아테나이의 아크로폴리스 서쪽에 있는 문이다. 아름다움

과 독창성으로 유명했으며, 파르테논이 완성된 뒤 착공하여 5년 후인 기원전 432년에 완성되었다. 이 문은 1687년 베네치아군이 아크로폴리스를 포위했을 때에 터키 수비대가 파르테논 신전에 저장한 화약이 폭발해서 망가졌다.

### 프롬, 이선 Frome, Ethan

워튼Edith Wharton의 소설 『이선 프롬Ethan Frome』(1911)의 주인공. 농부이자 좌절한 기사技師인 이선은 병들고 바가지 긁는 아내를 참고 지낸다. 그런데 어느 날 아내의 사촌인 매티 실버가 그들 집으로 온다. 이선과 매티 실버는 사랑에 빠지고 둘은 헤어지라는 강요를 받자 동반자살을 결심한다. 그들은 자살을 시도하다가 중상을 입지만 이선의 아내가 그들을 평생 간호해 준다.

### 프루스트 Proust, Marcel 1871~1922

프랑스의 소설가. 『잃어버린 시간을 찾아서À la recherche du temps perdu』(1913~27)에서 과거 체험이 현실에 끼치는 영향을 탐구했다.

### 프리실라 Priscilla

롱펠로Henry Wadsworth Longfellow의 설화시narrative poem 「마일즈 스탠디쉬의 구혼The Courtship of Miles Standish」(1858)에 나오는 인물. 청교도 대장인 마일즈 스탠디쉬는 젊은 학생 존 올든에게 고아인 프리실라와 결혼하고 싶어한다는 얘기를 대신 해 달라고 간청한다. 그러나 프리실라는 스탠디쉬를 거절하고, 올든에게 자신의 마음을 솔직히 말하라고 종용한다. 결국 존은 프리실라에 대한 자신의 마음을 말하고 둘은 결혼한다.

### 프리아모스 ㄱPriamos 영Priam

트로이아 최후의 왕. 라오메돈 왕의 아들, 헤카베의 남편이며, 헥토르·파리스·트로일로스·헬레노스·데이포보스·폴뤼도로스·폴뤼세나·캇산드라 등의 아버지이다. 호메로스Homeros의 『일리아스Ilias』에서 프리아모스가 죽은 아들 헥토르의 시체를 돌려 달라고 간청하러 아킬레우스를 찾아가는 장면은 고대 문학에서 가장 감동적인 장면 중의 하나로 꼽는다. 프리아모스는 트로이아 함락 도중에 아킬레우스의 아들 퓌로스(별명 '네옵톨레모스')한테 살해된다. 프리아모스는 셰익스피어William Shakespeare의 『햄리트Hamlet』(1601)의 극중극에서는 퓌로스(그ㅣPyrrhos 영ㅣPyrrhus)란 이름으로 나온다.

### 프리아포스 ㄱPriapos 영Priapus

풍요와 생식력의 신. 정원이나 포도원의 수호신이다. 아프로디테와 디오뉘소스의 아들이라고 한다. 그의 조각상이 농원이나 집 문 앞에 놓이는데 흔히 발기한 커다란 남근이

「헥토르의 시신을 찾으러 온 프리아모스」

달린 난쟁이 모습이다. 프리아포스는 보통명사로 '남근phallus'이란 뜻으로도 쓰인다. 그에 관한 이야기는 파우사니아스Pausanias의 『그리스 안내기Periegesis Hellados』(ix) 등에 나온다.

### 프린, 헤스터 Prynne, Hester

17세기 미국의 매서추세츠 주 세일럼을 배경으로 한 호손Nathaniel Hawthorne의 소설 『주홍글자The Scarlet Letter』(1850)에 등장하는 간통한 여인. 젊은 기혼녀로 남편보다 먼저 미국으로 건너와 사는데 남편이 없는 사이에 딤즈데일 목사와 불륜으로 사생아를 낳는다. 그에 대한 벌로서 그녀는 가슴에 주홍색(죄의 색깔) 'A'(간통Adultery의 첫 글자)를 달고 다녀야만 했다. 하지만 그녀는 사람들의 멸시에도 용기를 보여 준다. 그녀는 아기 아버지의 이름을 밝히는 것을 끝내 거부하고, 'A'란 글자를 화려하게 수놓아 아름다운 것으로 변모시킨다. 그녀와 대조적으로 딤즈데일 목사는 자기의 죄를 시인할 용기가 없다. 그러는 사이에 헤스터의 남편인 칠링워즈가 영국에서 건너와 딤즈데일을 의심하고 잔인하게 괴롭힌다. 딤즈데일은 최후에는 마을 청중 앞에서 7년 간 자신을 괴롭힌 죄를 고백하고 헤스터와 딸 펄이 지켜보는 가운데 숨을 거둔다. ⇨ 딤즈데일

### 프쉬케 그Psyche

사랑의 신 에로스(로마 신화에서는 '쿠피도', 영어로는 '큐피드')한테 사랑을 받은 여성. 그리스어로 '영혼soul', '정신mind', '숨결breadth'이라는 뜻이다. 그녀는 자신이 너무 아름다워서 남자들이 숭배만 할 뿐 구애는 하지 않는 것을 유감스럽게 생각했다. 그런데 에로

스는 절대로 자기의 이름을 묻거나 얼굴을 보지 말라는 조건으로 매일 밤 프쉬케를 찾았다. 그러나 프쉬케는 '네 남편도 모르느냐'는 언니들의 충동질에 어느 날 밤 램프에 불을 켜 잠든 에로스를 보았다. 그런데 그의 매우 잘생긴 얼굴에 놀라 등잔기름을 떨어뜨려 에로스가 잠에서 깨고 말았다. 에로스는 바로 달아났고 그녀를 사랑의 여신인 어머니 아프로디테의 처분에 맡겼다. 프쉬케는 에로스를 찾아 오래도록 온 세상을 떠돌아 헤매었고 마침내는 아프로디테의 시험을 거쳐 에로스와 결합하고 영생불사하게 되었다. 세월이 흘러 볼룹타스Voluptas('쾌락pleasure'이라는 뜻)라는 딸을 낳았다. 프쉬케는 인간의 영혼을 상징하게 되었다. 이 이야기는 로마 시인 아풀레이우스Lucius Apuleius의 『황금 당나귀The Golden Ass』(원제목은 '변신 이야기Metamorphoses')에 상세히 나오고 나중에 보카치오Giovanni Boccacio, 세르반테스Miguel de Cervantes, 필딩Henry Fielding, 스몰리트Tobias Smollett 등에게 큰 영향을 끼쳤다.

### 플라우투스 라Plautus 기원전 254년경~184

로마의 희극 작가. 『바키데스Bacchides』, 『쌍둥이 메나이크Menaechmi』 등의 작품을 남겼다. 『쌍둥이 메나이크』는 셰익스피어William Shakespeare의 『실수연발The Comedy of Errors』의 씨앗을 엿볼 수 있는 작품이고, 늙은 수전노와 황금단지Aulularia에 관한 희극은 몰리에르Molière의 『수전노L'Avare』(1669)의 모델을 제공했다.

### 플라톤 그Platon 영Plato 기원전 427년경~347

고대의 3대 그리스 철학자 중 한 명. 플라톤은 소크라테스Sokrates 다음, 아리스토텔레스Aristoteles보다 앞 세대이다. 아테나이의 아카데메이아(학교)를 창설했다. 그의 철학 체계는 순수하고 영원한 형상(그ㅣeidos 영ㅣforms) 혹은 이데아idea에 바탕을 둔다. 플라톤의 철학에서 개개의 물질은 이런 영원한 원형에 대한 모방에 지나지 않는다. 플라톤이 즐겨 한 논술 방법은 대화dialogue이고, 『파이돈Phaidon』, 『향연Symposion』, 『국가Politeia』 등 거의 모든 저서를 대화 형식으로 썼다. 플라톤은 서양 사상의 흐름에 심오한 영향을 끼쳤다. 『향연』에서는 소크라테스가 정의한 사랑의 본질을 논하면서 정신적 결합을 육체적 사랑보다 높은 위치에 두었다. 여기에서 "플라톤적 사랑Platonic love"이라는, 이성 간의 비육체적 관계를 뜻하는 개념이 파생되었다.

### 플란더즈, 몰 Flanders, Moll

디포Daniel Defoe의 소설 『몰 플란더즈Moll Flanders』(1721)의 여주인공. 이 소설은 자서전 형식으로 쓰여 있다. 런던 뉴게이트 감옥에서 태어난 몰은 창녀, 도적, 죄수가 된다. 다섯 번 결혼하고 마지막에는 미국 버지니아로 유형에 처해진다. 하지만 그곳에서 식민자로서 성공을 거두어 과거의 죄를 뉘우치고 행복하게 산다. 그녀의 이야기를 소재로한 영화로는 펜 덴섬 감독의 극장용 영화(1996)와 데이비드 앳우드 감독의 TV용 영화(1996)가 있다.

## 플레이아데스 Pleiades

그리스 신화에 나오는 님페(요정)들. 아틀라스와 플레이오네의 일곱 딸(알퀴오네, 켈라이노, 엘렉트라, 마이아, 메로페, 스테로페(아스테로페), 타위게테)로 아르카디아의 퀼레네 산에서 태어났다. 오리온한테 5년 동안 추격당하다가 비둘기로 변신했는데 제우스가 불쌍히 여겨 별로 만들었다. 일곱 자매들은 하늘에 고정된 별자리(플레이아데스 성단)가 되었다. 그러나 그 중에 한 별(메로페)은 인간(시쉬포스)과 결혼한 것을 수치스럽게 여겨 자신의 모습을 드러내길 원치 않았다. 그래서 실제로는 일곱 별 중 여섯 별만 눈에 보인다.

## 플로라 라Flora

고대 로마의 풍작·꽃의 여신. 유노(헤라)는 유피테르(제우스)가 여성과 통정하지 않고 미네르바(아테나)를 낳자 자신도 남성의 도움 없이 아이를 낳고 싶었다. 그래서 플로라에게 자신을 허브로 건드리게 해서 전쟁의 신 마르스(아레스)를 임신했다. 오비디우스Ovidius는 플로라가 사실은 클로리스란 그리스 님페(요정)이며 어느 봄날 서풍 제퓌로스한테 납치되어 결혼했다고 한다. 제퓌로스는 플로라에게 꽃을 지배하는 힘을 주었고, 꿀과 꽃씨는 그녀가 인간에게 주는 선물이다. 이 신은 키르쿠스 막시무스Circus Maximus(25만 명 이상의 관객을 수용했다는 로마의 대경기장) 부근에 신전과 특별한 사제司祭를 갖고 있었다. 플로라는 보티첼리Sandro Botticelli의 「프리마베라Primavera」('봄'이란 뜻)에 아름다운 모습으로 그려졌다.

이블린 드 모건, 「플로라」, 런던 드 모건 센터

### 플로베르, 귀스타브 Flaubert, Gustave 1821~80

프랑스 자연주의를 대표하는 소설가. 세심한 단어 선택과 정확한 묘사로 알려졌다. 대표작으로 『보바리 부인*Madam Bovary*』(1856)이 있다.

### 플루타르코스 ㉈Ploutarchos ㉎Plutarch 50년경~120년경

그리스의 철학자·전기 작가. 저서로는 『윤리논집*Ethika*』과 『대비열전對比列傳(*Bioi Paralleloi*)』이 있다. 『대비열전』은 '플루타르코스 영웅전'으로 널리 알려져 있는데, 제목 그대로 그리스와 로마 정치가 중에서 비슷한 생애를 보낸 사람들을 대비하여 기술한 것이다. 총 23조로 구성된 『대비열전』은 46명의 인물을 그렸으며 각 조의 끝에는 두 인물에 대한 비교 평론이 있다. 이 밖에 4명에 대한 전기가 별도로 실려 있다.

### 플루톤 ㉈Plouton ㉎Pluto ⇨ 하데스

### 피가로 Figaro

프랑스의 극작가 보마르셰Pierre-Augustin Caron de Beaumarchais의 세 편의 희곡, 즉 『세비야의 이발사*Le Barber de Séville*』(1775), 『피가로의 결혼*Le Mariage de Figaro*』(1784), 『죄 많은 여인*La Mère Coupable*』(1792)에 등장하는 교활한 에스파냐의 이발사. 이 희곡들은 오페라로 작곡되어 많은 사랑을 받았다. 이 중 『세비야의 이발사』는 1782년에 파이지엘로 Giovanni Paisiello가, 1816년에는 로시니Gioacchino Antonio Rossini가 오페라로 작곡했다. 『피가로의 결혼』은 모차르트Wolfgang Amadeus Mozart가 1786년에 오페라로 공연하여 많은 호응을 얻었다. 이들 작품은 지금도 오페라로 공연되어 많은 사랑을 받는다.

### 피 같은 땀 Bloody sweat

'극심한 고통과 고뇌'라는 뜻. "예수께서 힘쓰고 애써 더욱 간절히 기도하시니 땀이 땅에 떨어지는 피방울같이 되더라"(눅 22:44)고 한 데서 비롯한 말이다. 예수가 십자가에 못 박히기 전에 겟세마네 동산에서 기도하는 모습이다.

### 피네우스 ㉈Phineus

1)에티오피아 왕 케페우스의 동생. 안드로메다(어머니는 캇시오페이아)의 삼촌이다. 캇시오페이아는 자기가 바다의 요정들nereids보다 훨씬 아름답다고 뽐내다가 해신海神 포세이돈의 분노를 샀다. 화난 포세이돈을 달래기 위해 케페우스는 딸 안드로메다를 바위의 낭떠러지에 묶어 놓아 포세이돈이 보낸 바다괴물한테 잡아먹히도록 했다. 피네우스는 안드로메다와 약혼한 사이였으나 바다괴물을 죽일 용기가 없었다. 마침 메두사를 처치하고 그곳을 지나던 페르세우스가 괴물을 퇴치하고 안드로메다를 구했

다. 피네우스가 자신이 약혼자라며 권리를 주장하자, 페르세우스는 자신이 가지고 있던 메두사의 머리를 내보여 피네우스를 바위로 변신시켜 버렸다.

2)포세이돈의 아들인 트라케 왕. 보레아스의 딸 클레오파트라의 남편이다. 그는 두 아들의 시력을 빼앗았고, 자신도 신들에 의해 시력을 잃었다. 하르퀴아들이 그의 음식을 훔쳐 가고 더럽혔지만, 처남인 제테스와 칼라이스가 그를 구해 주었다. 그가 위험한 쉼플레가데스(부딪치는 바위들)를 통과하는 법을 아르고호 선원들(아르고나우타이)한테 가르쳐 주었을 때 그 대가로 신들이 시력을 회복시켜 주었다.

### 피노키오의 코 Pinochio's nose

거짓의 지표. 이탈리아의 동화 작가 콜로디Carlo Collodi의 『피노키오의 모험Le Aventure di Pinocchio』(1883)에는 생명을 얻게 된 나무인형 피노키오가 등장한다. 피노키오의 가장 큰 특징은 요상한 코인데, 피노키오가 거짓말을 할 때마다 조금씩 길어진다.

### 피데스 라Fides

신의信義를 의인화한 로마의 여신. 그녀에 대한 숭배는 로마의 두 번째 왕인 누마가 제도화하였다. 하얀 옷을 입고 전차를 모는 모습으로 그려지며, 그녀의 솔직함과 신의를 상징하기 위해 오른 손바닥이 펼쳐져 있다.

### 피스가 산 Mount Pisgah ⇨ 비스가 산

### 피에리아 샘 Pierian spring

올림포스 산 북쪽 기슭의 피에리아에 있는 샘. 무사들Mousai에 대한 숭배가 초기에는 이 샘에서 시작했다가 나중에 헬리콘 산으로 옮겨갔다. 여기에서 '영감', '학문'이란 뜻이 생겨났다. 포우프Alexander Pope의 『비평론Essay on Critcism』(ⅱ)에 있는 유명한 2행 연구에서 피에리아 샘을 이런 의미로 썼다. "조금 아는 것은 위험한 것이다 / 피에리아 샘물을 깊이 들이켜라, 아니면 아예 맛보지도 말라A little learning is a dangerous thing / Drink deep, or taste not the Pierian spring".

### 피첨, 폴리 Peachum, Polly

게이John Gay의 오페레타 「거지 오페라The Beggar's Opera」(1728)에 등장하는 피첨의 쾌활하고 토실토실한 딸. 20세기 독일의 극작가 브레히트Bertolt Brecht는 게이의 작품을 번안한 사회 풍자극 『서푼짜리 오페라Die Dreigroschenoper』(1928)를 썼다.

### 피쿠스 라Picus

이탈리아의 농업신. 사투르누스의 아들이며 예언력을 가진 이탈리아의 초대 왕이다.

## 피크윅 Pickwick

디킨스Charles Dickens의 소설 『피크윅 페이퍼즈*Pickwick Papers*』(1837)의 주인공. 피크윅 클럽의 소박하고 순진한 창설자이다. 피크윅 씨는 친구들과 함께 즐거운 유람에 나서는데, 19세기 영국인들이 겪을 만한 온갖 상황을 만난다. 그는 바델 부인한테 결혼 파기에 대한 책임 때문에 고발당해 패소한다. 그러나 손해배상을 거부하여 그의 친구이자 종자從者인 샘 웰러와 함께 투옥된다. 피크윅 씨는 고도로 모욕적인 언사를 완전히 본의가 아닌, 해롭지 않은 방식으로 사용하는 버릇이 있다. "피크윅적인 의미에서in a Pickwickian sense"라는 말은 피크윅 씨의 언어 구사 특징에서 빌려와 '특수한(우스꽝스런) 뜻에서'라는 뜻으로 쓰인다.

## 피터 팬 Peter Pan

배리James Matthew Barrie가 『피터 팬*Peter Pan*』(1904)에서 창조한 주인공. 켄징튼 가든즈의 요정나라인 네버네버랜드에 사는 영원히 늙지 않는 소년이다. 피터는 달링가家 아이들을 데리고 모험을 떠나 후크 선장과 해적들과 싸움을 벌인다. 피터 팬은 '영원한 소년'의 상징이다. 1912년 런던 켄징튼 가든즈에 피터 팬 상像이 세워졌다.

## 필레몬과 바우키스 Philemon and Baucis

소아시아 프뤼기아에 살던 가난하고 늙은 부부. 제우스와 헤르메스가 나그네 모습으로 변장하여 프뤼기아에 왔을 때에 부자들은 신들을 내쫓았지만 가난한 필레몬과 바우키스는 신들을 친절하게 환대했다. 그 보상으로 신들은 부부를 홍수로부터 구해 주었고, 가난한 집을 신전으로 만들어 주고 동시에 죽게 해달라는 소원을 들어 주었다. 톨스토이Lev Nikloaevich Tolstoi의 단편 「사람은 무엇으로 사는가」에는 천사를 친절하게 대접한 가난한 부부 이야기가 나오는데 이것은 필레몬과 바우키스의 이야기에서 영향을 받은 듯하다. 이에 대한 이야기는 오비디우스Ovidius의 『변신 이야기*Metamorphoses*』 (viii)에 나온다.

## 필로멜라 ㄱPhilomela 영Philomel

아테나이의 전설적인 왕 판디온의 딸. 프로크네의 동생이다. 프로크네는 트라케의 왕 테레우스와 결혼하여 이튀스란 아들을 낳았다. 결혼한 지 5년째 되던 해에 동생이 무척 보고싶어 아테나이에 다녀오겠다고 했더니 테레우스가 직접 필로멜라를 데려오겠다고 했다. 테레우스는 판디온의 궁정에서 필로멜라를 본 순간 격렬하게 일어난 욕정을 감추지 못하고 트라케에 도착하자마자 그녀를 겁탈하고서는 항의하는 그녀의 혀를 자르고 오막살이에 가두어 버렸다. 그러나 필로멜라는 겁탈 장면을 수로 놓아 몸종을 통해 언니한테 전달했다. 프로크네와 필로멜라 자매는 테레우스에 대한 복수를 마음 먹고 이튀스를 죽여 음식으로 만들어 테레우스한테 주었다. 식사 도중 필로멜라는 이튀스의 머리를 식탁에 팽개쳤다. 격노한 테레우스가 칼을 빼들고 두 자매를 죽이려 추격하려는 찰나 신들은 테레우스를 후투티로, 필로멜라를 제비로, 프로크네를 나이팅게일로 변신시켰다고 한다(로마 신화에서는 필로멜라가 나이팅게일로, 프로크네가 제비로 변신했다고 한다). 아리스토파네스Aristophanes의 희극『새들Omithes』에 테레우스는 후투티의 모습으로 등장한다. 이 이야기는 많은 영국 작가가 작품에서 다루었다. 대표적인 작가로는 초서Geoffrey Chaucer, 스펜서Edmund Spenser, 셰익스피어William Shakespeare, 밀튼John Milton, 시드니Philip Sidney, 키츠John Keats, 아널드Matthew Arnold, 스윈번Algernon Charles Swinburne, 와일드Oscar Wilde, 엘리어트Thomas Stearns Eliot 등이 있다. 필로멜라와 관련한 이야기는 오비디우스Ovidius의『변신 이야기Metamorphoses』(vi), 아폴로도로스Apollodoros의『비블리오테케Bibliotheke』(iii), 파우사니아스Pausanias의『그리스 안내기Periegesis Hellados』(i) 등에 나온다.

## 필록테테스 ㄱPhiloktetes 영Philoctetes

헤라클레스가 화장단火葬壇에서 죽어갈 때 장작에 불을 붙여 준 친구. 헤라클레스는 자기의 활과 휘드라의 독을 묻힌 화살을 필록테테스한테 주면서 자기의 매장지를 남에게 알리지 말도록 부탁했다.(필록테테스의 아버지 포이아스가 화장단에 불을 붙여 주고 헤라클레스의 활과 화살을 얻었다는 이야기도 있다.) 필록테테스는 헬레네한테 구혼한 구혼자 중의 한 사람이며, 일곱 척의 배로 트로이아 전쟁에 참가하기도 했다. 그는 그리스군이 테네도스 섬에 있을 때에 독사에 물리어 상처가 썩어 지독한 악취를 풍겼다.(혹은 고통을 참지 못해 엄청난 고함을 질렀다.) 그래서 오뒷세우스가 제안하여 그만 렘노스 섬에 남겨 둔 채 모두 떠나가 버렸고, 그는 트로이아 전쟁이 진행된 이후 9년째까지 울분을 참고 렘노스 섬에서 분개하며 지냈다. 아킬레우스가 죽고 난 뒤 예언자 헬레노스를 통해 트로이아는 헤라클레스의 활과 화살 없이는 점령될 수 없음을 알게 되었다. 마침내 오뒷세우스와 디오메데스(어떤 이야기에서는 아킬레우스의 아들 네옵톨레모스)가 필록테테스를 데리러 가자 필록테테스는 그들을 죽이려 했다. 그런데 헤라클레스의 망령이 나타나, 트로이아에서 싸우는 것이 그의 임무이고 거기서 상처도 낫게 될 것이라고 말한다. 마침내 그의 상처는 마카온이 낫게 해주었고, 그는 전쟁터에 나가 파리스를 비롯하여 많은 그리스군을 죽였다. 이 이야기를 다룬 소포클레스Sophokles의 비극 『필록테테스 *Philoctetes*』가 있다. 그 밖에 호메로스Homeros의 『일리아스*Ilias*』(ii), 오비디우스Ovidius의 『변신 이야기*Metamorphoses*』(ix·xiii) 등에도 이와 관련한 이야기가 나온다.

## 필립포스 왕 공격 연설 Philippic

'격렬한 탄핵(공격) 연설'이란 뜻. 고대 그리스의 웅변가이자 정치가인 데모스테네스 Demosthenes는 아테나이인이 아테나이를 위협에 오는 마케도니아의 필립포스 왕에게 저항하도록 하기 위하여 웅변을 통해 필립포스 왕을 자주 공격했다. 그의 웅변은 신랄함, 비난, 독설로 가득 차 있었다.

# ㅎ

### 하갈 Hagar

아브라함의 아내인 사라의 이집트 하인. 아브라함의 아들 이스마엘을 낳고는 자식이 없는 사라에게 오만하게 굴었다. 이후 사라는 이삭을 낳자 하갈과 이스마엘을 광야로 쫓아낸다. 그들이 사막에서 목말라 죽게 되었을 때 여호와의 천사가 우물을 알려줘서 그들의 목숨을 구해 주었다(창 21). ⇨ 이스마엘

### 하기아 소피아 Hagia Sophia

터키 이스탄불에 있는 웅장한 그리스 정교회 성당. 현재는 미술관으로 사용된다. 하기아 소피아는 '성스런 지혜Holy Wisdom'를 의미하며, 예수의 동방정교회의 칭호이다. 하기아 소피아(6세기), 이스탄불 쉴레이마니에 사원Ystanbul Süleymaniye Mosque(16세기) 등 이스탄불 역사 유적은 1985년에 유네스코 세계 문화유산으로 지정되었다.

### 하느님과 재물 God and Mammon ⇨ 맘몬

### 하느님의 아들 Son of God

'그리스도'를 뜻하는 말. "네가 하느님의 아들이냐 대답하시되 너희들이 내가 그라고 말하고 있느니라"(눅 22:70) 한 데서 비롯하였다. 「욥기」 38장 7절에 나오는 천사들을 뜻하는 "하느님의 아들들sons of God"과는 다르다.

### 하느님의 어린 양 Lamb of God

'예수 그리스도'를 뜻하는 말. 세례자 요한이 예수를 가리켜 "보라 세상 죄를 지고 가는 하느님의 어린 양이로다" 한 데서 비롯하였다. 이 말은 새 유월절의 희생양으로서 예수의 십자가형과 부활을 나타내는 이미지이다.

### 하느님의 지팡이 Heavenly rod

모세가 들고 있던 지팡이. the staff of God이라고도 한다. "모세가 여호수아에게 이

르되 우리를 위하여 사람들을 택하여 나가서 아말렉과 싸우라 내일 내가 하느님의 지팡이를 손에 잡고 산꼭대기에 서리라"(출 17:9) 한 데서 비롯하였다.

### 하늘문 Heaven's gate

하늘로 통하는 문. 야곱이 '사다리 환상'에서 깨어났을 때 "두렵도다 이곳이여! 이것은 다름 아닌 바로 하느님의 집이요 하늘의 문이로다"(창 28:17) 하고 외친 데서 비롯하였다. 야곱이 형 에서를 피해 하란에 사는 삼촌집으로 피난을 가는 도중 베델에서 잠들었는데 꿈에 하느님의 사자가 사닥다리를 타고 하늘과 땅을 오르락내리락하는 것을 본다. ⇨ 야곱의 사다리

### 하늘에서 내린 만나 Manna from heaven

하느님의 축복의 상징. 오늘날은 '전혀 기대하지 않았던 선물이나 발견'을 의미한다. '만나manna'란 말은 히브리어로 "이게 무엇이냐"라는 뜻이다. 『구약성서』에서는 "사람이 사는 땅에 이르기까지 이스라엘 자손이 사십 년 동안 만나를 먹었으니 곧 가나안 땅 접경에 이르기까지 그들이 만나를 먹었더라"(출 16:35) 하는 구절에서 볼 수 있다. 이스라엘 사람들은 40년 동안 광야를 방황하면서 만나를 양식으로 삼았는데, 이것은 타마리스크 나무의 세크레틴임이 밝혀졌다.

### 하늘의 여왕 Queen of heaven

가나안의 아스다롯 또는 바빌론의 이쉬타르를 뜻하는 말. "자식들은 나무를 줍고 아버지들은 불을 피우며 부녀들은 가루를 반죽하여 하늘의 여왕을 위하여 과자를 만들며"(렘 7:18)라는 구절에서 비롯하였다. 이들은 풍년과 전쟁을 주관하는 신으로 섬김을 받았다. 일월성신日月星辰을 의미하기도 한다.

### 하데스/하이데스 ㄱHades/Haides

사자死者의 세계를 다스리는 신. 그리스어로 '눈에 보이지 않는invisible'이라는 뜻이다. 제우스의 형으로, 그 이름은 하계下界(冥界) 자체를 뜻하는 데 사용되기도 한다. 타르타로스와 에레보스는 하계의 두 구분인데, 타르타로스('가장 비참한'이란 뜻)가 둘 중 더 깊은 곳이고 가이아의 아들들(티탄들)이 갇힌 감옥이며, 에레보스('함정pit'이라는 뜻)는 사람이 죽자 마자 가는 곳이다. 하지만 번번히 둘 사이에는 아무런 구별이 없고, 어느 것이나 특히 타르타로스가 하계 전체의 이름으로 쓰인다. 하데스는 기독교 시대에 이르러서는 '지옥'이란 뜻으로 한층 더 많이 사용되었다. 그러나 그리스 신화에서 하데스는 하계, 즉 땅 밑 세계란 뜻이며, 그곳에는 나쁜 짓을 한 자가 벌을 받는 곳도 있지만,

엘뤼시온(그 | Elysion 영 | Elysium)처럼 영웅과 선한 자들이 행복하게 사는 낙원도 있다. 엘뤼시온은 그리스어로 '행복한', '즐거운'이란 뜻이다. 하데스는 디스Dis라고도 하며, 로마 신화에서는 오르쿠스Orcus라 한다. 지하의 부富를 인간에게 가져다 준다고 해서 플루톤(그 | Plouton 영 | Pluto)이라고도 한다.

「토마스 하디」

**하디, 토머스 Hardy, Thomas 1840~1928**
영국의 소설가·시인. 처음에 시를 썼으나 소설로 전향하여 『귀향The Return of the Native』(1878), 『더버빌가家의 테스Tess of the d'Urbervilles』(1891), 『무명無名의 주드Jude the Obscure』(1895) 등을 썼다. 그러나 최후의 소설이 된 『무명의 주드』에 대한 혹평 때문에 다시 시를 썼다. 그의 작품은 염세주의적인 경향이 강했는데 대표적으로 『웨섹스 시집Wessex Poems』(1898), 나폴레옹의 전쟁을 다룬 시극 『패왕覇王들The Dynasts』(3부작, 1903~8) 등이 있다.

**하루살이는 걸러 내고 낙타는 삼키다 Strain at a gnat and swallow a camel**
예수가 외형에만 치중하는 바리새인들을 비판한 말. 사소한 것만 가지고 왈가왈부하고 정말 중요한 요점은 무시한다는 뜻이다. "하루살이는 걸러 내고 낙타는 삼키는도다"(마 23:24) 한 데서 비롯하였다.

**하르모니아 ⃝Harmonia ⃝Harmony**
전쟁의 신 아레스와 사랑과 미美의 여신 아프로디테의 딸. 제우스가 하르모니아를 테바이 건설자 카드모스와 결혼시켰는데, 이때에 모든 신은 천계天界를 떠나 카드메이아(테바이)에서 잔치를 벌여 축하했다. 신들이 신랑 신부한테 선물을 주었는데 그 중 아테나가 준 장의長衣와 헤파이스토스가 준 목걸이가 유명하다. 그런데 이 목걸이는 그녀의 자손들한테 재앙을 가져왔다. 하르모니아는 딸 아우토노에, 이노, 세멜레, 아가우에와 아들 폴뤼도로스를 낳았다.

**하르퓌이아들 ⃝Harpyia(단) Harpyiai(복) ⃝Harpy(단) Harpies(복)**
해신海神 타우마스(폰토스의 아들)와 바다요정의 딸들. 포다르게, 아일로, 오퀴페테 셋이

다. 사람을 실어가 버리는 바람에 대한 의인화, 혹은 살아 있는 사람의 영혼을 낚아채 가는 죽은 자들의 영혼이라고 생각되었다. 처녀의 얼굴에 몸은 독수리 형상이며 긴 발톱을 가진 혐오스런 새로 그려진다. "황금양털Golden Fleece 이야기"에서 하르퓌이아들은 늙은 장님인 피네우스의 음식을 훔쳐 먹은 뒤 지독한 악취를 남겼다. 현대적 용법에서 단수형 하르퓌이아(그 | Harpyia 영 | harpy)로 쓰면 '탐욕스런 사람(일반적으로 여자지만 때로는 남자)' 혹은 '비열하고 바가지 긁는 여자'를 뜻한다. 이 이름에는 '날치기꾼들, 도둑들snatchers'이란 뜻이 있다. 이 이야기는 헤시오도스Hesiodos의 『신통기Theogonia』, 아폴로니오스Apollonios Rhodos의 『아르고나우티카Argonautika』 등에 나온다.

### 하마 Behemoth

'거대한 짐승'이라는 뜻. 「욥기」 40장 15~24절에서 여호와의 창조 능력을 대변하는 것으로 폭풍 가운데서 들리는 목소리가 이 짐승을 예로 들고 있다.

### 하마드뤼아데스 그Hamadryades 영Hamadryads ⇒ 드뤼아스들

### 하만 Haman

유대인의 원수. 유대인 모르드개가 자기에게 절하기를 거부하는 데에 격노해서 유대인 포로를 다 죽이고 모르드개를 목 매달 음모를 꾸몄다. 그러나 아하수에로 왕의 왕비 에스더가 그의 계획을 좌절시켰고 나중에는 자신이 오히려 교수형을 당했다. 「에스더서」에 나오는 이 일화는 유대인이 부림절 축제 때에 찬미한다. 그 축제 때 먹는 삼각형 케이크 하만타셴hamantaschen은 '하만의 돈지갑'에서 비롯한 것이라고 한다. ⇒ 에스더

### 하멜른의 얼룩덜룩한 옷 입은 피리꾼 Pied Piper of Hamelin

독일 민화民話. 1284년 독일의 하멜른에는 쥐들이 득실거렸다. 이때 얼룩덜룩한 옷을 입고 피리를 부는 신비로운 나그네가 나타나 쥐를 소탕해 주겠다고 하며 대가를 요구했다. 시장은 그의 제의에 동의하고 낯선 피리꾼은 미묘한 피리 소리로 쥐들을 모두 강에 빠뜨려 죽였다. 그런데 시장이 약속을 지키지 않자 피리꾼은 복수하기로 마음먹고 온 동네의 아이들을 피리 소리로 홀려서 동굴 속으로 데리고 가 버렸고 그 중에 두 아이만 돌아왔다. 이 전설을 소재로 한 그림Grimm 형제의 동화와 브라우닝Robert Browning의 같은 제목의 시가 있다.

### 하박국 Habakkuk

『구약성서』의 한 책. 기원전 586년 예루살렘의 멸망 직전에 쓰인 짧지만 심오한 책이

다. 하박국 선지자는 죄를 지은 자기 백성을 벌하기 위해 사악한 적을 사용하는 하느님의 행위에 의문을 제기한다. 그러나 그는 의와 믿음의 힘에 의한 최후의 승리에 대한 비전을 통해 이 문제를 해결한다.

### 하얀 코끼리 White elephant

타이의 성스런 동물. 엄청난 양의 식량을 필요로 하기에 왕이 어떤 사람의 파멸을 원하면 그에게 하얀 코끼리를 주었다고 한다. 하얀 코끼리는 유지하는 데 파멸할 만큼의 비용이 드는 물건이나 취미 혹은 호사를 뜻한다.

### 하얀 토끼 White Rabbit

캐럴Lewis Carroll의 『이상한 나라의 앨리스Alice's Adventures in Wonderland』(1865)에 나오는 토끼. 앨리스는 이 토끼를 추격하다가 토끼 구멍에 빠져 이상한 나라로 가게 된다. 토끼는 언제나 조급하여, 조끼에서 시계를 꺼내서는 "으악, 큰일 났어, 큰일 났어, 늦었어 Oh dear! Oh dear! I shall be late!!"라고 말한다. 흔히 하얀 토끼를 들어 비유하는 것은 무언가 분명치 않은 일에 언제나 매우 분주하고 잘난 척하며 막연히 우스꽝스런 인물임을 암시하는 것이다.

### 하와 Eve

이브의 다른 이름. ⇨ 아담, 이브

### 하이데스 그Haides ⇨ 하데스

### 하이얌 Khayyám, Omar 1048년경~1131년경

페르시아의 물리학자·수학자·의사·철학자·천문학자·시인. 『루바이야트Rubáiyát』(루바이야트란 4행시라는 뜻을 가진 '루바이'의 복수형. 이 시집에 실린 모든 시는 4행으로 쓰여 있다)를 지었다. 이 작품은 피츠제럴드Edward Fitzgerald가 1859년에 번역해 널리 알려졌다. 레바논 출신의 프랑스 작가 말루프Amin Maalouf는 소설 『사마르칸드Samarkand』에서 오마르 하이얌의 일생과 『루바이야트』의 행방을 둘러싼 흥미진진한 이야기를 펼친다.

### 하이어워사 Hiawatha

북아메리카 이로쿼이 인디언들의 전설적 영웅. 롱펠로Henry Wadsworth Longfellow의 장편 이야기 시 「하이어워사의 노래The Song of Hiawatha」(1855)는 그의 생애를 노래한 것이다.

### 하트의 왕 The King of Hearts

캐럴Lewis Carroll의 『이상한 나라의 앨리스Alice's Adventures in Wonderland』(1865)에 등장하

는 친절하고 소심한 트럼프 카드의 왕. 바가지 긁는 아내 하트의 왕비The Queen of Hearts에게 위협을 받는다.

## 하트의 잭 The Knave of Hearts

캐럴Lewis Carroll의 『이상한 나라의 앨리스Alice's Adventures in Wonderland』(1865)에 등장하는 소심한 트럼프 카드의 잭. 시를 쓰고, 왕비의 타트(오븐 파이)를 훔쳐 먹었다고 고소당한다.

## 학개 Haggai

『성서』에 나오는 예언자. 『구약성서』「학개」의 저자이다. 스가랴와 동시대의 사람으로 이스라엘 사람들이 바벨론 유수에서 돌아온 뒤에 예언자로 활동했다. 사람들이 성전을 제대로 재건하지 못하는 것을 꾸짖고 하느님의 도움과 자비를 믿고 일을 시작할 것을 격려했다. 그는 새로 지은 성전이 처음 성전보다 영광이 더 클 것이라고 예언했다(학 2:9).

## 한나 Hannah

선지자 사무엘의 어머니. 이름은 '은총을 입었다'는 뜻이다. 아이를 낳지 못했으나 여호와가 아들을 주면 성전에 바치겠다고 서원했다. 하느님이 그녀의 기도를 들어 아들을 주었다(삼상 1:2).

## 한 몸 One flesh

결혼으로 이루어진 남편과 아내 사이의 친밀한 관계를 뜻하는 말. "이러므로 남자가 부모를 떠나 그 아내와 연합하여 둘이 한 몸을 이룰지로다"(창 2:24) 한 데서 비롯하였다.

## 할례割禮 Circumcision

포경包莖수술. 남자 성기의 표피를 베어 내는 의식이다. 어원은 '둥글게 벰cutting around'이다. 원래 아브라함과 하느님 사이에 맺은 언약의 표시로 행해졌다(창 17장). 남자 아이가 태어나 8일째 되는 날 행해졌는데 이는 그 아이가 아브라함의 언약에 참예한다는 의미이다. 할례는 하느님이 부른 사람들과 맺은 언약에는 반드시 하느님에 대한 순종과 헌신이 그 대가로 수반된다는 것을 상징한다. ⇨ 언약

## 할퀴오네 ㄱHalkyone ⇨ 알퀴오네

## 함 Ham

노아의 세 아들 중 한 명. 셈과 야벳의 형제이다. 『성서』에 의하면 노아의 홍수 이후 노아

와 그의 가족만 살아남았기 때문에 그의 후손이 온 세상에 퍼졌다고 한다. 이집트는 '함의 나라'라고 불리며, 그는 이집트인과 이집트 남쪽 아프리카 사람들의 시조로 간주된다. 노아가 술에 취해 발가벗자 다른 형제는 얼굴을 돌리고 뒤로 걸어가 아버지가 벗은 것을 덮어 준 반면에 함은 발가벗은 것을 본(창 9:22~26) 죄악 때문에 그들의 피부가 검게 되었다는 얘기가 생겨났다. 노아가 정신이 들어 아들의 행위를 알게 된 뒤 함의 아들인 가나안을 저주하여 "가나안은 저주를 받아 그의 형제의 종들의 종이 되기를 원하노라"(창 9:25) 했다. 이 이야기는 현대까지도 인종 차별의 근거로 사용되곤 한다. ⇒ 종들의 종

## 함께 제비를 뽑다 Cast in one's lot among/Cast in one's lot with

'파트너가 되어 운명을 함께하다'라는 뜻. "너는 우리와 함께 제비를 뽑고 전대纏帶 하나만 두자"(잠 1:14) 한 데서 비롯하였다.

## 해 아래 새로운 것이 없다 Here is no new thing under the sun

세상만사가 새로운 것이 없이 그저 되풀이되기 때문에 헛되다는 뜻. 「전도서」의 서두에 나오는 말이다. "이미 있던 것이 후에 다시 있겠고 이미 한 일을 후에 다시 할지라 해 아래 새 것이 없나니"(전 1:9) 한 데서 비롯하였다.

## 햄리트 Hamlet

셰익스피어William Shakespeare의 비극 『햄리트Hamlet』(1602년경)의 주인공. 고민이 많은, 지나치게 내성적인 덴마크 왕자이다. 많은 사람이 그를 영문학에서 최초로 나타나는 진실된 현대적 인물이라고 여긴다. 아버지의 죽음에 대한 심사숙고, 어머니와 클로디어스(숙부이며 살인자)의 결혼, 위장한(어쩌면 진짜) 광기, 자살에 대한 고민은 수많은 해석을 낳았다. 햄리트는 행동할 수도 없고, 행동하지 않고서는 평화로이 살 수도 없다. 여러 역할을 하는 데 매혹되고, 주위의 부패를 의식하면서도 대항할 힘은 없는 그는 우리 시대 사람들의 마비된 의식과 자의식을 체현한다. 이 극에는 "살 것인가 죽을 것인가, 그것이 문제다To be, or not to be, that is the question"로 시작하는 햄리트의 자살에 관한 독백을 포함하여 유명한 구절이 많다.

## 행복幸福의 섬 Islands of the Blessed

그리스·로마 신화와 켈트 전설에 나오는 지복至福의 나라. 헤시오도스Hesiodos에 의하면 제우스는 영웅시대에 선택된 자들의 일부를 지구의 끝에 위치한 장소에 정착시켰고, 거기서 그들은 아무런 걱정 없이 살았다. 이곳을 헤시오도스는 "축복받은 자의 섬 Islands of the Blessed"이라 불렀다. 그곳은 호메로스Homeros가 말한 엘뤼시온(혹은 '엘뤼시

온의 들판')과 유사하다. 이곳의 다른 시적인 이름은 '행운의 섬Fortunate Islands', '행복의 섬Happy Islands'이다. 지금은 천국 혹은 낙원paradise의 뜻으로 쓰인다. 여기서 행복의 섬은 '축복받은 자의 섬'의 별명이다. 테니슨Alfred Tennyson의 시 「율리시즈Ulysses」에는 이렇게 묘사되어 있다. "어쩌면 우리가 행복의 섬에 다다를지도/그리하여 우리가 알고 있는 위대한 아킬레우스를 만나볼지도 모른다."

### 행복의 파랑새 The blue bird of happiness

벨기에의 시인이자 극작가인 마터링크Maurice Maeterlinck의 희곡 『파랑새L'Oiseau Bleu』(1909)에서 나무꾼의 아이들인 칠칠Tyltyl과 미칠Mytyl이 찾던 대상. 오늘날 이것은 상징적으로 '행복'을 뜻하는 비유로 쓴다.

### 행악자行惡者의 길 Way of transgressors

'죄를 짓지 말라'는 경고로 쓰이는 말. "선한 지혜는 은혜를 베푸나 사악자(행악자)의 길은 험난하도다"(잠 13:15)에서 비롯하였다.

### 향기름 속의 파리 Fly in the ointment

'전체의 분위기를 망치는 사소한 것이나 결점'을 뜻하는 말. "죽은 파리들이 향기름을 악취가 나게 하는 것같이 적은 우매가 지혜와 존귀를 난처하게 하느니라"(전 10:1) 한 데서 비롯하였다.

### 허리를 동이다 Gird (up) one's loins

'힘든 일을 할 채비를 한다'는 뜻. "여호와의 능력이 엘리야에게 임하매 그가 허리를 동이고 이스라엘로 들어가는 곳까지 아합 앞에서 달려갔더라"(왕상 18:46) 한 데서 비롯하였다. 이 말은 원래 히브리인들이 평상시에는 느슨한 옷을 입고 있다가 여행이나 일을 하기 위해서는 그 옷을 허리에 꼭 졸라매는 관습에서 나왔다.

### 허영虛榮의 시장市場 Vanity Fair

새커리William Makepeace Thackeray가 1848년에 발표한 소설 제목. "주인공 없는 소설 a novel without a hero"이라는 부제가 있다. 이 작품은 19세기 초 영국의 풍습과 도덕관의 다양한 모습을 묘사한다. 여주인공 베키 샤프는 기회주의적이고, 약삭빠르며, 도덕관념이 없다. 사교계의 정상에 머물려는 그녀의 시도는 좌절로 끝난다. 이 제목은 번연 John Bunyan의 『천로역정The Pilgrim's Progress』(1678)에 나오는 시장의 이름에서 따온 것이다. 그곳에서는 온갖 종류의 이 세상 물건과 쾌락이 팔린다. 현대에 허영의 시장은 '물질주의 사회'와 동의어이다.

### 헉슬리, 올더스 Huxley, Aldous 1894~1963

영국의 소설가·비평가. 생물학자 토머스 헉슬리의 손자이며, 생물학자 줄리언 헉슬리의 동생이다. 대표작으로 반유토피아 소설인 『멋진 신세계*Brave New World*』(1923), 『연애 대위법*Point Counter Point*』(1928)이 있다.

### 헉 핀 Huck Finn/Huckleberry Finn

트웨인Mark Twain의 소설 『허클베리 핀의 모험*The Adventures of Huckleberry Finn*』(1884)에 등장하는 주인공. 이 작품은 『톰 소여*Tom Sawyer*』(1876)의 속편 형식을 취해 화자가 헉이다. 헉은 알코올 중독인 무절제한 아버지한테서 도망쳐 나와, 도망친 노예 짐과 함께 뗏목 배를 타고 미시시피 강 하류로 내려간다. 여행 도중에 헉은 사회의 악, 부패, 위선을 모두 체험하게 된다. 짐에게서 헉은 인간의 고결성과 존엄성을 배우지만 그 여행은 결국 짐이 체포되는 것으로 끝난다. 헉은 톰 소여와 다시 만나, 문명사회의 가치를 받아들이느니 차라리 서부로 떠나기로 결심한다. 이 작품은 미시시피 강에 영원한 생명을 불어넣은 미국의 국민 서사시이다. 이 작품이 그 후의 미국 문학에 끼친 영향은 막대하여 헤밍웨이Ernest Miller Hemingway는 『아프리카의 푸른 언덕*Green Hills of Africa*』(1935) 제1장에서 "현대 미국문학 모두가 『허클베리 핀』이라는 마크 트웨인이 쓴 한 권의 책에서 나온다."고 했을 정도이다.

### 헌 부대에 새 술을 New wine into old bottles

'새로운 영적인 질서는 새로운 실천이 요구된다' 라는 뜻. 예수가 그의 추종자에게 "생베 조각을 낡은 옷에 붙이는 자가 없나니 이는 기운 것이 그 옷을 당기어 해어짐이 더하게 됨이요 새 포도주를 낡은 가죽 부대에 넣지 아니하나니 그렇게 하면 부대가 터져 포도주도 쏟아지고 부대도 버리게 됨이라 새 포도주는 새 부대에 넣어야 둘이 다 보전되느니라"(마 9:16~17, 눅 5:36~37) 한 데서 비롯하였다. 술과 부대는 비유적으로 제도나 교의의 내용과 형식을 나타낸다. "새 포도주는 새 부대에" 라는 말도 같은 비유에서 나왔다.

### 헤나 Henna

시켈리아(시칠리아) 한복판에 있는 지명. 여기서 하계下界의 신 하데스가 페르세포네를 납치했다고 한다.

### 헤라 그Hera

결혼의 여신. 결혼한 여자들의 보호자이다. 크로노스와 레아의 딸이고, 제우스의 누나

제임스 배리, 「이데 산의 헤라와 제우스」, 셰필드 시립미술관

이자 아내이며, 아레스·헤베·헤파이스토스와 출산의 여신인 에일레이튀이아의 어머니이다. 로마인들은 유노Juno라고 불렀다. 황금사과를 손에 넣으려고 다툰 세 여신 중 하나인데, 결국 그 사과는 파리스의 심판에 의해 아프로디테한테 주어졌다. 그녀는 시간과 정력의 대부분을 제우스의 바람기를 방해하거나 남편이 사랑한 여자나 그들의 자식들에게 복수하는 일에 썼다. 대부분의 신화나 고대 시가는 헤라를 마음이 좁고, 질투심이 많으며, 화를 잘 내고, 냉혹하고 무정한 여자로 그린다.

### 헤라클레스 그Herakles 영Hercules

그리스의 최대 영웅. 그의 이름은 '헤라에 의해 유명한', '헤라의 영광'이라는 뜻이다. 제우스가 암피트뤼온의 아내 알크메네(페르세우스의 후손)와 관계하여 낳은 아들이다. 그 때문에 제우스의 아내 헤라의 질투를 사게 되었다. 헤라클레스의 고행은 이미 요람에서 시작되었다. 요람에서 헤라클레스는 헤라가 자신을 죽이려고 보낸 뱀 두 마리를 목 졸라 죽였다. 헤라의 적개심은 그의 일생 동안 따라다녔는데 결국 그를 미치게 하여 아내인 메가라와 자식들을 죽이게끔 했다. 헤라클레스는 델포이 신탁의 충고로, 그 후 자기의 범죄를 속죄하기 위하여 '열두 난업難業(Twelve Labours)'을 달성하고, 칼뤼돈 왕 오이네우스와 알타이아의 딸 데이아네이라와 결혼하였다. 헤라클레스가 어떻게 죽게 되었는지는 "넷소스 셔츠" 이야기에 나와 있다. 헤라클레스는 칼뤼돈에서 아들 휠로스를 낳았다. 헤라클레스와 데이아네이라는 길을 떠나며 켄타우로스 넷소스한테 강을 건네 달라고 데이아네이라를 맡겼다. 그런데 넷소스가 그녀를 강간하려 들었기 때문에 헤라클레스는 활을 쏘아 넷소스를 죽였다. 넷소스는 죽으면서 사랑의 묘약이라며 자기의 피와 정액을 데이아네이라한테 주었다. 그 뒤 헤라클레스는 오이칼리아를 공격해서 공주 이올레를 포로로 잡아 사랑하게 되었다. 데이아네이라는 남편의 사랑을 잃을까 두려워한 나머지 넷소스의 피를 남편의 속옷에 발라서 보냈다. 그런데 헤라클레스가 이것을 입자마자 독혈이 살을 좀먹기 시작하여 헤라클레스는 그 고통을 도저히 견디지 못해 오이테 산 위에 화장해 달라고 부탁하였다. 화장의 장작더미로부터 그의 영혼은 하늘로 올라가 신들 사이에 자리를 차지하였다. 마침내 헤라와도 화해하고, 헤라의 딸 헤베와 결혼하였다. 지브롤터 해협에 마주보고 있는 두 봉우리는 그가 찢은 것으로 여겨지며, '헤라클레

헤라클레스의 첫 번째 난업.
네메아의 사자를 죽이다.

헤라클레스의 세 번째 난업.
케뤼네이아의 사슴을 산 채로 잡다.

헤라클레스의 열두 번째 난업.
케르베로스를 붙잡다.

스의 기둥Pillars of Hercules' 이라 불린다. 헤라클레스는 힘세고 두려움 없는 영웅의 원형
이다. 에우뤼스테우스가 부과한 열두 가지 헤라클레스의 난업은 다음과 같다. ①튀폰
과 에키드나의 자손인 불사신의 괴물, 무적이라고 여겨지던 네메아의 사자를 죽인 일
(그는 사자 목을 졸라 죽이고 사자 발톱으로 가죽을 벗기고 그 가죽을 입고 다녔다). ②튀폰과 에키
드나의 자손인 레르네(그 I Lerne 영 I Lerna)의 휘드라(대가리가 많이 달린 물뱀)를 조카 이올
라오스의 도움을 받아 죽인 일. ③아르카디아의 케뤼네이아의 성스런 붉은 사슴을 1년
동안 추격했다가 잡았지만, 아르테미스의 요구로 그 사슴을 풀어준 일. ④에뤼만토스
의 멧돼지를 눈雪의 들판으로 쫓아내어 지치게 한 뒤 멧돼지 위에 망을 덮쳐서 산 채로
잡은 일. ⑤아우게이아스의 마굿간을 청소한 일. ⑥스튐팔로스의 괴조怪鳥를 퇴치한
일. 그 괴조는 황새나 학처럼 다리가 길고, 발톱이 청동인데, 사람을 잡아먹었다. ⑦크
레테 섬의 황소를 잡은 일. ⑧트라케 왕 디오메데스의 사람 잡아먹는 암말을 잡은 일.
⑨아마존족 여왕 힙폴뤼테의 허리띠를 입수한 일.⑩먼 서쪽에 살던 게뤼온의 황소들
을 잡은 일. ⑪헤스페리데스가 지키고 있는 황금사과를 따온 일. ⑫최대의 난업인, 하
계로부터 번견番犬 케르베로스를 붙잡은 일. 헤라클레스는 포획에 성공한 뒤 그 개를
다시 하데스로 되돌려 주었다.

### 헤라클레스의 기둥 The Pillars of Hercules

지브롤터 해협 동쪽 끝에 솟아 있는 두 개의 바위 산. 유럽 쪽에 있는 것은 지브롤터
바위Rock of Gibralter이고, 아프리카 쪽에 있는 것은 무사 산Jebel Musa(옛 이름은 '아뷜라
산')이라고 한다.

### 헤로도토스 그Herodotos 영Herodotus 기원전 490~425

그리스의 역사가. 페르시아와 그리스의 전쟁을 다루면서, 여러 나라를 여행하며 얻은
견문을 『역사Historiai』에 자세히 기록하였다. 이 작품은 이전에 시도된 적이 없는 포괄
적인 스케일로 그는 이 작품으로 인해 '역사의 아버지'라는 칭호를 얻었다. 이야기를
단순하고 명쾌하며 우아한 문체로 묘사하며 굉장히 매력적으로 풀어 썼다.

### 헤로와 레안드로스 그Hero kai Leandros 영Hero and Leander

그리스의 민화民話. 헤로는 아프로디테의 젊은 여사제로 헬레스폰토스의 유럽 쪽에 있
는 도시 세스토스Sestos에 살았다. 바로 맞은 편 아뷔도스Abydos에는 그녀의 애인인 레
안드로스라는 청년이 살았는데, 헤로가 든 램프(혹은 횃불)의 인도를 받아 매일 밤 헤로
를 만나러 바다를 헤엄쳐 건너왔다. 그런데 어느 날 밤 램프가 폭풍으로 인해 꺼져 버려

레안드로스는 익사했다. 다음 날 아침 시체가 탑 아래로 밀려왔는데, 그 탑 꼭대기는 헤로가 불빛을 들고 늘 서 있던 곳이었다. 시체를 보자 헤로는 투신자살했다. 헤로와 레안드로스는 진정한, 헌신적인 연인들의 비유로 격언처럼 인용된다. 이 이야기는 정식 신화는 아니고 로맨틱한 민화民話인데, 그리스의 시인 무사이오스Musaeus가 쓴 한 편의 시로 인해 우리에게 전해진다. 영국의 시인 말로Christopher Marlowe도 「헤로와 레안더Hero and Leander」란 시를 썼다.

### 헤롯 Herod

『신약성서』에는 헤롯이란 이름을 가진 유대 왕이 여러 명 나온다.

1)헤롯 대왕(기원전 73~4년): 헤롯 왕가의 창시자.

2)헤롯 안디바(기원전 21~기원후 39년): 헤롯 대왕의 아들.

3)헤롯 아그리파 1세(기원전 10~기원후 44년): 헤롯 안디바의 아들.

4)헤롯 아그리파 2세(27~100년): 헤롯 아그리파 1세의 아들. 바울이 그의 앞에서 재판을 받았다.

### 헤롯 대왕 Herod the Great 기원전 73~4

그리스도의 탄생 당시 유대의 왕(재위 기원전 37~4년). 그의 아버지 안티파테르Herod Antiphater는 율리우스 카이사르를 지원한 공으로 권좌에 올랐다. 헤롯 대왕은 유아대학살의 장본인으로서 왕좌를 차지할 아이가 태어날 것이라는 예언 때문에 두 살 이하의 사내아이를 다 죽일 것을 명했다. 왕비 마리암을 무고하게 간통으로 의심하여 처형하는 등 잔인한 폭군으로 자신의 일가친척 대여섯 명을 살해했다. 그는 예루살렘 성전, 사마리아·가이사랴 이교 신전 등 장대한 건축물을 세웠다. 헤롯 대왕은 주로 순진한 어린아이들을 살육한 잔인함 때문에 언급된다. 두려워하는 것에 쉽게 덤벼들고 스스로 자제할 줄 몰라 폭군의 전형으로 남아 있다. 사후 그의 왕국은 아르켈라우스Archelaus, 안디바Antipas, 빌립Philip이 나누어 가졌다. 아르켈라우스는 로마 황제 아우구스투스에 의해 폐위당했다.

### 헤롯 안디바 Herod Antipas 기원전 21~기원후 39

헤롯 대왕의 아들. 기원전 4년부터 기원후 39년까지 분봉왕分封王(로마 영토의 한 지역 통치자)이었다. 본디오 빌라도는 그리스도를 헤롯 안디바에게 보냈는데 그는 예수를 업신여기고 조롱했다(눅 23:7~15). 28년에 티베리우스 황제를 알현하려고 로마에 갔다가, 거기서 살고 있던 이복동생 헤롯 빌립의 아내 헤로디아와 사랑에 빠졌다. 야심 많은 여인인 헤로디아는 그를 따라 전 남편 빌립에게서 난 딸 살로메와 함께 팔레스타인으로 돌아왔다. 헤롯 안디바는 첫 아내와 이혼하고 헤로디아와 결혼했는데 이 일로 인해 세례자 요한의 책망을 받았다. 이 때문에 헤로디아의 사주를 받은 살로메가 헤롯 안디바에게 요한의 목을 칠 것을 요구하였다. 헤롯 안디바는 결국 39년에 칼리굴라 황제에게 폐위당하여 골 Gaul로 추방되었다.

### 헤르마프로디토스 ㉑Hermaphroditos ㉎Hermaphrodite

남녀양성(남녀추니)인 헤르메스와 아프로디테의 아들. 그래서 헤르마프로디토스(Hermes +Aphrodite)란 이름이 생겼다. 아프로디테 숭배의 중심지인 퀴프로스 섬에서는 아프로디토스란 남성 신이 모셔졌는데 기원전 4세기에는 유방을 가진 미청년으로, 후대에는 남근을 가진 미소녀의 조상彫像으로 표현되었다. 프뤼기아 이데 산에서 뉨페(요정)들이 그를 보살펴 키웠다. 미소년이 되었을 때 카리아의 할리카르낫소스 근처 살마키스의 샘에서 목욕하던 중에 물의 요정 살마키스가 사랑해 달라는 것을 거절하자, 그 뉨페가 그를 껴안으면서 신에게 영원히 떨어지지 않게 해달라고 빌었더니 양성이 있는 남녀일체가 되었다고 한다. 이 이야기는 오비디우스Ovidius의 『변신 이야기Metamorphoses』(iv)에 나온다.

### 헤르메스 ㉑Hermes

목신 판의 아버지. 제우스와 마이아의 아들이다. 『성서』에서 '허메'라고 하는 인물이

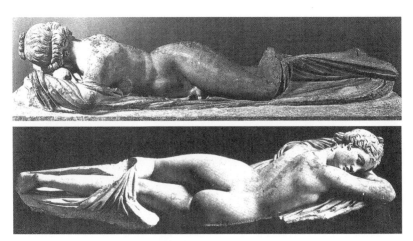

「잠든 헤르마프로디토스」, 로마 국립박물관

550

다. 로마인들에게는 메르쿠리우스(라 | Mercurius 영 | Mercury)로 알려져 있다. 아기였을 때에 아폴론의 소를 훔쳤고 거북껍데기로 뤼라(그 | lyra 영 | lyre)를 만들어 아폴론에게 주었다. 창의력으로 이름났으며 상인과 도적들의 신이다. 신들의 메신저가 되었고, 영혼들을 하계下界로 데려다 주었다. 미술에서 헤르메스는 페타소스petasos라 불리는 넙적한 모자를 쓰고, 날개 돋친 샌들(탈라리아talaria)을 신고, 두 마리 뱀이 감긴 지팡이를 가진 젊은 신으로 그려진다. 헤르메스의 지팡이인 카두케우스(그 | Kerykeion 라 | Caduceus)는 아폴론이 준 선물로 전통적으로 의사의 상징이다. 그것은 꼭대기 양쪽에 날개가 달려 있고 두 마리의 뱀이 지팡이를 꽈배기처럼 꼬고 있는 형상이다. 이 이야기는 호메로스Homeros의 『일리아스Ilias』(xx)에 나온다. ⇨ 메르쿠리우스

### 헤르메스 트리스메기스토스 그Hermes Trismegistos 영Hermes Trismegistus/Hermes the thrice of greatest

고전시대 후기에 신플라톤주의자들이 그리스 신 헤르메스와 이집트 신 토트Thoth(신들의 서기書記, 수數의 발명자, 인간 지식 특히 마술의 신)를 동일시하여 부른 이름. 세 배나 위대한 헤르메스라는 뜻이다. 마술과 신비주의적 전승을 모은 『헤르메스 문서』는 중세기 마술과 연금술에서 중요한 인물인 헤르메스 트리스메기토스가 쓴 것이라고 한다. 영어 단어 hermetic은 헤르메스 트리스메기토스에서 파생한 말로서 '밀봉된', '신비한', 특히 '연금술과 관련 있는'이라는 뜻이다.

「헤르메스 트리스메기스토스」, 올림퓌아 미술관

### 헤밍웨이, 어니스트 Hemingway, Ernest 1899~1961

미국의 소설가. 1920년대에 파리에 살았던 '방황하는 세대Lost Generation' 중의 한 명이다. 1954년 노벨 문학상을 수상했고, 1961년 7월 엽총으로 자살했다. 투우, 사파리 사냥 같은 영웅적이고 남성적인 행동을 찬양했다. 대표작으로 『태양도 떠오

른다*The Sun Also Rises*』(1926), 『무기여, 잘 있거라*Farewell to Arms*』(1929), 『누구를 위하여 조종弔鐘이 울리나*For Whom the Bell Tolls*』(1940), 파리 시절의 회상록 『마음의 축제*Moveable Feast*』(1964) 등이 있다. ⇨ 방황하는 세대

### 헤베 ㄱHebe

청춘의 여신. '청춘(의 미美)'이란 뜻이다. 제우스와 헤라의 딸로 로마 신화의 유벤투스 Juventus에 해당한다. 신들의 연회장에서 술잔에 넥타르를 부어 주는 일을 했지만 나중에는 미소년 가뉘메데스가 그 일을 맡았다. 헤라클레스는 승천한 뒤 헤베를 아내로 삼았다. 헤라클레스는 청춘의 여신인 아내를 통해 젊어지고, 조카인 이올라오스를 젊어지게 하는 데 힘썼다.

### 헤세, 헤르만 Hesse, Herman 1877~1962

독일의 시인·소설가. 작품에서 주로 정신적 충만을 추구하기 위한 개인과 사회의 단절을 다루었다. 동양의 신비주의에 대한 찬양과 자아실현에의 추구로 죽고 난 뒤 '컬트 인물cult figure'이 되었다. 그는 자연을 사랑하고 자기의 내면을 응시하는 동시에 현실의 여러 문제에 대해 경고하는 것을 잊지 않고 반전 평화를 주창했다. 1946년 노벨 문학상을 수상했다. 대표작으로 『수레바퀴 밑에서*Unterm Rad(Beneath the Wheel)*』(1906), 『데미안*Demian*』(1919), 『유리구슬 유희*Das Glasperlenspiel(The Glass Bead Game)*』(1943) 등이 있다.

### 헤스티아 ㄱHestia

벽화로의 여신. 크로노스와 레아의 딸로 로마 신화의 베스타Vesta에 해당한다. 올림포스 12신 중의 하나이다. 가정에 행복을 부여하는 이 여신의 숭배를 통해 가정의 화로가 제단이 되었다. 식민자들도 국가의 화로로서 성화聖火의 일부를 새로운 개척지로 가져갔다.

### 헤스페리데스 ㄱHesperides

황금사과를 지키는 자매들. 아틀라스와 헤스페리스, 혹은 아틀라스와 플레이오네, 혹은 밤의 여신 뉙스와 에레보스의 딸들이라고 한다. '저녁의 딸들' 혹은 '밤의 딸들'이란 뜻이다. 딸들의 수는 흔히 셋이지만, 넷에서 일곱이라고도 한다. 헤스페리데스의 정원에 살았다고 하는데, 이 정원은 '축복받은 자의 섬' 혹은 아틀라스 산 근처의 아주 먼 서쪽에 위치해 있었다. 헤스페리데스는 용龍 라돈의 도움을 받아 헤라가 제우스와 결혼할 때 가이아가 헤라한테 결혼 선물로 준 황금사과가 열리는 나무를 지키고 있었다. 헤라클레스의 난업 중의 하나는 이 황금사과를 세 개 따 오는 일이었다. 헤라클레

스는 용을 죽임으로써, 혹은 아틀라스가 사과를 따오는 동안 아틀라스 대신 하늘을 어깨에 짊어져 줌으로써 성공했다. 그러나 나중에 아테나는 이 사과들을 헤스페리데스한테 되돌려 주게 했다. 아탈란테는 이 황금사과 세 개 때문에 힙포메네스와의 달리기 경주에서 져 그와 결혼하게 되었다. 프티아 왕 펠레우스와 바다의 여신 테티스의 결혼식장에 불화의 여신인 에리스Eris가 던져 넣은 황금사과도 헤스페리데스의 정원에서 자라는 사과나무에 열린 것이었다. 이 이야기는 헤시오도스Hesiodos의 『신통기

번 존스, 「헤스페리데스의 정원」, 함부르크 미술관

Theogonia』, 오비디우스Ovidius의 『변신 이야기Metamorphoses』(iv) 등에 나온다.

### 헤스페리데스의 사과 Apple of the Hesperides ⇨ 헤스페리데스

### 헤스페리데스의 정원 Garden of the Hesperides

헤스페리데스라고 불리는 요정들과 무서운 용이 지키는, 헤라의 사과(황금사과)가 열리는 정원. 헤스페리스Hesperis는 '저녁의 딸'이란 뜻이다. 헤라클레스의 난업 중의 하나는 이 정원의 황금사과를 따 오는 일이었다. ⇨ 헤스페리데스

### 헤스페리아 ㄱHesperia

'저녁의 나라'라는 뜻. 고대 그리스에서는 이탈리아를, 로마에서는 에스파냐를 가리켰다.

### 헤시오도스 ㄱHesiodos 영Hesiod 기원전 800년경

그리스의 서사시인. 호메로스Homeros 다음으로 가장 오래되었다. 신들의 계보를 적은 『신통기Theogonia』, 농부의 생활을 그린 『일과 역일曆日(Erga kai Hemerai)』, 옛 영웅들의 어머니에 관한 이야기를 모은 『여인열전Gynaikon Katalogos』과 헤라클레스와 퀴크노스(아레스의 아들)의 결투를 소재로 삼은 시 「헤라클레스의 방패」를 썼다.

### 헤아려진 얘기 Tale that is told

'일상적인 빤한 일'이라는 뜻. "우리의 모든 날이 주의 분노 중에 지나가며 우리의 평

생이 순식간에 다하였도다"(시 90:9)라는
구절에서 비롯하였다.

**헤지라 Hegira** ⇨ 히주라

**헤카베** ㄱHekabe 영Hecuba

트로이아 왕 프리아모스의 아내. 아들
50명과 딸 12명의 어머니로 자식 중에
헥토르, 파리스, 캇산드라, 폴뤽세네, 폴
뤼도로스가 있다. 호메로스Homeros의
『일리아스*Ilias*』에서 헤카베는 연달아 수
많은 아들이 살해되는 슬픈 일을 겪는
다. 가장 심한 것은 헥토르가 아킬레우
스한테 살해되어 전차 뒤에 묶이어 시체
가 모독당한 것이다. 헤카베는 트로이아
가 함락되었을 때 제비뽑기 결과로 오뒷
세우스의 몫이 되었다. 자기 자신의 운
명에 대해 느낀 비탄과 절망은 아킬레우
스의 무덤에 딸 폴뤽세네가 제물로 바쳐

귀스타브 모로, 「헤시오도스와 뮤즈」,
파리 오르세 미술관

졌다는 소식에 더욱 악화된다. 설상가상으로 헤카베는 그리스군이 방금 죽인 (헥토르와
안드로마케의 아들인) 어린 손자 아스튀아낙스의 박살난 시체를 묻을 준비를 해야만 했
다. 에우리피데스Euripides는 이러한 내용을 『트로이아 여인들*Troiades*』(기원전 415)에서
통렬하게 묘사하였다. 그로 인해 헤카베는 격렬한 비탄과 비길 데 없는 불운의 상징이
되었다. 또 헤카베는 막내아들 폴뤼도로스를 그리스군으로부터 구하기 위해 트라키
아 왕 폴륌네스토르(폴뤼메스토르)한테 맡겼는데, 트로이아 멸망 후 오뒷세우스가 트라
케를 방문했을 적에 폴륌네스토르가 아들을 죽인 사실을 알게 된다. 헤카베는 왕을 꾀
어 은밀한 곳에서 만나자고 약속한 뒤 그의 두 눈을 브로치로 후벼 뽑아버리고 왕자들
도 죽여 버린다.

**헤카테** ㄱHekate 영Hecate

그리스 신화에서 밤·달·출산·마법의 여신. 처음에는 전쟁에서 승리를 거두고 부를
축적하거나 풍작을 얻도록 사람들을 도와준 강력한 여신이었지만, 나중에는 아르테미

554

스와 동일시되었다. 어떤 이야기에 따르면, 헤카테는 하늘에서는 달의 여신인 셀레네 Selene, 지상에서는 아르테미스, 하계下界에서는 헤카테라는 세 형상을 지닌 아르테미스의 한 면面이다. 즉 아르테미스와 혼동되었다. 마지막에 그녀는 하계의 마법, 망령, 마술, 강령술의 여신이 되었다. 특히 십자로에서 숭배되었는데, 십자로가 마술과 관련이 있기 때문이다. 헤카테는 셰익스피어William Shakespeare의 『맥베스*Macbeth*』(1605)에 등장하는 세 마녀들Weird Sisters의 여왕으로 나온다. 이 이야기는 헤시오도스Hesiodos의 『신통기*Theogonia*』, 오비디우스Ovidius의 『변신 이야기*Metamorphoses*』(iv), 베르길리우스Vergilius의 『아이네이스*Aeneis*』(vii) 등에 나온다.

### 헤카톤케이레스 ㉠Hekatoncheires(복)

우라노스와 가이아의 아들들. 브리아레오스, 콧토스, 귀에스를 말한다. 그들은 50개의 머리와 100개의 손을 가진 거인이었다. 티탄巨神들과의 싸움 때 제우스 편에서 싸워 이겼다.

### 헤파이스토스 ㉠Hephaistos ㉡Hephaestus

대장간의 신, 불의 수호신. 로마 신화의 불카누스Vulcanus에 해당한다. 헤파이스토스, 아프로디테, 아레스는 영원한 삼각관계eternal triangle를 이룬다. 헤파이스토스는 못생긴 데다 절름발이였지만 점잖고 친절하다. 그는 사랑의 여신인 아내 아프로디테의 혼외정사 때문에 자주 괴로움을 당한다. 아프로디테와 헤파이스토스는 '미녀와 야수'를 상기시킨다. 그는 신들의 찬란한 투구갑옷과 아킬레우스의 유명한 방패를 만들었고, 제우스의 벼락과 아르테미스의 화살을 만들었다. 헤파이스토스의 공방工房에서는 황금으로 만든 지성도 갖추고 말할 줄도 아는 처녀 형상 로봇들이 일을 도왔다. 다른 이야기에서 그는 삼미신三美神(Three Graces) 중의 하나인 카리스Charis와 결혼한 것으로 되어 있는데, 확실한 것은 아내가 미녀라는 것이다. 이 이야기는 호메로스Homeros의 『일리아스*Ilias*』(ⅰ)에 나온다. ⇨ 불카누스

### 헥토르 ㉠Hektor ㉡Hector

트로이아 왕 프리아모스와 헤카베의 장남. 파리스의 형, 안드로마케의 남편, 아스튀아낙스의 아버지이다. 헥토르는 인간의 가장 훌륭한 미덕인 연민·애정·충성심·경건함을 갖추었으며, 가족과 부모에 대해 헌신적이다. 헥토르는 트로이아 전쟁에서 아킬레우스가 미녀 브리세이스를 아가멤논에게 빼앗기고 텐트에서 부루퉁해 있는 동안 다른 용사들과 싸워 이겨서 싸움을 그리스 선단船團이 있는 데까지 몰고 간다. 드디어 아킬

레우스의 절친한 친구인 파트로클로스를 죽이고, 그의 몸에서 아킬레우스의 투구와 갑옷을 벗긴다. 아킬레우스는 그제서야 싸우러 나오고 트로이아군을 성벽 안으로 몰아붙인다. 불명예보다는 죽음을 선택한 헥토르는 홀로 남아 아킬레우스와 싸운다. 아테나의 도움을 받은 아킬레우스는 헥토르에게 치명상을 입히고, 그의 시체를 트로이아 성벽 주위로 세 바퀴나 질질 끌고 다닌 뒤에도 시체의 매장을 거부한다. 마침내 신들이 개입하여 아킬레우스에게 시체를 매장하게 하라고 권유한다. 이 이야기는 호메로스Homeros의 『일리아스Ilias』에 나온다. 『일리아스』는 그리스 영웅 아킬레우스의 분노로 시작되었지만 그 종말은 트로이아 영웅 헥토르의 장례식으로 끝난다.

### 헨리 4세 Henry IV

랭캐스터가家 최초의 영국 국왕(재위 1399~1413). 셰익스피어William Shakespeare는 사극 『리처드 2세Richard II』(1596년경), 『헨리 4세』(제1·2부, 1597)에서 헨리 4세의 권력 장악과 파란만장한 통치에 관한 이야기를 묘사했다. 셰익스피어는 헨리 4세를 연약한 리처드 2세를 폐위시키고 암살함으로써 권력을 장악한 무자비한 정치적 인물로 그렸다. 헨리는 늙어서 그가 초기에 범한 정치 폭력의 악몽에 시달린다. 또 야성적이고 무책임한 아들 핼 왕자(헨리 5세)가 결코 책임 있는 왕이 될 수 없을 것이라는 고민에 빠진다.

### 헨리 5세 Henry V

헨리 4세의 아들(재위 1413~1422). 영국과 프랑스의 100년 전쟁의 제2기(1415~20)를 다룬 셰익스피어William Shakespeare의 사극 『헨리 4세』(제1·2부, 1597)에서, 나중에 헨리 5세가 된 핼 왕자는 야성적이고 떠들썩한 청년이며 술고래 폴스태프와 그의 난폭한 추종자들의 술친구로 묘사되었다. 이러한 점은 아버지 즉 헨리 4세에게 아들이 왕의 역할을 못할 거라는 두려움을 가지게 했다. 그러나 왕자 핼은 품위 있게 왕위에 올라 젊은 시절에 절제 없이 즐기던 친구들과 교류를 딱 끊고서 권력을 확립한다. 셰익스피어는 헨리 5세를 두려움 없는 유능한 군사 지도자, 전쟁터에서 병사들을 분발케 하는 탁월한 웅변가, 그리고 프랑스군과 싸운 아쟁꾸르(프랑스 칼레 근처의 마을) 전투의 영웅적 승리자로 묘사했다.

### 헬라스 그Hellas

고대 그리스인이 자기 나라를 부른 이름. 그리스인은 자신들을 헬라스인들Hellenes이라고 불렀는데, 호메로스Homeros는 그리스인들을 아카이아인들(아카이아는 그리스 남부

펠로폰네소스 반도 북쪽 해안의 코린토스에 임한 고대의 지역)이라고 불렸다. 그리스Greece는 라틴어 그라이키아Graecia에서 유래하는데, 로마인들이 그들이 접촉한 헬라스의 첫 부족의 이름을 따서 지은 말이다.

### 헬레네 ㉓Helene ⇨ 트로이아의 헬레네

### 헬레네 ㉓Helene ㉎Helen

에우리피데스Euripides의 희곡. 기원전 412년에 『안드로마케』와 함께 공연되었다. 이 희곡은 스테시코로스Stêsichoros(기원전 640년경~555년경)의 흥미로운 전설에 바탕을 두고 있는데, 파리스와 트로이아로 같이 간 여인은 헬레네가 아니라 헬레네의 망령이라는 것이다. 에우리피데스의 『헬레네』의 내용은 이렇다. 진짜 헬레네는 헤르메스가 이집트 왕 프로테우스의 궁전으로 데려가 트로이아 전쟁 동안 거기서 메넬라오스의 귀환을 기다린다. 그런데 프로테우스가 죽자 왕위에 오른 아들 테오클뤼메노스가 헬레네한테 결혼을 강요한다. 헬레네는 프로테우스의 무덤에 숨는데 대大아이아스의 배다른 동생 테우크로스가 나타나 7년 전에 트로이아가 멸망했다는 것과 아마도 메넬라오스도 죽었을 거라고 말한다. 그러나 헬레네가 탄식하는 동안 메넬라오스가 나타난다. 메넬라오스는 이집트 해안에 난파당하여, 함께 왔던 망령 헬레네를 동굴에 남겨 두고서 왕의 궁전에 구원을 요청하러 온 것이다. 이 작품에서는 신기한 재회 장면이 잇따르는데, 두 명의 헬레네(그리스에서 데려온 헬레네와 망령) 사이에서 메넬라오스가 어리둥절해하기 때문이다. 망령인 헬레네가 공중으로 사라지고 나서야 진짜 헬레네가 드러난다. 메넬라오스와 헬레네는 이집트 탈출을 꾸미고, 왕의 여동생 테오노에의 도움을 받아 죽은 메넬라오스의 장례식을 바다에서 치르려 한다는 구실로 이집트를 탈출한다.

### 헬레니스틱 Hellenistic

알렉산드로스 대왕의 죽음(기원전 321)부터 클레오파트라의 죽음(기원전 31)까지 동부 지중해에 그리스화된 지역들의 문명, 언어, 예술, 문화를 지칭하는 형용사. 20세기에 이르러 이전에 쓰던 '알렉산드리안Alexandrian'이란 형용사를 대치하게 된 용어이다.

### 헬레니즘 Hellenism

'그리스 정신' 혹은 '그리스 문화'란 뜻. 이 말의 어원은 '헬라스Hellas'(고대 그리스인이 자기 나라를 부른 이름)이다. 헬레니즘은 그리스 문명에 오리엔트의 새로운 요소가 첨가된 문명을 가리킨다. 그리스 문명은 알렉산드로스 대왕의 원정으로 멀리까지 영향을 미치게 되었고, 대왕이 죽고 난 뒤 오리엔트와 그리스의 결합이 강해졌다. 여기에서 그리스 문명의 새로운 성격이 생겨났는데 이것이 헬레니즘이다. 특히 이것은 고대 그리스의 예술, 철학, 정치에서 보이는 인간의 가능성을 믿고 그것을 최대한 발전시키려는 이상 혹은 태도를 말한다. 알렉산드로스 대왕부터 로마의 아우구스투스 황제까지의 시대(기원전 336년경~기원후 30)에 번성했다. 19세기 영국의 시인이자 비평가인 아널드Matthew Arnold는 헬레니즘을 하느님의 의지에 따라 인간을 엄격한 도덕적 훈련 아래에 두려고 한 헤브라이즘Hebraism과 대비시켰다. 아널드는 "우리의 무지無知를 제거하여 사물을 있는 그대로 봄으로써 사물의 아름다운 모습을 발견하려는 것이 헬레니즘이 인간성에 제시한 단순하면서도 매력적인 이념이다."라고 특징지었다.

### 헬레닉 Hellenic

기원전 776년의 첫 올림피아드First Olympiad 때쯤부터 기원전 323년 알렉산드로스 대왕이 죽을 때까지의 헬라스, 혹은 그리스 문화를 언급할 때 쓰는 형용사.

### 헬레스폰토스 ⑺Hellespontos ⑼Hellespont

에게 해에서 마르모라(마르마라) 해로 이어지며 터키를 유럽과 아시아로 구분하는 해협. 바다에 떨어진 처녀 헬레Helle의 이름을 따서 지은 이름으로 '헬레의 바다'라는 뜻이다. 지금은 다르다넬스 해협이라고 불린다. 이 이야기는 황금양털 전설의 일부이다. 이와 관련한 이야기는 아폴로니오스Apollonios Rhodos의 『아르고나우티카Argonautika』에 나온다.

### 헬리오스 ⑺Helios

그리스의 태양신. 로마 신화의 솔Sol에 해당한다. 휘페리온과 테이아의 아들이다. 그에게 성스러운 섬은 로도스 섬이고, 이 섬에서 헬리오스는 주신主神이었다. 로도스 섬에 있는 고대 세계 7대 불가사의 중의 하나인 로도스 섬의 거상巨像은 헬리오스의 조각상이다.

「네 마리의 말이 끄는 마차를 타고
하늘을 가로지르는 헬리오스」

### 헬리콘 ⑺Helikon ⑼Helicon

아테나이 서북쪽에 있는 보이오티아 지방의 산. 무사(시신詩神)들이 살던 곳이다. 그리스 신화에서 천마天馬 페가소스가 발로 차서 생긴 샘이 여기에 있다. 이

558

곳에서 시적 영감을 불어넣어 주는 샘 힙포크레네Hippocrene(horse-fountain)가 흘러나왔다. 오늘날 헬리콘은 '시적 영감'을 뜻하는 말로 쓰인다.

**현현절顯現節 Epiphany** ⇨ 공현절

**형제 눈의 들보 Mote in thy brother's eye** ⇨ 판단하지 말라

**호도애의 노래 소리가 우리 땅에 들리는구나 The voice of the turtle is heard in the land**

봄이 다가오는 것을 나타내는 은유. 여기서 'turtle'은 파충류인 거북이 아니라 새의 일종인 'turtle dove(호도애)'이다. "겨울도 지나고 비도 그쳤고 지면에는 꽃이 피고 새가 노래할 때가 이르렀는데 비둘기(호도애)의 소리가 우리 땅에 들리는구나 무화과나무는 푸른 열매가 익었고 포도나무는 꽃을 피워 향기를 토하는구나"(아 2:11~13)라는 구절에서 비롯하였다.

**호라티우스 🇱Quintus Horatius Flaccus 🇪Horace**

로마의 서정시인(기원전 65~8). 로마의 정치가 마이케나스(베르길리우스Vergilius의 후원자)와 황제 아우구스투스의 지원을 받아 많은 작품을 썼다. 초기 서정시집『에포디Epodi』는 그리스 시인 아르킬로코스Archilochos의 전통을 따라 독설로 이루어져 있다. 더욱 주목할 만한 것은『카르미나Carmina』인데 이 작품은 삽포Sappho의 전통을 따른다. 그의 작품은 알렉산드리아의 칼리마코스Kallimachos를 비롯하여 여러 시인한테 많은 영향을 받았다. 하지만 대가다운 솜씨로 자신의 시들을 구성하여 최상의 라틴적 간결성을 보여준다. 시의 소재는 사랑, 정치, 철학, 시론, 우정이 우세하지만 그 밖에도 엄청난 범위의 주제를 다루고 있다. 찡그린 자조적自嘲的 시인의 인품은『풍자시Satirae』와『서간시書簡詩(Epistilae)』에서 더욱 일관되게 나타난다. 특히 주목할 만한 것은 문학 테마에 관한『아우구스투스에게 보내는 편지』와 소위 '시학詩學'이라 불리는『피소에게 보내는 편지』인데, 17세기와 18세기에 시론詩論과 시작詩作에 막대한 영향을 끼쳤다. "호라티우스풍의Horatian"라고 하면 흔히 날카롭게 풍자적이지만 전체적으로는 보수적이고 권위를 존중하는 세련되고 균형 잡힌 인생관을 함축하고 있다.

**호라티우스 코클레스 🇱Horatius Cocles**

로마의 영웅. 에트루리아인들이 타르퀴니우스 수페르부스를 다시 왕위에 앉히려 시도했을 때에 티베르 강 위의 유일한 다리를 방어하였다. 두 명의 부하와 함께 다리를 지키다가 부하들을 안전한 데로 보내고 나서, 나무다리가 바로 뒤에서 무너질 때까지

혼자 에트루리아군과 대치했고, 다리가 무너진 뒤 헤엄을 쳐서 안전한 곳으로 왔다.

**호렙 산 Mount Horeb** ⇨ 시내 산

**호루스 Horus/Horr**

매의 형상을 한 태양신. 이집트 신 오시리스와 이시스의 아들이다. 호루스의 눈은 태양과 달이다. 호루스는 오시리스의 적인 세트와의 싸움에서 왼쪽 눈을 다쳤는데 토트 신이 치료해 주었다. 이것은 달의 상相을 신화적으로 설명한 것이다. 이집트 왕들 혹은 파라오들은 호루스의 화신化身으로 여겨졌고, 호루스의 이름을 그들의 이름 일부로 사용했다.

**호메로스 ⑤Homeros 영Homer ?~?**

고대 그리스의 시인. 기원전 9~8세기에 활동한 것으로 여겨진다. 이오니아(현재 터키 서부)에 살았던 듯하다. 전설에 따르면 장님이었고, 『오뒷세이아Odysseia』에 등장하는 맹인 데모도코스처럼 왕의 궁정에서 노래했을 것으로 여겨진다. 그의 본래 말들이 우리가 지금 알고 있는 텍스트와 얼마나 일치하는지는 알 수 없지만 시詩의 기초가 구전 口傳에 의한 것임은 분명하다. 시인은 정교한 전통 안에서 반복된 어구, 시행, 형용어(구), 심지어는 구절까지 사용하면서 헥사미터hexameter 시를 즉흥적으로 지을 수 있었다. 호메로스의 현존하는 두 서사시는 길이가 긴데도 불구하고 인상적일 만큼 통일성이 있다. 『일리아스Ilias』는 아킬레우스와 아가멤논의 적개심을 이야기하면서 트로이아에서의 10년 전쟁을 둘러싼 많은 신화를 넣었으며, 격렬한 전쟁 장면은 가정생활의 푸근한 표현에 의해 돋보인다. 마찬가지로 『오뒷세이아』는 오뒷세우스의 귀환과 아내의 구혼자들에 대한 복수를 이야기하면서 그리스 영웅들의 귀향이라는 보다 넓은 배경을 대조시키고, 트로이아와 다른 곳에서의 오뒷세우스의 생활을 상세하게 이야기해 준다. 많은 학자가 두 서사시의 탁월함에 의견일치를 보이며, 이 두 서사시는 로마 시대에 이르러 베르길리우스Vergilius의 『아이네이스Aeneis』의 모델이 되었다고 주장한다. 『아이네이스』의 전반부는 『오뒷세이아』에, 후반부는 『일리아스』에 대응한다. 호메로스의 운문韻文 영역英譯으로는 17세기의 채프먼George Chapman, 18세기의 포우프Alexander Pope, 20세기에 들어서 래티모어Rich Lattimore, 피츠제럴드Robert Fitzerald, 페이글즈Robert Fagles의 것이 있고, 산문으로는 리유E. V. Rieu, 랭A. Lang 외 2인 공역, 부처S. H. Butcher와 랭의 공역, 로렌스T. E. Lawrence 등의 번역이 있다. "호메로스도 때로는 꾸벅꾸벅 존다Even Homer sometimes nods"라는 말은 대가大家도 때로는 실수를 저지른다는 뜻인데, 즉 호메로스의 서사시에 그가 졸다가 쓴 듯 모순되는 부분이 있다는 것이다. 로마 시인 호라티우스Horatius는 "존경하는 호메로스가 꾸벅 존 것을 수치라고 여기지만 그처럼 긴 작품에서 졸음이 오는 것은 있을 법하다."고 말했다.

「호메로스」

## 호메로스풍風 웃음 Homeric laughter

억제되지 않은 매우 요란하고 명랑하고 서사시적인 영웅의 웃음. 가가대소呵呵大笑하는 것이다. 호메로스Homeros의 『일리아스Ilias』에서 "신들의 잔치에서 헤파이스토스가 절름거리며 걷는 것을 보고 신들 사이에서 그칠 줄 모르는 웃음(그 | asbestos gelos 영 | unquenchable laughter)이 일어났다." 라고 묘사된 웃음이다. 『오뒷세이아Odysseia』에서, 아레스와 아프로디테의 관계를 눈치 챈 헤파이스토스가 렘노스 섬으로 가는 척하고 집을 비운 사이에 아레스가 아프로디테와 잠자리를 같이했다가 헤파이스토스가 쳐놓은 눈에 보이지 않는 그물에 꼼짝달싹 못하게 옭아매어졌다. 헤파이스토스는 신들을 불러서 이 장면을 구경시켰다는데 이때 터트린 신들의 웃음을 asbestos gelos라 한다.

산드로 보티첼리, 「아프로디테와 아레스」, 영국 국립미술관

### 호세아 Hosea

기원전 8세기경의 선지자. 『구약성서』 「호세아서」의 저자이다. 「호세아서」는 부정한 아내 고멜Gomer을 둔 호세아의 불행한 삶에 관한 이야기로 시작하는데 이는 죄에 빠진 이스라엘과 하느님의 관계에 대한 알레고리이다. 이 책은 이스라엘이 저지른 우상숭배와 악행을 열거한 후 이스라엘이 회개할 것을 촉구하고 하느님의 축복의 약속으로 끝맺는다.

### 호손, 너새니얼 Hawthorne, Nathaniel 1804~64

미국의 소설가. 매서추세츠 주 세일럼 출신이다. 주로 청교도들의 어두운 정신적 풍토, 죄의식 문제를 집요하게 다루었다. 대표작으로 『주홍글자The Scarlet Letter』(1850), 『일곱 박공의 집The House of Seven Gables』(1851), 『블라이스데일 로맨스The Blithedale Romance』(1852) 등이 있다.

### 호수의 귀녀貴女 Lady of the Lake

아서 왕 전설에 나오는 여자 마법사. 비비안Vivian 혹은 비비안느Viviane라고 하며 멀린의 애인이다. 호수의 한복판에 있는 궁전에 산다. 란슬러트가 갓난아기일 때 훔쳐와 호수에서 길렀고 성인이 되자 아서 왕에게 그를 주었다. 아서에게 마술의 검 익스캘리버Excalibur를 선물로 주었는데 아서가 죽자 베디비어 경으로부터 검을 돌려받았다.

### 혼을 포기하다 Give up the ghost

'죽다'라는 뜻. "그의 나이가 높고 늙어서 기운이 다하여 죽어 자기 열조에게로 돌아가매"(창 25:8) 한 데서 비롯하였다. 여기서는 '기운이 다하다'고 번역되어 있는데 이 것은 '마지막 숨을 쉬다', 곧 '죽는다'는 것을 의미한다.

### 홈즈, 셜록 Holmes, Sherlock

코넌 도일Arthur Conan Doyle이 쓴 일련의 탐정 소설의 주인공. 사건을 추리하는 날카로운 천재적 능력과 기발함으로 전문 탐정 중 가장 유명한 인물이 되었다. 보조자인 닥터 윗슨과 더불어 극장 스크린이나 텔레비전 화면에서 수많이 상연된 작품의 주역이다.

### 홍수 The Flood ⇨ 노아

### 홍해가 갈라짐 Parting of the Red Sea

모세가 이스라엘 사람들을 데리고 이집트를 도망칠 때 홍해가 갈라진 사건. 이스라엘 사람들이 애굽(이집트)을 탈출할 당시 추격해 오는 이집트의 군사들에게서 이스라엘 사람들을 구한 하느님의 행위이다. 모세를 따라 이집트를 나오는 히브리인들이 홍해라는 장애에 부딪쳤을 때 하느님은 강한 동풍을 보내어 홍해의 물이 갈라지게 했다. 이로 인해 히브리인들은 모두 안전하게 물을 건넜고 그들이 모두 건넌 뒤 모세가 손을 쳐들자 물이 이집트인들을 삼켜 버렸다(출 14:1~31). 이 구절은 기적적인 탈출이나 신의 개입과 파괴를 뜻하는 데에 인용된다. ⇨ 모세

### 화염검火炎劍 Flaming sword

아담과 이브가 에덴동산에서 쫓겨난 후에 그들이 생명나무에 접근하지 못하도록 그 주위를 돌며 지킨 불검. 『구약성서』에 "하느님이 그 사람을 쫓아내시고 에덴동산 동쪽에 그룹들과 두루 도는 불칼(화염검)을 두어 생명나무의 길을 지키게 하시니라"(창 3:24) 한 데서 비롯하였다.

### 황금가지 Golden Bough

신화에서 페르세포네를 위해 하계下界의 암흑을 밝혀 주는 것으로 여겨진 것. 쿠마이의 무녀巫女는 아이네아스가 하계로 내려가기 직전에 황금가지Golden Bough(하계로 내려가는 일종의 여권passport)를 꺾어 가도록 충고한다. 나폴리에서 서쪽으로 10마일(약 16km)을 가면 네미 호수가 있는데, 이곳에는 디아나(다이아나)가 남성 배우자 비르비우

윌리엄 터너, 「황금가지」, 런던 테이트 미술관

스(힙폴뤼토스)와 함께 숭배받던 사당shrine이 있다. 이 사당의 규칙은 누구든지 사제가 될 수 있고, 황금가지 하나를 꺾고 난 뒤 사제와 싸워서 그를 죽이기만 한다면 '숲의 왕the King of the Wood'이 될 수도 있다. 도망친 노예가 디아나 여신의 사제왕司祭王을 죽임으로써 사제왕이 되었다는 전설이 있다. 프레이저James George Frazer는 인류 문화가 마술에서 종교를 거쳐 과학으로 발전한다고 주장했는데, 이 진화론적 주장은 지금 받아들여지지 않지만 종교와 마술에 관한 그의 전세계적 정보의 종합과 비교는 매우 값진 것으로 여겨진다. 프레이저의 방대한 저서 『황금가지The Golden Bough』는 처음 (1890)에 2권으로, 나중에(1911~15)에 12권으로 나왔으며, 보유補遺는 1936년에 나왔다. ⇨ 겨우살이

### 황금송아지 Golden calf

잘못된 우상, 특히 부에 대한 상징. "백성이 모세가 산에서 내려옴이 더딤을 보고 모여 백성이 아론에게 이르러 말하되 일어나라 우리를 위하여 우리를 인도할 신을 만들라 이 모세 곧 우리를 애굽 땅에서 인도하여 낸 사람은 어찌 되었는지 알지 못함이니라 아론이 그들에게 이르되 너희의 아내와 자녀의 귀에서 금 고리를 빼어 내게로 가져오라 모든 백성이 그 귀에서 금 고리를 빼어 아론에게로 가져가매 아론이 그들의 손에서 금 고리를 받아 부어서 조각칼로 새겨 송아지 형상을 만드니 그들이 말하되 이스라엘아 이는 너희를 애굽 땅에서 인도하여 낸 너희의 신이로다 하는지라"(출 32:1~4) 한 데서 비롯하였다. 모세는 시내 산에서 내려와 백성들의 우상 숭배를 보자 분노해 율법판을 깨뜨려 버렸다. 이 일화는 「시편」 106장 20절에 충격적인 배교背敎로 회상되고 있다.

### 황금시대 Golden Age

많은 사람이 자연과 동료 인간과 하나가 되어 살던 인간 역사의 초창기를 뜻하는 말. 큰 행복과 번영, 그리고 조화를 추구하였다. 헤시오도스Hesiodos는 인류의 역사를 다섯 시대(황금시대, 은시대, 청동시대, 영웅시대, 흑철黑鐵시대)로 나누었고, 오비디우스Ovidius는 네 시대(황금시대, 은시대, 청동시대, 흑철시대)로 나누었는데, 공통점은 인간의 역사를 진화론적으로 보지 않고 퇴화론적으로 보았다는 것이다. 요즈음은 '황금시대'라고 하면 아주 번성하고 창조적인 시대를 일컫는다. [참고: 헤시오도스의 『신통기Theogonia』, 오비디우스Ovidius의 『변신 이야기Metamorphoses』(i)]

### 황금양털 Golden Fleece

그리스 영웅 이아손이 왕위를 찾는 데 필요한 물건. 이아손의 삼촌 펠리아스는 이아손

에게 흑해 연안의 콜키스에 있는 '황금양털'을 가져와야 왕위를 내놓겠다고 한다. 그래서 이아손은 55명의 아르고나우타이와 함께 아르고호를 타고 항해를 떠난다. 황금양털에 얽힌 이야기는 이렇다. 보이오티아 왕 아타마스(아이올로스의 아들)는 네펠레('구름'이란 뜻)와 결혼하여 아들 프릭소스와 딸 헬레를 낳은 뒤 네펠레와 이혼하고, 두 번째 아내 이노와 결혼하여 레아르코스와 멜리케르테스를 낳았다. 이노는 전처 소생을 미워하여 사람을 시켜 몰래 보리종자를 볶아 놓아 흉년이 들게 했다. 아타마스는 델포이에 신탁을 물으러 사람을 보냈는데, 이노는 그 사자使者를 매수해서 프릭소스를 제우스한테 제물로 바치면 풍년이 들 것이라고 말하게 했고, 아타마스는 백성의 강요로 그렇게 하려고 했다. 그러나 네펠레는 헤르메스한테 받은 황금털 숫양에 아들과 딸을 태워 도망치게 했다. 하늘을 날아가다가 헬레는 눈이 어지러워 그만 바다에 떨어져 죽었고, 프릭소스만 콜키스에 도착하여 아이에테스 왕의 딸 칼키오페와 결혼했다. 프릭소스는 아이에테스 왕에게 선물로 양을 주었고, 왕은 그 양을 액운을 막아 주는 신인 제우스에게 제물로 바쳤다. '황금양털'은 콜키스의 성스런 떡갈나무에 걸려 있었는데, 마침내 이아손과 아르고호 선원들이 메데이아의 도움을 받아 양털을 훔쳐 도망쳤다. 실제로 코카서스(카프카스) 산맥 바로 밑에서 그곳 사람들이 산골짜기에 흐르는 물속에 양털을 깔아 놓고 사금砂金을 부으면, 흙은 씻겨 내려가고 황금만 양털에 남아 문자 그대로 golden fleece가 되는 다큐멘터리가 있는데, 이 신화도 현실을 바탕에 깔고 있는 것 같다. 이 이야기는 아폴로니오스Apollonios Rhodos의 『아르고나우티카Argonautika』에 나온다.

### 황금, 유향乳香, 몰약沒藥 gold, frankincense and myrrh

예수의 탄생을 경배하러 온 동방박사Magi들이 가지고 온 선물(마 2:11). 황금은 가장 고귀한 것으로 왕에게 적합한 예물이고, 유향은 유향나무의 분비액을 말려서 만든 수지樹脂로 우윳빛을 띠며 향료나 분향焚香에 사용되므로 제사장에 적합한 선물이며, 몰약은 시체에 바르거나 사형수들에게 사용하는 마취제였으므로 예수의 죽음에 적절한 선물이다. 이 예물들은 그리스도의 왕권과 제사장직 그리고 속죄를 위한 죽음을 상징한다고 볼 수 있다. ⇒ 동방박사

### 황금율黃金律 Golden rule

기독교의 기본적 윤리 규범. "그러므로 무엇이든지 남에게 대접받고자 하는 대로 너희도 남을 대접하라Therefore all things whatsoever ye would that men should do to you, do ye even so to them"(마 7:12)는 구절을 가리킨다. 이것은 그리스도의 산상수훈의 한 부분으로 「마태복음」 7장 12절의 원래 문장을 부연한 것이다.

## 황도십이궁도 黃道十二宮圖 Zodiac

해, 달 그리고 행성 대부분이 따라 움직이는 하늘의 띠. 12부분으로 갈라져 있으며, 각 부분은 가까운 별자리 이름을 따서 붙였다. 12궁도十二宮圖(12 constellations or signs of the zodiac)는 점성술占星術(astrology)에서 아주 중요하다. zodiac은 그리스어 zoion(동물)에서 나왔다.

## 황제의 새 옷 The Emperor's New Clothes

안데르센의 동화. 우리나라에서는 "벌거벗은 임금님"으로 번역되었다. 어느 황제가 무능하거나 어리석은 사람들의 눈에는 보이지 않을 새 옷 한 벌을 만들어 주겠다고 하는 두 재단사를 고용한다. 황제가 새 옷을 보러 갔을 적에 황제는 아무것도 보지 못한다. 재단사들이 사기꾼이어서 옷이라고는 없었기 때문이다. 그러나 황제는 자신이 무

**황도십이궁도의 궁宮(Sign)**

| 이름 | 상징 | 신화적 기원 | 태양이 궁에 들어가는 날짜 |
|---|---|---|---|
| 백양궁白羊宮(Aries) | 숫양Ram | 황금양털의 숫양 | 3월 21일~4월 19일 |
| 금우궁金牛宮(Taurus) | 황소Bull | 에우로페가 탄 황소 | 4월 20일~5월 20일 |
| 쌍자궁雙子宮(Gemini) | 쌍둥이Twins | 카스토르와 폴뤼데우케스 | 5월 21일~6월 21일 |
| 거해궁巨蟹宮(Cancer) | 게Crab | 헤라클레스의 고문자 | 6월 22일~7월 22일 |
| 사자궁獅子宮(Leo) | 사자Lion | 네메아의 사자 | 7월 23일~8월 22일 |
| 처녀궁處女宮(Virgo) | 처녀Virgin | 아스트라이아 | 8월 23일~9월 22일 |
| 천칭궁天秤宮(Libra) | 저울Balances | 아스트라이아의 저울 | 9월 23일~10월 23일 |
| 천갈궁天蠍宮(Scorpio) | 전갈Scorpion | 오리온의 고문자 | 10월 24일~11월 21일 |
| 인마궁人馬宮(Sagittarius) | 궁사弓士(Archer) | 케이론 | 11월 22일~12월 21일 |
| 마갈궁磨羯宮(Capricornus) | 염소Goat | 알마테이아 | 12월 22일~1월 19일 |
| 보병궁寶甁宮(Aquarius) | 물 긷는 사람Water Bearer | 가뉘메데스 | 1월 20일~2월 18일 |
| 쌍어궁雙魚宮(Pisces) | 물고기Fish | 아프로디테와 에로스의 위장僞裝 | 2월 19일~3월 20일 |

능하거나 어리석다고 판단되는 것이 두려워 새 옷에 만족한 척하며 그 옷을 입고 시내를 행차했다. 사람들도 모두 옷을 보는 척했지만, 한 어린아이가 소리쳤다, "황제가 발가벗고 있어요."

### 회당會堂 Synagogue

신약시대에 유대인의 집회 장소. 당시에 회당은 예배와 기도를 드리는 장소였을 뿐 아니라 공동체 생활의 중심이었다. 회당에는 율법서와 선지서 두루마리를 담은 언약궤가 출구 맞은편 한쪽 끝에 놓여 있었다. 언약궤 앞과 출구와 회중 맞은편에는 종교 지도자들이 앉는 자리들이 있었고(마 23:6) 남자와 여자의 자리는 구분되어 있었다. 회당은 회원들을 훈육하고 징계할 수 있는 권력을 가진 장로들이 다스렸고 회당장이 예배를 감독했다.

### 회전하는 그림자 Shadow of turning

'변화의 기미', '변할 조짐'이란 뜻. "그는 변함도 없으시고 회전하는 그림자도 없으시니라"(약 1:17) 한 데서 비롯하였다.

### 회칠한 무덤 Whitened sepulchre

'위선자' 혹은 '겉은 아름다우나 속은 썩은 것'을 가리키는 말. "화 있을진저 외식하는 서기관들과 바리새인들이여 회칠한 무덤 같으니 겉으로는 아름답게 보이나 그 안에는 죽은 사람의 뼈와 모든 더러운 것이 가득하도다"(마 23:27) 한 데서 비롯하였다.

### 후이넘들 Houyhnhnms

스위프트Jonathan Swift의 『걸리버 여행기Gulliver's Travels』(1726) 제4권에서 걸리버가 만난 말馬 종족. 이 종족은 이성이 있고 사회적·도덕적으로도 완벽한 생활을 하고 있다. 이 사회에서는 인간과 말의 지위가 역전되었다. 그들은 더럽고 야만적인 야후족(인간과 놀라울 만큼 유사한 열등한 종족)을 지배한다. 걸리버는 후이넘의 행복하고 조화롭고 질서 정연한 사회에서 산다. 하지만 후이넘들은 결국 걸리버의 인간성에서 생길 부패를 막기 위해 그를 추방해 버린다.

### 휘게이아 그Hygeia

건강의 여신. 아폴론의 아들이며 의술의 신인 아스클레피오스의 딸이다.

### 휘드라 그Hydra

튀폰과 에키드나의 자식인 아홉 개의 대가리를 가진 물뱀九頭蛇. 한 개의 대가리는 불사不死이고, 나머지 대가리들은 잘렸을 때 두 개로 자라는 힘을 갖고 있었다. 휘드라를

죽이는 일이 헤라클레스의 두 번째 난업
難業이었다. 그는 조카 이올라오스의 도
움을 받아 뱀의 머리들을 불로 지지고,
중앙에 있는 불사의 머리는 바위 밑에
묻었다. 휘드라의 피를 바른 화살에 맞
은 상처는 치명적이어서 낫지 않는다.
한 문제가 해결되자마자 새로운 어려운
문제들이 생겨나는 매우 복잡하고 귀찮
은 상황을 "휘드라의 대가리 같은hydra-
headed"이라고 말한다.

안토니오 폴라이우올로, 「헤라클레스와 휘드라」,
피렌체 우피치 미술관

### 휘멘 ㄱHymen

결혼의 신. 휘메나이오스Hymenaios라고
도 불린다. 디오뉘소스와 아프로디테의
아들이다. 횃불을 든 잘생긴 청년으로 결
혼식 코러스와 결혼 잔치의 지휘자로 그
려진다. 이 이름은 축혼가祝婚歌(ㄱ | epithalamion 영 | epithalamium)를 부를 때 되풀이하여
합창되었다. 이와 관련한 대표적인 예가 셰익스피어William Shakespeare의 『뜻대로 하세
요As You Like It』(1623), 셰익스피어와 플레처John Fletcher가 함께 쓴 『두 귀족The Two Noble
Kinsmen』(1634)에 나온다.

### 휘브리스 ㄱHybris 영Hubris

인간이 신들의 도덕적 규범을 깨트리고 궁극적으로는 신들에게 직접 도전하며 잘난
체하는 오만을 가리키는 말. 오만불손을 뜻하는 그리스어이다. 한 예로 그리스 신화에
서 카파네우스가 제우스도 자신이 테바이에 입성入城하는 것을 막을 수 없다고 자랑했
을 때에, 제우스는 벼락을 내리쳐 그를 죽였다. 영어의 pride에 해당한다.

### 휘아킨토스 ㄱHyakinthos 영Hyacinth

아폴론한테 사랑받은 미소년. 서풍西風 제퓌로스는 휘아킨토스가 자기보다 아폴론을
더 좋아하는 데 대해 질투심이 나서 아폴론이 던진 원반圓盤을 목표에서 살짝 벗어나
게 하여 휘아킨토스를 맞춰 죽게 했다. 휘아킨토스가 흘린 피에서 히아신스가 피어났
는데, 꽃잎에는 그리스어로 AIAI(alas!)라는 글자가 새겨져 있었다고 한다. 아폴론은 그

의 시체를 별자리들 사이에 갖다 놓았다.

### 휘장 안에 Within the veil

'저승에', '저 세상에'라는 뜻. "우리가 이 소망을 가지고 있는 것은 영혼의 닻 같아서 튼튼하고 견고하여 휘장 안에 들어가나니"(히 6:19)라는 구절에서 비롯하였다.

### 휘트먼, 월트 Whitman, Walt 1819~92

미국의 시인. 뉴욕 주 롱아일랜드의 작은 마을 웨스트힐스의 가난한 집에서 태어났다. 초등학교를 중퇴한 뒤 여러 직업을 전전하다가 신문기자로서 다소 이름이 알려졌다. 소년 때부터 독학하여 글을 썼다. 시집 『풀잎Leaves of Grass』(1885)은 그가 노래한 미국의 지적 독립, 개인의 존엄 등 그의 사상의 결실인 동시에 인격 발전의 기록이다.

### 휘페르보레오이족/휘페르보레이오이족 ㄱHyperboreoi(복)/Hyperboreioi(복) 영 Hyperboreans

신화적 민족. 그리스어로 hyper는 '~위에', '~를 넘어서' 즉 영어의 above, beyond란 뜻이고, Boreas는 북풍北風이란 뜻이다. 이 민족은 유럽과 아시아를 넘어선 먼 북쪽에 '행복의 섬Islands of the Blessed'과 비슷한, 완벽한 행복의 나라에 살았다. 아폴론의 총애를 받아 아폴론이 자주 그들을 방문했으며, 그들도 특히 아폴론을 숭배했다. 몇몇 로마 시인은 '휘페르보레오이의hyperborean'를 단순히, '저 먼 북쪽'이란 뜻으로 사용했다. 오늘날 이 단어는 '북극 지방의' 혹은 '극한極寒의'란 뜻으로 쓴다.

### 휘페름네스트라 ㄱHypermnestra ⇨ 다나이스들

### 휘페리온 ㄱHyperion

티탄土神의 하나. 우라노스(하늘)와 가이아(땅)의 아들, 테이아의 남편, 헬리오스(태양신) · 셀레네(달의 신) · 에오스(새벽의 여신)의 아버지이다. 호메로스Homeros는 헬리오스를 휘페리온이라고 부른다. 휘페리온은 흔히 태양과 동일시된다. 나중에 헬리오스와 마찬가지로 휘페리온도 아폴론에 의해 대치된다. 키츠John Keats는 「하이피어리언Hyperion」(1818)과 「휘페리온의 몰락: 몽환夢幻The Fall of Hyperion:a Dream」(1819)을 썼다.

### 휠라스 ㄱHylas

테이오마다스 왕의 미소년 아들. 헤라클레스는 테이오다마스 왕과 싸워 왕은 죽이고 아들 휠라스는 자기의 시동侍童으로 삼았다. 둘은 아르고호 원정에 참가했는데, 소아시아에 있는 뮈시아의 키오스에서 휠라스가 물을 길러 갔을 때 소년의 아름다움에 매혹된 물의 요정들이 그를 물속으로 끌어들였다. 헤라클레스가 아무리 큰 소리로 휠라스의 이름을 불러도 다시는 눈에 띄지 않았다.

### 휩노스 ㄱHypnos 라Somnus

잠의 신. 그리스어로 '잠'이란 뜻이다. 로마 신화에서는 솜누스에 해당한다. 뉙스(밤)의 아들이고, 타나토스(죽음)의 형제이며 꿈의 신 모르페우스의 아버지이다.

### 휩시퓔레 ㄱHypsipyle

렘노스 섬의 여왕. 렘노스의 왕 토아스와 뮈리네의 딸이다. 이 섬의 여자들이 아프로디테 숭배를 게을리해서 여신은 여자들의 몸에서 냄새를 풍기게 했다. 그러자 남자들이 트라키아에서 여자들을 잡아와 잠자리를 같이했다. 분노한 여자들이 아버지와 남편 들을 학살했지만 휩시퓔레만은 아버지를 감추어 목숨을 구해 주었다. 그 후 그녀는 여왕이 되었고, 황금양털을 찾아 나선 아르고나우타이(아르고호 선원들)가 이 섬에 기항했을 때에 모든 여자가 임신하게 되었다. 이아손은 휩시퓔레한테서 두 아들을 얻었지만, 그녀에 대한 정절의 맹세를 잊고 그녀를 버렸다. 아르고나우타이가 떠난 다음 휩시퓔레는 아버지를 도망치게 한 것이 발각되어 네메아로 도망쳤다고 한다. 이 이야기는 아폴로니오스Apollonios Rhodos의 『아르고나우티카Argonautika』에 나온다.

### 흉노 앗틸라 Attila the Hun 406년경~453

흉노의 지배자. 로마 제국에 쳐들어가 붕괴를 재촉했고, 유럽 여러 나라와의 전쟁과 약탈로 이름이 났다. "신의 채찍the scourge of God"이라 불리었다. 그의 군대는 447~450년에 발칸 반도를 황폐화시켰고, 451년에 갈리아Gaul를 침략하여 몇 번의 패배 뒤에 퇴각했다. 앗틸라의 군대는 폭력과 잔인성으로 유명해 공포의 대상이었다. 프랑스 극작가 코르네이유Pierre Corneille의 『앗틸라Attila』(1667)의 주인공이기도 하다.

### 흑암黑暗의 권세 Power of darkness

'악마의 권세', '악의 제국'을 뜻하는 말. "그가 우리를 흑암의 권세에서 건져 내사 그의 사랑의 아들들의 나라로 옮기셨으니"(골 1:13) 한 데서 비롯하였다.

### 흠정영역성서欽定英譯聖書 Authorized Version/King James Version

영국에서 일반적으로 사용하는 『성서』. 제임스 1세의 명을 받은 학자들이 1604년에서 1611년에 걸쳐 번역하여 1611년 출판된 『성서』로 "제임스 왕 성서"로도 불린다. 그러나 현재의 『흠정영역성서』가 제임스 왕의 승인을 받은 『성서』의 정확한 복사본은 아니다. 현재 통용되는 『흠정영역성서』는 초판에 나타난 인쇄상의 많은 오류를 수정하고 철자법과 구두법을 현대화하였으며 이탤릭체와 대문자의 사용도 변경하였다. 『비숍

성서』가 주로 사용된 원본이고 틴들역, 마태역, 카버데일역도 원본과 더 일치할 경우에는 참조하였다. 『흠정영역성서』는 영어를 사용하는 모든 개신교의 『성서』가 되었고 그 영향은 이후의 모든 『성서』에서 눈에 띈다. 현재도 사용되며 명료함과 우아함으로 인해 영어로 쓴 가장 아름다운 『성서』로 인정된다. 이 『성서』가 문학에 끼친 영향은 측량할 수 없을 정도이다. 주요 작가들에게 직접적으로 엄청난 영향을 미쳤을 뿐 아니라 17세기 이후 영어가 크게 변하지 않게 한 주요 원인이기도 하다.

### 희년禧年 Jubilee

매 7년, 특히 안식년이 일곱 번 지난 뒤에 오는 50년, 혹은 이를 기념하는 축제. 유대의 종들이 해방되고 저당잡혔던 땅은 원소유자에게로 되돌려졌다(레 25:8~13). jubilee란 말은 희년을 알리기 위해 분 나팔trumpet을 뜻하는 히브리어에서 나왔다.

### 히긴스, 헨리 Higgins, Henry

쇼George Bernard Shaw의 『퓌그말리온Pygmalion』(1913)에 등장하는 언어학자. 히긴즈는 누더기 옷을 걸친 런던의 꽃 파는 아가씨 일라이저 두리틀을 6개월에 걸쳐 발음 교육을 시킨 다음, 공작부인으로 사교계에서 받아들여지도록 변신시킨다. 히긴스 교수는 까다롭고 남을 골리기 좋아하는 사람이지만, 속마음은 친절하고 선량하며 전혀 악의가 없다. 일라이저가 그를 매우 좋아하지만 그는 그녀를 받아들이지 않는다. 이 희곡을 뮤지컬로 만든 것이 「마이 페어 레이디My Fair Lady」이다.

### 히메네스, 후안 라몬 Jimenez, Juan Ramon 1881~1958

에스파냐의 시인. 외면의 장식을 버리고 순수시를 겨냥했다. 1956년 노벨 문학상을 수상했다. 산문시 「플라테로와 나Platero y yo」(1917)를 썼고, 시집에 『돌과 하늘Piedra y cielo』(1919)이 있다.

### 히브리서 The Epistle of Paul the Apostle to the Hebrews

『신약성서』의 한 책. 학자들은 이 책이 서기 100년 정도에 쓰인 것이라 주장하지만 정확한 저자는 밝혀내지 못하고 있다. 「히브리서」는 하느님의 대제사장으로서 인간을 위해 스스로를 희생한 그리스도의 역할을 강조하고 있다.

### 히브리 시 Hebrew Poetry

히브리어로 쓰인 시詩. 히브리 시의 리듬은 강세음절과 약세음절에 의하여 생긴다. 그렇지만 다른 유럽의 시와는 달리 음절 혹은 강세 등의 어떠한 형식적 패턴에 의해 지배받지 않는다. 한 행에서 표현된 사상이 다음 행에서 평행을 이루거나, 대조되거나,

확대되는 일련의 균형 잡힌 시형이다. 히브리 시는 자연과 평범한 체험에서 나온 이미지리imagery와 더불어 감명적인 은유, 직유들이 매우 풍부하다. 히브리 시는 『구약성서』「시편Psalms」이 주요 시집이지만 온갖 종류의 시가 『구약성서』 전체에 흩어져 있다. 몇몇 예언서도 시로 되어 있다.

### 히브리 신비철학 Cabala

9~13세기에 일어난 『성서』를 신비스럽게 해석하는 전통을 일컫는 말. 히브리어 gab-balah(전통)에서 비롯한 말이다. 유한과 무한을 연결하는 '발산emanations' 교리와 주어진 본문을 조작하는 데서 떠오르는 숫자들에 숨겨진 진리가 계시된다는 확신에 기초하고 있다.

### 히스기야 Hezekiah

유다의 왕. 종교개혁을 통해 이스라엘 사람들 가운데 우상을 제거하고 여호와 경배를 회복시키려 노력했다(왕하 18장). 앗수르 왕 산헤립의 공격을 받았지만 여호와의 도움으로 적들이 패했고 병들어 죽게 되었으나 "낯을 벽으로 향해 기도하여" 15년 수명을 연장받았다. 이 일에 관한 징표로 해 그림자가 10도 뒤로 물러갔다(왕하 20).

### 히스클리프 Heathcliff

에밀리 브론티Emily Jane Brontë의 『폭풍의 언덕Wuthering Heights』(1847)의 격렬하고 정열적인 주인공. 언쇼 가문에 부랑아로 들어와 이 집의 약골이며 잘난 척하는 아들 힌들리한테 학대받는다. 캐서린과 서로 사랑하지만 힌들리한테 복수할 것을 다짐하며 집을 떠난다. 여러 해가 지난 뒤 복수하러 돌아왔을 때에, 캐서린에 대한 성취되지 못한 정열로 인해 악마적인 에너지가 배가되어 인간 이상인 동시에 인간 이하인 사람이 되어 있었다. 히스클리프는 로맨틱한 주인공의 전형이다.

### 히주라/헤지라 Hegira

모하메트가 622년 6월 16일 추방당한 뒤 메카로부터 메디나로 옮겨 간 일을 가리키는 말. '출발'을 뜻하는 아랍어에서 나온 말이다. 이슬람교 기원紀元은 이 622년 7월 16일(실제로는 6월 20일)부터 헤아린다. 이 사건이 이슬람력歷(히주라력)의 시작이 되었다. 의미가 확장하여 히주라는 더 나은 혹은 장래가 기대되는 장소로의 출발을 뜻한다.

### 히프, 유라이어 Heep, Uriah

디킨즈Charles Dickens의 『데이비드 코퍼필드David Copperfield』(1850)에 나오는 인물. 워필드 씨의 음모를 꾸미는 약삭빠르고 위선적이며 겸손한 서기이다. 그의 이름은 구어

口語에서는 '신뢰할 수 없는 겸허함'과 동의어이다.

### 힙포크라테스 ㄱHippocrates 기원전 460년경~377

그리스의 의사. '의학의 아버지'로 불린다. 코스 섬에서 태어났으며, 87편의 의학 논문을 썼다. 오늘날 의사들은 의업에 종사하기 전에 '힙포크라테스 선서'를 한다. "예술은 길고 인생은 짧다(라 | ars longa, vita brevis 영 | art is long, life is short)"라는 말은 원래는 힙포크라테스가 의술醫術(ars) 공부가 어려운 것을 빗대어 한 말이라고 한다.

### 힙포크라테스 선서宣誓 Hippocratic oath

'의학의 아버지' 힙포크라테스가 지었다는 선서. 그의 제자들한테 의무로서 과해졌는데 의사들의 행동, 청렴, 충성의 지침이 되었다. 어떤 판版은 다음과 같은 말로 시작한다. "의사이신 아폴론, 아이스쿨라피오스, 휘게이아(건강의 여신), 파나케이아(치료의 여신)에 걸고 나는 맹세하노라…I swear by Apollo, the physician, by Aesculapius, by Hygeia, by Panacea, and by all the gods and goddesses…." 오늘날 의사들이 행하는 소위 힙포크라테스 선서는 의도는 많은 면에서 동일하지만 내용이 좀 다르며 한층 더 간략하다.

### 힙포크레네 ㄱHippokrene 영Hippocrene

보이오티아의 헬리콘 산에 있는 아홉 시신詩神에게 성스러운 시천詩泉. 영감을 불어넣어 주는 샘물 혹은 영천靈泉이다. 어원은 '말 샘hippos(horse)-krene(fountain)'인데 페가소스가 발길로 차서 생겨난 샘이란 뜻이다.

### 힙폴뤼테 ㄱHippolyte 영Hippolyta

아마존의 여왕. 테세우스의 아들 힙폴뤼토스의 어머니라고도 한다. 헤라클레스의 열두 난업難業 중의 하나는 힙폴뤼테의 허리띠를 그리스의 티륀스로 가져오는 일이었다. 헤라클레스가 허리띠를 손에 넣기 위해 그녀를 죽였다고도 하고, 그녀가 기꺼이 주었다고도 한다. 안티오페라고도 불리는데, 다른 이야기에서 두 여자는 자매이다.

### 힙폴뤼토스 ㄱHippolytos 영Hippolytus

테세우스와 아마존 여왕 힙폴뤼테(어떤 이야기에서는 안티오페)의 아들. 사냥의 여신이며 사랑에 전혀 무관심한 아르테미스에게 헌신한 잘생기고 순결한 청년이다. 힙폴뤼테가 죽고 난 뒤 테세우스가 결혼한 파이드라는 힙폴뤼토스에게 미친 듯 사랑을 느꼈지만 그는 그녀의 구애를 쌀쌀히 거절했다. 절망에 빠진 파이드라는 목매 자살하면서 힙폴뤼토스가 그녀를 겁탈해서 너무나 수치스러워서 자살한다고 유서에 썼다. 유서를 읽고 테세우스는 아들을 저주하며 해신海神 포세이돈을 불러 그의 저주를 실행하도록 의뢰했다. 그로 인해 바다괴물이 한 마리 솟아올라와 힙폴뤼토스가 타고 가던 전차를 끌던 말들을 겁에 질리게 하여 전차는 뒤집히고 죄 없는 청년은 죽는다. 힙폴리토스의 이야기는 여러 작가에 의해 형상화되었다. 대표적인 예로 에우리피데스Euripides의 비극 『힙폴뤼토스*Hippolytos*』(기원전 428), 세네카Lucius Annaeus Seneca의 『파이드라 *Phaedra*』, 라신Jean-Baptiste Racine의 『페드르*Phédre*』, 힙폴뤼토스 신화의 현대판인 오닐 Eugene Gladstone O'Nell의 『느릅나무 그늘의 욕정*Desire Under the Elms*』(1825)이 있다. 쥘 다시 감독은 영화 「페드라」(1962)에서 이 이야기를 다루었다. 힙폴리토스와 파이드라 이야기는 베르길리우스Vergilius의 『아이네이스*Aeneis*』(vii), 오비디우스Ovidius의 『변신 이 야기*Metamorphoses*』(xv) 등에 나온다. ⇨ 파이드라

# 부록

고대 그리스

트라케

필립디

펠라

스타게이라

아이가이
(베르기나)

타소스

사모트라케

칼키디케

임브로스

렘노스

올륌포스 산 ▲

옷사 산

페네우스 강

라릿사

펠리온 산

도도나

핀도스 산 ▲

텟살리아

파가사에

이올코스

코르퀴라

페라이

파르살로스

악티움

아르테미시온 곶

아카르나니아

스퀴로스

레우카스

테르모퓔라이

이타케

파르낫소스 산

델포이

포키스

에우보이아

아이톨리아

오르코메노스

에레트리아

아울리스
(트로이아전쟁
그리스함대 집결지)

헬리콘 산

보이오티아

케팔레니아

파트라이

플라타이아

테바이

마라톤

퀴타이론 산

엘레우시스

펜텔리콘 산 ▲

아테나이

아카이아

시퀴온

이스트미아

안드로

엘리스

코린토스

메가라

휘멧토스 산 ▲

브라우론

자퀸토스

네메아

살라미스

앗티카

케오스

테노

엘리스

아르카디아

티륀스

아이기나

올륌피아

아르고스

수니온

퀴트노스

알페이오스 강

에피다우로스

테게아

델로스

멧세니아

펠레폰네소스

세리포스

파로스

멧세네

스파르타

시프노스

필로스

라코니아

멜로스

퀴테라

테라(산토리니)

퀴도니야

크레테

타르하

이데스

고르튀나

파이스토스

프로폰티스

세스토스 헬레스폰토스
아뷔도스
트로이아 프
뤼 뮈시아
스카만드로스 강 기

레스보스 페르가몬 아
뮈틸레네

뤼 디 아

스뮈르나 사르디스
팍톨로스 강
이오니아 카위스터 강
클라로스
키오스 키오스 마이안드로스 강
사모스
에페소스
이카리아 사모스 마그네시아 카리아
뮈코노스 밀레토스

닉소스 할리카르낫소스
아모르고스 코스 뤼
크니도스 키
로도스 크산토스 아

로도스

린도스

디아
밀레토스 살라미스
크놋소스
딕테 산 ▲ 파포스
히에라 퀴프로스

고대 이탈리아

트란스파다나

메디올라눔
베로나
베네티아
아퀼레이아
판노니아
크레모나
파라비움
만투아
파두스 강
이스트리아
파르마
아이밀리아
라벤나
달마티아
루비콘 강
카라라
피사
살로나이
아르누스 강
플로렌티아
움브리아
앙코나
아르레티움
피케눔
예트루리아
페루시아
아스쿨룸
코르시카
코사
티베리스 강
사비네스
술모
아드리아 해
타르퀴니이
라티움
오스티아
로마
캄파니아
삼니움
루메리아
칸나이
바리움
아풀리아
쿠마이
베스비우스 산
폼페이
브룬디시움
헤라클라네움
타렌툼
칼라브리아
파니스툼
메타폰툼
사르디니아
엘레아
헤라클레아
쉬바리스
튀르레니아 해
브룻티움
크로토나
멧사나
로코리
레기움
세게스타
히메라
타우로메니움
릴뤼바이움
시켈리아
카타나
엔나
아그리겐툼
겔라
쉬라쿠사이
우티카
카르타고
카마리나

# 그리스와 소아시아

오른쪽 끝에 황금양털 신화의 콜키스가 있다.

휘파니스 강

타나이스 강
타나이스

올비아

튀라스

마이오티스

게타이

휘파니스 강

다뉴브 강

이스트로스
토미스

테오도시아

일릴뤼아

오뎃소스

흑 해

콜키스

아폴로니아

트라케

파시스

마케도니아

펠라

암피폴리스

시노페

트라페조스

아이가이

테르메

타소스

뷔잔티온

헤라클레아

비튀니아

아미소스

할뤼스 강

코르퀴라

에우보이아

뮈시아

니카이아

안퀴라

갈라티아

아르메니아

테바이

레스보스

페르가몬

프뤼기아

고르디움

캅파도키아

코린토스

키오스

사르디스

스뮈르나

안타오크

스파르테

아테나이

사모스

에페소스

아페레아

이코니움

튀아나

사모살라

나스비스

밀레토스

카리아

뤼코니아

페르게

뤼스트라

킬리키아

가우가멜라

크니도스

뤼키아

시데

타르소스

카르하에

로도스

크산토스

니기도스

알미나

안티오크

메소포타미아

퀴도니아

크놋소스

로도스

파포스

뷔블로스

팔뮈라

에우로포스

고르튄

크레테

퀴프로스

시돈

다마스쿠스

아폴로니아

튀레

포이니키아

퀴레네

가다라

예루살렘

게라사

퀴레나이카

알렉산드리아

아스칼론

가자

나우크라티스

펠루시움

멤피스

페트라

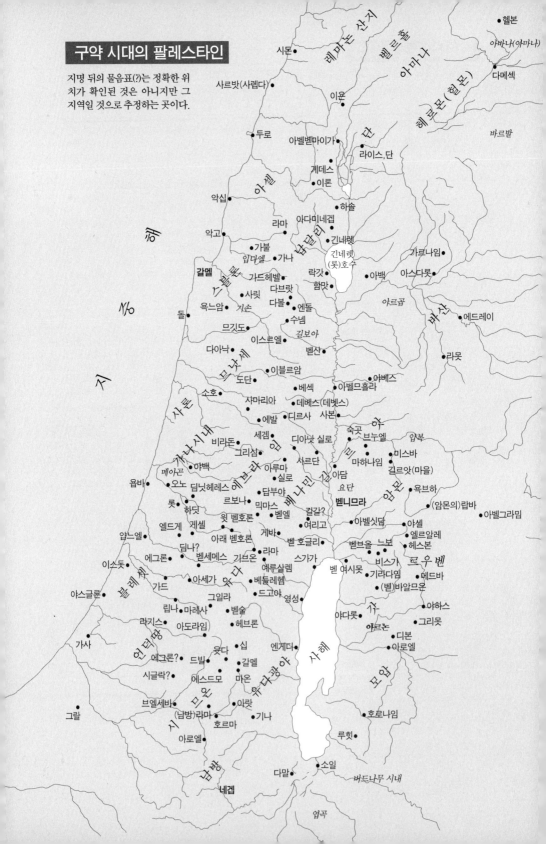

# 구약 시대의 팔레스타인

지명 뒤의 물음표(?)는 정확한 위치가 확인된 것은 아니지만 그 지역일 것으로 추정하는 곳이다.

•헬본
•시돈
레마논 산지
벨르헬
아마나
아바나(아마나)•
•다메섹
•사르밧(사렙다)
•이욘
단
바르발
•두로
•아벨벧마아가
•라이스,단
•게데스
•이론
•악십
아셀
•하솔
•라마
•아다미네겝
•악고
납달리
•긴네렛
•가불
긴네렛(롯)호수
•가르나임
임다엘•
•가나
•가드헤벨
•락갓
•아벡
•아스다롯
•사릿
•다브랏
갈멜
•옥느암
기손
•다볼
•엔돌
야르곱
바산
돌•
•므깃도
•수넴
•에드레이
•다아낙
•이스르엘
길보아
•라못
므낫세
•벧산
•도단
•이블르암
•야베스
•소호
•베섹
•아벨므홀라
사마리아
•데베스(데벳스)
•에발
•디르사
사본
•세겜
비라돈
•디아낫
실로
숙곳
•브누엘
•얍복
•그리심
•사르단
마하나임
•미스바
•아루마
•길르앗(마을)
메아곤•
야벡
에브라임
•실로
아담
암몬
•옵바
•오노
딤낫헤레스
베냐민
•요단
벧니므라
•욕브하
•롯
르보나
•답부아
•칼갈?
(암몬의)랍바•
•하딧
믹마스
•벧엘
•여리고
•아벨그라임
•윗 벧호론
게셀•
•벧엘
•아벨싯딤
•야셀
•엘드게
•아래 벧호론
게바•
•엘르알레
•헤스본
•딤나?
•라마
벤 호글리
•벤브올 느보
•압느엘
에그론
•기브온
스가가
비스가
르우벤
•이스돗
•벧세메스
예루살렘
•벤 여시못
•기라다임
•메드바
•야스글론
가드•
아세가
유다
•베들레헴
•(벧)바알므온
•립나
그일라
드고아
영성
•야하스
•라기스
•마레사
•벧술
•헤브론
아다롬
•그리못
•가사
•에그론?
드빌
•엔게디
시므온
•디본
•시글락?
에스드모
갈멜
•아로엘
시므온
•브엘세바
아랏
유다 광야
•호로나임
그랄•
(남방)라마
•기나
•루힛
•호르마
•아로엘
•디말
•소일
버드나무 시내
남방
네겝
엽곡
사 해
모압

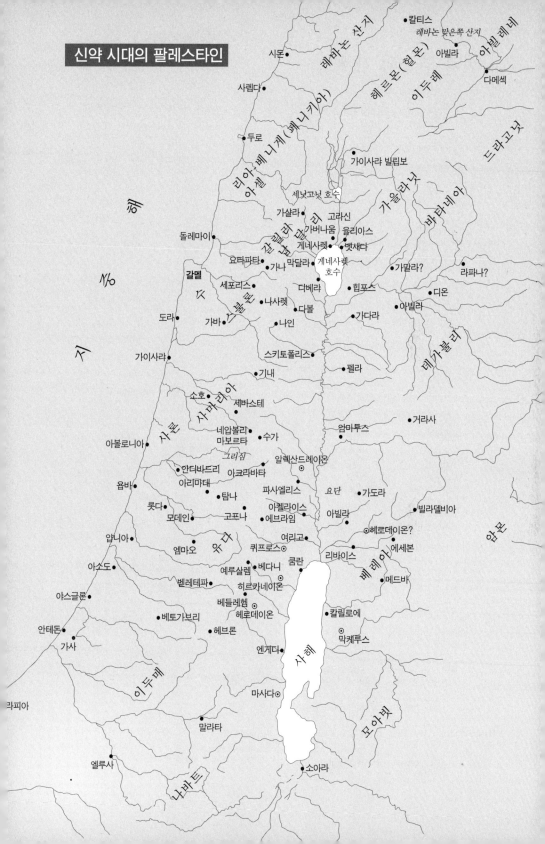

# 신과 영웅의 가계도

고딕—남자
명조—여자

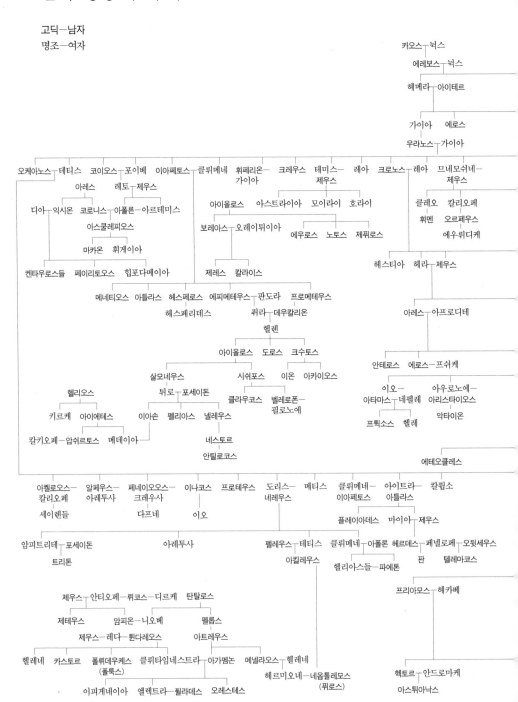

폰토스
포르퀴스

카론　에리스　휩소스　　　　　　벨로나　스텐노　에우르랄레　메두사┬포세이돈
모르페우스

페가소스　크뤼사오르

브론테스　스테로페스　아르게스　브리아레우스　콧토스　귀에스　튀포에우스　엔켈라도스　안타이오스　하르퓌이아들　티튀오스　네레우스
　　　　　　　　　　　　　　　　　　　　　(귀게스)
휘드라　케르베로스　키마이라

네메아 사자　스핑크스

탈레이아　에우테르페　우라니아　멜포메네　테릅시코레　폴뤼휨니아　에라토

포세이돈┬암퓌트리테　데메테르┬제우스　하데스─페르세포네　　　　　　　　　　제우스┬이오
트리톤　폴뤼페모스　　　　페르세포네　　　　　　　　　　　　　　　　　　　에파포스

헤파이스토스┬메두사　　　헤베─헤라클레스　　　　　　　포세이돈┬리뷔에
카쿠스　페리페테스　케르퀴온　　　　　　　　　　　아게노르┬텔라팟사　벨로스

헤르미오네(하르모니아)─카드모스　킬릭스　포이닉스　에우로페┬제우스　퓌그말리온─갈라테이아　디도　다나오스　아이귑토스
아가우에　　　　　셈멜레┬제우스　폴뤼도로스　　　사르페돈　라다만튀스　미노스　　　　　　　　　　50 다나이스들─50 아들
펜테우스　　　　디오뉘소스─　랍다코스　　　　　　　　　　　　　　　파시파에　　　　아크리시오스　케페우스┬캇시오페이아
　　　　　아리아드네　라이오스┬이오카스테　아이게우스─아이트라　　　　　　　다나에┬제우스
이오카스테　오이디푸스　　힙폴뤼테　테세우스─파이드라　아리아드네─박코스　페르세우스┬안드로메다
폴뤼니케스　안티고네　이스메네　　　힙폴뤼토스
클뤼티에　엘렉트라─　　　　　　　　　　　　알카이오스　　　　엘렉트뤼온　　　스테넬로스
제우스　테우크로스　　　　　　　암피트뤼온┬알크메네─제우스　에우뤼스테우스
다르다노스┬바티에이아　　　　　　　이피클레스　　　　　　아드메테
라오메돈　　　　　카퓌스┬테미스　이올라오스　　　　오이네우스─알스타이아
　　　　앙키세스─아프로디테　　　　　　　헤라클레스┬데이아네이라　멜레아그로스
라비니아┬아이네아스─크레우사　　　　틀레폴레모스
헤시오네┬텔라몬　티토노스┬아우로라　누미토르　이울루스(아스카니우스)
아이아스　　멤논　레아 실비아┬마르스
레무스　　로물루스

파리스─헬레네　캇산드라　헬레노스　폴뤽세나　데이포보스─헬레네　플뤼도로스　라오디케

# 참고문헌

불핀치, 손명현 역, 『그리스 로마 신화』, 동서문화사, 1973.

이디스 해밀턴, 이재호·유철준 역, 『그리스·로마 신화 & 스칸디나비아 신화(완역판)』, 한신문화사, 1999.

『아가페성경사전』 2판, 아가페, 1991.

『I.V.P. 성경사전』, 한국기독학생회 출판부, 1992.


市河三喜, 『聖書の英語』, 硏究社, 1937.

アト・ド・フリース, 『イメージ・シンボル事典』, 大修館書店, 1984.

赤祖父哲二 編, 『英語イメージ辭典』, 三省堂, 1986.

井上義昌, 『英美故事傳說辭典』, 富山房, 1963.

井上義昌, 『英美風物資料辭典』, 開拓社, 1971.


Alter, Robert and Frank Kermode eds.. *The Literary Guide to the Bible*. London: New York: Collins, 1987.

Ayto, John. *Brewer's Dictionary of Phrase and Fable*. 16th ed. Collins, 2000.

Benét, William Rose. *Benét's Reader's Encyclopedia*. 4th Edition. New York: HarperCollins Publishers, 1987.

Boyd, Robert T.. *Tells, Tombs, and Treasure: A Pictorial Guide to Biblical Archaeology*. New York: Bonanza Books, 1969.

Browning, W. R. F.. *A Dictionary of the Bible*. Oxford: Oxford UP, 1996.

Eiselen, Frederick Carl, Edwin Lewis, and David G. Downey. *The Abingdon Bible Commentary*. Nashville: Abingdon, 1929.

Bulfinch, Thomas. *Myths of Greece and Rome*. New York: Penguin Books, 1979.

Campbell Joseph and Johnson E. Fairchild. *Myths to Live By*. New York: Penguin,

1993.

Deursen, A. Van. *Illustrated Dictionary of Bible Manners and Customs.* New York: Philosophical Library Inc., 1967.

Gordon, Stuart. *The Encyclopedia of Myths and Legends.* London: Headline, 1993.

Grant, Michael. *Myths of the Greeks and Romans.* London: Meridian, 1995.

Graves. Robert. *New Larousse Encyclopedia of Mythology.* Crescent, 1987.

Harvey, Sir Paul ed.. *The Oxford Companion to Classical Literature.* Oxford: Oxford UP, 1937.

Hirsh Jr, E. D., Joseph F. Kett, James Trefil eds.. *The Dictionary of Cultural Literacy.* Boston: Houghton Mifflin Co., 1988.

Hornstein, Lillian Herlands, G. D. Percy, and Calvin S. Brown eds.. *The Reader's Companion to World Literature.* New American Library, 1973.

Jeffrey, David Lyle at all eds.. *A Dictionary of Biblical Tradition in English Literature.* Grand Rapids, Michigan: William B. Eerdman Publishing Co., 1992.

Lass, Abraham H., David Kiremidjian, and Ruth M. Goldstein eds.. *The Dictionary of Classical, Biblical, and Literary Allusions.* New York: Fawcett Gold Medal, 1987.

Leeming, David Adams. *The World of Myth: An Anthology.* Oxford: Oxford UP, 1992.

Macrone, Michael. *By Jove! Brush Up Your Mythology.* London: HarperCollins, 1992.

Moncrief, A. R. Hope. *The Illustrated Guide to Classical Mythology.* BCA, 1992.

Perkins, George, Barbara Perkins, and Phillip Leininger eds.. *Reader's Encyclopedia of American Literature.* 2nd Edition. New York: HapperCollins Publishers, 1991.

Saito, Takeshi et all eds.. *The Kenkyusha Dictionary of English and American Literature.* Tokyo: Kenkyusha Limited, 1985.

Smith, William. *Smith's Bible Dictionary: More Than 6000 Detailed Definitions, Articles, and Illustrations*. Revised Edition. Thomas Nelson, 2004.

Strouf Judie L. H.. *Literature Lover's Book of Lists: Serious Trivia for the Bibliophile*. London: Prentice Hall, 1998.

Tenny, Merrill C. ed.. *New International Bible Dictionary: Based on the NIV*. Revised by J.D. Douglas. Grand Rapids, Michigan: Zondervan, 1987.

Vries, Arthur de.. *Dictionary of Symbols and Imagery*. North Holland Publishing Co, 1974.

Webber Elizabeth and Mike Felinsilber. *Merriam Webster's Dictionary of Allusions*. Springfield, Massachusetts: Merriam-Webster, 1999.

Williams, Derek ed.. *New Concise Bible Dictionary*. London: Inter-Varsity Press, 1989.

Zimmerman, John Edward. *Dictionary of Classical Mythology*. Bantam Books, 1964.

*Great People of the Bible and How They Lived*. New York: The Reader's Digest Association, Inc., 1971.

*Merriam-Webster's Biographical Dictionary*. Springfield, Massachusetts: Merriam-Webster, 1995.

*Merriam-Webster's Encyclopedia of Literature*. Springfield, Massachusetts: Merriam-Webster, 1995.

# 우리말 찾아보기(가나다 순)

601

608

# 원어 찾아보기(알파벳 순)

611

616

617

636

637

# Z